TEOLOGÍA DEL ANTIGUO TESTAMENTO

I

LAS TRADICIONES HISTÓRICAS DE ISRAEL

GERHARD VON RAD

Edición preparada por
LUIS ALONSO SCHÖKEL

SÉPTIMA EDICION

EDICIONES SIGUEME
SALAMANCA
1993

HVNC LIBRVM
FACULTATI THEOLOGIAE GLASGVENSI
DEDICAVIT PIO ET GRATO ANIMO
AVCTOR
HONORIS ACADEMICI MEMOR

Título original: Theologie des Alten Testaments, I. Die Theologie der
    geschichtlichen Uberlieferungen Israels
Tradujo: Victorino Martín Sánchez

© Chr. Kaiser Verlag, 1957

© Ediciones Sígueme, S.A., 1969
    Apartado 332 - E-37080 Salamanca/España
ISBN: 84-301-0006-7
Depósito legal: S. 569-1993
Printed in Spain
Imprime: Josmar, S.A.
Polígono El Montalvo - Salamanca 1993

CONTENIDO

PRESENTACION DE LA EDICION CASTELLANA

La Teología del Antiguo Testamento *de Gerhard von Rad es ya un libro clásico. Nació maduro y se impuso rápidamente al interés y la aprobación del público. Miles de lectores, en alemán, francés e inglés, han encontrado en su obra bien una iluminación que los orientaba en la lectura del Antiguo Testamento, bien una cristalización nueva de sus lecturas precedentes. La obra tiene para el lector algo de descubrimiento y algo de reposo; invita a repetidas lecturas, a la reflexión sosegada; y sobre todo, invita a volver al texto bíblico, para descubrir en él nuevas riquezas.*

Por un tiempo la teología del Antiguo Testamento estaba desterrada de la ciencia bíblica, mientras la historia de la religión de Israel ocupaba todo el terreno. El principio racionalista impedía tomar la Escritura como revelación y como fuente de teología. Superado semejante prejuicio, la teología del Antiguo Testamento reapareció, como tarea sintética.

Si tuviéramos que esquematizar la nueva etapa en tres nombres, mencionaríamos a Koehler, Eichrodt y von Rad. Ludwig Koehler, erudito de gran sensibilidad y sentido religioso, escribió un pequeño volumen en el que todavía sorprenden los numerosos aciertos de formulación. Walter Eichrodt, inspirado muy de cerca por Otto Procksch, construyó una maciza obra en dos volúmenes, centrada en el tema de la alianza; aunque el poder constructivo declina en la segunda parte, la obra es una poderosa síntesis, de formulaciones difíciles y lectura laboriosa. La unidad sistemática se impone como cuadrado vertical, mientras que cada tema se desarrolla en proceso dialéctico horizontal; de esa manera se respeta el carácter histórico del Antiguo Testamento y se cumplen las exigencias sistemáticas.

Gerhard von Rad introduce un enfoque nuevo: la fe del pueblo de Israel se vive en la historia, se formula en artículos de fe sueltos o reunidos, se expresa en conglomerados y cuerpos narrativos, se trasmite en tradiciones vivas, variantes, crecientes. El teólogo ausculta esas expresiones sucesivas, trata de extraer lo esencial, descubriendo las líneas de fuerza de cada momento. Después nos ofrece una serie de síntesis que se mueven a lo largo de la historia. El lector puede descubrir los temas constantes y sus variaciones.

.El trabajo de G. von Rad no es sólo investigación, sino que tiene mucho de auténtica meditación: la fe contemplativa del autor es el clima en que madura su inteligencia del Antiguo Testamento.

Al final viene la tarea de formular, con laboriosa disciplina del lenguaje. El estilo de G. von Rad mantiene una sugestiva tensión entre formas imaginativas y términos abstractos, mientras que los abundantes adjetivos sirven para cualificar y diferenciar la exposición. Exposiciones sintéticas laboriosamente matizadas.

Después de un ensayo inicial dedicado al análisis de fuentes, G. von Rad tuvo su primer éxito resonante en el campo científico con un trabajo de análisis formal, en la línea de géneros literarios de Gunkel. Lo interesante de su monografía es que, en vez de enfrentarse con unidades menores y restringidas, abordó la empresa de descubrir el principio formal de construcción de la primera parte de la Biblia, el Hexateuco. El análisis de tradiciones, que tomaba forma en manos de A. Alt y M. Noth, también actuaba en dicha monografía y domina completamente la siguiente, dedicada a la «guerra santa»; en ella sigue el rastro a una tradición, a su vida como institución y como simple tema literario. Su preferencia por la mirada macroscópica es patente en estas obras y es la aportación característica de G. von Rad, en medio de la masa de análisis microscópicos que dominan la ciencia bíblica. Por esta cualidad, es uno de los especialistas más asequibles al público no especializado.

En exégesis su obra capital es el comentario al Génesis: renunciando al aparato técnico —por exigencias de la serie—, el autor nos ofrece una exposición profundamente teológica.

Para realizar la traducción de esta obra, Federico Pastor compuso conmigo un catálogo, fijando de antemano la traducción castellana de los términos originales. Este índice ha sido utilizado por todos los traductores. En lo que toca a frases y expresiones, ha dominado el respeto al original, aún a costa de una mayor simplicidad y fluidez castellanas.

En la traducción de las últimas cien páginas del primer volumen han intervenido diversas manos, pero el traductor principal ha revisado y unificado estas contribuciones parciales.

LUIS ALONSO SCHÖKEL
Pontificio Instituto Bíblico. Roma

NOTA DEL TRADUCTOR

El estilo de Von Rad en esta obra se caracteriza por la abundancia y precisión de un vocabulario que la tradición exegética alemana ya ha fijado. A este caudal añade el autor nuevos términos, creados aprovechando la libertad que concede el alemán científico. Un ejército de adjetivos sirven para subrayar, matizar, incluso para sugerir.

Por afán de precisión científica, y por hábito alemán, el autor multiplica las cualificaciones de lo que afirma: «ciertamente, con toda probabilidad, sin duda alguna, es difícil saber...».

Hemos procurado reflejar en la traducción las características de este estilo, adaptándolo al estilo español.

Los términos españoles básicos fueron establecidos de antemano por Luis Alonso Schökel y Federico Pastor; otros los he fijado yo; he procurado conservar la matización de los adjetivos y a veces he reducido el volumen de las cualificaciones.

Agradezco la colaboración de varios compañeros, que prepararon una primera versión de las últimas cien páginas: Abrego, Asenjo, Bajo, Frank, Herranz, Herón Pérez, Pastor, Sicre y Zabaleta.

Barcelona, 11 de noviembre de 1971

PROLOGO A LA PRIMERA EDICION

La «Teología del Antiguo Testamento» es todavía una ciencia joven y, sin duda una de las más jóvenes entre las ciencias bíblicas. Con pocas pinceladas podríamos dibujar las lineas básicas de su historia que inicia entre los últimos años del siglo XVIII y los primeros del siglo XIX. Es un hecho curioso comprobar que en nuestros días no se ha logrado llegar a un acuerdo sobre el objeto propio de esta ciencia, pues en caso contrario, no se explicaría cómo hubieran podido aparecer con el mismo título obras tan diversas como la de E. Jacob o la de Th. C. Vriezen, y la que hoy presentamos en este libro.

En mi opinión el momento actual se caracteriza por una sorprendente convergencia, más aún, por la mutua intersección entre los estudios de carácter introductorio y la teología bíblica, un proceso que tuvo lugar en los últimos 20 ó 30 años de investigavión. No hace mucho que la teología bíblica sólo podía recabar de las ciencias introductorias a la Biblia algunos datos de tipo cronológico o alguna que otra información sobre cuestiones de carácter formal, pues las ciencias introductorias trabajaban casi exclusivamente con el método de la crítica de fuentes. En aquella época, si la teología no quería ser una mera exposición histórica de la religión de Israel, (de acuerdo con L. Köhler), debía desarrollarse a base de conceptos como: teología, antropología y soteriología.

Esta situación cambió de aspecto cuando la ciencia, estimulada por la investigación de Gunkel sobre los géneros literarios, descubrió formas jurídicas de carácter sagrado, textos cultuales de todo tipo, rituales, liturgias y sobre todo antiquísimas fórmulas de profesión *de fe; es decir, conocimientos de una importancia capital para la comprensión del Antiguo Testamento. Pues ¿no sucedía casi siempre que a un descubrimiento nuevo o a una diversa interpretación del texto a base del estudio de las formas correspondía un objeto teológico nuevo o diverso del anterior? La historia de la tradición nos ha enseñado nuevos caminos para descubrir en las tres obras gigantescas: el Hexateuco, la historia del deuteronomista y la del cronista, las formas más distintas de presentar la historia de Dios con Israel en sus diversos estadios. También nos mostró que Israel se dedicaba en todo tiempo a comprender su propia historia a partir de ciertas intervenciones divinas y las presentaba en cada época de una manera siempre nueva.*

Pues bien, estos hechos colocaban a la teología del Antiguo Testamento frente a una tarea inédita. Y si hay una parte de verdad en la convicción de que todo el Hexateuco está construido sobre antiquísimas fórmulas de profesión de fe constitutivas para el Israel de todos los tiempos, entonces este hecho adquiere una importancia tal de convertirse en el punto de partida para cualquier teología del Antiguo Testamento. De este modo no son los adelantos propios de la teología los que nos ayudan a comprender mejor cuál puede ser el objeto de la teología bíblica, sino una concentración nueva en la estructura formal de las afirmaciones de Israel y de su herencia literaria, así como un análisis más objetivo de los libros del Antiguo Testamento y de las tradiciones incorporadas en ellos.

La idea de presentar una historia cronológica de las afirmaciones confesionales de Israel puede parecer obvia pero pronto se demuestra irrealizable. Es cierto que en el Hexateuco encontramos fuertes contrastes en los diversos estratos de la tradición y por consiguiente también en su configuración teológica, pero cuando se trata de fijar la fecha de estas tradiciones debemos conformarnos con meras aproximaciones o limitarnos a ir palpando en la obscuridad. Además, todo cuanto sabemos acerca de los lugares de origen y de los grupos representativos de los diversos complejos de tradición no puede compararse con la abundancia de formulaciones especiales y de expresiones teológicas acumuladas en los grandes docu-

mentos. Si quisiéramos proceder de este modo, nuestra exposición se hallaría recargada con demasiados elementos hipotéticos en su mismo planteamiento inicial.

La necesidad de renunciar a una exposición histórica de las afirmaciones confesionales de Israel nos ofrece la ventajosa posibilidad de dejar los materiales de la tradición en los mismos contextos de la historia de la salvación en donde los colocó Israel. De esta manera adquiere un mayor relieve en nuestro campo visual el aspecto más importante e interesante de la labor teológica de Israel, es decir, ese esfuerzo continuo por volver actuales en cada período de su existencia las intervenciones salvíficas de Dios en la historia, esa persistente y renovada comprensión y proclamación de las acciones divinas, que, en último término convirtió las antiguas profesiones de fe en un enorme y complejo conglomerado de tradiciones. Una teología que intente abarcar el contenido del Antiguo Testamento en una serie de divisiones conceptuales (como la idea del Antiguo Testamento sobre Dios, el hombre, etc.) no respeta la íntima trabazón que estas profesiones de fe tienen con la historia, este fundarse de la fe de Israel sobre determinadas intervenciones salvíficas de Dios y su esfuerzo por adquirir una comprensión siempre nueva de las mismas.

Una breve reseña histórica precede la sección teológica de este libro. En ella señalamos las principales instituciones sagradas del antiguo Israel y las etapas más importantes de su historia religiosa. Esta primera parte no pretende, ni mucho menos, narrar en toda su complejidad la historia de la fe y el culto del antiguo Israel; quiere tan sólo señalar en su contexto histórico los temas que la segunda parte da por sabidos. El mencionado resumen histórico y el mismo planteamiento general del libro no pudieron evitar que los temas más importantes fueran tratados en repetidas ocasiones, lo cual no debería considerarse necesariamente un factor negativo, pues de este modo el lector podrá percibir el mismo objeto desde perspectivas diversas y en varios contextos teológicos.

En el ámbito de una teología de las tradiciones históricas no es posible hablar de los profetas, pues su predicación se caracteriza precisamente porque niega la eficacia salvífica de las antiguas intervenciones divinas para sus contemporáneos y ven cómo en sus días se vislumbra ya el comienzo de una actuación totalmente nueva de Dios en la historia (cf. 98 s., 174 s.). Por esta razón es necesario que tratemos de la teología de las tradiciones proféticas en un contexto diferente. *Este segundo volumen concluirá con algunas consideraciones teológicas fundamentales sobre el Antiguo Testamento.*

En nuestros días ningún individuo aislado puede escribir una teología del Antiguo Testamento que nos ofrezca, al menos en parte, una visión exhaustiva de sus cuestiones más esenciales y sus puntos de vista más importantes, mucho menos en nuestra situación presente en la que cada cual sigue su propia iniciativa. Pero quizás podremos indicar un camino por donde sea posible llegar, tarde o temprano, a una mayor comprensión teológica del Antiguo Testamento.

Debo recordar todavía la infatigable colaboración de dos antiguos alumnos: la del vicario E. Haller (Neuendettelsau) que aceptó el pesado trabajo de revisión del manuscrito y la lectura de las correcciones, y la de mi asistente K. Schwan (Sandhausen), doctorando en teología, quien repasó el ingente número de citas bíblicas, compuso el índice de las mismas y leyó también atentamente las correcciones. Agradezco a ambos su desinteresada ayuda.

Heidelberg, mayo de 1957.

PROLOGO A LA CUARTA EDICION

Esta nueva edición me ofrece la oportunidad de tratar con más detalle y ser más explícito en algunos puntos importantes de mi exposición de la teología del Antiguo Testamento. Al mismo tiempo podré introducir algunas pequeñas correcciones sin que todo ello modifique la estructura básica del conjunto.

Incluso los lectores más benévolos han censurado la ausencia de una definición clara del concepto «revelación». En realidad aquí no se encuentra en el sentido que es usual en las restantes teologías del Antiguo Testamento. De todos modos el autor se limitó a dar algunas nociones fundamentales en el tomo II (páginas 461 s.) y no quiso por el momento ir más adelante. Tales son: que Yahvéh se reveló a su pueblo —y a cada generación de un modo particular— a través de sus intervenciones históricas, las cuales cristalizaron en palabras, y también mediante su palabra que, a su vez, se hizo historia.

También aquí como en otras ocasiones, al autor le interesaba mucho más captar la situación real y las características propias de los materiales veterotestamentarios que clasificarlos dentro de las categorías teológicas habituales. Naturalmente nuestra labor no debe detenerse ahí. Pero si es verdad que esta presencia de Dios en su palabra y en su historia se muestra al exégeta por un lado como una fotografía instantánea de una tradición que de hecho se halla en un movimiento continuo a través de las generaciones (véase lo dicho en las páginas 165 s. sobre el carácter dialéctico del testimonio) y si, por otro lado, esta tradición, que se renueva sin cesar,

*debe ser considerada al mismo tiempo como una magnitud cons-
tante e indivisa, entonces es necesario dar una formulación nueva y
más cuidadosa al fenómeno de la revelación en el Antiguo Testamento.*

*Algo semejante ocurre con el tan discutido concepto de la his-
toria (véase también tomo II, 131 s., 411 s., 534 s.). Yo creí
en primer lugar que era incomparablemente más importante llegar
a captar en sus mínimos detalles el modo como Israel concebía
la historia y cuál fue su experiencia inmediata de la misma, que
el medir sus afirmaciones con un concepto importado como el de
«la historia verdadera», para catalogarlas en creíbles, menos creíbles
e increíbles. Israel tuvo un contacto incomparable con la historia,
fue tan sensible a ella que, por el momento no podemos expresarlo
con nuestros conceptos habituales. ¿No pudiera ocurrir que Israel
nos enseñara algo nuevo sobre la historia y su conciencia de la historia, a lo cual deberíamos acomodar nuestros conceptos? Otro
tanto ocurre con los términos: «escatología», «ley» (cf. página
259) y otros. Por este motivo intentamos desarrollar una teología
del Antiguo Testamento partiendo de cada uno de los grandes complejos de tradición para acercarnos lo más posible por este camino
a la mentalidad del Antiguo Testamento.*

*Algunos criticaron también la división entre la historia de la
religión yahvista (I parte) y la teología de las tradiciones históricas
(II parte). Sobre esto quisiera responder a W. Eichrodt que no fui
yo quien acentuó la separación de estos dos aspectos [1]. Esta división,
conocida ya por todos los expertos, apareció con un enfoque nuevo
cuando aprendimos a considerar como una magnitud autónoma la
imagen que el mismo Israel trazó de su historia, es decir, desde
que nosotros no la examinamos exclusivamente bajo el punto
de vista de su «historicidad», sino más bien las consideramos como
el documento de una experiencia de la historia sin precedentes en
la larga historia del espíritu humano. Este documento exige un crédito tan elevado que parece más aconsejable acercarnos primero a él*

---

1. W. Eichrodt, *Theologie des A. T.*, II y III (1961) VIII.

para comprender sus características en vez de citarlo, sin conocerlo debidamente, frente a un anticuado tribunal histórico que debería decidir sobre su validez y sobre cuál de los hechos narrados son realmente históricos. Así pues, cuando programé esta división del libro jamás quise separar lo histórico de lo menos histórico o de la pura leyenda y menos aún podía imaginar que de este modo rompía la conexión entre el kerigma y la historia, pues me resulta imposible reducir el concepto de lo histórico a las conclusiones de una historiografía que sólo en apariencia trabaja con un método neutral y preciso.

Otros me hicieron observar que esta separación, desconcertante para el lector, no hubiera sido necesaria, pues en la subsiguiente exposición de la teología de las tradiciones históricas y proféticas queda ya superada una división semejante; en efecto, la parte «teológica» presupone una concepción crítica de la historia. La observación me parece exacta hasta cierto punto. No obstante, a fin de delimitar honestamente nuestra situación actual y nuestro punto de partida, creí necesario llamar la atención del lector sobre esta tensión creyéndole capaz de percibir el doble aspecto del problema.

El autor encuentra un poco extraño el reproche de no haber reservado a la historia el puesto que se merece, es decir, de no haberse preocupado lo suficiente por cimentar el kerigma en la historia. En efecto, si frente a las anteriores teologías del Antiguo Testamento, el autor acentuó con una cierta parcialidad el hecho de que Israel habló de Dios sólo a la luz de determinados acontecimientos históricos y que una teología del Antiguo Testamento debe incluir siempre estos hechos atestiguados por Israel, más aún, debe partir de ellos, ahora se le da a entender que su obra no subraya debidamente la relación entre los testimonios de Israel y la realidad histórica. ¿Será que los críticos se le han adelantado en el camino que él deseaba indicar y lo hicieron con mayor rapidez y lógica más consecuente? Ahora bien, el celo por la historia que une el autor con sus críticos, puede derivar de motivos y concepciones muy diversas.

En la improrrogable revisión de nuestros desgastados conceptos filosóficos sobre la historia, nosotros, exegetas, no deberíamos desdeñar la ayuda de la filosofía actual, mucho más flexible en este aspecto. H. G. Gadamer se ocupa, bajo el título «historia eficaz»,

*de algunos fenómenos estrechamente relacionados con el proceso de
actualización tal como los presentamos en esta teología del Antiguo Testamento* [2]. *En el ámbito de esta «historia eficaz» sucede,
según Gadamer, el verdadero encuentro con un documento o una
tradición histórica. Los efectos de esta «historia eficaz» alcanzaron
ya a los intérpretes anteriores y siguen determinando al exegeta
actual, aunque su objetivismo histórico quiera ignorarlo. Sin duda,
las consideraciones de Gadamer se mueven también en una dirección
un tanto diversa, pero en su crítica de un positivismo acrítico yo
considero sus explicaciones como una ratificación del camino que
yo mismo seguí en este libro antes de conocerle.*

No deseo entrar en discusión con la recensión de F. Baumgärtel pues me parece que en este caso faltan las condiciones necesarias para una mutua comprensión [3]. La recensión no respeta siquiera el deber más primordial del recencionista:
informar al lector sobre las intenciones reales del autor [4]. El mismo Baumgärtel
afirma que no puede penetrar en el sentido de 'a obra: su mentalidad le impide
comprenderla y por lo tanto le es imposible rendirle el debido homenaje. Ahora
bien, responder a una recensión escrita bajo tales presupuestos, no tiene sentido.

*El párroco Haller (Neuendettelsau) me ayudó con probada ex-
periencia en la preparación de esta edición; también A. Findeiss,
doctoranda en teología, realizó una labor notable en la nueva redacción de los registros de citas textuales y de materias. A ambos
debo mi gratitud.*

Heidelberg, abril de 1962.

---

2. H. G. Gadamer, *Wahrheit und Methode* (1961) 284 s.
3. F. Baumgärtel: ThLZ 86 (1961) col. 801 s.; 895 s.
4. *L. c.* col. 803.

TABLA DE ABREVIACIONES

A. Alt, I II III   A. ALT, *Kleine Schriften zur Geschichte Israels* (1953/9).

ANET   *Ancient Near Eastern Texts relating to the Old Testament*, ed. J. B. Pritchard (^{2}1955).

AOB   *Altorientalische Bilder zum Alten Testament*, ed. H. Gressmann (^{2}1927).

AOT   *Altorientaliche Texte zum Alten Testament*, ed. H. Gressmann (^{2}1926).

BASOR   The Bulletin of the American Schools of Oriental Research.

BBLAK   Beitrage zur biblischen Landes- und Altertumskunde.

BK   *Biblischer Kommentar*, ed. M. North.

BRL   K. GALLING, *Biblisches Reallexikon* (1937).

BZAW   Beiheft zur Zeitschrift für die alttestam. Wissenschaft.

dt   deuteronómico.

Dtr   *Historia del deuteronomista.*

dtr   deuteronomístico.

E   elohista.

EICHRODT, I II III   W. EICHRODT, *Theologie des Alten Testaments*, I-III (1933-39, del I ^{5}1957).

GORDON   C. H. GORDON, *Ugaritic Handbook*, I-III (1947).

HAT   *Handbuch zum Alten Testament*, ed. O. Eissfeldt.

HUCA   The Hebrew Union College Annual.

J   yahvista.

JBJ	Journal of biblical Literature.
JE	yehovista.
KOHLER	L. KÖHLER, *Theologie des Alten Testaments* (1936).
NOTH, *Ges. Studien*	M. NOTH, *Gesammelte Studien zum Alten Testament* (1957).
NOTH, *Pentateuch*	M. NOTH, *Überlieferungsgeschichte des Pentateuch* (1948).
NOTH, *Über. Studien*	M. NOTH, *Überlieferungsgeschichtliche Studien* (Schriften der Königsberger Gelehrten-Geselschaft 1943).
P	documento sacerdotal.
RB	Revue biblique.
RGG	*Die Religion in Geschichte und Gegenwart* ([2]1927-31, [3]1957-65).
ThLZ	Theologische Literaturzeitung.
ThR	Theologische Rundschau.
ThWBNT	*Theologische Wörterbuch zum Neuen Testamen,* ed. G. Kittel - G. Friedrich.
ThZ	Theologische Zeitschrift.
VRIEZEN	Th. C. VRIEZEN, *Theologie des Alten Testaments in Grundzügen.*
VT	*Vetus Testamentum.*
ZAW	Zeitschrift für die alttestamentliche Wissenschaft.
ZDPV	Zeitschrift des deutschen Palästina-Vereins.
ZThK	Zeitschrift für Theologie und Kirche.

I

Compendio histórico de la religión yahvista y de las instituciones sagradas de Israel

1

LOS PRIMEROS TIEMPOS

L AS fuentes primarias de la historia religiosa y cultual del antiguo Israel se hallan exclusivamente en el Antiguo Testamento. Aquí encontramos también una exposición coherente de su historia primitiva, una imagen que no obstante sus grandes lagunas, nos impresiona por lo acabado del conjunto. Narra la historia de Israel desde su primer antepasado hasta la entrada en Canaán, pasando por el período de la constitución de Israel como nación.

La primera investigación crítica de la Biblia suprimió algunos de los elementos presentes en esa imagen del primitivo Israel. Muchas narraciones fueron consideradas legendarias, sobre todo las que se referían a la época patriarcal o mosaica y aparecían en consecuencia como documentos sospechosos para una reconstrucción exacta de los acontecimientos históricos. La crítica de fuentes del Pentateuco consiguió un resultado decisivo cuando pudo constatar que esta descripción de la historia primitiva de Israel se divide en varios documentos importantes, los cuales presentan a menudo una notable diferencia de pormenores. El más antiguo es el yahvista; proviene de los primeros tiempos de la monarquía y narra los sucesos anteriores a la entrada en Canaán, a una distancia de al menos 300 años. A pesar de ello, entre los mismos seguidores de Wellhausen, algunos científicos de gran talento crítico se atenían sustancialmente a la sucesión linear de los acontecimientos: la esclavitud de Egipto, el Sinaí, la marcha por el desierto, la entrada en la tierra prometida; y seguían considerando a Moisés como el guía decisivo de Israel a través de todas esas etapas de su historia [1].

Esta problemática cambió por completo con el estudio de la historia de la tradición; un método que sólo en los últimos años ha entrado en pleno vigor. La antigua investigación histórica, no obstante hiciera una crítica más incisiva, creyó siempre en la posibilidad mediata o inmediata de llegar a descubrir, al menos en sus líneas generales, el verdadero decurso de los acontecimientos detrás de la exposición literaria de los mismos. Esta opinión se ha demostrado errónea, pues detrás de la descripción propuesta por el Hexateuco no se encuentra de ningún modo la verdadera sucesión histórica de los acontecimientos sino tan sólo ideas y concepciones de tradiciones anteriores, que provienen de ambientes muy distintos y desde el punto de vista de la historia de las formas merecen un juicio muy diferente. La precedente investigación crítica del Antiguo Testamento —aunque tenía plena conciencia del carácter legendario de las tradiciones más antiguas— se preguntaba ante todo por el contenido objetivo de la narración, es decir, por la sucesión histórica de los acontecimientos. La pregunta era legítima pero un tanto prematura como podemos constatar hoy día, pues antes debemos plantear a cada una de las unidades menores de la tradición las siguientes preguntas: ¿quién es el narrador? ¿cuál es el punto de vista de la narración? ¿cuál es la posición histórica y teológica más probable del autor? ¿cuál fue su intención? ¿de qué mentalidad o tradición forma parte? Con otras palabras: nos hallamos frente a una gran variedad de tradiciones sagradas cada una de las cuales exige un examen particular para llegar al núcleo histórico de la narración.

De este modo la presentación de los acontecimientos en los grandes documentos del J y E son el término y el equilibrio interno de un largo proceso en la transmisión de los materiales de la tradición, pues cada una de las tradiciones aisladas, que ahora se hallan unidas en los documentos principales, han recorrido solas

---

1. Así p. e., H. GRESSMANN, *Mose und seine Zeit* (1913).

una larga historia en la que estaban expuestas a múltiples reelaboraciones y frecuentes interpretaciones con el fin de hacerlas actuales en los diversos períodos de la historia. Al principio existían completamente aisladas. Luego, por regla general, una de las tradiciones mayores las reunía en torno a sí y las asimilaba, (así p. e. las historias patriarcales, los acontecimientos del Sinaí, la marcha a través del desierto, etc.). Más tarde estos bloques fueron a su vez unidos los unos con los otros, pero en este caso el factor decisivo no fue la sucesión histórica de los acontecimientos de la cual nadie podía recordarse; la base de esta organización de las tradiciones fue un cuadro teológico de la historia de la salvación, que existía ya desde antiguo bajo la forma fija de una profesión de fe cultual.

Así pues, el camino que nos conducirá desde la exposición histórica como la presentan las fuentes hasta los hechos en sí mismos se ha vuelto mucho más largo, porque la imagen sencilla de las fuentes, que para los promotores de la crítica literaria constituía el punto de partida de sus investigaciones, debe considerarse el estadio final de una continua interpretación de la historia primitiva de Israel. Aquí todo está configurado por la fe: la misma combinación de los acontecimientos en un largo camino de salvación no es un relato histórico; en sí misma es ya una profesión de fe en la guía divina. Esta historia de las diversas unidades de tradición hasta alcanzar su forma definitiva en los grandes documentos literarios abarca un capítulo extraordinariamente variado de la teología israelita. Por regla general, el simple empalme de dos tradiciones aisladas era ya un acto de interpretación teológica; pues bien, ¡qué enorme cantidad de tradiciones se fundieron en los complejos mayores a través de los siglos! Más tarde, en la sección titulada «La teología del Hexateuco», hablaremos de los puntos esenciales de este complicado proceso de interpretación teológica, que dio origen a la exposición actual de la historia primitiva de Israel en las fuentes literarias.

Uno de los factores que crea mayores dificultades para conocer los hechos históricos de este período primitivo es, por consiguiente, la destrucción del cuadro narrativo que enmarca toda la tradición del Hexateuco; pues si nadie dudaba del carácter legendario de muchas tradiciones individuales, se creía que el cuadro general, es decir: época patriarcal, esclavitud de Egipto, éxodo, revelación sinaítica, marcha por el desierto y conquista del país, nos procuraba una indicación bastante fidedigna sobre la sucesión histórica de los acontecimientos. En cambio, la situación cambia por completo si tomamos en serio el hecho de que el mismo decurso de los hechos principales responde a un esquema canónico de tipo cultual.

Esto no significa de ningún modo que los hechos contenidos en dicho esquema no sean históricos, pero, en todo caso, la situación es diversa si la exposición de la historia primitiva de Israel se funda en recuerdos históricos inmediatos o si fue Israel quien ordenó de esta manera los acontecimientos en una profesión de fe cúltica, que los generaliza y simplifica convirtiéndolos en sucesos típicos. (Salta a la vista la analogía con la destrucción del cuadro narrativo de los evangelios sinópticos. La crítica de fuentes demostró que ésta no podía considerarse una exposición fidedigna de la existencia histórica de Jesús). Algo parecido ocurre con la perícopa del Sinaí, que tampoco se basa ante todo sobre recuerdos directos del acontecimiento concreto sino sobre tradiciones cultuales. Como veremos más tarde, la situación vital (*Sitz im Leben*) de la tradición sinaítica más antigua era, con mucha probabilidad, una de las grandes festividades litúrgicas.

Otra convicción iba a la par con estas reflexiones y en un principio ejerció un influjo destructor sobre la imagen tradicional de la historia antigua de Israel. Según Ex 1, 6 s., el pueblo israelita nace en Egipto y de allí parte como una unidad compacta hacia los sucesos ya conocidos que le conducirán a Canaán. Pero la investigación histórica ha demostrado que «Israel» es el nombre de la confederación sagrada de tribus, que se constituyó por primera vez después del ingreso en Palestina. Por el momento no se puede demostrar históricamente la existencia de un «pueblo de Israel» antes de esta época. En este caso, la imagen del «pueblo israelita» en Egipto, en el Sinaí, en el desierto, proviene

del anacronismo comprensible de una época posterior, cuando
ya se había olvidado que en aquel entonces no existía ningún
Israel, sino sólo tribus y asociaciones tribales, las cuales entraron
más tarde a formar parte de Israel y al fin quedaron absorbidas
en él. En esta situación primitiva, el dualismo de los hijos de Raquel: José (Efraim y Manasés) y Benjamín por un lado y los hijos de Lía: Rubén, Simeón, Leví, Judá, Isacar, Zabulón, por el
otro, reviste una importancia particular pues ejerció una influencia determinante en la historia de Israel, incluso en el período
monárquico [2].

A diferencia de los típicos beduinos, que son nómadas propietarios de camellos, estas tribus —hasta donde llegan nuestras
noticias— vivían como nómadas dedicados al cuidado del ganado menor; eran gente pacífica, plantaban sus tiendas en las
estepas, sobre todo en los confines meridionales del territorio
fértil de Palestina donde sus animales hallaban pastos en invierno;
·y poco a poco fueron dedicándose a un modesto cultivo de las
tierras (Gén 26, 12). En verano se adentraban en los campos recién
cosechados de la región agrícola en busca de pastos.

En cuanto a los lazos religiosos y culturales de estos antepasados pre-mosaicos de Israel, el estudioso de la historia de las
religiones puede decirnos más o menos lo siguiente: no eran
desde un principio adoradores de Yahvéh; la revelación de Yahvéh tuvo lugar en un momento preciso de su existencia y de ello
se conservaron algunos recuerdos en Ex 3, 1 s.; 6, 1 s. El elohista
y el documento sacerdotal tienen en cuenta esta ruptura en la
historia de la revelación cuando llaman Elohim al dios de los
patriarcas y en cambio, a partir de su autorevelación, es decir
de Ex 3, 1 s. y 6, 1 s. en adelante, usan sólo el nombre de Yahvéh. Así pues no cabe esperar ya que los grandes documentos nos
den una respuesta directa a la cuestión relativa a la religión de
los antepasados premosaicos de Israel. En cambio, el análisis
detallado de un determinado cuerpo de tradición, del cual po-

---

2. A. ALT, I, 46 s.; 56 s.

seemos abundante materiales en las fuentes literarias, ha aclarado de forma sorprendente el problema del culto de estas tribus y clanes [3]. Las narraciones del Génesis hablan con frecuencia del «dios de tu padre Abraham» (Gén 26, 24; 28, 13; 32, 10). Cuando Labán y Jacob cierran el contrato invocan como testigos y ponen frente a frente el dios de Najor y el de Abraham (Gén 31, 53). También pertenecen a esta categoría títulos tan antiguos como «el Terrible de Isaac» (פחד יצחק Gén 31, 42) o «el Campeón de Jacob» (אביר יעקב Gén 49, 24).

Ahora bien, existen inscripciones que testimonian la veneración de los «dioses paternos» entre los Nabateos, quienes mil años más tarde y en condiciones parecidas, transmigraron de la estepa a la región agrícola del este del Jordán. Esto nos permite deducir la existencia de una religión y un culto característico de esos nómadas en la época anterior a su ingreso en las tierras de cultivo. En fuerte contraste con todo cuanto sabemos acerca de los cultos cananeos, el culto de los «dioses paternos» no está ligado a un lugar fijo, todo lo contrario, su distintivo primordial es su relación constante con un clan determinado y con su destino. Era pues «una religión que daba particular relieve a las relaciones entre dios y el hombre, más aún, entre dios y una comunidad humana, sin una unión rígida con un lugar y por ello tanto más capaz de adaptarse con gran flexibilidad a los cambios de fortuna de sus adoradores» [4]. Estos rasgos anuncian el futuro yahvismo, aunque en él aparecerán más marcados.

No debemos, pues, menospreciar la herencia que contiene este culto patriarcal anterior al yahvismo ni su función dentro de la futura religión yahvista. La futura creencia en una elección divina se halla ciertamente implícita en ella. Abraham, Isaac y Jacob eran los hombres que por primera vez recibieron la revelación de una divinidad, la cual se comprometía a protegerlos y guiarlos, y les prometía una porción de las tierras de cultivo y numerosa posteridad. ¿Acaso no era ésta una elección,

---

3. Para cuanto sigue a continuación cf. A. ALT, *Der Gott der Väter* I, 1 s.
4. A. ALT, *l. c.*, 62.

cuyo recuerdo se transmitía de generación en generación en el culto instituido por el padre de la estirpe?

De este modo toda referencia al dios de los antepasados implicaba siempre un evidente factor etiológico: este culto con todas las promesas de bendiciones que transmitía encontraba su legitimidad en la revelación hecha al primer antepasado. Probablemente la antiquísima narración de la revelación de Dios a Abraham en Gén 15, 7 s. pasó, con pocas modificaciones, de esta época primitiva al ciclo posterior de las sagas del yahvista. Así también debemos suponer que los ambientes donde se practicaba el culto al dios de Abraham, al terror de Israel y al fuerte de Jacob, se encontraban originariamente separados y permanecieron así incluso después que estos grupos se asentaron definitivamente en el país agrícola. En efecto, en tiempos posteriores, como veremos más adelante, cada uno de estos grupos se estableció con su culto tradicional en un santuario determinado de Palestina [5].

La historia política de los antepasados de Israel anteriores al peroído palestino no se puede reconstruir ni siquiera en sus líneas generales. Sólo dos cosas parecen bastante ciertas, a saber: el grupo de Lía se instaló en el país agrícola mucho antes que el de Raquel y, mientras tanto, este último vivía en las estepas unas experiencias religiosas tan decisivas como trascendentales para su vida. Tres lugares resaltan en la impenetrable oscuridad de la prehistoria israelita por hallarse estrechamente unidos al recuerdo de estos acontecimientos trascendentales, los cuales sin embargo eran de naturaleza muy diversa: el monte Sinaí, el oasis de Cadés y el mar Rojo. Una vez más queda abierta la cuestión sobre cuáles fueron las tribus que experimentaron en estas localidades hechos de tal envergadura. No es de suponer que un mismo clan pasara en etapas sucesivas por estos lugares. Es mucho más probable que en tiempos posteriores se mezclaran las tradiciones de diferentes grupos.

---

5. Véase más adelante en las páginas 44 s.

1. Desde tiempos inmemoriales se mantuvo vivo en Israel el recuerdo del *Sinaí* como el centro de una especial revelación de Yahvéh. No podemos ahora discutir la cuestión sobre el emplazamiento del Sinaí bíblico; podría hallarse en la península del Sinaí, o bien en la Arabia nor-occidental y por lo tanto al este del mar Rojo [6]. En cambio será conveniente hablar de las referencias a Madián, una región que aparece a menudo en relación con la montaña santa.

Moisés encontró esta montaña durante su permanencia en casa de su suegro madianita (Ex 3, 1 s.). Cuando Dios aparece en su montaña tiemblan las tiendas de Cusán, las lonas de Madián (Hab 3, 7) [7]; de aquí se deduce que el Sinaí se hallaba en el territorio de los madianitas. Estos eran nómadas propietarios de camellos, es decir, puros beduinos. Como las actuales tribus beduinas tenían un territorio propio pero, de acuerdo con su existencia errante, se trata de unos territorios muy extensos, políticamente indefinidos y por consiguiente, nos resulta casi imposible delimitarlos. Originariamente se encontraban al este del golfo de Akaba, pero en determinados períodos se extendieron mucho hacia el oeste y el noroeste. No se explica sino cómo alguna vez llegaron hasta Palestina (Jue 6, s.). Los kenitas debieron pertenecer a esta gran confederación o por lo menos mantuvieron estrechas relaciones con ellos, pues Jue 1, 16; 4, 11, llama kenita al suegro de Moisés. Más tarde seguía Israel manteniendo relaciones muy amistosas con ellos (1 Sam 15, 5 s.; 30, 29).

Estos datos nos colocan en el centro en torno al cual giran los argumentos de la «hipótesis kenita» [8]. Si Moisés se encontró en la tierra de Madián con la montaña de Dios, entonces ésta era ya un lugar sagrado para los madianitas. En este caso la conclusión es casi inevitable: los madianitas rindieron culto a Yahvéh antes que los «israelitas». Lo mismo puede afirmarse de los ke-

---

6. Otras menciones fuera del Hexateuco: Jue 5, 4; Dt 33, 2; 1 Re 19, 8. M. Noth, *Historia de Israel*. Garriga, Barcelona 1966, 125 s.
7. H. Gressmann, *Mose und seine Zeit*, 417.
8. L. Köhler, 27 s.; H. H. Rowley, *From Joseph to Joshua* (1950) 149 s.; el mismo autor en ZAW, 10 s.

nitas con bastante probabilidad; en primer lugar, por las relaciones amistosas con Israel de que antes hablamos, y además,
por el hecho de que en la lucha por la supervivencia de la anfictionía yahvista una mujer kenita fue quien asestó el golpe mortal al
caudillo de la coalición enemiga (Jue 4, 17; 5, 24). También se ha
notado repetidas veces que según Ex 18, 12, es el madianita Jetró
quien ofrece sacrificios a Yahvéh y que, en realidad, él es el an-
fitrión y Moisés con sus hombres son los invitados.

Una curiosa inscripción nabatea refuerza ahora todas estas
suposiciones [9]. A los pies del Yebel Serbal, en la península del
Sinaí, se ha encontrado gran cantidad de grafitos nabateos, escritos sin duda por los peregrinos para documentar así su presencia en el lugar santo. Su nota más significativa es quizás la
amplitud del área de donde llegaron los peregrinos; uno de ellos
viene incluso de Damasco. Por consiguiente en los siglo II y III
después de Cristo, esta montaña era un lugar santo que atraía
peregrinos de lejanas tierras. Pues bien, este culto ¿no podría
ser el sucesor del antiguo culto yahvista? [10]. Así, al menos, sería
más fácil imaginar que algunas tribus pre-israelitas, instaladas
en las estepas septentrionales de la península del Sinaí, entraron
en contacto con la montaña santa, pues el desierto sinaítico no
pudo ser jamás su residencia habitual. Además nuestras informaciones nos permiten deducir que la visita al Sinaí fue breve. Pero
las experiencias que esas tribus vivieron en este lugar, tuvieron
una importancia incalculable para el futuro Israel. Aquí Yahvéh
se reveló a sí mismo como su dios promulgando su ley, les unió
a sí con un lazo del cual no podrán desligarse en el futuro y con
él unirán también a sus tribus hermanas. Más tarde, cuando Israel
se haya instalado en el país, celebrará este acontecimiento con una
fiesta litúrgica.

---

9. B. Moritz, *Der Sinaikult in heidnischer Zeit:* Abh. d. Göttinger Ges. d.
Wissenchaften NF 16, 2 (1916).
10. A. Alt, I, 5.

El nombre de Yahvéh, el tetragrámaton, plantea múltiples problemas a la investigación [11]. Debemos tener presente, sobre todo respeto a la cuestión etimológica, que la palabra «Yahvéh» era para Israel un puro nombre y por consiguiente la solución del problema etimológico influye poco o nada en el significado teológico de este nombre [12]. En primer lugar sería preciso examinar la relación del nombre pleno, que aparece casi 6.800 veces en el Antiguo Testamento, con las formas יה (25 veces) y יהו (en los textos de Elefantina y en las asas de jarros del período posterior al exilio). El tetragrámaton se encuentra en los documentos más antiguos del Antiguo Testamento (véase también la estela de Mesa, lin. 18: 850 a. C., y en las cartas de Laquis: 589 a. C.), por esta razón es improbable la hipótesis según la cual יהו y יה serían las formas más antiguas, algo así como gritos cultuales [13]. יה y יהו entraron más tarde en uso como formas abreviadas. La literatura patrística nos ofrece algunas indicaciones sobre la pronunciación del tetragrámaton, sobre su vocalización, cuando lo transcriben en formas como Ιαβε y Ιαονε [14]. La cuestión más difícil es el problema etimológico por antonomasia, a saber ¿cuál era el significado originario de las consonantes radicales de esta palabra? A esta sigue inmediatamente otra pregunta: el tetragrámaton ¿es una forma nominal o verbal? En este último caso derivaría de un imperfecto y queda siempre una doble posibilidad: imperfecto kal o hifil. Sin embargo no nos satisface del todo la explicación causativa de Albright, el más insigne representante de la teoría hifil («el que llama a la existencia», «el que hace existir») [15]. ¿No es acaso demasiado abstracta y refleja para una época tan antigua? Otros, partiendo de la raíz árabe hwj: «ser apasionado», han vuelto a propugnar en nuestros días la teoría kal («el apasionado», «el que ama con pasión») [16]. El descubrimiento de algunos nombres teofóricos fuera de Israel (p. e. Yaubidi de Hamat, Azriyau de Samal), originó un problema específico de la historia de las religiones: ¿debemos poner el elemento teofórico de estos nombres en relación con Yahvéh? [17]. Este problema ha entrado en una fase nueva, al aparecer en los textos de Ras-Samra un cierto dios Jw, hijo del dios El [18]. Pero, aún así, es poco probable que esta divinidad semítico-occidental tenga alguna relación con el Yahvéh de los kenitas e israelitas, cuyo culto proviene de las regiones más meridionales de Palestina. Sobre Ex 3, 14 véanse las páginas 234 s.

2. La tradición posterior, en cambio, dice que Israel permaneció «mucho tiempo» en *Cadés* (Dt 1, 46). De hecho el grupo de oasis junto a Cadés, a unos 100 kilómetros de Berseba, pudo

11. A. MURTONEN, *A Philological and Literary Treatrise on the OT Divine Names* (1952); G. QUELL: ThWBNT III, 1.064 s.; G. R. DRIVER, *The original Form of the Name «Yahwe»:* ZAW 1928, 7 s.
12. L. KÖHLER, 22 s.
13. G. R. DRIVER, *l. c.*, 24 s.
14. Textos en: QUELL, *l. c.* 1.066.
15. W. I. ALBRIGHT, *Von der Steinzeit bis zum Christentum*, 260 s.
16. S. D. GOITEIN, *YHWH the passionate:* VT (1956) 1 s.
17. G. R. DRIVER, *l. c.* 7 s.
18. J. GRAY, *The God YW in the Religion of Canaan;* Journal of Near Eastern Studies (1953) 278 s.

muy bien ser parte del territorio donde residían las futuras
tribus israelitas y donde apacentaban sus ganados [19]. El nombre mismo indica que hemos de imaginar Cadés como un lugar
sagrado. Una información más detallada nos la ofrecen los
nombres Masá y Meribá, los cuales deben comprenderse ciertamente como nombres propios de dos oasis de esta región (Ex
17, ז; Núm 20, 13. 24) pues indican que en estos lugares se exami-
naban causas legales y se fallaba la sentencia mediante ordalías
(נסה «examinar, poner a prueba», ריב «hacer un proceso»).
Lo mismo nos da a entender el nombre: «la fuente del juicio»
עֵין מִשְׁפָּט, usado para designar Cadés o uno de sus oasis (Gén 14,
7). Era, por consiguiente, un santuario muy conocido donde se
administraba el derecho sagrado y se fallaban los pleitos.

No sabemos si el dios allí venerado era Yahvéh, pues puede
ocurrir que su culto hubiera sido trasladado a Cadés en un período
posterior. Cadés debió ser un lugar de culto yahvista al menos
durante el período en el cual la tribu de Leví ejerció allí sus funciones sagradas. Esta tribu había ya penetrado en el país agrícola
junto con las tribus de Lía, pero sufrió un desastre en el interior
de Palestina (Gén 34; 49, 5-7) y regresó con la de Simeón hacia el
sur, a la región donde se hallaba su residencia primitiva. Simeón
se estableció en los alrededores de Bersebá y Leví se convirtió
en custodio de las tradiciones cultuales de Cadés. Por otra parte,
debemos suponer que toda la tribu de Leví o una parte de la misma
emigró a Egipto, pues Moisés era levita (Ex 2, 1). Algunos nombres
egipcios conservados en esta tribu confirman esta hipótesis [20].
Finalmente, el oráculo de Leví en la bendición de Moisés nos

---

19. He aquí algunas menciones de Cadés que nos permiten sacar ciertas
conclusiones: Ex 17, 7; Núm 20, 1 s. 13; 27, 14; 33, 36; Dt 33, 8; Sal 95, 8.
Es cierto que no poseemos una «tradición de Cadés» entendida como un cuerpo de tradición en el cual se han entretejido muchas unidades de tradición.
Pero poseemos algunos textos aislados que no podemos pasar por alto, pues
ellos nos permiten deducir la permanencia de las tribus en Cadés (en particular Dt 33, 8 s.). Si no se llegó a formar una verdadera tradición podía ser
precisamente un signo de mucha antigüedad (contra M. NOTH, *Pentateuch*,
181 s.).
20. M. NOTH, *Die israelitischen Personennamen* (1928) 63.

ofrece algunos indicios oscuros sobre un grave conflicto en Cadés
en el que la tribu dio pruebas de su valía (Dt 33, 8 s.)[21].

3. Las alabanzas que el futuro Israel dedicó a la *liberación
de Egipto* y al prodigio del mar Rojo superan en la riqueza de sus
modulaciones todas las alabanzas que dedicó a las restantes
acciones divinas. Pero también en este caso debemos conformarnos con las líneas generales del acontecimiento histórico. Ante
todo es indudable que algunos grupos de las futuras tribus de
Israel entraron en la zona del delta. Quizás llegaron allí obligados
por la necesidad de hallar pastos para su ganado, pero más tarde,
por ser el sector menos privilegiado de la población, fueron sometidos a trabajos forzados en las grandes construcciones. Intentaron sustraerse a su condición y quizás se dieron a la fuga
(Ex 14, 5). Los egipcios los persiguieron, pero el regimiento de
caballería que los perseguía pereció ahogado cuando atravesaba
un «mar»[22]. En este conjunto de acontecimientos insignificantes
para la historia profana de la humanidad, quienes habían sido
salvados vivieron una experiencia que transcendía el destino individual de los interesados. De este modo la liberación de Egipto
y el paso del mar Rojo, entraron en la profesión de fe de Israel,
más aún, se convirtieron de hecho en el credo primitivo de este

---

21. Gracias a unas inscripciones minaicas (en el sur de la Arabia) es
probable que לוי no fuera en su origen nombre propio sino apelativo,
es decir, un nombre de oficio, pues *lawi'u* designa en ellas una clase de empleados del templo. G. Hölscher, Art. *Levi:* Pauly Wissowa XII, 2 (1925);
E. Nielsen, *Schechem* (1955) 264 s. Pero todavía nadie ha conseguido formar
una imagen convincente de la historia primitiva de Leví con los datos bastante copiosos del Antiguo Testamento sobre esta tribu.
22. M. Noth, *Historia de Israel*, 114 s. No menos difícil resulta localizar
el prodigio del mar Rojo. Primero se pensaba en el golfo de Suez o en alguna
de sus ramificaciones menos profundas, pero más tarde Gressmann hizo
notar que el nombre «mar de los juncos» se refería al golfo de Akaba (*Mose*,
415 s.). En el libro de O. Eissfeldt, *Baal Zaphon, Zeus Kasios und der Durch-
zug der Israeliten durchs Meer* (1932) se encuentran puntos de vista completamente nuevos. Con una argumentación casi convincente, situa el milagro
en el lago Sirbonis, una laguna del mar Mediterráneo, al este del Delta. Pero
es claro que ya en el mismo Antiguo Testamento se intentan diversos empla-
zamientos. Véase sobre esto M. Noth, *Der Schauplatz des Meerwunders.*
Festschrift f. O. Eissfeldt (1947) 181 s.

pueblo, en torno al cual fue creciendo la historia entera del Hexateuco [23].

El lector encuentra la persona de Moisés en casi todas las narraciones que van desde la permanencia del pueblo en Egipto hasta su llegada a la región oriental del Jordán. Moisés es el hombre elegido por Dios, saca Israel de Egipto, es el mediador de la revelación en el Sinaí y conduce el pueblo en todos los momentos difíciles de su viaje hasta las estepas de Moab. Nunca se apreciará suficientemente el impulso coordinador que deriva de este personaje para la comprensión de los relatos menores. Si el lector no tropezara a cada paso con el famoso caudillo, el hombre de Dios, el gerrero, etc., la conexión narrativa de los documentos se desintegraría ante sus ojos en una serie de episodios bastante incoherentes.

Ahora bien, la investigación había notado desde antaño la extrema complejidad de los rasgos que caracterizan la imagen de Moisés, pues no son sólo las fuentes las que poseen ideas muy diversas acerca de su «cargo», sino también las mismas unidades sueltas contienen tradiciones muy peculiares y a menudo completamente independientes entre sí [24]. La destrucción del marco narrativo debía conducir una vez más a las últimas consecuencias. Si la sucesión de los acontecimientos en el Hexateuco proviene de una compilación de complejos de tradiciones ordenadas en forma de profesión de fe, entonces el problema de la historicidad de Moisés y de sus funciones sólo puede plantearse en estos términos: ¿cuál es el complejo de tradiciones o la tradición particular en la cual se enraizaba desde un principio el personaje Moisés? Pues es evidente que esta famosa figura del pasado pudo introducirse más tarde en complejos de tradición que en un principio la desconocían. Noth ha examinado, en esta perspectiva, el material correspondiente dentro y fuera del Pentateuco, y ha llegado a la conclusión de que la figura de Moisés no se encontraba origina-

---

23. M. Noth, *Überl. Studien* 53 s.
24. H. Gressmann, *Mose und seine Zeit*, con mucha frecuencia.

riamente en muchas tradiciones del Pentateuco. Ahora no podemos examinar sus conclusiones; además la naturaleza misma del problema lleva consigo la imposibilidad de dar una respuesta exacta a esta cuestión. Pero tampoco quienes creen que existe una base histórica más amplia y consistente obtienen con ello la imagen del «fundador de la religión» que tanto desea el lector moderno, sino únicamente hallarán antiquísimas tradiciones aisladas que sólo pueden conciliarse con gran dificultad. Una y otra vez nos sorprende el gran interés de estas tradiciones por la función sagrada, el «oficio» de Moisés, que supera con creces el interés por su persona. Así vemos cómo incluso la atención de los antiguos narradores se concentraba más sobre los problemas relacionados con su tiempo, que sobre los elementos histórico-biográficos de sus personajes.

2

LA CRISIS PROVOCADA
POR LA CONQUISTA DE CANAAN

Es INDUDABLE que cuando las tribus penetraron en el país agrícola traían consigo un rico caudal de tradiciones. Ganaríamos mucho si pudiéramos clasificarlas con mayor precisión y aislarlas de las ideas religiosas posteriores pues, a diferencia de otros pueblos que pasaron también de la vida nómada a la sedentaria, Israel cuidó con mucho respeto sus tradiciones primitivas incluso después de haberse convertido en pueblo sedentario [1]. Pero como estas tradiciones de la época nómada se mezclaron indisolublemente con las ideas de la religión agrícola cananea ·y por otra parte fueron refundidas una y otra vez por las generaciones sucesivas, resulta imposible liberarlas de todas estas complicaciones posteriores para reconstruir su significado primitivo. En el caso del culto a los «dioses paternos» la situación es menos compleja pues aquí se trataba de un entero conjunto de prácticas cultuales anteriores al yahvismo que podían ser aisladas del culto a Yahvéh.

Nos interesaría en particular conocer algo sobre las formas y la temática de la primitiva religión yahvista, pero también aquí encontramos la dificultad mencionada: cuanto nos fue transmitido sobre ella proviene en parte de una época bastante antigua pero era una época en la cual el culto a Yahvéh se había distan-

---

1. V. MAAG, *Suppl. VT.* VII (1959) 135 s.

ciado sustancialmente de su condición primitiva. Por esto mismo todo cuanto podemos hacer se reduce a señalar algunas tradiciociones cultuales completamente aisladas las cuales provienen sin duda alguna de aquella época primitiva. Ahora bien, como por este camino no conseguiríamos obtener jamás un cuadro aproximado de la situación global del culto primitivo, renunciamos aquí a una tentativa de este género.

Desde antiguo se viene diciendo que el rito pastoril de la pascua remonta con cierta probabilidad a una época muy anterior al «período mosaico». Pero una vez más tropezamos con la dificultad de siempre: esta celebración cultual se encuentra ahora revestida de una interpretación histórica que se unió al rito primitivo poco después de la experiencia del éxodo. Por eso todo intento de reconstruir el antiguo rito pascual permanece siempre en el terreno de la hipótesis[2]. Con toda seguridad practicaron ya los antepasados nómadas de Israel la circuncisión y es probable que guardaran el «sábado»[3]. En cuanto a los objetos del culto es lícito suponer que la tienda santa existía ya en el período anterior a la conquista de Palestina.

Numerosos indicios hacen pensar que el culto del dios Yahvéh entró en Palestina con los últimos grupos de la inmigración, es

---

2. L. Rost, propuso una interpretación muy plausible en: *Weidewechsel und Altisraelitischer Festkalendar:* ZDPV (1943) 205 s.

3. No resulta fácil determinar el significado del sábado en el antiguo Israel. Bajo el punto de vista de la historia de las religiones parece que en último término pertenece a la categoría de los *dies nefasti*, los días-tabú en los cuales se omitían las ocupaciones más importantes porque tales días se hallaban bajo la acción de poderes maléficos. Sólo dos indicios de esta prehistoria del sábado permanecieron en Israel, a saber: el sábado era un día de reposo y sin embargo no era un día festivo pues el antiguo Israel no celebró jamás este día con una función religiosa positiva. Si el año sabático, año en el cual se proclamaba el barbecho sagrado de los campos, era en realidad un acto de fe con el cual se ponía en evidencia que Yahvéh era el primer propietario de la tierra, entonces podríamos considerar también el sábado como un día libre de toda ocupación humana y de este modo se le devolvía a Yahvéh, una especie de «día-normativo». Es probable que tenga alguna relación con el *Sappatu* de Babilonia, el día 15 del mes, día de la luna llena; pero no se ha podido comprobar la hipótesis de que el sábado fuese originariamente en Israel el día del plenilunio, K. Budde: ZAW (1930) 138 s. Sobre el problema del sábado en general: E. Jeni, *Die Theologische Begründung des Sabbatgebotes im AT* (1956) 1 s.

decir, con la casa de «José», y fue aceptado por las tribus sedentarias de la estirpe de Lía. El relato de «la asamblea de Siquem»
(Jos 24) da a entender que en una hora dramática la casa de José,
por boca de su representante Josué, apremió a las otras tribus
a tomar una decisión en pro o en contra de Yahvéh. Desde antiguo llamó la atención lo irreconciliable de este relato con aquella
idea más reciente según la cual todas las tribus estuvieron presentes en el Sinaí[4]. ¿Qué sentido tendría entonces la intimación
de Josué a eliminar los dioses extranjeros y a decidirse por Yahvéh?
La narración conserva, pues, un recuerdo muy antiguo de un contraste cultural entre las tribus debido a la entrada de los adoradores de Yahvéh en el país. Por otra parte recuerda también un
suceso de importancia trascendental para el culto: la institución
de la antigua anfictionía israelita.

No es nueva la hipótesis de que el culto a Yahvéh practicado
por las tribus israelitas tenía cierta analogía con las asociaciones
cultuales de la antigua Grecia o de la Italia prerromana, pero
sólo en tiempos recientes ha sido desarrollada metódicamente
hasta alcanzar el mayor grado de certeza posible en este terreno[5].
La alianza tribal instituida en Siquem no tenía directamente una
función política. Era una confederación de carácter religioso,
es decir: asociaba a las tribus en el culto al dios Yahvéh y en el
cuidado de un mismo santuario. Bajo el punto de vista político,
las tribus seguían abandonadas a su propia suerte y debían preocuparse de sí mismas y de su espacio vital. Sólo cuando la anfictionía como tal se hallaba amenazada o cuando estaban en juego
sus intereses vitales, p. e. si se trataba de la existencia o desaparición de una tribu entera, entonces toda la confederación entablaba la lucha. En este caso se trataba de guerras santas en las
que el mismo Yahvéh combatía en favor de los suyos, eran
actos religiosos antes de los cuales los varones se santificaban,

---

4. E. SELLIN, *Geschichte des israelitisch-judischen Volkes* I, 97 s.
5. M. NOTH, *Das System der zwölf Stämme Israels* (1930). Pero parece
ser que también las tribus vecinas de Israel se asociaban en confederaciones de
12 miembros (Gén 25, 12-18; 22, 20-24; 36, 1-4).

es decir, se sometían a una ascesis sexual. Las guerras terminaban con el anatema (חרם), la entrega del botín a Yahvéh [6]. Las diversas empresas de este tipo de las que tenemos noticia demuestran con creces cuán débil era, en el fondo, su unión cuando debía acreditarse en el campo político. Incluso en el acontecimiento más importante de esta índole, en la batalla contra la coalición cananea (Jue 4 s.) participaron sólo 6 tribus. La convocación a tales empresas partía de un caudillo carismático que se sentía invadido por el espíritu de Yahvéh. Una vez más toda la iniciativa estaba en las manos de Yahvéh. Estas guerras santas eran la situación en la que hundía sus raíces más profundas la exigencia de la fe en Yahvéh [7].

Las peregrinaciones regulares de los miembros de la anfictionía al santuario común donde se hallaba el arca, jugaron un papel más decisivo en favor de una verdadera unión de las tribus. Estas romerías, en especial la organizada para la gran fiesta de otoño, junto con los sacrificios y el compromiso de la alianza, constituían los momentos culminantes de la vida de la confederación tribal. Una larga serie de textos revelan la existencia de una fiesta cultual de la anfictionía, e incluso nos dan algunas informaciones fundamentales sobre la sucesión litúrgica de sus partes. Parece cierto que su contenido principal consistía en un compromiso solemne de observar las leyes de Yahvéh que tenía el carácter de una renovación periódica de la alianza [8]. Esta fue la situación vital del decálogo, o al menos, la más antigua que podemos atestiguar con argumentos científicos. Ello no comporta decisión alguna sobre la antigüedad absoluta del mismo. De

---

6. G. von Rad, *Der heilige Krieg im alten Israel* (1951) 25 s.
7. Sobre Ex 14, 31 y Jue 7, 1 s., véase G. von Rad, *l. c.* 32, 44 s.
8. S. Mowinkel dio el primer paso en esta dirección cuando nos enseñó a considerar la perícopa sinaítica de JE como el precipitado literario de varias acciones cultuales. El fue también quien incluyó en la discusión los salmos 81 y 50, pues a la base de ellos se descubre una festividad y una recitación cultual de los mandamientos (*Le Décalogue*, 1927). También tienen una importancia particular Dt 27, 9 s.; 11, 29 y Jos 24, 25 s. La sucesión de las partes principales del Dt (parenesis-mandamientos-conclusión de la alianza-bendiciones y maldiciones) es un anillo más en la cadena de las argumentaciones. H.-J. Kraus, *Gottesdienst in Israel* (²1962) 24 s.

todos modos, cada uno de los mandamientos en particular proviene de un período mucho más antiguo, pues el decálogo es,
con toda probabilidad, una compilación consciente y meditada
de los preceptos más característicos del yahvismo para ser reci-
tada en estas festividades; era, por lo tanto, una selección sacada
de una tradición más extensa [9].

En esta época —si nos está permitido dar un valor histórico a la distribución del nombre de Yahvéh en los libros sagrados— se le comienza a llamar
con el título de יהוה צבאות. Como este nombre divino no se encuentra en los
libros Génesis-Jueces, y en cambio, aparece estrechamente unido al arca en
los libros de Samuel, es probable que tuviera su origen en Silo durante el
siglo XI a. C. El primer problema que plantea es el lingüístico, en cuanto no
es posible considerarlo sin más como un estado construido. Por esto alguien
ha pensado que la forma יהוה צבאות אלהי es la más antigua y יהוה צבאות
una abreviatura secundaria y defectuosa. Contra esta suposición resulta por un
lado que la forma יהוה אלהי צבאות aparece sólo en 18 textos, mientras la forma más breve se encuentra 267 veces y por el otro no es posible atribuir una mayor antigüedad a los textos con la forma más larga. A nuestro parecer esta última es, con mayor probabilidad, una interpretación posterior de la forma antigua. Supongamos que la forma más completa sea la más antigua; entonces, según 1 Sam 17, 45, debería interpretarse con relación a los ejércitos de Israel.
En este caso no se comprende que esta expresión goce de especial simpatía entre
los profetas (247 veces) de cuyas amenazas se espera todo menos la alusión
a un compromiso entre Dios y los ejércitos de Israel. Por todo ello, otros prefieren aplicar צבאות a las criaturas celestes o a las estrellas, etc. (véase
Gén 2, 1). Tratándose de un epíteto divino tan antiguo deberíamos renunciar
desde un principio a la hipótesis de que haya podido tener el mismo significado en todas las épocas y ambientes. Más aún, cuando tratamos de solucionar el problema de su significado ¿no partimos acaso de una base falsa
al suponer que un elemento 'tan primitivo de una epiclesis cultual admite
siempre una explicación racional? Recientemente se intentó considerar el
plural צבאות como la forma intensiva de un plural abstracto (es decir, poco
más o menos en el sentido de «potencia») y explicarlo como un segundo
nombre. De hecho se encuentran muchos nombres terminados en -ot. En
este caso צבאות sería atributo de יהוה. Así: O. EISSFELDT, *Jahwe, Zebaoth*:
Miscellanea academica Berolinensia (1950) 128 s. La última monografía
detallada sobre este tema: B. N. WAMBACQ, *L'épithète divine Jahvé Sebaoth*,
1947.

---

9. El decálogo no ofrece en sí mismo ningún punto de apoyo para determinar su antigüedad. No podemos probar ni refutar con argumentos científicos el «origen mosaico» del «decálogo primitivo» es decir, del decálogo
limpio de adiciones secundarias. Sobre la fórmula cultual de autopresentación
de Yahvéh: «Yo soy Yahvéh, tu Dios, quien te sacó de la tierra de Egipto»
y sobre las múltiples ramificaciones de esta fórmula, véase W. ZIMMERLI,
Ich bin Jahwe. Festschrift f. A. Alt (1953) 179 s. (ahora en *Gottes Offenbarung:
Ges. Aufs. z. AT* 1963, 11 s.); K. ELLIGER, *Ich bin der Herr, euer Gott.* Festschrift f. K. Heim (1954) (ahora en: *Kleine Schriften z. AT* 1966).

De esta manera, pues, Yahvéh se convirtió en el «Dios de Israel» [10]. La unión de las tribus bajo la confesión de Yahvéh no pudo conducir desde un primer momento a la unificación religiosa perfecta. Al contrario, en los primeros tiempos, la situación debió ser muy compleja, pues aquellos a quienes Josué puso tan violentamente frente a la alternativa «culto a Yahvéh», o «culto a los ídolos», poseían ya una antigua tradición cultual. Baste pensar en la veneración de «los dioses paternos», culto que sin duda había ido cambiando de forma y contenido.

Era además inevitable que las tribus ya instaladas en el país entraran en contacto con algunos de los santuarios cananeos más famosos. También éstos eran centros de peregrinación a donde afluían grandes muchedumbres en los días de las festividades principales. Junto a las celebraciones cultuales, estas fiestas ofrecían a los oriundos de los países más lejanos la feliz oportunidad de organizar mercados anuales; se vendía y compraba, se solicitaba la mano de la futura esposa o se celebraban los esponsales y se resolvían los litigios. La fiesta se convertía en una feria [11]. Los nuevos emigrados no podían sustraerse a este dinamismo vital, en el cual, como dijimos, la vida económica jugaba un papel importante. ¿No era pues lo más natural que continuaran practicando su culto tradicional en estos mismos santuarios y, al mismo tiempo, asimilaran cada vez más las concepciones reinantes en estos lugares sagrados? Con la mayor naturalidad, unieron a quienes fundaron su culto y recibieron su revelación, con el santuario; de este modo las figuras de Abraham, Isaac y Jacob se entrelazaron automáticamente con las leyendas cultuales de origen cananeo. Así, por ejemplo, los adoradores del dios de Abraham que pertenecían a las tribus de Lía, entraron en la región donde se encontraba el santuario del árbol de Mambré y se apropiaron la leyenda cultual de este lugar sagrado, relacionando

---

10. La fórmula «Yahvéh, el dios de Israel», tan frecuente en el Antiguo Testamento, se halla estrechamente ligada al arca y proviene de Siquem. C. STEUERNAGEL, *Festschrift f. Wellhausen* (1914) 331.

11. J. WELLHAUSEN, *Reste arabischen Heidentums* (Skizzen und Vorarbeiten) (1898) 87 s.

la visita de los tres personajes divinos con su primer antepasado Abraham (Gén 18).

Sin embargo, este lento transplante del culto a los dioses paternos a los antiguos santuarios cananeos y la inserción progresiva de las figuras patriarcales en las sagas cultuales de origen cananeo, no se detuvo cuando las tribus abrazaron la fe yahvista. La familiaridad de los efraimitas con Betel y la fusión de la leyenda cultual de este santuario con Jacob (Gén 28, 10 s.) sólo se pudo llevar a término después de la asamblea de Siquem. El culto yahvista, al cual se sentía obligada la confederación anficticónica en cuanto tal, dejaba evidentemente un amplio margen de libertad a las prácticas religiosas de sus miembros, de modo que en esta época primitiva es necesario distinguir entre religión nacional y tribal [12]. Así el culto yahvista fue penetrando lentamente en los santuarios de las regiones donde se habían instalado las tribus.

Nunca llegaremos a imaginar la vitalidad y el colorido de la vida cultual de aquella época, cuando las tribus vivían con una autonomía casi absoluta. Si bien todas ellas adoraban a Yahvéh y se habían comprometido a cuidar su santuario, todavía quedaba un largo camino por recorrer hasta que la fe yahvista las penetrara por completo y constituyera la base de su unidad. Sí, todo el pueblo de Israel se dirigía cada año en peregrinación al santuario central donde un sacerdocio yahvista velaba por la pureza de las tradiciones, pero ese Yahvéh que tenía su trono sobre el arca, tenía, al principio, una importancia insignificante en la vida cotidiana del campesino israelita.

La Biblia nos habla ocasionalmente de un sacrificio anual al que acudía todo el clan (1 Sam 20, 6. 29; 2 Sam 15, 7. 11 s.). No poseemos datos precisos sobre el contenido de este sacrificio, pero existen motivos suficientes para suponer que, sobre todo en los primeros tiempos, estas obligaciones cultuales de carácter familiar y local tenían gran importancia para los israelitas. También parece muy probable que cada ciudad poseía un lugar de

---

12. A. ALT, I, 58 s.

culto donde sus habitantes ofrecían sacrificios a Yahvéh (1 Sam 9, 12 s.; 16, 5). Ahora bien, ¿cuándo consiguió penetrar en estos santuarios locales la fe yahvista? y ¿dónde permaneció la tienda santa durante todo este espacio de tiempo? En la tradición pasa a un segundo plano con relación al arca, pero es de suponer que aún después de la conquista de la tierra, ocupó una posición central en alguna comunidad de creyentes [13].

Según parece, Betel fue más tarde el santuario central de la confederación tribal (Jue 20, 18. 26 s.), luego Silo (1 Sam 1 s.) y después de su destrucción lo debió sustituir por algún tiempo Guilgal (junto a Jericó) [14]. Estos cambios se comprenden mejor como una sucesión temporal; pero ¿qué sabemos de las numerosas agrupaciones cultuales que existieron simultáneamente? Ya vimos como Betel siguió atrayendo nuevos grupos de adoradores aún después de la institución de la anfictionía yahvista. En este lugar se veneraba el dios Betel; de su culto se encuentran abundantes vestigios en una extensa zona de Israel [15]. La bendición de Moisés dice que las tribus de Isacar y Zabulón «invitan los pueblos hacia la montaña» (Dt 33, 19; Os 5, 1). La montaña es el Tabor donde se encontraba un célebre santuario. Por consiguiente, este era también un pequeño centro anfictiónico con su círculo tradicional de adoradores [16].

El dios venerado en el Tabor no fue originariamente Yahvéh, como tampoco lo era en el santuario de Betel. En estos lugares se veneraba una divinidad, «El», uno de los muchos dioses locales de la fecundidad y de los fenómenos metereológicos cuyo culto estaba muy extendido en Canaán. Otro tanto puede decirse del santuario situado en el monte Carmelo [17]. En Siquem se rendía

13. Véase más adelante la página 93.
14. Betel: Jue 20, 26 s.; Silo: 1 Sam 1 s.; Jer 7, 12 s.; Guilgal: 1 Sam 10, 8; 11, 14 s.; 13, 4. 7; 15, 12. 21. 33.
15. O. Eissfeldt, *Der Gott Bethel:* Archiv. f. Religionswissenschaft (1930) 1 s.; K. Galling, *Bethel und Gilgal:* ZDPV (1944) 26 s.
16. O. Eissfeldt, *Der Gott Tabor:* Archiv. f. Religionsw. (1934) 14 s.
17. K. Galling, *Der Gott Karmel und die Achtung fremder Götter.* Festschrift f. A. Alt (1953) 105 s.; O. Eissfeldt, *Der Gott Karmel:* Sitzungsber. d. deutschen Akademie d. Wissenschaften, Berlin 1953.

culto a un cierto «Baal de la alianza» (Jue 9, 4) y en Berseba a un
«El Olam» (Gén 21, 33). Del mismo modo en el extremo sur se
veneraba un «El Roi» («dios de la aparición», Gén 16, 13). Algo
semejante debió ocurrir en el santuario de Fanuel al este del
Jordán. Además de estos santuarios célebres existían en el país
los famosos «altozanos», lugares de culto con una importancia
predominantemente local. Los profetas denunciarán con pasión la
abundancia y malsano influjo de estos lugares[18].

Estos cultos, como era lícito esperar de una población campesina, eran puros cultos de fecundidad: Baal era el propietario
(el nombre era en su origen un apelativo) de una colina, oasis o de
otro lugar cualquiera; Baal tenía con la tierra una relación de
ἱερὸς γάμος (matrimonio sagrado); él es la mística potencia
generativa que fecunda la tierra con el esperma de la lluvia[19].
Los hombres participaban de su poder bienhechor penetrando
en su misterio e imitándolo. La prostitución cultual era una
característica esencial de esta religiosidad; en los santuarios vivían prostitutas sagradas (קדשה 1 Re 15, 12; 2 Re 23, 7; Dt 23,
18) y los objetos característicos del culto eran las estelas, columnas
de piedra mal talladas (Gén 28, 18; Ex 23, 24; Dt 16, 22) y postes
llamados «aserás» (Jue 6, 25; Dt 16, 21), ambos quizá, símbolos
fálicos. Junto a Baal estaba Astarté, la diosa de la fecundidad
por antonomasia. Un culto importado de Babilonia y Siria ya
en los primeros tiempos era el del dios Dagon, otra divinidad de
la vegetación (1 Sam 5, 2 s.). Los nombres de las localidades
Anatot y Bet Anat nos permiten concluir que también en aquellos
tiempos lejanos se practicaba el culto a Anat. Por primera vez,
los textos de Ras-Samra nos han procurado noticias más precisas
acerca de esta Anat, hermana de Alijan Baal. Ellos nos muestran

---

18. El significado fundamental de במה es lomo, que evolucionó hasta el
concepto de lugar sagrado (N. del T.: se piense en la evolución semántica:
lomo-loma) véase la frase «construir una במה»: 1 Re 14, 23; 2 Re 17, 9, etc.
(también Mesa, línea 3). A. Schwarzenbach, *Die geographische Terminologie
im Hebräischen des AT* (1954) 12 s. Otras interpretaciones en: W. F. Albright,
Suppl. VT, IV, 242 s.; O. Eissfeldt: IPOS (1936) 287 s.
19. M. Buber, *Königtum Gottes* (²1936) 65 s.

además todo un panteón de proporciones casi homéricas y nos permiten sacar muchas conclusiones sobre las concepciones reinantes en Palestina, las cuales eran sin duda muy elementales por su origen campesino; hasta este memorable descubrimiento, todos nuestros conocimientos sobre la religión cananea antigua se fundaban en las conclusiones sacadas del Antiguo Testamento y de una valoración cuidadosa de informaciones tardías sobre la mitología fenicia [20].

El encuentro de la religión yahvista con un ambiente cultural tan diverso como el cananeo se realizó con gran naturalidad; fue el resultado del contacto frecuente de muchos grupos hebreos con los santuarios cananeos [21]. No debemos pues suponer —al menos en los primeros contactos— que el yahvismo hubiera ayudado a sus fieles con algún género de instrucciones o normas prácticas. El culto yahvista necesitaba primero tomar conciencia de su originalidad con relación a los otros cultos y ello requería su tiempo. La rapidez en el proceso de cananeización de la religión yahvista fue diversa en cada región; mucho más rápido en el norte que en el sur judío; en cambio en la tribu de Efraim fue más lento que en la de Manasés por vivir ésta en una simbiosis más estrecha con las ciudades cananeas y sus santuarios [22].

Si la teología deuteronómica posee más tarde una percepción clara de su diferencia con todo lo cananeo, es porque recoge el fruto de una larga experiencia con su mundo cultual. En un principio el influjo del mundo religioso cananeo en la religión yahvista fue muy profundo. Numerosos detalles permiten constatar una y otra vez el mismo fenómeno, es decir, el yahvismo

---

20. W. BAUMGARTNER, *Ras Schamra und das AT:* ThR (1940) 163 s.; (1941) 1 s.; 85 s.; 157 s.; el mismo autor: *Ugaritische Probleme und ihre Tragweite für das AT:* ThZ (1947) 81 s; G. FOHRER, *Die wiederendeckte kanaanäische Religion:* ThLZ (1953) col. 193 s.

21. Muchos autores describieron en diversas ocasiones el proceso de cananeización de la religión yahvista. E. SELLIN, *Geschichte des israeljüd. Volkes* I, 121 s.; el mismo autor en *Israel-jüd. Religionsgeschichte* (1933) 35 s.; G. HÖLSCHER, *Geschichte der israel-jüd. Religion* (1922) 69 s.; J. HEMPEL, *Gott u. Mensch im AT* ([2]1936) 52 s.; F. HVIDBERG, *Den Israelitiske Religion Historie* (1944); G. WIDENGREN, *Sakrales Königtum im AT. u. im Judentum* (1955) 7-16.

22. A. ALT I, 127 s.

asimiló profundamente las concepciones cananeas. Por esto pudo concebir a Yahvéh como el dios del cielo, sentado sobre su trono, rodeado de seres divinos y en solemne consejo con estos (1 Re 22, 19 s.; Is 6, 3, s. 8; Sal 82), a semejanza del dios ugarítico El, padre de los dioses y «de los años» que reinaba desde su trono sobre su panteón. De este modo, la imagen más popular de Yahvéh en Israel: «Yahvéh, rey del cielo», suplantó la tradición más antigua del Yahvéh que viene del Sinaí (Jue 5, 4 s.; Dt 33, 2).

El yahvismo no habría podido asimilar esta antigua concepción cananea si no hubiera comenzado en seguida un proceso de desmitización. Los dioses se convirtieron en ministros celestiales de Yahvéh [23]. La adopción de epítetos divinos puramente cananeos nos muestra hasta qué punto llegó la asimilación de las concepciones cananeas. Según Núm 24, 8, Yahvéh tiene «cuernos como el búfalo»; ahora bien, la corona de cuernos era el atributo de una divinidad que Israel no pudo conocer antes de entrar en Canaán. La designación de Baal como el «jinete de las nubes» (rkb 'rpt, textos en el *Gordon Glossary*, n. 1869), esclareció el extraño רכב בערבות del salmo 68, 5, que también debe traducirse: «cabalgando sobre las nubes».

El yahvismo tomó otras muchas prácticas del culto cananeo, en particular los sacrificios y sus ritos [24]. En la técnica de los oráculos Israel comienza a utilizar en este momento el «efod» (אֵפוֹד), que debió ser una prenda de alguna divinidad y en este caso podría haber sido en su origen una especie de coraza metálica que revestía un poste o la estatua de un dios (Jue 8, 26 s.; 17, 5). Pero también podía ser un vestido usado por el sacerdote (1 Sam 2, 28; 14, 3) cuando se convertía en la boca de la divinidad pronunciando el oráculo. En una época muy tardía aparece el efod como parte de los ornamentos sacerdotales (Ex 28, 6 s.) [25]. El culto yahvista tomó incluso de la población indígena y de sus intuiciones

---

23. A. ALT I, 354 s.
24. R. DUSSAUD, *Les origines cananéennes du sacrifice israélite* (1921).
25. K. ELLIGER, *Ephod*, RGG[3]; H. THIERSCH, *Ependytes und Ephod* (1936); el mismo en: ZAW 1935, 180 s.

cultuales el ciclo de las fiestas puramente agrarias y campesinas [26]. Por esto no debe extrañarnos si Israel aprendió también de los cananeos el arte de componer sus himnos sagrados. Más aún, se piensa que incluso tomó poemas enteros del culto cananeo [27].

Más tarde, en el ámbito de la teología deuteronómica, Israel consideró la aceptación o el simple uso de las prácticas del culto cananeo como la mayor apostasía de Yahvéh. En aquellos tiempos la negación absoluta de este culto se convirtió en el *articulus stantis et cadentis Ecclesiae*. Si quisiéramos juzgar con este principio la primera época de adaptación en el país agrario, entonces la sentencia sería obvia. Pero resulta fácil comprender, que esta adaptación a formas cultuales extranjeras obedecía a la apremiante necesidad de la supervivencia. La religión yahvista se vio obligada a presentarse con un aspecto nuevo, dado el cambio radical de las condiciones de vida de los nuevos sedentarios; y en este proceso de transformación muchas concepciones cananeas le fueron de gran utilidad puesto que podía fluir en su molde y tomar una forma nueva.

Notemos, por ejemplo, el caso más significativo: el yahvismo no tenía en su origen ninguna relación particular con las tierras de cultivo, el fenómeno de la tierra fértil (אדמה en oposición a la «tierra de barbecho», la estepa מדבר Jer 2, 2). Las tierras de cultivo no fueron para los antiguos un *adiaforon* (un objeto indeferente), sino un *sanctum* (algo sagrado) y no era una ocupación profana el despertar sus ocultos poderes. Se tenía miedo del

---

26. Las tres fiestas principales tenían un carácter típicamente agrario. La fiesta de los ázimos se celebraba al comienzo de la siega; la fiesta de las semanas, que Ex 23, 16 llama: fiesta de la recolección del grano (קציר) indicaba el fin de la cosecha del trigo; y en la fiesta de los tabernáculos, —Ex 23, 16 la llama fiesta de la vendimia (אסף) —, se celebraba al término de la vendimia y al fin del año. La pascua debe distinguirse cuidadosamente de las tres fiestas mencionadas, pues la celebraban las familias en su propia casa. El Dt convirtió por primera vez la pascua en una fiesta de peregrinación (חג): Dt 16, 1 s.

27. Esta sospecha recae en particular sobre el Sal 29. J. J. STAMM, Th R (1955) 28; A. R. JOHNSON *Sacral Kingship in Ancient Israel* (1955) 54 s.; recientemente: W. SCHMIDT, *Königtum Gottes in Ugarit und Israel*: BZAW 80 (1961) 45 s.

misterio *ctónico* (telúrico): arar la tierra y utilizar sus energías era una osadía; por eso, extraños ritos protegían el cultivo del campo; más aún, se atribuía a una revelación especial el conocimiento de su poder bienhechor y los medios para disfrutarlo[28].

¿Qué podía responder la religión yahvista a esta cuestión vital para los antiguos campesinos? No podía callar ni permanecer indiferente, debía investigar y preguntarse si Yahvéh se mostraría también en este sector como el señor y dador de todo bien. Y Yahvéh no se quedó mudo: «El campo es mío, vosotros sois sólo advenedizos y colonos en mi casa» (Lev 25, 23). Esta frase contiene una afirmación muy característica del modo como Israel concebía sus relaciones con la tierra. Mientras los pueblos vecinos, por lo que sabemos, acentúan su ser autóctono, pues para ellos la posesión de la tierra era un dato religioso primordial, Israel en cambio no olvidó jamás que Yahvéh le había conducido al país y le había concedido la posesión de la tierra[29].

Este avance continuo de Yahvéh, esta invasión de sectores y ámbitos ajenos a su dominio, este apropiarse y transformar concepciones cultuales de otros círculos religiosos muy diferentes, es sin lugar a dudas, el rasgo más apasionante de la historia del yahvismo primitivo. Es fácil imaginar que cada batalla con el culto a Baal era, para la comunidad yahvista, un duelo de vida o muerte. Esta situación de pugna incesante, este proceso de absorción y repulsión se apaciguó por primera vez en el Deuteronomio; en su parenesis sobre las bendiciones (Dt 28) la victoria contra Baal es ya una conquista segura[30].

El proceso comenzó cuando el primer grupo yahvista pisó el suelo fértil de Palestina, pues desde el primer momento el culto

---

28. Incluso en Isaías se perciben reminiscencias de esta idea (Is 28, 26. 29; véase Os 2, 7 s.). También en un canto coral de Sófocles resuena el antiguo terror ante el atrevimiento del hombre: «Mientras los arados se cambian año tras año, fatiga a la sublime entre los dioses, la tierra, la inagotable» (SÓFOCLES, *Antígona* 337-339). Sobre el llanto ritual en el momento de la siembra y la respectiva alegría durante la cosecha (Sal 126, 5 s.), véase F. HVIBERG, ZAW 1939, 150 s.

29. W. EICHRODT, *Historia mundi* II, 392.

30. Véase más adelante la página 292.

de Yahvéh se mostró exclusivista y no toleró la coexistencia pacífica de otros cultos. De hecho no se puede concebir un culto yahvista desprovisto del primer mandamiento. Sin embargo, esta intolerancia cultual no se convirtió en una negación directa de la existencia de otros dioses, hasta una fecha muy posterior (la prueba más patente es Isaías II). En estos primeros años de lucha los adoradores yahvistas aprendieron ante todo la incompatibilidad del culto de Yahvéh, el dios de Israel, con el de las restantes divinidades. Pues bien, nosotros no conocemos otro fenómeno análogo de intolerancia cultual; es un caso único en la historia de las religiones.

La misma historia del culto yahvista nos enseña que, con el correr de los siglos, esta intolerancia no se conformó nunca con una separación pacífica de los diversos grupos cultuales. Desde el principio poseía un carácter muy agresivo que negaba cada día con mayor intensidad la legitimidad de los cultos extranjeros. El rito de abjuración celebrado en Siquem al comenzar una peregrinación, nos permite echar una mirada interesante en el funcionamiento práctico de esta intolerancia [31]. En primer lugar, se intimaba a todos los participantes en la peregrinación a separarse en forma solemne de todo cuanto les unía a otros cultos, fueran las imágenes de los ídolos —por ejemplo las numerosas estatuillas de Astarté descubiertas en las excavaciones— u otros objetos de culto. Al menos en este caso podemos observar las medidas prácticas adoptadas por el yahvismo para defenderse de los cultos extranjeros y salvaguardar su propia existencia.

En la mayoría de los casos hemos de contentarnos con registrar los resultados de un incesante forcejeo con los cultos extraños. Así, las interminables listas de animales inmundos (Lev 11; Dt 14) presuponen largos y tenaces combates contra los ritos extranjeros. Según parece, estos catálogos quieren quitar todo valor sagrado a ciertos animales que en otros lugares poseían algún significado positivo para el culto. Por los textos de Ras-Samra sabemos que

---

31.   Gén 35, 2 s.; Jos 24, 23; sobre ellos véase A. ALT I, 79 s.

el cerdo, mejor dicho el jabalí, tenía una relación especial con Alijan Baal y tuvo su importancia en el culto de Afrodita en Chipre [32]. Ahora bien, Afrodita es sólo el nombre helenista de Astarté, (Istar) la divinidad común de todo el oriente, diosa del amor y de la maternidad.

Es de suponer que estas decisiones generales sobre un animal sólo podían nacer y consolidarse lentamente a través de numerosas decisiones y juicios particulares de los sacerdotes de otros tantos santuarios hasta llegar a constituir un tesoro común «del» yahvismo. Pues bien, si éste era el proceso ordinario para proscribir un solo animal, ¡qué largo debió ser el camino hasta reunir en un catálogo las decisiones sobre muchos animales, decisiones que a su vez habían pasado a ser propiedad común de toda la religión yahvista! La prohibición de cocer el cabrito en la leche de su madre (Ex 23, 19; 34, 26) quiere evitar el influjo mágico de la leche, como lo indican los textos de Ras-Samra [33].

La historificación de las antiguas fiestas agrícolas, es decir, su enraizamiento en la historia salvífica, la legitimación de todas las celebraciones cultuales sobre el fundamento de las intervenciones de Yahvéh en la historia, es el resultado de una asimilación positiva de las mismas [34]. Aquí, en el secreto más íntimo, se llevó a cabo el proceso de una profunda desmitización gracias al cual la religión yahvista asimiló ideas y costumbres procedentes de los ambientes cultuales más diversos.

Sin embargo, lo más sorprendente para el investigador de la historia religiosa de la humanidad es la firme y tenaz resistencia del yahvismo frente a la mitización de la sexualidad. Con su mentalidad mística, los cultos cananeos consideraban el acto sexual y la procreación como acontecimientos divinos. Por esto la atmósfera religiosa se hallaba saturada de relatos mítico-sexuales. No obstante, Israel no tomó parte en esta «divinización» de la

---

32. Más detalles en NOTH, *Ges. Studien*, 78 s. (GORDON, 67 V, 9); W. W. GRAF BAUDISSIN, *Adonis u. Esmun* (1911) 144.
33. GORDON II, 52, 14.
34. A. WEISER, *Glaube und Geschichte im AT* (1931) 35 s.; G. VON RAD, *Teología del Antiguo Testamento*, II. Sígueme, Salamanca 1972, 137.

sexualidad. Yahvéh estaba por encima de la polaridad sexual y esto significaba que Israel no podía comprender ni aceptar lo sexual como un misterio sagrado. Lo excluía del culto porque era un fenómeno del mundo creado.

Se ha repetido con frecuencia que el antiguo Israel no poseía una clara visión religiosa de la creación y que las concepciones cananeas le ayudaron a desarrollar su fe en esta dirección. Esto es verdad en cuanto que Israel encontró por vez primera el camino hacia una representación coherente de su fe en la creación cuando asimiló ciertas ideas como la de un combate creador entre Dios y el Dragón del Caos o la idea de la formación de la tierra con los elementos mismos del poder enemigo derrotados [35]. Pero precisamente su actitud polémica frente a la más mínima divinización de la sexualidad, la exclusión de todo este sector vital del ámbito cultual y de la esfera de la actividad sagrada demuestra que, incluso en tiempos remotos, Israel poseía al menos en germen una fe firme en la creación. Esta fe se hallaba implícita en la desacralización de lo sexual, más aún, era el verdadero motor de ese proceso [36]. En las alegorías de los profetas se ve cuán definitiva fue la superación de los peligros provenientes de ese ámbito. Tanto Oseas (1-3) como Ezequiel (16; 23) presentan a Yahvéh como el esposo de mujeres terrenas sin temor a que estas imágenes pudieran ser malentendidas en sentido mitológico.

Por otra parte, descubrimos en ellas la supervivencia desmitizada de ciertas ideas de origen cananeo dentro de la religión yahvista. Y es más, tales concepciones se mantuvieron en su forma primitiva en ciertos estratos profundos donde nunca pudo llegar el control de yahvismo pues, si no fuera así, no podría explicarse que reaparecieran en el siglo VI, con toda su antigua lozanía mi-

---

35. H. GUNKEL, *Schöpfung und Chaos* ([2]1921) 29 s.; cf. también las páginas 201 s., de este volumen.

36. Por lo demás, muchos indicios parecen confirmar la suposición de que la historia yahvista de la creación (Gén 2, 4b s.) proviene de antiquísimas tradiciones anteriores a la época palestina. Según esta narración, el espacio vital del hombre surge del secano, de la árida estepa.

tológica, en la colonia militar de Elefantina, aislada de la comunidad nacional [37].

Naturalmente, el yahvismo experimentó también graves reveses en esta lucha continua entre Yahvéh y Baal por la supremacía de sus funciones y competencias cultuales; pero, ninguna crónica menciona el número de fieles yahvistas que sucumbieron a los halagos del culto de Baal. Con todo, la tradición señala un episodio de esta clase en el santuario de Baal Peor, al nordeste del mar Muerto (Núm 25, 3). Es posible que en ciertas épocas, este santuario atrajera a sí algunos miembros de la anfictionía yahvista con la consiguiente desaprobación de los restantes. Más significativos son la aparición y creciente aumento de nombres propios compuestos con Baal a partir de la conquista de Canaán [38]. Estos nombres pueden interpretarse como una profesión de fe en este dios y en su culto o quizás sea un puro cambio en el vocabulario cultual, es decir, el pueblo se acostumbró a invocar a Yahvéh con el nombre de Baal.

Sin embargo, ahora más que nunca, debemos convencernos de que la mirada retrospectiva del historiador no puede trazar un límite objetivo más allá del cual todo sea pura apostasía y rendición del yahvismo al enemigo. Es imposible determinar hasta qué punto sirvieron o perjudicaron al culto yahvista las formas cultuales tomadas de la religión cananea, por la simple razón de que el yahvismo era todavía una realidad muy flexible y capaz de muchas transformaciones. Ahora bien, los textos paralelos, provenientes de Ras-Samra, cada día más numerosos y bastante decisivos, no aportan a mi parecer una solución definitiva sobre el problema de la autoafirmación o la rendición del yahvismo, mientras no conozcamos mejor el espíritu y el complejo de concepciones religiosas al que los asoció Israel. Pues ¿qué cuentan las ideas aisladas o los epítetos divinos tomados del ambiente

37.   Los textos de Elefantina muestran que esta comunidad, separada del culto de Palestina, veneraba también una copartícipe del trono de Yahvéh llamada Anat Yahu, AOT, 454; A. COWLEY, *Aramaic Papyri* (1923) 147.

38.   Yerubbaal (Jue 6, 32), Isbaal (2 Sam 2, 8, etc.). Meribaal (1 Crón 8, 34).

cananeo si cuando fueron aplicados a Yahvéh se les privó de su antiguo contexto mítico (como la función sexual de la divinidad, su muerte y resurrección)? Oseas es sin lugar a dudas el profeta más influenciado por las concepciones religiosas cananeas y, al mismo tiempo, es el acusador más implacable de la apostasía de sus contemporáneos frente al culto de Baal [39].

¿No sería igualmente posible que en determinados momentos de la historia el yahvismo haya podido presentarse más actual y auténtico en las formas importadas que en las antiguas formas tradicionales? Al examinar en su conjunto el proceso de adopción de elementos cananeos se tiene una impresión muy paradójica: las nuevas formas dieron al yahvismo una mayor conciencia de su originalidad y le permitieron mantener su posición con mayor desahogo y mayor seguridad en sí mismo. La cananeización de la religión yahvista representa sólo un aspecto del fenómeno total, pues ¿no tuvo lugar también el proceso contrario de «yahvización» de las concepciones cananeas asimiladas?

Cuando Israel abrió sus puertas a ideas cultuales de otras religiones, no lo hizo impelido por una necesidad de carácter religioso, pues esto era inconcebible en la antigüedad. El culto revelaba y garantizaba las instituciones y en particular aquellas que afectaban la esfera más inmediata de la existencia humana. Por ellas la divinidad venía en ayuda del hombre, pues le enseñaba tanto las leyes que sostenían y preservaban el ámbito natural donde transcurría su vida, como también las reglas que facilitaban una convivencia bienhechora con sus semejantes. El desprecio de tales normas provocaba, ante todo, un grave desorden en el ámbito del culto y la comunidad cultual era la encargada de eliminar tales perturbaciones.

Pero, en la época anterior a la monarquía, Israel no sólo se sentía obligado a observar las leyes divinas provenientes del culto, sino también otras normas jurídicas diferentes por su naturaleza y su origen. En efecto, Israel tuvo en el ámbito jurídico

---

39. Sobre este problema: T. WORDEN, *The influence of the Ugaritic fertility myth on the OT:* VT (1953) 273 s.

una evolución semejante a la de su experiencia cultual [40]. La convivencia humana de los nuevos sedentarios exigía un nuevo fundamento jurídico, pues la entrada en el país había transformado profundamente la estructura sociológica de los antiguos grupos seminómadas. No se trató simplemente de una transición a la agricultura; los grupos familiares se instalaron también en ciudades y aldeas; algunos se convirtieron en ricos propietarios de campos; la economía monetaria hizo grandes progresos y con ella nació el sistema prestatario. Pero ¿cómo podía afrontar el simple pastor de la estepa una situación tan complicada y repentina, sino aceptando instituciones jurídicas que desde antiguo habían demostrado su validez en este ambiente?

El «libro de la alianza», el *corpus* jurídico más antiguo de Israel (Ex 21-23), nos muestra la rapidez con que se adaptó Israel a las nuevas condiciones de vida (pues proviene del período intermedio entre la conquista de Canaán y la creación del estado). Esto fue posible porque los israelitas sólo debían acoger una legislación ya vigente y conforme con la situación cultural de Canaán. Alguien ha visto, con razón, en la primera parte del «libro de la alianza», donde predominan las leyes en estilo condicional, un código ciudadano que Israel tomó de los cananeos [41]. Contiene asuntos en su mayoría profanos: leyes sobre las deudas, fianzas, indemnizaciones, depósitos, embargos, la venganza de sangre, el derecho de asilo, etc., en una palabra, todo cuanto debatían los tribunales «en la puerta de la ciudad».

Existen, por desgracia, muchas dificultades para comparar el «libro de la alianza», con alguno de los mayores códigos del antiguo oriente que conocemos, con el fin de averiguar la originalidad del pensamiento jurídico israelita. Cuando comparamos los

---

40. La obra fundamental: A. Alt, *Die Ursprünge des israelitischen Rechts* I, 278 s. Recientemente: Fr. Horst, *Recht und Religion im Bereich des AT:* Evang. Theol (1956) 49 s. (ahora en: *Gottes Recht: Studien z. Recht im AT*, 1961, 260 s.).
41. A. Jepsen *Untersuchungen zum Bundesbuch* (1927) 73, 98; A. Alt, *Die Ursprünge des israelitischen Rechts* I, 2. También M. Weber, *Gesammelte Aufsätze z. Religionssoziologie* III (*Das antike Judentum* 1921) 66 s.

códigos israelitas con los de otros países vecinos, se nos presentan en su conjunto como la cristalización de una vasta cultura jurídica común a todo el oriente. Pero al comparar las diferencias notorias de sus decisiones, conviene examinar con mucho cuidado las condiciones sociológicas y jurídicas donde se sitúan ambas legislaciones; así resulta a menudo que, en el fondo, ciertas leyes no pueden compararse entre sí, a pesar de tener una gran semejanza de forma y de contenido.

Como es sabido, el antiguo derecho israelita se distingue del código de Hamurabi porque concede mayor espacio a la venganza privada, en especial a la venganza de sangre. Ahora bien, conviene notar que en el código de Hamurabi la administración del derecho y de la justicia penal se encuentran incomparablemente más centralizadas, mientras en Israel faltaba esta instancia que quitaba al individuo la facultad de vengar un crimen por su propia cuenta. Por esta razón, en ciertos casos la venganza de sangre era en Israel una institución legítima para contener la violencia; en otras circunstancias el «libro de la alianza» exige que el castigo venga de la autoridad pública. Más tarde, la creciente influencia del estado en la vida social comportó en Israel, como en los demás países, la disminución progresiva de la venganza de sangre [42]. Pero una característica de Israel es que, aun en épocas tardías, será incapaz de reconocer el estado como el tutor de las instituciones jurídicas, pues evidentemente no estaba dispuesto a excluir el derecho de la inmediata competencia de Yahvéh.

Así, esta evidente divergencia en la legislación sobre la venganza de sangre se enraiza en una característica muy profunda de la fe israelita. Observaciones estilísticas han demostrado con toda claridad cómo en dos casos de lesión corporal con consecuencias mortales (Ex 21, 12 y 21, 22 s.) se reprime violentamente una legislación más antigua y, al trasponerla en estilo apodíctico-personal, se le añade la pena capital [43]. Aquí, en el dominio del derecho de sangre podemos observar con qué vio-

---

42. Fr. Horst, *l. c.* 49 s. (60 s. 73) (*Gottes Recht*, 1961, 260 s.; 274 s.; 289).
43. A. Alt I, 303 s.

lencia la fe yahvista corrigió una norma anterior más benigna; quizás la obligación de pagar una determinada suma de dinero (véase Núm 35, 31). Al tratarse de una vida humana, estaba también en juego un interés directo de Yahvéh, pues la vida pertenece a Yahvéh y no puede ser objeto de negociación entre las partes en litigio.

Observaciones como ésta demuestran que, comparado con el derecho más profano y estatal del código de Hamurabi, la antigua legislación israelita se halla mucho más ligada a la religión [44]. Frente a la múltiple gradación de las penas en el código de Hamurabi según la condición social del imputado, llama la atención ver hasta qué punto el «libro de la alianza» parte de una igualdad de derechos ante la ley y de la idea de una solidaridad común [45]. No cabe duda, el carácter sorprendentemente humanitario del antiguo derecho israelita proviene de una relación más estrecha con la religión, e hinca sus raíces en una época anterior al período sedentario: en la antigua ética de hermandad entre los clanes nómadas vecinos [46]. Pero es probable que otros muchos materiales de los códigos posteriores provengan también de aquella época primitiva; en todo caso falta todavía una seria investigación metódica de los mismos en relación con estas antiquísimas normas legales [47].

Los exponentes de este derecho eran los ancianos de la comunidad local; pero existen muchas razones para suponer que ya después de la sedentarización, Israel, conocía una institución superior encargada de velar por la salvaguardia, el ejercicio y la proclamación del derecho: «los jueces de Israel». Las listas de los «jueces menores»» (Jue 10, 1-5; 12, 7-15) nos presentan una sucesión de hombres de las tribus más diversas, que «juz-

---

44. J. HEMPEL, *Gottesgedanke und Rechtsgestaltung in Altisrael:* Zeitschr f. syst. Theol. 31 (1931) 377 s.
45. B. BALSCHEIT, *Die soziale Botschaft des AT.*, 10 s.
46. M. WEBER, *l. c.* 69.
47. Como ha demostrado K. Elliger, Lev 18 contiene normas que en su formulación primitiva regulaban las relaciones de los sexos en las grandes familias y remontan a una época muy antigua. K. ELLIGER, *Das Gesetz Leviticus 18:* ZAW (1955) 1 s. (ahora: *Kleine Schriften z. AT.* 1966).

garon» a Israel en períodos consecutivos. Este cargo era muy distinto de la función de los caudillos carismáticos, es decir, los «jueces mayores» y podría concebirse como el de un jurisconsulto, una instancia a la cual se recurría en busca de consejo. El juez recorría el país administrando la justicia en las asambleas y sobre todo velaba por la continuidad de la tradición jurídica [48]. Es el caso de Débora que se había instalado entre Rama y Betel y a la cual acudían los israelitas para componer sus litigios (Jue 4, 4 s.). Finalmente la figura de Samuel que año tras año hace el recorrido entre Betel, Guilgal y Mizpa para administrar allí la justicia (1 Sam 7, 15 s.) nos ofrece con toda probabilidad la verdadera imagen del Samuel histórico, un jurisperito, sobre el cual la tradición posterior acumuló toda clase de oficios imaginables (profeta, juez, levita). Según el testimonio de Miq 4, 14 y Dt 17, 8 s., esta institución perduraba incluso después de la constitución del estado.

Tomada en parte de los cananeos, esta legislación no poseía para Israel un carácter meramente profano; para él todo derecho provenía de Dios y por esto, su fusión con el derecho apodíctico del antiguo yahvismo era tan sólo una cuestión de tiempo. No existe indicio alguno de que Israel haya establecido jamás una distinción de valor entre el derecho de origen cananeo y el derecho sagrado tradicional.

Así pues, en el período anterior a la monarquía nos encontramos con un pueblo incapaz de comprender el mundo si no es con categorías sagradas, es decir, a partir de leyes e instituciones sagradas que provenían del culto y se mantenían en vigor en virtud de los ritos. Condición indispensable para vivir era someterse a esas normas sagradas y colaborar personalmente en su realización. El hombre no podía entrar en contacto o participar del mundo divino sino sometiéndose a las normas sagradas que regulaban

---

48.   A. Alt I, *l. c.* 300 s.; M. Noth, *Das Amt des Richters Israels.* Festschrift f. Bertholet (1950) 404 s. Noth considera los jueces como portavoces del derecho apodíctico divino. Diverge en parte: Fr. Horst, *l. c.* 52 s. (*Gottes Recht*, 1961, 264 s.).

su vida social e incluso sus relaciones rurales con la naturaleza circundante. La transgresión voluntaria de este orden sacro suscitaba en aquellos tiempos el terror propio de una profanación cultual. Israel no volvió a experimentar con igual intensidad un sentimiento tan primordial [49].

Ahora bien, frente a este apego tan primitivo al mundo objetivo del culto y de los ritos, el estudioso de la historia comparada de las religiones se sentirá sorprendido ante la importancia siempre decreciente de la magia en el culto israelita. Esta ausencia de lo mágico coloca ya al antiguo Israel en una posición singular entre todos los fenómenos religiosos del antiguo oriente.

En nuestros días se ha establecido justamente, una división entre el pensamiento mágico y el religioso. La mentalidad mágica es una forma primitiva de concebir el mundo, un cierto modo de comprender las cosas y sus relaciones mutuas y de afirmarse frente a ellas [50]. Se caracteriza por su modo realista de concebir las fuerzas naturales y la posibilidad de transmitirlas o dirigirlas mediante seres vivos e incluso por la mediación de objetos «inertes». Esta concepción «dinamística» del mundo fascinó también al primitivo Israel; más aún, se aferró con tal obstinación a la creencia en el influjo material y la posibilidad de transmitir la santidad o la impureza, que debemos preguntarnos si son reminiscencias de una mentalidad ya superada o de una verdad mucho más trascendental para Israel. En este sentido, el antiguo culto israelita lleva la impronta de una concepción «mágica» o mejor

---

49. Cabe preguntarse si todavía durante la monarquía era posible realizar un reclutamiento tan grande como el de Jue 19, 22 s. para castigar un crimen semejante.

50. C. H. RATSCHOW, *Magie und Religion* (1947); S. MOWINCKEL, *Religion und Kultus* (1953) 27 s.; 15; «La magia en su origen no era una actitud contemplativa sino más bien una técnica, un arte de ejercer un influjo efectivo en el mundo... El hombre primitivo lucha con el mundo por su conservación; cree poseer los medios aptos para amaestrar las fuerzas ocultas que funestamente rodean su existencia. En este sentido la magia es el primer peldaño de la tecnología». E. SPRANGER, *Die Magie der Seele* (1947) 66.

dicho, «dinamística» del mundo [51]. Aquí todavía no se ha entrado en un campo de batalla.

Cuanto acabamos de decir sobre la aversión del yahvismo frente a la magia, adquiere su pleno sentido cuando se la empieza a considerar como técnica acreditada para influenciar sobre la divinidad o cuando el hombre se sirve de ella para dirigir según sus propias conveniencias, un acontecimiento u otros poderes divinos. No nos equivocamos ciertamente si atribuimos a la naturaleza peculiar de la religión yahvista los límites que puso Israel a la magia y a su competencia; un caso único en la historia de las religiones. La intensidad con la que Yahvéh se manifestaba en todo lugar como una voluntad personal, era sencillamente irreconciliable con el automatismo impersonal de las fuerzas mágicas. Nadie podía alcanzar a Yahvéh con la ayuda de influencias mágicas o defenderse de él con invocaciones hechiceras, ni era posible conseguir, mediante un secuestro arbitrario de su potencia, efectos que no provenieran de él de la manera más inmediata y personal. Por esto mismo, Israel comenzó muy pronto a liberar sus concepciones jurídicas de todo elemento mágico y no tardó en sustituir la idea mágica de la culpa o los efectos mágicos del derecho de asilo, por conceptos bien claros sobre la responsabilidad moral del individuo [52].

---

51.   A. Bertholet reunió el material relativo a esta cuestión en RGG² III, 1847 s.; del mismo autor: *Das Dynamistische im AT* (1926). Véanse más adelante las páginas 349 s.
52.   Fr. Horst, *l. c.* 56 s. (*Gottes Recht*, 1961, 269 s.)..

3

LA CRISIS PROVOCADA
POR LA CREACION DEL ESTADO

1. LA DEMOLICIÓN DE LO ANTIGUO

La transformación de la antigua coalición sagrada de las tribus en un estado fue, a diferencia de la conquista de Canaán, un acontecimiento que se llevó a término en un breve espacio de tiempo: entre la generación de Samuel y la de Saúl. Sin embargo no provocó ninguna crisis aguda en la vida religiosa y cultural. Debía pasar cierto tiempo para que la fe yahvista tomara conciencia de sus múltiples consecuencias. Durante el episódico reinado militar de Saúl no cabía esperar una reacción violenta del ambiente religioso y cultural, pues Saúl fue, en resumidas cuentas, un carismático a la antigua. Si bien no es lícito pasar por alto la oposición que se manifestó cuando la dirección carismática se convirtió en monarquía (1 Sam 10, 27; 11, 12), no obstante, la monarquía no afectó al conjunto del ámbito sacro.

En aquella época el estado no era una potencia autónoma capaz de ejercer un influjo considerable sobre la fe. Por esto, la nueva fisonomía que la actividad política y militar de David dio a Israel debió marcar una huella muy profunda en su vida interior. Con sus empresas guerreras, David había ensanchado las fronteras mucho más allá del territorio ocupado tradicionalmente por la antigua coalición tribal; más aún, había convertido su reino en un imperio comparable a los imperios del Nilo y de

Mesopotamia, pues, siguiendo sus mismas estructuras, le anexionó una corona de estados vasallos.[1]

La defensa de este reino exigía la formación de un ejército
regular; en las antiguas ciudades cananeas surgieron pronto guarniciones para las unidades de caballería; una nueva división del
reino en «distritos» (1 Re 4, 7 s.) estaba al servicio de la administración estatal; en la corte y en el campo, un equipo de empleados
llevaba el peso de la administración. El pueblo debía contribuir
con tasas o impuestos a pagar los gastos de todo este aparato
burocrático y el consumo de una corte que alcanzó con Salomón
su mayor fastuosidad. En el campo el rey poseía fincas cuyos
arrendatarios debían suministrar sus productos al palacio. David
escogió una antigua ciudad cananea como emplazamiento de la
corte y él mismo, por ser un antiguo cabecilla de soldados asala-
riados, era un hombre desprovisto de cualquier dignidad sagrada
que le autorizase a tomar posesión de la corona. ¿Quién hubiera
podido imaginar una situación semejante, poco antes, en el ámbito de la confederación sagrada de las tribus?

Cambios tan profundos como éste no pueden atribuirse sólo
a impulsos exteriores y a conveniencias políticas inmediatas. La
expansión filistea hacia el interior presionaba sobre Israel y tuvo,
sin duda, una función impulsora, pues consiguió mantener en
movimiento la vida política en el reinado de Saúl y más tarde en
el de David. Pero si los acontecimientos llegaron a producir una
reestructuración tan imponente, es que existían ya factores de-
terminantes en el interior de Israel. En efecto, también podría
haber sucedido que la evolución política de Palestina hubiera
dejado a un lado la coalición tribal de estilo patriarcal, la cual,
con sus limitadas posibilidades de autodefensa, habría sucumbido
ante un enemigo mejor equipado. En cambio, Israel entró en escena afirmándose en una estructura del todo nueva y tuvo la va-
lentía de acometer empresas políticas y culturales, que en la época
de los jueces se hallaban fuera de su campo visual.

---

1. A. ALT II, 66 s.

Como es natural en todas las transformaciones íntimas del alma de un pueblo, el historiador sólo llega a conocerlas, por lo común, de una manera indirecta, deduciéndolas de los hechos consumados; eluden toda constatación directa porque el mismo pueblo tuvo apenas conciencia de las mismas. Así también en Israel sólo podemos constatar en la práctica, la gran diferencia de mentalidad entre la época anterior a la constitución del estado y el período inicial de la monarquía.

Ya vimos cómo en tiempo de los jueces Israel se encontraba a un nivel puramente patriarcal en su vida religiosa y cultural; era un pueblo envuelto y cobijado en los ordenamientos supra-individuales del culto y de la vida social, marcado por un sentimiento de unidad que hoy día nos resulta inconcebible. La vida individual se insertaba en la vida de las asociaciones superiores (clan, tribu) y estos grupos humanos tenían, a su vez, conciencia de su unidad con las leyes naturales de su medio ambiente. No existía tensión alguna entre lo interior y lo exterior, entre el «yo» y el mundo, pues en todos los sectores de la vida natural regían las mismas leyes sagradas que el culto exaltaba y a las cuales debía someterse el hombre. La vida y la muerte eran también fenómenos supra-individuales y no sucesos con que debía enfrentarse personalmente el individuo.

Toda la existencia se hallaba al amparo de ritos y disposiciones sagradas; santificada y sostenida por fiestas y costumbres de una validez inconmovible. Nos resulta difícil explicar el «sentido» de tales ritos porque en aquellos tiempos Israel apenas podía tener conciencia del contenido, muchas veces sospechoso, de los mismos. En todo caso, debemos suponer que en la configuración de la existencia personal la reflexión —al menos la individual— no poseía aquella importancia reguladora y crítica que pronto adquiriría en los ambientes sapienciales de la corte [2].

Con el comienzo de la monarquía Israel empezó a liberarse de los profundos lazos de esta credulidad arcaica. Sin duda,

---

2. C. H. RATSCHOW, *Magie und Religion* (1947) 76.

existieron también ambientes de la nación a los que el nuevo
espíritu alcanzó sólo en un período relativamente tardío y a otros
quizás no les afectó nunca. Sin embargo poseemos sobradas
razones para datar el inicio de una nueva época en la vida espiritual de Israel a partir de la monarquía, ya que la rápida serie
de obras poéticas y literarias que produjo Israel desde este momento suponen en los escritores un temple intelectual y espiritual
completamente diversos. Si bien los exponentes de este nuevo
clima espiritual constituían al principio un reducido sector en
torno a la corte, no obstante, la evolución era incontenible,
y se debió extender rápidamente, pues ya en el siglo VIII los profetas se enfrentan a una población cuyas instituciones se hallaban
en plena descomposición.

La relajación y el agotamiento de la época anterior prepararon
de hecho, ese cambio espiritual que irrumpió y se difundió con
tanto ímpetu en forma de una nueva voluntad política, así como también de una nueva floración cultural y de nuevas concepciones religiosas. La victoria de este nuevo afán político no hubiera sido tan rotunda si no se hubiera sentido la necesidad,
manifiesta u oculta, de un cambio. De hecho, el cuadro de la situación reinante en Silo durante los últimos años de la anfictionía,
muestran una grave degeneración de las costumbres y el descontento de los participantes en el culto (1 Sam 1-3). No tenemos razones suficientes para desconfiar del juicio desfavorable del narrador, el cual ciertamente se hallaba todavía cerca de aquella situación: la palabra de Yahvéh escaseaba en el país e incluso el
sacerdote competente dentro de la coalición tribal había perdido
la familiaridad con las revelaciones de Yahvéh.

Otra señal de que esta era había llegado a su fin fue la separación de las antiguas tradiciones sagradas del lugar al que se habían
adherido y su transformación en materias narrativas independientes. El relato de la aparición de Yahvéh en Betel y la promesa
que hizo Jacob de construir allí un templo y pagar diezmos era,
en su origen, la leyenda cultual de este santuario; su única finalidad era la de garantizar la santidad de este lugar y la legitimidad
de los usos practicados en él: la unción de la piedra y los diezmos.

Estas tradiciones eran conocidas sólo en virtud de su función etiológica, pues pertenecían, por así decir, al inventario inalienable del respectivo lugar sagrado y sólo allí eran transmitidas con el mayor respeto de generación en generación.

¡Cuántas cosas habrán sucedido en este tiempo y qué cambios debió experimentar la concepción de las leyendas cultuales si podían presentarse ahora como material narrativo ordinario, de manera que los coleccionistas podrán tratarlas pronto como material literario y organizarlas en grandes complejos narrativos! En efecto, su separación del culto no sólo significó una fuerte secularización del material sagrado; con la decadencia de la antigua finalidad etiológica cambió de arriba abajo el sentido global de la respectiva tradición. Esta migración del viejo material sagrado desde los santuarios al despacho de los escritores puede considerarse como un indicio más de que la época del culto patriarcal había terminado.

2. LAS NUEVAS INSTITUCIONES

Aquel Israel, cuya protección se había reservado en otros tiempos Yahvéh haciendo surgir caudillos carismáticos con los cuales iba también a la guerra, se había convertido ahora en un estado que decidía sobre su propio territorio y su potencial militar interno. Los primeros años del reinado de David pudieron dar realmente la impresión de que Israel se había sustraido a la soberanía de Yahvéh, pues el mismo David era un antiguo soldado de profesión del séquito creado por Saúl, y carecía, por consiguiente, de cualquier unción sagrada. Su proclamación como rey de Judá y luego de la confederación de las tribus de Israel y Judá (2 Sam 5, 1-3) son presentados como actos de razón política [3]. La conquista de Jerusalén fue toda ella una empresa pri-

---

3. A. ALT I, 38. Los ancianos aducen tres argumentos: la pertenencia al pueblo, la historia militar de David y en último lugar, el nombramiento de Yahvéh.

vada de David para procurarse una residencia entre los dos grandes grupos tribales. De esta manera Jerusalén poseía un estatuto jurídico particular junto a Judá e Israel: era la «ciudad de David».

Sin embargo, la hipótesis de una ruptura religiosa sería indicio de poca sensibilidad histórica ante el enorme poder de persistencia que caracteriza las concepciones sagradas. De hecho, a pesar de todos estos cambios, David siguió considerando sus batallas como guerras de Yahvéh; tampoco se puede dudar de su adhesión personal a la religión yahvista. En su conjunto, la monarquía fue para Israel un fenómeno reciente, casi tardío. Por ello era inevitable que entrara en seguida en una situación de conflicto con algunas tradiciones religiosas centrales y permanecerá en esta tensión todo el tiempo de su existencia.

1.   El trono de David recibió muy temprano una directa legitimación sagrada con la profecía de Natán (2 Sam 7). Las recientes investigaciones no sólo han descubierto un núcleo muy antiguo en esta tradición, a saber, los v. 1-7, 11b, 16, 18-21, 25-29; es más, el análisis de las formas reveló sorprendentes analogías con las «narraciones reales» de Egipto [4]. Los datos fundamentales y muchos detalles de este capítulo parecen ser una apropiación, casi la copia de un ceremonial muy convencional, usado en la corte de Egipto. Así: la breve nota inicial «sentarse en su palacio», la intención real de construir un templo, la declaración divina sobre las relaciones filiales otorgadas al rey y la ratificación de su reinado.

En la antigua teología egipcia sobre el rey, el «protocolo real» jugaba un papel muy importante; era un documento que contenía el título oficial del rey, su filiación divina, el mandato de gobernar, la promesa de un reinado perpetuo, etc.; este documento, escrito por la divinidad en persona, se le entregaba al rey en el momento

---

4.   L. Rost, *Die Überlieferung von der Thronnachfolge Davids* (1926) 47 s.; S. Herrmann, *Die Königsnovelle in Agypten u. Israel:* Wissenschaftl. Zeitschr. d. Karl-Marx-Univ. Leipzig 54 (1953 - 1954) (Gesellschafts und sprachwissensch. Reihe) 51 s.

de su elevación al trono. También en este punto la corte judía siguió el ejemplo de Egipto, pues el עֵדוּת, «el testimonio», que el sumo sacerdote Yoyada entregó al joven Joás en la ceremonia de su coronación sólo puede referirse a un protocolo de este tipo (2 Re 11, 12) [5]. Además consta que el rey de Judá recibía —siguiendo el gran modelo egipcio— nombres especiales cuando subía al trono [6]. Pues bien, ese «protocolo real» sólo podía significar para la mentalidad judía la alianza de Yahvéh con el rey. De hecho encontramos esta expresión en las antiquísimas «últimas palabras de David» (2 Sam 23, 5) y en el salmo 132, versículo 12 [7], ciertamente anterior al exilio.

Resulta difícil probar que todos los elementos de este ritual real remonten hasta el mismo David, pero muchos indicios hacen suponer que ya en sus días se colocaron las bases del mismo. En efecto, la revelación de Yahvéh en el sueño de Salomón (1 Re 3, 4-15), comparada con muchos textos paralelos de Egipto, presenta el carácter de uno de estos ceremoniales. La revelación en el sueño dentro del templo, el rey como hijo de Dios, la marcha hacia la ciudad, los sacrificios, y sobre todo, la ratificación divina de la autoridad real permiten deducir, una vez más, la estrecha unión del ceremonial judío con el modelo egipcio [8].

Estas y otras formas del ceremonial cortesano eran al mismo tiempo portadoras de un gran acopio de ideas tradicionales: el rey es el hijo de Dios —pero Israel nunca lo entendió en sentido físico-mitológico, sino tan sólo «por adopción»—; Dios mismo pone en sus manos el reino, gobierna con perfecta justicia y sabiduría, es el gran bienhechor y el pastor de su pueblo, que pros-

---

5. G. VON RAD, *Das jüdäische Königsritual:* ThLZ (1947) col. 201 s. (*Ges. Studien,* 205 s.).
6. A. M. HONEYMANN, *The evidence for Royal Names among the Hebrews:* JBL (1948) 17 s.; S. MORENZ, *Agyptische u. davididische Königstitulatur:* Zeitschrift f. ägypt. Sprache u. Altertumskunde (1954) 73 s.
7. Las expresiones del salmo 132, 12 y 2 Re 11, 12 son muy parecidas, pues la palabra בְּרִית (alianza) se usa a veces como sinómino de עֵדוּת (pacto). Así también el «decreto», al cual se refiere el Ungido en el salmo 2, 7, se acerca mucho al concepto de *berit.*
8. S. HERRMANN, *l. c.,* 53 s.

pera bajo su reinado; más aún, la misma fertilidad natural de los
hombres, de los animales y del campo aumentan bajo el benéfico
influjo de su gobierno. El rey es hermoso y en torno a él existe
una atmósfera de felicidad [9]. De cara al exterior, el rey es el te-
mible vencedor de todos sus enemigos. Estas son, como dijimos,
ideas convencionales que impregnan todas las afirmaciones cor-
tesanas; era el modo habitual de rendir homenaje al rey y así
también concebía él su oficio.

Nos sorprende constatar cómo esta teología palaciega de Jerusalén atribuye también al rey la dignidad sacerdotal (Sal 110, 4).
Teniendo presente toda la estructura interna del antiguo culto
israelita, resulta en realidad difícil considerar al rey de Jerusalén
como un ministro del culto. La monarquía había entrado en la
historia demasiado tarde, es decir, cuando ya hacía tiempo que
los oficios sagrados se habían consolidado. Sin embargo, se trata
evidentemente de una tradición cortesana muy antigua, que pasó
de la Jerusalén pre-israelita a la corte de David. En su conjunto,
la monarquía no consiguió unir en la práctica las atribuciones del
sumo sacerdote con las de su propio cargo, más aún, no se manifiesta algún esfuerzo en esta dirección. Con todo, la monarquía
aportó también una innovación trascendental en el culto de
Israel [10].

Un enjuiciamiento muy diverso merece la monarquía que se creó en el
reino del norte tras la desintegración del imperio de David y Salomón. Esta
no se fundaba sobre una dinastía ratificada por Yahvéh de manera definitiva;
al contrario, por su misma constitución, se presentaba como una prolongación
menos abrupta de la guía carismática del antiguo Israel, que de ahora en adelante se convierte en una institución duradera gracias a la aclamación del
pueblo. Esta constitución de la monarquía sobre la base del carisma otorgado
por Yahvéh, debía crear en este reino una situación mucho más inestable,

---

9. Hermosura: Jue 8, 18; 1 Sam 9, 2; 10, 23; 16, 12. 18; 17, 42; 2 Sam 14,
25; 1 Re 1, 6; Is 33, 17; Sal 45, 3. Alegría: 1 Re 5, 21; 2 Re 11, 20; Sal 21, 2.
Cf. la página 399, nota 27.

10. Otros acentuaron con mayor vigor las funciones cúlticas de los reyes
judíos, así A. R. JOHSON, *The Rôle of the King in the Jerusalem Cultus*, en *The
Labyrinth* (*Further Studies in the Relation betwenn Myth and Ritual*) 1935, 71 s.
y recientemente en: *Sacral kings hip in Ancient Israel* (1955). Aún más radical: I.
Engnell en muchos de sus escritos. Véase la opinión contraria de M. NOTH,
Gott, König, Volk im AT: ZThK (1950) 157 s. (*Ges. Studien*, 188 s.).

pues con la desaparición del carisma en el individuo reinante desaparecía también el deber de obediencia en los súbditos. Así pues, si el reino se halló sacudido con continuas revoluciones, era una consecuencia de su misma estructura fundamental. En algunas épocas existió también en el reino de Israel la sucesión dinástica, pero una cadena de revoluciones sacudió el reino durante los últimos años anteriores a la catástrofe definitiva. El profeta Oseas consideró estos reyes, que en rápida sucesión se arrebataban la corona, como instrumentos de la ira divina (Os 13, 11). Véase: A. ALT, II, 116 s.

2.   Cuando David fundó su reino lo unió también a la antigua tradición anfictiónica: él no fue nunca a Silo, pero «trajo Silo a Jerusalén». El traslado del arca, santuario común de todas las tribus de Israel, a Jerusalén fue «un acto político de primera categoría» [11]. David acarició además la idea de construir un templo; pero sólo Salomón pudo realizarla. Para comprender bien este proyecto, debemos tener en cuenta la especial situación jurídica del templo: se erigía sobre un terreno de propiedad real (2 Sam 24, 24 s.), el rey era quien ordenaba su construcción y disponía las reparaciones necesarias. La subvención del templo era para él un honroso deber y tenía el derecho de reformar el culto en caso de necesidad; los mismos sacerdotes eran funcionarios reales [12].

Bajo esta perspectiva debemos juzgar la periódica introducción de cultos extranjeros; en ciertas ocasiones los reyes de Judá les otorgaron en el templo los mismos derechos que al culto de Yahvéh (2 Re 16, 10 s.; 21, 4 s.). El reconocimiento de las divinidades de los grandes imperios era una consecuencia de exigencias políticas, a las que debían someterse los pueblos vasallos. Con ello se lesionaba gravemente el derecho de Yahvéh a una veneración exclusiva, pero no hemos de olvidar que todo cuanto ocurría en el templo nacional merece consideración aparte, pues se encontraba en una situación distinta del culto practicado

---

11.   O. EISSFELDT, *Silo und Jerusalem:* Sppl. VT IV, 142. Sobre el trasplante del culto anfictiónico a Jerusalén, véase M. NOTH, *David und Israel in 2 Sam 7.* Mélanges Bibliques rédigées en l'honneur de André Robert 1956, 122 s. (*Ges. Studien* 334 s.).

12.   K. GALLING, *Königliche und nichtkönigliche Stifter beim Tempel von Jerusalem;* BBLAK (1950) 134 s.; A. R. JOHSON, *Sacral Kingship in Ancient Israel* (1955) 47 («royal chapel»).

en el resto del país. Así pues, el templo de Salomón era entonces lo que Betel sería más tarde: «el santuario real» y «el templo nacional» (Am 7, 13 בֵּית מַמְלָכָה ,מִקְדַּשׁ מֶלֶךְ); era el santuario del estado, donde se ofrecían los sacrificios privados del rey, pero, sobre todo, los sacrificios del estado.

De este modo el antiguo culto yahvista de la anfictionía penetró en el santuario nacional; pero este santuario había sido construido nada menos que sobre una antigua ciudad cananea, desprovista de cualquier tradición yahvista legítima. De hecho, este templo y su culto no hubieran influenciado jamás la vida religiosa de extensos sectores de la población y hubiera seguido siendo un asunto privado de la Jerusalén davídica, si David no hubiese transportado el arca santa a Sión. En cambio, todas las tribus de la antigua anfictionía se sabían ligadas a este objeto cultual y, gracias a él, el templo de Salomón se convirtió en el santuario de todo el pueblo de Israel. Su función sagrada no fue por lo tanto sencilla, pues como santuario real era el lugar del culto oficial, pero como morada del arca, era el santuario central de Israel [13].

Se ha afirmado, con razón, que no debemos suponer la extinción repentina de la antigua anfictionía, ni que el templo de Jerusalén, con el arca, se convirtiera de golpe en el santuario común de todos los israelitas [14]. Lo más natural es pensar que las condiciones del nuevo templo se fueron alejando cada vez más de la precedente institución. Pues ¿qué tenía en común la antigua convocación de los miembros de la anfictionía, dispuestos a dejarse conducir por Yahvéh a la guerra santa y prontos a escuchar

---

13. Nada sabemos sobre los cultos pre-israelitas de Jerusalén, ni de su suerte después de la toma de la ciudad. Sin embargo parece cierto, que en la Jerusalén pre-davídica se veneraba el «dios altísimo» (אֵל עֶלְיוֹן Gén 14, 18 s.) H. Schmidt, *Jahwe u. die Kulttraditionen von Jerusalem:* ZAW (1955) 168 s.; G. Widengren, *Sakrales Königtum in A.T. u. in Judentum* (1955) 11; A. R. Johnson, *Sacral Kingship in Ancient Israel* (1955) 43 s. Lo mismo ocurre con la concepción de Yahvéh, como rey del cielo, que era sin duda extraña al antiguo yahvismo. Sobre las tradiciones cultuales de Jerusalén, véase H.-J. Kraus, *Psalmen I:* BK, 197 s.

14. M. Noth, *Die Gesetze im Pentateuch (Ges. Studien)* 44 s.

sus mandamientos en las peregrinaciones, con las masas que afluían al templo donde se ofrecía el sacrificio de un estado, que se emancipaba cada vez más de Yahvéh en el campo político? ¿Qué clase de anfictionía era esta, cuyos miembros —las tribus— perdían cada día mayor libertad de acción al deshacerse su constitución tribal bajo el peso del creciente poder del estado? Sí, el Deuteronomio intenta repristinar la antigua institución anfictiónica [15] pero ¡qué construcción teórica es este «Israel» deuteronómico! En el fondo, Israel ha llegado a ser un estado tan perfecto que ya no puede renacer en él la concepción de tribus aisladas. El Dt esboza una anfictionía sin tribus —*contradictio in adiecto*— porque políticamente no era posible contar con ellas, ni siquiera como grupos de una cierta autonomía.

Semejantes innovaciones en la vida sagrada de un pueblo antiguo exigían una legitimación. Por eso no debe extrañarnos si en el Antiguo Testamento encontramos tradiciones que se proponen derivar las nuevas instituciones de una decisión o una providencia particular de la divinidad. Así, podemos considerar la narracción de 2 Sam 24, como el ἱερὸς λόγος (texto ritual) de Jerusalén. En fecto, Jerusalén se hallaba al margen de cualquier tradición yahvista y debió despertar muchas sospechas entre la población rural, más adicta al yahvismo, por haber sido una antigua ciudad cananea con santuarios cananeos. En cambio, esta tradición, que en su forma actual presenta todavía una unidad muy compacta, contaba cómo se había llegado a construir el primer altar de Yahvéh en Jerusalén. David conoce el lugar mediante la aparición del ángel de Yahvéh y construye el altar sólo cuando se lo indica un vidente. La cesación de la plaga que azotaba Jerusalén es finalmente la señal de la complacencia de Yahvéh en la construcción del altar. La narración presenta muchos rasgos de antigüedad y es muy posible que se remonte al tiempo de David o Salomón, donde tenía una misión bien precisa.

Con los mismos criterios debemos enjuiciar un complejo narrativo mucho más extenso: la «historia del arca» (1 Sam 4-6;

---

15. Véanse más adelante las páginas 108, 290 s.

2 Sam 6). Narra las aventuras del arca desde el día en que la llevaron a la batalla contra los filisteos hasta que David la trasladó
solemnemente al monte Sión [16]. Por cierto, no podemos llamarle
un ἱερὸς λόγος, (texto ritual), en el sentido propio de esta expresión, pues por su perfil intelectual se sitúa más allá de la esfera
sagrada y se acerca a un tipo de narración profana del cual
hablaremos más tarde. El modo cómo consigue mantener en vilo
a sus lectores, narrando incluso los fracasos, y cómo ya al principio les exige tomar nota de dos derrotas consecutivas de Israel,
revela una cierta elaboración artística. Al mismo tiempo, la intención del conjunto es evidente: establecer la línea de continuidad entre el antiguo santuario central de Israel y el nuevo. La forma como Yahvéh mismo se manifestó en el extraño recorrido,
desde Silo hasta Jerusalén, debía mostrar que el traslado del arca
no fue una simple arbitrariedad humana sino un acontecimiento
divino.

Especialmente la descripción del ingreso del arca (2 Sam 6),
no debe considerarse como la narración de un acontecimiento
único e irrepetible, sino como el ceremonial de una fiesta anual,
pues la otra descripción del ingreso del arca en el templo (1 Re 8)
permite reconocer, en líneas generales, el mismo proceso asamblea-
procesión-sacrificio-bendición. El salmo 132 nos ofrece otros datos
para reconstruir esta solemnidad cuando nos habla de las preocupaciones de David por trasladar el arca y la marcha de Yahvéh hacia su lugar de reposo, la cual se celebraba cada año
—pues así debe entenderse el salmo— con una gran procesión [17].

La celebración de la fundación del templo representaba sólo
un aspecto de la fiesta, pues el salmo 132 considera también la
elección de Sión como el acto de instauración y ratificación de
la monarquía davídica, es decir, la alianza de Yahvéh con David,
la «lámpara» que le había prometido. Así pues, existen muchas
razones para suponer que en el mes de etanim, es decir, en el
contexto de la gran solemnidad anual del séptimo mes (1 Re

---

16. L. Rost, *l. c.*, 4 s.
17. H.-J. Kraus, *Die Königsherrschaft Gottes im AT* (1951) 82 s.

8, 2) se celebraba una «fiesta real de Sión», que era al mismo tiempo la fiesta de la fundación del templo y de la monarquía. Yahvéh había elegido a Sión como lugar de su reposo, pero en Sión se encontraba también el trono del Ungido. El trono de Yahvéh y el de David no podían separarse, más aún, si pensamos en el salmo 110, 1 eran, en realidad, una misma cosa [18].

3. Junto a estas tradiciones cultuales de la corte, surgió en Jerusalén un grupo independiente de concepciones que por lo visto provenía de un ambiente religioso muy distinto y obtuvo una rápida aceptación: la tradición sobre Sión como la montaña santa y morada de Dios. El salmo 78, 68 s. separa todavía la elección de Sión y la de David como dos actos netamente diversos. Una simple comparación de los salmos 46, 48 y 76 con las ideas fundamentales de estos «cánticos de Sión» muestra que estos poemas no sólo están estrechamente emparentados entre sí, sino que provienen además con toda certeza de una tradición común: Yahvéh puso su morada en Sión, la montaña de Dios, «la delicia de toda la tierra» (Sal 76, 3; 48, 2); en épocas remotas las naciones se aliaron contra Sión, pero Yahvéh las rechazó con gesto soberano (Sal 48, 5 s.; 76, 5 s.; 46, 6 s.) [19]. Es difícil saber si existe un fondo histórico detrás de estos versos, pues estas afirmaciones tan vagas y puramente alusivas no se preocupan de ello. Nos hablan más bien de un suceso mítico que se vislumbra desde el presente en una cercanía o distancia atemporal. También es difícil conciliar sus informaciones topográficas con la verdadera situación geográfica de Jerusalén. Un río forma parte de la ciudad santa (Sal 46, 5); incluso en las profecías más recientes la presencia de un río pertenece a la imagen de la ciudad de Dios (Is 33, 20 s.; Jl 4, 18; Zac 14, 8). En este contexto se habla una vez de Sión como la montaña situada «en el extremo norte» (Sal 48, 3).

---

18. El tardío salmo 78 también pone juntos la elección de Sión como nuevo lugar del culto y la elección de David.
19. Sobre esta tradición de Sión, véase la reciente publicación de E. ROHLAND, *Die Bedeutung der Erwählungstraditionen Israels für die Eschatologie der Propheten* (1956) Teol. Diss. Heidelberg; M. NOTH, *Jerusalem und die israel. Tradition* (*Ges. Studien*, 172 s.).

Aquí salen a la luz tradiciones provenientes de una antiquísima geografía mítica, lo cual indica claramente que esta tradición se basa, en definitiva, sobre concepciones pre-israelitas y por consiguiente, cananeas, aplicadas luego de forma secundaria a Sión [20].

La lírica cultual anterior al exilio no concede un relieve particular a la tradición de Sión, montaña santa, en cuanto conjunto de ideas con origen y características propias. Sin embargo los profetas la recogieron y en sus profecías alcanzará gran importancia. Esta tradición de la montaña santa de Sión es simplemente una tradición autónoma de elección, pues, aun siendo la más reciente de todos estos grupos de tradiciones, ocupa una posición independiente junto a las otras tradiciones de elección más antiguas, como la de los patriarcas y de la salida de Egipto. La conciencia de una ilimitada paz y seguridad junto a Yahvéh caracterizan su contenido. Isaías recogerá este acento y llegará a superarlo en sus profecías. Tenemos todos los motivos necesarios para suponer que las tradiciones de Sión y David fueron cultivadas en Jerusalén y Judá mientras en el reino del norte continuaban existiendo las tradiciones patriarcales y del éxodo.

La concepción de Jerusalén como morada de Dios, y las victoriosas batallas del rey Yahvéh dominan también el salmo 68. En este contexto la mención del Sinaí aparece, desde el punto de vista de la historia de la tradición, como un elemento extraño (v. 18). Pero todo el salmo ofrece tales dificultades de interpretación que, por el momento, será mejor dejarlo a un lado. Aunque contiene algunos elementos tradicionales muy antiguos, no podemos datarlo antes del período monárquico (Mowinckel cree posible que en su base se encuentra una antigua poesía reelaborada) [21].

---

20. Sobre la montaña de Dios «al norte» (Is 14, 13) véase O. EISSFELDT, *Baal Zaphon* (1932) 14 s.
21. Referente a las concepciones sobre la ciudad de Dios, véase también el t. II, 365 s. En cuanto a la mecla de tradiciones en el salmo 68: S. MOWINCKEL, *Der Achtundsechzigste Psalm* (1953) 72 s.

Según parece, las dos tradiciones de elección siguieron un camino independiente incluso durante el siglo VIII. En todo caso, el profeta Isaías se basa exclusivamente sobre las tradiciones específicas de Jerusalén y parece desconocer por completo las antiguas tradiciones de la alianza y de la conquista de Canaán.

La transformación de Israel en un estado, la instauración de la monarquía davídica y la entrada de Yahvéh en el templo nacional fueron innovaciones muy trascendentales que se llevaron a término en el espacio de dos generaciones. Los constructores fenicios, a los que Salomón encargó la edificación del templo, no sabían nada acerca de Yahvéh; ellos conocían sólo el modo como se construía un templo en todas partes y desde tiempos inmemoriales. Por esto siguieron el modelo de un templo muy extendido en Siria y Palestina, cuya estructura fundamental (separación del «santísimo» mediante una antecámara) provenía probablemente de Mesopotamia y en cuyo interior se encontrarían reunidos símbolos sagrados de proveniencias muy diversas.

No se puede afirmar que la religión yahvista llegó a crear en este templo una expresión peculiar de su propia naturaleza. Pero sería demasiado simplista declarar que Salomón acabó para siempre con la fe patriarcal cuando construyó el templo; a no ser que por principio se juzgue la transición a formas cultuales extranjeras como un paso fatal para el yahvismo [22]. Con la formación del estado el culto yahvista entró en una crisis, en la que se ponía en juego su existencia; fue un cambio de estructuras que comportaba un nuevo centro de gravedad y nuevas relaciones de las partes con el todo. Inútil añadir que el yahvismo penetró así en un sector de peligros y tentaciones completamente nuevos, frente a los cuales debía armarse y, sobre todo, debía primero conocerlos. Esto requería por sí mismo un cierto espacio de tiempo.

La crisis debida a la constitución del estado fue todavía más grave, porque se entrelazó con la crisis de la conquista del país,

---

22. Véanse más adelante las páginas 502 s.

una crisis todavía sin resolver. El encuentro de Yahvéh con Baal no terminó con la transformación de Israel en estado, al contrario, se hizo más agudo; pues la convivencia con los cananeos fue más intensa y se intensificó la influencia de los cultos extranjeros a través de un contacto político más estrecho con los pueblos vecinos.

3. El nuevo espíritu

Nuestros conocimientos sobre los fenómenos y corrientes espirituales y culturales del antiguo Israel no bastan a darnos una descripción completa de su historia espiritual. Sin embargo, podemos distinguir épocas de una especial vitalidad y fecundidad espiritual que se destacan claramente de otras más conservadoras e incluso paralizantes.

El primer período de la monarquía aparece, muy por encima de todos los períodos restantes, como la época de un renacimiento intelectual y creativo que descubre dimensiones vitales completamente nuevas. Este debió ser un período de profunda conmoción interior. El reino de David, después de la unión del norte con el sur, era un estado con grandes posibilidades expansivas; en el campo político exterior estaba relativamente consolidado, mientras le abrumaban múltiples problemas de política interna: la vida del culto giraba en torno a un nuevo centro y tomaba nuevas formas; una corte brillante se mantenía a la altura de su tiempo en el cultivo de las ciencias del espíritu. Todos estos factores debieron conmover lo más íntimo de la existencia del pueblo y obligaron a Israel a buscar una nueva comprensión de sí mismo. Como en otras ocasiones Israel buscó esta comprensión de sí mismo en la reflexión sobre su origen histórico. Resulta asombroso constatar que ya en esta época aparecieron, a breves intervalos, tres grandes obras históricas: la historia de la subida de David al poder (1 Sam 16, 14 - 2 Sam 5, 12), la historia de la sucesión al trono de David (2 Sam 6, 12. 20 s.-1 Re 2) y la obra histórica del yahvista [23].

---

23. El conjunto narrativo de la subida de David al poder debe conside-

Esto no significa que Israel mostró entonces por primera vez la capacidad de reflexionar sobre la historia. En efecto, las fórmulas más sencillas de la profesión de fe en Yahvéh —que sacó Israel de Egipto, prometió el país a los patriarcas y condujo el pueblo por el desierto— provenían de una época muy antigua y debían ya su existencia a una reflexión teológica sobre la historia. El hecho nuevo era que, de ahora en adelante, Israel se consideraba capaz de componer grandes complejos históricos; es decir, no sólo sabía recordar hechos sueltos, decisivos, para su historia y ordenarlos con mayor o menor cohesión interna para ser recitados en el culto; ahora se sentía capaz de presentar la historia en amplios contextos, con todas las contradicciones que nunca encajan por completo en una determinada doctrina, y también con sus fracasos, pero, sobre todo, con su humanidad terrible y espléndida.

Para poder observar y narrar la historia con una perspectiva nueva se requiere sobre todo una cierta distancia interior —y no sólo temporal— de la misma; e Israel sólo podía conseguirla, cuando hubiera adquirido una cierta formación humanística. En efecto, una distancia de sí mismo significa ser capaz de ponerse a sí mismo como objeto de observación y de crítica a gran escala. La fría distancia de sus objetos, propia de estos narradores, la cual nos deja perplejos sobre el grado de su interés personal por ellos, es una nota característica de todas las tradiciones provenientes de esta época o de aquellas que fueron marcadas por ella. No olvidemos que todas nuestras informaciones sobre la historia antigua de Israel son el fruto del trabajo de conservación y adaptación del yahvista. Si al final de la época de los jueces o, incluso más tarde, en tiempos de David, una catástrofe histórica hubiese

---

rarse la más antigua de las tres, pues la pregunta sobre el origen de esta monarquía debió ser la primera reacción frente a este gran viraje histórico; la historia de la sucesión al trono de David es una legitimación de la regencia de Salomón; por lo tanto, nació para ella y durante esta regencia. La obra del yahvista puede que sea un poco más reciente, pues debemos suponer que primero se escribió la historia contemporánea y más tarde apareció la necesidad de narrar la historia antigua de Israel.

barrido Israel de la escena política, no obstante la abundancia
de sus tradiciones históricas, la posteridad hubiera sabido de él
tan poco como de los amorreos o moabitas, los cuales, sin duda,
poseían sus tradiciones aisladas pero no llegaron nunca a esa
reflexión histórica a gran escala.

Esta capacidad de saber trabajar con extensos complejos históricos y no sólo con meras colecciones de episodios, debe considerarse uno de los progresos más trascendentales hacia la comprensión de la existencia humana, pues sus repercusiones en la
historia cultural de occidente son incalculables. Como cualquier
otro descubrimiento en el campo espiritual, este paso fue posible
gracias a una constelación de situaciones favorables muy diversas
que nosostros sólo podemos conocer en una proporción mínima.

La característica principal de la entera reflexión de Israel
sobre la historia es, como todos saben, el hecho de que era una
expresión de su fe en Dios. Esto aparece de modo particular en
las tradiciones más antiguas.

Ahora bien, debemos reconocer que el carácter de estas antiguas tradiciones históricas no favorecía de ninguna manera la
aparición de una visión más global de la historia. La descripción
de los sucesos ocurridos a la salida de Egipto, en la marcha por
el desierto y en la época de los jueces eran directa o indirectamente
narraciones de hechos milagrosos. Estos acontecimientos tenían
esencialmente un carácter episódico y aislado. En su cualidad de
milagros se destacaban del contexto vecino con el que se hallaban
en relación más o menos estrecha, y por su misma naturaleza,
podían existir sólo para sí mismos, en cualquier contexto donde
se les incluyera. El intervalo histórico que los separaba de la siguiente glorificación de Yahvéh era por lo común muy grande;
pero aun cuando fuera pequeño, el nuevo prodigio poseía también un carácter episódico y carecía de conexión interna con el
precedente. Pues bien, de una serie de episodios no nace jamás
una visión global de la historia, por muy bien que se les ordene,
ni tampoco puede surgir una concepción capaz de unir entre sí
los acontecimientos aislados.

Ahora, en cambio, se había introducido un profundo cambio

en el modo de concebir la actividad de Dios en la historia, pues se empezó a pensar que junto a su actuación a través de prodigios y catástrofes dramáticas existía otro terreno, menos perceptible al ojo humano, donde Yahvéh desarrollaba también su actividad, a saber, la esfera de la vida cotidiana de los hombres.

En la mayoría de las narraciones reunidas en la obra del yahvista se halla todavía en primer plano la antigua idea de la intervención directa y perceptible de Yahvéh; pero ya se encuentran algunas narraciones que renuncian a una intervención divina demasiado sensible. Tales narraciones se hallan, como es natural, en una época más cercana al yahvista y por eso nos sirven desde el punto de vista hermenéutico, para la comprensión general de su obra. Por ejemplo, la historia de la petición de mano de Rebeca es una historia de conducción divina silenciosa: hace manifestar a Abraham su confianza en la guía de Dios; el signo requerido por el siervo ocurre sin milagro alguno; Labán dice que Yahvéh ha dirigido los acontecimientos aunque la acción divina se ha desarrollado de una manera oculta. Cierto, Yahvéh intervino en los acontecimientos y si se prefiere, podemos decir que Gén 24 es una «narración milagrosa», pero se trata de milagros muy diversos de los narrados en épocas anteriores, pues, la intervención divina no necesita interferir en las leyes naturales para manifestarse. Cuando la muchacha se ofrece a dar de beber al siervo y a sus camellos, la guía de Yahvéh ya ha alcanzado su meta. Así pues, en esta narración se trata más de una dirección divina del corazón humano que de los acontecimientos externos.

Cuando un ejemplo nos ha llamado la atención sobre este modo tan diverso de concebir la historia, entonces descubrimos inmediatamente un número considerable de narraciones que se distinguen también en este sentido de las más antiguas; todas ellas pertenecen a esta nueva época aunque no es posible fijar una fecha exacta. Es muy interesante observar cómo cada una de ellas desempeña su tarea específica, pues como es natural, esta actividad indirecta de Yahvéh exigía al escritor una técnica narrativa muy superior. En la petición de la mano de Rebeca, el lector podía descubrir la acción divina en el hecho de que Yahvéh había escuchado una oración.

Los narradores acostumbran a señalar la intervención momentánea pero determinante de Yahvéh, en un paso particularmente importante de la narración. Así en 1 Sam 26, el sueño que Yahvéh manda sobre Saúl y sus hombres favorece el plan de David. Si Roboam desprecia en un momento de ofuscación el consejo de los ancianos es porque Yahvéh provocó un «cambio repentino» (סבה), una «peripecia» (1 Re 12, 15). La historia de la subida de David al poder comienza con el dicho sobre el espíritu maligno que Yahvéh mandó a Saúl (1 Sam 16, 14) y termina con la frase «y Yahvéh estaba con David» (2 Sam 5, 10). Por el contrario en la historia de José el narrador hace que el protagonista aluda personalmente a la guía de Yahvéh (Gén 45, 5-8; 50, 20). El libro de Rut emplea la misma técnica narrativa. Este libro es una historia muy artística de guía divina, ya que en ella los personajes, a medida que hablan, van recogiendo el oculto hilo teológico (Rut 1, 8 s.; 2, 12. 20; 4, 13 s.).

Una dura tarea se impuso el historiador del reinado de Abimelec y su trágico fin, pues su objeto no es un acontecimiento aislado, ni tampoco un suceso personal o familiar, sino el destino de una ciudad y su tirano en un período de su historia particularmente confuso (Jue 9). Aquí vemos por primera vez cómo un historiador toma elementos de la esfera política para narrar una época de la historia de Siquem. La descripción es muy realista, pero también aquí irrumpe inesperada la frase «pero Dios envió un espíritu maligno entre Abimelec y los habitantes de Siquem» (v. 23); desde este momento los acontecimientos se desarrollan en contra de Abimelec.

La narración de Jue 9, se acerca a su objeto con exigencias narrativas tan elevadas que se encuentran, prácticamente, en los confines de la historiografía. Israel superó esta frontera y halló el camino de la verdadera narración histórica, esa forma más amplia de autocomprensión de un pueblo, a la que llegaron en la antiguedad sólo los griegos, si bien de una manera distinta. En la historia de la sucesión al trono de David encontramos, por lo menos en su aspecto formal, la forma más perfecta de la historiografía israelita. Prueba de gran maestría es la ordenación de un material tan complicado en una clara sucesión de escenas; la descripción de las personas es brillante, pero sobre todo, aquella técnica de la inserción de alusiones teológicas alcanza aquí el último grado de perfección. De esto hablaremos luego más detalladamente [24].

Esta forma totalmente nueva de presentar la actividad de Yahvéh en la historia, que, como dijimos, condujo a una nueva técnica narrativa, no apareció por casualidad, sino que fue la expresión de una transformación interna más profunda. Una época que no percibía la actividad de Yahvéh principalmente bajo la forma sagrada de prodigios o episodios maravillosos, y por lo tanto, era incapaz de expresar su fe de una manera satisfactoria con el estilo narrativo sagrado; esta época debía haber cambiado radicalmente su relación con la realidad circunstante. Esta realidad —nosotros diríamos «naturaleza e historia»— fue secularizada y de la noche a la mañana se encontró fuera de las instituciones sagradas que la resguardaban. En consecuencia, los personajes de la narración se mueven ahora en un mundo completamente desmitizado.

No cabe duda, aquí encontramos las huellas de un iluminismo de vastas dimensiones, una emancipación del espíritu, el abandono de concepciones anticuadas, sin que ello signifique el abandono de la fe en Yahvéh, ni siquiera el paso a una diluida credulidad racionalista. Yahvéh había seguido también este camino y se había dejado conocer también en la profanidad desacralizada y de ahora en adelante, su actividad histórica podía percibirse de una manera mucho más plena. Para mostrar la actividad didivina, los autores no necesitarán más los milagros o la actuación de los carismáticos; los acontecimientos se desenvuelven en apariencia en perfecta conformidad con sus leyes inmanentes. Tampoco se exceptúan los pasajes donde los narradores hablan acer-

---

24. Véanse más adelante las páginas 387 s.

ca de Dios; en todo caso, siempre eligieron la forma más invisible
de la intervención divina: un comportamiento humano de la experiencia común, desprovisto de cualquier rasgo prodigioso, se
convierte, por disposición divina, en un momento crucial de gran
trascendencia.

Sin esa frase alusiva a la intervención divina nadie percibiría
la menor ruptura en la relación causal de los acontecimientos.
Pero, lo más importante es que la acción de Yahvéh abarca todos
los sectores de la existencia humana, tanto los sagrados como los
meramente profanos; e incluso se la busca con una cierta diligencia en el mundo profano. La fe en la causalidad universal de
Yahvéh —presente, de hecho, en las épocas más remotas de la
religión yahvista—, aparece aquí por primera vez en su expresión
más adecuada [25]. Por lo demás: el corazón humano es el terreno
principal donde se desarrolla la actividad de Yahvéh. Esto no
convierte a los personajes en «caracteres religiosos», todo lo
contrario, son hombres que persiguen sus ideales con pasión y
tenacidad; y no obstante, se enseña al lector, que Yahvéh se sirve
de ellos, de sus corazones y decisiones, para dirigir la historia.

Cuando el acontecimiento sagrado deja de ser el objeto propio de una narrativa elevada, un objeto completamente nuevo
pasa a ocupar el centro de su interés: el hombre; sí, el hombre
con la inmensa complejidad de su ser. La posibilidad de narrar
hechos como el encuentro del futuro rey con una mujer inteligente y con un zoquete ridículo (1 Sam 25) o una amistad entre
dos hombres (1 Sam 18-20) debieron aparecer a los narradores
de entonces como un mundo nuevo y seductor. Pronto osaron
empresas muy difíciles y describieron, de manera incomparable,
complicados fenómenos psicológicos, como el odio-amor de Saúl
hacia David, la impresión causada por una noticia anhelada pero
inesperada («entonces se le heló el corazón», Gén 45, 26) o el
hablar balbuciente de los hombres agobiados (Gén 43, 26 s.).

---

25. Véase sobre el concepto de la causalidad universal de Yahvéh: B.
BALSCHEIT, *Alter u. Aufkommen des Monotheismus in der israelitischen Religion* (1938) 40, 81, 94 s., 125.

Tan sólo desde el punto de vista narrativo éstas y otras muchas eran posibilidades que no había conocido la saga antigua.

Muy por encima de estas pequeñas obras maestras se encuentran los retratos de los personajes principales en la historia de la sucesión al trono y sobre todo el de David, un carácter contradictorio, hombre de una estatura humana avasalladora, pero también sujeto a peligrosas debilidades. Aquí, prescindiendo por el momento de sus intereses teológicos, entra en escena una clara voluntad artística. Nosotros preferimos llamar «cuentistas» a los autores de cada una de estas narraciones. Dominan con gran maestría toda la gama estilística, desde la sombría tragedia de Saúl en casa de la hechicera de Endor (1 Sam 28) hasta el género burlesco (la muerte de Nabal, 1 Sam 25, 36-38). Sus descripciones nos fascinan, pero también nos encanta, por paradójico que parezca, su arte del silencio, la omisión de todo cuanto el lector debe decirse a sí mismo.

Junto a este avance en el terreno psicológico se halla el creciente adorno de la narración con discursos que el autor pone en boca de los personajes. En las narraciones de 1 Sam 24 y 26 los diálogos entre David y Saúl son el punto culminante a donde conducen los acontecimientos externos: la auto-humillación del ungido que se retira ante el que viene. La historia de David y Goliat (1 Sam 17) contiene en su redacción actual 18 discursos más o menos extensos; es evidente que, de esta manera, se traslada el dramatismo del acontecimiento a un plano superior. Los sucesos externos de la historia de Goliat son, de por sí, muy tensos; pero al narrador le interesa todavía más la tensión espiritual, desde las palabras del hermano mayor que reprende al muchacho por su presunción, hasta la arenga de David, que parafrasea en un estilo casi homilético las exigencias de la fe.

Este modo de dramatizar los acontecimientos mediante la inserción de discursos, se conecta íntimamente con un arte retórico que fue muy cultivado en Israel durante aquel período gracias, sin duda, al estímulo de Egipto. La habilidad de decir la palabra exacta en el momento preciso con una dicción correcta era considerada un arte en el que se educaba sistemáticamente

a los jóvenes de alta posición social. Si además tenemos en cuenta
que en esta época se comenzaron a reunir y clasificar los conocimientos sobre las ciencias naturales (1 Re 5, 9 s.) [26], entonces
se redondea la imagen de una época de intenso iluminismo y de
un renacimiento general de la cultura. Más aún, esta renovada
sensibilidad por lo humano, este concentrarse sobre el hombre,
el interés por lo psicológico y el cultivo de la retórica nos permiten
hablar con todo derecho de un humanismo salomónico. Cierto,
no sería lícito hablar de un humanismo que no mostrara un interés
literario por la «antigüedad». Ahora bien ¿qué es la obra admirable del yahvista sino un esfuerzo único por actualizar el pasado
de Israel renovándolo e infiltrando en él un espíritu de acuerdo
con las exigencias de los nuevos tiempos? La penetración de este
espíritu nuevo en los materiales antiguos es diversa en cada una
de las tradiciones, pero toda la obra se halla envuelta en una
atmósfera muy sutil que impregna incluso las tradiciones menos
elaboradas, y que mejor conservaban su carácter arcaico.

De hecho la diferencia de forma y estilo entre las diversas tradiciones
suelen ser muy grandes. Basta comparar la arcaica solemnidad de la historia
de Betel y su expresión de un primitivo horror ante lo sacro (Gén 28, 17), con
la narración del nacimiento de los hijos de Jacob (Gén 29, 31-30, 24). ¡Qué
laberinto mundano de pasiones y vulgares sentimientos humanos en la pelea
de las dos mujeres por el marido! y todo esto se pone en relación con el antepasado de Israel y los progenitores de las tribus, cuyos nombres tenían un
acento solemne en las tradiciones antiguas. Pues bien, Israel había aprendido
entretanto a hablar también de estas cosas con un lenguaje profano.

La reconstrucción del espíritu de una época a través de su
estilo narrativo y, por lo tanto, a partir de un pequeño sector de
la existencia global, puede darnos sólo algunas indicaciones de
carácter aproximativo. La dificultad aumenta porque no sabemos
quiénes eran los exponentes de este arte narrativo tan elevado,
ni el público al cual se dirigía. Los juglares homéricos nos ofrecen
una imagen de sí mismos en la figura del cantor Demodoco [27],

---

26. Véanse más adelante las páginas 515 s.
27. *Odisea* VIII, 261 s.; véase W. SCHADEWALDT, *Die Gestalt des home-*
rischen Sängers, en *Homers Welt und Werk* ([2]1944) 54 s.

pero en vano buscaremos en el Antiguo Testamento un autoretrato semejante de sus grandes «cuentistas». Quizás pertenecían a los círculos vecinos a los maestros de la Sabiduría [28]. Desconocemos igualmente hasta dónde penetró en los vastos estratos de la población rural, esta nueva visión secular y mundana de la vida. Posiblemente se limitó a la corte, la capital, los empleados y las clases superiores. Pero tampoco debemos subestimar el influjo determinante de la monarquía y de la élite intelectual sobre la gran masa de la población.

Más difícil todavía es el problema de las relaciones entre estos narradores y el mundo del culto. Nos equivocaríamos si, bajo el influjo de nuestra mentalidad moderna, pensáramos que la fe de estos ambientes se desligó del culto de forma más o menos definitiva. Por cuanto sabemos jamás existió en Israel una piedad sin culto; hallamos en cambio suficientes indicios de una actitud positiva, que contradicen resueltamente la hipótesis según la cual los narradores tomaron frente a él una actitud neutral y desinteresada. Pero tampoco podemos afirmar que todo permaneció inmóvil alrededor del culto. En una sociedad desacralizada que se había acostumbrado a observar al hombre con ojos profanos, el culto se convirtió en algo extrañamente aislado. Continuaba siendo el centro sagrado de la existencia, el punto donde tenían lugar los contactos del hombre con Yahvéh, pero ambos sectores se divorciaron: «la vida» y el culto comenzaron a seguir caminos diversos. La historia de la monarquía nos muestra una cultura en continuo proceso de secularización, mientras en su seno continuaba funcionando el aparato cultual. Sin embargo se equivocaría quien viera en este proceso de secularización la gran apostasía de la fe en Yahvéh. Los profetas, por de pronto, no se detuvieron aquí; al contrario, ellos radicalizaron todavía más este proceso. Sus diatribas se dirigen contra el desprecio de los mandamientos de Yahvéh, de los cuales se habían ido alejando la vida cultural, política y social.

---

28. Esta era ya la opinión de J. HEMPEL, *Gott und Mensch im AT* (²1936) 65.

4. La oposición religiosa
a las nuevas estructuras políticas y cultuales

Al final del apartado anterior hemos anticipado demasiado la evolución de la historia. Por esto volvemos de nuevo a las innovaciones que cambiaron la vida política y sagrada de Israel al inicio de la monarquía. Las condiciones políticas y religiosas reinantes en Canaán prepararon en líneas generales la evolución de Israel en este período. Por esto, la mayoría de los israelitas fueron arrastrados inconscientemente por el curso de los acontecimientos. No obstante, debemos suponer por adelantado, que la gran mayoría aprobó y colaboró en esta evolución, mientras una minoría tomaba una postura crítica o negativa. Las fuentes nos ofrecen una buena documentación sobre el primer período de la monarquía, aunque las noticias relativas a esta cuestión se reducen, como era de suponer, a detalles más o menos incoherentes con los que resulta imposible componer un cuadro complexivo de los movimientos contemporáneos de oposición.

Las fuentes son todavía más escasas con relación a la historia interna de los reinos divididos. Como es sabido, el historiador deuteronomista coloca la historia de esta época bajo una sola perspectiva; su única pregunta es ¿cuál fue la actitud de los monarcas (a los que identifica cada vez con sus reinos y con su generación respectiva) frente al único santuario legítimo de Jerusalén? Los reyes estaban «completamente» con Yahvéh si se consideraban obligados a adorarlo en Jerusalén. Ahora bien, si como historiadores no queremos desechar de buenas a primeras este criterio deuteronomista, que juzga toda la historia del culto a partir de una exigencia que en esta época no tenía aún ese carácter tan radical, al menos debemos admitir que el punto de vista de su exposición es sumamente unilateral.

De todos modos, la orientación global de la obra nos dice ya, que su autor no intentó jamás presentar la historia cultual de su tiempo en toda su complejidad. Pero, como el deuteronomista propone su concepción con tanta insistencia, el investigador crítico no consigue fácilmente liberarse por completo de la sugestión que deriva de la misma, cuando se esfuerza por reconstruir la verdadera situación histórica de la época. Por su carácter esquemático, esta concepción se coloca a veces como una capa espesa que uniforma una situación histórica extremamente compleja. Así la gran obra dtr es al mismo tiempo un grave obstáculo para el historiador, preocupado por reconstruir las condiciones reales de la época.

1. En el primer libro de los Reyes se describen con profundo horror las medidas político-religiosas de Jeroboam I, destinadas a la construcción de dos santuarios nacionales en Betel y Dan (1 Re 12, 26 s.). Una consideración objetiva de los acontecimientos deberá admitir que este rey sacó de la fundación del estado la misma consecuencia que había sacado antes David. El reino autónomo de Israel necesitaba sencillamente un santuario nacional, por lo tanto no es siquiera probable que el verdadero motivo de la instauración de ambos santuarios fuera el temor frente a la emigración de peregrinos hacia Jerusalén (1 Re 12, 27). El narrador es de Judea y debe conceder de mala gana que en estos santuarios se mantenía el culto yahvista. En cuanto a la elección de los santuarios, el rey podía recurrir a dos lugares de culto consagrados por una tradición muy antigua y así evitaba la osadía de elevar al rango de lugar sagrado una ciudad que no hubiese tenido ninguna importancia en la vida cultual de Israel.

La investigación ha mostrado, con mucha probabilidad, que los dos becerros colocados en Betel y Dan no eran imágenes de la divinidad en sentido propio, sino tan sólo, pilares, pedestales del dios (invisible); por consiguiente, no eran una imagen, sino un atributo de Yahvéh [29]. Tampoco hemos de suponer que el uso de estos portadores del dios fuera considerado ya en los primeros años de la monarquía como una transgresión de las normas del culto yahvista; se trata, más bien, de una interpretación rigurosa de la prohibición de las imágenes, interpretación que debe

---

29. K. GALLING, *Biblische Reallexikon* (1937) col. 202 s.

provenir de una época posterior [30]. Finalmente, en cuanto al reproche por el nombramiento arbitrario de los sacerdotes, baste notar que David y Salomón también se reservaron el derecho de nombrar y destituir los sacerdotes del santuario real [31]. En resumen: no podemos considerar a Jeroboam I como el típico exponente de la oposición a las nuevas instituciones, sino más bien, como uno de sus representaciones más consecuentes.

Otra cosa fue la oposición que encontró la elección de Saúl como rey (1 Sam 10, 27; 11, 12 s.). No obstante la escasez de informaciones, podemos fácilmente imaginar que la población rural, ligada a las tradiciones patriarcales, no debió aceptar sin reservas la gran innovación de la monarquía. Dejando aparte los reparos de tipo religioso, la monarquía comportó un notable gravamen económico sobre los campesinos libres y una sensible reducción de sus derechos.

La carta de los «derechos del rey» que leyó Samuel en presencia del pueblo (1 Sam 8, 11-17), ofrece naturalmente una formulación muy tendenciosa; toda la historia de la elección de Saúl a la corona proviene, en realidad, de una época notablemente posterior. De todas formas, los detalles de este derecho real no carecen de fundamento objetivo. El rey tomó la juventud rural para meterla en sus guarniciones como soldados regulares; se apoderó de posesiones rurales para crear sus propias fincas en diversos puntos del país y reclutó los trabajadores para estas fincas entre la población del campo [32]. Confiscó otras tierras para premiar a sus seguidores más fieles (1 Sam 22, 7). Gravó con impuestos a toda la población agrícola para costear con sus tributos la economía de la corte (1 Re 4, 7; 20, 14); la misma población femenina no se encontraba al reparo de su mano, pues necesitaba las mujeres como mezcladoras de perfumes, cocineras o panaderas. Es fácil suponer cuánto hirieron estas inter-

---

30. Véase más adelante, la página 280.
31. 2 Sam 8, 18; 1 Re 2, 26.
32. M. NOTH, *Das Krongut der isr. Könige und seine Verwaltung*: ZDPV (1927) 211.

venciones del rey a los campesinos libres de Israel que aún vivían con un sentimiento nómada de la libertad.

El repudio absoluto de la monarquía encuentra su expresión más exacerbada en la fábula de Jotán; alguien la considera el poema más antimonárquico de la literatura universal (Jue 9, 8 s.) [33]. No es una animadversión religiosa sino social, la que escarnece tan atrozmente la monarquía en esta fábula. Mientras los demás «árboles» fomentan el bienestar y la prosperidad de otros seres, la zarza es el único ser inútil para la sociedad; su señorío, ese «ondear por encima de los árboles», su pretensión de cobijarse bajo su sombra, es una arrogancia grotesca [34].

Por el contrario, toda la oposición que percibimos contra las innovaciones en el ejército y en la estrategia militar provienen de la naturaleza más íntima de la religión yahvista. La antigua narración sobre el censo de David (2 Sam 24) conserva el recuerdo de una rebelión —según parece, contemporánea— contra una organización y racionalización del ejército, que planteó David y luego él mismo llevó a término. Este censo tenía, sin duda, un objetivo militar: David deseaba conocer su potencial bélico, quería disponer de números concretos. Pero el reclutamiento de los hombres obligados al servicio militar contradecía la esencia más profunda de las guerras santas, en las que Yahvéh mismo se había reservado la protección de Israel. Con todo, la narración informa de que el rey no hizo caso de las objeciones.

La historia de la reprobación de Saúl (1 Sam 15) no puede utilizarse como una fuente tan inmediata, pues no proviene de una época anterior al primer período profético, la confrontación entre el rey y el profeta es ya muy estilizada, lo cual nos impide atribuir a la redacción actual una mayor antigüedad, pero es probable que el material narrativo en sí mismo sea más antiguo, pues el conflicto del rey con la antigua institución del anatema debe remontarse a un período, en que una estrategia en proceso de secularización podía aún entrar en colisión con las exigencias

---

33. M. Buber, *Königtum Gottes* ([2]1936) 29.
34. En cuanto a la fábula de Jotán véase E. Nielsen, *Shechem* (1955) 147 s.

de la guerra santa. La transgresión de Saúl fue muy grave: había rehusado hacer una profesión de fe en Yahvéh, negándole cuanto caía bajo la ley del anatema. La narración no analiza los motivos de Saúl; en cambio queda bien patente el rebelde, que en esta ocasión osó enfrentarse a la fe yahvista. Saúl quería disponer del botín según su arbitrio; era, pues, algo como la «razón de estado» la que se sublevaba y, por muy reciente que fuera esta voluntad política, no estaba dispuesta a recibir de Yahvéh las normas de su actuación.

Desde el punto de vista histórico, las innovaciones realizadas en el ejército y en la estrategia militar fueron con toda proba‐ bilidad, las más escandalosas para el yahvismo de estilo patriar‐ cal. Pues ¿en qué otro sector podía tener lugar una colisión? Las peregrinaciones, las grandes fiestas del yahvismo, continuaban existiendo y el rey había dejado intacto el derecho divino. Pero la protección de Israel contra sus enemigos, que en otro tiempo fue competencia exclusiva de Yahvéh, pasa ahora bajo la direc‐ ción del rey. De esta manera se creó un conflicto insanable. La brecha alcanzó proporciones gigantescas en los ataques de los profetas mayores contra las alianzas y contra la política de ar‐ mamentos. El conflicto se apaciguó sólo cuando la monarquía volvió a desaparecer de la historia.

Por el contrario, la breve narración de la renuncia de Gedeón a la dignidad real no puede considerarse un documento en favor del repudio de esta insti‐ tución en épocas anteriores (Jue 8, 22-24). En nuestro caso no se trata, como en las dos narraciones anteriores, de una colisión con una costumbre deter‐ minada, aquí, el repudio de la monarquía es absoluto: nadie puede reinar en Israel, pues esto sería interferir en la soberanía de Yahvéh. El argumento en favor del repudio es más radical que en 1 Sam 8, 1 s.; 12, 1 s., es tan teoló‐ gico y fundamental que debe provenir de una época en la cual se había llegado a cierta distancia interior de los acontecimientos en cuestión. Por lo demás, si comparamos este pasaje con la plasticidad de las restantes narraciones sobre Gedeón, nos parece extrañamente desprovisto de colorido narrativo y no consigue dar una explicación concreta del suceso, provocado por una solicitud de «las gentes de Israel».

2. También la gran innovación cultual, la construcción del templo a Yahvéh, encontró una oposición interna. En la pro‐ testa que Natán comunica a David, en nombre de Yahvéh,

adivinamos, sin poderlos descubrir con seguridad, los motivos reales que se esconden bajo esta oposición. Se pregunta a David si Yahvéh habitó jamás en una casa desde que liberó Israel de Egipto y la respuesta es clara: él anduvo errante con Israel, «en una tienda y en una morada» (באהל ובמשכן) pero nunca dio instrucciones para que le construyeran una casa de cedro (2 Sam 7, 4-8). Hablando de esta manera, Natán se hacía indudablemente el portavoz de la antigua tradición sobre la «tienda del encuentro», con sus concepciones tan distintas sobre la presencia de Yahvéh [35]. En cambio queda siempre abierta la cuestión referente a los círculos en los que se conservó y cultivó esta tradición; tal vez sea ya imposible dar una respuesta concreta al problema. La tradición se remonta a tiempos muy antiguos y es propable que por este tiempo su importancia estuviera a punto de desaparecer frente al arca de la anfictionía. Así parece muy plausible que Natán juegue aquí su última baza contra la construcción del templo, invocando esa venerable tradición cultual [36].

La protesta de Natán se extinguió, el templo fue construido; más aún, la era de la antigua fe yahvista de estilo patriarcal había desaparecido para siempre. Cierto es que entre la población rural, instalada en los confines tradicionales de las tribus, seguía existiendo un amplio sector de fieles yahvistas, pero ¿quedaban en otras partes? Jerusalén era la ciudad de la corte y de la burocracia, absorbida por las tareas y las preocupaciones de la política; la población nativa era cananea y jebusea. Pero también la situación cultual de la campaña se había transformado mucho si la comparamos con la época de los jueces.

Con sus victorias sobre los pueblos vecinos David había conseguido ensanchar las fronteras de Israel hacia los cuatro puntos cardinales. Así, por no citar sino la conquista más importante,

---

35. Sobre las diferencias teológicas entre la tienda y el arca, véanse más adelante las páginas 297 s.
36. Más detalles sobre este problema en A. KUSCHKE, *Die Lagervorstellung der priesterlichen Erzählung*, ZAW (1951) 81 s.: H.-J. KRAUS, *Gottesdients in Israel* (²1962) 152 s.

al oeste se anexionó las grandes llanuras, la región de los cananeos y filisteos. Es fácil comprender la importancia que tenía este gran aumento de población cananea para el culto. La confrontación de dos cultos opuestos, el de Yahvéh y el de Baal, se convertía ahora en un problema interno de Israel[37]. De esta manera, la penetración de concepciones cananeas en el culto de Yahvéh entró en una fase completamente nueva y mucho más peligrosa.

Es verdad que el conflicto entre Yahvéh y Baal se remontaba al período del ingreso en la tierra de cultivo, pero en aquellos primeros tiempos era más fácil superarlo porque la esencia de la religión yahvista estaba todavía intacta. En cambio, durante el período de la monarquía, la constante simbiosis con la población indígena de Canaán exponía las antiguas tradiciones a un sincretismo creciente o las arrinconaba en una posición de aislamiento defensivo. Finalmente a esta lenta disolución interna de la fe yahvista en formas sincretistas se unió, en la época asiria y más tarde en la babilónica, una creciente simpatía por los cultos extranjeros como, por ejemplo, el de Tammuz, Shamach, Istar, etc. 2 Re 23, 4 s. y Ez 8, 7 s. nos dan una idea de cómo se instaló el culto de estos dioses en el mismo templo de Yahvéh en Jerusalén.

Los nazireos deben considerarse como un síntoma de la oposición al proceso de cananeización del culto yahvista[38]. El nazireato consistía en el voto de una pertenencia particular e incondicional a Yahvéh. La expresión hebrea correspondiente debe traducirse: «la persona consagrada a Dios» (נזיר אלהים Jue 13, 5. 7; 16, 17). Quien había pasado a ser propiedad de Yahvéh, debía privarse de ciertas cosas, en particular del vino, y sobre todo,

---

37. A. Alt II, 52. La historia de Elías en 1 Re 18 nos permite conocer, al menos en líneas generales, la gran diversidad de formas que podía tomar la historia cultual de un santuario en las regiones conquistadas. En el monte Carmelo fue venerado originariamente el dios Baal del Carmelo. En el período posterior a David se construyó allí un altar a Yahvéh. Pero pronto decayó (v. 30) y el culto de Baal volvió a tomar posesión de este lugar hasta que Elías repristinó el culto a Yahvéh. A. Alt II, 137 s.; K. Galling, *Der Gott Karmel und die Achtung der fremden Götter: Festschr. f. A. Alt* (1953) 105 s.; O. Eissfeldt, *Der Gott Karmel: Sitzungsberichte d. Deutschen Akademie d. Wiss. zu Berlin* (1953).

38. Eichrodt I, 159 s.; J. Pedersen III, IV, 264 s.

pebía guardarse de cualquier impureza ritual. Estos votos fueron observados de maneras distintas (véase por ejemplo, 1 Sam 14, 24), como un estado excepcional e interino, o como una consagración para toda la vida. La historia de Sansón nos presenta la imagen más límpida de un nazireo perpetuo; pero, por eso mismo, debemos guardarnos de imaginar que todos los nazireos fuesen como Sansón. Probablemente cada nazireo era un caso único, por lo menos los perpetuos. El narrador presenta también a Samuel como un niño consagrado al santuario (1 Sam 1, 11. 28; 2, 20). En cada caso particular esa usanza debió ser aplicada de manera distinta; pero la idea fundamental fue siempre la misma: un hombre se apartaba de vida ordinaria mediante determinadas privaciones y, de este modo, se ponía a la disposición de la divinidad como su instrumento particular. En cierto modo todos los nazireos eran carismáticos.

Es probable que el origen de estos votos de continencia sea independiente de la lucha defensiva contra la religión cananea; pero al ir desapareciendo las diferencias entre ambos cultos el nazireato adquirió en esta lucha una gran fuerza simbólica. Era el signo conmovedor de una entrega a Yahvéh mucho más incondicional de cuanto se practicaba en la vida ordinaria. En los nazireos se manifestaba un Yahvéh desconocido por el culto oficial. Amós los coloca junto a los profetas como signos de aquellas exigencias de Yahvéh que Israel no debía haber desatendido (Am 2, 11 s.). El documento sacerdotal conserva las prescripciones rituales observadas al comienzo y al final del nazireato temporáneo (Núm 6, 1 s.). Los Hechos de los Apóstoles nos hablan de las últimas ramificaciones de este movimiento (Hech 21, 23 s.).

Los recabitas se encontraban más directamente comprometidos en la lucha por la pureza religiosa del yahvismo en el país agrícola. Se trataba de una asociación de tipo tribal (por lo tanto no era una «secta»), que, por motivos religiosos, seguía llevando una vida rigurosamente nómada dentro del país agrícola. Rehusaban habitar en casas, es decir, en comunidades rurales o urbanas; no cultivaban la tierra; no plantaban viñas ni bebían vino, para poder vivir muchos años en la tierra, donde eran advenedizos (Jer 35, 6 s.). Eran pues, secuaces de un yahvismo radical. Las expresiones: «vivir muchos años en la tierra» y «ser advenedizo en el país», provienen de la antigua tradición yahvista (Ex 20, 12; Lev 25, 23); pero los recabitas esperaban participar de las promesas de Yahvéh sólo si se alejaban, sin reservas, de todas las formas de vida que eran tradicionales en el país agrícola, y a las cuales Israel se había adaptado completamente.

Según Jer 35 el antepasado de los recabitas fue aquel Yonadab ben Rekab que Jehú hizo subir a su carro, porque se sentía unido con él en «el celo por Yahvéh» (2 Re 10, 15 s.). Sin embargo no es probable que esta asociación nómada empezara a existir en una época tan tardía. Una indicación aislada en la obra histórica del cronista los pone en relación genealógica con los kenitas, lo cual encaja perfectamente en el cuadro general (1 Crón 2, 55), pues también los kenitas eran adoradores de Yahvéh y perseveraban en una vida seminómada, cuando ya hacía tiempo que Israel se había vuelto sedentario [39]. Jeremías sentía profunda simpatía por los recabitas. Una comparación con la actitud en parte análoga y en parte contraria de Oseas, muestra claramente los aciertos y los errores de sus principios fundamentales, basados por completo en un modelo del pasado (Os 2, 4 s.) [40].

Ahora bien ¿qué hubiera sido de la religión yahvista si nazireos y recabitas hubieran continuado siendo los mejores exponentes de su oposición a la infiltración de las ideas religiosas cananeas? En este momento tropezamos con el fenómeno más asombroso de toda la historia israelita: en una época de creciente vaciamiento y descomposición interna, la religión yahvista es capaz de resurgir, una vez más, con fuerza volcánica, en una forma completamente nueva: la predicación de los profetas.

---

39.   Jue 4, 11; 1 Sam 15, 6; 30, 29.

40.   Jerónimo de Kardia informa sobre un fenómeno paralelo entre los nabateos, una antigua tribu árabe que empezó a penetrar en la región agrícola de la Palestina meridional durante el período siguiente al exilio: νόμος ἐστὶν αὐτοῖς μήτε σῖτον σπείρειν μήτε φυτεύειν μηδὲν φυτὸν καρποφόρον μήτε οἴνῳ χρῆσθαι μήτε οἰκίαν κατασκευάζειν (DIODORO DE SICILIA XIX 94).

La mirada retrospectiva del historiador descubre una relación estrecha entre la aparición de los profetas y cuatro sucesos que la prepararon con mucha antelación: el primero fue la degeneración sincretista de la religión yahvista; el segundo tenía un carácter político, a saber, la emancipación de Yahvéh y de su oferta de protección; emancipación que se había institucionalizado con la creación del estado. Con sus armamentos y alianzas, en una palabra, con su táctica política, Israel se escurrió de las manos de Yahvéh y conquistó la autonomía política.

El tercer motivo fue la evolución económica y social en los dos reinos. El estado propulsó una ulterior disolución del antiguo orden social de las tribus con su sistema tributario y su organización burocrática. Los peores desequilibrios sociales nacieron cuando el centro de gravedad de la economía se desplazó a las ciudades. Los patricios urbanos, como les llama Max Weber, conquistaron la hegemonía sobre la población agrícola y ocasionaron graves abusos sociales [41]. Bajo el peso de los impuestos el campesino, por ser económicamente débil, perdía poco a poco la capacidad de conservar sus tierras como ciudadano libre. Desapareció la posición influyente y honrosa que había gozado en épocas anteriores como ciudadano libre, hábil para el servicio militar. Cada día se concentraban más propiedades rurales en las manos de unos pocos capitalistas urbanos. La población rural corría el peligro de converitrse en un proletariado (Is 5, 8; Miq 2, 1 s.).

El último dato, sin el cual no podríamos concebir los profetas mayores, es totalmente diverso; no se trata de una evolución defectuosa en el campo de la política interna; refleja, más bien, un desplazamiento del poder político en el ámbito de la historia universal: la ascensión de Asiria a la cumbre más alta de su poder y la consiguiente amenaza sobre Palestina a partir del siglo VIII. Debemos tener presente que la conquista de Canaán y sobre todo,

---

41. Véase el segundo tomo de este libro, 38 s. M. WEBER, *Religionssoziologie*, 26; A. CAUSSE, *Du groupe ethnique à la communauté religeuse* (1937) 42 s.

la formación del estado israelita en Palestina, fue sólo posible, gracias al debilitamiento simultáneo de las dos mayores potencias mundiales. Hacia el año 1200 Egipto abandonó definitivamente sus antiguas pretensiones políticas sobre Palestina. Por el mismo tiempo sucumbía, en el norte, el imperio hitita ante el asalto de «los pueblos del mar».

Asiria se había colocado ya entre las grandes potencias, pero al primer apogeo bajo Tukulti Ninurta I (1235-1198) siguió una gran decadencia y, aunque en el siglo IX había iniciado ya su última ascensión a la grandeza política, Palestina no percibió las primeras repercusiones de esta nueva expansión. Sólo más tarde, bajo el reinado de Tiglatpilesar III (745-727), la política expansionista de Asiria se dirigió sistemáticamente contra Palestina; eran los tiempos de Oseas, Amós e Isaías. A partir de este momento terminó la autonomía nacional de Israel y Judá; la hora del golpe fatal era sólo cuestión de tiempo y de la táctica de Asur. El año 733, Tiglatpilesar anexionó a su imperio las provincias septentrionales del reino de Israel (2 Re 15, 29 s.), en el 721 cae Samaria y con ella todo el reino del norte fue incorporado en la organización de las provincias asirias. Hacia el 701, Senaquerib impuso la capitulación a Jerusalén (2 Re 18, 13-16) y en el año 664 Asurbanipal llegó hasta Tebas, la misma capital del Egipto superior. La rápida decadencia de Asur a partir de la mitad del siglo VIII y su hundimiento definitivo en el 612 no suavizó la presión política sobre Palestina, pues los neobabilonios ascendieron rápidamente al poder y ejecuraton con Nabucodonosor, el testamento político de los asirios sobre Palestina; en los años 597 y 587 demolieron el resto del estado judío. Fueron los años de los profetas Sofonías, Habacuc, Jeremías y Ezequiel.

¿Qué tiene en común el mensaje de estos profetas? La primera nota característica es su enraizamiento en las tradiciones sagradas fundamentales de los primeros tiempos. Cierto, existen entre ellos grandes diferencias en el modo como se refieren a las tradiciones antiguas. Basta comparar entre sí Oseas e Isaías, dos profetas contemporáneos, pero extremamente diversos en este punto; el primero se basa sobre la antigua tradición de la alianza con Israel, mientras el segundo parece desconocerla por completo y se refiere exclusivamente a la tradición de Sión y David. En cada profeta debemos considerar atentamente la gran flexibilidad y el modo particular de apelar a las antiguas tradiciones de elección; pues aquí se ocultan muchos problemas de detalle.

Este enraizamiento en la antigua tradición religiosa era evidentemente una característica esencial del profeta, sin la cual no se podía concebir su misión. En efecto, esta unión con la tradición era, como lo indica su actividad polémica, más pura y auténtica en los profetas que en sus contemporáneos. Ellos se desvivían utilizando los medios más inverosímiles para convencer a sus oyentes del carácter obligatorio y de la inmutable validez de unos preceptos, que éstos habían abandonado desde hacía mucho tiempo o quizás no habían conocido nunca. En esta vuelta a las tradiciones yahvistas más antiguas y genuinas, la actividad de los profetas tiene, sin duda, un cierto carácter reformista. Sorprende ver que a menudo los profetas actualizan con suma libertad, las tradiciones antiguas, es decir, no siempre las reproducen en su forma primitiva, sino tal y como ellos las entendían, lo cual solía comportar una radicalización extrema de las mismas. Basta pensar en el modo como Amós e Isaías proclamaron en su tiempo las exigencias del antiguo derecho divino.

La otra nota característica es la mirada, igualmente penetrante, que los profetas dirigen hacia el futuro. En las amenazadoras complicaciones de la historia universal y, sobre todo, en la aparición de los asirios, neobabilonios y persas en el horizonte de Palestina, ellos veían —generalmente para un futuro próximo— la cercanía de una nueva actividad histórica de Yahvéh con Israel y Judá. Estos anuncios proféticos no son, de ninguna manera, el fruto de un enjuiciamiento inteligente de la situación política mundial, pues ellos designan este desastre inminente como una acción de Yahvéh para castigar los pecados de su pueblo. De este modo, los acontecimientos que se divisaban en el horizonte político tenían para los profetas una claridad suma: los pueblos extranjeros, que venían contra Israel, eran considerados exclusivamente como instrumentos de la ira divina y fuera de esta tarea no merecían interés alguno.

El aspecto político y militar del avance de estos pueblos pasa a un segundo plano, porque los profetas creían que a través de las inminentes catástrofes, Israel era conducido hacia un nuevo encuentro con Yahvéh; los tumultos de la historia presagiaban la manifestación del mismo Yahvéh. Los profetas le veían descender y posarse sobre las alturas de la tierra, «por la culpa de Jacob, por el pecado de Judá» (Miq 1, 2-5). He aquí un hecho absolutamente nuevo: junto a la actividad y a los encuentros de Yahvéh con Israel, de los cuales nos hablan las tradiciones antiguas, los profetas anuncian que a Israel le esperan una nueva acción y un nuevo encuentro con Yahvéh y esta realidad nueva será tan importante y trascendental como todo cuanto había transmitido la tradición sagrada. Es más, supera a lo antiguo por su actualidad, pues marca el término irrevocable de toda la historia precedente de Yahvéh con Israel.

Los profetas proclamaron la sentencia capital de Yahvéh sobre Israel y formaron parte del grupo de sus ejecutores pues con su predicación aumentaron la obstinación del pueblo. Pero otro hecho convertía la predicación profética en una realidad absolutamente nueva e inaudita en la historia de Israel, a saber: al mismo tiempo que proclamaban el juicio anunciaban el comienzo de una oferta de salvación completamente nueva. Y cuando el reino de Judá fue aniquilado y se quebrantaron todas las garantías políticas, entonces Isaías II dirige sus palabras de consuelo a los exiliados y, en vista de la nueva salvación que él ve ya al alcance de la mano, prorrumpe en un canto de júbilo que contradice extrañamente la turbia realidad del período antes y después de la vuelta a Palestina.

Con este doble mensaje sobre el fin de Israel y sobre un comienzo totalmente nuevo de parte de Yahvéh, los profetas abren una época de la actividad salvífica de Dios que no se halla en continuidad con la anterior, sino que la sigue sólo con cierta analogía (nuevo David, nueva alianza, nuevo éxodo, etc.). Los profetas rompen y destrozan la existencia anterior de Israel frente a Yahvéh y trazan con creciente entusiasmo las líneas maestras de una nueva salvación para Israel y para las naciones. El mensaje de los profetas es, por consiguiente, un mensaje enteramente nuevo en comparación con las precedentes intervenciones de Yahvéh en la historia. Por esto mismo, su estudio sobrepasa el ámbito de este tomo, consagrado a la interpretación de las tradiciones históricas de Israel.

4

LOS ESFUERZOS POR RESTAURAR EL PASADO

U NA visión panorámica del enorme y variado material de la tradición religiosa israelita, nos permite reconocer sin dificultad que es posible agruparlo en grandes complejos de tradición. Estos se adhieren a ciertas intervenciones históricas de Yahvéh, consideradas por Israel como hechos constitutivos para toda su existencia. El número de estos complejos de tradición, en otro tiempo independientes entre sí, no es muy elevado; los más importantes son: la promesa a los patriarcas, la salida de Egipto, el prodigio del mar Rojo, la revelación de Yahvéh en el monte Sinaí y a la entrega de la tierra de Canaán.

La tradición de la alianza de Yahvéh con David es la más reciente, por esta razón se halla fuera del cuadro de la historia salvífica, que las tradiciones más antiguas formaron ya en épocas lejanas. Respetando sus peculiaridades individuales, todas ellas son «tradiciones de elección», pues se adhieren a una acción salvífica de Yahvéh en favor de Israel. Pero, con la tradición de la alianza con David y la elección de Sión se cierra el ciclo de las tradiciones de elección. Fuera de ellas, Israel no señaló otro acontecimiento que, en manera semejante, creara una tradición; nunca volvió a suceder una cosa parecida. El primer acontecimiento que, después de un largo período de tiempo, pudo quizás ser considerado como los anteriores, es decir, el retorno del exilio, no fue, en realidad, valorado de esta manera. No se unió como un anillo a la cadena de las precedentes acciones salvíficas, ni creó jamás una tradición.

Si se interrumpió la continuidad de los hechos salvíficos fue debido, en primer lugar, al decurso mismo de la historia; pero existía un factor no menos importante y es que Israel, por su parte, no confió jamás en la continuación de los mismos. Cierto, Israel seguía considerándose como antes, bajo la protección de estos hechos salvíficos; más aún, se ocupó como nunca de sus tradiciones religiosas; pero, el período de las intervenciones directas de Yahvéh, creadoras de historia salvífica, había pasado por lo visto una vez comenzó la época de la monarquía, y el mismo pueblo de Israel había perdido la esperanza y la disposición de ánimo necesaria para un acontecimiento semejante.

Este era el vacío que podían llenar los profetas mayores con el anuncio de nuevas acciones de Yahvéh en la historia. Para Israel la historia salvífica había entrado suavemente en un período de letargo, en particular para aquel Israel del último período de la monarquía. Había perdido la conciencia de hallarse todavía inmerso en el centro de una historia dirigida por Yahvéh (Is 5, 19; Sof 1, 12). Tanto mayor fue entonces el esfuerzo de los círculos conservadores del yahvismo por instalarse en las venerables tradiciones de las grandes hazañas divinas y fijarlas cada vez con más cuidado.

Las investigaciones llevadas a cabo en el campo de la historia de la tradición confirman plenamente esta imagen de un Israel tardío que, según múltiples noticias históricas y, sobre todo, según los escritos de los profetas contemporáneos, iba alejándose progresivamente de sus tradiciones sagradas. El «estadio productivo de la historia del Pentateuco», es decir, la progresiva asociación preliteraria de muchas tradiciones aisladas para formar ese cuadro acabado de la historia, que encontramos en los documentos J y E, debía haber concluido, en cierto modo, en el momento de la creación del estado [1].

---

1. M. NOTH, *Pentateuch*, 47 s.

En esta época —y nosotros pensamos sobre todo en la época final de los jueces—, se realizó un trabajo teológico de suma importancia. No se vaya a pensar que estas tradiciones, provenientes de ambientes muy distintos y adheridas a los acontecimientos más diversos, se hayan reunido espontáneamente en un cuadro de conjunto tan bien trabado. Para esto fueron necesarias frecuentes y atrevidas combinaciones de tradiciones, que originariamente no poseían ningún punto de contacto, y debieron superarse complicadas interferencias entre sus materiales. La fuerza impulsora de esta obra gigantesca fue la convicción de que todas estas tradiciones, por muy grande que fuera la distancia y la autonomía que en otro tiempo les había separado, trataban de Israel y, por lo tanto, eran propiedad suya, pues, esta imagen histórica, fruto de una diligencia extraordinaria, tenía ante la vista la totalidad de Israel[2].

Pero si damos un paso adelante en la historia de la tradición y examinamos la imagen deuteronomista del período mosaico (Dt 1-4), o el modo como las parenesis deuteronomistas conciben la historia de la salvación, entonces aparece claro, que en este espacio de tiempo entre el 900 y el 650, no sucedió nada esencialmente nuevo bajo el punto de vista de la historia de la tradición. En esta época avanzada, los materiales aislados seguían poseyendo cierta flexibilidad, pues el historiador dtr se toma ocasionalmente ciertas libertades, p. e., en la motivación de algunos acontecimientos; sin embargo, ya hacía mucho tiempo que se habían fijado los estadios sucesivos de la historia salvífica desde los patriarcas hasta la conquista de Canaán[3]. Pero no es seguro que Israel dispusiera todavía en aquella época de la libertad y el poder necesarios para reelaborar de forma creativa las antiguas tradiciones.

El material que llegó hasta nosotros en los documentos literarios, no nos ofrece la menor indicación sobre un hecho particularmente significativo. A partir del 721 debió existir un período en el cual, un grupo de hombres de

---

2. M. Noth, *l. c.*, 45.
3. M. Noth, *Überl. Studien*, 27 s.

Judá y Jerusalén coleccionaron de manera sistemática y se apropiaron de la rica herencia literaria del reino septentrional. Un autor del reino meridional reelaboró, en época tardía, el libro de Oseas y, de esta manera lo actualizó para los futuros lectores de Judá. Sabemos que el Deuteronomio entró en vigor en tiempos de Josías; pero también debieron llegar a Jerusalén los amplios complejos literarios de las historias de Elías y Eliseo o el relato de la revolución de Jehú (2 Re 9 s.), así como otros anales y documentos provenientes de los archivos de la cancillería real del reino septentrional. Si no fuera así ¿cómo pudieron estar luego a disposición del historiador dtr? Destrás de este hecho se halla la convicción que, de ahora en adelante, Judá y Jerusalén eran el pueblo de Dios; ellos eran Israel y, por consiguiente, suya era también esta herencia de la historia de Yahvéh [4].

1. Si buscamos los exponentes de una tradición yahvista tan pura en una época tan avanzada y tan degenerada, bajo el punto de vista religioso, tenemos que pensar ante todo en los levitas. Se suele hablar de un movimiento levítico de reforma que precedió y preparó las grandes innovaciones cultuales del rey Josías. De hecho parece ser que esta hipótesis se encuentra en la dirección justa; pero no olvidemos cuán escasas son nuestras informaciones sobre las corrientes y los esfuerzos religiosos y cultuales existentes en ambos reinos, y además, en la mayoría de los casos, estos datos no nos permiten sacar conclusiones de gran alcance sobre la actividad de los levitas [5]. De todos modos una cosa podemos deducir del Deuteronomio con bastante seguridad, a saber, que los levitas fueron los exponentes de una vasta actividad parenética en el último período de la monarquía.

El Deuteronomio es una obra híbrida; por un lado, contiene muchos materiales jurídicos del derecho sacro y profano; por el otro, presenta estas tradiciones antiguas en forma parenética,

---

4. Sobre el traslado del nombre Israel al reino del sur, véase L. Rost, *Israel bei den Propheten* (1937) 107 s.

5. A. Bentzen reconstruye el movimiento levítico de reforma en su libro: *Die josianische Reform u. ihre Voraussetzungen* (1926) 72 s. Hoy más que nunca nos encontramos lejos de conocer la vida, actividad, funciones cultuales e historia de los levitas anteriores al exilio. Importante material sobre este asunto en K. Möhlenbrink, *Die levitischen Überlieferungen des AT. ZAW* 1934, 184 s.; sobre los levitas forzados a la oposición en el último período de la monarquía: H. W. Wolff, *ThLZ* 1956, col. 91 s. (ahora en: *Ges. Studien z. AT*. 1964, 244 s.); últimamente H. Strauss, *Untersuchungen zu den Überlieferungen der vorexilischen Leviten* (Diss. Bonn, 1960).

es decir, en forma de sermones. Este estilo penetrante de la predicación, que como es sabido, atraviesa todo el Deuteronomio, no es una pura forma literaria; en el antiguo oriente estas cosas no se inventaban en un escritorio. Sólo después que el estilo y técnica de tales alocuciones religiosas habían nacido en el ejercicio vivo de la predicación, sólo entonces tomaron forma literaria en el Deuteronomio [6].

Esta predicación posee una admirable amplitud interior y una sorprendente riqueza temática. Sus exponentes debían ser hombres que, no sólo tenían acceso a las antiguas tradiciones de Israel, sino también se sentían autorizados a interpretarlas y actualizarlas. Recuerdan la alianza de Yahvéh con los patriarcas, prefieren argumentar con los detalles de la tradición sinaítica, predican sobre los cánones del derecho apodíctico y, a continuación —como si entre ellos no existiera la menor diferencia— colocan algún estatuto del derecho condicional (Dt 15, 1 s. 12 s.). Tratan con la misma familiaridad las prescripciones relacionadas con la guerra santa como las que regulaban las festividades de Israel. Ningún laico hubiera podido disponer con una libertad tan absoluta de todos los sectores de la tradición sagrada; para ello necesitaba la autorización que derivaba de un oficio y, en este caso, el único oficio posible era el de los levitas [7].

Bajo el punto de vista de la historia de la tradición encontramos un elemento nuevo en esta predicación levítico-deuteronomista: no sigue tejiendo en la tela de las tradiciones antiguas con nuevas combinaciones o alguna que otra adición. Para estos predicadores, la tradición estaba ya fijada, y por eso, conciben su misión frente a ella de un modo diverso: no deben completar la tradición, sino interpretarla. Con ellos comienza en Israel la era de la interpretación. Lo que estos predicadores interpretan no es todavía «Escritura»; el autor deuteronómico lo llama «la palabra», «la palabra que yo te ordeno hoy». La tradición conser-

---

6. G. von Rad, *Deuteronomiumstudien* ([2]1948).
7. Véanse las indicaciones —sin duda tardías— sobre esta actividad interpretativa de los levitas en: Neh 8, 7 s.; 2 Crón 35, 3.

va todavía en él una flexibilidad notable; en efecto, los predicadores la tratan con mayor libertad de cuanto ellos mismos suponen, pues ellos, por su parte, la consideran ya una norma absoluta, que no admite adición ni sustracción alguna [8].

En cuanto a su contenido, la predicación deuteronómica se relaciona con la antigua tradición anfictiónica de la alianza; piensa siempre en términos de un Israel total, más aún, el plan general del Deuteronomio refleja la sucesión de los actos litúrgicos en las grandes fiestas de peregrinación, en el centro de las cuales se celebraba la proclamación de la ley de Yahvéh. Ahora bien, por cuanto podemos observar, esta tradición no proviene del reino de Judá. Isaías no la menciona nunca y, dado que él se encuentra por completo dentro de la tradición de David y Sión, es posible que jamás la conociera. Por otra parte Oseas nos presenta una y otra vez la tradición de Egipto, el éxodo y el desierto, es decir, las antiguas tradiciones de Israel. Este y otros puntos de contacto entre el Deuteronomio y Oseas hacen suponer que el Deuteronomio proviene realmente del reino septentrional y empezó a influir en Judá [9] en una segunda fase de su historia.

Esta renovación de la tradición central de la anfictionía israelita en el Deuteronomio tuvo lugar con el espíritu de una religiosidad muy militante. No sólo nos llama la atención el considerable número de sus materiales exclusivos sobre leyes militares, normas relacionadas con el asedio de una ciudad, una ley acerca del campamento, etc.; el Deuteronomio contiene además en su sección parenética, algunas exhortaciones dirigidas al pueblo en tiempo de guerra (p. e., Dt 7, 16-26; 9, 1-6). Conviene repetir una vez más que cosas como éstas no nacían sobre el pupitre de un escritor; las «formas» de estos materiales tuvieron una determinada situación vital (*Sitz im Leben*), antes de convertirse

---

8. Sobre la larga historia de la fórmula «no añadir ni quitar cosa alguna» (Dt 4, 1-2; 12, 32; Prov 30, 6; Jer 26, 2; Qoh 3, 14; Sir 18, 6), véase: LEIPOLDT-MORENZ, *Heilige Schriften* (1953) 57.

9. A. C. WELCH ya había defendido el orígen del Deuteronomio en el reino del norte, en su obra: *The Code of Deuteronomy* (1924). Más tàrde A. ALT, *Die Heimat des Deuteronomiums* II, 251 s.

en formas literarias. Por consiguiente, el Deuteronomio pone
a la investigación el problema del ambiente y la situación histórica que presuponen estos materiales de su propiedad exclusiva. El problema reviste una urgencia particular ya que, en este caso, no se trata únicamente de algunas tradiciones aisladas,
recogidas en el Deuteronomio, sino de aquella que quizás sea la
característica más acentuada de su teología.

Esta teología militante, que se revuelve con tanta agresividad
contra todo lo cananeo, atraviesa todo el Deuteronomio y lo distingue de manera inconfundible de otras colecciones parecidas
como: el Libro de la alianza, la Ley de santidad y el Documento
sacerdotal. El problema de su origen se identifica así con la cuestión sobre quiénes eran los representantes de esta religiosidad
militante. Con esto se excluye, desde un principio, la posibilidad
de poner una relación directa entre la teología militar del Deuteronomio y las auténticas guerras santas que Israel combatió en la
época de los jueces. El Deuteronomio supone la existencia de
oficiales del ejército, los שטרים (Dt 20, 5 s.) y también una técnica
del asedio muy adelantada, que ni Barak ni Gedión podían
conocer. No, en el Deuteronomio no encontramos un documento
directo de aquellos lejanos acontecimientos sino una determinada
concepción de la guerra santa, proveniente de círculos más tardíos. Favorecen esta hipótesis su clara tendencia humanitaria y,
sobre todo, el modo como se basa firmemente sobre principios
fundamentales de carácter teológico y didáctico [10]. Así pues, será
preferible buscar los exponentes de esta concepción en los últimos
tiempos de la monarquía y precisamente en los círculos de la
población rural pues, en lo referente a la historia de la tradición, no existe en el Deuteronomio algún indicio que la ponga en
relación con Jerusalén, la corte o el monte Sión. De hecho parece
probable que en el campo existieron círculos en los cuales se
reavivaron las antiguas concepciones sobre Yahvéh y sus guerras
santas. En efecto, cuando Josías quiso reorganizar su ejército,

---

10. En contraste con los tiempos más antiguos el Dt considera la guerra
santa como una guerra ofensiva: Dt 7, 1 s. 16 s.; 9, 1 s., etc.

se vio obligado a recurrir de nuevo a la antigua organización
militar, es decir, a la leva de los campesinos libres, pues no se
hallaba evidentemente en la situación económica de hacer la guerra con mercenarios como la habían hecho sus antecesores hasta
Ezequías [11]. Pero cuando las antiguas asociaciones rurales de
carácter familiar y local se pusieron de nuevo en movimiento, lo
más probable es que en el ámbito religioso entraran también en
acción aquellas fuerzas que durante siglos enteros quedaron pos-
tergadas bajo la preponderancia de la política cultivada en la
capital.

Poseemos indicios suficientes de una coexistencia poco serena
entre la capital con su corte y sus empleados, por un lado, y la
población rural, el עַם הָאָרֶץ, por el otro. Sólo estos últimos
podían seguir manteniendo vivas y podían cultivar las antiguas
tradiciones yahvistas. Aquí existían aún viejos creyentes o, por
lo menos, quienes se consideraban como tales. Sin embargo
debemos buscar los verdaderos portavoces de este movimiento
entre los levitas; el mismo Deuteronomio considera a los sacerdotes como a los predicadores de la guerra santa (Dt 20, 2). Es,
pues, comprensible que estos autores deuteronómicos dedicados
a reavivar las tradiciones antiguas no pudieran formarse una idea
positiva de la monarquía. De hecho, «la ley del rey» parece un
cuerpo extraño en el Dt (17, 14 s.); es sólo una concesión a los
nuevos tiempos, hecha a disgusto [12]. ¡Qué insignificante es todo
lo que el Deuteronomio sabe decir del rey, si lo comparamos con
los títulos enfáticos de los salmos reales!

Si lo dicho hasta el presente nos muestra el Deuteronomio como claro producto de un movimiento de restauración,
esto aparecerá todavía más claro dando una ojeada a las medidas
adoptadas por el rey Josías, bajo cuyo reinado ejerció una influencia múltiple. La intensa investigación sobre las relaciones entre
el Deuteronomio y la reforma cultual de Josías ha conseguido,

---

11. E. JUNGE, *Der Wiederaufbau des Heerwesens des Reiches Juda unter
Josia* (1937) 24 s.
12. A. ALT, II, 116.

según parece, una aclaración casi definitiva de este problema. Los intentos aislados por separar, de una forma más o menos radical, los acontecimientos del reinado de Josías, del Deuteronomio, no obtuvieron resultados convincentes [13]. Por otra parte se ha visto claro que sería erróneo juzgar a Josías partiendo exclusivamente de este documento y viceversa. Josías conoció el rápido desmoronamiento del poder asirio; es pues evidente que este singular momento político diera un impulso esencial a su actividad. Incluso allí donde observamos una influencia real del Deuteronomio sobre Josías, éste se quedó unas veces detrás de sus exigencias, otras veces en cambio, las sobrepasó.

Teniendo en cuenta el espíritu tan teórico del Dt es en principio improbable que haya podido ejercer un influjo directo en el tenso campo político. Por esto hicieron bien quienes, en nuestros días, colocaron aparte las medidas de Josías no provocadas por él. Entre ellas se encuentran, en primer lugar, sus esfuerzos por la emancipación y expansión política frente al decadente influjo de Asiria en Palestina, y la consiguiente purificación del templo de Jerusalén del culto asirio. De hecho, las intervenciones reformadoras de los reyes en el templo de Jerusalén se hallaban constitucionalmente bajo una ley particular, ya que el templo era el santuario real [14].

Un carácter muy diverso tenía la supresión del culto yahvista en la zona rural de Judá (2 Re 23, 8) pues ninguna ventaja política justificaba esta decisión de Josías. Se ha observado, con razón, que una intervención semejante en el culto del país quedaba absolutamente fuera de la competencia de un rey judío [15]. Pero en este caso el Dt que rechazaba todo lo cananeo, respaldó al rey con su autoridad. Lo mismo vale para su decisión de reunir todos los sacerdotes rurales de Judá en Jerusalén, la devastación del santuario de Yahvéh en Betel (2 Re 23, 15) y más aún la cele-

---

13. G. Hölscher, *Komposition u. Ursprung des Deuteronomiums:* ZAW (1922) 161 s.
14. Véanse las páginas 71 s.
15. A. Alt, *l. c.* 257.

bración de la pascua, hecho absolutamente nuevo en su tiempo
(2 Re 23, 21-23). En estos casos el acuerdo con el Dt es impresionante. Otro hecho muy significativo es que el rey y «los ancianos
de Judá y Jerusalén» se hayan sometido a las exigencias del «libro
de la alianza» mediante un pacto en presencia de Yahvéh (2 Re
23, 1-3). De este modo, ambos partidos creerían haber hecho
todo lo necesario para cumplir la voluntad de Yahvéh como
se había manifestado en el libro recién descubierto.

Pero el historiador ve junto al Dt otras fuerzas que permanecieron activas en este período. Esto era inevitable, pues detrás de
todos los acontecimientos de esta época se hallaba, como la fuerza
motriz más importante, un rey, que no estaba dispuesto a aceptar
la existencia obscura que le prescribía el Dt. Un rey sentado sobre
el trono de David no podía librarse de las tradiciones que habían
modelado su cargo durante siglos. Así pues cabe suponer que, en
sus esfuerzos de expansión política, Josías tuviera ante sus ojos,
el modelo del reino de David y es posible que se haya considerado
a sí mismo el nuevo David, prometido por Yahvéh [16]. Pero
antes de que tomara forma su obra, murió en su encuentro con
los egipcios (2 Re 23, 29).

Aunque las decisiones políticas y cultuales de Josías signifi-
caron para su época una novedad absoluta, él se propuso esencialmente restaurar el pasado. Restaurador fue su intento por renovar
el reino de David y sobre todo la sumisión programática al orden
sagrado de Moisés. En este último caso Israel dio un paso decisivo cuando codificó los antiguos principios religiosos. El Deuteronomio todavía no se consideró a sí mismo «Escritura»; los
primeros indicios en este sentido se encuentran en algunas adiciones tardías (Dt 17, 18; 31, 9. 26). Se trata, como vimos, de
una colección de sermones, que se refieren a una tradición ciertamente obligatoria, pero que no había sido fijada en cada una
de sus palabras. Esta situación cambió con Josías y la promulgación del Deuteronomio. Josías tenía la voluntad de Dios en sus

---

16. O. PROCKSCH, *König Josia: Festschrift f. Th. Zahn* (1928) 48; M.
NOTH, *Historia de Israel*. Garriga, Barcelona 1966, 253.

manos, en la forma de un libro y esto significaba un paso decisivo hacia la formación de un canon normativo.

En todos los casos mencionados, Israel participaba en una ola de movimientos restauradores, que agitaron en esta época todo el antiguo oriente. En el Egipto de los saitas revivían cultos antiquísimos, con rituales desconocidos, se restauraron las pirámides y la escritura volvió otra vez a las formas arcaicas. En Babilonia, Nabopolasar imitaba en sus inscripciones el estilo de los antiguos reyes babilonios y su hijo Nabucodonosor hizo excavaciones en busca de los fundamentos de los templos antiguos, y se gloriaba de haber encontrado documentos relativos a su edificación [17].

2. Por desgracia la investigación está aún lejos de poder dar una explicación convincente de la situación que ocupa el *documento sacerdotal* en la historia y el culto de Israel, como fue posible para el Dt. En nuestro caso las dificultades son mucho mayores. En efecto, ni siquiera existe suficiente claridad sobre la conclusión externa de esta obra. Mientras en épocas anteriores, se le atribuía una parte considerable de la narración de Jos 13-19, sobre la repartición de Canaán, hoy, en cambio, se refuerza la opinión de que sea posible reconocer ya el fin de esta obra en el libro de los Números [18]. Ante todo P no es una obra literaria que ofrezca al lector explicaciones solícitas y elocuentes sobre sí misma; al

---

17. O. Procksch, fue el primero en llamar la atención sobre este particular, *l. c.* 40. Con relación a Egipto, véase DRIOTON-VANDIER *Les peuples de l'orient méditerranéen* II, *L'Egypte* (1952) 588 s.; G. H. BREASTED, *Geschichte A'gyptens* (1936) 296 s. En el caso de Babilonia: W. VON SODEN, *Herrscher im alten Orient* (1954) 139; ST. LANGDON, *Die neubabilonischen Königsinschriften* (1912) 97 y 217.

18. M. Noth ve la conclusión de P en Núm 27, 12-23 y en la nota sobre la muerte de Moisés Dt 34, 1a, 7-9. Cuanto se halla entre estas dos narraciones es un aumento secundario del documento sacerdotal, como los textos del libro de Josué, que en otro tiempo fueron considerados textos originales de P (*Überl. Studien*, 182 s., 190 s.). Una opinión semejante: K. ELLIGER, *Sinn und Ursprung des priesterschriftlichen Geschichtserzählung*: ZThK 1952, 121 s. (*Kleine Schriften z. AT*. 1966). Sobre la teología del documento sacerdotal K. KOCH, *Die Eigenart der priesterschriftlichen Sinaigesetzgebung*: ZThK 1958, 36 s.; J. HEMPEL, Art. *Priesterkodex: Pauly Wissowa*, vol. XXII, 2, col. 1943 s.

contrario, las tradiciones individuales y, en particular, las prescripciones sagradas, más o menos revestidas con elementos históricos, aparecen en este documento desprovistas de cualquier interpretación. Esta constatación crea ya en el lector crítico la impresión de una antigüedad superior a la realidad. Por el hecho de limitarse a las normas sagradas, resulta todavía más difícil precisar su situación exacta en la historia de Israel.

El Deuteronomio emprendió la atrevida tarea de organizar la vida entera de Israel; la masa de sus materiales es tan extensa que ofrece un objetivo fácil a los ataques del análisis histórico, en cambio los materiales exclusivamente sagrados de P provienen del ámbito cultual, menos influenciado por la historia. No cabe la menor duda que también el documento sacerdotal es un programa de culto: «Como era en otros tiempos así tiene que ser ahora» [19]. Su intención es inequívoca: desea fijar las normas que Yahvéh manifestó en la historia para el bien de Israel, y legitimarlas, indicando su situación respectiva en la historia de la salvación [20]. Para ello utiliza el cuadro tradicional de la historia salvífica, presente ya en el yahvista y que, en último término, se remonta a fórmulas de profesión de fe muy antiguas. Este era el cuadro de la historia salvífica, propio de la tradición de Israel. En cambio no encontramos en P ninguna huella de las tradiciones específicas de Jerusalén: las tradiciones de David y Sión.

No existe dificultad alguna en admitir que las tradiciones sagradas de Israel se arraigaron pronto en Judá; más sorprendente es que se hayan conservado aquí con tanta pureza y sin mezclarse en absoluto con las tradiciones de Sión y David. Por esta razón resulta también difícil considerar P como una colección de tradiciones nacida en Jerusalén. Finalmente, si tenemos en cuenta que P renueva la antigua teología de la tienda y de la aparición, cuando la idea de la inhabitación real de Yahvéh dominaba el culto en el templo de Jerusalén (1 Re 8, 12 s.; 2 Re 19, 14),

---

19. K. Koch, *l. c.*, 40.
20. Véanse más adelante las páginas 308 s.

entonces tendremos que abandonar por completo o considerar una simplificación inadmisible aquella afirmación, tan repetida, de que el tabernáculo es para P la proyección del templo en la época del desierto [21]. Por otro lado, no poseemos datos precisos sobre el tiempo y lugar de su entrada en vigor. Durante algún tiempo se solía relacionar el Deuteronomio con la reforma de Josías y P con la de Esdras. El paralelismo de los hechos era seductor, pero un examen más detenido de la cuestión mostró la escasa solidez de los argumentos presentados para probar la identidad entre «la ley del dios del cielo» y P. Por ahora no podemos determinar exactamente el «código de Esdras».

Los criterios universalmente conocidos para la datación tardía del documento sacerdotal provienen de la época clásica en la crítica del Pentateuco, pero siguen conservando su validez en nuestros días, con una sola diferencia: nosotros no ponemos esta fecha en relación con la «composición» del Pentateuco, sino con un proceso de redacción literaria y teológica relativamente tardío, si lo comparamos con la antigüedad de la tradición [22]. También desde hace mucho tiempo se considera un indicio importante para datar P, el relieve particular que da este documento al sábado y a la circuncisión. Estas prácticas se observaron en Israel desde tiempos antiguos; pero no poseemos ningún punto de apoyo para suponer una relación particular entre el significado de estas prácticas y la religión yahvista. La situación cambia durante el exilio, en particular, para los desterrados en Babilonia. Para ellos, en efecto, que vivían en un pueblo que no practicaba la circuncisión, esta costumbre tradicional se debió convertir de repente en un signo distintivo. Una cosa parecida sucedió con el sábado, pues, en el extranjero, en «el país impuro»

---

21. Sobre la diferencia entre la teología de la aparición (tienda) y la teología de la presencia (arca) véanse las páginas 298 s.
22. Cualquier juicio sobre los materiales aislados de P resulta todavía más difícil porque ningún documento anterior a P nos permite conocer el aspecto ritual del culto israelita. La datación tardía aplicada globalmente a todos los materiales cultuales de P tuvo en otros tiempos mucha aceptación, pero hoy no encuentra más seguidores.

(Ez 4, 13) debía cesar el culto sacrificial. Tanto más intenso debió ser el significado confesional de aquellas prácticas que continuaban siendo obligatorias sin el altar. Así fue como el sábado y la circuncisión adquirieron por primera vez en el exilio el significado de una profesión de fe y lo siguieron conservando a través de los siglos [23].

Más tarde, de forma y en época desconocidas, el documento sacerdotal entró en vigor en Jerusalén como la norma del culto de la comunidad pos-exílica. Pero la coexistencia del documento sacerdotal con el Deuteronomio, que seguía aún en vigor, crea nuevas dificultades. Mientras el Deuteronomio alude en casi todas sus afirmaciones, a la conquista de la tierra y a la constitución del pueblo de Dios en el país agrícola; el documento sacerdotal ve la forma original de Israel en el «campamento», donde se hallan reunidas las tribus en torno a la tienda de la revelación. El campamento es un lugar estrictamente sacro; Israel sólo puede vivir en medio de esta santidad si observa un número de prescripciones cultuales muy detalladas [24]. Quizás se encuentre aquí la diferencia más notable entre el Deuteronomio y P, pues con la centralización del culto, el Deuteronomio desacraliza al máximo el espacio vital de Israel; por eso, en la mayoría de los casos, sus esfuerzos parenéticos se proponen ayudar al pueblo a organizar su vida en el ámbito de lo profano.

3. Para comprender debidamente la situación cultual de Israel y sus posibilidades en el período siguiente a la catástrofe del 587, debemos tener en cuenta que los neobabilonios, debido según parece a su propia debilidad, se alejaron en dos aspectos del método usado en las deportaciones: no dispersaron a los deportados ni los llevaron a las provincias fronterizas y, en segundo lugar, no instalaron colonos extranjeros en la provincia despo-

---

23. K. ELLIGER, *l. c.* considera P como un escrito destinado a los exiliados, los cuales, a semejanza de la generación del desierto, tenían que vivir lejos de la tierra prometida.
24. A. KUSCHKE, *Die Lagervorstellung des priesterschriftlichen Erzählung:* ZAW 1951, 74 s.

blada[25]. Los asirios habían llevado a término estas dos medidas cuando destruyeron el reino del norte, y de este modo
borraron para siempre el reino de Israel de la historia. 135 años
más tarde la situación era diversa. La deportación de las clases
superiores judías terminó en una especie de reclusión en Babilonia, y si prescindimos de las infiltraciones de los países vecinos
en las regiones oriental y meridional de Judá, los que permanecieron en el país gozaron de cierta autonomía.

No es pues de extrañar, que en vista de tales medidas incom-
pletas, se mantuviera viva entre las dos partes interesadas, pero
de un modo particular entre los exiliados, la esperanza en el fin
de esa situación. No sólo la solidaridad entre los deportados era
mayor de cuanto hubiera sido en otras circunstancias, sino que
además mantenían relaciones muy vivas con quienes quedaron
en el país. Cada grupo se hallaba al corriente de cuanto acaecía
al otro. Un hermoso ejemplo de estas relaciones mutuas nos lo
ofrece la carta de Jeremías a los desterrados, a la cual respondieron
más tarde los exiliados (Jer 29, 1 s.; comparar con Ez 33, 21).
Es interesante observar cómo aquellos que permanecieron en la
nación se designaban a sí mismos los verdaderos herededos de la
promesa de Yahvéh, una pretensión contrastada por los desterrados (Ez 11, 15 y 33, 24).

En nuestros días, los estudios sobre la época del exilio han
dedicado mayor atención al estado de Jerusalén y Judá durante este período, y han descartado aquella idea según la cual,
el país superó estos 50 años casi completamente despoblado
y quedó paralizada toda su actividad cultual y religiosa[26]. En
realidad sólo fueron deportados los estratos superiores de la
población, mientras que las clases inferiores: labradores, viñadores y siervos seguían viviendo en Judá (2 Re 25, 12). Las actividades cultuales quedaron muy reducidas y cuantos vivían en
el país, se encontraron sumergidos en la mísera condición de

---

25. Sobre cuanto sigue, véase A. ALT II, 326 s.
26. E. JANSSEN, *Juda in der Exilzeit*. Ein Beitrage zur Frage der Entsteh-
ung des Judentums (1956).

fellahin (Lam 5, 4 s. 9. 13). También el culto debió hallarse en unas ituación parecida, pues el templo había sido destruido; aunque existía durante este período un altar y la degradación del lugar santo no consiguió alejar el culto de este lugar; así lo muestra la historia de los 80 varones de Siquem, Silo y Samaría que vinieron con ofrendas a la «casa de Yahvéh» (Jer 41, 5 s.).

No podemos presentar un cuadro, en cierto modo completo, de la vida espiritual de quienes fueron abandonados en el país, ni tampoco de los deportados. La fuente más importante para conocer el estado de Jerusalén y Judá durante este tiempo son las Lamentaciones. Nos muestran cuán difícil resultó a los supervivientes superar internamente la catástrofe con todas sus consecuencias. Una y otra vez sentimos en este libro autoacusaciones y reflexiones sobre la magnitud de la propia culpa y la de cuantos tuvieron una responsabilidad particular. Esto era propio del estilo cultual; en las grandes calamidades el hombre se acusaba ante la divinidad y celebraba la justicia de su intervención [27]. Pero esto no implica que los fieles no tomaran en serio sus autoacusaciones.

Es probable que la situación religiosa y cultual de esta época fuera muy sombría. El templo estaba desolado, las grandes solemnidades cultuales cesaron, no existían fiestas, el culto debía improvisarse sobre un altar de emergencia: era tiempo de ayuno y de duelo (Zac 7, 1 s.). Los salmos 44 y 74, en particular, nos permiten conocer cómo se celebraban las lamentaciones públicas, organizadas por quienes habían quedado en el país [28]. La súplica por la restauración del pasado: «Renueva los tiempos pasados» (Lam 5, 21), caracterizan el estado de ánimo de esta época. El deuteronomista es otro testimonio más de este estado de ánimo penitencial. Su obra quiere dar una motivación teológica de la destrucción de Israel en las catástrofes del 721 y 587. Su origen

---

27. Lam 1, 8; 3, 39-43; 4, 6 s. 13; 5, 16.
28. Noticias más precisas sobre estas lamentaciones públicas en H. E. VON WALDOW, *Anlass und Hintergrund der Verkündigung des Deuterojesaja* (Diss. Bonn 1953) 112 s.

se explica mejor entre los que permanecieron en Palestina. El deuteronomista examina, página por página, la historia del pasado y la conclusión es evidente: la culpa del desastre no recae sobre Yahvéh, su paciencia y su prontitud para perdonar, sino sobre el pueblo que se alejó de Yahvéh y no guardó sus mandamientos. Por esto vino sobre Israel y Judá el castigo que Dios les había prometido si despreciaban sus mandamientos; y aquí el autor se refería sobre todo a las maldiciones del Deuteronomio (Dt 28 s.).

Después de lo dicho, no se puede dudar que la religión yahvista y su transmisión se mantuvieron vivas entre aquellos que permanecieron en Judá. Sin embargo su vida cultual debió ser muy confusa. Los que tenían un cargo oficial, los exponentes y portavoces de esta fe yahvista, habían sido deportados; de este modo, los estratos sociales menos cultos se encontraron abandonados a sus propias fuerzas y, quizás volvieron a algunas prácticas cultuales ya presentes en Judá y Jerusalén durante el último período de la monarquía, prácticas, que la reforma de Josías no consiguió eliminar.

Para muchos de ellos, Yahvéh había sucumbido al poder de los otros dioses, en particular, de los dioses de Babilonia, pues ¿no había olvidado por completo a su pueblo? (Ez 9, 9). Los que emigraron a Egipto con Jeremías, e hicieron una profesión de fe en la diosa del cielo y en sus bendiciones —la diosa babilónica Istar, diosa-madre, venerada en muchas regiones de oriente— no debieron ser los últimos que se inscribieron a este culto en Judea (Jer 44, 17 s.). Lo mismo podría decirse con relación al culto de Tammuz, el dios babilonio de la vegetación, que poco antes de la caída de Jerusalén, había sido introducido en el templo (Ez 8, 14 s.). La queja de Isaías III contra «el pueblo que sacrificaba en los jardines y ofrecía incienso sobre ladrillos, que se agachaba en los sepulcros y pernoctaba en grutas», nos sitúa ya en los primeros tiempos de la época pos-exílica; pero estas prácticas, que quizás pertenecían a un culto mistérico, debieron estar ya en boga durante el tiempo del exilio (Is 65, 3-5).

4. Mucho más movida fue la vida espiritual de los exiliados, esto no debe extrañarnos, pues ellos constituían la aristocracia intelectual de la nación: los sacerdotes, los profetas y todos los empleados de la corte. Los profetas Jeremías y Ezequiel se pusieron declaradamente de su parte; a ellos dirigieron sus promesas de salvación e impugnaron las pretensiones de prioridad de quienes permanecieron en el país (Ez 11, 15 s.; 33, 24 s.). Estos son los higos malos, los desterrados son los buenos (Jer 24, 1 s.). En su seno se resolvieron, de hecho, los problemas derivados de una situación histórica completamente nueva, y fueron en definitiva, quienes dieron los impulsos más decisivos para la reconstrucción del país después del exilio.

Los deportados del año 597 se encontraban en una situación particular pues, mientras existía el templo y el estado judío, esperaban el próximo fin de su destino, animados por los anuncios consoladores de los profetas de salvación. Es evidente que no se hallaban todavía en la situación de comprender toda la magnitud de la catástrofe. Más tarde mostraremos cómo Jeremías y Ezequiel, precisamente entre los años 597-587 y en una fecha posterior Isaías II, combatieron sin tregua todas las ideas procedentes del pasado, todas las tendencias restauradoras y las esperanzas revisionistas [29]. Estos profetas hablaron de la «nueva realidad» que Yahvéh iba a crear, de la nueva alianza, la nueva Jerusalén y el nuevo éxodo. Pero resulta difícil medir el éxito de estas afirmaciones entre sus conciudadanos. Tanto más comprensible es la desesperación que se apoderó de este primer grupo de exiliados cuando conocieron la destrucción de Jerusalén y del templo: «Nuestros huesos están calcinados, nuestra esperanza se ha desvanecido, estamos perdidos» (Ez 37, 11). Para comprender su situación, debemos partir de una idea cultual muy elemental, a saber: el país donde habitaban era un país impuro (Ez 4, 13). Por esto, no podían ni siquiera pensar en proseguir allí el culto de Yahvéh en su forma tradicional. La condición indis-

---

29. La carta de Jeremías (Jer 29) tiene una importancia particular. Sobre Ez 8, véase F. Horst, *VT*. 1953, 357 s.

pensable para ello hubiera sido que Yahvéh escogiera allí mismo un lugar «donde se invocase su nombre»; lo cual no ocurrió jamás.

Ahora podemos reconocer como una feliz circunstancia el hecho de que, con la centralización del culto, el rey Josías había desligado la vida cotidiana del pueblo y, en particular, la de sus campesinos, de los estrechos lazos que la unían al culto; de este modo, se convertía, sin saberlo, en maestro de los exiliados, obligados a vivir en un ambiente profano [30]. Si el destierro les imponía la privación absoluta del culto, en el sentido estricto de la palabra, no les faltaban, en cambio, muchas oportunidades para practicar otros usos cultuales tradicionales. No fueron encerrados en prisiones, sino instalados en poblados, donde debían procurarse por sí mismos la propia manutención. Ya vimos en otra ocasión cómo, en tales circunstancias, la observancia del sábado y la circuncisión se convirtieron en una verdadera profesión de fe (*status confesionis*) [31]. En esta época se les empezó a considerar «signos de la alianza» y la observancia de los mismos decidía sobre la pertenencia a Yahvéh y a su pueblo.

La voz de los profetas alcanzaba fácilmente a los desterrados [32] y es probable que éstos se reunieran para celebrar verdaderas fiestas de lamentación [33]. No es muy probable que en este período existiera ya la sinagoga con su liturgia de la palabra; en todo caso, la simple mención de una asamblea «junto a los canales de Babilonia» no nos autoriza a sacar una conclusión semejante, aún suponiendo que se elegía este lugar para ritos de purificación (Sal 137, 1 s.).

Nos faltan, por desgracia, datos suficientes —en particular sobre la segunda mitad del exilio— para poder formarnos una idea exacta de las condiciones espirituales de los deportados. La amnistía concedida al rey Joaquín y su liberación de la cárcel hacia el 561 debieron causar una profunda conmoción entre los

---

30. V. Maag, *VT.* 1956, 18.
31. *L. c.* 92.
32. Jer 29; Ez 14, 1; 18, 1 s.; 33, 30 s.
33. H. E. Waldow, *l. c.*, 104-123.

exiliados (2 Re 25, 27 s.); ésta aumentó aún más con la aparición de Ciro y su marcha triunfal a través del oriente medio, que tarde o temprano llegaría hasta el imperio babilónico, pues Ciro se había construido, con una rapidez increíble, un imperio que se extendía desde el Indo, en oriente, hasta el Egeo, en occidente.

5

LA INSTITUCION
DE LA COMUNIDAD CULTUAL POS-EXILICA

ESTE no es lugar apropiado para entrar en un examen detenido de los intrincados procesos políticos y cultuales que
conducen a la institución definitiva de la comunidad cultual
pos-exílica [1]. Nos limitaremos a esbozar brevemente los acontecimientos más decisivos de este proceso; en nuestra opinión son
cuatro: el edicto de Ciro (538), la construcción del templo (521-
515), la actividad de Nehemías (445) y la de Esdras (en el 430?).

En el año 539, el rey persa Ciro abatió el imperio neobabiló-
nico y se apoderó sin la menor resistencia de Babilonia. La actitud
de los reyes persas frente al culto de los pueblos sometidos —una
actitud totalmente nueva en el antiguo oriente—, tuvo una importancia trascendental para la situación de Jerusalén. Mientras
los asirios y neobabilonios procuraban quebrantar la resistencia
de la población nativa, deportándola e instalando en su lugar
colonos extranjeros, y obligaban a esta nueva población a observar
el culto oficial del estado, algunas disposiciones características
de los persas revelan una orientación completamente nueva de su
política religiosa.

Los persas no sólo reconocieron el culto de los pueblos incorporados a su imperio, sino que además dieron a los adminis-

---

1. K. GALLING, *Syrien in der Politik der Achämeniden bis 448* (*Der alte
Orient*, vol. 36, cuaderno 3-4); M. NOTH, *Historia de Israel*, 275 s.

tradores de sus provincias el encargo de reorganizarlo y purificarlo allí donde se había hundido en el desorden [2]. Así, el edicto de Ciro (Esd 6, 3-5) fue una de tantas disposiciones de los reyes persas destinadas a regular los diversos cultos de su gran imperio. Este edicto contiene el mandato de reconstruir el templo y restablecer el culto sacrifical; para ello ordenaba la restitución de los objetos sagrados secuestrados por Nabucodonosor. Sin embargo no habla sobre la repatriación de los exiliados. El cronista, que vivía ciertamente en una época muy posterior a los acontecimientos, puso el edicto de Ciro en relación con la vuelta del exilio (Esd 1, 1 s.) [3] y esta concepción errónea persistió hasta nuestros días.

Desgraciadamente no podemos fijar una fecha precisa para la vuelta del exilio, pero no pudo tener lugar antes del reinado de Cambises (529-522), sucesor de Ciro. A pesar del generoso decreto de Ciro, la construcción del templo no seguía adelante. Se pusieron los fundamentos bajo la dirección de Sesbazar, pero después de este primer paso, la obra quedó paralizada. Esto no se debía sólo a las deplorables condiciones económicas del país sino también al hecho que, durante el reinado de Ciro, los persas no consiguieron dar todavía una verdadera organización política a esta parte tan remota de su imperio. De hecho debía pasar todavía mucho tiempo —hasta la época de Nehemías— para que esta región alcanzara la estabilidad interna dentro de un orden político.

La muerte de Cambises precipitó el imperio en una crisis muy grave. Dario Histaspes era el heredero legítimo del rey, muerto sin dejar descendencia; pero primero debía deshacerse de otro pretendiente al trono, el cual había conseguido ganar para su causa una parte del reino. Fue entonces cuando un gran temblor debió sacudir este imperio colosal con tal fuerza que se llegó a percibir incluso en Jerusalén. Aquí surgieron Ageo y Zacarías,

---

2. Referente a los diversos edictos que conocemos sobre este particular, véase M. NOTH, *Historia de Israel*, 278 s.

3. Sobre los últimos acontecimientos que tuvieron lugar en Jerusalén bajo la dirección de Nehemías y Esdras, la investigación más reciente distingue con mayor precisión entre la concepción del cronista y la sucesión real de los mismos, que puede reconstruirse con los documentos oficiales.

dos profetas que dieron una perspectiva mesiánica a esta gran conmoción de todo el medio oriente y animaron a la población a proseguir la reconstrucción del templo. De este modo, Zorobabel, descendiente de David y nieto de Joaquín, acometió de nuevo la gran empresa y consiguió terminarla, no obstante la dura oposición de la clase dirigente de Samaria. La inauguración del nuevo templo se celebró en la primavera del 515 (Esd 6, 15).

El sentido ambiguo de la restauración cultual explica la desconfianza de los samaritanos. En efecto, el templo de Salomón había sido el santuario nacional de los monarcas davídicos[4]. Ahora bien ¿qué significado tenía el templo de Zorobabel? La Judea no era ya un estado, ni siquiera era una provincia autónoma, pues estaba sometida al gobernador de Samaria; es pues natural que éste se interesara por todo cuanto ocurría en Jerusalén. Es más, los profetas Ageo y Zacarías habían designado de hecho a Zorobabel como «el ungido de Yahvéh» (Ag 2, 20 s.; Zac 4, 14); esto significa que ellos pensaban realmente en una restauración del reino de David. Su grito se apagó por lo visto sin consecuencias políticas, pero quedaba sin respuesta el problema relativo a la función del nuevo templo en el cuadro de la constitución. Si el templo debía ser en adelante una especie de santuario anfictiónico para todos los creyentes yahvistas, entonces los samaritanos no podían permanecer indiferentes pues, según parece, ellos se consideraban a sí mismos como tales (Esd 4, 1 s.). La oposición de los samaritanos a la restauración de Jerusalén se agudizó tanto porque aquí «se daba una colisión de derechos»[5].

Al tenso período de los años 522-521 debió seguir una disminución del celo por el culto; en todo caso, las quejas del profeta Malaquías presuponen una grave negligencia e incluso la degeneración de las prácticas cultuales. Malaquías es la única fuente de información para los 70 años siguientes, de la cual podemos deducir algunos datos sobre la situación de Jerusalén en el período comprendido entre la inauguración del templo y la llegada de

---

4. Cf. más arriba las páginas 71 s.
5. A. Alt II, 317.

Nehemías a Jerusalén en el año 445. Con Nehemías, los exiliados fueron otra vez quienes, con sus iniciativas, pusieron de nuevo en movimiento la vida de la ciudad. Sobre la actividad de Nehemías poseemos numerosas fuentes de información y, en primer lugar, sus memorias personales. Nehemías se preocupó de la seguridad política y la consolidación constitucional de Judea como una provincia autónoma, independiente de Samaria. Al construir las murallas hizo de Jerusalén una ciudad fuerte y solucionó la escasez de habitantes con el procedimiento llamado *synoikismos*, es decir, imponiendo la residencia obligatoria en la ciudad a una parte de la población rural (Neh 7, 4; 11, 1 s.).

El mismo Nehemías fue el primer gobernador de la provincia. Pero él se sintió también llamado a corregir los abusos en el culto. Las medidas que tomó nos lo muestran como un teólogo rigorista y un purista decidido, en relación con la comunidad cultual recién constituida. Así, por ejemplo, se esforzó por expulsar de la comunidad cultual los individuos que no pertenecían a las tribus de Israel e, incluso, quiso disolver los matrimonios mixtos (Neh 13, 1-3. 23-28). Procuró organizar las contribuciones para el culto (Neh 13, 10-13. 31), se preocupó por la observancia estricta del descanso sabático (Neh 13, 15-23) y purificó el templo de toda clase de abusos (Neh 13, 4-9). Pero, en breve, otro hombre tomaría a su cargo la restauración interna de la comunidad cultual. Este era Esdras que gozaba de una autoridad incomparablemente superior a Nehemías para llevar a término semejante tarea [6].

Esdras provenía también de los exiliados de Babilonia que, en

---

6. En nuestros días, se ha vuelto a discutir detenidamente sobre la sucesión cronológica de los acontecimientos en la época de Esdras y Nehemías; en esta controversia ha ido ganando terreno la convicción de que Esdras fue posterior a Nehemías. En este caso algunos sitúan a Esdras en el reinado de Artajerjes I (465-425), mientras otros aplazan el período de su actividad hasta el reinado de Artajerjes II (404-359). No podemos exponer aquí nuestra posición sobre esta controversia. Véanse las diversas opiniones en: K. GALLING, *Die Bücher der Chronik, Esra, Nehemia* (ATD) 12 s.; W. RUDOLPH, *Esra und Nehemia* (HAT), XXVI s. 69 s.; H. H. ROWLEY, *Nehemiahs mission and its background* (1955); H. CAZELLES, *La mission d'Esdras*, VT 1954, 113 s.

número considerable, seguían viviendo allí. Descendía de una antigua familia sacerdotal, pero aún más importante era el oficio que desempeñaba como miembro de la burocracia persa, era «escriba de la ley del dios del cielo» (Esd 7, 12. 21); éste era, como ha demostrado Schaeder, el título de un secretario de la cancillería persa, responsable de la sección para las cuestiones religiosas de los judíos [7]. (El cronista fue el primero que le consideró un perito de la ley: Esd 7, 6. 11). Enviado por el rey con esta doble prerrogativa de sacerdote y alto funcionario de la administración persa (Esd 7, 6), Esdras poseía, como ningún otro, la autoridad necesaria para afrontar la oposición interna y externa a la reorganización de un culto que se encontraba todavía en situación muy decadente. Así pues, provisto con toda clase de privilegios importantes (Esd 7, 12-26), se puso en camino hacia su país. «La ley del dios del cielo» fue la cosa más importante que trajo consigo a Jerusalén; sobre ella se proponía basar la reorganización de la comunidad [8].

Los problemas referentes a este «código de Esdras», a su extensión y su identidad con el Pentateuco o con el documento P, han sido objeto de frecuentes discusiones sin un resultado satisfactorio, pues los datos a nuestra disposición no permiten sacar conclusiones perentorias. No cabe ni siquiera pensar en una posible identidad entre el código de Esdras y el documento P; éste último no es un código legal sino una obra narrativa. Pero esto no significa, sin más, que el código de Esdras deba identificarse con el Pentateuco. Nos faltan las bases para esta simple alternativa. Lo cierto es que no trajo consigo una ley mosaica nueva y por consiguiente debemos buscar el código de Esdras en el ámbito del Pentateuco, de manera particular, en las secciones legislativas del mismo, que la comunidad cultual de Jerusalén había ido olvidando.

Las fuentes de Esdras: Esd 7-10; Neh 7, 72-9, 37, reelaboradas

---

7.   H. H. SCHAEDER, *Esra, der Schreiber* (1930) 48 s.
8.   La sustitución del nombre de Yahvéh con la expresión «dios del cielo» (אלה שמיא) que aparece por primera vez en los documentos de este tiempo es una adaptación a las ideas religiosas de los persas. H. H. SCHAEDER, l. c. 44.

por el cronista, pero fidedignas en las noticias históricas más esenciales [9], permiten constatar que Esdras se fijó una tarea mucho más limitada que Nehemías. Su única meta era la reorganización de la comunidad cultual, que se había reunido en torno al templo; una reforma rigurosa basada sobre su propio código. Parte de esta organización fue la institución de un tribunal sagrado; Esdras se sirvió de él para tomar medidas radicales en la cuestión de los matrimonios mixtos y consiguió separar la «semilla santa» de las mujeres extranjeras.

El punto culminante de su actividad fue aquella memorable lectura de la tora ante la asamblea, en el primer día del séptimo mes, que debemos entender como una especie de renovación de la alianza [10]. Israel conocía ya desde antiguo estas lecturas públicas de la ley durante la fiesta de otoño; con ellas el pueblo renovaba su sumisión a la soberanía de Yahvéh [11]. No podemos averiguar con certeza si la lectura se realizaba con la ayuda de un «targum», traducción y a la vez paráfrasis aramea del texto hebreo, pues también es posible que el cronista, el cual entendía así esta lectura, colocase en una época anterior una costumbre propia de su tiempo [12].

Apenas se puede exagerar la importancia que este acontecimiento y, en general, la misión entera de Esdras tuvieron para la historia sucesiva. Con Esdras se concluyó externamente un largo y complejo proceso de restauración, y, como suele ocurrir en la mayoría de estos casos, apareció también una realidad nueva. Este fenómeno nuevo suele recibir el nombre de judaísmo: denominación exacta, si va unida a una idea clara de su contenido. Ahora bien, el judaísmo es un fenómeno complejo y, por esta razón, no existe mucha unanimidad cuando se trata de determinar sus notas características.

---

9. W. Rudolph, *Esra und Nehemia* (HAT), 163 s.
10. M. Noth, *Historia de Israel*, 301-302.
11. Dt 31, 10 s. y además el A. Alt I, 325 s.
12. Neh 8, 8 (Esd 4, 18); sobre el מפרשׁ , cuya versión es «traducido» véase Schaeder, *l. c.*, 51 s.

La pérdida de la soberanía nacional es, sin lugar a dudas, la nota externa más llamativa para el historiador [13]. Pero, debemos reconocer que la pérdida de la autonomía nacional no es, en sí misma, un elemento constitutivo del judaísmo, todo lo contrario, Israel se despojó del vestido estatal y su monarquía con admirable facilidad y sin una aparente crisis interior. Esto se explica porque el estado fue para Israel un vestido extraño; pues mucho antes que se formara el estado, Israel pertenecía a Yahvéh y se sentía «pueblo de Yahvéh». Por eso cuando destruyeron su estructura estatal, Israel pudo seguir considerándose a sí mismo como «pueblo de Yahvéh». Pero también en este punto se observan grandes discrepancias.

Para el Dt Israel era todavía una comunidad natural e histórica, es decir, un pueblo en el sentido propio de la palabra. Tan sólo en sus zonas marginales tenía sentido la cuestión sobre quién pertenecía o no pertenecía al pueblo (Dt 23, 1-8). La situación cambió en la época posterior al exilio; no aparecía ya como un pueblo natural e histórico, sino que la ley comenzó a determinar cada día más quién pertenecía o no a Israel. Ella podía reducir el círculo y, en este caso, debían de ser excluidos los extranjeros, para conservar la pureza de la «semilla santa»; o podía ensancharlo bajo determinadas condiciones y entonces los prosélitos eran admitidos dentro de Israel [14]. Lo que era o no, dependía por tanto de la interpretación de la ley.

Esta subordinación de Israel a una revelación de la voluntad divina con una forma fija y un contenido inalterable, tiene raíces muy profundas en el pasado. Ya vimos cómo el Dt, aunque no se consideró todavía como «Escritura» sí, al menos, como un criterio normativo, una revelación de la voluntad de Yahvéh a la cual no era permitido añadir o quitar cosa alguna [15]. Pero el Dt anunciaba la voluntad de Yahvéh a un Israel que se hallaba en una

---

13. O. Eissfeldt, RGG[2], art. *Judentum*.
14. Los primeros indicios del proselitismo en 1 Re 8, 41-43 (Dtr), Is 56, 1 s. La obra histórica del cronista muestra un interés manifiesto por los prosélitos: 2 Crón 12, 13-16; 15, 1-15; 19, 4; 28, 9-15; 29, 6.
15. Véanse más adelante las páginas 283 s.

situación histórica muy concreta. Esta es precisamente la nota característica de este libro, a saber, que tanto en sus instrucciones como en sus promesas, se refiere a los problemas propios de un momento preciso de la historia israelita. Pues bien, esta flexibilidad de la revelación de Yahvéh en sintonizar con el tiempo, lugar y manera de ser de aquel determinado Israel al cual dirige su mensaje, cesa en este momento. La ley se convierte en una realidad absoluta con validez incondicional, independiente del tiempo y de la historia [16].

De este modo la revelación de los mandamientos divinos pasa a ser algo diverso de cuanto había sido en otros tiempos. Ya no es la benéfica voluntad ordenadora de un Dios que guiaba a su pueblo a través de la historia; de ahora en adelante empieza a ser «ley», en el sentido dogmático de la palabra. Antes los mandamientos estaban al servicio de Israel en su camino a través de la historia y de la confusión de los cultos paganos; ahora Israel debía ponerse al servicio de los mandamientos.

La antigua concepción de los mandamientos perduró bastante tiempo en la comunidad pos-exílica [17], pues todavía no descubrimos en ella indicios de una verdadera casuística legal. Pero una vez se puso la ley como norma absoluta, se inició el camino, que, por pura lógica interna, debía conducir a esta meta. La consecuencia más grave de todo este proceso fue que, con esta comprensión de la ley, Israel salió de la historia, de aquella historia vivida hasta entonces con Yahvéh. No rompió sus relaciones con él,

_____

16. M. Noth, sobre todo, puso de relieve este cambio (*Ges. Studien*, 112 s.). Pero también R. Asting, dio una descripción muy clara de este proceso: «Se llega al grado, llamado nomismo (legalismo), cuando pierde vigor la necesidad que dio origen a las prescripciones. En este caso las leyes dejan de ser una expresión de las exigencias que la comunidad cultual encuentra inevitablemente en su vida, más aún, aparecen extrañas e independientes frente a la vida y ésta, que las produjo, no estará ya con ellas por mucho tiempo; se quedan ahí con su rígida autoridad y se convierten en mandamientos que deben ser observados precisamente por ser mandamientos autoritarios. Lo que en un tiempo nacía del interior se cambia en algo que le viene a la persona desde afuera e influye poderosamente en el desarrollo de la comunidad cultual como una realidad nueva guiándola por caminos completamente diversos». *Die Heiligkeit des Urchristentums* (1930) 41.
17. Véanse más adelante, las páginas 259 s.

pero cuando comenzó a considerar la voluntad de Yahvéh de una manera tan absolutamente atemporal, la historia salvífica debía permanecer inmóvil sobre Israel [18]. Este Israel no poseía ya historia alguna, al menos, ninguna historia con Yahvéh. De ahora en adelante vivirá en una misteriosa región, fuera de la historia y allí servirá a su Dios. De este modo se privó para siempre de la solidaridad con los otros pueblos. Con esta separación tan radical se convirtió para las otras naciones en una realidad inquietante, más aún, algo odioso y atrajo sobre sí la grave acusación de la ἀμιξία [19].

Por muy complejo que parezca al historiador el fenómeno del judaísmo y, en particular, la cuestión de cómo pudo provenir del antiguo Israel, una cosa es cierta, que en el fondo, sólo es posible entenderlo a partir de esa nueva comprensión de «ley», que hemos intentado esbozar en las páginas precedentes. Sólo cuando Israel comenzó a concebir la tora como «ley», sólo entonces apareció el judaísmo en la historia.

---

18.   En este sentido es importante el oscurecimiento de la idea de la alianza, sobre la cual llamó la atención M. Noth (*l. c.* 119 s.). Pues ¿de qué otro modo expresó Israel más intensamente la comprensión de sí mismo a la luz de la historia salvífica que mediante un constante recurso a las alianzas con Yahvéh? Israel no volvió a vivir la historia ni a escribirla hasta el tiempo de los Macabeos.
19.   Sobre la acusación de ἀμιξία es decir, la renuncia a unirse con otros pueblos, véase Ester 3, 8; Poseidonius 87 fr. 109 (Diodoro 34, 1); Josefo, *Ant. XIII*, 8, 3; Tácito, *Hist.* V, 5.

6

MINISTERIO SAGRADO Y CARISMA EN EL ANTIGUO ISRAEL

Una mirada retrospectiva [1]

L A DIFICULTAD mayor para cualquier exposición de la historia del yahvismo, de sus instituciones y los documentos en los cuales da testimonio de sí mismo, consiste en la datación de los diversos textos y de las tradiciones subyacentes. Material no falta; pero tampoco podemos utilizar muchos textos importantes porque, ignorando sus relaciones con los hechos concretos, nos resulta imposible fijar exactamente el lugar que ocupan en la historia. Por esto deseamos mencionar aquí, como conclusión, un punto de vista que nos permitirá recuperar una parte de ese material inutilizado y lo haremos en conexión con un hecho muy característico para la totalidad de la religión yahvista y su expresión histórica.

El antiguo Israel conoció también la tensión que caracterizó los tres primeros siglos del cristianismo entre los cargos eclesiásticos y la autoridad carismática, entre un oficio impersonal y el carisma personal que por lo tanto actúa de forma imprevisible [2].

---

1. Material abundante en: S. MOWINCKEL, *Psalmenstudien* III (*Kultprophetie u. proph. Psalmen*); también O. PLÖGER, *Priester u. Prophet*, ZAW 1951, 157 s. Recientemente M. NOTH, *Amt und Berufung im Alten Testament* (*Ges. Studien*, 309 s.).
2. H. Frhr. v. CAMPENHAUSEN, *Kirchliches Amt und geistliche Vollmacht in den ersten drei Jahrhunderten* (1953).

Pero también en el antiguo Israel quedaba, desde un principio, excluida la posibilidad de que uno de ellos se convirtiera en una realidad absoluta, pues tanto el oficio como el carisma eran sólo la prolongación del brazo de Yahvéh que se hallaba siempre presente en persona y cuyo celo disponía todas las cosas con soberana autoridad. La instancia suprema no era una institución sagrada ni tampoco una persona carismática, sino Yahvéh mismo, el único capaz de desautorizar de un golpe la institución más legítima o el más acreditado carisma. El era el Señor y límite de ambos, del ministro sagrado y del poder carismático.

Ahora bien, nosotros no somos tan afortunados como el exégeta del Nuevo Testamento, el cual desde un principio puede probar este conflicto con documentos fidedignos y seguir en ellos su evolución. La dificultad aumenta por el hecho de que en el antiguo Israel los oficios se encontraban, en cierto modo, mucho más separados entre sí y casi nunca llegaban a un conflicto directo. Los cargos de los sacerdotes, ancianos o reyes tenían puestos diversos en la vida del pueblo y, por esto, el modo de concebir cada uno de ellos se formó independientemente de los otros y, a menudo sin relaciones mutuas. Debemos naturalmente contar con profundos cambios de significado de los respectivos oficios a lo largo de la casi milenaria historia del yahvismo, sin embargo, sólo una mínima parte de ellos puede documentarse históricamente.

Los comienzos del culto yahvista y de sus instituciones primitivas se hallan para nosotros envueltos en la obscuridad. Pero nuestros conocimientos nos permiten suponer como cierta la existencia de un sacerdocio, custodio de las prácticas cultuales. Por otro lado, parece que un cierto aspecto entusiasta, violento y terrible caracterizó las expresiones más antiguas de la religión yahvista. La actividad imprevisible del רוּחַ יהוה, espíritu de Yahvéh, fue una de las experiencias primordiales que Israel tuvo de su Dios. Pero sería erróneo considerar estas dos realidades como dos polos opuestos. En efecto, es probable que en la época de la anfictionía en Palestina, estas dos expresiones de la religión yahvista, la sacerdotal y la carismática, conservaran todavía una unión muy estrecha y quizás llegaran a entrelazarse la una con la otra. Los peregrinos que se sometían al orden sereno de las fiestas anuales y a las normas del ceremonial cultual, no sintieron ciertamente la aparición brusca de los belicosos carismáticos, como un fenómeno extraño o contrario al mundo ordenado del culto. Lo que pudo ser considerado antagónico no fue considerado tal porque tanto el oficio como el carisma se referían a Yahvéh y a la insondable profundidad de su ser y actividad.

El carácter específico del derecho israelita muestra hasta qué punto las instituciones se hallaban siempre sometidas a la voluntad personal de Yahvéh. El derecho era un sector en el cual todo tendía imperiosamente hacia la consolidación y la objetivación de las tradiciones, e Israel se hallaba al mismo tiempo bajo el poderoso influjo de una cultura jurídica, muy depurada en el crisol de múltiples experiencias. No obstante, Israel no podía dejar este sector de su existencia en un campo neutral. Si partimos de una idea preconcebida del «derecho» podemos afirmar, sin temor a equivocarnos, que la extrema capacidad de penetración propia de su fe en Dios le impedió crear un derecho objetivo.

Israel hizo suyas muchas leyes condicionales, originariamente cananeas, pero las colocó en un contexto religioso muy diferente. Y aquí prescindimos de los cambios y alteraciones significativas, que muchas de esas leyes debieron soportar. Estas modificaciones manifiestan sobre todo, que no es un derecho impersonal sino Yahvéh en persona quien se dirije a los hombres [3]. Así pues, el derecho era para Israel algo muy personal, era la voluntad ordenadora de Yahvéh, la cual, en realidad, nunca podía ser fijada ni objetivada. Esto indica también que la interpretación y aplicación del derecho pasaba a ser competencia de una autoridad. Así, la administración de la justicia por la «profetisa» Débora tenía ciertamente carácter carismático (Jue 4, 4 s.); pero, por lo mismo, a la administración ordinaria de la justicia en las puertas de la ciudad tampoco le podía faltar cierta autoridad carismática.

---

3.   Cf. más arriba las páginas 57 s.

Para el Deuteronomio la ley de Yahvéh es aún objeto exclusivo de la predicación; es una llamada muy personal de Yahvéh a Israel y éste debe acogerla también en su conciencia de una manera absolutamente personal. En el Dt Israel es muy consciente de la singularidad de esta ley que le ha sido revelada; con ella Yahvéh le había preferido a todos los otros pueblos y éstos debían reconocer en el derecho de Israel una prueba de su particular cercanía y su relación inmediata con Dios (Dt 4, 6-8). Esta concepción del derecho como la expresión inmediata y personal de la voluntad de Dios a los hombres encuentra su formulación más radical en la predicación de los profetas, pues en las acusaciones de los profetas la proclamación de la voluntad legisladora de Dios pasa a ser un asunto carismático, tarea de una vocación personal (Miq 3, 9) [4].

Como es sabido, el fenómeno de los caudillos carismáticos desapareció con la formación del estado. Jefté no era ya un jefe carismático a la antigua, como lo demuestran las complicadas negociaciones necesarias hasta que se decidió a presentar batalla a los amonitas (Jue 11, 5-11). La desaparición de este tipo de carismáticos fue una pérdida enorme para Israel. El ejército se mecanizó con el paso al mercenariado y a la técnica del carro de guerra; Israel transpuso toda la organización militar al ámbito secular. Esto significaba que el yahvismo perdía el sector más importante de la actividad de Yahvéh, su actuación en la historia y la protección de Israel. Sólo los profetas mayores reconquistaron para la fe el sector de la política con una afirmación sin precedentes, a saber, que precisamente en este ámbito ellos reconocían la irrupción de Yahvéh y sus decisiones finales.

Cuando desaparecieron los carismáticos el sacerdocio quedó como el principal exponente y custodio de la religión yahvista. Pero, por cuanto sabemos, este sacerdocio no se consideró jamás carismático. No es que no exigiera una determinada

---

4. Sobre la problemática relativa a esta cuestión, véase H.-J. KRAUS, *Die prophetische Verkündigung des Rechts in Israel:* Theol. Studien 51 (1957); también la obra del mismo autor: *Gottesdienst in Israel* (1954) 64 s.

autoridad para su cargo, pues, ni siquiera en la más extrema concepción jerárquica del sacerdocio es posible concebir una vida y una actuación puramente mecánica basada en la tradición. La enseñanza de la tora, la «aceptación» o el rechazo de las ofrendas suponen una autorización sagrada y una formación espiritual particular [5]. Sin embargo quede bien establecido que nunca se atribuye el sacerdocio a una acción del רוח יהוה, espíritu de Yahvéh. La misma consecución de los oráculos divinos era más bien un procedimiento técnico y no dependía evidentemente de una libre inspiración [6].

La constitución del estado trajo consigo una creciente organización administrativa y una mayor burocratización de la población, que se había considerado antes como el «pueblo de Yahvéh» en sentido sacro y apenas había necesitado un aparato político insignificante. Pues bien, es un hecho sorprendente que precisamente la monarquía, la institución que con sus medidas activó como ninguna otra la secularización de Israel, o al menos de amplios sectores de su existencia, se considerase a sí misma un carisma; según nuestros conocimientos, ocurrió lo mismo con la monarquía judía. Es indudable que existió esta pretensión; en efecto, el testamento real de David proviene de una inspiración del רוה יהוה (2 Sam 23, 2; Prov 16, 10). Otro problema es saber si este carisma real que, como ya dijimos, es un elemento constitutivo para el concepto del ungido de Yahvéh, era sólo una simple pretensión del rey, un elemento específico de la tradición cortesana, destinado a legitimar una vez más el oficio real. Si damos una visión de conjunto a cuanto sabemos a cerca de la actividad de David y sus descendientes —el Saúl histórico es un caso aparte— entonces no será fácil dar una respuesta afirmativa a la cuestión [7]. Las obligaciones de su estado y el ceremonial de la corte, que determinaba toda la actividad del rey, dejaban poco espacio a la actividad carismática. Si en épocas

---

5. Véanse más adelante las páginas 309 s.
6. 1 Sam 14, 36 s.; 22, 13. 15; 23, 9 s.; 30, 7 s.; 2 Sam 2, 1; 5, 19. 23.
7. Véanse más adelante las páginas 394 s.

anteriores el ungido era considerado una persona intocable, lo era sin duda por razón del carisma que poseía (1 Sam 24, 7; 26, 9). Pero más tarde, y esto merece ser notado, no se hablará más de este carisma. Sin embargo en 1 Re 3, 5-15 —un antiguo ceremonial— se da gran relieve a la posesión del carisma real, y como en Is 11, 2, también aquí es la condición indispensable para el gobierno del ungido de Yahvéh. Aun así, los reyes nunca pretendieron hacer uso de su carisma para conocer la voluntad de Yahvéh, pues para eso tenían los profetas a su disposición.

Con estas últimas palabras hemos mencionado aquellos hombres en los que se reveló con una potencia completamente nueva el aspecto carismático de la religión yahvista. El fenómeno del profetismo aparecerá a la vista del historiador como una erupción reprimida durante mucho tiempo, si tiene presente que el período áureo del movimiento profético, desde el siglo IX hasta el VII, puede considerarse una época de descomposición interna; la vida política y económica hacía tiempo que se había emancipado de la religión; el yahvismo se veía arrinconado en una precaria situación defensiva y tenía sus únicos seguidores entre la clase baja campesina. Más tarde y en un contexto diferente, narraremos la historia del movimiento profético, que desde el comienzo fue poco uniforme.

Por desgracia, no tenemos una idea clara de los vínculos existentes entre los primeros *nebiim* (grupos proféticos) y el culto; es decir, la relación entre el oficio y el carisma. Es probable que en los primeros tiempos de la monarquía existieran *nebiim* que desempeñaban sus funciones en el ámbito del culto y se les considerase revestidos de un oficio cultual cuando, por ejemplo, respondían a una consulta hecha a Dios o ejercían una función intercesora [8]. Este carácter oficial aparece todavía más claro en los profetas de corte. Muchos mantuvieron estos vínculos hasta el amargo fin de los dos estados, otros se libraron de ellos o nunca

---

8.   Gén 20, 7; 1 Sam 12, 23; 1 Sam 7, 5 etc.; F. HESSE, *Die Fürbitte im AT* (*Diss. Erlangen* 1949) 19 s.; H. H. ROWLEY, *Ritual and the Hebrew Prophets:* Journal of Semitic Studies (1956) 338 s.

los contrajeron [9]. Estos fueron quienes agudizaron cada vez más sus ataques contra las instituciones de su tiempo y les negaban por completo cualquier legitimación ante Yahvéh. Su carisma se dedicó casi esclusivamente a polemizar contra la situación interna, y esto, sin duda alguna, era signo de una grave perturbación. De hecho, los profetas atacaban sobre todo a los exponentes de los oficios más importantes, a los reyes, sacerdotes y profetas y les echaban en cara sus defecciones frente a la voluntad de Yahvéh.

La antigua fe yahvista vivía de las intervenciones históricas de Yahvéh en favor de Israel. Con la formación del estado la esfera de la historia y de la política se habían ido convirtiendo cada vez más en un gran *adiaphoron* secular donde los reyes intervenían a su antojo con la diplomacia y la estrategia. Por esto, una buena parte de la inmensa importancia que tuvo la profecía en el antiguo Israel, consistió en devolver a la fe yahvista amplios sectores de la existencia, en los que Israel había perdido contacto con Yahvéh. Así como en la vida política nacional los profetas consideraban, por ejemplo, la justicia y la economía como sectores de la influencia de Yahvéh, así también reafirmaron el señorío absoluto de Yahvéh en el mundo político internacional donde vivía Israel. Esto llevaba consigo graves e inevitables conflictos con las medidas tomadas por el estado en favor de una conveniente seguridad política y, en particular, con sus esfuerzos diplomáticos y su política militar de armamentos.

Las narraciones proféticas de 1 Re 20 reflejan la situación existente en el siglo IX y muestran todavía una colaboración bastante armoniosa entre el profeta y los jefes militares. El profeta da la orden de atacar; más aún, él señala la formación que debe avanzar en primera posición (1 Re 20, 13 s.). Esta colaboración de los carismáticos con los organismos oficiales es curiosa, pero debemos considerarla un simple compromiso, si tenemos presente el rumbo que tomará en el futuro el movimiento profético. Prescindiendo de la cuestión, si los reyes y sus oficiales estaban siem-

---

9. Cf. G. VON RAD, *Teología del Antiguo Testamento* II, 71 s.

pre dispuestos a acatar las órdenes de los profetas, esta protección de Israel mediante el ejército del estado, con sus oficiales fijos, era algo muy distinto de cuanto sucedía en la antigua época de las guerras santas. De hecho, la frase que designa a los profetas como «el carro de Israel y sus jinetes», indica que la profecía del siglo IX tenía ya una idea distinta de sí misma (2 Re 2, 12; 13, 14), pues estas palabras expresan una evidente oposición contra la secularización técnica de la estrategia militar. La verdadera protección de Israel es el carisma de sus profetas, y con esto se alude probablemente a los prodigios obrados por los profetas [10].

Este aislamiento polémico frente a todos los cargos políticos y sagrados es la nota característica de la profecía en los siglos VIII-VII. Frente a las instituciones degeneradas o secularizadas de su época, la profecía se consideró a sí misma, en virtud de su libre vocación carismática, como el único —e incluso podría afirmarse el último— organismo directamente autorizado para ejercer la mediación entre Dios e Israel. Más tarde hablaremos del modo como esta actitud frente a las venerables instituciones del pasado obligaron a los profetas a buscar una legitimación completamente nueva de su misión. En realidad, el apelar exclusivamente a una misión profética personal era para Israel una cosa del todo nueva. La oposición entre dos profetas y entre el «así dice Yahvéh» de cada uno de ellos debió agudizar el problema de la certeza de una manera hasta entonces desconocida. Es muy curioso que los «ancianos» reclamen para sí una autoridad profético-carismática, en un período no muy preciso de la época anterior al exilio (Núm 11, 25 E).

Este aislamiento, al cual se veían constreñidos los profetas carismáticos ante la defección de las restantes instituciones, era, como dijimos, una situación de emergencia; fundamentalmente los profetas no pusieron jamás en duda la legitimidad y necesidad de la monarquía, del sacerdocio y de la institución jurídica de «los ancianos». Por el contrario, ellos consideraron estos oficios como órganos de la voluntad de Yahvéh, con mucha más seriedad

---

10.   Véase 2 Re 6, 18 s.; 7, 1 s.; 13, 15 s.; A. JEPSEN, *Nabi* (1934) 186.

de cuanto podían tomarlos en aquel tiempo los representantes de estos cargos. Así el Deuteronomio, que bosqueja una especie de constitución para Israel y, como es sabido trasluce una gran influencia del movimiento profético, asigna a cada uno de estos oficios su lugar y su función respectivos. Sin embargo, no les da un tratamiento de igualdad ni les dedica el mismo desarrollo, pues es inegable que el interés del Dt se centra en primer lugar sobre la profecía y sus problemas. En efecto, el oficio principal donde tiene lugar la verdadera comunicación vital entre Yahvéh e Israel es el de los profetas; un oficio que nunca dejará de existir en Israel (Dt 18, 18). Así pues, según el Dt un Israel bien constituido se halla explícitamente bajo la guía carismática.

No puede afirmarse lo mismo del gran esquema teológico del documento sacerdotal, pues el elemento carismático no forma parte de las instituciones de Israel que él presenta. Pero tampoco debemos extrañarnos por ello, pues P se limita a legitimar las instituciones sagradas y, además, las adiciones secundarias de esta obra (Ps) tienen un origen exclusivamente cultual y, ya vimos que, el ambiente cúltico-sacerdotal no dejaba algún espacio libre a la actividad carismática. No obstante, teniendo en cuenta la amplitud que P dedica a los acontecimientos del éxodo y a la marcha por el desierto, nos sorprende la absoluta carencia de una manifestación de Yahvéh de carácter directamente carismático, más aún si pensamos en las frecuentes intervenciones del espíritu presentes en las antiguas obras narrativas.

Todo esto parece indicar un atrofiamiento interior. P no considera nunca a Moisés como un profeta o un carismático [11]. Es significativa en este punto la narración de la investidura de Josué, P no ve en la imposición de las manos el acto mediante el cual Moisés transmite a Josué un carisma, sino para él se trata sólo de la transmisión de su función como caudillo del pueblo (Núm 27, 16 s.). La frase «el espíritu de Dios» estaba en Josué se halla, en cierto modo, desconectada del contexto, pues P ya no podía considerar el oficio de Moisés o de Josué como un ca-

---

11. Véanse más adelante las páginas 368-369.

risma [12]. En cambio, merece mayor crédito cuando habla del talento carismático del artesano Besael (Ex 28, 3; 31, 3; 35, 31). La construcción del tabernáculo no podía ser una obra humana por eso, el espíritu de Yahvéh había autorizado directamente al artista principal para llevar a cabo la obra. Menciones tan esporádicas de personas dotadas de talento carismático muestran, a su manera, cuán débil era la base teológica que esta clase de ideas encontraba en la imagen de Israel, propia del documento sacerdotal.

Esto último coincide con la impresión de que la profecía se hallaba ya muy próxima a su fin en la primera época pos-exílica, es más, parece ser que desde este instante la profecía deja de existir como profesión autónoma [13]. Esto, sin lugar a dudas, comportaba una crisis interior. En efecto, la comunidad cultual pos-exílica ¿podía acaso prescindir completamente del elemento carismático que, como vimos, era constitutivo para la religión yahvista? En realidad se hallaba ante la situación de decidir si el carisma tenía aún cabida en ella. Una simple ojeada a la obra del cronista nos muestra que todavía en esta época existían representantes y portavoces del carisma. De hecho debieron existir entre los levitas, —de donde proviene la obra del cronista—, algunos círculos que se consideraban herederos y sucesores de los profetas y reivindicaban a su modo una cierta inspiración del espíritu de Yahvéh [14].

El cronista aplica a los levitas, que eran ministros del culto, los términos tradicionales usados en la recepción profética de una revelación. Esto hizo creer a muchos que el profetismo pre-exílico

---

12. También Josué debe consultar los Urim y Tumim.
13. A. Jepsen, *Nabi* (1934) 227 s.
14. Todos conocen la gran importancia del «elemento profético» en la imagen histórica del cronista. Este elemento puede manifestarse en la libre inspiración de un oficial (1 Crón 12, 19) o de un sacerdote (2 Crón 24, 20) o de un profeta (2 Crón 15, 1) pero el hecho que el cronista atribuya sobre todo a los levistas la autoridad profética indica cuánto se había transformado la concepción de la profecía (2 Crón 20, 14). Llega a llamar «videntes» a Asaf y a Yedutun (2 Crón 29, 30; 35, 15). Una importancia particular tiene 1 Crón 25, 1-31, donde el cronista reivindica la inspiración profética para el ministerio de los cantores Asaf, Heman y Yedutun.

y los levitas de la época posterior al exilio son dos magnitudes completamente diversas, y que el cronista no posee las categorías necesarias para comprender a los profetas y sus carismas; en efecto, les consideró incluso, como autores de obras históricas [15].

Todo esto es exacto; pero iríamos más allá de nuestra competencia si, partiendo de un concepto prefabricado sobre el profetismo, juzgásemos esta reivindicación de los levitas pos-exílicos como una vana presunción y quisiéramos negar *a limine* la posibilidad de que el carisma de Yahvéh reapareciese en el movimiento de los levitas cantores con una forma distinta que respondía a una situación histórica nueva. Este carisma desarrolló su actividad principal en el ámbito del culto, pero probablemente se dedicó también a la instrucción religiosa (2 Crón 35, 3; Neh 8, 7 s.). La prueba más hermosa de tal carisma la encontramos en los poemas pos-exílicos del salterio, cuyo autor debe provenir precisamente de los círculos levíticos.

Sin embargo, en este período pos-exílico, el espíritu de Yahvéh no se limitó a ejercitar su actividad inspiradora en el ámbito del culto. Muy lejos de este sector aparecieron los sabios, hombres que reivindicaban para sí la dignidad de una iluminación del espíritu (Prov 1, 23). Elihú, amigo de Job, se presenta en el diálogo como una persona inspirada; se refiere al «soplo de Saday» (Job 32, 8), que conduce los hombres a la sabiduría, y describe cómo la ciencia, que le fue concedida, fermentó en él como el vino joven que estalla los odres, y consigue finalmente desahogarse en palabras (Job 32, 18-20). Elifas concibe también sus palabras como inspiraciones inmediatas e incluso describe detalladamente cómo se recibe una revelación, con todas las circunstancias psicológicas que la acompañan, tal como las podemos encontrar en el Antiguo Testamento. Ahora bien, la sentencia que él prepara con tanta minuciosidad no posee el menor rasgo profético, es pura verdad sapiencial (Job 4, 17).

Cierto, en estos casos se entra en posesión de una gloriosa herencia espiritual con todos sus conceptos característicos. Pero

---

15.   1 Crón 29, 29; 2 Crón 9, 29; 12, 15; 13, 22; 26, 22; 32, 32.

al mezclar estas doctrinas con términos del vocabulario profético se crea, de hecho, un producto heterogéneo, pues esta sabiduría no tiene nada de profético, en el sentido estricto de la palabra. De todas formas, sería demasiado sencillo creer que el reivindicar la inspiración divina, era en este caso, un puro cliché literario, pues, la creencia de que toda sabiduría particular derivaba de Yahvéh, era muy antigua en Israel [16]. Según el Siracides, ni el ministerio de la instrucción teológica, ni la profesión de fe en Yahvéh que él expresa en oraciones y cantos sacados de su libre inspiración, pueden existir sin la autoridad carismática [17]. Este carisma adquirió una forma nueva cuando «el sabio» se convirtió en intérprete del futuro y autor de composiciones apocalípticas [18].

De este modo vemos, pues, que el elemento carismático fue realmente un factor constitutivo de la religión yahvista. El carisma se manifestó en formas muy diversas: en la inspiración de los caudillos militares y en la predicación de los profetas; en la alabanza de los levitas cantores y en los consejos e instrucciones de «los sabios». Cuando faltaba el carisma entraban las crisis, y su desaparición definitiva selló el fin de la antigua religión yahvista y amaneció la época de la erudición escriturística.

---

16. Véase más adelante la página 535.
17. Sir 39, 6-8; también Sir 16, 25; 18, 29; 24, 33; 50, 27. C. Jansen, *Die Spätjüdische Psalmendichtung, ihr Enstehungskreis und ihr Sitz im Leben* (1937) 75 s., 141.
18. Dan 4, 5 s. 15; 5, 11. 14. Sobre el proceso de la «inmersión» del elemento profético y su paso hacia movimientos heréticos: O. Plögel, *Prophetisches Erbe in den Sekten des frühen Judentums*, ThLZ 1954, col. 291 s.

II

La teología
de las tradiciones
históricas de Israel

OBSERVACIONES METODOLOGICAS PREVIAS

1. El objeto de la teología del Antiguo Testamento

Esta fe yahvista, cuya vitalidad hemos descrito con breves pinceladas, habló de Yahvéh en términos muy diversos. No cesó jamás de hablar sobre las relaciones de Yahvéh con Israel, con el mundo y las naciones, bien sea mediante la voz impersonal de las grandes instituciones (culto, jurisprudencia, corte, etc.) o bien por boca de los sacerdotes, profetas, reyes, narradores, historiadores, sabios y cantores del templo. Ahora sí que sería posible reproducir, con estos abundantes testimonios sobre Yahvéh, un cuadro bastante compacto y también —desde el punto de vista de la historia de las religiones— dar una imagen regularmente objetiva de la religión del pueblo israelita, es decir, del carácter peculiar de su concepción de Dios, del modo como Israel concebía las relaciones de Dios con el mundo, con las naciones y consigo mismo; de su modo singular de hablar acerca de la expiación y la salvación que proviene de Dios. Un ensayo semejante se repitió con frecuencia en el pasado y debe intentarse sin desmayo en el futuro.

Pero si bien los teólogos cristianos han dado un impulso decisivo a empresas de este tipo, no obstante, esta tarea pertenece por sí misma al campo de la investigación general de la religión, y así se explica que en los últimos años, los orientalistas, sociólogos, etnólogos, etnopsicólogos, estudiosos de la mitología y otros muchos hayan prestado una colaboración determinante en la realización de esta empresa.

El trabajo específicamente teológico en el Antiguo Testamento no corresponde sin más con ese estudio general de la religión; es mucho más limitado. El objeto que solicita la atención del teólogo, no es el mundo religioso y cultural de Israel o su constitución espiritual en general, ni tampoco el mundo de su fe, pues esto sólo puede obtenerse con las conclusiones derivadas de sus documentos; su objeto único es todo aquello que Israel mismo dijo explícitamente de Yahvéh.

En primer lugar, el teólogo debe ocuparse directamente de los testimonios de Israel, es decir, de todo lo que Israel mismo confesó acerca de Yahvéh, y tiene que aprender de nuevo a preguntar a cada documento sobre su respectiva intención kerigmática, con mayor precisión de cuanto lo hizo hasta el presente [1]. Más tarde hablaremos en este mismo tomo sobre las enormes diferencias que existen entre los testimonios de las diversas unidades literarias; por el momento es necesario anticipar brevemente sus aspectos comunes. No abarcan de manera uniforme todo el conjunto de declaraciones sobre Dios, el hombre y el mundo que serían posibles o imaginables en este dominio de la religión. Es este sentido nos sorprende el limitado espacio teológico que ocupan las afirmaciones religiosas de Israel en comparación con las teologías de otros pueblos. En efecto, ellas se limitan a presentar las relaciones de Yahvéh con Israel y con el mundo bajo una sola perspectiva, a saber, como una actuación continua de Dios en la historia. Esto significa que la fe de Israel se basa esencialmente en una teología de la historia. Tiene conciencia de hallarse cimentada sobre acontecimientos históricos y sabe que la plasmaron, por primera vez y la modelaron sin cesar hechos en los que vio la mano operante de Yahvéh.

También los oráculos de los profetas hablan de acontecimien-

---

1. Bajo este punto de vista deberían revisarse los títulos de los capítulos en las traducciones de la Biblia y en sus comentarios, pues a menudo pasan por alto la intención del narrador respectivo.

tos históricos concretos pero con una diferencia: no se hallan por lo común en una fecha posterior sino anterior a los hechos que testifican. Ahora bien, incluso allí donde esta relación con las acciones divinas en la historia, no aparece a primera vista, como p. e., en algunos salmos, está siempre presente de manera implícita; y allí donde desaparece por completo, como en el libro de Job, o en el Qohelet, esta carencia se halla estrechamente relacionada con las grandes pruebas que son el tema de ambos libros.

Cuando hablamos aquí y en lo sucesivo de acciones de Dios en la historia, nos referimos, como es natural, a aquellas que la fe de Israel consideró tales: la vocación de los patriarcas, la liberación de Egipto, la entrega de Canaán, etc.; pero no pensamos en los resultados de la crítica histórica moderna a los que nunca se refería la fe de Israel.

Con esto se plantea un grave problema: el estudio crítico de la historia ha logrado componer en los últimos 150 años un cuadro muy completo de la historia de Israel. Durante este período los estudiosos fueron desmontando pieza por pieza el cuadro antiguo que la fe de la Iglesia había sacado del Antiguo Testamento. Este proceso es irreversible, más aún, hoy se halla todavía en movimiento. La investigación crítica de la historia considera imposible que todo el pueblo de Israel se hallara en el Sinaí, pasara en bloque el mar Rojo y tomara así posesión de Canaán Las tradiciones del libro del Exodo, dan según ella una imagen de Moisés y su oficio de guía del pueblo tan poco histórica como la función que el libro dtr de los Jueces atribuye a éstos.

Por otra parte la reciente investigación del Hexateuco se propone indagar el complicado proceso que dio origen a la imagen veterotestamentaria de la historia salvífica de Yahvéh con Israel. Comienza reconociendo plena independencia científica a la imagen que el mismo Israel trazó de su historia y la acepta como una realidad autónoma; en cuanto tal, es decir, en el modo como la compuso Israel, tiene que ser el objeto central del análisis teológico. La ciencia crítica pudo constatar además, que esta imagen se edifica sobre unos pocos temas centrales de gran anti-

güedad, alrededor de los cuales se cristalizaron, en un crecimiento
orgánico, innumerables cantidades de tradiciones sueltas que circulaban libremente [2]. Los temas centrales tenían ya un carácter
marcadamente confesional, como también la mayor parte de las
antiguas tradiciones sueltas que enriquecieron y ampliaron esta
imagen. Por esto el Hexateuco nos ofrece un cuadro de la historia
que fue esbozado completamente por la fe y tiene, por lo tanto,
un carácter confesional. Lo mismo puede afirmarse de la imagen
que la historiografía deuteronomista (dtr) trazó de la historia
posterior de Israel hasta el exilio.

Para mejor comprender cuanto sigue debemos acostumbrar-
nos a esta doble imagen de la historia israelita: la propuesta
por la crítica moderna y la que fue fruto de la fe de Israel. Sería
insensato negar a cualquiera de ellas el derecho a la existencia,
y es superfluo notar que son el producto de dos actividades espirituales muy diferentes. La primera es racional y «objetiva»,
con la ayuda del «método histórico» y bajo una presunta igualdad
de todos los acontecimientos históricos construye una imagen
crítica de la historia, tal y como tuvo lugar en Israel [3]. Es evidente,
que tampoco podía limitarse a un análisis crítico de los acontecimientos históricos externos; debía superar este estadio y dar un
juicio crítico del mundo espiritual y religioso de Israel.

La segunda tiene carácter confesional y es apasionada en
su interés personal por los acontecimientos. Pues ¿habló jamás
Israel de su historia sin el entusiasmo de la alabanza o la emoción
del arrepentimiento? La investigación histórica va en busca de un
mínimo asegurado por la crítica; la imagen kerygmática tiende
hacia un máximo teológico [4]. Esta enorme diferencia entre ambas

---

2. M. Noth, *Überlieferungsgeschichte des Pentateuch* (1948).
3. «El método histórico, una vez aplicado en las ciencias bíblicas... es
una levadura que todo lo transforma y termina por hacer pedazos todo el
conjunto de los métodos teológicos». «El único medio que hace posible la
crítica es el uso de la analogía... Pero este poder absoluto de la analogía implica que en principio todos los acontecimientos históricos son idénticos».
E. Tröltsch, *Über historische und dogmatische Methode: Gesammelte Schriften II* (1889) 729 s.
4. N. A. Dahl, *Der historische Jesus als geschichtswissenschaftliches
und theologisches Problem: Kerigma* und Dogma (1955) 119.

visiones de la historia israelita es una de las mayores cargas que pesan sobre la ciencia bíblica de nuestros días. La investigación histórica podrá decirnos cosas esenciales sobre la formación de esta imagen de la historia que compuso la fe israelita; pero nunca llegará a explicar el fenómeno de la fe en sí misma, que una vez habla de salvación y otra de juicio.

Ahora bien, no sería apropiado afirmar que la primera imagen es histórica y la segunda legendaria. Pues también la imagen «kerygmática» se basa en la historia real y no fue creada de la nada, ni siquiera allí donde se aleja mucho de nuestra visión crítica de la historia. El modo como Israel concebía el desarrollo de su historia puede apartarse mucho de los resultados de la investigación crítica pero, incluso allí donde las diferencias son más notables, no consiguen probar que las afirmaciones de Israel no provienen de la historia o que en su exposición se desentiende de ciertas experiencias históricas. Todo lo contrario, Israel saca sus afirmaciones de una experiencia histórica profunda, inaccesible a la investigación crítica. Israel es el único competente para hacer declaraciones en este campo, pues se trata de asuntos concercientes a su fe.

Los medios de actualizar estas experiencias históricas, el modo como se reflejan en una gran variedad de imágenes, en sagas típicas, etc., corresponden a las posibilidades expresivas de un pueblo antiguo. Pero la ciencia histórico-crítica sacaría una conclusión precipitada, si pretendiera ser la única vía de acceso a la historia de Israel, y si negara un fundamento histórico «real» a cuanto Israel comunica, p. e., en sus sagas. En cierto modo este fundamento es mucho más profundo, sólo que, en estos materiales de la tradición ya no es posible desligar el hecho histórico de la interpretación espiritual que los invade por completo.

Aquí no trataremos de las premisas ideológicas ni de los métodos de investigación propios de la ciencia crítica, objetiva y racional. Por otro lado, todavía no se ha dado una explicación satisfactoria del modo particular como la fe israelita expuso la historia. Conocemos las ideas fundamentales de la teología e historia del yahvista y de la obra histórica del deuteronomista y del cronista; pero tenemos pocas ideas claras sobre los métodos de exposición propios de las pequeñas unidades narrativas que, por su gran número, dan una impronta decisiva a los documentos literarios mayores.

El modo como la fe percibe los acontecimientos históricos tiene, sin duda, sus características peculiares y quizás sea posible mostrar algunos indicios que se repiten a menudo, ciertas «constantes» típicas de una exposición confesional de las experiencias históricas y en particular de las más primitivas. En este caso, los teólogos deberían tener presente este hecho de carácter general: una parte importante de las tradiciones históricas de Israel deben considerarse como poesías y por lo tanto son el producto de una clara intención artística. Ahora bien, la poesía es, sobre todo para los pueblos antiguos, algo mucho más importante que un simple juego estético: es la expresión de un deseo insaciable de conocer los hechos históricos y naturales del mundo circundante [5]. Así también la poesía histórica era la forma en que Israel se cercioraba de los acontecimientos históricos, es decir, de su situación y significado. En aquellos tiempos era la única posibilidad de expresar ciertas convicciones básicas; no era pues una forma más elevada de expresión que podía preferirse, por ejemplo, a la prosa; la poesía ofrecía a un pueblo la única posibilidad de expresar las experiencias de su historia en modo tal de actualizar plenamente su pasado. En las sagas hemos aprendido a tener en cuenta este coeficiente de interpretación, pero en el caso de las narraciones artísticas, que se extienden desde el Hexateuco hasta el segundo libro de los Reyes y son, ante todo, composiciones poéticas, todavía hemos de aferrar mejor sus notas características [6].

En mi opinión, Israel dio por primera vez el paso definitivo hacia la narración en prosa y la exposición científica de su historia, con la historiografía del deuteronomista. Hasta el siglo VI

---

5. La poesía como «órgano de la comprensión de la vida» es una concepción de Dilthey. Véase P. BÖCKMANN, *Formgeschichte der deutschen Dichtung* (1949) 17 s.

6. Algunas indicaciones más detalladas en G. VON RAD, *Der heilige Krieg im alten Israel* (1951) 43 s.

no pudo prescindir de la poesía en su concepción de la historia, pues «la sucesión al trono de David» o la revolución de Jehú son narraciones literarias de gran perfección poética. No debemos extrañarnos de que este tipo de narración histórica alcanzara precisamente en Israel una variedad semejante y una tal perfección artística; la fe las necesitaba. Por otro lado, este deseo de interpretar en estilo poético y teológico los hechos históricos, pone también cortapisas a una mejor comprensión de las narraciones. Uno puede comprender las listas o los anales sin la fe; en cambio, las narraciones mencionadas buscan el asentimiento interno; van dirigidas a quienes están dispuestos a plantearse unos problemas determinados y a recibir la respuesta correspondiente, es decir, a quienes creen en las grandes intervenciones de Yahvéh en la historia.

En especial podemos hablar de elaboración poética cuando se ejemplarizan en un individuo los acontecimientos que sucedieron a una colectividad, sobre todo aquellos más antiguos y casi legendarios. Se les aparta del ámbito de la historia política para proyectarlos en el mundo personal del individuo. La costumbre de personificar los hechos colectivos, convirtiéndolos a la vez en figuras simbólicas, es evidente en los casos de Ham-Kanaan (Gén 9, 25) Ismael y Judá (Gén 16, 12; 38, 1). La exégesis lo tendrá en cuenta de modo particular en las historias patriarcales de Abraham y de Jacob. El fenómeno no es específico de Israel, pero debemos familiarizarnos con él, pues lo encontramos también en narraciones donde es evidente el influjo de la fe. En todo caso, la transposición de los acontecimientos al plano personal, confiere a las narraciones una densidad enorme, porque de esta manera se concentran en un solo episodio de la vida de un individuo hechos y experiencias que se hallaban muy distantes en el tiempo.

Para nuestra comprensión crítica de la historia tales narraciones poseen una relación muy indirecta con la realidad histórica, en cambio, tienen un contacto mucho más inmediato con las verdades de la fe israelita. Además, debemos pensar que cuando los antiguos exponían temas religiosos, desconocían la ley de la exclusividad histórica según la cual, un suceso o una experiencia determinada sólo pueden ocupar un momento fijo en la historia. Sobre todo, los acontecimientos salvíficos eran actuales en todas y para todas las generaciones futuras con una actualidad que nosotros no podemos definir con exactitud [7]. Por eso los narradores posteriores no dudan en reunir, sobre la base de un acontecimiento salvífico primitivo, experiencias que llegan incluso hasta su época.

Las historias del combate de Jacob (Gén 32, 22 s.), la de Balaam (Núm 22-24) o la triple narración del riesgo que corrieron Sara y Rebeca (Gén 12, 10 s.; 20, 1 s.; 26, 5 s.) sólo pueden interpretarse objetivamente bajo este punto de vista. ¿Qué es lo histórico en estos casos? Ante todo, un determinado suceso que es ya difícil de concretizar y se encuentra en el oscuro origen de la tradición respectiva; pero también es histórica la experiencia de que Yahvéh cambió la maldición del enemigo en bendición, y mantiene su promesa no obstante las defecciones del destinatario. Esta confianza no es una pura invención de Israel; la adquirió a través de una larga y rica experiencia histórica; la encarnó en una persona, ilustrándola con una narración. De aquí nace un nuevo conflicto con nuestra mentalidad crítica. El Balaam de la historia real, ¿profirió maldiciones o bendiciones? Lo más probable es que la narración presenta en forma de prodigio una verdad presente en la fe de Israel.

En muchas narraciones sobre la conquista de Canaán, aparece claro el proceso de esta glorificación de los acontecimientos: son narrados con una aureola tal de grandeza y prodigio que no concuerdan en ningún modo con los estratos más antiguos de la narración [8]. Los narradores más recientes, en su celo por Yahvéh

---

7. L. Köhler, *Der hebräische Mensch* (1953) 126. Esto no debe interpretarse en el sentido de que «el concepto de la historia juega un papel insignificante para Israel». Esta afirmación es incomprensible si tenemos presente que la fe de Israel compuso una serie de esquemas histórico-teológicos cada vez más impresionantes.
8. Como es sabido Jue 1 s., contiene una exposición más antigua y menos prodigiosa que el gran complejo de Jos 1-10.

y sus acciones salvíficas, cruzan los límites de una historiografía exacta y presentan el suceso real con un explendor que supera con mucho los límites del hecho concreto [9]. Estos textos contienen implícitamente algunos elementos escatológicos, pues anticipan aquella gloria de la actividad salvífica divina que Dios ha reservado para sí mismo.

Este mundo de testimonios veterotestamentarios es, ante todo, el objeto de una teología del Antiguo Testamento. No lo es, en cambio, el «mundo de la fe» de Israel, ordenado en un sistema teológico, ni la sobrecogedora vitalidad o la fecundidad creadora de la religión yahvista; pues el «mundo de la fe» no es objeto del testimonio que Israel da de la actividad histórica de Yahvéh. En su testimonio Israel no se refiere a su fe, sino a Yahvéh. Sin duda la fe encuentra en este testimonio su expresión más limpia, pero no es su objeto inmediato; se oculta más bien detrás de él, y sólo podemos aferrarla mediante una gran variedad de conclusiones, que a menudo tienden a psicologizar los hechos y son, por lo mismo, sospechosas. En una palabra: la fe no es el objeto de las declaraciones confesionales de Israel, sino tan sólo su vehículo y su portavoz. Menos todavía podría ser objeto de la teología del Antiguo Testamento la «historia» de este mundo de la fe.

La exposición de «las ideas, el pensamiento y los conceptos del Antiguo Testamento notables por su teología» será siempre una de las ocupaciones de la teología del Antiguo Testamento [10]. Pero, ¿termina ahí su tarea? Una reflexión que se limitara a esto ¿dejaría espacio suficiente para una discusión, por ejemplo, de los bienes salvíficos en los cuales veía Israel el fundamento y la meta de su fe? Un mundo de concepciones religiosas ordenado sistemáticamente por una mano posterior sería una pura abs-

---

9. «La poesía no es la copia de una realidad preexistente...; el arte es una fuerza capaz de producir un contenido que trasciende la realidad y no puede traducirse en ideas abstractas; un poder que crea una nueva visión del mundo» W. Dilthey, *Gesammelte Schriften*, vi. Leipzig 1914-18, 116. En esta «producción» la fe yahvista fue en Israel la fuerza principal que intervino en la configuración de la tradición.

10. L. Köhler, *Theologie des Alten Testaments* (1936) 1.

tracción, pues jamás existió en Israel una cosa tan perfecta y acabada. Precisamente en nuestros días, el estudio de la historia de
la tradición ha vuelto todavía más problemática la imagen de una
«religión de Israel»; es decir, la idea de una totalidad de fe. Aquí
y allá, en diversos puntos del país, existían muchas tradiciones
que poco a poco fueron reuniéndose en complejos mayores de
tradiciones. Estos grupos se encontraban en un movimiento continuo, bajo el punto de vista teológico; no es posible separar de
estas tradiciones el pensamiento religioso para representarlo con
semejante inmovilidad.

¡Qué esqueletos descarnados serían las afirmaciones confesionales de Israel, si las separásemos de las intervenciones divinas
en la historia a las que se adhieren con tanta pasión! Si, en cambio,
ponemos en el centro de nuestra reflexión teológica las concepciones históricas de Israel, entonces nos encontramos frente al
objeto fundamental de la teología del Antiguo Testamento: la
palabra viva de Yahvéh tal y como fue anunciada desde siempre
a Israel, precisamente en el mensaje de sus grandes acciones.
Este mensaje era tan vivo y actual que fue el compañero inseparable de Israel a través de todos los tiempos, dando a cada generación una interpretación siempre renovada de sí mismo y comuni-
cándole lo más necesario para cada una de ellas.

No podemos ofrecer aquí una exposición crítica del rumbo
que ha tomado la teología del Antiguo Testamento a partir del
conocido escrito programático de Gabler [11]. Su independencia
de la teología dogmática fue, sin duda, una cosa necesaria, pero
esto hizo que comenzara su camino con un gran empobrecimiento
y bajo el peso de una peligrosa hipoteca. No obstante todos los
prejuicios dogmáticos, ¡cuán ricos y variados eran los contactos
de la teología de los siglos XVII y XVIII con el Antiguo Testamento!
Entonces, la teología mostraba un interés vital por las particula-

---

11. J. PH. GABLER, *De iusto discrimine theologiae biblicae et dogmaticae
regundisque recti utriusque finibus*. Altorfii 1787. Sobre la historia de la teología del Antiguo Testamento véase: H.-J. KRAUS, *Geschichte der historischkri-
tischen Erforschung des AT* (1956).

ridades del culto mosaico, la antropología veterotestamentaria y las intrincadas cuestiones arqueológicas.

Con el racionalismo y la independencia de la teología bíblica, sus relaciones con el Antiguo Testamento se hicieron de repente más rectilíneas y abstractas, en una palabra, más pobres. De ahora en adelante la teología orienta su interés hacia las «ideas religiosas» del Antiguo Testamento y sus relaciones con las «verdades del cristianismo». Esto no significa que se paralizó la investigación sobre el ambiente histórico de Israel, pues en el siglo XIX alcanzó en realidad un esplendor hasta entonces desconocido, pero se alejaba cada vez más de la teología. Israel no se distinguía de los restantes pueblos orientales en cuanto a su historia y por eso mismo la imagen proveniente de la ciencia histórica no podía tener una importancia particular para la teología. Esta, pues, se fue desligando cada vez más de la historia de Israel y la dejó en manos del historiador. La separación se realizó sin conflictos, pues la teología creía conservar la parte que para ella era la más fundamental: el ámbito espiritual de las verdades religiosas de Israel.

Ahora bien, ¿qué le quedaría al teólogo si un buen día se llegara a descubrir que también el ámbito espiritual de Israel se hallaba entretejido con mil lazos en el mundo del antiguo oriente y en sus condicionamientos históricos, y si en consecuencia, apareciera claro que los orientalistas podrían analizarlo con una competencia igual o superior a la suya? Pero, tales conclusiones estaban aún lejanas en el horizonte de la segunda mitad del siglo XIX.

Con Wellhausen y sus discípulos la teología del Antiguo Testamento se convenció todavía más de que éste era su objeto específico. Wellhausen había sufrido una fuerte influencia de Hegel. Consideró la historia religiosa de Israel como una historia de las ideas y la presentó ante todo, bajo el punto de vista de una evolución espiritual. Entre los seguidores de Wellhausen se encontraban muchos teólogos veterotestamentarios, pero su tesis era muy uniforme: la emancipación del espíritu de Israel de los lazos de la naturaleza y de la colectividad y la moralización progresiva de la religión yahvista. Sobre esta base filosófico-teológica, B. Duhm expuso los profetas, y subrayó de tal modo su aspecto espiritual, personal, ético y creador, que llevó esta concepción a su máximo apogeo y a su punto final. Pero entre tanto la nueva investigación religiosa había demostrado que nunca existió una religión espiritual de Israel y que esta idea reflejaba, más bien, las ideas religiosas del moderno protestantismo europeo [12].

Los profetas debían descender otra vez de su trono etéreo, pues el estudio de las formas más primitivas de religión, y sobre todo, el conocimiento más profundo del mundo del mito y del culto, mostraban cuán estrechos eran los lazos que unían a los profetas, y en particular, al pueblo de Israel, con el aspecto material de la antigua religión oriental. Pero también esta nueva investigación se preocupaba demasiado del contenido espiritual de la religión israelita, de sus ideas religiosas características, y descuidaba aquello que el mismo Israel consideraba objeto de su fe: la revelación de Yahvéh en la historia en palabras y acciones.

Quien sigue la investigación veterotestamentaria en el siglo XIX advertirá sin dificultad, el creciente debilitamiento de su empuje teológico. Este era incomparablemente más genuino e inmediato en el último período del racionalismo que, p. e., a principios del siglo XX. Cuando la teología del Antiguo Testamento creyó que su tarea consistía en componer una historia de la piedad israelita y de sus ideas religiosas y cuando concentró su atención sobre su desarrollo natural e histórico, descuidó el mensaje específico del Antiguo Testamento y escogió ella misma el objeto de su interés [13].

Así pues, hoy día —170 años después de Gabler— podemos constatar que la teología perdió entonces la justa relación con su verdadero objeto, es decir, con todo cuanto Israel había testi-

---

12. J. PEDERSEN, *Die Auffassung vom Alten Testament, ZAW*, 1931, 180.
13.   Para no entrar en detalles, no mencionamos la reacción, que comenzó en los años 30 de nuestro siglo y tomó conciencia de su tarea teológica propia, por ejemplo en la teología del Antiguo Testamento de W. Eichrodt. Aunque el plan de este libro presupone la autocrítica precedente y se siente reconocido a ella, quiere mostrar que la teología del Antiguo Testamento aún no ha llegado a descubrir plenamente su objeto específico.

moniado acerca de Yahvéh; una relación que todavía no ha sido restablecida. Cierto, no podemos restringir nuestra tarea teológica a aquello que Israel testifica sobre las acciones de Dios en la historia, pues Israel experimentó muchas otras cosas en la órbita de estas acciones divinas. En medio de esos acontecimientos aparecieron hombres con la misión de interpretarlos, surgieron los diversos ministerios sagrados, fueron necesarias las prácticas cultuales para hacer posible que Israel viviera en la cercanía de ese Dios revelado. Entre los exponentes de estos oficios muchos se acreditaron con pruebas admirables, otros flaquearon.

Israel nos habló de éstas y otras muchas cosas; repensó de nuevo cuanto había narrado y volvió a narrarlo con nuevos conceptos para captar todavía mejor cuanto él mismo había experimentado y comprender mejor sus características. Pero sobre todo fue Israel quien se reveló a sí mismo en la esfera fascinante de esta actividad divina; se reconoció a sí mismo, sus defecciones y las posibilidades absolutamente nuevas, que le presentaba la historia siempre que se abría a la acción de su Dios. Ahora bien, Israel sólo podía realizar esta tarea, si penetraba con su lenguaje y con su reflexión religiosa en esta actividad divina, en la cual se encontraba ya inmerso, y si mostraba una flexibilidad suficiente para crear o tomar prestados los conceptos adecuados a la singularidad de sus experiencias históricas. También esto es objeto de la teología del Antiguo Testamento, pero su punto de partida y su centro es la actividad reveladora de Yahvéh.

2. Su desarrollo

La concisa afirmación de la carta a los hebreos, según la cual Dios habló desde antiguo a Israel «muchas veces y de muchas maneras» (Heb 1, 1) indica ya la dificultad enorme de un desarrollo apropiado de los testimonios veterotestamentarios. En contraste con la revelación de Cristo, la revelación de Yahvéh en el Antiguo Testamento se descompone en una larga serie de revelaciones aisladas y con contenidos muy distintos. Parece que les falte un centro común capaz de explicar el significado de esa multitud de actos aislados y determinar sus relaciones mutuas.

Así pues, sólo podemos hablar de la revelación veterotestamentaria como de una multitud de actos reveladores, distintos por su forma y contenido. La liberación de Egipto es para varios complejos de tradición, el acto salvífico por antonomasia, sin embargo tampoco puede ocupar el centro teológico ni ser el fundamento de todo el Antiguo Testamento. Según parece, en los primeros tiempos fue considerado el acontecimiento salvífico por excelencia; pero nuevas concepciones histórico-teológicas anublaron un poco esta dignidad. Parece ser que la obra histórica del deuteronomista vio, en el año de la construcción del templo salomónico, un punto central de la historia israelita (1 Re 6, 1); en cambio, para el cronista, las disposiciones cultuales y mesiánicas de David constituyen el único orden salvífico determinante para todas las épocas sucesivas; Jeremías e Isaías II ven cómo se acerca un tiempo en el cual se abrogará la profesión de fe en Yahvéh como aquel que liberó a Israel de Egipto (Jer 23, 7; Is 43, 16-20).

Ahora bien, ¿cómo podemos dar un adecuado desarrollo teológico al kerigma que tomó forma literaria en el Antiguo Testamento? Cada día es más evidente que la simple organización y elaboración literaria de esa enorme cantidad de tradiciones tan estratificadas es, de por sí, una empresa teológica de primera magnitud; pero al mismo tiempo nos hallamos frente a un hecho desconcertante: esta reflexión teológica carece en absoluto de una verdadera «sistematización». Hoy nos resulta difícil comprender que las tradiciones del Antiguo Testamento apenas se esfuerzan por desarrollar o definir los objetos de fe «de manera sistemática», es decir, según su afinidad conceptual. Parecen desconocer las exigencias de cualquier sistematización teológica; se dejan guiar por la secuencia de los acontecimientos históricos. Es pues manifiesto que Israel parte siempre de la absoluta preeminencia teológica de los acontecimientos sobre el «logos» (la palabra).

Existe una diferencia total y evidente entre esta mentalidad y el «afán» de los griegos por una «comprensión universal del mundo», pues el pensamiento griego busca un «principio natural unitario» del cosmos, y precisamente el problema «del» principio, «del» primer fundamento de todas las cosas se halla muy lejos del pensamiento hebreo [14]. El pensamiento hebreo discurre con tradiciones históricas, es decir, se dedica con preferencia a la combinación adecuada y a la explicación teológica de los materiales de la tradición y, en este proceso, la afinidad histórica tiene la primacía sobre la racional o teológica. Las tradiciones más distintas se sobreponen e incluso se entrelazan a diversos niveles. Así, un fragmento primitivo de una saga desprovista de toda interpretación, puede combinarse con un texto que ha sufrido una profunda elaboración teológica, si ambos se refieren al mismo acontecimiento.

Tampoco siente la necesidad de ordenar las tradiciones según la semejanza que deriva de una «escuela» o de una temática teológica común, para llegar de este modo a un complejo sistemático y teológico con una base más amplia. La teología deuteronomista de la historia añadió de vez en cuando sus reflexiones teológicas a los antiguos conjuntos de tradiciones; pero no se preocupó evidentemente de exponer, en un sistema orgánico, su mentalidad teológica, que era, en realidad, muy original y unitaria. Ahora bien, el Antiguo Testamento no nos informa sobre los principios que guiaron a los *diaskeuastes* (compiladores). Ni podemos suponer que detrás de cada compilación de textos históricos se oculten consideraciones de carácter teológico. Muchos materiales se unieron en virtud de la simple ley de asociación.

El resultado fue que, tanto los textos aislados como las agrupaciones mayores, conservaron el carácter de documentos históricos. Pero aun así, el Hexateuco por una parte y las obras históricas del deuteronomista y del cronista por otra, se distinguen mucho en su estructura literaria, pues éstas dos últimas tienen un «autor» cuyas intenciones nos son en cierto modo conocidas,

---

14. W. Jaeger, *Die Theologie der frühen griechischen Denker* (1953) 26, 29.

mientras que el primero alcanzó su presente deformación barroca de manera «anónima», a través de antiquísimas formas y contenidos de tipo confesional. De todos modos los tres escritos toman de la historia el principio sobre el cual ordenan sus materiales y conservan incluso en su forma definitiva, tan impregnada de teología, el carácter documental y confesional de sus partes constitutivas más antiguas. Lo mismo puede aplicarse a los escritos proféticos que, en grado creciente, presentan las revelaciones de Yahvéh en relación con un momento bien preciso de la historia y con situaciones políticas muy concretas e irrepetibles.

Así pues, una de las formas más importantes de la actividad teológica de Israel consistió en elaborar, combinar y dar una interpretación actual a las tradiciones que poseía en sus documentos. Sería ciertamente demasiado sencillo explicar este apego del pensamiento teológico de Israel a los acontecimientos históricos y su incapacidad para crear un sistema cualquiera, como el simple estancamiento en un estadio cultural arcaico, sea «mítico» o «prelógico». Pasado el período primitivo, también Israel tomó conciencia de la potencia organizadora de la *ratio* (razón); pero, tan pronto fue mayor de edad, utilizó esta capacidad en una dirección muy distinta de los griegos, es decir en continuas reflexiones sobre el significado de los acontecimientos históricos, reflexiones que aparecían bajo la forma de interpretación *ad hoc*.

Como en todas las cuestiones relativas a la legitimidad y al valor de los fenómenos primitivos, así también resulta imposible dar una respuesta al problema del valor objetivo y los límites de una mentalidad, que percibió el mundo y la presencia de Dios en el mundo de una forma tan unilateralmente histórica. Esta «pregunta desmesurada» sobre el sentido de su historia [15] capacitó a Israel para realizar una tarea espiritual única e incomparable, porque tiene en sí misma su propia legitimación, su medida y su ley.

---

15. K. Löwith, *Weltgeschichte und Heilsgeschehen* (1953) 13.

Ahora podemos hablar más detalladamente sobre esta ley. Después de constatar en las páginas precedentes la ausencia de cualquier sistematización teológica en la tradición israelita, alguien podría creer que Israel se limitaba a seguir los acontecimientos históricos, satisfecha con la mera conexión externa y la acumulación de documentos y complejos literarios. Sin embargo, la situación es inversa: una vez hemos comprobado la inmensa variedad de formas que componen el mosaico de las grandes obras históricas, nos maravillamos de la unidad interior y la cohesión conceptual del cuadro histórico que resulta de ellas.

Esta unidad no es un producto casual, sino el resultado de una fuerte tendencia hacia la unificación, que dominó el entero proceso de formación del Hexateuco. Muchas tradiciones antiguas, propias de una tribu o de una localidad y, por lo mismo, dotadas de alcance y validez muy limitadas, entraron a formar parte del Hexateuco o de la obra del deuteronomista y desde entonces se refieren a «Israel» [16]. De este modo las tradiciones aisladas reciben una relación nueva y una explicación que, por lo general es diversa de su significado primitivo. Un prerrequisito —de ninguna manera evidente— para incorporar estas tradiciones «particulares» en el gran cuadro de la historia israelita fue que todas ellas, incluso las tradiciones más recónditas de un pequeño clan, trataban de todo Israel y por consiguiente pertenecían a todo el pueblo. Israel estaba dispuesto a reconocerse a sí mismo en la tradición más lejana de uno de sus miembros, y a inscribir y absorver las experiencias de éstos en el cuadro general de su historia.

Este era el principio unificador que es meta, patrón y objeto del pensamiento teológico de Israel: «Israel», el pueblo de Dios, que aparece siempre en su totalidad y como tal Dios se ocupa siempre de él. La historiografía deuteronomista trabajó —p. e., cuando expone la época de los Jueces— con una imagen de Israel tan esquemática y genérica, que casi desaparece en ella la complicadísima realidad histórica. Pero también en el Hexateuco se

---

16. M. NOTH, *Pentateuch* (1948) 46.

realiza una intensa unificación del enorme material tradicional mediante la imagen de un Israel que aparece siempre como una entidad fija. El lector no advierte por sí mismo el formidable proceso de unificación, oculto tras la imagen histórica de los documentos. Es importante persuadirse desde un principio de que este Israel, del cual nos hablan tanto las historias del Antiguo Testamento, es el objeto de una fe, de una «historia creída».

Por consiguiente, esa forma tan complicada que presentan los grandes complejos históricos (el Hexateuco, la historia del deuteronomista), es el resultado de una constante y renovada reflexión de Israel sobre sí mismo a través de la historia. Cada generación se encuentra con la tarea, siempre antigua y siempre nueva, de comprenderse a sí misma como «Israel». En cierto modo cada generación debía primero hacerse Israel. Por regla general los hijos podían reconocerse en la imagen que les habían transmitido sus padres; pero esto no les dispensaba de reconocerse en la fe, como el «Israel» de su tiempo y de presentarse como tal ante Yahvéh.

Para que esta actualización fuera posible se debía reformar la tradición en algunos puntos. Las exigencias teológicas cambiaban y así p. e., la redacción elohista de la historia salvífica apareció junto a la del yahvista que era más antigua. Las épocas posteriores buscaban un sentido teológico en los grandes complejos históricos. Para satisfacer este deseo, la escuela dtr introdujo, durante el exilio, sus interpolaciones en los antiguos complejos narrativos para interpretarlos y encuadrarlos. Así es como fue creciendo lentamente el depósito de la tradición; le añadieron nuevos elementos y reinterpretaron los antiguos. Junto a las redacciones primitivas aparecieron duplicados más recientes. Ninguna generación se encontró con una obra histórica autónoma y acabada, cada una siguió trabajando sobre lo que había recibido, el elohista sobre el yahvista; el deuteronomista refundió gran cantidad de materiales antiguos y el cronista construyó a su vez sobre el deuteronomista [17].

---

17. Todo esto se repitió en el origen del Nuevo Testamento. «La trans-

Una ley de la dialéctica teológica parece presidir este lento enriquecimiento de la tradición: la necesidad oculta o manifiesta de mantener en vilo y corregir el material proveniente de la tradición, contraponiendo dos formulaciones diversas de la misma cosa. De este modo la historia más reciente de la creación no tiene sólo la función de «completar» la tradición anterior; y así también, la imagen de los pueblos en Gén 11, se contrapone a la que es propia de la tabla de las naciones en el documento sacerdotal (Gén 10). Lo mismo podemos afirmar sobre la doble exposición de la instauración de la monarquía, la antigua y la deuteronomista (1 Sam 8-12). Según 2 Sam 24, Yahvéh mismo inspira el censo de la población, pero según 1 Crón 21, el instigador fue Satán. Y ¿qué decir de la morada de Yahvéh? Salomón dice en el «discurso de la consagración del templo», que Yahvéh está presente en la oscuridad del «santísimo» (1 Re 8, 12); unos versículos más adelante (v. 27) el deuteronomista hace decir al rey que los cielos no pueden contenerlo.

Jeremías considera el período del desierto como el tiempo de las revelaciones más puras entre Israel y Yahvéh (Jer 2, 2 s.); Ezequiel, en cambio, interpreta la tradición de un modo completamente diverso: ya entonces Israel respondía a la revelación personal de Yahvéh con la desobediencia (Ez 20). Después que el salmo 51 ha rebajado el valor del sacrificio cruento, acentuando fuertemente su aspecto interior, una adición posterior (v. 20 s.)

---

misión de acontecimientos bastantes probables no funda por sí misma una comunicación y una continuidad históricas... Sólo así podemos comprender por qué (el cristianismo primitivo) no compuso los evangelios como simples noticiarios y por qué razón su propio kerigma recarga y oculta la imagen del Jesús histórico... La comunidad no mezcló de manera irrespetuosa o insensata su mensaje con el de su Señor, ni tampoco lo puso en su lugar... Cuando actúa de esta forma testimonia que la historia (*Geschichte*) pasada es una realidad viva y actual. Interpreta cuanto se había convertido para ella en historia (*Historie*), a partir de su propia experiencia, utilizando el medio de la predicación... En efecto, la historia (*Historie*) adquiere una importancia histórica (*geschichlich*) no mediante la tradición en cuanto tal, sino mediante la interpretación, no con la simple constatación de hechos, sino gracias a la comprensión de los sucesos del pasado que se objetivaron y solidificaron en hechos». E. KÄSEMANN, *Das Problem des historischen Jesus: ZThK* (1954) 129 s.

insiste en la oblación de este sacrificio y desvía la atención de la plegaria del elemento interior para orientarla hacia el monte Sión y su restauración. La misma tensión existe entre el discurso desesperado de Job en la parte más reciente del diálogo y sus palabras en el cuadro narrativo, cuando se siente cobijado en su piedad. Los ejemplos de tan extremos contrastes en la formación de la tradición pueden aumentarse a voluntad; ninguno es tan brusco como la brecha que abrieron los profetas pos-exílicos con su interpretación revolucionaria de las tradiciones históricas y jurídicas de Israel.

Lo dicho debería haber arrojado mayor luz sobre el hecho de que la teología del Antiguo Testamento no puede limitarse a exponer «su mundo conceptual», sin incluir «el mundo de la historia», sobre el cual se concentraba todo el trabajo teológico de Israel. Los acontecimientos decisivos de esta historia eran ya en sí mismos el objeto de su fe y así también su exposición era un producto de su fe. Esta constatación nos señala además el camino a seguir en la difícil cuestión de desarrollar adecuadamente el testimonio de Israel. Si no debemos separar el mundo conceptual de Israel, de su mundo histórico, porque la exposición de este último es ya un complicado producto de su fe, esto significa además, que debemos aceptar la sucesión de los acontecimientos tal y como los vio la fe de Israel. En particular, cuando reproducimos los temas principales de su fe, no hemos de fatigarnos por reconstruir conexiones entre las ideas o combinaciones sistemáticas, allí donde Israel mismo jamás vio o puso de relieve tales conexiones. Nos cerraríamos desde un principio el paso hacia la característica más peculiar del trabajo teológico de Israel, si no tomáramos en serio la sucesión y la conexión interna de los hechos históricos que Israel compuso para sí mismo.

Todo esto crea grandes dificultades a una mentalidad teológica occidental como la nuestra. Es posible que en la exposición siguiente, no consigamos reproducir exactamente la mentalidad teológica de Israel; pero, si no queremos volvernos oscuros, no podemos sacrificar en favor de una exposición sistemática, la concentración sobre cuanto Israel creyó a través de una experiencia histórica, lo cual debe ser igualmente objeto de interpretación y conservación. Sin embargo sería fatal para nuestra comprensión de los testimonios de Israel, si desde un principio pretendiéramos ordenarlos a base de categorías teológicas que nos son familiares, pero no tienen nada en común con el pensamiento teológico de Israel. Por esta razón la forma más legítima de hablar sobre el Antiguo Testamento continúa siendo la repetición narrativa [18]. Esta fue, en todo caso, la primera consecuencia que Israel sacó de su experiencia de la actividad histórica de Yahvéh: ¡las acciones divinas deben narrarse! Los padres las contaban a las generaciones sucesivas (Sal 44, 2; 78, 3; Dt 6, 7; 29, 22 s.) y por esto debían ser transmitidas en una constante actualización (Sal 96, 3; Is 43, 21). Por consiguiente la teología del Antiguo Testamento deberá ejercitarse en la correcta repetición de estos testimonios históricos, si desea resaltar adecuadamente el contenido del Antiguo Testamento. También el autor de los Hechos de los apóstoles pone en boca de Esteban y Pablo la historia del pueblo de Dios (Hech 7, 2 s.; 13, 17 s.) [19].

3. LAS DESCRIPCIONES MÁS ANTIGUAS DE LA HISTORIA SALVÍFICA

Ya las más antiguas profesiones de fe en Yahvéh tenían un carácter histórico, e. d., ponen el nombre de este Dios en relación con un acontecimiento histórico. Yahvéh «el que saca a Israel de Egipto», es la fórmula de profesión de fe más antigua y más extendida [20]. Otras designan a Yahvéh como aquel que llamó a los patriarcas y les prometió la tierra, etc. Junto a estas fórmulas breves, que se contentan con un mínimo de elementos históricos,

---

18. Véase últimamente E. Käsemann: «El kerigma que no sea narrado, es proclamación de una idea y mientras no se le reconquiste continuamente con la narración, se convierte en documento histórico», *ZTh* (1960) 175.

19. Sobre el género literario de estos sumarios, véase E. STAUFFEN, *Die Theol. des NT* (1941) 216 s.; 331 s.

20. M. NOTH, *Pentateuch* (1948) 48 s., trata de los contenidos de las antiguas profesiones de fe en Yahvéh y del problema de su combinación.

—y desde el punto de vista de los géneros literarios son en gran parte epíclesis cultuales—, aparecieron pronto sumarios de la historia salvífica con este mismo carácter de profesión de fe; que abarcan ya un conjunto notable de acciones históricas divinas [21]. La más importante de todas ellas es el credo de Dt 26, 5-9, que presenta indicios de gran antigüedad:

> Mi padre era un arameo errante; bajó a Egipto y residió allí con unos pocos hombres, allí se hizo un pueblo grande, fuerte y numeroso. Los egipcios nos maltrataron y nos humillaron y nos impusieron dura esclavitud. Gritamos al Señor, dios de nuestros padres y el Señor escuchó nuestra voz: vio nuestra miseria, nuestros trabajos, nuestra opresión. El Señor nos sacó de Egipto con mano fuerte, con brazo extendido, con terribles portentos, con signos y prodigios, y nos trajo a este lugar, y nos dio esta tierra, una tierra que mana leche y miel.

Este texto no es una oración, pues carece de invocaciones y súplica; todo él es una profesión de fe. Recapitula los datos principales de la historia salvífica desde la época patriarcal —el arameo es Jacob—, hasta la conquista de Canaán, con una rigurosa concentración sobre los hechos históricos objetivos. Falta —como en el credo apostólico—, cualquier alusión a revelaciones, promesas o enseñanzas, y no encontramos tampoco ninguna reflexión sobre el comportamiento de Israel frente a esta historia divina.

El entusiasmo que se oculta tras esta recitación, es el característico de una estricta celebración de las acciones divinas. Aquí resuena por primera vez el tono, que de ahora en adelante va a dominar la vida religiosa de Israel. De hecho, éste manifestó siempre mayor pericia en la alabanza y glorificación de Yahvéh, que en la reflexión teológica [22]. La mirada retrospectiva de la

---

21. No se piense que estos sumarios son siempre más tardíos que las breves epíclesis históricas, como si representaran una evolución orgánica y una combinación posterior de epíclesis. En efecto, ambos son géneros literarios muy distintos y pudieron existir contemporáneamente en contextos diversos.

22. En este momento carece de importancia para nosotros el problema relativo a la antigüedad de este credo en la vida cultual del antiguo Israel. Noth acentúa la independencia que poseían en su origen los diversos temas que le componen (salida de Egipto, promesa a los patriarcas, guía a través del desierto, etc.: *Pentateuch*, 48 s). El inventario de los textos parece con-

historia en Jos 24, 2 s. tiene gran afinidad con Dt 26, 5 s., no obstante haya sido estilizado en forma de un discurso divino. Cuando describe la historia salvífica, el texto de Josué se detiene mucho más en los detalles; pero ambos se limitan igualmente a los hechos objetivos y sobre todo, toman como punto de partida la época patriarcal; si bien en Josué el punto final es la entrada de Israel en la tierra prometida.

Algunos salmos indican claramente que este espacio de tiempo —y únicamente éste— fue considerado en un principio el período de la verdadera historia salvífica. El salmo 136 es sin duda una letanía mucho más tardía, pero aunque comienza con la creación, se ciñe también al mismo esquema canónico de la historia salvífica; lo mismo se diga del no menos reciente salmo 105. El salmo 78 no se detiene en la conquista de Canaán, desciende hasta la época monárquica; pero precisamente por esto, es un argumento más en favor de nuestra tesis, pues mientras describe con una verdadera profusión de datos históricos concretos la época antigua de Israel hasta la conquista de Canaán (v. 12-55), su exposición se vuelve árida y pierde colorido a partir del v. 56, e. d., allí donde termina el esquema canónico de la historia salvífica con su rico tesoro de tradiciones, y comienza un período histórico más inmediato al autor (en todo caso, también menciona la pérdida de Silo y la elección de David y de Sión). Más llamativa es la desproporción que observamos en el cuadro de la historia salvífica de Judit 5, 6 s. Su descripción ocupa 10 v. hasta

---

firmar su opinión, pues en la mayoría de los casos «los temas» aparecen independientes entre sí. Sin embargo, los temas aislados presuponen siempre la imagen del conjunto, la guía a través del desierto no puede concebirse sin la liberación de Egipto y viceversa. La misma promesa a los patriarcas, cuando se la transfirió de las comunidades cultuales de los descendientes de Abraham y Jacob a toda la comunidad de Israel, se la puso en seguida en relación con la salida de Egipto y con los restantes acontecimientos. En todo caso y con relación a esta promesa varios indicios hacen suponer que el credo presupone ya la combinación de un grupo primitivo de tradiciones independientes con la tradición central del éxodo. Aun en tiempos posteriores la tradición del éxodo y los patriarcas se mantienen independientes entre sí e incluso se les menciona aquí y allá de manera muy diversa. K. GALLING, *Die Erwählungstraditionen Israels* (1928).

la conquista de Canaán; pero de aquí hasta el año 586, el narrador sólo sabe dar indicaciones muy genéricas sobre la creciente apostasía de Israel. Con 2 versículos se salta más de 600 años de historia (v. 17 s.).

Estos sumarios históricos de estilo hímnico conservan aún todo el carácter de una profesión de fe. No son el producto de una visión nacional o profana de la historia, sino que se basan claramente en la primitiva imagen de la historia salvífica, fija ya desde antiguo en un canon definitivo e inmutable [23]. A decir verdad, no son ya profesiones de fe en el sentido riguroso de Dt 26. Cesa la concentración sobre los simples acontecimientos; aparece una tendencia hacia la ampliación épica y la reflexión; pero sobre todo, la incredulidad y desobediencia de Israel se convierte progresivamente en el objeto más importante de la exposición, en contraste con la serie interminable de los actos salvíficos de Dios. Si imaginamos un estadio mucho más avanzado en este proceso nos encontraremos con la obra del yahvista o del elohista. Este último comienza con la historia patriarcal (Gén 15) y se halla así más cerca del antiguo esquema canónico de la historia salvífica. Pero está fuera de toda duda que también el yahvista y el documento sacerdotal dependen y se enraizan esencialmente en antiguas tradiciones confesionales.

Una vez se dejó campo libre a este proceso de acumulación narrativa y ampliación del antiguo esquema salvífico, no debe extrañarnos si luego le acrecentaron también con tradiciones teológicas que, en un principio, le eran extrañas. Las adiciones más importantes y de las cuales no se halla el menor indicio en el plan antiguo, consistieron en anteponerle la narración de la creación y de la prehistoria del mundo y en inserirle la perícopa del Sinaí, un bloque de tradición con origen muy diferente [24].

---

23. Sobre la presentación de la historia salvífica en los salmos, véase A. LAUHA, *Die Geschichtsmotive in den atl Psalmen* (Annales Academiae Scientiarum Fennicae, 1945).

24. Ni siquiera las modificaciones libres del credo antiguo mencionan el acontecimiento del Sinaí. La primera mención aparece en Neh 9, 6 s. Aquí fue donde por primera vez se impuso la imagen ampliada por J y E, sobre este suceso.

Bajo el punto de vista formal, la dilatación del credo primitivo condujo a exposiciones históricas tan complejas y recargadas de detalles como lo son el yahvista y el elohista. La fusión definitiva de los tres documentos J, E y P produjo una construcción literaria e histórica cuya desproporción llenará de asombro a quien busque en ella la armonía artística o el equilibrio interior de su enorme cantidad de materiales. De hecho, la comparación de las historias de Jacob o Moisés con la del Ulises homérico es muy instructiva, pues en ambos casos el cuadro histórico nace de la combinación de tradiciones aisladas que en su origen eran independientes entre sí. La mayor diferencia es ésta: cuando Israel trasmite las tradiciones antiguas no puede manejarlas con la misma libertad de los griegos. Las generaciones posteriores no podían permitirse impregnar con sus temas e ideas las sagas antiguas o combinarlas hasta el punto de crear una historia nueva y autónoma.

Los israelitas tenían una visión más conservadora de los lazos que les ligaban con todo cuanto les llegaba a través de la tradición y, en consecuencia, sentían lo mismo con relación a la forma misma en que les fue transmitida esa tradición, es decir, la trataron como se trata un documento. De aquí nació un nuevo método en la elaboración teológica de la tradición antigua, en la cual trabajaron con gran empeño J, E y P. Si no era posible realizar la unificación interna de las tradiciones aisladas ni fundirlas de manera armónica, quedaba aún la posibilidad de inserir en los puntos neurálgicos de la acción, textos capaces de darles una orientación determinada. De hecho, utilizaron esta posibilidad en repetidas ocasiones [25].

Pero el instrumento principal utilizado en el desarrollo teológico de la revelación fue otro; era más bien un medio indirecto, que consistía en ordenar los materiales sueltos de una manera

---

25. Gén 12, 1-9 es, p. e., uno de los elementos extraños a la saga tradicional en la historia de Abraham. El mismo juicio debe aplicarse al prólogo del diluvio (Gén 6, 5-8), en la historia yahvista de los orígenes. Dentro de la historia de Jacob podríamos mencionar la oración de Gén 32, 10 s. y en la historia dtr los discursos de libre composición en Jos 23; 1 Sam 12 y 1 Re 8.

particular. La historia de los orígenes, la de Abraham, las relaciones entre la época patriarcal y la de Josué, etc., están ordenadas con tal cuidado, que la simple sucesión de los materiales provoca determinadas tensiones teológicas, queridas por el gran compilador. Este lenguaje teológico indirecto, que usa como medio de expresión los materiales de la tradición y la simple ordenación de los mismos, nos muestra, una vez más, aquella curiosa preponderancia del elemento material de la historia sobre la reflexión teológica, que caracteriza todos los testimonios de Israel.

El Hexateuco conserva en su misma redacción final, el carácter propio de una profesión de fe, aunque no aparece en aquella forma rígida de pura exaltación de las acciones divinas, como en el antiguo credo, pues esta obra histórica habla también de la institución de oficios y ritos, de la fidelidad del hombre en la prueba y más aún de sus defecciones y rebeliones. Cuando hablamos de su carácter confesional queremos decir que el Israel de los tiempos más recientes vio en los testimonios históricos del Hexateuco algo típico del pueblo de Dios, y que los hechos allí narrados continuaban siendo actuales para cada generación posterior, en virtud de una oculta contemporaneidad.

Ahora bien, en el período intermedio habían tenido lugar acontecimientos decisivos para la fe de Israel. Cuando la elaboración teológica del credo primitivo se hallaba todavía en sus comienzos, Yahvéh volvió a actuar con Israel. La historia divina no se detuvo. Yahvéh hizo surgir caudillos carismáticos para proteger a Israel, eligió Sión y confirmó para siempre el trono de David. Cuando Israel se hizo desobediente, le envió profetas y finalmente le repudió en el doble juicio de los años 721 y 587.

En un espacio de tiempo relativamente breve había tomado cuerpo la creencia de que, con la ascensión de David al trono, había comenzado algo nuevo. Esta creencia se halla, sin duda alguna, a la base de la gran composición narrativa sobre la ascensión de David al trono y, más aún, de la historia de la sucesión al trono, tan importante desde el punto de vista teológico [26].

---

26. Sobre la historia de la ascensión de David al trono, véase M. NOTH,

Pero Israel no tuvo conciencia plena de la unidad global de esta época de su historia con Yahvéh hasta el exilio, es decir, cuando ya se había concluido de una manera espantosa. Entonces nace la gran obra teológica del deuteronomista con la ayuda de muchos materiales históricos preexistentes. Esta continúa la historia divina desde la conquista de Canaán hasta la catástrofe del exilio y expone e interpreta este período bajo una perspectiva teológica bien precisa y muy original.

Esta segunda etapa de la historia de Israel con Yahvéh no es para el Dtr la simple prolongación rectilínea de la primera, sino que se desarrolla bajo una perspectiva teológica esencialmente distinta No trasciende los antiguos bienes salvíficos prometidos por Yahvéh; el don salvífico de la tierra continúa siendo el bien supremo e insuperable; Israel sólo podía merecerlo o perderlo. Esta época se halla más bien bajo el signo de la ley que juzga; y así cada vez más pasa a primer plano la cuestión sobre la fidelidad de Israel; más aún, se convierte en una decisión de vida o muerte ante Yahvéh. Pues bien, el resultado final de la historiografía deuteronomista es que Israel, poseyendo todos los bienes salvíficos, eligió la muerte. Un aspecto digno de mención es que el dtr pone en las manos de Israel la decisión sobre el fin del período monárquico. En la historia «canónica» de la salvación, desde los patriarcas hasta la entrada de Canaán, sólo Yahvéh realiza su promesa, pasando por encima de todas las defecciones humanas y no deja suelta de su mano la mínima parte de su grandioso plan histórico, menos aún la parte final. Aquí en cambio, Yahvéh deja la decisión a Israel.

El exilio fue un período desprovisto de historia salvífica. La obra histórica del deuteronomista da una explicación autorizada de esta pausa enigmática en la historia de Dios con Israel: las catástrofes del 721 y 587 fueron el castigo merecido por la creciente apostasía hacia el culto cananeo de Baal. ¿Quién podía adivinar entonces si esta sentencia era temporal o definitiva?

Überl. Studien (1943) 62. Sobre la historia de la sucesión, véase L. Rost, *Die Überlieferung von der Thronnachfolge Davids* (1926) 82 s.

Si tenemos presente la orientación general de la fe de Israel, comprendemos que la única respuesta posible era un nuevo comienzo de la actividad histórica de Yahvéh. De hecho hacia el año 550 Ciro dio un fuerte impulso a la historia en las regiones próximas a los desterrados; pero aquí el testimonio de Israel toma dos direcciones opuestas. En la caída de Babilonia, en la restauración del culto en el templo y la repatriación de un gran número de desterrados, Israel sólo podía ver un nuevo acto de clemencia divina y, como lo indican los sumarios históricos de Neh 9, 6 s. y Jud 5, 5 s., Israel prolongó, con cantos de agradecimiento y alabanza, la línea histórica interrumpida de manera tan brusca, hasta conectarla con el período posterior al exilio. El cronista, en particular, establece esta conexión teológica con la historia divina preexílica con argumentos muy elaborados, pues su interés principal consiste en legitimar la restauración del culto sobre la base de un testamento de David que todavía no había sido cumplido.

En cambio, los profetas Jeremías, Ezequiel, Zacarías y sobre todo Isaís II interpretaron la interrupción de la historia divina de una manera completamente diversa. Este es su mensaje: lo antiguo pasó; Yahvéh creará una realidad del todo nueva, nuevo éxodo, nueva alianza, nuevo Moisés. La antigua fe de Israel sólo existe como una realidad abrogada, es decir, en cuanto que Yahvéh realizará acciones más estupendas siguiendo una analogía con las acciones salvíficas anteriores [27].

Pues bien, esta sucesión de las grandes exposiciones históricas con sus diferentes concepciones sobre el avance de la historia salvífica, nos indica ya el orden que debemos seguir al desarrollar los testimonios del Antiguo Testamento. ¿Qué otro punto de partida poseemos, si no es el gigantesco edificio teológico que Israel construyó sobre sus antiguas profesiones de fe en Yahvéh?

Así pues, en primer lugar intentaremos esbozar las líneas fundamentales de la teología del Hexateuco. A continuación seguirá lo nuevo que experimentó Israel a partir de la conquista

---

27. En particular Is 43, 16-20; Jer 31, 31 s. y también Os 2, 16 s.

de Canaán hasta la desaparición de la monarquía, pues, ésta fue la tarea que se propuso el deuteronomista: exponer el resultado final de esta segunda historia divina. Finalmente hablaremos de la gran interpretación que Israel dio por segunda vez del último período de su historia con Dios, en la obra histórica del cronista, del período que va desde David hasta Nehemías. En la segunda parte hablaremos de la situación en que se encontraba Israel como consecuencia de la revelación y de la actividad histórica de Dios: de su alabanza, de su justicia, de sus tentaciones y de su sabiduría. En ella se tratarán, pues, las características de la respuesta que Israel dio a la revelación de Yahvéh.

De todas formas la profecía es la piedra de toque más segura para planificar una teología del Antiguo Testamento. ¿Dónde y en qué contexto hay que tratar de la profecía? Quien se decidió por una exposición sistemática de las concepciones religiosas, tendrá ocasión de hablar de ella en cualquier contexto: cuando trate sobre la santidad de Yahvéh, la fe en la creación, la idea de la alianza, etc. Pero, ¿hará de este modo justicia a su predicación? No lo hará aunque le reservara un párrafo especial dedicado al pensamiento de Israel sobre su futuro propio y el de las naciones[28]. Este no es el modo de poner el mensaje de los profetas en relación orgánica con las concepciones religiosas de Israel. No obstante la variedad desbordante de la predicación profética, su punto de partida es la convicción de que la historia precedente de Israel con Yahvéh ha terminado y éste desea iniciar con él algo nuevo. Los profetas se esfuerzan por convencer a sus contemporáneos de que las anteriores instituciones salvíficas de Yahvéh perdieron para ellos todo su valor y si Israel quiere salvarse debe atreverse a salir con fe hacia una nueva actividad salvífica de Yahvéh en el futuro. Esta convicción de la ruptura con lo precedente les coloca fundamentalmente fuera de la historia salvífica, como Israel la había entendido hasta entonces. El mensaje de los profetas tenía su centro y su impresionante fuerza explosiva, en que hacía pedazos la existencia anterior de Israel con Yahvéh y abría el horizonte histórico hacia una nueva actividad de Dios con su pueblo. Por esta razón, la teología del Antiguo Testamento debe tratar sobre ella en una sección aparte.

---

28. Así por ejemplo, E. Jacob, *Teología del Antiguo Testamento*. Marova, Madrid 1969.

2

LA TEOLOGIA DEL HEXATEUCO

La teología de la alianza divide en períodos la historia canónica de la salvación

E<small>L</small> antiguo credo de Dt 26, 5 s. y los primeros sumarios históricos colocaron los hechos uno detrás del otro y a un mismo
nivel; no intentaron nunca poner de relieve algunos puntos culminantes o ciertos momentos decisivos. Pero el desarrollo de este
cuadro histórico sencillo y denso a la vez, mediante complejos
de tradiciones tan diversos entre sí y en su importancia teológica, exigía una cierta articulación, la división de la historia salvífica en períodos. De este modo los puntos de gravedad de la
actividad divina se destacan de las partes históricas de carácter
épico y se ponen en evidencia relaciones teológicas bien precisas entre las distintas épocas, lo cual ni siquiera estaba insinuado en los antiguos sumarios. Las alianzas de Yahvéh constituyen
los momentos decisivos de esta división.

Nuestra palabra «alianza» es sólo una versión provisoria
del término hebreo בְּרִית [1]. Puede indicar el contrato mismo,
e.d. su ceremonial o también las relaciones comunitarias entre
dos socios, iniciadas con el contrato. La ciencia realizó un pro-

---

1. Para cuanto sigue véase J. B<small>EGRICH</small> *Berit*, ZAW 1944, l. s. (ahora en:
Ges. Studien AT. 1964, 55 s.); W. S<small>TAERK</small> *Theol. Blätter* 1937, 295 s; G. Q<small>UELL</small>,
ThWBNT II, 106 s.; A. J<small>EPSEN</small> *Berith: Verbannung u. Heimkehr*. Festschrift
für W. Rudolph 1961, 161 s.

greso muy importante cuando Begrich nos enseñó que la «alianza» es una relación entre dos socios desiguales. Por consiguiente no es necesario suponer siempre una relación de paridad entre ambos contrayentes. La «alianza» es a menudo un contrato que el más poderoso impone al inferior (véase Jos 9, 6 s.; 1 Re 20, 34; 1 Sam 11, 1 s.). En este caso sólo el poderoso tiene la libertad de decidir, e. d., de prestar o no el juramento; el contrayente inferior guarda una actitud meramente pasiva. Este acuerdo parte de la suposición que el sujeto pasivo no obrará ciertamente contra su propio interés, pues rechazar el contrato significaría para él cambiar la protección derivada del mismo por unas ituación de inseguridad legal muy peligrosa. En otras ocasiones los contrayentes realizan el acuerdo por libre decisión, con mayor o menor paridad de derechos (Gén 21, 27. 32; 31, 44; 1 Sam 23, 18; 2 Sam 5, 3) [2].

La alianza es pues una relación jurídica y la garantía más firme para una relación comunitaria humana. Por esto se celebraba con ritos solemnes: la invocación de la divinidad, un banquete sacro, autoimprecaciones, etc. (Gén 26, 30; 31, 46. 54; sobre los detalles del ritual véase Jer 34, 18; Gén 15, 9 s.). La alianza garantizaba una situación nueva, designada a menudo con el término שלום (Gén 26, 30 s.; 1 Re 5, 26; Is 54, 10; Job 5, 23) que no corresponde plenamente con nuestra palabra: paz [3]. שלום indica en efecto, la integridad y la plenitud de las relaciones comunitarias, por lo tanto, un estado de equilibrio armonioso donde se ponderan con equidad los derechos y necesidades de ambos contrayentes. Así pues la alianza tiende a un estado de integridad, orden y justicia entre dos socios [4], en el cual sea posible una comunidad de vida basada sobre este fundamento jurídico.

---

2. Jepsen, *l. c.*, 163 s.
3. Noth sugiere últimamente que este שלום debe interpretarse a la luz del *salimum* (reconciliación, acuerdo) que se usa en los textos de Mari en relación con la conclusión de un pacto. M. Noth, *Ges. Studien*, 142-154.
4. F. Horst, *Recht und Religion im Bereich des A. T.: Gottes Recht*, 1961, 282 s.

Por el momento, debemos guardarnos de creer que haya existido siempre una concepción única de la alianza. בְּרִית *(berīt)* es un concepto muy formal que puede aplicarse a concepciones muy diversas. Hace poco apareció una concepción de la alianza hasta ahora desconocida, según la cual un personaje más poderoso puede hacer un pacto en favor de dos contrayentes inferiores. Un ejemplo de esta mediación en la alianza es el pacto que Yahvéh hará con las bestias en beneficio de Israel (Os 2, 20). Los textos de Jos 24, 25 y 2 Re 23, 3, presuponen la misma concepción [5].

Ahora bien, Israel recuerda en sus tradiciones antiguas que Yahvéh le otorgó su alianza. Una relación de este tipo, que sólo un derecho divino puede instituir, excluye desde un principio y de manera radical cualquier idea de una relación mitológico-natural con la divinidad [6]. El recuerdo perduró en dos complejos de tradición originariamente independientes entre sí: en la tradición de la alianza patriarcal y en la tradición del Sinaí. Ambas ocupan en la obra del yahvista dos puntos culminantes de su exposición histórica. En ambos casos nos encontramos con una concepción muy antigua de la alianza: sólo Yahvéh actúa; el contrayente humano es el destinatario pasivo. Abraham se hunde en la inconciencia más profunda mientras Yahvéh lleva a término el ceremonial. La imagen yahvista de la alianza en el Sinaí (Ex 24, 9-11) es ciertamente incompleta (actualmente está muy entrelazada con la recensión elohista), pero, aunque no aparece la palabra alianza, salta a la vista que el texto la considera como un estado de protección unilateral (véase Ex 24, 11).

La imagen propuesta por el elohista en Ex 24, 3-8 tiene ya un carácter diverso; recuerda al hombre con mucha dureza la obligación que va a contraer, le pone frente a una decisión, y tan sólo cuando se declara pronto a tomar sus responsabilidades, se concluye la alianza sobre la base de un documento. Esto no significa que la obediencia de Israel condicione la concesión de la alianza,

---

5. M. Noth, *l. c.*, 142 s; H. Wolff, *Jahwe als Bundesvermittler:* VT (1956), 316 s.
6. Eichrodt, I, 10.

pero sí indica que, de ahora en adelante, la decisión personal del destinatario es considerada indispensable y por consiguiente entra en escena la cuestión de su fidelidad al compromiso contraído. La ley aparecía así junto a la oferta de la gracia e incluso en la oferta misma.

Dejando a un lado la recensión yahvista de la alianza sinaítica, por ser demasiado esquemática para poder sacar de ella conclusiones de carácter general, encontramos en el Antiguo Testamento muchos lugares donde la alianza divina y la revelación de la ley a Israel se hallan en una relación muy estrecha [7]. En la teología deuteronomista es tan íntima que la palabra «alianza» pasa a ser un sinónimo de los «mandamientos». Las «tablas de la alianza» son las tablas sobre las que estaban escritos los 10 mandamientos (Dt 9, 9. 11. 15) y la «tienda de la alianza» se llama así por contener las tablas de los mandamientos (Núm 10, 33; Dt 10, 8; Jos 3, 3, etc.).

Esta documentación relativamente extensa sobre una alianza entre Yahvéh e Israel nos lleva insensiblemente al problema de su importancia y la posición que ocupaba en la vida religiosa de Israel, pues, en principio, no parece probable que esta concepción existiera únicamente en la tradición literaria. De hecho ya nadie duda en nuestros días que la concepción «teológica» de la alianza tenía su puesto en el ambiente cultual de Israel, en determinadas solemnidades, que, según parece, constituían los puntos culminantes de su vida religiosa.

Recientemente la investigación ha recibido un impulso fecundo del lado más inesperado. Una comparación de alianzas políticas del antiguo oriente, y en particular las que hicieron los hititas en los siglo XIV y XIII a. C., con textos del Antiguo Testamento, pusieron en evidencia una cantidad tal de semejanzas formales, que debe existir alguna relación entre esos pactos políticos

---

7.   En todo caso, no es cierto que este estado de cosas deba considerarse una degeneración de la idea primitiva de la alianza (así BEGRICH, *l. c.*, 3, 9, s). Tenemos la impresión de que Begrich crea una división demasiado rígida entre el *berit* unilateral y el bilateral, pues incluso el pacto más primitivo parece inconcebible sin la voluntad de contraer el pacto que le impone el más poderoso. Además hemos de suponer que el *berit de Yahvéh* dio, desde el principio, un carácter especial a todo el conjunto de ideas relacionadas con la alianza.

del gran rey con sus vasallos y las explicaciones que algunos textos del Antiguo Testamento dan de la alianza de Yahvéh con Israel [8]. Así, teniendo en cuenta algunos textos o agrupaciones de textos, podemos hablar de un «formulario de alianza», en el cual reaparecen uno tras otro, los elementos formales de las antiguas alianzas políticas, aunque a veces se les haya adaptado con cierta libertad a la situación israelita [9]. El esquema de estos contratos es el siguiente: 1. preámbulo; 2. prólogo histórico (en el cual juega a menudo un papel importante la enfeudación con un país); 3. declaración de principio; 4. prescripciones particulares; 5. invocación de los dioses como testigos (este elemento es el que sufrió una mayor transformación en el Antiguo Testamento); 6. maldiciones y bendiciones. Este formulario de alianza, cuya estructura esquemática puede reconocerse fácilmente en Jos 24, debió jugar un papel importante en el culto oficial de la comunidad preexílica. Si algún incidente sacudía los fundamentos de la alianza, ésta debía ser renovada (Neh 9; Esd 9 s.). El mismo esquema se encuentra en 1 Sam 12; Jos 23; 1 Crón 22-29, acomodado al acto de transmisión de un oficio. Si bien algunas cuestiones particulares no han sido todavía solucionadas, es indudable que existe entre ellos una relación de afinidad. (Podemos constatar este parentesco formal incluso en textos de la época posterior a los apóstoles). Israel fue, sin duda, quien los tomó prestados; pero si tenemos presente la antigüedad de algunos de estos textos del Antiguo Testamento, debemos suponer que Israel llegó a conocer los contratos políticos del antiguo oriente en un período muy remoto de su historia (quizás en la época de los jueces). Aún discuten los estudiosos si la estilización apodíctica del decálogo depende o no de ciertas fórmulas imperativas de la «declaración de principio». Así mismo todavía no está clara la cuestión del uso de בְּרִית *(berīt),* en la literatura sacra de Israel antes del exilio.

Así es como se complicó todavía más lo que antes solía llamarse «la historia del pensamiento de la alianza». El término בְּרִית admite de por sí una gran variedad de significados y además el «concepto teológico de la alianza» ha sufrido múltiples reinterpretaciones a lo largo de su historia. Por esto resulta cada vez más difícil escribir la historia de todas las concepciones que en alguna ocasión se sirvieron de este concepto, con la única ayuda del término בְּרִית , es decir, siguiendo la vía de la investigación etimológica.

Si dejamos el problema sobre la situación vital (*Sitz im Leben*) de la alianza en el culto y volvemos nuestra atención hacia el plan

---

8. G. E. MENDENHALL, *Law and Covenant in Israel and the Ancient Near East* (1955).

9. K. BALTZER, *Das Bundesformular* (1960); W. BEYERLING, *Herkunft und Geschichte der ältesten Sinaitraditionen* (1961) 60 s.; J. MUILENBURG, *The form and structure of the Covenant formulations*: VT (1959) 347 s; W. ZIMMERLI, *Das Gesetz im AT*: ThLZ (1960), col. 481 s., en particular 492 s. (*Gottes Offenbarung*, 1963, 249 s. en particular, 267 s.).

histórico de las fuentes del Pentateuco, vemos en seguida que las
dos alianzas de Yahvéh —con Abraham y con Moisés— perfilan
la obra entera del yahvista. En esta obra, contrariamente a cuanto
suele ocurrir en el ámbito del culto, todo se concentra en torno
a hechos únicos e irrepetibles. El yahvista relaciona entre sí las
alianzas de Abraham y Moisés y las pone también en relación
con el conjunto de los acontecimientos salvíficos que van desde el
Génesis hasta Josué. El contenido más importante de la alianza
con los patriarcas era la promesa de la tierra, promesa que iba
dirigida en otro tiempo al pequeño círculo de adoradores del dios
de los padres [10]. Ahora bien, para calibrar el enorme camino que
esta tradición había recorrido y los cambios a los que había sido
sometida ya antes de su inserción en la obra del yahvista, debemos
recordar que, en un principio, la promesa se refería ciertamente
a una realización inminente, es decir, a la instalación en la región
agrícola de las tribus seminómadas que se encontraban en las
proximidades de sus fronteras.

Según esta interpretación primitiva resulta fácil comprender
que la promesa patriarcal no pensaba entonces en un nuevo
abandono del país y una nueva entrada muchos años más tarde,
e. d., el ingreso definitivo bajo la guía de Josué. Pues bien, precisamente este arco gigantesco, desde la promesa de la tierra hecha a
los patriarcas hasta su realización en la época de Josué, es el
elemento más sobresaliente y el que da unidad no sólo a la obra
del yehovista sino también al Hexateuco, en su forma definitiva.
Otro cambio en el significado de la antigua promesa consistía
en que ahora iba dirigida a todo el pueblo de Israel y a su conquista
de Canaán, mientras en su origen se refería sólo al pequeño grupo
de adoradores del dios de los padres. Este proceso es muy instructivo para comprender la estraña mezcla de conservadurismo y
libertad en la transmisión de antiguas tradiciones. La antigua
promesa de la tierra se había cumplido ya una vez, cuando los
antepasados pre-mosaicos de Israel se instalaron en el país agrícola, pero ahora adquiría para las generaciones siguientes un sig-

---

10.   Gén 15, 18. A. Alt, I, 66 s.

nificado inédito: Dios prometió la posesión de la tierra a las doce tribus de Israel. Con esta nueva interpretación se convierte en la promesa que recorre todo el Hexateuco.

El documento sacerdotal presenta, con relación a la teología de la alianza, una estructura algo diversa y también en este punto añadió nuevas ideas a lo ya conocido por las otras fuentes del Hexateuco. P conocía dos alianzas, la de Noé y la de Abraham (Gén 9, 1 s.; 17, 1 s.). Su concepción de la alianza carece de cualquier elemento legal; la alianza es un puro don salvífico de Yahvéh[11]; en el caso de Noé Yahvéh mismo establece la señal de la alianza, en el de Abraham Dios obliga al destinatario a establecer la señal y a apropiarse la oferta divina de salvación con un acto de profesión de fe, es decir, con la circuncisión. El contenido de la alianza con Abraham es mucho más amplio; abarca tres promesas: la paternidad de un pueblo, una nueva relación con Dios («Yo seré tu Dios») y la posesión de la tierra. La primera juega también un papel importante en la historia patriarcal del yehovista, sólo que allí no es el objeto específico de la alianza con Abraham. La promesa de una relación especial con Dios se encuentra sólo en el documento sacerdotal, y preludia la revelación del Sinaí, pues anticipa el segundo miembro de la antigua fórmula de la alianza sinaítica: «vosotros seréis mi pueblo, yo seré vuestro Dios». La redacción actual de P no habla de la alianza en el Sinaí. Sin embargo en un texto probablemente secundario, se exige la observancia del sábado como signo de la alianza (Ex 31, 12-17); y así queda siemprea bierta la posibilidad de que, originariamente, el documento sacerdotal pudo contener también la alianza sinaítica y pudo ser suprimida cuando se fusionó con JE (en consideración de Ex 24).

Así pues, la redacción final del Hexateuco presenta el material de la tradición dividido en los siguientes períodos: Dios creó el universo y los hombres. Después que aniquiló en el diluvio la

---

11. La terminología de P trasluce la primitiva concepción de la alianza cuando dice, p. e., que Dios «establece la alianza» (הקים), la «concede» (נתן) Gén 6, 18; 9, 9. 11 s. 17; 17, 2. 7. 19. 21, etc., o cuando habla de «su» alianza.

humanidad corrompida, Dios dio a la nueva humanidad las normas para su conservación y le garantizó la estabilidad del universo y sus leyes con la alianza de Noé. Luego llamó a Abraham y, con una alianza particular, le prometió una descendencia numerosa, una relación especial con Dios y la tierra de Canaán. La primera se realizó en Egipto, cuando de los patriarcas nació el pueblo; la segunda en el Sinaí, cuando con una nueva alianza (JE) Israel recibió las leyes de su comunión de vida y su trato con Dios; la tercera, cuando se apoderó del país de Canaán bajo la guía de Josué.

De esta manera la teología de la alianza coloca toda la masa de tradiciones del Hexateuco bajo un triple arco de promesa y cumplimiento. Al principio sólo existían los patriarcas; no son todavía un pueblo, no entraron aún en esa relación particular que Dios les prometiera, y tampoco poseen un país. Luego los patriarcas se convierten en un pueblo, pero éste carece de la relación particular con Dios y no posee el país. Finalmente —¡quizás sea éste el período más tenso!— Israel, todo orientado hacia Yahvéh, avanza con mil rodeos a través del desierto hacia la última promesa: el país de Canaán.

I

LA HISTORIA DE LOS ORIGENES

1. *La situación teológica del testimonio de la creación*

Las afirmaciones más extensas sobre la creación se hallan en textos recientes, cosa que ha llamado la atención de los estudiosos desde hace mucho tiempo. Dejando aparte al yahvista, que no habla de la creación del universo, estos textos son en conjunto: Isaías II, el documento sacerdotal, y algunos salmos, difíciles de datar con precisión, pero sin que exista algún motivo para atribuirles una antigüedad particular. El hecho es realmente sorprendente, pero ¿será debido a que Israel no veneró a Yahvéh como creador del mundo hasta los siglos vii-vi? Esta solución tan sencilla parece muy dudosa. De hecho, es difícil imaginar que en medio del ambiente cananeo, cuya atmósfera religiosa estaba saturada de mitos de creación, Israel no haya llegado antes a relacionar con Yahvéh la creación entera: el cielo, la tierra, las estrellas, el mar, las plantas y los animales. Probablemente el único motivo de este retardo sea que Israel necesitó un período bastante largo para establecer la relación teológica entre su antigua fe en la creación y su tradición propia, la tradición de las intervenciones salvíficas de Yahvéh en la historia [1].

El credo cultual primitivo no contenía nada sobre la creación. Israel descubrió la justa relación teológica entre ambas tradiciones, cuando aprendió a considerar la creación en el contexto teológico de la historia salvífica. No era ciertamente una tarea fácil y para llevarla a cabo necesitaba un cierto espacio de tiempo. Israel no recibía el sustento, las bendiciones y la protección divina del ambiente circundante, como los cananeos, que lo entendían como una realidad mítica; con su revelación, Yahvéh le había descubierto el ámbito de la historia, y sólo a partir de ella podía definir el concepto de la creación. El hecho de que Israel fuese capaz de establecer esa conexión entre la creación y la historia salvífica —y no, con un presente interpretado en clave mítica—, fue de por sí una gran prestación teológica. Por lo demás, existen algunos textos sobre la fe israelita en la creación, que son indiscutiblemente antiguos y destruyen la datación tardía de esta creencia, que durante mucho tiempo fue opinión común.

Es cierto que, debido a determinadas experiencias históricas, el primitivo yahvismo israelita se consideró exclusivamente una religión de salvación; esto puede deducirse sin más de las fórmulas primitivas de profesión de fe. Más importante que el problema histórico del origen de su fe en la creación, es, sin duda, la cuestión de saber cómo Israel la unió con su fe salvífica, basada en acontecimientos históricos. Una mirada a Isaías II será muy instructiva, pues se le acostumbra a poner junto al documento sacer-

---

1. Sal 19, 2 s.; Gén 14, 19. 22; 24, 3; 1 Re 8, 12 (texto enmend.).

dotal, como el otro testimonio capital de la fe en la creación. Pero basta echar una ojeada a los textos en cuestión para convencerse de que el objeto específico de su predicación no es el anuncio de Yahvéh como creador del universo. Así, p. e., en el c. 42, 5 y 43, 1, Isaías II dirige a Yahvéh en forma hímnica títulos como «el que creó los cielos», «el que te creó y te formó», pero luego añade en la oración principal afirmaciones soteriológicas como «no temas, que te he redimido». En estos lugares y también en 44, 24b-28, la frase relativa al creador se halla en la oración secundaria o en aposición; es pues evidente que en la predicación del profeta tiene sólo una función auxiliar y nunca aparece de forma independiente; debe robustecer la confianza en la potencia de Yahvéh y su prontitud en socorrer.

Pero todavía no hemos dicho lo más importante. La alusión a la creación robustece la confianza porque Isaías II ve en la creación un acontecimiento salvífico. En Is 44, 24 Yahvéh se presenta a sí mismo como «tu salvador y tu creador». Tanto en este texto como en 54, 5 nos sorprende la facilidad con que se yuxtaponen y combinan contenidos de fe, que para nuestra mentalidad se encuentran muy distantes entre sí. Yahvéh creó el mundo, pero creó también a Israel [2]. En Is 51, 9 s. casi coinciden estas dos creaciones. El profeta apostrofa la creación del mundo, pero al mismo tiempo habla de la liberación de Israel de Egipto; en efecto, apenas dejó de hablar sobre el retroceso de las aguas, con el lenguaje mítico de la lucha contra el dragón del caos, pasa de un salto al milagro del mar Rojo, donde Yahvéh contuvo otra vez las aguas «para que pasaran los redimidos». Aquí, pues, casi coinciden la creación y la redención y en esta imagen de la lucha contra el dragón del caos, aparecen casi como un acto único de la dramática actividad salvífica de Dios. Muy parecido es el salmo 77, 17 s., un texto que por su forma poética (tricola, paralelismo tautológico) da la impresión de ser muy antiguo. El derivar

---

2. G. VON RAD, *Das theologische Problem des alttest. Schöpfungsglaubens*: BZAW 66 (1936) 138 s. *(Ges. Studien*, 136 s.)*; R. RENDTORFF, *Die theologische Stellung des Schöpfungsglaubens bei Deuterojesaja*: ZThK (1954) 3 s.

teológicamente la potencia de Yahvéh sobre la historia de su omnipotencia creadora, es con todo una reflexión relativamente tardía (Jer 27, 4 s.; Is 45, 12 s.)[3].

Esta comprensión soteriológica de la creación no es una característica exclusiva de Isaías II. Así, p. e., el salmo 89 quiere cantar «las misericordias de Yahvéh» (חסדי יהוה); con ello se refiere en primer lugar a la alianza de David, la institución de la realeza mesiánica; pero en un fragmento considerable, situado en medio del salmo, habla de algunas obras concretas de la creación, que, por lo visto, deben contarse también entre las mencionadas acciones salvíficas de Yahvéh. Lo dicho aparece aún más claro en el salmo 74. Aquí encontramos de nuevo un fragmento intermedio de carácter hímnico: empieza con una invocación a Yahvéh, «el cual realiza acciones salvíficas» (פּעֵל יְשׁוּעוֹת) y presenta a continuación las obras de la creación (Sal 74, 12-17).

Según cuanto llevamos dicho, parece muy probable que esta comprensión soteriológica de la creación sirva también de base a la historia de la creación en el yahvista y en el documento sacerdotal[4]. Ninguno de estos documentos contempla la creación en sí misma, sino que la insieren en el curso de una historia, que conduce a la vocación de Abraham y termina con la conquista de la tierra. En ambos el «autor» se sitúa en el círculo más íntimo de la relación salvífica que Yahvéh otorgó a Israel. Pero para legitimar teológicamente esta relación salvífica, las dos imágenes de la historia comienzan con la creación y de allí trazan una línea de continuidad hacia Israel, el tabernáculo y la tierra prometida. Por muy presuntuoso que parezca, la creación pertenece a la etiología de Israel[5]. Se comprende que al ampliar el antiguo credo

---

3. Sobre la idea de la lucha contra el dragón del caos y la interpretación de Is 51, 9, véase más adelante, página 201, nota 23.
4. Antes parecía extraño que la fuente elohista comenzara con la historia patriarcal (Gén 15). Pero nuestros conocimientos sobre la historia de la tradición nos dicen que este comienzo es precisamente el más normal y tradicional; la novedad se encuentra en el yahvista, en la libertad que se tomó al colocar delante de la tradición la prehistoria de toda la humanidad.
5. Una diversa colocación de Israel en el plan universal de Yahvéh aparece en Dt 32, 8 (texto enmend.): «Cuando el altísimo daba a cada pueblo su

con este preámbulo, se ensanchaba poderosamente la base teológica de todo el conjunto. El gran desarrollo que había experimentado la tradición, desde Abraham hasta Josué, exigía un fundamento que el antiguo credo no podía ofrecer. Y esto fue posible porque la misma creación era considerada un acto salvífico de Yahvéh.

Este modo de concebir la creación lleva consigo consecuencias teológicas trascendentales. La creación es una acción histórica de Yahvéh, una obra dentro del tiempo. Ella abre realmente el libro de la historia. Cierto, por ser la primera obra de Yahvéh, se encuentra al principio absoluto de la historia; pero no está sola, otras le seguirán. El documento sacerdotal acentúa de modo particular su situación en el tiempo, cuando la incluye en el esquema de las *toledot* (generaciones), su gran armazón genealógico (Gén 2, 4a); más aún, la misma creación es un proceso temporal, medido en días [6]. Ahora bien, si la historia de la creación se halla en el tiempo, entonces deja de ser para siempre un mito, una revelación atemporal que tiene lugar en el movimiento cíclico de la naturaleza.

A diferencia de todo cuanto expusimos en las páginas precedentes, la fe en la creación ocupó en la literatura sapiencial del Antiguo Testamento una posición mucho más central. Aquí la creación es realmente un fundamento absoluto de la fe y, si se habla de ella, es por su propia importancia y no en atención a otros contenidos de fe. El texto más claro es Job 38 s. pero véase también Prov 3, 19; 8, 22 s.; 14, 31; 20, 12 y otros muchos. Si faltan aquí los rasgos propios de un acontecimiento salvífico, se debe a los especiales presupuestos teológicos de esta literatura. Por otra parte, debemos suponer que todos los textos recientes eran considerados bajo la perspectiva soteriológica, aunque no se mencione explícitamente su relación con la historia salvífica [7].

---

heredad y distribuía a los hijos de Adán trazando las fronteras de las naciones según el número de los 'seres divinos', la porción del Señor fue su pueblo: Jacob fue el lote de su heredad».

6.   «El relato de la creación es parte esencial de un esbozo de la historia, caracterizado por los números y las fechas». L. KöHLER, *Theologie*, 71.

7.   Véanse más adelante las páginas 507-508, 544 s.

2. Los relatos de la creación

Cuando el Antiguo Testamento habla de la creación del mundo y del hombre conviene retener de manera particular las afirmaciones doctrinales y distinguirlas de las restantes, p. e., de las que tienen carácter hímnico. Las primeras quieren exponer hechos teológicos, informar sobre ciertos problemas que quizás son ignorados o mal conocidos, establecer relaciones entre los hechos y dar una instrucción. Las otras se acomodan al lector o al creyente y no poseen carácter doctrinal; exaltan al creador y la creación o se limitan a mencionarlos incidentalmente y, por esto, aquí sólo podemos utilizarlas de manera indirecta. Cierto, éstas también se basan en una «doctrina de la creación», de la que percibimos todavía múltiples resonancias, pero no se proponen directamente una finalidad didáctica. Por eso su estilo es diverso: un estilo entusiasta y exhuberante. En cambio las afirmaciones teológicas y didácticas poseen una dicción muy sobria y buscan la precisión en los pasajes más decisivos. Esta doble forma de expresión es importante para nuestro inventario teológico, y sobre todo, el constatar que las afirmaciones no-teológicas, y en particular las alabanzas, son numéricamente superiores, nos preservará de atribuir una importancia excesiva a lo doctrinal y sus distinciones. La doctrina tenía ciertamente su función legítima pero era mucho más modesta.

En el Antiguo Testamento sólo encontramos dos declaraciones explícitamente teológicas sobre la creación, en forma de complejos literarios de una cierta extensión: las historias de la creación en el documento sacerdotal (Gén 1, 1 - 2, 4a) y en el yahvista (Gén 2, 4b-25), y son precisamente los dos capítulos que con mayor insistencia consideran la creación como la prehistoria, la preparación de la actividad salvífica de Yahvéh en Israel. Entre ellas existe la diversidad mayor que se puede imaginar, tanto en el lenguaje como en su mentalidad y en sus concepciones; pero aunque el yahvista aborda sus temas de manera muy distinta de P —usa en efecto un estilo simple y figurativo— no debemos subestimar su incalculable riqueza teológica. De hecho, en este capítulo su exposición es mucho más didáctica que la del documento sacerdotal, la cual se mueve sobre todo en el ámbito de las distinciones teológicas.

Según la opinión común, la historia yahvista de la creación es bastante más antigua que la del documento sacerdotal, y en realidad debemos colocarla varios siglos antes en la historia de la literatura. Pero no está bien hacer del problema de la antigüedad la clave para la interpretación del texto, como ocurrió a menudo en el pasado, pues siempre cabe preguntarse si el documento sacerdotal no conserva en ese estilo brusco y directo, con el cual aborda sus temas, una forma típica del pensamiento cosmológico primitivo. La historia yahvista de la creación y del paraíso, con su exposición poética y figurativa, e. d., más indirecta, parece mucho más espiritual y espontánea. Se trata pues de dos relatos que corresponden a dos mentalidades muy diversas y, a ser posible, no deberían interpretarse ni compararse sobre la base de un simple esquema evolutivo.

Con frecuencia se llama la atención sobre el carácter marcadamente mitológico de Gén 2, 4b-25. Lo único exacto en esta afirmación es que la narración se mueve en un mundo de conceptos que en otro tiempo fueron realmente mitológicos; pues en la historia del pensamiento humano no existen contrastes tan grandes como los que se dan entre el mundo del mito genuino y la sobria e iluminada lucidez que caracteriza la historia yahvista de la creación y la distingue netamente de cualquier mitología obtusa. ¡Cuánto más mitológica es la descripción del primer hombre en la montaña de Dios, rodeado de querubines y piedras preciosas como lo presenta Ezequiel, varios siglos más tarde (Ez 28, 11 s.)!

Si juzgamos al yahvista por el espíritu con que impregna concepciones tan antiguas como los ríos, el jardín, el fruto, el libro de la vida, la serpiente, entonces descubrimos en él una esclarecida sobriedad, que sólo utiliza las antiguas concepciones míticas como imágenes espiritualizadas. Por el contrario Gén 1 presenta los resultados de una rigurosa reflexión teológica y cosmológica en un lenguaje que nombra las cosas breve y directamente. Sus declaraciones no insinúan, como el yahvista, un sentido oculto; al contrario, presentan contornos bien precisos y no quieren decir más de lo que expresan. Precisamente para llegar a esta concentración y precisión teológicas, la descripción sacerdotal se despojó de toda emoción poética o extática hasta el límite de la rigidez.

En un punto se parecen estas dos descripciones; ambas desembocan, aunque de manera diversa, en la creación del hombre, en su doble cualidad de varón y hembra; de modo que todo el resto del mundo está ordenado únicamente a él como la obra suprema de la creación divina. En efecto, también Gén 2, 4b s. culmina en la creación de la humanidad entera, representada en la dualidad: varón-hembra. Y si en Gén 2, 4b s. el hombre es el centro en torno al cual Dios organiza su actividad, en Gén 1, 1 s. es la cúspide de la pirámide cosmológica [8]. De hecho P demuestra mayor interés cosmológico; por esto esboza una historia de la creación que se mueve directamente, pero por etapas, hacia la creación del hombre.

El mundo y cuanto él contiene no encuentra su unidad y cohesión interna en un primer principio de orden cosmológico, como el que buscaban los filósofos jónicos de la naturaleza, sino en la voluntad creadora y absolutamente personal de Yahvéh. El mundo tampoco proviene de la lucha creadora entre dos principios mitológicos personificados, como ocurre en tantos mitos de la creación. El documento sacerdotal ofrece diversas definiciones del modo como actúa la voluntad creadora de Dios y entre ellas existen notables divergencias teológicas. Al comienzo hallamos la frase que todo lo abarca: Dios «creó» el mundo.

El verbo בָּרָא, aquí utilizado, es término técnico del vocabulario teológico sacerdotal (P) y se usa tan sólo para indicar la actividad creadora de Dios [9]. Con este mismo significado de una actividad divina, sin analogía posible, aparece luego en Isaías II (Is 40, 26. 28; 45, 18, etc.); éste lo debió

8. B. Jacob *Das erste Buch der Tora* (1934) 952.
9. P. Humbert, *Emploi et portée du verbe bara (créer) dans l'Ancien Testament*: ThZ (1947) 401 s.

tomar a su vez del lenguaje cultual de los himnos (Sal 89, 13. 48; 104, 30; 148, 5). También allí donde se habla de la nueva creación de Yahvéh se usa בּרא (Sal 102, 19; 51, 12). Junto a la actividad creadora nunca se menciona una materia preexistente, y de aquí que esté relacionada con ella la idea de una «creatio ex nihilo» [10]. Otro término usado para indicar esta acción divina es קנה (Gén 14, 19. 22; Dt 32, 6; Prov 8, 22, etc. Obsérvese el nombre propio Elkana). Es poco usado y pasó del culto cananeo a la lengua israelita [11].

La idea de la creación mediante la palabra imperante de Dios aparece por primera vez cuando comienzan las acciones particulares de la creación; reaparece en los actos siguientes y domina toda la exposición hasta el v. 24 (creación de las bestias del campo), para dejar luego espacio libre a algo completamente nuevo. Debemos, pues, considerarla una interpretación de בּרא (crear) del v. 1. Nos da, ante todo, la idea de la carencia absoluta de fatiga en la acción creadora de Yahvéh. Bastó una breve manifestación de su voluntad para llamar el mundo a la existencia. Pero si el mundo es el producto de su palabra creadora, se distingue esencialmente de Yahvéh, no es una emanación ni una manifestación mítica de la naturaleza divina y de su poder. La única continuidad entre Dios y su obra es la palabra. Sin embargo, sería falso entender esta concepción tan importante en un sentido puramente negativo, como si fuera una definición limitativa. Si el mundo comenzó a existir por la libre voluntad de Dios, es su propiedad exclusiva y Dios es su señor [12].

---

10. La formulación conceptual de la «creatio ex nihilo» aparece por primera vez en 2 Mac 7, 28.

11. Así se usa, p. e. en los textos mitológicos de Ras-Samra (GORDON II, 51; I, 23; KERET I, 57 etc.) Sobre el problema semantico de קנה véase P. HUMBERT, *Festschrift für Bertholet* (1950) 259 s.; P. KATZ, *The Journal of Jewisch Studies*, vol. V, 3, 126 s.

12. «Y de este modo la criatura en su totalidad fue ligada a la persona viva de Dios y se la puso en dependencia absoluta, en su existencia y esencia. Apareció como la obra de la palabra divina, la réplica de su verbo. ¡Tan primordial e íntima fue su preparación a la gracia divina! Ni siquiera le fue otorgado un pequeño espacio donde pudiera sustraerse de manera legítima a esta gracia. Cuando la palabra de la gracia le saldrá al encuentro, le encontrarán también la sabiduría, la bondad y la potencia sin las cuales no sería nada, y al encontrar a la criatura, esta palabra entrará realmente en su propiedad». K. BARTH, *Kirchliche Dogmatik* III 1, 122.

Este modo de concebir la creación del mundo mediante la palabra tiene un amplio transfondo en la historia de las religiones. En Enuma-elis, la epopeya babilónica de la creación, Marduk prueba su potencia divina llamando a la existencia un objeto con su palabra y haciéndole desaparecer del mismo modo (Tabla 4, 20 s.). Detrás de estas concepciones se halla evidentemente, una creencia muy extendida en el poder mágico de la palabra, que alcanzaba su plenitud en la palabra de la divinidad. Pero parece ser que Gén 1 tiene una relación más estrecha con ciertos rasgos característicos de la antigua teología («menfita») de Egipto. Según ésta, Ptah, dios del universo, realiza su actividad creadora con el «corazón y la lengua», e. d. con su palabra. Con ella crea la «eneada divina» (las aguas primordiales, Ra, el dios del sol, etc.). Este «paralelo» de la historia de las religiones es todavía muy importante, porque representa el primer intento «metódico» de la teología egípcia para superar, en una unidad, la multiplicidad de los dioses (H. JUNKER, *Die Götterlehre von Memphis*, 1940, 20, 41, 55). Todavía no percibimos con claridad suficiente las relaciones que existen entre estas antiquísimas especulaciones sacerdotales de la primera mitad del tercer milenio y Gén 1. Sin embargo las probabilidades de contacto serían mayores si, como es de suponer, la temática de Gén 1 es un ejemplo de la antigua literatura sapiencial de Israel. Aparte de Gén 1, pocos son los textos que hablan de la creación del mundo mediante la palabra: Is 48, 13; Sal 33, 6; 148, 5. Algunos ecos de esta idea en Is 41, 4; 45, 12; Am 9, 6; Jon 4, 6 s.

Ahora bien, no todas las obras creadas poseen la misma relación inmediata con el creador; entre ellas existe una múltiple gradación. Muy lejos del creador y, en una situación teológica casi imposible de precisar, se halla el caos informe, acuoso, tenebroso y abismal. El versículo anterior (v. 1) no nos autoriza a decir que sea increado, como si Dios lo hubiera encontrado ya preexistente. Por otro lado resulta casi imposible de imaginarse un caos creado, pues lo creado no es caótico. Aun así, el v. 2 tiene una función teológica particularmente importante en el cuadro de conjunto, pues el caos es la amaneza por excelencia de la creación; él es, en efecto, una de las experiencias primordiales del hombre y la piedra de toque de todas las afirmaciones de la fe en la creación: Dios sacó el mundo de lo informe y lo mantiene sin cesar sobre su propio abismo.

El día y la noche se hallan también en una relación diversa frente al creador [13]. La noche es un residuo de la obscuridad del caos; pero ahora la limita una ley benéfica. El día, en cambio, es la luz de aquella luz primordial que fue la primogénita entre

---

13. Sal 74, 16: «Tuyo es el día, tuya es la noche».

las obras de la creación. Las plantas tienen una relación muy indirecta con Dios; brotan de la tierra a la cual dio el encargo de colaborar en su creación. También las bestias poseen una relación inmediata con la tierra, pero reciben una bendición especial que les concede la fecundidad, en vistas a su reproducción. Sin embargo en la cima de esta pirámide y en una relación totalmente inmediata con Dios se encuentra el hombre; más aún, el mundo, que había sido creado para el hombre, alcanza en él su inmediatez más absoluta con Dios. No lo creó tampoco, como a las otras criaturas, mediante su palabra; Dios tomó en este caso una decisión particular y solemne en el profundo de su corazón. Pero sobre todo, el creador buscó el modelo para ésta, su última obra, en el mundo celeste. No existe otra criatura como el hombre en el cual todo se refiere de una manera tan inmediata a su Dios.

Al declarar al hombre semejante a Dios [14] no explica directamente en qué consiste tal semejanza; su centro de gravedad está, más bien, en el destino para el que Dios se la concedió. La dificultad se encuentra para nosotros, en que el texto considera suficiente y explícita la simple afirmación de la semejanza divina. Aun así, podemos hacer dos observaciones: las palabras צלם («imagen», «estatua», «escultura») y המות («semejanza», «algo parecido a») —la segunda explica la primera subrayando la idea de correspondencia y semejanza— se refieren al hombre entero y no tan sólo a su naturaleza espiritual, sino también, y a veces en primer lugar, al esplendor de su aspecto corporal, al הדר (dignidad, majestad) y la כבוד (gloria) con que Dios le adornó (Sal 8, 6) [15]. Ez 28, 12 habla aún más explícitamente de la «perfecta hermosura» del primer hombre.

Por ser la imagen de Dios, el hombre se halla muy por encima de toda otra criatura. Por otro lado, esta misma dignidad creada tiene un límite superior. ¿Cuál era pues el modelo según el cual

---

14. L. KÖHLER, *Die Grundstelle der Imago Dei Lehre Gen 1, 26*: ThZ (1948) 16 s.; J. J. STAMM, *Die Gottesebenbildlichkeit des Menschen im AT* (1959).
15. L. Köhler (*l. c.* 19 s.), ve en la definición del documento sacerdotal una alusión a la postura vertical del cuerpo humano.

fue creado? Esta pregunta, que parecía la más importante, encuentra en el texto una respuesta muy genérica, y no lo hace ciertamente sin una precisa intención. ¿Cómo debe interpretarse el אלהים del v. 27? ¿Se refiere a Dios mismo o a los seres celestes que rodean su trono o a ambos a la vez? Cuando Yahvéh decide crear el hombre, se asocia con su corte celestial (véase sobre esto: 1 Re 22, 19; Job 1, 6; Is 6, 1-3) y con ello se oculta al mismo tiempo en esta pluralidad. Por lo tanto, la expresión «hagamos», nos impide explicar esta semejanza sólo en relación con Dios [16].

El salmo 8, 6 completa en este punto la idea precedente, pues el «poco inferior» del v. 6 se refiere, sin duda, a los ángeles; el salmo se dirige a Yahvéh, pero luego en el v. 6 no dice Yahvéh, sino *Elohim*, y los LXX lo tradujeron con αγγελοι. Expresado en conceptos del Antiguo Testamento, debería decirse que el hombre fue creado en forma de *Elohim*. No es posible seguir adelante con esta cuestión si no es por vías indirectas, es decir, preguntándose sobre el modo como imaginaban los israelitas estos «seres divinos». Dos atributos son ciertos: se los tenía por «sabios» y «buenos» (2 Sam 14, 17. 20; 1 Sam 29, 9).

De hecho Israel se imaginó a Yahvéh en forma humana, pero esta formulación, tan familiar para nosotros, no se halla de acuerdo con la mentalidad del Antiguo Testamento pues, desde la perspectiva de la religión yahvista, no podemos afirmar que Israel considerase a Dios como un ser antropomórfico, sino al contrario, consideró al hombre como teomorfo. Entre numerosos textos proféticos y poéticos, fundamentalmente ateológicos, adquiere un significado particular la cautelosa afirmación de Ez 1, 26. El fenómeno luminoso de la «gloria de Yahvéh» presenta claramente contornos humanos. Se dijo con razón que Ez 1, 26 es el preludio teológico del texto clásico (Gén 1, 26) sobre la doctrina de la imagen divina [17]. Si P afirma con insistencia, que el modelo

---

16. También Köhler entiende el כדמותנו en un sentido restringido, y de este modo debilita la afirmación sobre la posibilidad de esta semejanza.

17. P. HUMBERT, *Etudes sur le récit du paradis et de la chute dans la Genèse* (1940) 172. La forma humana de Yahvéh puede también deducirse de Ex 15, 3; Is 6, 1 s.; Miq 1, 2 s.; Dan 7, 9.

del hombre debe buscarse más allá de la esfera creada, y que el hombre se asemeja a ese modelo, sobre todo en sus relaciones con Yahvéh, al mismo tiempo reconoce, de manera tácita, una distancia y diferencia infinitas; primero, con relación a su estatura, pues Israel se imaginó a Yahvéh como un gigante (Miq 1, 3 s.; Is 63, 1 s.; Sal 24, 9) y luego en cuanto a su aspecto cualitativo, pues la כבוד (gloria) humana no puede compararse, ni de lejos, con la naturaleza luminosa, llameante e intensamente radiante de Yahvéh.

Pero esto vale sobre todo con relación a la diferenciación sexual. Cuando los seres divinos (Elohim) aparecían sobre la tierra, eran tan semejantes al hombre, que a veces no se les reconocía como tales (Jue 6, 11 s.; Jos 5, 13 s.). En una ocasión se habla incluso de su sexualidad [18]. Yahvéh mismo fue considerado como varón, pero Israel jamás pensó en su sexualidad o en una función sexual creativa. Cosa asombrosa si tenemos en cuenta el ambiente religioso que lo circundaba, pues el culto cananeo de Baal era un culto de fecundidad y exaltaba el ἱερὸς γάμος (matrimonio sagrado) como el misterio creativo por excelencia de la divinidad. En cambio la polaridad sexual era para Israel una realidad creada y no divina.

P se vuelve claro y explícito cuando habla de la finalidad de esta semejanza divina, e. d., de la función que encomienda al hombre: ser el señor del mundo; y, en este punto, merece notarse la fuerza de las expresiones que describen su dominio (כבש pisar, someter, רדה pisar —el lagar—, dominar). Dios colocó al hombre en el mundo como signo de su poder soberano, para vigilar y hacer respetar sus reivindicaciones como único Señor del universo. Los reyes más poderosos de la tierra solían colocar sus imágenes en sus imperios, como signos de su soberanía; en este sentido Israel consideró al hombre como el mandatario de Dios [19]. Su

---

18. Gén 6, 2. También podemos pensar en los serafines que ocultan sus vergüenzas (Is 6, 2).

19. W. CASPARI, *Imago divina*. Reinh. Seeberg-Festschrift 1929, 208. El destino del hombre a dominar la tierra es curiosamente profano. Según la epopeya babilónica de la creación, el hombre recibió el encargo de «servir

dominio se extiende sobre el mundo entero y no únicamente sobre los animales. Si el texto habla de éstos es porque sólo los animales podían ser los enemigos del hombre [20], pero Dios los pone expresamente bajo su dominio.

La consecuencia más decisiva que deriva al hombre de su semejanza divina es la función que ésta le confiere con relación al mundo exterior. En efecto, a la relación de origen, connatural a todo ser creado, la semajanza divina del hombre da a la creación una nueva relación de finalidad con el creador. El derecho de dominio no incluye de por sí el derecho a matar o sacrificar los animales. Según la voluntad del creador, la alimentación de los hombres y de los animales debía ser de tipo vegetariano. Esta es la única alusión, que podemos deducir de P, acerca de un estado primitivo de paz en el mundo creado por Dios.

Según Gén 5, 3 Adán engendró a Set «a su semejanza e imagen» [21]. Esto significa que Dios dio al hombre la capacidad de transmitir su altísima dignidad mediante la procreación. De aquí no se sigue que el hombre había perdido la semejanza divina; menos aún si tenemos presente que en la era de Noé se continúa creyendo en su existencia (Gén 9, 6b). La historia del pecado original habla de graves perturbaciones en la naturaleza creada del hombre, pero el Antiguo Testamento nunca se pronuncia acerca de sus consecuencias con relación a su semejanza divina.

La narración acentúa con fuerza el hecho de que Dios «concluyó», puso fin a su obra creadora (Gén 2, 1 s.). De este modo establece una clara distinción entre la obra de la creación y la solicitud con la cual la sigue conservando y sustentando. El edificio está terminado, las criaturas, de las que Dios deberá preocuparse en adelante, están ahí presentes. Ahora bien, Dios termina la crea-

---

a los dioses» (*Enuma elis*, tabla 6, 7 s.). El hombre como mandatario de Dios: véase la versión siríaca del Apocalipsis de Baruc 14, 18.

20. K. BARTH, *l. c.* 232.

21. Es dudoso que en el cambio del orden de los dos términos principales המות ante צלם y el cambio de las preposiciones בּ y כּ (cf. Gén 1, 26) se oculte una intención particular, como si ello insinuara, p. e., que Set era semejante a Adán, pero ya no era imagen de Dios en sentido pleno.

ción con su descanso del séptimo día [22]. No comprendería el texto
quien viera en él la «institución» del sábado. Pues el texto no insinúa jamás que Dios impuso o regaló al hombre el descanso.
Por otro lado se trata de un asunto que trasciende la esfera personal divina; aquí este acontecimiento posee ya una relación
oculta con el mundo y el hombre, que se revelará plenamente más
tarde. Al bendecir Dios este descanso, lo situó entre él y el hombre
como una nueva realidad, pasajera e imperceptible para el hombre;
pero es un bien de salud, del cual participará Israel a su debido
tiempo. Sólo la irreflexión puede descubrir en este reposo divino,
que cierra la creación, una especie de abandono del mundo por
Dios; al contrario, Dios se vuelve hacia el mundo con una benevolencia misteriosa.

Como es natural, la historia de la creación depende por entero de los conocimientos cosmológicos de su tiempo. Sin embargo, no es justo que el
exegeta cristiano prescinda de ellos, por estar ya superados; como si el teólogo debiera ocuparse sólo de las afirmaciones de fe, y nada le importaran los
conocimientos naturales de Gén 1. No cabe la menor duda de que la historia
de la creación en P no desea comunicar exclusivamente conocimientos teológicos sino también naturales. Una característica peculiar de la narración
que nos resulta difícil de comprender, consiste en esa mezcla de conocimientos
naturales y teológicos, sin tensiones aparentes. Las dos series de afirmaciones
no sólo siguen líneas paralelas, se entrelazan hasta el punto de hacer imposible una distinción clara entre los conocimientos puramente naturales (y por
lo tanto sin interés para nosotros) y los teológicos. La teología encontró en
las ciencias naturales de su época un instrumento acomodado a sus necesidades, y lo utilizó para exponer de manera adecuada algunos de sus temas,
y en este caso, la fe en la creación.

Los exegetas han subrayado a menudo la diferencia absoluta
que existe entre la historia yahvista de la creación y del paraíso
y la del documento sacerdotal. Aquélla es sobre todo una narración sencilla y por lo tanto más despreocupada en la elección
de sus términos. También se distinguen desde el punto de vista
cultural, pues el yahvista proviene de un ambiente típicamente
continental. En efecto, en Gén 1, la creación del cosmos avanza

---

22.   Dios no terminó la creación del mundo en el 6.º día (así LXX), sino
en el 7.º. Este paro de la obra creadora y el reposo divino tienen evidentemente
un valor *a se*, y es así como debemos considerarlas.

a medida que retroceden las aguas del caos: el yahvista, por el contrario, imagina el estado primordial como una árida estepa que la benevolencia divina cambia en oasis y en país agrícola, mediante la irrigación. El narrador se mueve aquí en un círculo mucho más restringido; no habla nunca de la «tierra», sino de aquel sector más próximo al hombre: el jardín, el río, los árboles, el lenguaje, los animales y la mujer. Su perspectiva es también mucho más antropocéntrica. De esta forma la historia del yahvista se presenta como un complemento importante y una ampliación de la descripción del documento sacerdotal; se introduce —sin una expresa intención literaria— en los huecos que la otra dejó sin colmar; y así, cuando expone las relaciones del hombre con el jardín, los animales y el otro sexo añade muchos detalles a cuanto dijo P.

Al evitar los conceptos teológicos tradicionales el yahvista puede mostrar con mayor libertad la benevolencia de Yahvéh, que rodea al hombre con sus incesantes cuidados, planta a su alrededor un jardín de delicias y piensa siempre qué más podría hacer por su bien. De hecho, la prohibición de comer del árbol de la ciencia brotaba de los sentimientos solícitos de Dios, pues la comida de esos frutos podía aniquilar al hombre. Pero una cosa es, sin duda, nueva: Dios comunica su deseo al hombre con una prohibición y, limitando de este modo su libertad, le provoca a una decisión.

Sobre todo, cuando describe la creación del hombre y la mujer, la narración se vuelve muy detallada y da pruebas de una atrevida plasticidad; pues presenta al Dios creador sin distancia alguna de la criatura, plenamente dedicado como el alfarero a modelar su obra (יצר, «modelar»). La materia utilizada es la tierra, pero el hombre se convierte en «ser vivo» sólo cuando recibe el hálito divino directamente de la boca de Dios. El v. 7 contiene por lo tanto —cosa extraña en el yahvista— una definición exacta. Describe la creación del hombre como una acción divina, más personal e íntima que en Gén 1, 26 s.; sin embargo no podemos negar la presencia de un rasgo sombrío en el cuadro: el hombre posee la vida sólo gracias al hálito divino, que no es inherente al cuerpo humano, y así, la simple privación de este don fugaz arrojaría de nuevo al hombre en su inerte materialidad (Sal 104, 29 s.; Job 34, 14 s.).

La creación de la mujer se encuentra muy distante de la creación del hombre, porque ella es el beneficio último, el don más misterioso que Yahvéh desea otorgar al hombre. Dios la destinó como ayuda «proporcionada» (כנגדו); debía ser semejante a él, pero no idéntica; más bien, su contraparte, su complemento. El hombre reconoció como ayuda los animales que le presentó el Señor, pero no eran contraparte de igual dignidad. Por esto, de una manera muy misteriosa, Dios se decidió a crear a la mujer del hombre. Ella sí que era, a diferencia de los animales, su contraparte perfecta y el hombre la reconoció y saludó en seguida como tal. Así se explica claramente el origen de esa innata y violenta atracción de los sexos, que no se apacigua hasta que no llega a ser de nuevo «una carne» en el hijo, pues la mujer fue tomada del varón y por consiguiente deben juntarse otra vez. La narración yahvista de la creación desemboca en esta explicación etiológica de la fuerza del eros, como un impulso que Dios mismo suscitó (v. 24 s.), y de este modo otorga a la relación sexual entre el hombre y la mujer, la dignidad del prodigio más elevado y del misterio más profundo de la creación.

La diferencia entre P y J es muy grande. Sus tradiciones proceden de ambientes muy diversos y no sólo se distinguen en el modo como presentan la materia, sino también en el objeto de su interés; P se preocupa del «mundo» y de la situación del hombre en el mismo, mientras J construye a su alrededor las cosas que le son más inmediatas y define su relación con ellas. En un punto están de acuerdo: ambas consideran la creación íntimamente orientada hacia el hombre, que es su centro y meta. Las dos son además casos relativamente únicos en el Antiguo Testamento, pues la rigurosa concentración teológica de P es tan singular como las profundas definiciones de las relaciones que J plantea en su narración y de las cuales no encontramos ni siquiera un eco en el resto del Antiguo Testamento.

En otras ocasiones, cuando Israel habla de la actividad creadora de Yahvéh, tiene a su disposición una imagen más popular: la lucha dramática de Yahvéh con las potencias del caos. Esta concepción presupone un elemento nuevo: la declarada enemistad entre Dios y las fuerzas del caos. Los salmos 46, 4 y 89, 10 hablan de su soberbia (גֵּאוּת, גַּאֲוָה) pero Yahvéh las increpó (Sal 104, 7), arremetió con violencia contra ellas (Sal 74, 13) y las sometió. Ahora duermen en las profundidades de la creación; un buen día podrían ser despertadas (Job 3, 8), pero Dios les puso una guardia (Job 7, 12)[23].

La afinidad de este conjunto de ideas con el mito babilónico del combate entre Marduk y Tiamat es evidente. Dejando aparte los numerosos y a veces extraños detalles sobre la lucha entre Yahvéh y el caos (véase, p. e., Ez 32, 2-8), los textos atribuyen al enemigo de Dios una realidad mítica tan personal (lo llaman Rahab o Leviatán: Is 51, 9 s.; Sal 89, 11; 74, 14) que uno podría sentirse tentado de interpretarlos en clave de un dualismo cosmológico. El carácter mitológico de los elementos que Israel tomó de esta concepción es muy llamativo, aun cuando lo comparásemos con Gén 1. Pero tengamos presente que el mito jamás aparece completo; por lo general, se trata sólo de breves apóstrofes en contextos donde es evidente que el autor no da excesiva importan-

---

23. H. Gunkel, *Schöpfung und Chaos in Urzeit und Endzeit* (²1921) 29 s. Gunkel consideraba las ideas mitológicas de Babilonia como la única fuente de las afirmaciones bíblicas relacionadas con la lucha contra el dragón del caos; hoy día los textos de Ras-Samra nos ofrecen algunas concepciones que pertenecen directamente a la mitología cananea. El estudio de W. Schmidt, *Königtum Gottes im Ugarit und Israel* (1961) aportó, entre otras cosas, un conocimiento más detallado de las concepciones típicas de este combate. Baal es quien desafía al dragón, pero no es un dios creador (como *El*); por consiguiente, las afirmaciones de este combate no deben considerarse, sin más, afirmaciones sobre la creación; esto vale también para los textos del Antiguo Testamento donde aparecen tales expresiones. Bajo el punto de vista metodológico, no me convence la tesis de Schmidt según la cual deberíamos aplicar a la creación las afirmaciones de esa lucha, sólo cuando el texto establece explícitamente esta relación. Ahora bien, esto ocurre algunas veces (Sal 74; 89) pero otras, no (Sal 93; 77). En este caso, ¿debemos juzgar diversamente estos textos si, como subraya el mismo Schmidt, Yahvéh reúne en sí las funciones de Baal y del dios creador El? En cuanto a Is 51, 9 s., me parece probable la interpretación tradicional, que ve en este texto una alusión a la creación y esto, teniendo en cuenta las frecuentes referencias a la creación en la argumentación de este profeta.

cia a la precisión de sus afirmaciones teológicas. Eran los poetas y los profetas quienes usaban ocasional y libremente estas imágenes populares.

Un tercer grupo de afirmaciones sobre la creación —muy distintas de las anteriores— proviene de la reflexión sapiencial. La literatura sapiencial se halla muy lejos de las antiguas tradiciones teológicas de Israel y sólo utiliza las mitologías de vez en cuando, de manera muy indirecta y espiritualizada. En ella viene a flote una espiritualidad consciente de las posibilidades esclarecedoras y organizadoras de la razón humana. En consecuencia, observa la creación con una inteligencia despierta, con un interés racional por sus problemas técnicos. Le impresionan la maravillosa estabilidad de la tierra sobre una base inestable (Sal 104, 5; Job 26, 7; 38, 6) y el origen de los fenómenos meteorológicos. Los himnos sapienciales y Job 38 s., en particular, muestran de manera impresionante este nuevo camino que conduce de la observación racional a la adoración. Pues la sabiduría no abandonó jamás la fe en Yahvéh creador. Mas tarde hablaremos de la nueva problemática teológica de la Sabiduría (cf. más adelante 538 s.).

No nos parece una tarea específica de la teología del Antiguo Testamento el discutir las ideas generales sobre la estructura del mundo y de sus partes, o sobre la naturaleza del hombre, sus características corporales y espirituales. Estas nociones, como otras muchas cosas, pertenecen al ámbito de los presupuestos culturales y espirituales que Israel poseía en común con la mayoría de los pueblos del antiguo oriente. En cambio nunca se insistirá demasiado en el hecho que el antiguo Israel no conocía el concepto «mundo», tan familiar para nosotros.

La ausencia en Israel de un concepto tan manejable como el «cosmos» de los griegos, tiene causas muy profundas. Israel no se hallaba evidentemente en la situación de concebir el mundo como una magnitud filosófica objetiva, a la cual se ve contrapuesto el hombre. La razón es que para Israel el mundo no era un ser sino un acontecer, una realidad que él experimentaba de una manera siempre nueva y compleja; por esto era mucho más difícil captarla con conceptos abstractos y menos aún reducirla a un principio. Israel no consideraba el mundo como un organismo estructurado que descansa sobre sí mismo, pues por un lado veía a Yahvéh que actuaba de una manera inmediata en los acontecimientos del mundo y, por otro lado, el hombre reconocía su propia participación en la historia, porque también él, con sus acciones buenas o malas, determinaba sin cesar las reacciones de su ambiente. Israel se complacía en parafrasear el mundo con la expresión «el cielo y la tierra»; pero se trata de una designación muy superficial; parte de las apariencias externas y en su contenido se halla muy lejos de la plenitud de significado propia del «cosmos» griego. Más pálida es todavía la expresión «el todo» (הַכֹּל Sal 8, 7; Is 44, 24; Qoh 3, 1).

Israel se imaginaba el universo como un edificio de tres pisos (Ex 20, 4; Sal 115, 15-17). El cielo era una cosa consistente, como una gigantesca campana que se curvaba sobre la tierra; encima de ella estaba el océano celeste (Gén 1, 8; Sal 148, 4-6). Sobre las aguas del caos inferior se asentaba la tierra, semejante a un disco apoyado sobre columnas (Sal 104, 5; 24, 2). Estas aguas regalan a la tierra fuentes y arroyos (Prov 8, 28); pero como en otro tiempo la inundaron y amenazaron destruir la obra de la creación (Gén 7, 11) lo mismo podría repetirse de nuevo. Más aún, parece que Israel creyó en una rebelión final de estas fuerzas informes contra Yahvéh (Sal 46, 4). Así pues el mundo en el cual, se desarrollaba su historia, era un mundo amenazado.

El Antiguo Testamento no posee una concepción uniforme de la naturaleza humana [24]. Pero tampoco podíamos esperar tal uniformidad, pues los materiales de las fuentes veterotestamentarias contienen concepciones de las épocas y ambientes más diversos. Además, Israel sentía, menos aún que en el caso de sus tradiciones teológicas, la necesidad de unificar o codificar sus concepciones antropológicas.

El concepto más importante de su antropología era נפש «lo que vive». Sólo en unos pocos textos conserva su significado original de «garganta, fauces» (Is 5, 14 etc.) [25]. Designa lo que es vital en el hombre, en el sentido más amplio de la palabra: la

---

24. A. R. JOHNSON, *The vitality of the individual in the thought of Ancient Israel* (1949); G. PIDOUX, *L'homme dans l'Ancien Testament* (1953); J. PEDERSEN, *Israel* I-II (1926) 99. EICHRODT II, 65 s.; KÖHLER, *Theologie*, 116 s.
25. L. DÜRR, ZAW (1925) 262 s.

נֶפֶשׁ padece hambre (Dt 12, 15), se hastía (Núm 21, 5; Ez 23, 18), odia (2 Sam 5, 8), se enoja (Jue 18, 25), ama (Gén 44, 30), se aflige (Jer 13, 17), y sobre todo, puede morir (Núm 23, 10; Jue 16, 30): es decir «sale» (Gén 35, 18) y a veces «regresa» (1 Re 17, 21 s.). Como los hebreos no separaban las funciones espirituales de las funciones vitales del cuerpo (בָּשָׂר) deberíamos evitar, en lo posible, traducir este término con la palabra «alma». La נֶפֶשׁ mora en «la carne» (Dt 12, 23), pero se distingue claramente de ella (Is 10, 18). Los animales también poseen una נֶפֶשׁ, las plantas no.

El término רוּחַ designa con mayor propiedad el aspecto espiritual del hombre en los casos, relativamente raros, en los cuales se usa en sentido antropológico y no se emplea para designar un carisma [26]. El corazón (לֵב) es la sede de todas las actividades espirituales del hombre. El exegeta tendrá siempre presente que este concepto es mucho más amplio que nuestra palabra «corazón». El לֵב no es sólo la sede de toda la vida sensitiva sino también de la inteligencia y la voluntad. Las conmociones más secretas del alma provienen de los riñones (כְּלָיוֹת Sal 73, 21; Jer 17, 10 etc.)[27].

3. Irrupción y crecimiento del pecado

Un rápido examen de los escritos del Antiguo Testamento nos muestra ya cuán raras son las ocasiones en las que hablan «del» pecado en términos de una teología teórica. Sobreabundan las referencias a pecados cometidos por toda clase de individuos, en los lugares y épocas más diversos, pero difícilmente encontramos una reflexión teológica sobre «el» pecado, como fenómeno religioso de extrema complejidad [28]. A decir verdad, en los salmos hallamos algunas afirmaciones que tienden a una validez universal

---

26. Por ejemplo: Gén 41, 8; 45, 27; Jue 8, 3; 15,19; 1 Sam 30, 12; Ez 3, 14.
27. Daniel es el primero que habla de las «visiones de la cabeza»: Dan 2, 28; 4, 2. 7. 10, etc.
28. En los manuales más antiguos se indican casi siempre: Gén 6, 5; 8, 21; Jer 13, 23; 17, 9; Sal 14, 2 s.; 116, 11; y Job 14, 4.

pero, por regla general, parten de un acontecimiento personal del cual se acusa el salmista. Así pues, el Antiguo Testamento prefiere la forma más apropiada para expresar el pecado, es decir, la confesión.

En cambio el gran tratado del yahvista en Gén 3, 11 sobre la irrupción del pecado y su crecimiento arrollador, es un caso particular; pues Israel no volverá a hablar del pecado de una manera tan universal, tan plástica en sus modelos típicos y a la vez tan extensa. Sin embargo el autor no se dedica en estos casos a hacer teoría; su interés se concentra más bien en mostrar una cadena de sucesos reales, un camino que recorrieron los hombres y los condujo a una situación irreparable. El J describe este proceso con el único lenguaje y estilo capaces de abarcar esa historia íntima entre Dios y la humanidad. No deberíamos llamar míticas estas narraciones que van desde el pecado original hasta la torre de Babel. Pues, si muchos de sus materiales provienen en último término de antiguos mitos, no obstante, les anima un espíritu tan lúcido y sensato que deben de haber recibido su impronta intelectual de la sabiduría antigua y esto representaría la antítesis de cualquier forma de pensamiento mítico primitivo. Agrupando las narraciones antiguas, que en su origen eran independientes entre sí, y uniéndolas con un mínimo de adiciones teológicas, el yahvista compuso la historia primitiva de la humanidad, bajo la perspectiva de sus relaciones originales con Dios, rotas en condiciones dramáticas. Aún así, este esbozo de la historia primitiva posee una riqueza tal de contenido, que no debemos leerla desde un solo punto de vista, sino desde varios a la vez. En las páginas siguientes ponemos de relieve tres aspectos: el teológico, el antropológico y el cultural [29].

---

29. Esta división es, sin duda, artificial; pero podría prevenirnos contra una comprensión demasiado restringida del problema. Sobre toda esta problemática véase, P. HUMBERT, *Etudes sur le récit du paradis et de la chute dans la Genèse* (1940); J. BEGRICH, *Die Paradieserzählung*: ZAW (1932) 93 s. (ahora en, *Ges. Studien z. AT.* 1964, 11 s.); J. COPPENS, *La connaissance du bien et du mal et le péché du paradis*: Analecta lovaniensia biblica et orientalia (1948).

1. El punto de vista teológico se encuentra naturalmente en primer plano: este encadenamiento de narraciones debe ante todo mostrar el comportamiento de los hombres en relación con Dios y la manera como reaccionó Dios a la violación cada vez más grave del orden que había establecido. Las cosas comenzaron cuando los hombres cogieron el fruto del árbol de la ciencia. Con paterna solicitud, Dios había destinado a la humanidad toda clase de beneficios imaginables; pero su voluntad fijó en el campo del conocimiento un límite entre él y el hombre. Según el uso del idioma hebreo, el narrador entiende con las palabras «el conocimiento del bien y del mal» un proceso que no se limita al ámbito meramente intelectual. El verbo ידע indica a la vez el conocimiento y el dominio de todas las cosas y de sus secretos, pues aquí no debemos entender el mal y el bien en sentido moral, sino en el significado de «todo» [30].

El hombre, pues, abandonó la simplicidad de la obediencia a Dios cuando intentó ensanchar su naturaleza hacia Dios, buscando un aumento de la vida divina más allá de sus límites creados; en una palabra, cuando quiso ser como Dios. Con esto el hombre echó a perder su existencia en el paraíso de las delicias y en la proximidad con Dios. Le resta sólo una vida entre fatigas y agobiantes enigmas, inmerso en un combate desesperado con la potencia del mal, para caer, al fin, víctima de una muerte inevitable. El hijo de la primera pareja mató a su hermano, porque envidiaba la benevolencia que Dios le manifestaba. Pero Dios oyó el grito acusador de la sangre derramada; con su maldición, arrojó al asesino fuera de la tierra fecunda; y Caín «salió de la presencia de Yahvéh». Mas Dios no proscribió por completo al fratricida, sino que puso su vida bajo una protección misteriosa (Gén 4, 15). Luego, cuando la herrería introdujo la espada en la historia, creció entre los descendientes de Caín la sed de venganza y desquite hasta límites inconcebibles.

Sin embargo la catástrofe fue todavía mayor cuando los seres

---

30. H. J. Stoebe interpreta la frase «el bien y el mal» en el sentido de todo aquello que favorece u obstaculiza la vida (**ZAW** 1953, 188 s.).

divinos del mundo superior se mezclaron con los hombres; esto trajo consigo una nueva infracción del orden creado, que Yahvéh había impuesto al hombre. La catástrofe fue superior a todas las precedentes; no era una simple cuestión interna de la humanidad, pues derribaba el muro que separaba al hombre de los seres divinos. Frente a esta degeneración de su creación, Yahvéh decidió aniquilar la humanidad con el castigo del diluvio. Tan sólo conservó la vida a un hombre, y garantizó a la nueva humanidad, descendiente de Noé, la estabilidad de las leyes naturales, si bien sabía que la humanidad postdiluviana también era «mala desde su juventud» [31]. De este modo, en la continuidad de las leyes naturales es donde el hombre experimenta en primer lugar esta paciencia divina que lo sostiene. Pero al fin Yahvéh tuvo que decidirse a deshacer la unidad de los hombres. La torre gigantesca que comenzaron a construir no estaba terminada, ni había sucedido aún una nueva catástrofe, pero Yahvéh comprendió que nada podía atemorizar a esta humanidad consciente de sus nuevas posibilidades y así, para evitar males mayores, «confundió» las lenguas, es decir, dividió la humanidad en pueblos, que no se comprendían [32].

El documento sacerdotal presenta la historia de los orígenes humanos de manera muy concisa y bajo una perspectiva teológica distinta. No es exacto decir que no trata en absoluto de la irrupción del pecado, pues una afirmación como ésta: «la tierra estaba corrompida ante Dios y llena de crímenes» (Gén 6, 11. 13), pesa en el estilo extraordinariamente lacónico de P, tanto como una narración entera en otro documento. De todos modos, es cierto que P apenas se interesa por el fenómeno del pecado; concentra toda su atención en definir lo que es teológico, en sentido estricto, es decir, la actividad divina y la promulgación de sus leyes.

---

31. Gén 6, 5; 8, 21.
32. Cosa extraña, ningún texto del Antiguo Testamento deja entrever que conoce o se refiere de algún modo a esta historia del pecado original. Ezequiel tiene sin duda presente una tradición diversa, cuando dice que la sabiduría del primer hombre «se corrompió», porque se ensoberbeció de su belleza (Ez 28, 17). Lo mismo podemos decir de Job 15, 7 s.

P supera con mucho a J cuando presenta el diluvio como una catástrofe universal que Dios detuvo en el último momento, pues mientras el océano celeste (מבול) desde arriba y el *Tehom* (abismo) desde abajo, penetraban en la tierra, se derrumbaba y confundía cuanto Yahvéh había «separado» en el momento de la creación. De este modo las leyes de la conservación del universo aparecen, con un vigor extraordinario, como una efusión de la pura benevolencia divina. P se preocupa por matizar en este punto sus conceptos (Gén 9, 1 s.). Dichas leyes parten del hecho que las relaciones entre las criaturas se encuentran transtornadas por completo. La nota distintiva de la condición humana después del diluvio es la חמס «violencia», «violación del derecho» [33]. Para contenerla Yahvéh promulgó algunas leyes especiales: autorizó la matanza y el sacrificio de los animales, reservando para sí la protección exclusiva de la vida humana; pero, en este caso, cedió al hombre la tarea de castigar al asesino [34]. Yahvéh llegó hasta el punto de garantizar el mantenimiento de los componentes naturales del universo, mediante una alianza (Gén 9, 8 s.). En este mundo, al que la bondad de Yahvéh dio una estabilidad tan grande, se desarrollará a su debido tiempo la historia de la salvación.

2. Como subrayamos hace poco, el J se distingue de P, que anota exclusivamente los hechos divinos, porque inserta en su descripción de la historia primitiva el elemento humano, con todas sus manifestaciones más complejas. Este documento proviene de un ambiente intelectual muy ilustrado, en cuyo campo visual había penetrado el fenómeno humano con todos sus enigmas, y se sentía llamado a descifrarlo y fijarlo en términos racionales. Aquí es donde la historia yahvista de los orígenes se dis-

---

33. Gén 6, 11. 13; חמס indica la transgresión violenta de una norma jurídica. Este término pasó a ser un grito de socorro con el cual apelaba a la protección de la comunidad aquel que se hallaba en peligro de muerte (Jer 20, 8; Hab 1, 2; Job 19, 7).
34. Gén 9, 1-7. Más detalles en: G. von Rad, *Das erste Buch Mose* (ATD) 108 s.

tingue considerablemente de la sacerdotal y por esto se dedica a presentar el pecado como un fenómeno humano psicológico e incluso somático.

El yahvista presenta al lector la tentación como un proceso de enmarañadas solicitaciones (Gén 3, 6). El pecado aparece sobre todo en relación con sus repercusiones en el hombre: la vergüenza es el primer signo instintivo de una ruptura misteriosa, que recorre todo el cuerpo; el temor es la segunda marca siniestra del pecado. Si en un principio estas reacciones eran espontáneas o instintivas, luego, al comenzar la reflexión consciente, el hombre intenta alejar de sí la culpa y es significativo que procure atribuirla a Dios. Finalmente la sentencia divina desea hacer comprender a la fe que las disonancias más fundamentales de la condición humana son un castigo infligido por Yahvéh: la lucha contra el mal, al que el hombre abrió una vez las puertas, la situación contradictoria de la mujer, su indigna dependencia y la amenaza que representa para ella su misma función generativa, y en último lugar, la lucha encarnizada del hombre con la tierra, que le niega una cosecha fácil de sus frutos.

La historia de Caín completa con nuevos rasgos este cuadro del hombre marcado por el pecado: el odio al hermano empieza incluso a desfigurar su fisonomía (Gén 4, 5) y la sed de venganza se hace desmesurada entre sus descendientes. La unión de los seres divinos con los hombres transtornó por completo la condición del hombre creado por Dios; una fuerza vital se mezcló con la humana y hubiera conducido a una «superhumanidad» demoníaca, contraria a las leyes de la creación si Yahvéh no se hubiera opuesto, limitando la duración de la vida física [35].

La historia de la torre de Babel vuelve a ocuparse del fenó-

---

35. Aquí debemos recordar con W. Vischer (Das Christzeugnis des AT, 114 s.) las palabras clarividentes de Jacob Burckhardt sobre los grandes personajes de la historia universal: «Su naturaleza permanece un verdadero misterio de la historia universal; su relación con su época es un ἱερὸς γάμος (matrimonio sagrado), realizable casi exclusivamente en períodos espantosos, los únicos que dan la medida suprema de la grandeza» (Weltgesch. Betrachtungen).

meno del lenguaje del cual había tratado ya la historia de la creación (Gén 2, 19 s.). Allí se atribuía al lenguaje la dignidad de una potencia creadora, que capacita al hombre para llevar a término la tarea de ordenar racionalmente su espacio vital. En este sentido, el lenguaje no sirve en primer lugar para satisfacer la necesidad que tiene el hombre de comunicarse, sino para conocer y estructurar las cosas. El yahvista presenta primero la humanidad que habla un solo idioma, en cambio al final de la narración de la torre de Babel, el lenguaje aparece bajo una luz nueva: su multiplicidad es consecuencia de una intervención divina no sólo preventiva sino además punitiva.

3. El documento sacerdotal, como ya dijimos, debe leerse desde un punto de vista estrictamente teológico. En cambio sería un rigorismo teológico mal aplicado, si quisiéramos negar que el yahvista se propuso escribir, con los medios de su época, una historia real y lo más completa posible de los orígenes de la humanidad. El J describe este período histórico bajo la perspectiva de las relaciones del hombre con Dios, pero es indudable que quiso ofrecer a sus contemporáneos algunos conocimientos concretos sobre las primeras etapas de la evolución cultural humana y por esto también hemos de tomar en serio este aspecto de su historia de los orígenes.

Una condición fundamental para la existencia del hombre es su relación con el suelo fértil (אדמה). El mismo fue tomado de la tierra (Gén 2, 7), por eso la tierra y sus dones eran el fundamento materno de toda su existencia. Pero en esta relación se abrió una brecha, una desavenencia que se manifiesta en el sordo forcejeo del hombre con la tierra. Dios la maldijo por causa del hombre y ella le niega a su vez la fácil cosecha de sus frutos (Gén 3, 17-19). Pero la relación entre el hombre y la tierra se transtornó por completo cuando ésta bebió la sangre del hermano (Gén 4, 10 s.). Según parece, el yahvista vio en el cultivo de la viña, a partir de Noé, una atenuación de la pesada maldición (Gén 5, 29; 9, 20).

Existen dos versiones sobre el uso de los vestidos por la primera pareja humana; su origen se atribuye primero al instinto humano a protegerse, pero luego aparece como una disposición de la misericordia divina que no quiere dejar desnudos a quienes sentían vergüenza recíproca por su desnudez (Gén 3, 7. 21). Dios mismo cubrió las vergüenzas de los hombres, les dio con ello una nueva posibilidad de convivencia y al mismo tiempo instauró un elemento fundamental de la cultura humana.

La historia de Caín muestra la aparición de diversos géneros de vida, la pastoril y la agrícola; la división entre ellas es muy profunda, pues las diversas ocupaciones culturales determinan también una diversidad de cultos. El árbol genealógico de los cainitas nos informa sobre otras transformaciones de gran trascendencia para la historia de la cultura: junto a la ciudad, con sus formas particulares de vida comunitaria, aparecen allí pastores, músicos y herreros. Los últimos aportan una novedad decisiva para la historia: la espada; y el yahvista muestra, de manera significativa, cómo este descubrimiento induce en seguida a los hombres al mal (Gén 4, 22-24).

Finalmente, la historia de la torre de Babel presenta un fenómeno de grandes proporciones en la historia cultural de la humanidad. Las grandes culturas suelen nacer de las grandes migraciones; los hombres salen de su existencia oscura y emergen a la luz de la historia hasta alcanzar (¡sobre las vastas llanuras!) el nivel de grandes potencias culturales. Pero desde este momento su vida cambia y su convivencia social toma nuevas formas. Planean una comunidad de intereses económicos; un entusiasmo vital les anima en su obra titánica, para la cual, en cambio, tienen a su disposición materiales de construcción muy débiles. Con una clarividencia admirable, la antigua saga dibuja aquí, la imagen primordial de toda cultura humana y las fuerzas fundamentales que la animan. La colaboración económica y una voluntad viva e indomable de grandeza (con un toque de angustia) llevan al hombre a construir una obra colosal, que la saga contempla con un escepticismo innegable, pues ve en este titanismo la amenaza más grave a las relaciones del hombre con Dios; más aún, ve en la gigantesca empresa cultural un ataque contra Dios mismo.

Todo esto no nos ofrece naturalmente una imagen completa del desarrollo cultural de la humanidad ni tampoco una doctrina unívoca. Dada la gran variedad de materiales legendarios que componen la historia yahvista de los orígenes, el yahvista sólo podía poner de relieve algunos hechos característicos que tuvieran un valor ejemplar. Y no obstante logran formar, en cierto modo, un cuadro global de la historia primitiva. De la sombría seriedad de esta visión dijo Wellhausen: «Ella encierra una antigua filosofía de la historia que casi raya en pesimismo... Domina en ella una atmósfera tímida y pagana. El rechinar ocasional de las cadenas sirve sólo para empeorar el sentimiento de esclavitud de la naturaleza humana; el abismo que separa al hombre de Dios es incolmable» [36]. Estas afirmaciones son, en parte, exactas.

Cuando el hombre abandona la simplicidad de la obediencia y consigue la ciencia, rebelándose contra Dios, inicia un camino en el cual se manifiesta cada vez más poderoso y titánico. En las historias de los matrimonios entre los ángeles y las mujeres (Gén 6, 1 s.) o de la torre de Babel (Gén 11, 1 s.), podemos percibir todavía reminiscencias de un auténtico terror primitivo frente a las inmensas posibilidades del hombre. A lo largo de esta evolución hacia un poder titánico perfecto, encontramos también las piedras miliarias del creciente progreso de la cultura humana. Pero este crecimiento y esta elevación lenta del hombre a un nivel cultural superior, lleva consigo la separación cada vez más profunda de Dios, que debía conducirle a una catástrofe. Sin embargo, lo dicho hasta el presente, no refleja con claridad suficiente el sentido específico de la historia yahvista de los orígenes; éste se manifestará plenamente en Gén 12, 1-3, su verdadera conclusión.

---

36.   J. Wellhausen, *Prolegomena zur Geschichte Israel*[5], 320.

4. Yahvéh y los pueblos
Conclusión de la historia de los orígenes

La fe de Israel se ocupó de muchas maneras del resto de las naciones. En sus libros históricos reflexiona y habla sobre múltiples contactos y conflictos políticos con diversos países; los profetas se interesan por sus relaciones con los planes históricos de Yahvéh, les anuncian el castigo que se avecina o su participación en la salud destinada a Israel. La historia de los orígenes se distingue de todos esos testimonios contemporáneos, es decir, frutos de un momento histórico muy concreto. Israel no volverá a hablar del fenómeno de las naciones de una manera tan teórica, desapasionada y ajena al estrépito y las tensiones de la historia política, como en este lugar. Sólo en el esquematismo casi mítico del género apocalíptico (Dan 2; 7), aparecerán de nuevo algunos rasgos de este espíritu teórico. Pero esta visión apocalíptica de la historia quiere ser también un mensaje directo, en una situación histórica concreta; en cambio Gén 10 y 11 son partes de un esbozo teológico, cuyo centro de gravedad se encuentra, como veremos en seguida, en Gén 12, 1-3.

Tanto el documento yahvista como el sacerdotal hacen derivar toda la constelación de las naciones de los tres hijos de Noé: Sem, Cam y Jafet; por consiguiente siguen una concepción que, en sus tiempos, tenía ya una forma fija. De este modo expresan la unidad del género humano con una claridad sin paralelos en el mundo. La clasificación literaria de los grupos nacionales en la «lista de los pueblos», se basa ciertamente en esquemas cartográficos o en las listas contemporáneas, en las que se indicaban las naciones de acuerdo con sus relaciones históricas o políticas (y no según su raza o lengua), sin mostrar preferencia alguna o dar algún juicio de valor [37].

La «lista de los pueblos» carece por lo tanto de un punto central, al cual pudieran referirse cada uno de ellos, e Israel falta

37. G. HÖLSCHER, *Drei Erdkarten* (Sitzungsberichte d. Heidelberg. Akademie der Wissenschaften, Phil. hist. Klasse, 3. Abt. 1949).

por completo. Esto podría explicarse diciendo que en la época de Noé no existía Israel. Pero en su imagen de la expansión de los pueblos, esta lista anticipa mucho el desarrollo histórico real y no duda en introducir pueblos que, sólo en un período muy tardío (incluso en el siglo VII), entraron por primera vez en el horizonte político de Israel. No dice nada de Israel; estaba todavía «en las entrañas» de Arfaxad, es decir, se halla oculto en un nombre que jamás tuvo alguna importancia teológica en la religión yahvista.

Aquí, pues, Israel afronta el fenómeno de las naciones con una actitud completamente profana, sin ponerlo en relación teológica consigo mismo. Se piense, en efecto, qué fácil hubiera sido trazar la línea directa desde la creación hasta Israel, y considerarle el centro de las naciones [38]. Sin embargo, en la historia bíblica de los orígenes, la línea histórica que parte de la creación desemboca primero en la totalidad de los pueblos. Aquí se llega a una conclusión, pues, con la multiplicidad de las naciones, se ha realizado uno de los planes que tuvo Dios al crear el mundo. Por esta razón alguien calificó al capítulo 10 del Génesis como la conclusión propia de la historia de la creación, pues en él se describe finalmente el aspecto histórico del mundo creado, en el cual se hallaba Israel [39].

Con esta exposición de la historia, Israel rompía resueltamente con el mito. En adelante no podrá legitimar y derivar su existencia directamente del mundo de la divinidad, pues entre él y Dios se extendía el universo de las naciones [40]. La línea no era continua, pues cuando miraba hacia el pasado, se hallaba siempre como un simple miembro del mundo histórico de las naciones. En sus creencias sobre la creación no existía nada que le distinguiera

---

38. Véase en cambio la concepción de Ez 5, 5: «ésta es Jerusalén; yo (Yahvéh) la coloqué entre los pueblos rodeada de países».
39. B. JACOB, *Das erste Buch der Tora* (1934) 294.
40. La lista babilónica de los primeros reyes, por el contrario, traza una línea directa hasta el reinado de Eridú, y la epopeya babilónica de la creación desemboca en la fundación de Babilonia. AOT, 147, 121 s. ANET, 68 s.; 265 s.

de los otros pueblos. Todas las experiencias particulares de Israel con su Dios, tendrán lugar en el ámbito de la historia, sin el menor roce con el mito [41].

La «lista de los pueblos» encierra en su contexto actual un sentimiento de profunda admiración ante la riqueza creada de Yahvéh, quien, con el mandato de la procreación (Gén 9, 1), suscitó de un solo tronco la multitud incalculable de las naciones. A este juicio positivo sobre los pueblos, sigue uno muy negativo en la historia de la torre de Babel. El paso de la «lista de las pueblos» a Gén 11, era ya muy abrupto en el yahvista; pues la afirmación de que la humanidad comenzó su emigración unida y hablando una sola lengua, no puede armonizarse con esta Lista; en efecto, la historia de la torre de Babel, que sigue a continuación, comienza refiriéndose de nuevo a cuanto precede a la Lista mencionada e inicia una explicación totalmente nueva de la división de la humanidad en una multitud de pueblos.

Así pues, el fenómeno de las naciones no tiene un significado claro en la historia de los orígenes. Esta multitud de pueblos brota de la riqueza creadora de Dios y al mismo tiempo lleva en su confusión los estigmas de su intervención punitiva, pues queda siempre abierta la cuestión de las relaciones de estos pueblos con Yahvéh; más aún, es evidente que toda la historia de los orígenes culmina en este interrogante, pues la fosa que separa a los pueblos de Dios, se ensanchó todavía con la dispersión de la humanidad y la confusión de las lenguas.

La historia de la torre de Babel debe considerarse, por consiguiente, el término de un camino que el hombre pisó por primera vez con el pecado original y que conducía a erupciones del pecado

---

41. Con esta concepción del mundo de las naciones, en la que ningún pueblo goza de precedencia frente a los demás, es como Israel se alejó quizás del modo más radical de las antiguas concepciones mesopotámicas sobre el universo. El orden cósmico en el que se hallaba la antigua Babilonia, se identificaba con el orden del estado. En efecto, el estado era el modelo sobre el cual imaginó la organización del universo, donde los dioses ejercían su dominio bienhechor. El estado babilónico era un «imperio universal» en el sentido más profundo de la palabra, en cuanto que el estado mismo era un orden universal, una realidad cósmica primordial.

cada vez más violentas. El pecado original, Caín, el canto de Lamec, los matrimonios de los ángeles y la torre de Babel son las etapas con las que el yahvista marca el creciente aumento del pecado. Dios castigó estas erupciones con castigos cada vez mayores. Sin embargo, unida misteriosamente a estos castigos, aparece siempre una actividad divina que salva al hombre, lo soporta y acompaña. Dios expulsó a los primeros hombres del paraíso, pero los vistió y los dejó vivos. Caín fue expulsado del אדמה (suelo fértil) pero, aun siendo maldito, permaneció en un estado de protección divina muy paradógica. El castigo universal del diluvio tuvo una prórroga, pues Dios comienza de nuevo y traslada al hombre, no obstante su permanente corrupción, a un mundo al que ha garantizado la estabilidad natural. De esta manera junto a los castigos apareció siempre la voluntad salvífica de Dios; a medida que crecía el pecado, cobraba fuerza la gracia.

En un lugar falta esta protección benévola de Dios, este su caminar en compañía de aquel a quien ha castigado: la historia de la torre de Babel termina sin la gracia y por eso, como dijimos hace poco, el problema de las relaciones futuras de Dios con las naciones es la cuestión principal que la historia de los orígenes provoca en el lector. Estas relaciones ¿se rompieron definitivamente?, la gracia divina ¿se agotó para siempre? La historia de los orígenes no da ninguna respuesta (pues ¿cómo podía sacar de sí misma una respuesta a esta pregunta?). La respuesta a esta cuestión, la más universal de todas las cuestiones teológicas, la dará el comienzo de la historia salvífica, la vocación de Abraham y el plan histórico de Yahvéh, allí insinuado: en Abraham «serán benditas todas las familias de la tierra». «La eficacia de la bendición de Abraham llega hasta donde se extiende el desdichado mundo de las naciones» [42]. Este es el colmo de la paradoja, pues el horizonte histórico se estrecha de repente en Gén 12. Ya no se habla de hechos y problemas universales, del mundo, la humanidad, los sexos, el pecado, el dolor, las naciones: Gén 12 coloca

---

42. O. PROCKSCH, *Genesis* (^{2}1924) 97.

de repente en el centro de la narración un solo individuo, una familia y el pueblo que de ella nacerá.

Sin embargo al comienzo de esta historia de elección particular encontramos ya indicada la meta final y universal a donde Yahvéh quiere conducirla. Por consiguiente la verdadera conclusión de la historia primitiva de la humanidad no se encuentra en la torre de Babel, sino en la vocación de Abraham (Gén 12, 1-3). Es más, gracias a este enlace de la historia primitiva con la historia de la salvación, debemos interpretar toda la historia salvífica de Israel en relación al problema, todavía sin resolver, de las relaciones entre Yahvéh y el resto de las naciones. Quien habla de Israel, del significado específico de su elección particular, debe partir de la creación del mundo y procurar comprenderlo en conexión con la totalidad de los pueblos. En efecto, no existe otro cuadro más modesto en el que sea posible plantear las cuestiones derivadas de su vocación y elección. He aquí, pues, lo que nos enseña Gén 12, 1-3: la historia de los orígenes debe considerarse uno de los elementos más esenciales de una etiología teológica de Israel.

En cuanto a la estructura teológica de la historia primitiva del yahvista, resulta casi imposible suponer que su disposición interna sea una creación original del yahvismo o del yahvista. Lo más probable es que Israel sigue aquí un esquema cosmológico preexistente. En este caso debemos pensar ante todo en la siguiente sucesión de origen sumerio: creación, historia primitiva, diluvio y nuevo comienzo de la historia universal [43]. De acuerdo con ella, la narración yahvista de los orígenes marca también una división profunda después del diluvio, y quizás las palabras divinas de Gén 8, 21 s. sean realmente la verdadera conclusión de la historia primitiva, pues a partir de este momento comienza de nuevo la historia de la humanidad. Por otro lado, la comparación muestra también la gran libertad que se tomaba Israel cuando reelaboraba los materiales de la tradición: la primera era del mundo, la edad prediluviana ya no es para Israel la época de una salvación que ningún otro período de la historia podrá alcanzar, sino, por el contrario, el tiempo de una calamidad creciente y desesperada [44].

---

43. H. Gese, *Geschichtliches Denken im Alten Orient und im AT*: ZThK (1958) 128 s.
44. R. Rendtorff, *Gen 8, 21 und die Urgeschichte des Jahwisten*: Kerygma und Dogma (1961) 69 s.

I I

LA HISTORIA DE LOS PATRIARCAS

Quien lea con sentido teológico las historias de los patriarcas notará en seguida que no es fácil dar una respuesta a quien, como nosotros, pregunta espontáneamente cual es «el sentido», el contenido teológico de estas narraciones. ¿Cómo conseguiremos, pues, abordar este problema? Aquí no encontramos una exposición histórica análoga a la deuteronomista que desea poner a disposición del lector juicios teológicos claros y le hace participar en una amplia e incesante reflexión teológica sobre la historia. El lector buscará en vano en las historias patriarcales un lugar donde el autor formule su propio juicio teológico. En este estado de cosas, un intento de comprender al narrador y sus opiniones por vías indirectas, tiene mayores posibilidades de éxito.

Es fácil distinguir con suficiente precisión las unidades legendarias antiguas, ya configuradas en la tradición anterior, de aquellos pasajes sin una tradición precedente, que tampoco merecen el nombre de sagas, pues son más bien piezas de enlace. En estos textos es donde aparece más clara la mentalidad del narrador. Pero el número de estas perícopas de enlace tan significativas es reducido; y su luz ilumina en cada caso un contexto narrativo limitado, pero jamás se extiende a la totalidad de las historias patriarcales [1]. ¿Será que hemos planteado mal el problema? Pues, ¿quién puede asegurarnos que esos narradores sólo conocían un sentido teológico único, que englobaba realmente la totalidad de las historias patriarcales? y ¿es acaso esto lo que ellos desean ofrecernos? Quizás introdujeron en sus narraciones tantas historias de tramas y acontecimientos complicados sólo porque los encontraron en la tradición y los juzgaron dignos de mención por contener noticias de los acontecimientos que vivieron los antepasados del pueblo. Naturalmente cada uno de estos aconte-

---

1. Gén 12, 1-9 ó 18, 17-19 (33) son ejemplos particularmente claros de ales inserciones. Véase, G. von Rad, *l. c.*, 138, 177 s.

cimientos tenía su sentido propio; es más, todos ellos insinúan al lector una cierta interpretación aunque no lleguen al punto de explicar todas las particularidades allí presentes. Todavía permanecen en ellos muchos hechos que no se pueden incorporar a este trabajo interpretativo.

La forma más antigua de la historia patriarcal nos fue transmitida en la frase inicial del antiguo credo de Dt 26, 5. Aquí se habla con estilo lacónico del «arameo errante», que «bajó a Egipto y se hizo un gran pueblo» [2]. El arameo es Jacob. Entre esta redacción tan sencilla y sucinta y la forma que actualmente tiene la historia de los patriarcas en el Génesis, se extiende un largo camino en la historia de la tradición, cuyas principales etapas pueden reconstruirse de manera aproximada [3]. Cada uno de los materiales, que enriquecieron poco a poco la historia de los patriarcas, provienen de ambientes y regiones muy distintos y, en su origen, poseían sólo una validez local muy limitada. Las tradiciones de Jacob se adhirieron preferentemente a los santuarios del centro de Palestina: Betel, Siquem, Fanuel; las de Isaac y Abraham en cambio procedían del sur, en especial de Berseba y Mambré. Pero esta construcción de la historia patriarcal con diversas unidades de tradición, que eran independientes en su origen, posee también su importancia para la teología bíblica.

El dios que domina todos los acontecimientos de la historia patriarcal es Yahvéh; un anacronismo desde el punto de vista histórico, pues los antepasados premosaicos de Israel, no conocían todavía la religión yahvista; incluso el tardío documento sacerdotal sabe que la revelación del nombre de Yahvéh en el período mosaico, significó un corte profundo con el pasado y el comienzo de una era nueva (Ex 6, 2 s.). Los antepasados de Israel anteriores a Moisés se hallaban ligados a otras formas cultuales; adoraban al «dios de los padres» [4]; aún así, este culto tan antiguo

---

2. אבד se dice sobre todo de los animales extraviados: 1 Sam 9, 3. 20; Jer 50, 6 etc. Véase también Gén 20, 13 (E).
3. M. NOTH, *Pentateuch*, 58 s.; 86 s.; 162 s.
4. A. ALT, *Der Gott der Väter*, en *Kl. Schr.* I, 1 s.

tenía cierto parentesco con la religión yahvista posterior —en particular porque también ella unía la divinidad con las personas y no con determinados lugares—. Ahora bien, esta primera etapa de la historia cultual sólo puede deducirse indirectamente de la recensión actual de las historias patriarcales. J y E parece que no la conocieron y, si en su tiempo sobrevivía en algunos recuerdos, los narradores no les concedieron ninguna importancia.

El dios que condujo a Abraham, Isaac y Jacob era Yahvéh y los rudimentarios nombres divinos del culto recién asimilado (el culto al «dios de los padres»; al פחד יצחק «terrible de Isaac» Gén 31, 53; al «campeón de Jacob» Gén 49, 24 אביר יעקב) se convirtieron en nombres y títulos de Yahvéh. La fe yahvista reconoció en todo cuanto narraban las tradiciones antiguas acerca de los patriarcas, la mano y la palabra de su Dios, e Israel reivindicó incluso los hechos más lejanos y extraños (basta pensar en la historia de Fanuel, Gén 32, 22 s.) como bienes suyos y de Yahvéh su Dios. De esta manera, las tradiciones antiguas ensancharon poderosamente el ámbito de su validez original, pues ahora Israel se aplicaba a sí mismo estos lejanos acontecimientos y descubría en ellos su propiedad más peculiar. Estas historias patriarcales no fueron narradas con un sentido puramente histórico, preocupado sobre todo por repetir punto por punto cuanto ocurrió en aquellos tiempos; no, en ellas se depositaron también experiencias y convicciones de las generaciones posteriores. Los narradores condensan a menudo en una historia de pocos versículos el resultado de una historia divina que se extiende desde el suceso narrado hasta su misma época.

Por muy variado que sea el material de la tradición reunido en las grandes composiciones narrativas, desde la vocación de Abraham hasta la muerte de José, el conjunto posee una armazón que los soporta y unifica: «la promesa a los patriarcas». Así, por lo menos, cabe afirmar que este polícromo mosaico narrativo recibió una cohesión temática, mediante la aparición repetida de la promesa divina (todo ello hasta allí donde los antiguos narradores podían elaborar un material tradicional preexistente). En efecto, esta promesa no resuena sólo en narraciones a las que pertenecía desde su origen, sino que más tarde, en un proceso de elaboración (probablemente sistemático) de los materiales tradicionales, fue incluida en algunas unidades narrativas que le eran extrañas; la inserción de la promesa en estas unidades cambió el sentido de las mismas y enriqueció su contenido [5].

En Gén 22 tenemos un ejemplo muy claro de este enlace de antiguos materiales narrativos con la promesa a los patriarcas. La narración presenta, sin duda alguna, todos los indicios de una antigua tradición cultual. En otro tiempo terminaba con el v. 14, donde remata la etiología. El nombre de la localidad se perdió en el transcurso de la historia de la tradición y permaneció sólo la explicación del mismo. (Una etiología completa comprende el nombre y su explicación, véase Gén 16, 13 s.; Jue 6, 24). La conexión entre el antiguo material y la promesa a los patriarcas se establece en el v. 15, cuando el ángel toma la palabra «por segunda vez». De esta manera se cambió también radicalmente el significado global de la narración primitiva que trataba del rescate de un niño destinado al sacrificio con la inmolación de un animal.

La promesa a los patriarcas posee en J y E un doble contenido: la posesión del país de Canaán y la descendencia innumerable. Es frecuente hallarlas juntas, como si fueran una fórmula fija; también puede ocurrir que en un complejo narrativo aparezca sólo una de ellas [6]. Una visión global de todas las citas nos muestra que la promesa de la tierra supera en importancia a la promesa de llegar a ser un pueblo. Esta promesa doble es antiquísima y se remonta en la historia de la tradición hasta el tiempo de los patriarcas. El dios de los padres prometió a los antepasados de Israel, que vivían en sus tiendas junto a las fronteras de la tierra de cultivo, la posesión del país y una numerosa posteridad. En

---

5. Así, por ejemplo, la historia de José no tenía en su origen relación alguna con la promesa patriarcal; le fue añadida cuando se la unió con el complejo de las historias patriarcales: Gén 46, 3; 50, 24. La promesa de un país, no pertenecía tampoco en un principio a la antigua leyenda cultual de Gén 28, 10 s. Por lo tanto esta tendencia a dar unidad y cohesión teológica a materiales, originariamente tan variados, pertenece a una fase más reciente de la tradición, a saber, cuando la promesa hecha a los patriarcas se refería ya a la conquista de Canaán bajo Josué.

6. Gén 12, 3. 7; 13, 14-16; 15, 3. 7. 18; 18, 10; 22, 17; 24, 7; 26, 3. 24; 28, 3 s. 13-15; 32, 13; 35, 9-12; 46, 3; 48, 4. 16; 50, 24.

7. A. Alt, *l. c.*, 66 s.

ningún otro texto aparece esto tan claro como en la antiquísima narración de la alianza con Abraham, Gén 15, 7 s., una tradición casi intacta que parece provenir de aquella época tan remota [7]. Ahora bien, debemos tener presente que, en su significado primitivo, esta doble promesa y, en particular la promesa de la posesión del país, se refería a una realización próxima e inmediata de la misma, a la instalación sedentaria de los antepasados en la tierra de Canaán. La promesa no tenía en un principio el significado de una inmigración pasajera, seguida de un nuevo abandono del país y su posesión definitiva bajo Josué. Ahora en cambio exige este sentido, dondequiera que aparezca en la historia de los patriarcas. Así pues, al introducir la antigua promesa a los patriarcas en el cuadro general de la historia salvífica, J y E la pusieron en relación con otra realización mucho más tardía. Yahvéh había colocado la meta primitiva de la promesa en una época posterior de la historia. El episodio de Egipto da a la promesa un contenido estrañamente quebrado.

Pero ahora todo adquiría proporciones mayores, pues el cumplimiento de la promesa no iba destinado sólo a una pequeña comunidad pre-mosaica, sino a todo el pueblo de Israel, que debía nacer de los patriarcas. De este modo, la situación de los patriarcas con relación a la tierra prometida presenta un extraño carácter contradictorio: Dios les había prometido el país a ellos mismos y a su descendencia e invitó a Abraham a recorrerlo en toda su extensión para tomar posesión jurídica del mismo (Gén 13, 14 s.) [8]. Pero, en el sentido propio de la palabra, ellos no la poseían; vivían en el país, pero quienes lo habitaban eran los cananeos (Gén 12, 6). El documento sacerdotal, más preocupado que J y E por fijar los hechos en conceptos, expresó esta situación pasajera con la frase ארץ מגורים «tierra de la emigración» [9]. Sólo una pequeña parcela de esta tierra les llegó a pertenecer con pleno derecho: el sepulcro de Macpela en Hebrón (Gén 23). Los padres

---

8. Sobre el significado jurídico de Gén 13, 14 s. véase D. DAUBE, *Studies in Biblical Law* (1947) 34 s.
9. Gén 17, 8; 28, 4; 36, 7; 37, 1; 47, 9.

que, como Abraham, anduvieron errantes por causa de la promesa, no fueron sepultados en tierra «hetita»; en la tumba dejaban
de ser extranjeros.

Así pues, al orientar las peregrinaciones de los patriarcas hacia
la posesión definitiva de la tierra, se les fija una meta que sobrepasa los límites propios de la historia patriarcal. El documento
sacerdotal le añadió además una orientación nueva: la revelación
del Sinaí. En efecto, Dios no sólo prometió a los padres un país
y una posteridad; también les prometió ser su Dios y el de sus
descendientes, poniéndoles así ante la perspectiva de una relación
particular consigo mismo [10]. El «yo seré vuestro Dios» es, sencillamente, el primer miembro de la fórmula de la alianza sinaítica
que, más tarde, rezará: «yo seré vuestro Dios y vosotros seréis
mi pueblo» [11]. Ahora bien, Israel se convirtió en pueblo de Yahvéh
mediante la revelación de sus mandamientos y la institución del
único culto legítimo. Así pues, la historia de los patriarcas, en su
redacción actual, ha de interpretarse como una disposición particular de Yahvéh mediante la cual llama a la existencia al pueblo
de Israel y por esto toda ella apunta a una meta superior que la
trasciente: con sus promesas anuncia, en primer lugar, la constitución del pueblo, luego la relación especial de este pueblo con
Yahvéh, que le fue otorgada en el Sinaí y finalmente el don salvífico por excelencia, la posesión definitiva de la tierra de Canaán.

Sólo si la comparamos con la antigua confesión de Dt 26, 5 s.,
se pone de manifiesto la profunda impronta teológica que J,
E y P dieron a la tradición patriarcal. Allí se enumeran uno tras
otro los acontecimientos salvíficos hasta la conquista del país
como meros sucesos, sin poner nunca de relieve una relación
teológica particular entre la época de los patriarcas y los tiempos
sucesivos; ni siquiera entre los mismos acontecimientos particulares. Lo mismo ocurre en la recitación sumaria de estos hechos
en Jos 24. En ambos casos falta una ilación visible entre los he-

---

10. Gén 17, 4-8. 19 (LXX); Ex 6, 4-7.
11. Ex 6, 7; Lev 26, 12; Dt 26, 17 s.; 29, 12; 2 Sam 7, 24; Jer 7, 23; 11,
4 s.; Os 1, 9; etc.

chos narrados, si exceptuamos el grito de socorro del pueblo en Egipto, por un lado, y la liberación y entrega del país, por el otro.

En cambio, con la repetición continua de la triple promesa de Yahvéh, Gén 12-50 considera toda la época patriarcal como el tiempo de la promesa, una institución destinada a preparar cuidadosamente el nacimiento y la vida del pueblo de Dios. La novedad de esta visión no consiste en el empleo de la idea de la promesa en cuanto tal, pues, como vimos, la promesa de la tierra y de la posteridad pertenece ya a las tradiciones más antiguas de la época patriarcal. Nueva es, sobre todo, la interpretación teológica de esta promesa como la palabra divina que pone en movimiento toda la historia salvífica hasta la conquista de Canaán bajo la guía de Josué. Tal concepción es el fruto de un prolongado y penetrante meditar de Israel sobre sí mismo. Este pueblo, después de haber adquirido conciencia de su peculiaridad, sentía ahora la necesidad de actualizar para sí el proceso de su constitución. Por esto, la historia patriarcal del Hexateuco encierra un gran asombro ante los vastos preparativos que Yahvéh emprendió en la historia de la salvación, para llamar a Israel a la existencia.

Con este inmenso arco, que va desde la promesa hasta su realización, y abarca todo el material narrativo del Hexateuco, hemos descrito el tema de la historia patriarcal en términos muy genéricos. En efecto, cada uno de sus complejos narrativos posee una sorprendente variedad temática que se reduce siempre al común denominador de la «promesa», pero cada uno la trata desde perspectivas muy diversas. Así, por ejemplo, las narraciones yehovistas sobre Abraham presentan el retardo enigmático del hijo prometido como una situación, en la que el destinatario de la promesa puede acreditarse o fracasar; muestran, por lo tanto, situaciones, pruebas y consuelos particulares en los que sólo podía encontrarse aquel, frente al cual Dios retardaba continuamente el cumplimiento de sus promesas, ocultándose hasta la contradicción más incomprensible consigo mismo (Gén 22).

Como ya dijimos, estas narraciones no sólo se interesan de la promesa y la guía divina en cuanto tales, sino también concentran su mirada sobre todo cuanto haya de humano en el destinatario, en cuyas reacciones y conflictos se refleja la promesa. El narrador hace que el lector mismo experiemte y sufra las mismas situaciones donde fue probado el sujeto de la promesa. No cabe la menor duda de que en el fondo de estas narraciones sobre Abraham se oculta el problema de la fe, aunque el término «fe» sólo aparece una vez. Creer significa en hebreo «apoyarse en Yahvéh» (de aquí la preposición ב después de האמין). Pero el objeto hacia el cual Abraham orienta su fe es, como casi siempre ocurre en el Antiguo Testamento, una realidad futura. Yahvéh expuso su plan histórico a Abraham (Gén 15, 5), éste lo aceptó como una cosa real y en ella «se apoyó». En esto consistió su fe.

El complejo narrativo sobre Jacob pone también al lector frente al problema de la oscuridad que caracteriza la actuación de Yahvéh con los patriarcas. Pero en este caso, no es el retardo el que hace enigmática la promesa divina; la historia sobre Jacob no mencionan tentaciones de este tipo. Comparada con la historia de Abraham, es mucho menos espiritual. Si en la historia del engaño estaba en juego la bendición divina, luego le siguen capítulos enteros donde el lector pierde de vista a Dios y su actividad entre la maraña de acciones humanas poco edificantes. La descripción es mundana hasta el extremo: la perfidia de los hombres, las intrigas de las mujeres por el marido, esa interpretación tan simple del nombre de los antepasados, a partir de la situación momentánea de una mujer insatisfecha; ¿quién podría considerar esta narración como algo más que pieza amena y ligera, si no le precediera el oráculo divino (Gén 25, 23) y, sobre todo, si no estuvieran ahí los imponentes bloques narrativos de las historias relacionadas con Betel y Fanuel (Gén 28, 10 s.; 32, 22 s.)?

En este contexto más profano, ambas narraciones suenan como piezas extrañas y primitivas porque se concentran intensamente sobre Dios y su intervención directa en favor de Jacob. No cabe duda, en ellas el tema central de las narraciones sobre Jacob sale con ímpetu a la superficie de la historia: Dios se ocupa de Jacob; éste va a ser el padre del pueblo de Dios y por esto, Dios quiere guiarlo en todos sus caminos. Sin embargo la historia de

Fanuel muestra lo que significa ser objeto de la elección y del interés de este Dios. También aquí se trata de obtener la bendición, pero Jacob la recibe en circunstancias muy diversas de las descritas en la historia del engaño. La oración de Jacob en Gén 32, 9-12 tiene una importancia análoga para la comprensión global de la historia de Jacob, pues para eso la compuso el narrador.

En evidente contraste con las historias de Abraham y Jacob, la de José es una narración realmente homogénea, no una compilación de muchas tradiciones que en su origen eran independientes. En cuanto a su carácter literario, merece un juicio diverso de las narraciones sobre Abraham, Isaac y Jacob, que están compuestas de tradiciones individuales provenientes en parte de un ambiente cultual o local; en efecto, la historia de José es una narración didáctica de tipo sapiencial [12]. Por esto posee también una temática más homogénea y uniforme. También desarrolla un cuadro imponente de extravíos mundanos, una serie de conflictos cada vez más agudos; pero esta cadena de culpas y sufrimientos nada tiene en común con la fe pesimista en el destino, propia de la tragedia griega, pues la historia de José es una historia típica de guía divina.

Dios mismo dirige todo para su bien; envuelto en el secreto más profundo, utiliza todas las intrigas humanas para realizar sus planes, es decir, «para salvar la vida de muchos» (Gén 45, 5.; 50, 20). Pero, esta guía divina no fue simple emanación de la providencia universal de Dios, sino una parte de la voluntad

---

12. G. VON RAD, *Josephsgeschichte und ältere Chokma:* Suppl. VT I (1953) 120 s. (*Ges. Studien*, 272 s.).. Debemos suponer, que un conjunto literario tan complejo como éste, tuvo necesariamente una evolución narrativa. Ciertas tensiones y asperezas en la configuración del material hablan en favor de esta hipótesis (un análisis exagerado y poco satisfactorio, en muchos aspectos, se encuentra en: H. GRESSMANN, *Ursprung und Entwicklung der Josephsgeschichte: Eucharisterion für Gunkel,* 1923, 1 s.). Todavía no se ha descubierto en la literatura del antiguo oriente material suficiente para realizar un serio análisis comparativo. La autobiografía escrita sobre la estatua de Idrimi (W. F. ALBRIGHT, BASOR, 118, 1950, 14 s.), tiene mayores puntos de contacto con la historia de José, que la famosa historia egipcia de la adúltera (*AOT,* 69 s.; ANET, 23 s.).

salvífica particular que Dios había dedicado a los antepasados de Israel (Gén 50, 24). Al mismo tiempo, la historia de José muestra cómo el dolor purifica sus personajes. Así, impresionado por la guía salvadora de Yahvéh, José perdona a sus hermanos; pero, como indicaron las pruebas temerarias que éste les impuso, los hermanos también habían cambiado durante el intervalo [13].

Cuanto hemos dicho hasta aquí, prueba que el material narrativo de las historias patriarcales posee una inmensa variedad de formas. Es además comprensible que la investigación haya mostrado un interés particular por los estratos más antiguos de estos materiales. Sin embargo sería un error imaginar que la simple presencia de tales estratos en las narraciones patriarcales, es suficiente para reconocerles el carácter de la «autenticidad». En efecto, todo cuanto podemos deducir de los elementos más primitivos de estas narraciones se reduce a unos pocos datos genéricos e imprecisos: algunas informaciones sobre las condiciones de vida del hombre en esta época, sobre sus migraciones y los lugares donde vivían, e incluso algo acerca de su «religión de clan» [14]. En cambio si leemos las historias patriarcales del Génesis, hallamos únicamente acontecimientos singulares e irrepetibles; un tesoro inagotable de episodios entre un grupo de hombres y su Dios, sucesos muy característicos y sin analogía posible.

El motivo de este extraño contraste puede descubrirse con facilidad: si yo me remonto más allá de estas narraciones y dejo a un lado aquello que el autor quería decir en cada caso particular —como dijimos, siempre se trata de afirmaciones muy específicas—, lo más que conseguiré es deducir algunas situaciones y acontecimientos generales, pues, en el mejor de los casos, el material narrativo no da más de sí. En efecto, quien habla en estas narraciones es Israel y no un testimonio de la era patriarcal, y el dios que obra con los hombres es Yahvéh, y no ya el dios de

---

13. Una información más detallada sobre la teología de la historia de José en: G. von Rad, *Die Josephsgechichte:* Bibl. Studien 5 (1954).
14. Así, por ejemplo, E. Wright, *Expository Times* (1960) 292 s.

los padres. Si quisiéramos mantener aquella idea de la «autenticidad» ¿no deberíamos admitir que en la forma actual de estas narraciones, una interpretación muy singular recubrió el estrato inferior auténtico y actualizándolo, lo recargó en algunos puntos hasta volverlo irreconocible? El teólogo sabrá tomar una decisión entre ambas posibilidades: elegirá la afirmación clara del texto actual y dejará a un lado los restos oscuros y soterrados de un estadio de la tradición mucho más antiguo; pues, por muy interesantes que sean, no es posible sacarles alguna afirmación.

El dios del que habla el primer versículo de Gén 22 es Yahvéh, y esta palabra posee allí gran importancia hermenéutica, pues penetra todo el ámbito de la narración hasta sus rincones más recónditos. A ella se refiere, en último término, todo cuanto narra esta historia y, sin esta alusión a Yahvéh se desmoronaría en la nada. Al comienzo de la narración se define lo que va a experimentar Abraham, como una tentación. De hecho con la orden de sacrificar a Isaac parece como si Dios quisiera aniquilar por completo la promesa que le había reiterado una y otra vez. En Isaac se encerraban todos los bienes salvíficos que Dios le había prometido. La historia del «sacrificio de Isaac» supera todas las tentaciones precedentes de Abraham y penetra en el ámbito de las experiencias extremas de la fe, cuando Dios se presenta ante el hombre como el enemigo de su propia obra cuando se oculta de una manera tan profunda, que el abandono en Dios parece ser el único camino abierto al destinatario de la promesa. Israel vivió experiencias semejantes en su historia con Yahvéh y en esta narración expresó el resultado de tales experiencias: Israel debe saber que en estas situaciones en las que Dios parece contradecirse hasta lo insoportable, es donde Yahvéh pone a prueba su fe. Este es el elemento «auténtico» de la narración, y no los residuos de la sustitución del sacrificio de un niño con una ofrenda cultual. Estas huellas se encuentran en un estrato profundo de la tradición, muy por debajo del estrato que nos habla actualmente en la narración y en el cual se enraiza su mensaje específico. Estos dos estratos de significación son muy distintos entre sí. El inferior, más antiguo y apenas reconocible, narraba la sustitución del sacrificio de un niño con otro rito. Pues bien, cualquier chiquillo puede ver que la narración de Gén 22 no trata en absoluto de la abolición de este sacrificio sino de problemas planteados por la promesa de Yahvéh, el Dios de Israel. La interpretación de Gén 22 no debe separarse nunca del tema de la promesa, pues, como vimos, la promesa se convirtió en un factor determinante para la comprensión de todas estas narraciones cuando se realizó la elaboración sistemática de las mismas.

La existencia de los patriarcas ante Dios, como la presentan las historias patriarcales, posee un carácter único en la historia de la salvación. No se trata de una simple proyección de Israel, las instituciones teológicas de su vida y sus problemas en la época de los antepasados; más bien describe en ellas una relación peculiar e irrepetible con Dios [15]. Esta época de la historia salvífica no poseía aún la ley de Yahvéh que le será manifestada más tarde en los mandamientos; Dios tampoco había revelado su santidad; le faltaban las reglas normativas de la actividad cultual, el sacerdocio. Los patriarcas ofrecían de vez en cuando sacrificios [16], pero los narradores no se interesan en absoluto de los problemas relativos al culto y a los ritos: y por esto, el gran problema de la diversidad de cultos y la separación de la población indígena, quedan en segundo plano.

Dios actúa preferentemente con los patriarcas a través de una guía silenciosa. La ausencia del elemento guerrero, más aún, la actitud «pacifista» de toda su existencia, llamó desde siempre la atención de los estudiosos [17]. Pues bien, también esto es una consecuencia de las condiciones históricas y culturales, ya que los patriarcas no eran un pueblo, sino pacíficos nómadas de ganado menor; lo cual indica que se hallaban todavía en una situación anterior al cumplimiento de la gran promesa que definió su vida; ésta es precisamente la nota característica de su existencia. Más tarde, en todas las interpretaciones que Israel da de sí mismo, nunca se considera el futuro pueblo de Dios, sino su realización presente. Pero entre la existencia bajo el signo de la promesa y la vida del pueblo en su primera realización, se encuentra lo que vamos a tratar a continuación: la revelación personal de Yahvéh y de sus mandamientos.

---

15. Como es sabido, la idea tan extendida que considera a los patriarcas como modelos de una conducta piadosa ante Dios acarreó muchos daños. La cuestión de si los escritores desean incitar a «imitarlos» y cuándo proponen esta imitación, es un problema difícil de solucionar. En las narraciones del Gén 12, 1-9; 13; 15, 1-6; 22, la imagen de los antepasados quiere ser ciertamente un modelo para sus descendientes. Esto es clarísimo en la historia de José, con su innegable carácter didáctico.
16. Gén 12, 7; 13, 18; 26, 25; 46, 1.
17. J. HEMPEL, *Die althebräische Literatur* (1930) 94; M. WEBER, *Das antike Judentum* (*Gesammelte Aufstäze zur Religionssoziologie* III, 1921, 58).

III

LA SALIDA DE EGIPTO

1. El prodigio del mar Rojo

La afirmación «Yahvéh sacó a Israel de Egipto» tiene el carácter de una profesión de fe, dondequiera se la pronuncie. La encontramos en todos los estratos de la tradición hasta Dan 9, 15 y en los contextos más diversos; es tan frecuente que será designada la profesión primitiva de Israel [1]. De hecho, en la mayoría de los casos tiene el carácter de una fórmula fija, y muchas veces está tomada del himno. Por otro lado posee a la vez gran flexibilidad y elasticidad, como puede observarse ya en la distinta amplitud de sus formulaciones. En efecto, puede resumirse con una yuxtaposición de tres palabras o expresarse en un extenso himno. La descripción del Hexateuco en Ex 1 s., constituye el punto final donde se agotaron todas las posibilidades de un ampliación semejante, pues en este texto el simple tema se ensancha en una insuperable polifonía teológica, mediante la asociación de todas las tradiciones accesibles.

Israel vio en la liberación de Egipto la garantía de su futuro, la certeza absoluta en la voluntad salvífica de Yahvéh, algo así como la fianza a la que podía recurrir Israel en tiempos de prueba (Sal 74, 2). En su forma primitiva, esta profesión de fe celebra una acción silenciosa de Yahvéh, en la que Israel es también el objeto mudo de la intervención divina. Más tarde, cuando los narradores desarrollaron este elemento confesional hasta convertirlo en una narración, introdujeron un buen número de palabras que Israel y Yahvéh pronuncian en aquella ocasión. Por muy importantes que ellas sean, el acontecimiento es siempre la realidad fundamental. El antiguo Israel no espiritualizó nunca este acontecimiento.

---

1. M. Noth, *Pentateuch*, 52; K. Galling, *Die Erwählungstraditionen Israels* (1928) 5 s.

La salida de Egipto ocupa ya en el antiguo credo de Dt 26, 5 s., el centro dramático en torno al cual se agrupan los restantes hechos históricos. Lo mismo ocurre en Jos 24, 2 s. con una sola diferencia: este texto explica lo que Dt 26 había apenas insinuado con la frase «signos y prodigios», es decir, la intervención divina consistió en rechazar el ejército egipcio, que había puesto a Israel en una situación desesperada. Este recuerdo de una acción militar de Yahvéh —el rechazo y la aniquilación de los egipcios en el mar Rojo— forma el contenido específico y, en todo caso, es el objeto más antiguo de la profesión de fe en la liberación de Egipto. La elaboración narrativa ofrecía la posibilidad de desarrollar los aspectos teológicos y técnicos de dicho acontecimiento. Así, por ejemplo, la narración yehovista presenta el suceso como un mecanismo complejo de milagros diversos: la nube en forma de columna se interpone entre los dos ejércitos y los separa (Ex 14, 19); Yahvéh frena de manera misteriosa las ruedas de los carros enemigos (v. 25) y provoca el desconcierto entre sus filas (v. 24), Moisés, divide el mar con su báculo (v. 16), etc.

También merece notarse el aumento progresivo del elemento prodigioso en la transmisión de la tradición. Así, según J, un «viento fuerte del este» abrió un camino a través de la laguna (v. 21), según E las aguas se alzan como dos murallas mientras pasan los fugitivos (v. 22), y en el salmo 114, 3 el mar «huyó». La descripción traiciona una considerable reflexión teológica sobre el acontecimiento en el modo como deja a Israel inactivo (estad quietos: תַּחֲרִישׁוּן), como distingue la autoglorificación de Yahvéh de toda cooperación humana (v. 17) y, finalmente, en esa manera de hablar subrayando la fe de Israel (v. 31). Presenta los acontecimientos con conceptos que superan ampliamente la representación de un simple episodio militar.

El canto del mar Rojo habla del pueblo que Yahvéh «adquirió», «compró» para sí (קנה : Ex 15, 16; cf. Sal 74, 2). Pero aquí merece una mención particular el concepto de la «redención» de Egipto que, en una época más reciente, a partir del Dt, se convirtió en la idea predominante. La terminología de la redención se apoya en dos conceptos que pertenecían en su origen a la esfera del derecho: los verbos פדה (rescatar) y גאל (redi-mir)[2]. Mientras פדה designa cualquier rescate de un esclavo, y quizás tenga también el sentido general de «liberar», «desatar», גאל se refiere al rescate de una propiedad, la restauración de una relación anterior de posesión. El uso de la lengua muestra que ambos conceptos son casi sinónimos cuando se aplican a las re-laciones entre Yahvéh e Israel; de todos modos es evidente que el concepto del «rescate» no considera ya el acontecimiento salví-fico bajo su aspecto guerrero, sino como una liberación jurídica por Yahvéh[3].

Esta profesión tomó una curiosa ampliación cuando se fu-sionó con elementos del mito de la creación (el mito de la lucha contra el dragón del caos); un proceso fácil de preveer, debido a la presencia de la palabra-clave «mar» en ambas narraciones. Yahvéh «increpó» al mar Rojo (Sal 106, 9) como en otro tiempo hizo con el océano del caos y también el mar «huyó» (Sal 114, 3). De esta manera el acontecimiento adquirió dimensiones cósmi-cas primordiales y fue transplantado de su posición contingente en la historia, al comienzo de la misma; para Israel se hallaba de hecho al comienzo de su propia existencia. Desde aquí a la singular identificación de la creación con la redención, que se llevó a término en Isaías II, sólo falta un paso. Este pudo designar la intervención salvífica de Yahvéh en favor de Israel como un acto creativo, porque consideraba la creación un acto salvífico (Is 43, 1; 44, 24). La coincidencia que existe en Is 51 9 s. entre creación y acción salvífica en la historia es un caso único.

---

2. J. J. STAMM, *Erlösen und Vergeben im AT* (1940) 7 s., 18 s., 31 s.; CHR. BARTH, *Die Errettung vom Tode* (1947) 133 s. Según A. R. Johnson, el significado original de גאל es «proteger, protección, protector». A. R. JOHSON, *The Primary meaning of* גאל : Supl. VT I (1953) 67 s.; A. JEPSEN, *Die Begriffe des Erlösens im AT: Solange es heute heisst*. Festschrift f. R. Herrmann (1957) 153 s.

3. La tradición del éxodo, que consiguió la supremacía absoluta sobre las otras, cubre casi por completo una tradición muy antigua que resuena todavía en Os 9, 10; Dt 32, 10; Jer 31, 2 s.; según ella Yahvéh «encontró» a Israel «en el desierto». R. BACH *Die Erwählung Israels in der Wüste*: ThLZ (1953) 687.

También el concepto de la «elección» de Israel (בּחר) empezó a utilizarse sobre una ancha base teológica, sólo en una época bastante reciente, es decir, en el Deuteronomio. Pero aquí aparece ya como un «término dogmático bien definido»[4]. El texto clásico de la doctrina del Deuteronomio sobre la elección es Dt 7, 6-8 [5]. La creencia de que Yahvéh se posesionó de Israel es naturalmente muy antigua, pero la idea de la elección no podía tener en los primeros tiempos ese valor fundamental que tiene en Dt 7, pues, como alguien dijo con razón, la fe en la elección presupone paradógicamente una visión universalista de la historia [6]. Sólo cuando Israel aprendió a observarse desde fuera y cuando su existencia en medio de las naciones se le hizo problemática, sólo entonces pudo hablar de elección (Am 3, 2). Lo mismo puede aplicarse a esa curiosa concepción, que aparece en Dt 32, 8: cuando Yahvéh dividió el mundo conforme al número de los seres divinos y señaló a cada pueblo su culto, entonces eligió a Israel como su posesión particular (Dt 32, 8; LXX).

En este parágrafo hemos hablado de fórmulas de profesión de fe antiguas y recientes y también de conceptos teológicos que abarcan en forma sumaria y concisa el acontecimiento salvífico, que comenzó la historia de Israel con Yahvéh (la salida de Egipto, el rescate y la elección). Su misma multiplicidad manifiesta que este acontecimiento salvífico tenía diversos significados teológicos. Más aún, podía desplegarse en una pluralidad de actos, pues en Israel circulaban muchas tradiciones que tenían una relación más o menos estrecha con este acontecimiento fundamental. Todas ellas fueron compiladas y ordenadas, pues cada una a su manera, aportaba algún elemento particular para la ilustración o comprensión de la gran obra salvífica de Yahvéh. Así es como nació la imagen del Hexateuco sobre la salida de Egipto y la marcha por el desierto. El teólogo no debería abandonar,

4. G. Quell, *Th WBNT IV*, 148 s.; W. Staerk, *ZAW* (1937) 1 s.
5. Th. C. Vriezen *Die Erwählung Israels nach dem AT* (1953) 51 s.; véase también H. H. Rowley, *The Biblical doctrine of election* (1950); K. Koch, *Zur Geschichte der Erwählungsvorstellung in Israel:* ZAW (1955) 205 s.
6. N. A. Dahl, *Das Volk Gottes* (1941) 26.

a no ser en caso de necesidad, la sucesión temporal que Israel
atribuyó a estos acontecimientos (sólo en contadas ocasiones nos
veremos obligados a realizar algunas interferencias en beneficio
de una exposición más unitaria). Los sucesos capitales que constituyen la noción del «rescate» de Egipto son: el prodigio del
mar Rojo, la revelación del nombre de Yahvéh, la revelación
del Sinaí y la marcha por el desierto.

2. *La revelación del nombre de Yahvéh* [7]

El mismo cuadro tradicional de la historia salvífica que siguen
las fuentes del Hexateuco, sabe que Yahvéh no se reveló desde un
principio a sus elegidos, pues la revelación de su nombre tuvo
lugar en tiempo de Moisés. Cosa curiosa, el documento más
reciente es el que acentúa con mayor fuerza esta brecha en la
historia de la revelación (Ex 6, 2 s. P); lo cual es ya de por sí
llamativo, pues este hecho debía obstaculizar una exposición de la
historia como la suya, propensa a nivelar y esquematizar. Sin
embargo, también en su época tardía, estaba ligado en la presentación de la historia al material de la tradición, que en este punto
se expresaba con toda claridad, y se veía obligado a explicar
esta ruptura a su manera [8].

La conexión de las dos épocas de la historia salvífica: el período
del dios de los padres y el de la revelación plena de Yahvéh, se
realizó con mucho detalle en J E. En efecto, la unidad narrativa
de Ex 3, tan complicada bajo el aspecto histórico y literario de
sus materiales, quiere por un lado comunicar el elemento nuevo
de la revelación de Yahvéh, es decir, la manifestación del nombre
divino; y por otro lado, desea mostrar cuán estrechamente se

---

7. O. GRETHER, *Name und Wort Gottes im AT* (1934); J. PEDERSEN,
Israel I-II, 245 s.
8. Véase también Os 12, 10; 13, 4 («Yo soy Yahvéh, tu Dios, desde la
tierra de Egipto») P sólo se equivoca cuando considera El Saday como el dios
de los antepasados pre-mosaicos de Israel; pues El Saday pertenece ciertamente al círculo de los primitivos *El numina* cananeos (p. e. El olam, El elyon:
Gén 14, 18; 21, 33).

enlaza esta nueva revelación con la historia patriarcal [9]. Ex 3 se esfuerza de manera evidente por demostrar la continuidad entre ambos: la revelación del nombre de Yahvéh fue un acontecimiento de importancia incalculable para Israel, pero no fue el comienzo de la revelación de su Dios. Yahvéh se identifica con el dios de los padres (Ex 3, 6. 13 s.) [10].

En este contexto se halla la famosa «definición» del nombre de Yahvéh que atrajo desde antiguo el mayor interés de los teólogos, porque creían haber encontrado finalmente un texto que describía de manera completa y fundamental la esencia de la revelación de Yahvéh y la reducía, por así decir, a una fórmula axiomática definitiva (Ex 3, 14). Pero aquí se impone una gran prudencia. No existe cosa más ajena a esta etimología del nombre de Yahvéh que una definición ontológica de su esencia (LXX Εγω ειμι ὁ ὤν), algo así como una alusión a su naturaleza absoluta, su aseidad y demás atributos. Una interpretación sejemante es fundamentalmente ajena al Antiguo Testamento. Ya desde el principio todo el contexto narrativo nos hace esperar que Yahvéh va a comunicar algo; no cómo es, sino cómo se va a mostrar a Israel [11]. Se insiste con razón en que, sobre todo en este texto היה debe entenderse como un «estar presente», «estar ahí», no en sentido absoluto sino como una existencia relativa y eficaz «yo estaré ahí (para vosotros)».

La oración relativa paranomástica (אשר אהיה) añade sin duda a la oración principal una nota de imprecisión y de misterio, de modo que la promesa de la presencia activa de Yahvéh permanece también en cierto modo suspendida e inaferrable; es la libertad de Yahvéh, que no se liga a las circunstancias concretas. Cual-

---

9. La narración es complicada por dos motivos: por utilizar la antigua tradición de un santuario local como punto de partida de la vocación propiamente dicha; y sobre todo, porque menciona una montaña de Dios, hacia la cual todavía se debe encaminar Israel (Ex 3, 1. 12). Véase M. NOTH, *Pentateuch*, 151, nota 390, 220 s.

10. Gén 4, 26 (J), remonta el comienzo del culto a Yahvéh a una época mucho más antigua. En este caso, se trata de una tradición aislada que no puede armonizarse con Ex 3, 1 s. ó 6, 2 s.

11. Th. C. VRIEZEN, *Ehje aser ehje*. Festschrift für Bertholet (1950) 498 s.

quier lector notará ciertamente que esta afirmación es muy densa y de gran peso y, sin embargo no debemos exagerar su valor como principio teológico. Ella no pretende ser más que una promesa dirigida a hombres en una situación desesperada y para ello se sirve de un artificio retórico: el uso libre de la etimología de este nombre, un juego al que, como es sabido, eran aficionados los antiguos narradores. Estos juegos de palabras basado en la etimología, a los que se entregan de vez en cuando los narradores del Antiguo Testamento, poseen, en la mayoría de los casos, una relación muy libre con el sonido del nombre que intentan explicar (Gén 17, 5; 21, 6; 27, 36 etc.).

El carácter ocasional de esta explicación etimológica lo prueba el hecho de que en todo el Antiguo Testamento no se encuentra otro texto emparentado de alguna manera con esta interpretación elohista del nombre divino [12]. No hemos de suponer que el narrador quisiera dar en este caso la fórmula interpretativa del nombre de Yahvéh que tuviera un valor teológico fundamental y normativo para Israel [13]. Poco después hallamos una interpretación distinta pero más significativa: «Yahvéh, Yahvéh, Dios compasivo y misericordioso, lento a la ira y rico en clemencia y lealtad» (Ex 34, 6). Y todavía otra en Ex 34, 14: «Yahvéh se llama y es Dios celoso». Así pues existió un período en el cual se podía interpretar teológicamente el nombre de Yahvéh desde diversos puntos de vista.

Ahora bien, para comprender Ex 3, 14 debemos tener pre-

---

12. Pruebas en O. GRETHER, *l. c.,* 9 s. El único texto que puede ponerse en relación con Ex 3, 14 es Os 1, 9, donde siguiendo a los LXX se debe leer de este modo: «y yo, yo ya no estoy más ahí, para vosotros».

13. Además, esta revelación se le llega a Moisés a través de una teofanía curiosamente objetiva. Todos conocen los intentos de los exegetas antiguos, por volatizar en un símbolo el fenómeno de la zarza ardiente, para poderlo comprender al menos teológicamente. (La zarza ardiente significa el Israel impuro, el fuego es Yahvéh; la zarza que no se consume es la imagen de la inhabitación bondadosa de Yahvéh en Israel: J. H. Kurtz). Es inverosímil que los narradores de la primera época monárquica quisieran interpretar de manera tan espiritual el hecho que narraban. Si nosotros los comprendemos bien, a ellos les interesaba sobre todo dejar el fenómeno en su burda materialidad. Lo mismo debe afirmarse de la teofanía descrita en Gén 15, 17.

sente una cosa: Yahvéh revela su nombre después de que Moisés
se lo había preguntado explícitamente. Para la mentalidad antigua el nombre no era un puro sonido; entre él y quien lo llevaba
existía una relación esencial. El individuo existe en el nombre
y, por consiguiente, el nombre contiene una afirmación sobre la
naturaleza o la potencia de quien lo lleva. Esta concepción tenía
una importancia constitutiva para la vida cultual del antiguo
oriente [14]. Para los antiguos era un hecho indiscutible que las
potencias divinas rodeaban y determinaban misteriosamente la
vida de los hombres; pero esta certeza no consolaba en modo
alguno al hombre, mientras no supiera qué divinidad era aquella
con la cual debía entendérselas, es decir, mientras no conociera
su nombre y no le fuera posible invocarla o interesarla a su favor
y a favor de sus necesidades. La divinidad debe primero «levantar
un memorial» a su nombre en el ámbito de la existencia humana
(Ex 20, 24), si no el hombre no podrá jamás invocarlo. Por lo
tanto, el culto, la relación comunitaria entre la divinidad y el
hombre, era imposible sin el nombre divino, pues le faltaba un
medio de influenciar la divinidad.

En efecto, no se trataba sólo de «entregarse voluntariamente
a ella por motivos de gratitud», el hombre tenía también el deseo
egoísta de ponerla al servicio de sus intereses terrenos, en la medida de lo posible, hasta llegar, en casos extremos, a practicar
la magia con el nombre divino [15]. Así Manoaj muestra un gran
interés por asegurarse la inesperada aparición celeste, mediante
una relación cultual privada, y por esta razón le pregunta en seguida su nombre (Jue 13, 11-17). La historia de Fanuel descubre
en Jacob la misma codicia por apoderarse de Dios. Pero también
en esta ocasión Dios se desembaraza de esta impertinencia y se
niega a responder cuando Jacob le pregunta su nombre: «¿por
qué me preguntas mi nombre? Y le bendijo» (Gén 32, 30). El

---

14. J. Pedersen, *Israel* I-II, 245 s.
15. El nombre «obliga a la figura a permanecer y garantiza que el hombre volverá siempre a encontrarla. El número de estos númenes es ilimitado»:
G. van der Leeuw, *Fenomenología de la religión*. FCE. México 1964, 144.

texto se parece a la narración de Ex 3, 13 s. En esta ocasión Yahvéh da a conocer su nombre, pero la frase «Yo estaré allí como el que estaré», encierra también una desaprobación de la pregunta; en todo caso, Yahvéh conserva con esta información su libertad, que manifestará precisamente en su «estar ahí», en su presencia operante [16].

De esta manera se confió a las manos fieles de Israel el nombre de Yahvéh, en el cual, por así decirlo, se había entregado el mismo Yahvéh. Los paganos no lo conocen (Sal 79, 6). El sólo era la garantía de la proximidad y la benevolencia de Yahvéh y con él Israel estaba cierto de poder alcanzar siempre su corazón (Ex 33, 19; 34, 6); no debe pues admirarnos que Israel lo considerase siempre como una realidad sagrada, única en su especie (hasta llegar a veces a los límites de la materialidad). Este nombre participa inmediatamente de la santidad del mismo Yahvéh, pues era en cierto modo un duplicado de la esencia divina, y si era santo, quiere decir también que pertenecía al dominio del culto, más aún, podemos decir con pleno derecho, que él fue el corazón del culto del antiguo Israel. יהוה בשם קרא es, en su origen, un término cultual y significa: invocar a Yahvéh usando su nombre (Gén 12, 8; 13, 4; 21, 33; 1 Re 18, 24; etc.). El nombre ocupa aquí la misma posición teológica que la imagen sagrada en los otros cultos [17]. En torno a él se levantó todo un aparato de concepciones, ritos y prescripciones cultuales bastante complicadas, con el fin de salvaguardar todo cuanto se conocía acerca de él y sobre todo vigilar el uso que Israel podía hacer de este nombre. La entrega de una realidad tan sagrada, colocó a Israel frente a una tarea inmensa, una de cuyas preocupaciones mayores consistía en evitar todas las tentaciones que derivaban de ella.

Dicho en términos generales significa que el nombre de Yah-

---

16. Una frase muy parecida a la de Ex 3, 14, se encuentra en boca de un faraón en *La instrucción a Merikare:* «¡Por mi vida! ¡Yo soy porque soy!». No es imposible que exista una relación entre esta fórmula solemne del antiguo Egipto y la del elohista. A. ALT, ZAW 1940-41, 159 s.

17. E. LOHMEYER, *Das Vater-Unser* (1946) 46.

véh debe ser «santificado» [18]. Esto tenía en primer lugar un sentido negativo: en todas las circunstancias debe protegerse este santo nombre contra su empleo abusivo, e. d. no cultual. Israel usaba el nombre de Yahvéh en el culto, la oración, la bendición o la maldición y también en la guerra santa (Sal 20, 8), pues para eso le fue confiado [19]. Los levitas bendecían al pueblo en su nombre (Dt 10, 8), lo mismo hacía el rey (2 Sam 6, 18); los sacerdotes «invocaban» el nombre de Yahvéh sobre Israel (Núm 6, 27; cf. Sal 129, 8); también era lícito usar este nombre en los juramentos y maldiciones [20].

Fuera de este uso cultual y público, existían otras muchas posibilidades de «pronunciar el nombre de Yahvéh en falso» (Ex 20, 7; Dt 5, 11). Quizás el término שוא significó, en su principio, la magia y es fácil imaginar que en ciertos períodos existiera en Israel la propensión a utilizar este nombre en prácticas oscuras y peligrosas para la comunidad [21]. Pero este mandamiento del decálogo (Ex 20, 7) se dirigía sobre todo contra el falso juramento, pues un juramento en regla se hacía siempre bajo la invocación de Dios (Lev 19, 12). Santificar el nombre de Yahvéh equivalía además a reconocer la exclusividad absoluta de su culto. Siempre que Israel se abría en cualquier forma al culto de otra divinidad, profanaba el nombre de Yahvéh (Lev 18, 21; 20, 3). En sentido positivo, lo santificaba quien obedecía los mandamientos y «caminaba en el nombre de Yahvéh» (Miq 4, 5).

Los períodos del sincretismo religioso, con la subsiguiente amenaza a la unicidad de Yahvéh, fueron precisamente los que hicieron surgir en el Dt un programa de intensa concentración sobre el yahvismo puro y es aquí donde encontramos las afirmaciones más destacadas sobre el nombre de Yahvéh: él lo «puso» en el santuario único de Israel, para que «more» en él [22]. Yahvéh

18. Is 29, 23; «profanar» (חלל) el nombre de Yahvéh, Lev 18, 21; 19, 12; 20, 3; 21, 6; etc.
19. Véase J. W. Wevers: VT (1956) 82 s.
20. Dt 6, 13; Sal 44, 6; 118, 10.
21. S. Mowinckel, *Psalmenstudien* I, 50 s.
22. Dt 12, 5. 11. 21; 14, 24; etc.

está en el cielo (Dt 26, 15), su nombre —casi tangible—, «mora» en el lugar santo, casi como un ser independiente. El Deuteronomio combate evidentemente la antigua concepción popular de la presencia directa de Yahvéh en el santuario y la sustituye con una distinción teológica entre Yahvéh y su nombre, una distinción que llega a la separación espacial.

La lírica cultual no presenta esta concepción del nombre de Yahvéh con tanta exactitud teológica, pero en Israel se mantuvo siempre viva la conciencia del particular significado salvífico de su nombre. Yahvéh salva mediante su nombre (Sal 54, 3), en él puede uno ponerse al seguro (Sal 20, 2), él es una fortaleza de refugio (Prov 18, 10). La confianza de que Yahvéh ayudará o salvará «por el honor de su nombre» (Sal 23, 3; 25, 11; 143, 11; Jer 14, 7; Is 48, 9) es significativa, pues implica cierta separación entre ambos: el hombre apela al nombre divino en presencia de Yahvéh. En Is 48, 9 se contraponen el nombre y la ira de Dios. Este nombre no sólo es invocado sobre Israel (Dt 28, 10) sino también sobre aquéllos que se le incorporarán en el transcurso de la historia salvífica (Am 9, 12). Su conocimiento se extiende más allá de los confines de Israel (Ex 9, 16; 2 Sam 7, 26), suscita temor (Jos 9, 9; Sal 102, 16; Mal 1, 14), pero muchos le amarán (Is 56, 6).

Una de las cosas más importantes es que para Israel este nombre no fue nunca un misterio, accesible sólo a los iniciados. Por el contrario, cualquier israelita podía emplearlo libremente, y cuando Israel tomó conciencia plena de la singularidad de su religión, en lugar de ocultar con recelo el nombre divino ante los pueblos, se sintió obligado a comunicárselo (Is 12, 4; Sal 105, 1-3). En los últimos tiempos se manifestará al mundo de tal modo que desaparecerán por completo los cultos idólatras y sólo ante su nombre se doblará tada rodilla (Zac 14, 9; Is 45, 23).

Yahvéh tenía un solo nombre. Marduk tenía 50 nombres, con los cuales los himnos celebran su gloria como vencedor de Tiamat. De manera semejante, el dios Ra es el dios de los muchos nombres. Esta abundancia es, sin duda, el resultado de la combinación de tradiciones más antiguas. Pero esta pluralidad creaba a su vez una incertidumbre y así la teología culta mantuvo en secreto el verdadero nombre de Amón[23]. En la oración babilónica «plegaria penitencial a un dios» encontramos esa misma incertidumbre, basada como antes, en la ignorancia de los nombres[24].

Yahvéh, en cambio, posee un solo nombre y todo su pueblo lo conoce. Es significativo que Israel no conociera semejante acumulación de nombres divinos. Yahvéh, como dice el Deuteronomio, es uno solo, e incluso las alabanzas supremas van dirigidas exclusivamente a este nombre único: Yahvéh. Sin embargo lo más importante es que este nombre no podía ser objetivado ni manipulado; ninguna interpretación teológica podía abarcar su misterio, ni siquiera la de Ex 3, 14[25]. Yahvéh lo había unido a esa libre manifestación histórica de su afecto: su auto-revelación en la historia.

La fórmula más frecuente en Ezequiel: «ellos sabrán que yo soy Yahvéh», muestra esa conexión indisoluble del nombre divino con su auto-revelación, y lo hace con la misma claridad del prólogo al decálogo, donde se interpreta el nombre a partir de un hecho histórico-salvífico. Así es como se impedía a Israel que proyectara el nombre divino en la esfera del misterio. Israel

---

23. H. KEES, *Der Götterglaube im alten Aegypten* (1941) 171 s. El ocultamiento del verdadero nombre divino se explica, en la historia de las religiones, por el temor de que el hombre pueda obtener un poder sobre la divinidad con la ayuda de su nombre.

24. «Ojalá se apacigüe la ira de mi Señor para mi bien.
    Ojalá se tranquilice para mi bien, el dios que no conozco.
    Ojalá se tranquilice para mi bien, la diosa que no conozco.
    Ojalá se tranquilice para mi bien, el dios que conozco o no conozco.
    Ojalá se tranquilice para mi bien, la diosa que conozco o no conozco».

FALKENSTEIN V. SODEN, *Sumerische und akkadische Hymnen und Gebete* (1953) 225. Véase también la cláusula que, en la antigua religión romana, podía añadirse a una invocación de la divinidad: «sive quo alio nomine adpellari vis». K. LATTE, *Römische Religionsgeschichte* (1960) 62.

25. W. ZIMMERLI, *Erkenntnis Gottes nach dem Buch Ezequiel* (1954) 62, nota 90.

no podía apoderarse del nombre de Yahvéh y hacerlo objeto de
una mitología o especulación profunda; sólo podía comprenderlo en el ámbito de la experiencia histórica [26].

El nombre de Yahvéh aparece unas 6.700 veces en el Antiguo Testamento,
pero Israel le dio también con frecuencia el nombre de הָאֱלֹהִים o אֱלֹהִים (unas
2.500 veces). Esta doble denominación fue desde antiguo ocasión de muchas
especulaciones teológicas. Cierto, el nombre de Yahvéh era la quinta esencia
de la revelación salvífica, pero como Israel aplica también a este Yahvéh el
nombre אֱלֹהִים resulta imposible atribuir un significado teológico a todos los
usos del nombre propio o del apelativo. Además, los textos provienen de
círculos donde se cultivaban tradiciones diversas: cada ambiente tenía sus
propias costumbres cuyo significado nos es desconocido y más tarde, nadie
intentó unificarlos. La exégesis sólo puede tomar sus decisiones de acuerdo
con cada caso particular. Cuando se excluye cualquier relación entre los animales y Yahvéh, el dios de la revelación particular, y se dice que esperan su
alimento de אֵל (Sal 104, 21; Job 38, 41), la elección de los términos es sin duda
deliberada. Todos conocen el cambio del nombre divino en la sentencia de
Noé: Yahvéh es el dios de Sem, Elohim bendice a Jafet (Gén 9, 26 s.; algo
semejante en Is 61, 2). La prudencia se impone allí donde no sean claros los
motivos del cambio. Es posible —pero no cierto— que la preferencia de Elohim en el elohista indique un monoteísmo consciente de sí mismo [27]. La misma escasez del nombre Yahvéh en la literatura de la época pos-exílica —falta
en el diálogo de Job, en Ester, Qohelet y Cantar de los cantares— no debe
explicarse tan sólo por un creciente temor frente a la santidad divina. En el
salterio elohista (Sal 42-83) fue borrado de manera sistemática, pero junto a
él se encuentran colecciones más recientes donde no se llevó a término una
operación semejante. Si comparamos la obra del cronista con los libros de
Samuel y de los Reyes notamos una disminución del nombre divino, sin embargo es curioso que se encuentre en algunos casos donde no aparece en el
texto base (*Vorlage*) [28]. La traducción del nombre de Yahvéh con ὁ κύριος en
los LXX, tuvo una gran importancia para la joven comunidad cristiana,
pues ella aplicó a su Kyrios, Jesús-Cristo, afirmaciones de Yahvéh o sobre
Yahvéh (cf. 1 Tes 5, 2; 2 Tes 2, 2; Hech 2, 20 b). Parece ser que en la época
de Jesús el nombre de Yahvéh se utilizaba sólo en determinadas circunstancias en el culto del templo, pero no en los servicios litúrgicos de la sinagoga.

---

26.   En realidad, Israel dio también ocasionalmente otros nombres a su
Dios; algunos de ellos como עֶלְיוֹן (altísimo) y שַׁדַּי (omnipotente) no son
raros. Esto no implica una limitación de cuanto dijimos más arriba, pues estos
nombres son residuos de tradiciones antiguas y no tuvieron nunca la función
de completar el nombre a la manera de una epíclesis más rica, que se colocaba
junto al nombre de Yahvéh, sino que fueron utilizados a veces para reempla-
zarlo.
27.   O. PROCKSCH, *Theologie des Alten Testaments* (1950) 443.
28.   ROTHSTEIN-HÄNEL, *Kommentar zum ersten Buch der Chronik* (1927)
XIV.

I V

LA REVELACION DIVINA EN EL SINAI

1. Observacianes preliminares
sobre la historia de la tradición

Las narraciones del Hexateuco sobre los acontecimientos y revelaciones divinas en el Sinaí forman un conjunto de tradición de dimensiones insólitas, pues se extienden desde Ex 19 hasta Núm 10, 10. En ningún otro lugar del Antiguo Testamento se halla un cuerpo de tradición tan gigantesco y estratificado que se haya ido formando en torno a un solo acontecimiento (la revelación de Dios en el Sinaí). Aunque una primera vista de conjunto sea suficiente para quitarle al lector casi todas las esperanzas de llegar a descubrir un todo coherente y homogéneo en esta superposición de innumerables tradiciones particulares y de otras muchas unidades mayores de tradición, no obstante la perícopa sinaítica posee límites muy precisos, pues le preceden y siguen tradiciones sobre Cades[1].

Así pues, la tradición del Sinaí fue introducida en un segundo momento dentro de una tradición anterior sobre la marcha por el desierto. Las diversas elaboraciones poéticas del antiguo credo nos muestran también que en él no se mencionaban los acontecimientos del Sinaí. Es evidente que este conjunto tradicional fue incluido en la exposición canónica de la historia salvífica en una época relativamente tardía. Esta es una constatación en el campo de la historia de la tradición, que nos informa sobre el crecimiento de los diversos complejos de tradición, pero nada dice acerca de su antigüedad. La tradición del Sinaí conservó su independencia mucho más tiempo que los restantes elementos

---

1. Tampoco Ex 18 posee una relación directa con la tradición sinaítica. No presenta algún indicio que recuerde la teofanía o la manifestación de la voluntad de Yahvéh, es decir, el tema central de la tradición sinaítica. M. NOTH, *Pentateuch,* 151 s.

de la tradición que componen el cuadro canónico de la historia salvífica [2].

Cuando en las páginas siguientes, intentemos deshilvanar un poco este ovillo informe de tradiciones, para perfilar sus contornos teológicos —siguiendo naturalmente sus contenidos principales—, daremos enseguida con el hecho fundamental al que se refieren, de un modo o de otro, todas las tradiciones individuales: aquí, en el Sinaí, Yahvéh reveló a su pueblo normas obligatorias que le permitían vivir en presencia de su Dios. Pero existen grandes diferencias entre las distintas tradiciones sobre la naturaleza de estas normas. A veces entienden como tales, las normas para la vida humana en general (mandamientos), otras veces las leyes jurídicas (algunas partes del Libro de la alianza y del Deuteronomio), o si no, las normas destinadas al complicado sector del culto (P).

Debemos abandonar por adelantado la ilusión de encontrar aquí algo así como un orden objetivo o ciertas líneas teológicas que unan entre sí los materiales. Además, esto no correspondería en absoluto al modo como se formó la tradición en el Antiguo Testamento, pues el proceso tuvo un carácter mucho más extrínseco. El factor decisivo para el agrupamiento y la fusión de tantas tradiciones fue sobre todo que todas ellas tenían en común la relación con un lugar (Sinaí) y una persona (Moisés) bien determinados. Así es como se reunieron finalmente y en parte fueron simplemente yuxtapuestos los materiales más disparatados, es decir, todo cuanto Israel derivó en cualquier tiempo y lugar, de la revelación del Sinaí. Así lo exigía este modo de concebir las tradiciones como documentos de una historia divina [3].

El bloque gigantesco de la tradición del Sinaí (Ex 19 - Núm 10) se descompone en dos partes muy desiguales, tanto en su aspecto

---

2. Sobre esta situación particular de la tradición del Sinaí, cf. G. VON RAD, *Das Formgeschichte Problem des Hexateuch* (1938) 11 s. (*Ges. Studien*, 20 s.). M. NOTH, *Pentateuch*, 63 s.
3. Cf. más arriba las páginas 160 s.

externo como en su contenido: la perícopa yehovista (Ex 19-24; 32-34) y la sacerdotal (Ex 25-31; 35 - Núm 10, 10). La narración yehovista de la revelación sinaítica propiamente dicha, se encuentra en Ex 19; 20; 24; una unidad narrativa bien compacta. El acontecimiento empieza con una preparación detallada de la teofanía, que tendrá lugar al tercer día. Yahvéh desciende a la montaña y promulga los diez mandamientos (Ex 20). Al anuncio de la voluntad divina sigue una celebración cultual en la que el pueblo se compromete a observar la voluntad de Yahvéh (Ex 24) [4].

Ya dijimos en otra ocasión que esta sucesión narrativa no remonta directamente a los acontecimientos históricos; más bien parece ser la «leyenda festiva» de una gran solemnidad cultual: la fiesta de la renovación de la alianza. A este compacto bloque narrativo se le unieron, en los capítulos 32-33, varias unidades narrativas menores, que pertenecen al Sinaí, pero se hallan en una conexión muy vaga con la revelación del Sinaí propiamente dicha. El capítulo 34 presenta la segunda promulgación de los mandamientos, cosa necesaria después que Moisés destruyó las tablas (c. 32). Con este hábil procedimiento, el redactor de J y E se procuró la posibilidad de incluir la versión yahvista de esta promulgación que en realidad era superflua al lado de Ex 20 (E).

La perícopa sinaítica del documento sacerdotal es mucho más abultada. Una vez descartada la masa de normas cultuales, y toda la Ley de la santidad (PH, Lev 17-26), que sin duda le

---

4. En la descripción de los sucesos del Sinaí (Ex 19 s.; 24) domina el documento E. La tradición ciertamente antiquísima del banquete de la alianza (Ex 24, 9-11) proviene del J y es sin duda importante. La promulgación yahvista de los mandamientos, paralela al decálogo elohista, se encuentra ahora en Ex 34; sin embargo la lista de los mandamientos que encontramos allí, parece ser una sustitución secundaria que debió de ser añadida cuando se unieron las dos fuentes, dado que el decálogo yahvista original era idéntico al elohista o tenía un texto muy parecido. Rowley considera Ex 24 como una tración del sur de Judá y cree que la lista de los mandamientos corresponde al antiguo decálogo kenita. *Moses and the Decalogue* (1951) 88 s.

fueron añadidas más tarde, aparece clara la siguiente sucesión
de los acontecimientos: La «gloria de Yahvéh» desciende sobre
el Sinaí; Moisés es invitado a subir a la montaña, y recibe las instrucciones para la construcción del tabernáculo y para la unción
y consagración sacerdotal de Aarón y sus hijos. Besaleel y Oho-
liab deben construir la tienda con todos los objetos sagrados
del culto y confeccionar los ornamentos sagrados de Aarón
(Ex 24, 15b - 31, 17). El pueblo reúne los materiales necesarios
mediante una oferta voluntaria a la cual les invita Moisés, y cuando
Basaleel termina la construcción de la tienda, desciende la «gloria
de Yahvéh» y llena la tienda santa (Ex 35-40). Sigue la consagración sacerdotal de Aarón y sus hijos (Lev 8) y el ofrecimiento
de su primer sacrificio, aprobado por Dios mediante una nueva
aparición de la «gloria de Yahvéh» (Lev 9). Concluye con la separación de los levitas y su consagración para los servicios cultuales inferiores (Núm 3; 4).

Ambas descripciones, la yehovista y la sacerdotal, poseen en
común la tradición relativa a una revelación de Yahvéh en el
Sinaí; una revelación por la cual Israel conoció las normas fundamentales para su vida con Yahvéh y ante Yahvéh. Pero las
diferencias son también evidentes: las normas más antiguas de la
tradición sinaítica se referían a la vida profana de cada día. El
decálogo era, como veremos más detenidamente, la proclamación
de un derecho divino sobre todos los sectores de la vida humana.
El documento sacerdotal contiene, por el contrario, la revelación de un orden sacro; ordena la vida cultual y todo el complicado aparato de los sacrificios y ritos mediante el cual se realizará la comunión de Israel con Dios. Esto se debe a que P considera la inhabitación de Dios en Israel, la aparición de su «gloria», como el acontecimiento decisivo de la revelación sinaítica.
Pues en ella Yahvéh se había acercado de tal manera a Israel,
que eran necesarias toda clase de normas y garantías cultuales.

2. El significado de los mandamientos [5]

Cuando se habla de los mandamientos el teólogo piensa ante todo en el decálogo, cuya situación en la estructura de la historia salvífica del Hexateuco tiene un valor único y programático. Sin embargo, los recientes estudios sobre la historia de las formas han demostrado que el decálogo no es tan excepcional, ni tampoco el único representante de su género. Existe una cantidad apreciable de tales listas de prohibiciones y algunas de ellas dan la impresión de una antigüedad superior a la redacción actual del decálogo (elohista o deuteronómico). En primer lugar debemos nombrar el «dodecálogo siquemita» (Dt 27, 15 s.), una lista de maldiciones muy antigua; se dirige contra las transgresiones que pueden cometerse «en secreto» (ver el בסתר de los v. 15 y 24) y podían escapar al control y a los castigos eventuales de la comunidad. El fragmento de Ex 21, 12. 15-17, sobre el que Alt llamó la atención, muestra también una forma muy primitiva [6]. En Lev 19, 13-18, encontramos otra serie de doce mandamientos, muy semejantes al decálogo por su claridad y la universalidad de sus leyes. Estas listas suponen una notable reflexión teológica y pastoral, pues para componerlas, los sacerdotes debieron realizar una cuidadosa selección entre un tesoro de tradiciones mucho más amplio. Todas ellas deben su existencia a la preocupación por sintetizar al máximo la totalidad de la voluntad de Yahvéh.

Ahora bien, si por un lado es indiscutible que entre este considerable número de materiales podemos descubrir algunas diferencias en su antigüedad, por otro, podríamos sorprendernos al comprobar que el decálogo no se encuentra al principio de esta

5. M. Noth, *Die Gesetze im Pentateuch, ihre Voraussetzungen und ihr Sinn*: *Ges. Studien*, 9 s.: A. Alt, *Die Ursprünge des israelitischen Rechets* I, 278 s.; S. Mowinckel, *Le décalogue* (1927); W. Zimmerli, *Ich bin Yahwe* (Festschr. f. A. Alt 1953) 179 s.; W. Elliger, *Ich bin der Herr euer Gott* (Festschr. f. K. Heim 1954) 9 s. (ahora en: *Kleine Schriften z. AT.* 1966).
6. A. Alt, I, 311.

línea histórica. En todo caso presenta indicios irrefutables de una larga prehistoria literaria antes de llegar a tomar su forma definitiva en Ex 20, o Dt 5. La formulación positiva de los mandamientos sobre los padres y el sábado, deben considerarse una variación secundaria de la lista, que en su origen poseía una forma negativa uniforme; en este caso, la ruptura de la antigua forma y la transformación de la prohibición en un mandamiento positivo es un fenómeno digno de notarse [7]. Más tarde hablaremos de la interpretación que se dio a la prohibición de las imágenes; pues también aquí, detrás de la concepción que propone el decálogo podemos descubrir sin dificultad otra más antigua. Finalmente es posible demostrar que la prohibición de robar se dirigía en un principio contra el caso particular del secuestro de personas (cf. Ex 21, 16; Dt 24, 7) y sólo posteriormente se le fue atribuyendo el significado general que conocemos [8]. Así pues, Israel trabajó mucho tiempo en este decálogo, hasta darle la universalidad y concisión formal y temática que eran necesarias, para poder ser considerado un comprendio adecuado de la entera voluntad de Yahvéh con relación a Israel.

En su primera parte —hasta el precepto sabático, inclusive—, el decálogo trata de las obligaciones con Dios; en la segunda, de las obligaciones recíprocas entre los hombres; le siguen algunas normas que protegen la vida, el matrimonio, la propiedad, y el honor del prójimo [9]. El «tú» de esta serie de mandamientos, se dirige tanto a Israel como a los individuos; es la forma expresiva y conceptual propia de una época que no conocía aún el individuo independiente frente a la colectividad [10].

Llegados a este punto surge una de las cuestiones más importantes de la teología del Antiguo Testamento: ¿Cuál es el sentido

---

7. La versión más antigua del mandamiento sobre los padres que conserva aún su forma negativa, la hallamos en el Dt 27, 16 y Ex 21, 17.
8. A. ALT, I, 333 s.
9. También el «desear» (חמד) es una actividad, una maquinación ilegal (ver Miq 2, 2) como lo demostró J. HERRMANN, *Festschr. f. E. Sellin* (1927) 69 s.
10. Una orientación sistemática de la voluntad divina al individuo se realizó por primera vez en la teología sapiencial (Sal 119); véanse más adelante las páginas 536 s.

teológico de esta voluntad de Yahvéh con relación a Israel?
La respuesta no puede venir del mismo decálogo, elevado en cierto modo a un valor absoluto, sino únicamente del contexto donde se halla. En este caso no cabe la menor duda que con la proclamación del decálogo a Israel, se realiza su elección. El discurso de la revelación comienza con la autopresentación de Yahvéh, en la cual se refiere a la acción salvífica de la liberación de Egipto; por lo tanto Yahvéh se dirige a quienes redimió [11]. Ahora bien, en la mentalidad antigua no puede concebirse el inicio de una relación particular con Dios sin la aceptación y el reconocimiento obligatorio de determinadas normas. Por consiguiente sólo cuando Yahvéh proclama sus derechos soberanos sobre Israel y éste acepta la voluntad divina, se realiza plenamente la adquisición de Israel. La proclamación del derecho divino asemeja a una red arrojada sobre Israel, acto que consuma su adquisición por parte de Yahvéh.

Esta visión del decálogo resulta más plástica, gracias a los resultados de los estudios recientes sobre la historia de las formas. Durante la época de los jueces y todavía en épocas sucesivas, el decálogo ocupa en Israel el centro y el punto culminante de una solemnidad muy importante: la fiesta de la renovación de la alianza siquemita. Como puede deducirse de Dt 31, 10 s., la fiesta tenía lugar cada siete años. Algunos textos nos permiten reconstruir con cierta seguridad el desarrollo litúrgico de la festividad. A la base de esta información se halla, en primer lugar, la misma perícopa yehovista del Sinaí, que bien podemos designar como la antigua «leyenda de la festividad» de la alianza; en segundo lugar Dt 27, 9 s.; pero de manera particular, el plan general del Deuteronomio (Dt 6, 4 - 28). Junto a éstos, los salmos 50 y 81. Según estos documentos, y sin entrar en cuestiones de detalles, distinguimos en el desarrollo litúrgico de esta gran solemnidad las partes siguientes: 1. Preámbulo parenético. 2. Proclamación de los

---

11. El «prólogo» al decálogo debe traducirse: «Yo soy Yahvéh, tu Dios...» y no «Yo, Yahvéh, soy tu Dios». W. ZIMMERLI, *l. c.*, 179 s. (*Gottes Offenbarung*, 1963, 11 s.).

mandamientos. 3. Conclusión del pacto. 4. Bendición y maldición [12].

El hecho de que Israel celebrase a intervalos regulares, la revelación del Sinaí con una acción cultual de este tipo, nos permite comprobar una vez más cuán intensamente comprendió esta revelación divina como acontecimiento histórico; con esta proclamación del derecho divino, algo le ha sucedido a Israel, y esto no tuvo lugar únicamente en el «ámbito espiritual», sino en el plano real de la historia; ahí es donde esta adquisición por Yahvéh tendrá sus mayores repercusiones. Pues con esta celebración cultual, Israel expresaba que el acontecimiento de la revelación sinaítica tenía la misma actualidad para todos los tiempos, se renovaba en cada generación y era «contemporánea» a todas (ver Dt 5, 2-4; 29, 10 s.).

Por otra parte, esto explica además el carácter no-cultual del decálogo, de donde se sacaron en otro tiempo conclusiones de gran alcance. Si la fiesta de la renovación de la alianza era una fiesta de peregrinación, se comprende, sin más, su limitación al aspecto moral. El decálogo se dirigía a los laicos, a su vida cotidiana, a la convivencia profana dentro de las comunidades rurales; en una palabra: a la conducta que debían observar cuando regresaran a sus localidades de origen, una vez concluida la alianza. Del culto eran responsables los sacerdotes, nadie imponía al peregrino algún cuidado particular por el culto, menos aún cuando estaba lejos del santuario, inmerso en su existencia cotidiana. Por consiguiente seguiría un camino errado quien dedujese del carácter profano del decálogo su parentesco con la predicación de los profetas mayores, o el carácter profano de las instituciones que fundó Moisés en persona [13].

Sin embargo la cuestión más importante es la de una exacta valoración teológica de los mandamientos. Ahora ha tomado ya

---

12. Más detalle en G. von Rad, *Das formgeschichtliche Problem des Hexateuch: Ges. Studien*, 53 s.; H.-J. Kraus, *Gottesdienst im Israel* ([2]1962) 24 s.

13. Así por ejemplo, P. Volz, *Mose* ([2]1932), 57 s., 90 s.; S. Mowinckel, *Le décalogue* (1927) 104.

consistencia la impresión de que Israel comprendió y celebró
la revelación de los mandamientos como un acontecimiento salvífico de primera categoría. En todo momento debe tenerse ante
la vista la estrecha conexión entre los mandamientos y la alianza.
Todas las leyes de Israel presuponen la alianza, como una institución sagrada y una comunidad establecida entre Yahvéh e
Israel. Pero, cosa curiosa, no existe ninguna ley que prescriba la
creación de esta institución. Ella está ahí, ya lo dijimos, como un
hecho consumado, como el trasfondo de las restantes instituciones y, en cuanto tal, se halla fuera de toda discusión. Lo único
que entra en discusión es el problema de configurar la existencia
de cuantos se encontraron frente a una situación tan curiosamente nueva.

Según esto, Israel no pudo considerar nunca el decálogo
como una ley moral absoluta; lo consideró más bien, como la
revelación de la voluntad de Yahvéh en un momento particular
de su historia, mediante la cual se le ofrecía el don salvífico de
la vida. Pues, así puede interpretarse de hecho la revelación de
los mandamientos a Israel; su proclamación y la promesa de la
vida estaban desde antiguo estrechamente unidos en la liturgia
(cf. Ez 18, 5-9). La parenesis deuteronomista modula sin cesar
esta idea fundamental que le es sin duda muy anterior; con los
mandamientos Yahvéh ofreció la vida a su pueblo; al escuchar
los mandamientos, Israel penetró en la alternativa entre la vida
y la muerte [14]. Yahvéh espera, ciertamente, la decisión de Israel,
pero en ningún caso los mandamientos precedían condicional-
mente a la alianza, como si la entrada en vigor del pacto depen-
diera en absoluto de la obediencia. Las cosas están al revés: se
concluye la alianza, y con ella recibe Israel la revelación de los
mandamientos.

Todavía en el tardío Deuteronomio encontramos la misma
sucesión: Israel se ha convertido en el pueblo de Yahvéh («hoy
te has convertido en el pueblo de Yahvéh, tu Dios» Dt 27, 9),

---

14. Dt 30, 15 s.; 4, 1; 5, 30; 8, 1; 16, 20; 22, 7. Cf. Ez 18, 19; 20, 11. 13.
21; 33, 16. 19; Lev 18, 5; y también el tardío תּוֹרת חײם Sir 17, 11; 45, 5.

y con esta afirmación en modo indicativo, va unida la exhortación a escuchar la ley divina y a obedecerla («escucharás la voz de Yahvéh, tu Dios» Dt 27, 10). Ahora bien, aunque uno acepte esta explicación de la elección en indicativo presente y reconozca que la alianza se realizó en un momento, en que Israel no tenía la menor oportunidad de acreditarse en la observancia de los mandamientos, no obstante el decálogo pudo haber sido considerado como una ley dura.

Sin embargo para ser «ley» en el sentido estricto de la palabra, para ser norma de la vida moral, faltaba lo más importante: la carga positiva sin la cual no puede concebirse una ley. El decálogo, en cambio, —prescindiendo de las dos excepciones conocidas—, renuncia a imponer una norma positiva a la vida, se limita a algunas negaciones fundamentales, es decir, se contenta con poner en los bordes de un vasto sector vital algunas señales, que deberá tomar en consideración quien pertenece a Yahvéh. Esta persistencia en la negación es precisamente la nota característica de todas estas «tablas», en Dt 27, 15 s., en Lev 19, 13 s., y en otras. Incluso Ezequiel, el profeta considerado por muchos como el padre de un rígido «nomismo» (legalismo), presenta también una de estas listas catequéticas: Quien pertenece a Yahvéh, no ofrece sacrificios en los montes, no practica la extorsión, no cobra intereses ni presta con usura, etc (Ez 18, 6 s.). Aquí aparece bien claro que estas series de preceptos no se proponen esbozar una ética, pues no contienen ninguna exigencia suprema de Yahvéh; más bien podríamos afirmar todo lo contrario, sólo describen de modo negativo, es decir, del lado que desagrada absolutamente a Yahvéh, los distintivos de sus fieles. Dentro de la esfera vital, así delimitada por los mandamientos, queda un amplio sector de la actividad ética, libre de cualquier norma positiva (pues en la vida cotidiana de Israel no sucedían continuas idolatrías, asesinatos o adulterios). Así pues, si estos mandamientos no someten la vida a una extensa ley normativa, será más apropiado decir que en ciertas situaciones extremas exigen una profesión de fe en Yahvéh y esta profesión consiste en abstenerse de ciertas prácticas que le desagradan.

Sobre el decálogo se puede decir lo mismo que sobre todas las otras «leyes» del Antiguo Testamento: su destinatario, el círculo al cual se dirige, no es una comunidad profana cualquiera como el estado, menos aún la sociedad humana en cuanto tal, sino la asamblea de Yahvéh [15]. Por consiguiente no es necesario subrayar de nuevo, que exigencias como las de estas «tablas», eran consideradas realizables e incluso fáciles de cumplir. Pero la cosa más significativa es que cuando pasó a ser propiedad de Yahvéh, Israel no fue elevado a una forma particular de existencia sagrada. El decálogo no pone de relieve ninguna diferencia sagrada en el hombre, al contrario, en cada uno de sus mandamientos vela de una manera muy elemental por el hombre en su condición humana.

De lo dicho se sigue que el teólogo debe tener mucho cuidado con su terminología, y preguntarse, hasta qué punto nuestra palabra «ley» corresponde con su contenido real en el Antiguo Testamento. Los diez mandamientos no reciben jamás este nombre en el Antiguo Testamento; se les llama únicamente «las diez palabras» (עֲשֶׂרֶת הַדְּבָרִים Ex 34, 28; Dt 4, 13; 10, 4) e Israel celebró siempre la revelación de la ley divina como un gran don salvífico. Era una garantía de su elección, pues en ella Yahvéh había manifestado a su pueblo un camino y un tenor de vida. Dios le impuso los mandamientos para su bien (Dt 10, 13: לְטוֹב לָךְ) y Moisés dice sobre ellos en el Deuteronomio:

Guardadlos y cumplidlos, porque ellos son vuestra sabiduría y vuestra prudencia a los ojos de los pueblos; los cuales al oír estos mandamientos dirán: «¡Cierto, es un pueblo sabio y prudente esta gran nación!» Porque ¿cuál de las naciones grandes tiene unos dioses tan cercanos como Yahvéh, nuestro Dios, siempre que lo invocamos? y ¿cuál de las naciones grandes tiene unos mandatos y decretos tan justos como toda esta ley que os promulgo hoy? (Dt 4, 6-8).

Uno de los atributos mayores con los que Israel ensalzaba estos mandamientos era: ellos son «justos», es decir, con la revelación de los mismos, Yahvéh se había demostrado fiel en sus

---

15. M. Noth, *l. c.*, 15 s.
16. Dt 4, 8; Sal 19, 10; 119, 7. Sobre el significado de צַדִּיק véanse más adelante las páginas 453 s.

relaciones comunitarias con Israel. No se les teme ni se suspira ante ellos como ante una carga, sólo se oyen cantos de agradecimiento y alabanza (Sal 19, 8 s.; 119). Israel descubrió por vez primera la ley en su función de juicio y destrucción con la predicación profética.

Cierto que Dios exigía a Israel el reconocimiento incondicional de los mandamientos. La oferta de la salvación en el Antiguo Testamento como en el Nuevo Testamento colocó al destinatario ante el problema de la obediencia. Israel expresó de muchas maneras su convicción de que si rehusaba reconocer los mandamientos atraía sobre sí la maldición de Yahvéh. Bajo el punto de vista formal, en los vestigios de la antigua fiesta de renovación de la alianza siquemita es donde encontramos la más estrecha conexión interna entre proclamación de los mandamientos y maldición (Dt 27, 11 s.) [17]. En este sentido, el encuentro con Yahvéh significaba una decisión de vida o muerte. Una vez que había escuchado su voz, Israel se hallaba en una situación irreversible. También en el Deuteronomio y en la Ley de la santidad bendiciones y maldiciones siguen a la promulgación de los mandamientos [18].

Los mandamientos de Yahvéh eran plenamente suficientes, en cuanto, por sí mismos, no necesitaban una prueba que les

---

17. Dt 27, 11-13. 15 s.; Jos 24, 25 s. Tanto el Deuteronomio como la Ley de la santidad hacen seguir la proclamación de los mandamientos con bendiciones y maldiciones (Dt 28; Lev 26).

18. Noth ha criticado con gran perspicacia esta promesa de bendición en el Deuteronomio, porque la ley anuncia el castigo en caso de transgresión y en cambio supone la obediencia como una cosa natural y no la premia con bendiciones. Además el Deuteronomio promete la bendición por adelantado, e independientemente de cualquier condición, de modo que su realización no se halla ligada a la obediencia de Israel (*Ges. Studien*, 165 s.). Pero no podemos considerar el Deuteronomio —la revelación de la voluntad de Yahvéh a Israel— en el sentido corriente de una norma jurídica, pues se trata de una pura disposición salvífica a favor de Israel. Por esto, no es probable que deban considerarse las promesas de bendiciones, como un apéndice secundario y poco adecuado, añadido a las maldiciones. Además Yahvéh se reserva también en otros casos la libertad de recompensar la obediencia de los hombres. Sobre la idea de la recompensa, véase G. BORNKAMM, *Der Lohngedanke im NT*: Evang. Theologie (1946/47) 143 s. *Studien zu Antike und Urkristentum*: *Ges. Aufsätze* II (1962) 69 s.

legitimara ante los hombres, a no ser el argumento tautológico, de que obligaban precisamente por ser los mandamientos de Yahvéh [19]. Así, encontraremos en Lev 19, 13-18 una de aquellas grandes listas de prohibiciones donde cada prohibición —ciertamente litúrgica— concluye con la frase אני יהוה (yo Yahvéh) [20], que desea claramente darles una motivación. El Deuteronomio ha conservado la antiquísima prohibición de no comer animales muertos y sigue con la motivación: «porque tú eres un pueblo santo para Yahvéh, tu Dios» (Dt 14, 21). Lo mismo sucede con aquellas antiquísimas tradiciones que terminaban con la expresión lapidaria: esto o aquello es «una abominación para Yahvéh» (תועבת יהוה), es decir, son cosas absolutamente incompatibles con el culto a Yahvéh [21]. Estas son, como dijimos, tautologías teológicas y no verdaderos argumentos.

Sin embargo, junto a estas motivaciones de carácter rigurosamente absoluto encontramos también auténticas argumentaciones, con la intención manifiesta de hacer, de algún modo, comprensible al hombre las prohibiciones y los preceptos o, al menos, inserirlos en un contexto que tenga para él un verdadero significado. Este esfuerzo es cada vez más frecuente, pues tales motivaciones abundan más en las colecciones jurídicas tardías (el Deuteronomio y la Ley de la santidad), que en el Libro de la alianza. No obstante, el carácter de la argumentación puede ser muy distinto. En algunas ocasiones se limitan a una aclaración fácil y práctica de la ley. Así, por ejemplo, no se debe castigar al dueño que con sus malos tratos ha provocado la muerte del esclavo, «porque el esclavo era posesión suya» (Ex 21, 21) [22]. Más significativas son las motivaciones de tipo moral: «no to-

---

19. Con relación a lo que sigue, véase B. GEMSER, *Motive clauses in OT. law:* Suppl. VT. I (1953) 50 s.

20. La motivación אני יהוה desapareció detrás de algunas leyes, porque se había olvidado su estructura litúrgica.

21. Dt 17, 1; 22, 5; 23, 19; 25, 16. Es probable que estas antiquísimas leyes relativas a la «toeba» (abominación) formaran en otro tiempo una lista litúrgica.

22. Cf. Dt 21, 17; Lev 19, 20 s.

marás en prenda las dos piedras de un molino... porque sería tomar en prenda una vida» (Dt 24, 6). En la flagelación sólo se permite dar un limitado número de golpes para que «tu hermano no quede infamado a tus ojos» (Dt 25, 3), Los jueces deben guardarse del soborno «pues el regalo ciega al perspicaz» (Ex 23, 8).

Las explicaciones más importantes son naturalmente las teológicas. Beber la sangre está siempre prohibido, «porque la vida está en la sangre» (Lev 17, 14). «No pronunciarás el nombre de Yahvéh, tu Dios, en falso, porque no dejará Yahvéh impune a quien pronuncie su nombre en falso» (Ex 20, 7). La prohibición de derramar sangre humana se funda en que el hombre es imagen de Dios (Gén 9, 6). En fin, junto a estas motivaciones teológicas aparecen también argumentos tomados de la historia salvífica, bien porque un mandamiento exija la obediencia porque fue promulgado y respetado ya en la historia de la salvación, o bien porque Israel debe recordar el tiempo de su esclavitud, etc. [23].

. Como tales argumentaciones no se encuentran en ninguno de los numerosos códigos de las otras naciones, podemos considerarlos un elemento específico de la tradición jurídica israelita. Ellos manifiestan una vez más, la fuerza de penetración de este derecho divino, que quitaba al oyente toda posibilidad de excusarse por no haber comprendido la ley. Pero todavía hay más: Yahvéh exige obediencia pero quiere hombres que comprendan sus mandamientos y órdenes, hombres que las aceptan además internamente. Yahvéh exige una obediencia adulta. Así el Deuteronomio, preocupado como ningún otro por aclarar en estilo homilético los mandamientos de Yahvéh, puede afirmar con toda razón: «El mandamiento está muy cerca de ti, en tu corazón y en tu boca» (Dt 30, 14).

Ahora bien, si tales motivaciones muestran ya cómo el mandamiento de Yahvéh no abandonaba al hombre, cómo le acompaña y aclara siempre de nuevo su significado, esto aparece aún más claro en algunas adiciones, que desarrollan una prohibición anterior en forma positiva:

---

23. Por ejemplo, Ex 23, 15; Lev 23, 43; Dt 5, 15.

No odiarás a tu hermano, en tu corazón, por el contrario, corregirás a tu prójimo para que no cargues sobre ti un pecado, por culpa suya. No tomarás venganza ni guardarás rencor alguno contra tus compratiotas (sino que), amarás a tu prójimo como a ti mismo (Lev 19, 17 s.).

El elemento interpretativo no se limita en estos casos a una explicación introductiva al sentido de la prescripción, sino que se presenta junto al precepto original, bajo la forma de una segunda prescripción. Pues bien, aún en este caso se trata de una «interpretación legal»; aunque tenga un carácter muy singular. El oído de Israel comenzó a agudizarse; se empezó a adivinar detrás de la norma negativa un sentido nuevo y constructivo. Se sintió la necesidad de colmar el terreno libre que dejaba la prohibición, con un contenido positivo correspondiente al sentido de la prohibición. En los mandamientos del decálogo, sobre el sábado y el respeto a los padres, el proceso fue un poco distinto, pues aquí desapareció del todo la versión negativa original y la positiva quedó dueña única del terreno.

Sin embargo todo ello constituye tan sólo una pequeña parte de un fenómeno característico de toda la tradición de los mandamientos divinos en el antiguo Israel: Israel consideró la voluntad de Yahvéh como una realidad extremamente flexible, capaz de acomodarse a cualquier situación nueva, fuese religiosa, política o económica. Si prescindimos del entumecimiento propio de la época pos-exílica tardía, no existió jamás para Israel una ley divina con validez absoluta para todos los tiempos, pues, cada generación era de nuevo llamada a escuchar la voluntad divina, que era válida para sí y a interpretársela. Una vez más aparece claro que los mandamientos no eran una ley, sino un acontecimiento que Yahvéh hacía experimentar a cada generación en un momento histórico concreto, y frente al cual debía tomar una decisión.

El ejemplo más estupendo de una reinterpretahión semejante es el Deuteronomio. Su tarea consistía en anunciar la voluntad divina a una época que en nada se parecía a aquella en la cual Yahvéh se dirigió por vez primera a su pueblo [24]. Más tarde

---

24. Cf. las páginas 294 s. Un ejemplo extraño de reinterpretaciones

mostraremos cómo el Deuteronomio motiva también los mandamientos de Yahvéh con una gran variedad de argumentos. Lo
nuevo en él es que la observancia de los preceptos divinos recibe
una motivación interna: el amor y la gratitud con Yahvéh guiarán
a Israel a la obediencia.

Sin embargo, el Deuteronomio presenta todavía una novedad
absoluta porque no sólo habla de las «normas, mandatos y decretos», sino además llega a designar como «la tora de Yahvéh»
toda esa multitud de mandamientos divinos que no tenían entre
sí relación alguna. Pues bien, esta capacidad de considerar como
«la tora», es decir, como una unidad teológica, esa pluralidad de
mandamientos emanados de Yahvéh en ocasiones diversas,
abría el camino a una concepción nueva e importante que reunía
en sí toda la reflexión anterior. Todas las instituciones particulares son consideradas ahora como parte de una revelación de la
voluntad divina, fundamentalmente indivisible.

Esta nueva concepción hizo que el concepto de la revelación
divina se separa definitivamente del culto. El antiguo Israel había
encontrado en el culto los mandamientos, las listas de preceptos
y los «tôrot», instrucciones de los sacerdotes. «La tora» era en
cambio, el objeto de la instrucción teológica y su situación vital
(*Sitz im Leben*) se transfiere cada vez más al corazón humano.
Los «salmos sapienciales», en particular los salmos 1 y 119 mo-
dulan un tema, que ya conocían el Dt y el Dtr: el hombre debe
guardar estas palabras en su corazón y las tendrá presentes en
todas las situaciones de su vida (Dt 6, 6 s.; Jos 1, 8). Dos afirmaciones se repiten siempre en estos salmos: la revelación de la voluntad divina es ocasión de incesante meditación y de una alegría

---

como ésta, que tiende a actualizar los hechos, lo hallamos en Ez 20. El profeta
ve en toda la historia salvífica no sólo una empresa fallida por la desobediencia de Israel, sino también ve como se inició ya el tiempo del juicio en el mismo momento en que Yahvéh revelaba sus mandamientos. Yahvéh les dio
«preceptos y estatutos malos, con los que no se puede obtener la vida»
(v. 25); en este caso Ezequiel piensa en el mandamiento relativo a la ofrenda
de los primogénitos humanos. W. ZIMMERLI: ZThK 1951, 253 s. (*Gottes Offenbarung* [1963] 139 s.). Véase el tomo II, 282 s.

sin fin. Ella ocupa al hombre sin descanso, tanto en su vida sentimental como intelectual. Sin duda alguna, detrás de estos salmos se oculta también la cuestión antropológica de saber cuáles son las cualidades del hombre que es justo ante Dios; en consecuencia, presentan la imagen de un hombre cuya vida espiritual está completamente llena de la palabra divina y saca de ella la fuerza necesaria para su comportamiento; pues cuando uno se abre de esta manera a «la tora», todo resulta justo.

Deberíamos pensarlo bien antes de decidir si el espíritu de estos salmos merece la etiqueta de «piedad legal» o la de consolación farisaica. El hecho de que la revelación de la voluntad de Yahvéh sea no sólo objeto de alegría sino también de intensa reflexión, no es suficiente para tales juicios. En efecto, todavía falta en ellos la reflexión sobre la posibilidad de su cumplimiento, la distinción entre lo permitido y lo prohibido, etc. Frente a una verdadera piedad legal, consciente de la amenaza que deriva de la propia impotencia, estos salmos respiran una credulidad sorprendente por su simplicidad.

A propósito de las observaciones de G. Ebeling sobre la reserva con que empleamos aquí el concepto «ley» [25], debe notarse cuando sigue: 1. ya quedaron atrás los tiempos en los que se procedía con este concepto en la teología del Antiguo Testamento (cf. tomo II, 503, nota 2). La discusión sobre este punto se interrumpió también desde hace tiempo. 2. Durante el estudio de las formas de los mandamientos divinos y su situación en el culto, la ciencia se encontró otra vez frente al fenómeno de la voluntad exigente de Yahvéh y al problema de su exacta clasificación teológica. En este caso, no es posible hallar un punto de contacto con la antigua nomenclatura teológica, pues ésta es demasiado genérica; en efecto, el inventario actual de textos veterotestamentarios sobre este punto ofrece una gran diversidad de datos, que desde el punto de vista teológico no poseen la uniformidad necesaria para poderlos etiquetar de una manera sumaria [26]. 3. Nuestra tarea es clara: adquirir una comprensión teológica, lo más precisa posible, de esta voluntad de Yahvéh con relación a Israel o impedir que unos conceptos tradicionales pero inadecuados desfiguren la concepción que se irá abriendo camino. Yo nunca opiné que el concepto de la ley en el Antiguo Testamento fuera ilegítimo o puro síntoma de un malentendido teológico (cf. tomo II, 501 s.; también en este tomo 253: Israel descubrió por vez primera la ley en su función de juicio y destrucción con la predicación profética). Tampoco resulta fácil descubrir

25. ZThK 1958, 288 s. (Ahora en *Wort und Glaube* [1960] 274 s.)..
26. W. Zimmerli, *Das Gesetz im AT*: ThLZ (1960) col, 481 s. (*Gottes Offenbarung* [1963] 249 s.).

dónde Israel entendió claramente por «ley» aquello que el dogmático indica con este concepto. Esto es aún más difícil en los textos de la antigua religión yahvista.

El fin de esta comprensión de la ley se prepara ya en el período pos-exílico. Como es natural se trata de un proceso lento, y, en parte, imperceptible. Se llegó a este fin cuando la ley se convirtió en una magnitud absoluta, es decir, cuando ya no se la consideró más como la disposición salvífica de la comunidad cultual israelita, es decir, de un grupo étnico bien determinado que le había precedido en la historia; cuando dejó esta función de sierva y pasó a ser un dictador que se creó autoritariamente su propia comunidad. De este modo se convirtió finalmente en una «ley» en el sentido corriente de la palabra; una ley que debía ser respetada palabra por palabra e incluso letra por letra.

Esto no puede todavía afirmarse del Deuteronomio que se refiere demasiado claramente a una forma histórica bien precisa del Israel de su tiempo, y se pone a su disposición. Es más, cuando reduce la abundancia de los mandamientos al único precepto capital de amar a Yahvéh (Dt 6, 4) y se preocupa con tanta solicitud del sentido interno y espiritual de los mandamientos, da la impresión de ser la última resistencia contra el incipiente legalismo. En mi opinión, los salmos 1 y 119 se hallan todavía bien situados en la parte de acá de esta evolución fatal, pues aunque estos salmos ven en la voluntad de Yahvéh una realidad autónoma y digna de una meditación llena de gratitud, no debe creerse necesariamente que pertenezcan ya a la mentalidad legalista.

Noth tiene razón cuando piensa que la simple subordinación de Israel al patrimonio legal, cuyas partes procedían de leyes muy diversas, debía conducir tarde o temprano al legalismo, desplazando unilateralmente el interés sobre el aspecto de la obediencia humana [27]. Las frecuentes aseveraciones del cronista de que tal o cual acción cultual se celebró en plena conformidad con las prescripciones de la tora preludian ya esta situación.

---

27. M. Noth, *l. c.*, 70 s.

También tiene un carácter legalista el modo como se entienden las leyes sobre la alimentación en Dan 1: una narración que procede todavía de los tiempos de la diáspora persa. En este caso no se trata ya de una norma que la comunidad cultual se impone a sí misma, para separarse de otras prácticas bien determinadas; son más bien prescripciones que ya no eran comprendidas en su antiguo significado polémico. De todos modos, el legalismo de las prescripciones sobre la pureza legal comenzó en una época relativamente temprana. El paso al legalismo de la tora fue por consiguiente un proceso que se llevó a término en épocas distintas, de acuerdo con la múltiple variedad de sus contenidos.

El Libro de la alianza (Ex 21-23) fue añadido más tarde a la revelación del Sinaí. Esto suponía un proceso de redacción literaria, pues en su origen, este pequeño código no tenía nada en común con la verdadera tradición sinaítica, puesto que provenía de una situación diversa en la historia de la tradición. Sin embargo, tal inserción es muy significativa y nos enfrenta con nuevos problemas: la voluntad de Yahvéh revelada a Israel se apoya ahora sobre una base más amplia y es más detallada. Pues si el decálogo había delimitado con sus prohibiciones el espacio vital de Israel, el Libro de la alianza somete a un orden divino el interior de este espacio, con nuevas prohibiciones y preceptos diversos. La primera parte del Libro de la alianza (21, 1 - 22, 16) contiene sobre todo leyes casuísticas sobre la esclavitud, las garantías, los depósitos, préstamos, etc. La segunda parte (22, 17 - 23, 19) trae normas cultuales sobre el año de la remisión, del descanso sabático y las tres festividades anuales. Todo esto nos hace preguntarnos si en la incorporación del Libro de la alianza se puede adivinar la aparición o el aumento del «legalismo». Pero frente a lo dicho, sería conveniente recordar que esta «ley» sigue a la elección ya consumada; más aún, esta adición no insinúa en ningún lugar que deba ser entendida como una precisión ulterior de la voluntad divina por la que se cambiaba la situación de Israel frente a Yahvéh. El Libro de la alianza termina con un discurso divino de estilo parenético que asegura a Israel la protección y la guía de Yahvéh (Ex 23, 20-33) y, a continuación se concluye la alianza (Ex 24, 1 s.). En otro lugar volveremos sobre la cuestión, aquí apenas apuntada, pues bajo este punto de vista el Libro de la alianza manifiesta una tendencia que en el Deuteronomio alcanza su pleno desarrollo teológico[28].

---

28. Como el Libro de la alianza contiene la ley del talión (Ex 21, 23-25; cf. Lev 24, 18 s.; Dt 19, 21) será conveniente señalar, al menos en una nota, que es falsa la opinión popular según la cual el «ojo por ojo y diente por diente» sería el principio central del pensamiento jurídico del Antiguo Testamento. La frase no pertenece a las formas jurídicas enraizadas en el yahvismo. Proviene originalmente del derecho sacro cananeo (cf. Alt: ZAW [1934] 303 s.) y se limita a casos de lesión corporal muy concretos, o al asesinato. El pensamiento jurídico del antiguo Israel no se levanta sobre la base de una

3. El primer mandamiento y el celo santo de Yahvéh

Es sorprendente que falte la prohibición de adorar otros dioses en el dodecálogo siquemita (Dt 27, 15 s.), la serie que parece más antigua y empieza con la prohibición de las imágenes. Esto se explica de hecho por las circunstancias particulares de su época. En los tiempos más antiguos de la historia de Israel, en la época de los Jueces, cuando su vida campesina transcurría en la región montañosa de la Palestina central, sin contactos importantes con los cultos extranjeros, el peligro de apostasía de la fe yahvista o de sincretismo no era todavía inminente para la mayoría del pueblo, como lo sería poco tiempo después. Esto no quiere decir que el primer mandamiento sea más reciente. Por el contrario es indudable que ese coeficiente de aguda intolerancia era propio del culto yahvista desde sus comienzos. La frase: «el que ofrezca sacrificios a otros dioses será trasplantado de la vida a la muerte» (Ex 22, 19) parece ser, en su forma como en su contenido, una versión antigua del mandamiento correspondiente en el decálogo [29].

La prohibición de pronunciar los nombres de los dioses extranjeros aparece fuera de una lista, en una anotación conclusiva de carácter redaccional y por esta razón podría ser más reciente (Ex 23, 13). Por encima de estas clasificaciones se pone la cuestión de saber cómo interpretó Israel esta prohibición, que en todo tiempo fue para él el mandamiento por excelencia. El precepto del decálogo: «no tendrás otro dios a despecho de Yahvéh», es la versión más genérica y menos detallada de todas [30]. Pero pre-

---

compensación rigurosamente «equivalente». Sobre la ley del talión, véase W. PREISER, *Vergeltung und Sühne im altisraelitischen Strafrecht: Festschrift f. Eberh. Schmidt* (1961) 7 s., en particular, 28 s.; también F. HORST, *Gottes Recht* (1961) 174, 28 s.

29. Presentamos el texto de acuerdo con la corrección de A. ALT, I, 311, nota 2.

30. Se recomienda la traducción de פני עַל propuesta por L. Köhler «a despecho mío» (ThR 1929, 174). También es digna de mención —sobre todo

cisamente gracias a su amplitud interna y a su tendencia hacia
lo fundamental, esta prohibición era la más apropiada para proponer al pueblo este aspecto de la voluntad divina, con el carácter obligatorio, que supera los tiempos y sus contingencias.

Existe una interpretación del primer mandamiento en el
Antiguo Testamento, y a ella debemos atenernos en primer lugar. Tres textos unen la prohibición de todo culto extranjero con
una alusión al celo de Yahvéh: «pues Yahvéh es un Dios celoso»
(Ex 20, 5; 34, 14; Dt 6, 14 s.) [31]. La oración secundaria, introducida mediante el «pues», debe considerarse una interpretación
legal, y por tanto, una motivación teológica. Pero otros textos
presentan también esta relación característica del primer mandamiento o sus transgresiones, con el celo de Yahvéh (así p.e. Jos 24,
19; Dt 32, 16; 1 Re 14, 22), no es pues una conexión ocasional.
Pero, el celo de Yahvéh aparece, a su vez, en relación íntima con
su santidad (en particular Jos 24, 19), hasta el punto de que su celo es considerado sencillamente como una manifestación de su
santidad. Por esto tenemos que hablar al mismo tiempo de la santidad de Yahvéh, de su celo y del primer mandamiento, pues no
es posible separar conceptualmente el uno de los otros. El celo
y la santidad sólo son matices diversos de una misma e idéntica
cualidad divina [32].

La experiencia de lo santo en Israel, como en la historia general de la religión, es un fenómeno religioso primordial, es decir,
no se puede derivar lo santo de ninguna escala de valores humanos.
No es la superación de los mismos; tampoco se asocia a ellos

por causa del lenguaje típico de Dt 21, 16—, la transcripción «en perjuicio
mío» de W. F. ALBRIGHT, *De la edad de piedra al cristianismo*. Sal terrae,
Santander 1959, 234.
31. W. Zimmerli prueba de manera convincente que la afirmación sobre el celo en Ex 20, 5, no se refiere a la prohibición de las imágenes; pasa
por encima de este mandamiento y se remonta al primer precepto (*Festschrift
für Bertholet*, 550 s.).
32. O Procksch ha tratado el tema de la santidad de Yahvéh en
ThWBNT I, 88 s. Véase además R. ASTING, *Die Heiligkeit im Urchristentum*
(1930) 17-34; J. HÄNEL, *Die Religion der Heiligkeit* (1931); J. PEDERSEN, *Israel*, III-IV, 264 s.; S. MOWINCKEL, *Religion und Kultus* (1953) 30 s.; H. RING-
GREN, *The prophetical conception of Holiness* (1948).

como una adición; lo santo podría ser designado como el gran advenedizo en el mundo del hombre, una realidad de la experiencia que jamás se deja incorporar plenamente en el mundo familiar al hombre, y frente a la cual siente más temor que confianza; no cabe duda, es lo «totalmente otro». En este sentido es característico el esfuerzo del hombre por delimitar el ámbito en el cual se manifiesta lo santo, el lugar donde se ha instalado, a fin de protegerlo de cualquier contaminación con lo profano (Ex 19, 12), pero también para resguardar al mundo profano contra cualquier amenaza proveniente de aquél.

Israel conoció también el recinto sacro, el *temenos* (en árabe *Harâm*) donde regían otras normas —sagradas— y otros valores, y se habían abolido las prescripciones del derecho profano (se piense en el derecho de asilo). Todo cuanto caía bajo el dominio de lo sacro quedaba excluido del uso común; todos los derechos que uno podía exigir sobre él, caducaban. Si un objeto, un lugar, un día o una persona eran declaradas «santos», con ello se indicaba en primer lugar su segregación, su entrega a Dios, pues Dios es la fuente de toda santidad. Esto indica claramente, que la santidad era sentida como una potencia y no como algo inerte; era, sobre todo, una realidad apremiante y, en todo caso, algo imprevisible [33]. Considerando que, en último término, la santidad de todo «lo que estaba santificado» deriva de su relación con Yahvéh, se ha afirmado con razón que este concepto indica más una relación que una cualidad [34]. La preocupación por no violar lo santo mediante una desafortunada contaminación con lo profano, y también el cuidado por no recibir algún daño de esta potencia imprevisible, explican el esfuerzo por regular en lo posible las relaciones con ella en el culto, mediante ritos escrupulosos.

Lo dicho hasta el presente no sólo es válido para el antiguo Israel sino también para amplios sectores de la historia religiosa de la humanidad y, sin embargo, el culto israelítico poseía un dis-

---

33. J. Pedersen, *l. c.*, 264.
34. H. Ringgren, *l. c.*, 13.

tintivo muy particular. La simple comparación con la historia de las religiones muestra ya que las afirmaciones del Antiguo Testamento sobre la santidad son mucho más intensas y llegan incluso a ser vehementes; pero, sobre todo, se encuentran más estrechamente ligadas al mismo Yahvéh, pues en las religiones extrabíblicas, lo santo presenta extrañamente un carácter mucho más neutral e impersonal, como si fuera una realidad con una existencia autónoma [35]. Cierto, las afirmaciones acerca de una santidad material son en el Antiguo Testamento tan numerosas que nos sorprenden. Oza muere por haber tocado el arca (2 Sam 6, 6 s.); no es lícito tocar el altar (Ex 29, 37 P); ni siquiera mirar los objetos sagrados (Núm 4, 18-20 P), lo santo puede transmitirse (Lev 6, 20 s.; Ez 44, 19), etc. Este considerable sector de afirmaciones sobre la santidad muestra los límites de la extensa obra de Rudolf Otto que, con excesiva parcialidad, relaciona la santidad con el hombre y su interioridad [36]. Tampoco satisface la solución de negarles cualquier valor teológico, como si fueran vestigios de una santidad todavía natural [37]. En efecto, no sólo las encontramos en los documentos más antiguos, como residuos no elaborados de un estadio religioso anterior al yahvismo, sino que perviven en Israel y en sus mismos profetas hasta los tiempos más recientes [38].

Será pues conveniente que la teología del Antiguo Testamento, la cual se ha dedicado con excesiva parcialidad a lo interior y espiritual, se interesara por este aspecto de la santidad y renunciara sobre todo a medir dichas expresiones con un concepto de lo espiritual completamente extraño al Antiguo Testamento. Ciertamente el Antiguo Testamento contiene afirmaciones sobre la santidad de una espiritualidad altísima —Os 11, 9 es una de las más sublimes— e informa sobre experiencias de santidad que descienden hasta lo más íntimo de la persona (Is 6, 3-5), sin em-

35. J. Hanel, *l. c.*, 22 s.
36. R. Otto, *Lo santo*. Revista de occidente, Madrid [2]1965.
37. W. Eichrodt, I, 142.
38. H. Ringgren, *l. c.*, 18.

bargo esto no debe inducirnos en el error de considerar las otras
afirmaciones como fundamentalmente ajenas a la religión yahvista, pues de este modo ignoraríamos una de sus características
más importantes: el intenso deseo de inmanencia propio de la
santidad de Yahvéh, que no se contenta únicamente con la interioridad humana.

Israel pensó siempre que Yahvéh no sólo había revelado su
santidad a los hombres sino también había santificado cosas,
lugares y tiempos, y esto quiere decir que los reivindicaba como
suyos. Ahora bien, los tiempos que Yahvéh eligió para sí no eran
sólo los litúrgicos. En cualquier momento de la historia puede
«santificarse» con actos de juicio o salvación; es decir, siempre
que lo desee puede provocar acontecimientos que manifiesten,
de una manera absolutamente inmediata, la «doxa» (gloria)
de su actividad histórica. Así las narraciones históricas hablan,
a veces, de un «glorificarse» de Yahvéh (Ex 14, 4 s. 17; Núm 20,
13; Lev 10, 3). Tal concepción supone que la actividad de Yahvéh
se realiza generalmente de manera oculta, pero en ocasiones especiales, manifiesta su gloria de modo visible.

Es significativo que Ezequiel, con una mentalidad tan influen-
ciada por las concepciones cultuales, muestre una cierta preferencia por este «santificarse» de Yahvéh en la historia (Ez 20,
41; 28, 22. 25; 38, 16. 23). Pero también el documento sacerdotal
dirige una vez su mirada hacia el futuro en el cual «la gloria de
Dios llenará toda la tierra» (Núm 14, 21); por lo tanto, considera
la limitación actual de la gloria de Yahvéh a un determinado sector del culto, como una situación pasajera, a la que seguirá la
realidad definitiva. Esta idea corresponde con el vaticinio de un
profeta pos-exílico: «en aquel día» los calderos de las casas y los
cascabeles de los caballos serán tan santos como los vasos sagrados del templo (Zac 14, 20 s.); es decir, entonces la santidad
de Yahvéh habrá devorado toda la realidad profana. Cuando
ocurra esto, la santidad divina habrá alcanzado su meta suprema.

Detrás de todo esto —por muy material e impersonal que
pueda parecer en sí mismo—, está el celo de Yahvéh, del cual
no era posible separar ni siquiera la acción más imperceptible

del culto. Pues fue en el culto y no en una relación personal e inmediata con Yahvéh, donde Israel se encontró primera y principalmente con el celo divino, esta revelación sumamente personal de su naturaleza. De este modo nos hallamos frente al elemento más característico del culto israelita: la brusca reivindicación del culto exclusivo a Yahvéh en el primer mandamiento. El celo (קנאה) equivale a los celos y es, por consiguiente, un sentimiento que emana de la parte más personal del hombre; y como ser celoso, Yahvéh es personal en sumo grado [39]. El celo de Yahvéh consiste, pues, en que él quiere ser el único dios de Israel y no está dispuesto a compartir su derecho a la reverencia y al amor con ninguna otra potencia divina. Dos cosas le decía este celo a Israel: el afecto de Yahvéh —Oseas habla de él como de la pasión del enamorado—; pero también la amenaza del castigo si se entregaba al Señor con el corazón a medias. Esta intolerante exigencia de exclusividad es un hecho único en la historia de las religiones, pues los cultos antiguos se toleraban pacientemente y daban a los participantes de su culto plena libertad para asegurarse, al mismo tiempo, la bendición de otras divinidades. No era raro que los santuarios fueran considerados lugares para una adoración simultánea, y así en el templo dedicado a un dios determinado se ofrecían a la vez sacrificios a otra divinidad diferente. Este destino le tocó al templo de Salomón en algunos momentos de su historia (2 Re 23, 4. 11 s.). El Deuteronomio expresa con suma concisión lo que el celo de Yahvéh exige a Israel: Israel debe estar «totalmente»(תמים) con Yahvéh (Dt 18, 13) [40].

La noción «otros dioses», tiene, sin duda, un sentido muy amplio. Pero no se refiere en primer lugar a los «grandes dioses» de los imperios, el dios babilónico Marduk o el egipcio Amón,

---

39. W. Eichrodt, I, 104.
40. En los profetas el concepto del celo de Yahvéh aparece por primera vez separado del culto y sin relación alguna con el primer mandamiento. El celo de Yahvéh se encuentra detrás de su actividad histórica de dos maneras diversas: como celo que odia (Sof 1, 18; Nah 1, 2; Sal 79, 5) y como celo que salva (Is 9, 6; Ez 39, 25; Jl 2, 18; Zac 1, 14; 2 Re 19, 31).

sino sobre todo a las divinidades indígenas de Palestina, cuyo culto podía ser verdadero motivo de tentación para Israel, p.e. Baal, Dagón, Astarté, Anat, Asera, etc. La prohibición se dirigía también contra los pequeños cultos privados, en particular contra toda clase de culto a los muertos. Contra él y sus ritos encontramos una sorprendente multitud de prescripciones, que nos permiten deducir la existencia de una lucha particularmente encarnizada contra este culto, al cual se sentían tentados de manera especial los antiguos [41]. En todo caso debemos tener en cuenta que los textos nos presentan sólo una pequeña parte del combate *in actu* contra el culto a las divinidades extranjeras. En muchos casos se había decidido ya la batalla mucho antes de que pudiera ser objeto de una descripción literaria. ¡Qué sucesión de luchas culturales debieron preceder a los dos catálogos de animales impuros (Lev 11, 2 s.; Dt 14, 4 s.)! Estos animales eran ciertamente las víctimas destinadas al sacrificio en diversos cultos, o tenían una relación sagrada con las potencias divinas. Precisamente por este motivo se les privó de su cualidad sacra y quedaron excluidos del culto yahvista [42]. La prohibición de comer dichos animales no se limitó al tiempo en que existía un verdadero *status confessionis*, sino que continuó siendo una obligación cultual para Israel aun en épocas posteriores, cuando esos cultos no podían ser motivo de tentación. La agrupación de tales animales en catálogos es naturalmente la última etapa de la lucha contra los cultos prohibidos. Una época capaz de componer unas listas tan sumarias debía hallarse muy lejos de las verdaderas luchas culturales.

Los dramáticos ritos de abjuración descritos en el Gén 35, 2-4 (cf. Jos 24, 14. 23) nos introducen más directamente en la

---

41. Lev 19, 27 s. 31; 20, 6. 27; 21, 5; Dt 14, 1; 18, 11; 26, 14, etc.
42. Muy poco sabemos acerca del significado cultual de estos animales. Algunos detalles en M. Noth, *Die Gesetze im Pentateuch*, 95. La prohibición de «cocer el cabrito con la leche de su madre», aparece en dos contextos distintos (Ex 23, 19; Dt 14, 21) y reprueba un uso mágico de la leche, que debía estar muy extendido en la religión de los campesinos de Palestina. En un texto de Ras-Samra se encuentra la prescripción positiva correspondiente (Gord. II, 52: 14).

historia del culto que conocemos. Esta solemnidad celebrada en Siquem y durante la cual la comunidad debió descubrir todos los objetos de cultos extranjeros y enterrarlos ritualmente, nos ofrece una prueba impresionante de la continua actualización del primer mandamiento. Pero, a decir verdad, sólo las luchas del yahvismo contra la religión cananea de Baal nos facilitan conocimientos históricos más precisos. Esto no se explica únicamente porque en el Antiguo Testamento predomina la literatura deuteronomista, cuya teología está marcada de modo unilateral por su oposición al culto cananeo de la vegetación, sino que de hecho corresponde a la realidad histórica [43].

En medio de este durísimo combate, donde se ponía en juego la supervivencia de la fe yahvista, Israel no disponía de una interpretación preestablecida, auténtica ni definitiva del sentido y alcance del primer mandamiento. Por el contrario, debía cerciorarse en cada nueva situación, sobre la voluntad de Yahvéh con relación al culto; pues la situación en la que Israel debía probar su fidelidad al primer mandamiento, cambiaba sin cesar. Prácticas que en un período fueron consideradas inofensivas, caían en el siguiente bajo la intolerante severidad de este precepto [44]. La interpretación del primer mandamiento era, por lo tanto muy flexible. Toda la historia del culto israelita fue en realidad, una lucha continua en torno a la validez del primer mandamiento [45].

Este intento de comprender el primer mandamiento a partir

---

43. O. Eissfeldt ha presentado un impresionante resumen de la batalla que enfrentó por más de 700 años a Yahvéh y Baal, dando por supuesto que es falsa la opinión común, según la cual existían muchos Baales locales. Para Eissfeldt se trataba de una sola divinidad el «Baal del cielo» (*Baalsamen und Jahve*: ZAW [1939] 24 s.).

44. Así, p.e., las «masebas» y «aseras», pilares de piedra y troncos de madera destinados al culto (Gén 28, 18; 35, 14; Dt 16, 22; Lev 26, 1), y en particular la gran cantidad de santuarios rurales que el Deuteronomio eliminó a favor del santuario único (Dt 12, 1 s.).

45. Aquí hemos tratado del primer mandamiento en su significado primitivo, que era el cultual. Los profetas sacaron de este mandamiento una conclusión completamente nueva, cuando lo aplicaron a la divinización de los instrumentos de poder terrenos (armamentos, alianzas, etc.).

del celo de Yahvéh permanecería incompleto y se prestaría a equívocos, si no relevásemos, como es debido, su enraizamiento en la historia de la salvación. El primer mandamiento no es un axioma; todo lo contrario, Yahvéh mismo prueba su unicidad con sus intervenciones en la historia: «Yo soy Yahvéh, quien os sacó de la tierra de Egipto». Por otra parte, no pocas veces se dice de los dioses extranjeros que no tienen ninguna historia con Israel; los padres «no los conocieron» (Dt 13, 7; 28, 64; Jer 9, 15; 16, 13; 19, 4), es decir, no les eran familiares; son unos «recién llegados» (חדשים מקרוב Dt 32, 17) —un reproche muy característico para la religión israelita y su mentalidad histórica—. Yahvéh es el dios de Israel desde tiempos antiguos (Sal 44, 2; 74, 2. 12).

El problema del monoteísmo en el antiguo Israel está en relación con el primer mandamiento, en cuanto que el monoteísmo fue un conocimiento que Israel no hubiera podido adquirir, sin la prolongada disciplina del primer precepto. Sin embargo es necesario distinguir al máximo estas dos cuestiones, pues, el primer mandamiento no tiene, en principio, relación alguna con el monoteísmo; al contrario, su formulación nos obliga a comprenderlo partiendo de un transfondo que el historiador de las religiones llama politeísta [46]. La misma autopresentación de Yahvéh en el culto: «Yo soy Yahvéh, tu Dios», presupone una situación politeísta. Durante mucho tiempo existió en Israel un culto a Yahvéh que, con relación al primer mandamiento, era ciertamente legítimo y sin embargo no era monoteísta. Por este motivo se le llama henoteísmo o monolatría.

Los numerosos textos que hablan con toda naturalidad de la existencia de otras divinidades llegan hasta el período monárquico (cf. Gén 31, 53; Jue 11, 24; 1 Sam 26, 19; 2 Re 3, 27) y lo sorprendente es que son más frecuentes en los documentos tardíos. La explicación es fácil si pensamos que el antiguo Israel

---

46. B. BALSCHEIT, *Alter und Aufkommen des Monotheismus in der israelitischen Religion* (1938) 15. Véase también, H. H. ROWLEY, *The antiquity of israelite Monotheism*, Expository Times (1949/50) 333 s. El mismo en ZAW (1957) 10 s.

tuvo poco contacto con los cultos extranjeros; no así, en las
épocas posteriores cuando empezó a moverse con mayor libertad
en el campo político. También se ha notado a menudo y con una
cierta admiración, la llana objetividad con la cual 2 Re 3, 27 habla de Camos, dios de los moabitas y de su «grande ira» contra
Israel. De hecho hubo un tiempo en el que Israel entró sólo ocasionalmente en contacto con los dioses de las naciones extranjeras, y sus cultos no le eran motivo de tentación, entonces estos
dioses tuvieron poco interés para el yahvismo (¡Cuán diversa
fue la actitud de Israel frente al dios cananeo Baal!).

De todos modos, no les falta razón a quienes hablan de la
aparición del monoteísmo en Israel, pues en épocas más recientes
de su historia, poseemos testimonios suficientes a favor de un
monoteísmo práctico y teórico. Pero, describir el nacimiento de
este monoteísmo, es una tarea muy delicada. Ante todo, es evidente que no podemos considerar el «monoteísmo» israelita
como el resultado de reducción especulativa de los fenómenos
numinosos a una visión unitaria de los mismos. El monoteísmo
en cuanto tal, no fue jamás un asunto al que Israel dedicó un
interés particular; nunca fue su patrón y medida como lo había
sido el primer mandamiento. Se trata, pues, de un proceso cog-
noscitivo, del que Israel no tuvo plena conciencia.

Lo último que podremos conseguir es determinar el momento
preciso de su aparición en la historia. En efecto, ¡cuántas tendencias e ideas corren paralelas en un mismo período de la historia!
Los textos del culto (himnos) usan un lenguaje más conservador
y por lo mismo son menos útiles para representar la mentalidad
característica de una época. ¿Cuándo fueron degradados al coro
de los seres divinos que alaban a Yahvéh, los dioses del panteón
cananeo, en cuyo círculo penetró Yahvéh, ese dios para ellos desconocido? (Sal 82) [47]. La mención de los «dioses» ¿dónde es retórica y dónde no? [48]. En cambio, el lenguaje de los profetas se

47. A. ALT, I, 354.
48. Sal 95, 3; 97, 7. La designación de los dioses como la «nada» (אלילים)
no significa necesariamente la negación absoluta de su existencia; puede ser
también un desprecio (cf. 1 Re 18, 27).

encuentra más libre de estas formulaciones tradicionales, refleja más directamente sus concepciones individuales y por esto, es muy significativo el imponente silencio con que Isaías y Amós pasan por alto las divinidades de los pueblos y su potencia [49].

De hecho hubo un momento en la histórica del yahvismo, en el cual Israel no podía hablar con plena libertad sobre la competencia de los dioses. Esta época se inauguró cuando los grandes reyes asirios extendieron su mano contra Palestina. Entonces se planteó la cuestión de saber quién era en realidad el Señor de la historia. Esta potencia que osaba extender su mano incluso contra Sión, la fundación de Yahvéh ¿era más poderosa que el Dios de Israel o la había incluido él mismo en sus planes? No podemos desarrollar aquí la respuesta de Isaías a tales cuestiones. De todas maneras es claro que los dioses de los pueblos extranjeros no tienen cabida ni desempeñan función alguna en su visión de la historia. Isaías II es el profeta que expresa con mayor vigor un monoteísmo, fruto consciente de la reflexión teológica («Yo soy Yahvéh y no hay otro, fuera de mí no hay dios», «antes de mí no existía ningún dios y después de mí ninguno habrá» Is 45, 5 s.; 43, 10) [50]. Pero no lo expresa como una verdad de la filosofía religiosa; cree más bien que sólo sus adoradores pueden atestiguar que Yahvéh es el único señor de la historia universal.

4. *La prohibición de las imágenes en el Antiguo Testamento* [51]

En las exposiciones de la teología o de la religión del Antiguo Testamento, el segundo mandamiento del decálogo ocupa desde hace mucho tiempo una posición muy secundaria con relación

---

49. J. Hempel, *Das Ethos des Alten Testaments* (1938) 106 s.

50. Cf. Is 41, 28 s.; 42, 17; 44, 7 s.; 45, 16; 46, 1 s.; etc.

51. K. H. Bernhardt, *Gott und Bild*. Ein Beitrag zur Begründung und Deutung des Bilderverbotes im AT. (1956); W. Zimmerli, *Das Gebot*. Festschirft für Bertholet (1950) 550 s. (ahora: *Gottes Offenbarung* [1963] 234 s.); H. T. Obbink, *Jahwebilder*: ZAW (1929) 264 s.; H. Schrade, *Der verborgene Gott*. Gottesbild und Gottesvorstellung im alten Israel und im alten

al primero, a no ser que, como en el caso de L. Köhler, se le pase completamente por alto. La antigua escuela crítica se creía dispensada de dedicarle un estudio particular, pues estaba convencida de que el culto de Yahvéh —al menos el de los tiempos más primitivos—, no fue jamás un culto sin imágenes. Pero más peligrosa era todavía su concepción completamente errónea sobre el sentido de este mandamiento. Partiendo de la oposición, tan general como ajena al Antiguo Testamento, entre lo visible y lo invisible, lo material y lo espiritual, consideraba el segundo mandamiento como la expresión de una mayor espiritualidad en el servicio divino, una superación ejemplar de un primitivismo espiritual y cúltico; en una palabra, la consecución de un nivel intelectual decisivo para la educación del género humano, que con el tiempo había pasado a ser del dominio común.

Sin embargo decir que Dios en último término, no puede ser representado en forma visible, y la adoración pertenece más al dominio del corazón que de la vista, y que el hombre debe aprender a aceptar lo invisible como algo realmente invisible, son verdades religiosas comunes, y precisamente por su carácter general no tocan el centro del problema. Además, sería imposible explicar que una sabiduría tan universal e inofensiva, haya podido desencadenar luchas sangrientas como las descritas en la historia de Israel, desde el becerro de oro hasta el tiempo mismo de los Macabeos. Es sencillamente imposible creer que la realidad más peculiar y secreta de Israel fue una verdad evidente, ante la cual debía rendirse cualquier pensador profundo [52]. Pues, ¿era entonces necesario el lujo de una última epifanía de Yahvéh

---

Orient (1949); J. Hempel, *Das Bild in Bibel und Gottesdienst* (*Sammlung gemeinverst. Vortr.* 1957); W. Vischer, *Du Sollst dir kein Bildnis machen, Antwort.* Festschr. f. K. Barth (1956) 764 s.

52. Además de la interpretación completamente falsa del mandamiento sobre la prohibición de las imágenes en P. Volz, *Mose* (²1932) 36 s.; véase también H. Cohen, *Religion der Vernunft aus den Quellen des Judentums* (1919) 58 s. «el culto a los dioses, es culto a las imágenes. En cambio, el culto a Dios es la veneración del ser verdadero. Así pues la lucha contra la divinidad, es la lucha del ser contra la apariencia, el combate del ser primordial contra las copias que no responden a un modelo original» (*l. c.*, 63).

para manifestar la importancia y la nulidad de los ídolos? (Is 2, 20; 46, 1 s.).

En presencia de semejantes desviaciones el teólogo aprenderá de la ciencia general de la religión, cómo debe entender la imagen de la divinidad. En seguida aparece claro, que sólo en casos muy raros la imagen era identificada realmente con el dios respectivo, pero esto no sucedió jamás en los cultos con los que Israel tuvo algún contacto. Las imágenes no pretendieron expresar jamás plenamente la esencia divina. Las religiones paganas sabían también que la divinidad es invisible, supera toda posible capacidad de representación humana y ningún objeto material puede contenerla; sin embargo esto no les impidió dedicarla imágenes cultuales. «La imágen es algo así como el *medium* del espíritu» [53]. De hecho, muchas imágenes de los dioses permiten vislumbrar una admirable espiritualidad en la concepción de la divinidad, pues «...la más alta llamarada de tu espíritu se irradia ya en la copia y en la imagen» [54]. Así pues, con la antítesis: material-espiritual no podemos solucionar el problema. La imagen no nos dice nada sobre el ser de la divinidad, ni las cualidades de su esencia divina más íntima, sino sobre el modo como se dignó manifestarse, pues la imagen es en primer lugar portadora de una revelación.

Los antiguos sentían la cercanía de las potencias divinas: éstas eran insondables e imprevisibles, pero en los símbolos e imágenes cultuales se acercaban bienhechoras al hombre. Según esta creencia, el mundo entero posee una transparencia hacia lo divino o al menos la posibilidad de esta trasparencia, cuando la divinidad da a una realidad terrena la capacidad de revelarla. Si bien la relación entre la divinidad y la imagen era complicada y ofrecía muchos puntos conceptualmente oscuros, lo decisivo era que la divinidad se hallaba presente en la imagen [55]. La presencia

---

53. G. VAN DER LEEUW, *Fenomenología de la religión*. Fondo de cultura económica, México 1964, 435.
54. J. W. GOETHE, *Fausto*, Proemio.
55. Una excepción son las sutiles definiciones del antiguo Egipto sobre el Ka, el «alma exterior» del dios, que se halla presente en la imagen; cf. BERNHARDT, *l. c.*, 28 s.

del dios comportaba la presencia de su poder, pues ahora podía actuar con sus particulares beneficios en el hombre y en su mundo. El espíritu piadoso no llegará nunca a crear un número suficiente de imágenes porque los misterios en los cuales se manifiesta lo divino en el ámbito humano son inumerables.

Esta era por consiguiente una exigencia del impulso más humano y natural, desde los siglos más remotos hasta Goethe [56]. Frente a él, la prohibición de las imágenes en el Antiguo Testamento no es una verdad religiosa general, sino la afrenta más despiadada contra esa concepción de la divinidad. Aquí aparece una parte del enigma de Israel y su cualidad de extranjero entre las religiones. Quien se sumerja con amor en la fenomenología de las religiones y su veneración por las imágenes, no encontrará a partir de ella una vía que le conduzca a la prohibición de las mismas en Israel [57]; pues entre las crisis ocasionales de tendencia racionalista, que afectaron en ciertos períodos las religiones iconoclastas y el segundo mandamiento del decálogo existe sólo una relación muy lejana.

En la historia, escrita por sí mismo, Israel cree que la prohibición de las imágenes le fue revelada en tiempos de Moisés. Hasta nuestros días se ha atacado duramente esta concepción. De hecho, cuando Israel se confrontó a sí mismo y su época antigua con esta prohibición, esquematizó mucho la historia de su culto. La realidad era, en cambio, mucho más compleja y al menos en los primeros tiempos, los límites entre la prohibición oficial de las imágenes y la veneración práctica de las mismas eran muy inestables. Ahora bien, precisamente en la historia más antigua de Israel debemos distinguir con toda claridad entre el culto oficial a Yahvéh y la variedad de cultos locales y privados. En nuestra opinión, no existe ninguna prueba contra la falta de imágenes en el culto anfictiónico del santuario central [58] —la

---

56. Véase la conversación de Goethe con Eckermann el 11 de marzo de 1832.
57. Así, claramente, S. Mowinckel, *Religion und Kultus* (1953) 47 s.
58. Diversa la opinión de Mowinckel, quien supone que la época mo-

forma más antigua del culto a Yahvéh de la que tenemos noticias históricas.

En cambio, el dodecálogo siquemita proviene de esta época y en él hallamos la redacción más antigua de la prohibición de las imágenes (Dt 27, 15) [59]. Si esta serie de maldiciones era proclamada a la comunidad en el momento culminante de una peregrinación, entonces resulta la situación siguiente: el culto oficial carecía de imágenes, el cuidado del mismo recaía sobre los sacerdotes y este aspecto del problema no se discute en la serie de maldiciones. En cambio era posible que alguno de los peregrinos poseyera en su casa una imagen cultual ante la que practicaba su culto privado. El segundo mandamiento prohíbe ciertamente las imágenes de Yahvéh y no la representación de alguna divinidad extranjera, pues los campesinos de las regiones montañosas de Samaria y Efraim apenas podían conocer en este tiempo tales divinidades. En todo caso, el culto oficial anfictiónico era, en aquel período, un culto sin imágenes; ninguna imagen divina podía osar presentarse en la vida oficial del culto. Pero fuera de este ámbito, en los poblados, la realidad podía ser muy diferente, como lo muestra Jue 17, en un cuadro muy realista [60].

El problema se plantea en términos diversos en el decálogo de Ex 20; el texto pone la prohibición de las imágenes en relación estrecha con la prohibición de los dioses extranjeros. De este modo el precepto tiene un significado diverso de Dt 27, 15, pues prohíbe representar a Yahvéh con la imagen de otras divinidades, p. e. con la imagen del toro, símbolo cultual de

---

saica no se interesó en absoluto por la cuestión de las imágenes. Data la ausencia de imágenes en el culto oficial · de Jerusalén a partir del 990. *Acta Orientalia* (1930) 257 s.

59. El texto fue completado en una época posterior; la prohibición se hallaba antes en la forma concisa que encontramos en los textos siguientes.

60. En Jue 17, 4 podemos ver cuáles eran las partes de un ídolo: פסל es el núcleo de madera y מסכה el revestimento metálico; había además el אפוד una capa en forma de coraza (véase más arriba, 49); en último lugar los תרפים eran probablemente máscaras cultuales (así opina A. Alt, de palabra). Por consiguiente no es necesario eliminar glosas.

Baal. Aquí se trata ya de una interpretación muy concreta del segundo mandamiento [61]. Pertenece a una fase posterior a Dt 27, 15 en la historia del culto, a saber, la época del primer sincretismo, cuando empiezan a desaparecer las diferencias entre Yahvéh y Baal y se da culto a Yahvéh bajo formas y concepciones más o menos derivadas del culto a Baal. En esta dirección se sitúa de lleno la historia del «becerro de oro» en Ex 32 o la lucha de Oseas (11, 2; 8, 4) [62].

En Dt 4, 9-20, se nos ofrece una interpretación a gran escala del segundo mandamiento; es un texto homilético que se podría considerar una exposición teológica sobre este tema. La mención de una «prueba de la Escritura» para la prohibición de las imágenes y su marcada tendencia racionalista, son notas características de la época tardía a la que pertenece este texto —quizás el tiempo del exilio—. Israel no vio en el Sinaí ninguna figura de Yahvéh, sólo oyó su voz que salía del fuego, por esto no puede representarlo en imágenes. Aquí se da un énfasis particular a la siguiente antítesis: en sus relaciones con Dios, Israel no debe atenerse a una imagen, como los otros pueblos, sino sólo a la palabra de Yahvéh [63]. Esta perícopa presenta todavía otro aspecto nuevo con relación a épocas anteriores, es decir, ahora se puede resumir en una fórmula sencilla la diferencia entre dos prácticas cultuales que se excluían mutuamente. Lo que en otros tiempos era un combate oprimente y turbulento, puede explicarse en términos racionales y teológicos.

En un grado todavía mayor observamos esta nueva actitud en la sátira de Isaías II contra la fabricación de los ídolos (Is 44, 9 s.). Dos cosas atraen la sospecha sobre la imagen de un dios: el carácter profano del material y la caducidad del artesano. El autor no habla instigado por una tentación contra la fe; aquí,

---

61. Así W. ZIMMERLI, *l. c.*, 557 (*Gottes Offenbarung* [1963] 242).
62. Otra sería la cuestión si Eissfeldt tuviera razón cuando afirma que la figura del toro era un símbolo cultual que se remonta a la época precananea del yahvismo (ZAW, [1940] 199 s.).
63. La tolerancia que atribuye la idolatría de los paganos a una disposición del mismo Yahvéh (Dt 4, 19) es un caso único en el Antiguo Testamento.

como en el salmo 115, 4-7, sus palabras evidencian cierta ilustración que presta ayuda suplementaria a la prohibición de las imágenes; las estatuas de los dioses se vuelven ridículas. Sin embargo, esta actitud comportaba sus riesgos, pues al desaparecer la tentación, Israel perdió la verdadera noción de la idolatría; se ha dicho·con razón que la caricatura racionalista de Is 44 no cuadra con la seriedad del culto pagano [64]. Más todavía, en tiempos antiguos la prohibición de las imágenes no disminuyó nunca la certeza en la presencia personal de Yahvéh [65]. En cambio, este racionalismo ilustrado, que se burla de la imagen de un dios —el ídolo «se tambalea»˙ (Is 41, 7)— empieza a considerar a Yahvéh como el dios trascendente, facilitando así la observancia de este mandamiento. La «leyenda» de Bel en los apéndices apócrifos al libro de Daniel, da el último paso en esta polémica contra los ídolos: los sacerdotes paganos no son únicamente tontos, son también unos impostores.

Todos estos datos no dan todavía una verdadera explicación del mandamiento contra las imágenes; en realidad, el antiguo Israel, nunca afirmó que conocía los motivos teológicos o pedagógicos de dicha prohibición, pues incluso Dt 4, 9-20 es sólo una motivación histórica y no una explicación. Es probable que la presencia estática de la divinidad en una imagen cultual, portadora de un poder del que se puede disponer mediante artificios mágicos, fuese absolutamente irreconciliable con la revelación yahvista, pues la simple erección de una imagen comprometía la libertad de Yahvéh. Sin embargo, no podemos decir que ésta sea la explicación decisiva [66]. Más probable es que, en atención al ambiente religioso que rodeaba a Israel, la prohibición de las imágenes deba interpretarse como expresión de una comprensión del mundo radicalmente diversa [67].

---

64. J. Hempel, *Das Ethos des AT.* (1938) 107.
65. W. Eichrodt, I, 53.
66. En este sentido Bernhardt tiene razón cuando establece el paralelismo entre la prohibición de las imágenes y la de usar el nombre de Dios. El hombre no puede obtener un poder sobre Yahvéh con la imagen, ni tampoco con el nombre (*l. c.*, 153 s.).
67. Véase tomo II, 437 s.

En el ámbito de la naturaleza la divinidad se presentaba al antiguo oriental de una manera mucho más inmediata de cuanto ocurría entre Israel y Yahvéh. Los dioses de las religiones grandes y pequeñas del antiguo oriente eran las fuerzas personificadas del cielo, la tierra o el abismo [68]. Esta relación no existió nunca entre Yahvéh y el mundo; pues aunque lo dominaba con poder absoluto, Yahvéh permanecía siempre una realidad transcendente. La naturaleza no era una manifestación personal de Yahvéh; todo al contrario, Dios se hallaba frente a ella como su creador. Esto significa por consiguiente que la prohibición de las imágenes formaba parte del misterio en el que se realizaba la revelación de Yahvéh en el culto y en la historia. Sería un grave error considerar esta prohibición como una peculiaridad aislada del culto israelita. Este Yahvéh, que Israel no podía absolutamente adorar en una imagen, era aquel mismo Yahvéh cuya oculta actividad histórica le mantenía en un continuo *suspense*. Todo cuanto se le imponía a Israel en la esfera del culto, debía observarlo también en su comportamiento histórico —se piense en la perspectiva histórica de los profetas.

En efecto, el Yahvéh de las narraciones patriarcales o el de la predicación de Isaías ¿era acaso un Dios que podía ser venerado en una imagen cultual? En la implacable destrucción de las concepciones más populares sobre Dios, a que se entregaron los profetas preexílicos, descubrimos una relación teológica oculta pero muy íntima con la prohibición de las imágenes. Si alguien desea explicar por qué es imposible representar a Yahvéh en imágenes y no pone la prohibición de las mismas en el cuadro total de la revelación yahvista, descuida el punto decisivo del problema, aun cuando prescindiéramos del hecho de que la falta de imágenes en el culto yahvista es un fenómeno ambiguo: puede expresar una concepción muy fetichista o la idea más elevada de la divinidad [69].

---

68. H. FRANKFORT, *Frühlicht des Geites*. Wandlung des Weltbildes im alten Orient (1954) 242.
69. Si para comprender la prohibición de las imágenes fue necesario lla-

No se puede afirmar en absoluto que los profetas se sintieran obligados a respetar esta prohibición, incluso en su forma de predicar sobre Yahvéh. Por el contrario, se mueven en los antropomorfismos más atrevidos. Esto puede preservarnos una vez más de una falsa interpretación filosófica de este precepto del decálogo, es decir, no quiso prohibir a Israel cualquier representación figurativa de Yahvéh, pues de hecho los israelitas se imaginaron siempre a Yahvéh en forma humana, como varón; pero los antropomorfismos en la mente o en el lenguaje no eran una imagen cultual, ningún intermediario de la revelación que pudiera exigir una veneración en el culto [70]. Aún no había llegado el tiempo en el cual el hombre podría adorar a Dios en figura humana [71] y el lugar de las imágenes cultuales en las religiones paganas lo ocupaban en Israel la palabra y el nombre de Yahvéh. Así pues, en su significado más inmediato, el segundo mandamiento se limita al ámbito del culto.

En cuanto a su interpretación actual, es decir, ¿qué prohibiciones concretas le imponía a Israel en este momento y lugar determinado?, la situación era la misma del primer mandamiento: no existía ninguna interpretación auténtica y universal; Israel debía cerciorarse una y otra vez sobre el alcance de la voluntad de Yahvéh. Si el culto oficial rechazó siempre cualquier representación plástica de Yahvéh, no obstante, algunos símbolos cultuales como las «masebas» y la serpiente de bronce cayeron bajo esta prohibición sólo en períodos consecutivos [72]. En cambio el creciente rigorismo en la prohibición de las imágenes no alcanzó nunca al arca santa [73].

---

mar la atención sobre la independencia teológica de la visión israelita del mundo, también hubiera sido necesario incluir en esta discusión la idea de la semejanza divina del hombre. En todo caso, Israel no estableció esta conexión, si bien no puede dudarse que existe una conexión interna entre esta prohibición y la semejanza divina del hombre.

70.   J. HEMPEL, *Jahwegleichnisse der Propheten*: ZAW (1924) 74 s.
71.   Así por ejemplo, Ex 15, 3; 1 Re 22, 19; Is 30, 27; Ez 1, 26.
72.   Sobre las «masebas», compárese Gén 28, 18 con Dt 16, 21; sobre la serpiente de bronce, Núm 21, 4 b-9 con 2 Re 18, 4.
73.   De todos modos, la teología del Deuteronomio rebaja el arca a la

5. El Deuteronomio [74]

Si tratamos de los mandamientos y el modo como Israel se explicó teológicamente la revelación de la voluntad divina, debemos hablar también del Deuteronomio, pues en ningún otro lugar se expresó de manera tan extensa y detallada sobre el sentido de los mandamientos y la situación singular en que le puso la revelación de esta voluntad divina. Pero ya desde un principio debemos tener presente que el Deuteronomio interpreta la voluntad divina a una época muy concreta y bastante tardía. En efecto, muchas cosas debían decirse y aplicarse entonces de una manera distinta.

La disposición formal del Deuteronomio (Dt 4, 44 - 30, 20: parenesis - mandamientos - compromiso de la alianza - bendiciones y maldiciones) puede parecernos extraña a primera vista; pero forma un todo, pues la sucesión de estas partes refleja el desarrollo litúrgico de una solemnidad cultual: la fiesta de la renovación de la alianza siquemita [75]. El hecho de que la sucesión litúrgica de una festividad ofreciera el cuadro para una gran obra literaria y teológica, nos permite comprobar una vez más, cuán difícil le resultaba a Israel elaborar por sí mismo temas teológicos de forma teórica. También aquí debían ser explicados con un acontecimiento concreto, que en el Deuteronomio es la sucesión de una acción litúrgica. En realidad el contenido del Deuteronomio se prestaba a una exposición sistemática, pues Israel compuso aquí por primera vez una obra dotada de unidad de pensamiento, equilibrio y cohesión internas. La expresión externa de esta unidad es el discutido estilo deuteronómico;

---

condición de simple recipiente para las tablas de la Ley, Dt 10, 1 s.; 1 Re 8, 9.

74. H. BREIT, *Die Predingt des Deuteronomisten* (1933); F. HORST, *Das Privilegrecht Jahwes. Gottes Recht* (1961) 17 s.; M. NOTH, *Die Gesetze im Pentateuch* (*Ges. Studien*, 9 s.); cf. G. VON RAD, *Das Fünfte Buch Mose* (1964), el mismo autor en *Deuteronomiumstudien* (²1948); A. R. HULST, *Het Character van den cultus im Deuteronomium* (1938).

75. G. VON RAD, *Das Formgeschichtliche Problem des Hexateuch* (*Ges. Studien*, 33 s.).

también éste es un fenómeno singular, pues en ninguna otra ocasión consiguió Israel crear una obra literaria con una unidad estilística y lingüística semejante. El estilo deuteronómico, caracterizado por la repetición incansable de fórmulas fijas, es una alocución que exhorta, solicita y conjura afectuosamente.

En su aspecto formal el Deuteronomio se presenta como un solo discurso de despedida, que Moisés dirige a Israel. He aquí como está concebido: en el Sinaí (el Deuteronomio lo llama siempre Horeb), Israel recibió únicamente el decálogo, porque no podía seguir escuchando a Yahvéh; en cambio, Moisés oyó del Señor otras muchas cosas, es decir, «toda la ley» (כל־המצוה Dt 5, 31). Poco antes de morir, Moisés proclamó por vez primera la revelación completa de la voluntad de Yahvéh en la región de Moab, pues ella debía entrar en vigor como norma de vida a partir de la conquista de Canaán (Dt 4, 45; 5, 27 s.; 31, 9 s.). Así pues el Deuteronomio se considera a sí mismo una revelación sinaítica más extensa. Sólo en una adición posterior, donde se propone la idea de una alianza especial en Moab, se distancia un poco de los acontecimientos del Sinaí (Dt 28, 69; 29, 1 s.). Pero incluso en este caso el Deuteronomio es la proclamación de la revelación que Moisés recibió en el Sinaí.

Nuestra tarea presente consiste en comprender el Deuteronomio desde un punto de vista teológico. Su composición literaria, aunque no ha sido esclarecida por completo no nos crea por eso inconvenientes notables, pues, prescindiendo de algunas adiciones en tiempo del exilio [76], el conjunto posee una unidad teológica bien marcada. Sin embargo, tampoco podemos pasar por alto el estudio de las primeras etapas de su historia, ni sus precedentes en la historia de la tradición; pues, es partiendo de ellos como podemos percibir mejor el lado específico del Deuteronomio.

Si intentamos palpar en la prehistoria del Deuteronomio para conocer algo sobre el proceso de su formación, no encontrare-

---

76. Dt 28, 25-69; 29.

mos en primer lugar el «libro de la alianza» (Ex 21-23), o las antiguas tradiciones sagradas o jurídicas aisladas, que fueron reunidas más tarde en el Deuteronomio, sino una actividad homilética muy extendida, cuyos exponentes debieron de ser los levitas. En efecto, el Deuteronomio no es sino un mosaico artístico, compuesto de muchas predicaciones sobre las materias más diversas; la suma de esa amplia actividad homilética [77]. Las tradiciones más diversas —históricas, cultuales y jurídicas—, convergieron en las manos de estos predicadores, quienes ordenaron todo ese material, proveniente de estratos diversos, en aquella gran visión global y esquemática del pueblo de Dios que nos viene a la mente cuando imaginamos a Israel en el desierto. Esta visión de conjunto donde cada elemento parece formar parte de un todo orgánico, es a su vez el resultado de una armonización muy intensa de numerosas tradiciones aisladas. Pero la unidad es hoy día tan perfecta que ningún lector inadvertido llega a pensar que las tradiciones de los patriarcas, de los mandamientos del Sinaí, del paso por el desierto y sobre todo, la gran cantidad de normas cultuales y jurídicas, pudieron existir separadas y confluyeron aquí de ambientes muy diversos.

A nuestro parecer la autodefinición del Deuteronomio como «esta tora», tiene una importancia especial, en este grandioso proceso de unificación, sobre todo con relación a las tradiciones jurídicas [78]. Se tenga presente que la palabra «tora» había significado hasta entonces cada una de las instrucciones dadas por el sacerdote —quizá después de una consulta con la divinidad (Ag 2, 11)—; era por lo tanto una decisión aislada que no superaba las dimensiones de una frase corta [79]. Si este concepto po-

---

77. G. VON RAD, *Deuteronomiumstudien*, 7 s.
78. La autodefinición del Deuteronomio no es siempre uniforme. La más importante es, sin ninguna duda, «tora» (Dt 4, 44; 31, 9. 11. 17. 18), «esta tora», «el libro de esta tora» (Dt 17, 18; 28, 61; 29, 20; 30, 10), «las palabras de esta tora» (Dt 17, 19; 27, 3. 8. 26; 28, 58; 29, 28). De vez en cuando se halla también en singular el término המצוה (precepto) (Dt 6, 1 a; 30, 11). Más pálidos son los plurales משפטים, חקים, מצות que aparecen por lo común en forma pleonástica (Dt 5, 1; 6, 17. 20; 7, 11 s.; 8, 11; 11, 1. 13. 32, etc.).
79. La palabra sigue usándose con este sentido en Dt 17, 11.

día ahora resumir todo el Deuteronomio, es que detrás de él se escondía una convicción nueva, preparada ya por Oseas [80], pero sólo el Deuteronomio la dio una base teológica lo más amplia posible. De ahora en adelante, la revelación total de la voluntad de Yahvéh a Israel se interpreta como una unidad, no obstante la variedad de su contenido. Se la considera un todo indivisible, donde cada parte está ordenada a las otras y ningún detalle particular puede comprenderse sin relación con el conjunto.

Es fácil imaginar que el antiguo Israel no conociera, ni de lejos, este pensamiento teológico unitario. Entonces cada israelita vivía ligado a uno de los santuarios más importantes y a sus instituciones cultuales; las antiguas tradiciones cultuales o históricas cultivadas en dichos santuarios tenían, sin excepción, un carácter más o menos local y se hallaban muy lejos de abarcar la gran riqueza de tradiciones, que el Deuteronomio desarrolla, como la revelación unitaria de la voluntad divina. Esta visión teológica unitaria presupone una considerable capacidad de abstracción. El autor del Deuteronomio ya no está dentro de una tradición determinada; más bien se enfrentaba a todas ellas desde una clara distancia teórica.

En resumen, volviendo a la autodefinición del Deuteronomio como «tora», es evidente que no podemos traducir el concepto «tora» con nuestra palabra «ley», pues reduciríamos así su sentido teológico. La «tora» indica en el Deuteronomio la totalidad de las disposiciones salvíficas de Yahvéh con relación a Israel; puede traducirse con la palabra alemana *Willensoffenbarung* (revelación de la voluntad divina) tan neutral como «tora». Debido a su intensa unificación interior, esta predicación sumaria de «la» tora es, de hecho, la única obra del Antiguo Testamento que exige una exposición sistemática de su contenido.

El Deuteronomio quiere ser en realidad, una «doctrina completa»: «no añadirás nada, ni suprimirás nada» (Dt 13, 1; 4, 2). Pero tampoco debemos exagerar su cohesión interna y esperar

---

80. H. W. WOLFF, *Hosea*: BK, 176 s.

incluso una especie de progresión interior de las ideas. El Deuteronomio la toma de una acción litúrgica y así la secuencia: predicación preliminar, mandamientos, compromiso de la alianza, bendiciones y maldiciones, responde mejor a una progresión de la historia salvífica que de un sistema teológico. En este esquema incluso los materiales aislados están más bien yuxtapuestos de manera superficial. La gran unidad interior del Deuteronomio deriva sencillamente del hecho que en él se condensó una actividad parenética, centrada en torno a unos pocos conceptos fundamentales.

a) *La parenesis*

La primera tarea necesaria para comprender bien la parenesis deuteronómica consiste en precisar su situación. Esta predicación dice que fue dirigida a Israel «en el país de Moab», «al otro lado del Jordán» y se presenta como el discurso de despedida pronunciado por Moisés (según Dt 5, 28 como una sola interpretación del decálogo) cuando Israel se disponía a pisar la tierra de Canaán. Es decir, se halla en un espacio intermedio de la historia salvífica, entre la elección de Israel como pueblo de Yahvéh y el cumplimiento de las promesas divinas; y opina que todavía le pueden acontecer muchas cosas decisivas en este estadio interlocutorio. Más aún, el tono general de la parenesis indica que Israel corre el grave peligro de desatender la llamada de Yahvéh. Alguien podría objetar que las predicaciones deuteronómicas provienen en realidad de la época monárquica tardía y a veces reflejan la situación de entonces; pero desde el punto de vista teológico, es importante observar como el Deuteronomio proyecta el pueblo de Israel de este período en una situación intermedia entre elección y cumplimiento de las promesas.

La parenesis del Deuteronomio esboza las siguientes ideas fundamentales: Yahvéh posee las alturas del cielo y la redondez de la tierra, y sin embargo sintió afecto por los padres de Israel, los amó y les prometió con juramento la posesión de la tierra de Canaán (Dt 6, 10; 7, 8; 10, 14 s.). De entre todos los pueblos eligió sólo a Israel. La idea de elección es, como dijimos, una creación del Deuteronomio, incluso en su terminología, y suele expresarla de forma muy radical: Israel no es un pueblo importante, al contrario es el más pequeño entre las naciones. El único motivo de su elección se halla exclusivamente en el amor de Yahvéh (Dt 7, 7-9).

La coordinación, más aún, la sinonimia entre la alianza y el amor de Yahvéh, expresada con una tal amplitud y profundidad teológica, es a su vez un elemento nuevo en la tradición. Ninguna de las tradiciones antiguas sobre la alianza de Yahvéh osa desvelar este tema de una manera tan libre y extrema. A menudo se establece una conexión entre el Deuteronomio y Oseas; pero entre el atrevimiento aislado de una predicación profética y el ejercicio prolongado de la predicación, basada sobre un amplio fundamento teológico, existe una gran diferencia. Además el amor de Yahvéh no aparece jamás en el Deuteronomio como amor conyugal, sino más bien como el amor del padre hacia el hijo (Dt 8, 5; 14, 1).

El don salvífico, que Yahvéh destinó a su pueblo y del cual hablan sin cesar las parenesis, es el país (נחלה heredad) y la tranquilidad (מנוחה) frente a los enemigos que le rodean[81]. La noción de la נחלה posee en Israel una larga historia; pertenece al derecho sagrado del suelo, y designaba en un principio la tierra que Yahvéh entregaba en herencia a una tribu o familia [82]. Pero el Deuteronomio será el primero en hablar de la נחלה de Israel. En realidad este concepto, así ampliado, no posee tampoco un fundamento real en alguna institución sagrada, es más bien una abstracción teológica. La antigua anfictionía no poseía en cuanto tal una נחלה común; era la suma de las נחלות, de las tribus políticamente autónomas. La formación del estado dio a las tribus

---

81. Dt 12, 9 s.; 25, 19; cf. Ex 33, 14; Dt 3, 20; Jos 1, 13. 15; 21, 44; 22, 4; 23, 1. La expresión indica una existencia segura y tranquila en el país de la promesa, donde «cada uno mora bajo su parral y su higuera» 1 Re 5, 5; Miq 4, 4; compárese el וישבתם־בטח (viváis tranquilos) de Dt 12, 10 con Os 2, 20.

82. G. VON RAD, *Verheissenes Land und Jahwes Land*: ZDPV (1943) 192 s. (*Ges. Studien*, 88 s.).

una unidad política muy estrecha y así puso la base a esta concepción deuteronómica de una נחלה, común a un Israel perfectamente unido en su constitución política. De hecho, el Deuteronomio habla de Israel como de una magnitud tan compacta, que las tribus desaparecen del todo como unidades autónomas. Los sermones hablan de esta נחלה prometida a Israel, con un lenguaje exaltado. Es la ארץ טובה (tierra buena) bien regada, donde abundan el vino y la fruta, rica en tesoros minerales (Dt 8, 7-9). En ella se encuentran ya a punto grandes ciudades, que Israel no necesitará construir y casas hermosas. De estas alabanzas podemos deducir las aspiraciones de un pueblo que se hallaba en una época cultural más elevada y refinada. En otros textos se compara este país con el fértil Egipto; pero Israel no tendrá problemas de regadío; Yahvéh se preocupa de la tierra y sus ojos reposan sin cesar en ella (Dt 11, 10-12). ¿No es acaso este país un paraíso terrenal? En todo caso es el fundamento suficiente del estado salvífico del pueblo de Dios, pues en él espera obtener Israel la tranquilidad frente a los enemigos que le rodean (Dt 25, 19). En esta promesa consoladora podemos reconocer, sin dificultad, el cansancio de una época agotada con tantas guerras.

Sin embargo sería falso considerar lo anterior como el objeto específico de la predicación deuteronómica. He aquí, más bien, la lógica constante en todas las alocuciones: puesto que en todas estas ocasiones Yahvéh os mostró y seguirá mostrándoos una fidelidad tan grande, debéis amarlo de nuevo y observar «sus preceptos y decretos»; dicho con otras palabras, esta predicación es parenesis, exhortación a la obediencia y, por lo tanto, no abarca con la misma intensidad la revelación salvífica en su totalidad, sino que gira en torno a la invitación a la fidelidad con Yahvéh. La invitación es grave porque preludia una ruptura peligrosa de los oyentes con las tradiciones religiosas. Los jóvenes no conocen ya aquello que experimentaron los ancianos (Dt 11, 2; 6, 20 s.); se pone de manifiesto una clara ruptura entre la generación que se hallaba bajo el influjo inmediato de la revelación divina y la de sus descendientes. Este problema de generaciones tiene resonancias diversas en el Deuteronomio; por un lado se encuentra Dt 5, 2 s.; por el otro, Dt 29, 13 s.

Quizá tenga esto alguna relación con el hecho de que el predicador deuteronomista aprovecha todas las ocasiones para combatir cualquier tipo de vanagloria. Israel no debe atribuir a la propia habilidad aquello que es fruto exclusivo de la guía divina (Dt 8, 17; 9, 4-6). Sus oyentes parecen hallarse a punto de olvidar por completo a Yahvéh y sus beneficios (Dt 6, 10-12). En este llamamiento a la gratitud vemos con qué intensidad apela a los sentimientos y al corazón. Al comprobar que en su época el pueblo había perdido el contacto inmediato con los mandamientos y las disposiciones cultuales, tiende a insistir con mayor urgencia en la aceptación interna de los mismos. La pertenencia a Yahvéh se realiza ahora en el corazón y la inteligencia de Israel. Para ello era necesario presentar la oferta de Yahvéh de manera inteligible y sucinta. Y por esto el Deuteronomio utiliza todos los resortes a favor de una unificación y simplificación, que interiorice la tradición.

La voluntad de Yahvéh con Israel se descompone ciertamente en una serie de preceptos concretos que deben observarse muy en concreto; pero el primero y el más importante es el mandamiento fundamental de amar a Yahvéh «con todo tu corazón, con toda tu alma y todas tus fuerzas» (Dt 6, 4 s.); todo lo demás deriva casi automáticamente de él [83]. De nuevo pues comprobamos que la gratitud y la respuesta al amor de Yahvéh son el motivo de la observancia de los mandamientos —una interpretación teológica muy específica, pero poco conocida en el antiguo Israel, al menos en términos tan explícitos. Por todo el Deuteronomio observamos el esfuerzo de estas predicaciones por hacer comprensible y simplificar con una motivación fundamental, los múltiples aspectos de la voluntad divina, revelada a Israel, y la variedad de sus actos de obediencia. Si, como dijimos, la

---

83. El Deuteronomio afirma ocho veces que los mandamientos deben observarse «con todo el corazón y con toda el alma» (Dt 6, 5; 10, 12; 11, 13. 4; etcétera).

tarea propia de cada generación consistía en hacerse ante todo pueblo de Israel, sin romper la continuidad de la tradición, el camino hacia esa meta era aquel que se proponía el Deuteromio: volver la voluntad de Yahvéh lo más inteligible e interior posible [84].

b) *Las leyes*

Las parenesis concretizan y actualizan ya esta voluntad divina de diversos modos; pero el verdadero cuerpo legislativo comienza propiamente en el capítulo 12. Sin embargo el Dt no trasmite las leyes en su antigua redacción cultual o jurídica, sino en un estilo homilético muy suelto, en forma de una predicación sobre los mandamientos [85]. Ello tiene su importancia, porque al mismo tiempo nos hallamos aquí con una interpretación de los mismos, que suele ser muy singular. Esto no debe extrañarnos en el caso de la ley sobre la centralización del culto, pues no es una ley antigua sino una creación del mismo Deuteronomio y, por lo mismo, todas y cada una de sus frases respiran el espíritu deuteronómico. Contrapone la obligación de ofrecer sacrificios y adorar a Dios en el único santuario a dos tipos de culto: en primer lugar (Dt 12, 2-7) la distingue bruscamente del culto cananeo, que por ser una pura religión natural, necesita muchos

---

84. Esta tendencia que se aleja de toda casuística y lleva al sentido espiritual de los mandamientos, se puede observar sobre todo en la parte legislativa: Dt 12-26. La invitación incansable a «recordarse» de Yahvéh, de sus mandamientos, sus intervenciones, etc., corresponde a su empeño por hacerlos subjetivamente actuales (Dt 5, 15; 7, 18; 8, 2. 18; 9, 7; 16, 3. 12). No cabe la menor duda que esta interiorización y este llamamiento a la conciencia personal (Dt 9, 18) preludian ya un fuerte individualismo teológico. Se diferencia de los esfuerzos posteriores de la sabiduría en que Dt deriva la participación del individuo en la salvación de Yahvéh, del bien salvífico tradicional: la concesión de la tierra (cf. más adelante las páginas 537 s.).

85. A pesar de algunas ampliaciones del texto, el bloque de los capítulos 12-23, muestra un cierto plan: 1. Leyes cultuales (12, 1-16, 17). 2. Leyes sobre los cargos oficiales (juez, rey, sacerdote, profeta: 16, 18-18, 22). 3. Leyes para los casos criminales (19, 1-21, 9). 4. Disposiciones relativas a la familia (21, 10-23, 1). De aquí en adelante no es posible precisar un hilo ordenador. Es evidente que muy pronto fue añadido al cuerpo primitivo, gran variedad de material jurídico, pues se ve que a partir del capítulo 22 disminuye a gran ritmo el comentario homilético de las leyes.

lugares y símbolos para retener la múltiple revelación de la naturaleza; pero también la distingue del culto a Yahvéh, practicado hasta entonces (Dt 12, 8-12). Ese culto, repartido en muchos santuarios y entremezclado con tantas concepciones cananeas, había degenerado en una adoración vaga de Yahvéh.

En efecto, ¿qué clase de revelación divina era aquella que se festejaba en distintos puntos del país, donde estaban los antiguos santuarios cananeos? Este culto a Yahvéh obedecía desde hacía tiempo a las leyes de los cultos naturales, pues Baal era un dios pluriforme y donde se percibía un misterio de la naturaleza divinizada, allí tenía lugar una nueva revelación de Baal. Yahvéh, en cambio es *uno* solo. Era, pues, necesario desligar el culto divino de la multiplicidad de formas en las que había degenerado en los santuarios locales, y restituirle su unidad. El único Yahvéh se había manifestado en una sola revelación (precisamente en la תורה deuteronómica), y a ella debía conrresponder un culto único. De esta manera, es fácil comprender la ley de la centralización del culto como una consecuencia inmediata de la grave afirmación teológica sobre la unicidad de Yahvéh (Dt 6, 4), que abría de un modo solemne y programático la redacción original del Dt [86]. En el Deuteronomio habla un Israel que, frente al culto de Baal, había tomado plena conciencia de la singularidad absoluta de su culto a Yahvéh, fundado sobre acontecimientos históricos.

Con esto hemos indicado ya el enemigo que el Dt no pierde nunca de vista. Este libro no es un compendio teórico de la voluntad de Yahvéh; al contrario, desarrolla sus preceptos con un espíritu muy combativo, frente a la única amenaza global contra

---

86. Véase G. QUELL: ThWBNZ III, 1079 s. sobre la traducción de Dt 6, 4 s. Sin embargo quizás sería aconsejable considerar este texto, tan discutido desde el punto de vista sintáctico, no como la yuxtaposición de dos oraciones nominales sino como una sola oración nominal con dos aposiciones: אלֹהֵינוּ (nuestro Dios) y אֶחָד (uno). La fórmula «Yahvéh es uno», única en el Antiguo Testamento, debe probablemente su existencia a una sugerencia egipcia, pues en un papiro de la dinastía xxi (1090-945!) se aplican a Amón estos dos apelativos: «el único dios» y «el uno». E. MEYER, *Gottesstaat, Militärherrschaft und Ständewessen. Sitzungsberichte der Preuss. Akademie d. Wissenschaften* 1928, Phil. hist. Klase, 503 s.

la fe yahvista que él conoce: la religión natural de Canaán. Las parenesis insistían una y otra vez sobre la separación radical entre Yahvéh y el mundo exterior; las leyes repetirán con el mismo ahinco esta exigencia (cf. Dt 13, 2-6. 9-12. 13-19; 17, 2-7; 18, 9-13. 14-21; 23, 18. 19 etc.). La nota característica de las prescripciones cultuales del Deuteronomio consiste en su elaboración teológica posterior. El antiguo Israel observó los ritos porque eran tradicionales, pero también dio a algunos ritos particulares un significado especial. En cambio en el Dt vemos cómo una teología autónoma intenta englobar y dar una interpretación unitaria a ese mundo extremamente variado del culto. Frente a un culto genuinamente sacro, esta elaboración teológica de todo el culto israelita podría calificarse, por el momento, de espiritualización abusiva de los usos antiguos [87].

El Dt se enfrentaba ciertamente con un culto relajado y hueco, que había perdido desde hacía mucho tiempo la ingenua credulidad de los primeros tiempos y se había aislado de los sectores cada vez más enmarañados de la vida política y económica. Combate esta descomposición cultual, englobando en una visión teológica unitaria no sólo el culto israelita sino también todos los dominios de su vida, y enseñando al Israel de sus días a comprender la singularidad de su existencia con Yahvéh. Israel no podía realizar esta interpretación tan amplia de sí mismo sin una cierta racionalización de la historia salvífica, pues sólo así era posible comprender el significado de los elementos aislados y de sus conexiones. Este es el elemento más característico de la teología del Deuteronomio: ahora todo es claro para Israel, ya no puede surgir de hecho ningún problema nuevo. Baste pensar en la facilidad con que soluciona la cuestión de los falsos profetas (Dt 18, 14-21; 13, 2-6). Esta revelación de Yahvéh es suficiente hasta el punto de librar a Israel de toda búsqueda, cuestión o duda (Dt 30, 11-14).

---

87. De todos modos se debe tener presente que las predicaciones dt son por antonomasia instrucciones para laicos, y tratan sólo aquello que debe explicarse al laico.

El Dt no quiere ser una ley civil; ningún cuerpo legislativo del Antiguo Testamento admite una interpretación semejante [88]. El Dt se dirige a Israel en cuanto comunidad sagrada, pueblo santo, es decir, posesión de Yahvéh, y somete a esta cualidad a su vida y a sus cargos públicos (sacerdotes, reyes, profetas, jueces). Realiza esto poniéndolo todo en función del don salvífico por excelencia: la instalación en la tierra prometida. Desde este momento comienza para Israel el estado de salvación y todo Israel, como pueblo natural, desde el primero hasta el último de sus miembros, es decir, en toda la plenitud de su existencia histórica concreta, es trasladado a este estado de salvación. Por consiguiente, los bienes salvíficos que le están reservados tienen un carácter predominantemente material: fecundidad del hombre y el ganado, paz con el exterior, grandeza política. La gracia divina fomenta todo cuanto acrecienta la vida (Dt 28, 8-14), la disminución de la longevidad es efecto de su ira.

Este materialismo salvífico, casi insuperable en el Antiguo Testamento que llega hasta la cesta de pan de la economía doméstica (Dt 28, 5), es el término de una larga evolución religiosa y cultual. La primitiva fe yahvista no podía establecer una verdadera relación entre su dios y los frutos del país agrícola; de hecho, en el período monárquico los recabitas, secuaces de un yahvismo radical, exigían una separación clara y confesional de los beneficios del país agrícola: la construcción de casas, el cultivo de los campos y los viñedos (Jer 35, 6 s.) [89]. En el Dt encontramos el término de la evolución opuesta: todos los productos de la naturaleza y la cultura son dones divinos, más aún, bienes salvíficos, que el amor de Yahvéh quiere regalar a su pueblo. La victoria sobre Baal, el dueño tradicional de la tierra y dador mítico de toda bendición, es definitiva: Israel mora en el país agrícola, goza de sus frutos y venera a su dios con un culto yahvista puro. Así es como el Deuteronomio entrelaza todos sus elementos y los reúne en una visión teológica unitaria: un solo Yahvéh, un Israel

---

88. M. Noth, *l. c.*, 15 s.
89. Véanse más arriba las páginas 95 s.

(autónomo), una revelación (תּוֹרָה), una tierra prometida (נַחֲלָה), un único lugar de culto, un profeta.

En el centro del Dt está la instrucción: es decir, el esfuerzo por hacer sentir a Israel la revelación de Yahvéh en todas las circunstancias de su existencia. La obediencia que exige el Dt no condiciona nunca la elección, sino viceversa. Dt 27, 9 s., lo expresa con toda claridad: «Escucha Israel, hoy te has convertido en el pueblo de Yahvéh, tu Dios; escucharás la voz de Yahvéh, tu Dios, y observarás sus mandamientos». Muy parecido es el raciocinio de Dt 14, 1 s.: «Aléjate de toda clase de culto a los muertos, porque tú eres un pueblo santo para Yahvéh tu Dios» (también Dt 7, 6). Así pues, resulta ciertamente imposible considerar los mandamientos como «ley» en el sentido teológico de la palabra, como si el Dt enseñara a Israel a merecer la salvación mediante la obediencia perfecta [90].

Los preceptos del Dt no son más que una gran explicación del mandamiento de amar a Yahvéh y adherirse sólo a él (Dt 6, 4 s.). Este amor es a su vez la respuesta de Israel al amor divino. Por lo tanto, los numerosos imperativos son invitaciones implícitas, unas veces, y otras explícitas, a una gratitud activa; el Deuteronomio los considera además fáciles de cumplir. En este sentido deben comprenderse las frecuentes introducciones a los sermones sobre los mandamientos: «cuando Yahvéh te haya introducido en el país...», «cuando Yahvéh habrá exterminado todos los pueblos...», etc. — «harás...» [91]. Muy parecidos son los casos donde se funda un mandamiento sobre alguna precedente intervención salvífica de Dios en la historia [92].

Sin embargo, junto a estas formulaciones hallamos otras frases que ponen la obediencia de Israel como condición para obtener los bienes salvíficos [93]. Pero estos imperativos, motivados con una

---

90. Muy diversa es la opinión de F. BAUMGÄRTEL. El ve en el Dt el imponente esfuerzo «por fundar el pueblo de Dios en la ley». *Verheissung* (*Zur Frage des evangelischen Verstandnis des AT*. [1952] 66 s.).
91. Dt 12, 1; 17, 14; 18, 9; 19, 1; 21, 1; 26, 1.
92. Por ejemplo, Dt 10, 22; 15, 15; 16, 1; 20, 1; 24, 18.
93. Dt 6, 18; 7, 12; 8, 1; 11, 8 s.; 16, 20; 19, 8 s.; 28, 9; etc.

oración final («haz esto para que vivas; tengas éxito; puedas entrar en la tierra») no suplantan la oferta gratuita del Deuteronomio, ni anuncian una vía legal hacia la salvación. La declaración del amor y la elección divina preceden incluso estas frases que parecen hacer depender la salvación de la obediencia de Israel; se trata más bien de una invitación a recibir una realidad que le ha sido ya regalada y se instale en ella con su obediencia y gratitud. Delante de estos imperativos se encuentra también la siguiente afirmación indicativa del Deuteronomio: «tú eres ahora un pueblo santo para Yahvéh» [94]. Una vez más debemos recordar aquí el importante texto de Dt 30, 11-14.

Esta revelación de la voluntad divina ha vuelto perfectamente claras las relaciones entre Yahvéh e Israel. La cosa más insensata sería que Israel volviera otra vez problemática esta revelación: «El mandamiento está muy cerca de ti, en tu corazón y en tu boca». También en la parenesis apostólica la ley desempeña su función en este mismo sentido y también encontramos allí la yuxtaposición del indicativo y el imperativo, que no disminuye jamás el anuncio de la gracia. Verdad es que una gran preocupación invade todo el Dt: Israel podría desatender esta invitación y echar a perder su salvación. Nuevo es también el hecho de que el Deuteronomio percibe teológicamente el fenómeno de la desobediencia con todas sus oscuras posibilidades, y es impresionante ver cómo poco antes de la catástrofe, Dios ofrece una vez más la «vida» a Israel (Dt 30, 15 s.). Esto ocurre de la manera siguiente, el Dt elimina casi siete siglos de desobediencia y coloca a Israel de nuevo en el desierto, pendiente de los labios de Moisés. Pero es necesario tener presente que este Israel no se parece en nada al pueblo antiguo junto al Sinaí: vive en condiciones culturales,

---

94. Dt 7, 6; 14, 2. 21; 26, 18. La parenesis apostólica del Nuevo Testamento conoce esta yuxtaposición de indicativos e imperativos. Véase sobre esto W. JOEST, *Gesetz und Freiheit*. Das Problem des tertius usus legis bei Luther und die neutestamentliche Parainese (1951) 150 s. Otro es el problema de las parenesis sobre las maldiciones, de una extensión desproporcionada, que fueron ciertamente escritas bajo la impresión del exilio (Dt 28, 25 b-37; 47-68). La asimetría de la perícopa sobre maldiciones revela el creciente interés por el castigo que sigue a la transgresión de la ley.

económicas y políticas muy distintas y es además un pueblo malvado (Dt 9, 6. 13; 31, 27); no obstante se le ofrece con la misma actualidad de entonces la salvación: «hoy te has convertido en pueblo de Yahvéh, tu Dios».

Ninguna expresión revela con mayor evidencia el esfuerzo apasionado por actualizar en su época los mandamientos del Sinaí como las infinitas variaciones de este «hoy» que el predicador dt machaca sin cesar en los oídos de sus oyentes. Este «hoy» renúe en un solo instante el tiempo de Moisés y la época del Deuteronomio. Así resulta también que Israel se encuentra todavía entre la elección y la situación salvífica propiamente dicha; se halla en camino y espera recibir otros bienes salvíficos mayores: «porque no habéis alcanzado todavía vuestro resposo, la heredad que va a darte el Señor tu Dios» (Dt 12, 9).

6. El documento sacerdotal [95]

a) El documento sacerdotal como obra histórica

Israel elaboró dos escritos de gran amplitud teológica sobre los acontecimientos del Sinaí: el Deuteronomio y el documento sacerdotal. Ambos provienen de una época relativamente tardía, como se puede imaginar en obras con una acumulación semejante de materiales. En ambos casos la investigación aprendió hace tiempo a distinguir entre la probable composición de la obra en cuanto tal y la antigüedad de los materiales que la componen. Precisamente el descubrimiento de materiales antiguos en P causó gran sorpresa porque antes se le atribuía una fecha globalmente tardía [96].

---

95. J. HEMPEL, *Priesterkodex*, Pauly Wissowa, XXII, col. 2, 1943 s.; M. NOTH, *Die Gesetze im Pentateuch* (*Ges. Studien*, 9 s.); G. VON RAD, *Die Priesterschrift im Hexateuch* (1934); K. ELLIGER, *Sinn und Ursprung der priesterschriftlichen Geschichtserzählung*: ZThK (1952) 121 s. (*Kleine Schriften z. AT.* 1966); K. KOCH, *Die Eigenart der priesterschriftlichen Sinaigesetzgebung*: ZThK (1958) 36 s.
96. K. GALLING, en el análisis de Ex 25 s. (HAT); K. ELLIGER, *Das Gesetz Lev.* 18: ZAW (1955) 1 s.

Ahora bien, estas dos obras son tan distintas en su origen y finalidad que es casi imposible establecer una comparación razonable entre ellas. El Deuteronomio, en sus tradiciones principales y constitutivas, es de origen israelita; se nutre de las tradiciones propias de la antigua anfictionía israelita, y según parece, recibió también su forma básica en el reino del norte. En el documento sacerdotal, por el contrario, nos hallamos frente a una colección de tradiciones en su mayor parte de origen judío o jerosolimitano. Otra observación de carácter general: quien pasa del Deuteronomio al documento sacerdotal debe primero adaptarse a la sobria austeridad, con que P presenta sus temas. El Deuteronomio procura llegar al corazón, pero al mismo tiempo satisface las exigencias de la inteligencia, pues siempre está dispuesto a explicar sus temas. En una palabra: el Dt se adapta plenamente al lector u oyente y a su capacidad de comprensión teológica. En cambio, este vivo deseo de interpretar las cosas falta por completo en el documento sacerdotal. Su tarea fundamental consiste en coleccionar, examinar y clasificar sus materiales desde el punto de vista teológico; presenta los materiales culturales con una objetividad tan desnuda y tan desprovista del mínimo comentario teológico, que la tarea de la interpretación pasa insensiblemente del teólogo al arqueólogo bíblico. Todo esto se halla sin duda en relación con la finalidad específica de P, de la cual no poseemos todavía conocimientos suficientes.

Ante la vivacidad de las narraciones yehovistas, se discutió tiempo atrás si P, con todo el peso de sus materiales jurídico-culturales, podía considerarse una exposición histórica o si no sería preferible tenerlo por un código de leyes sobre el culto. Hoy día se subraya una y otra vez que P es una verdadera obra histórica [97]. La fría rigidez de su exposición, su desinterés absoluto por el aspecto humano, psicológico y poético de las instituciones deja indiferente al hombre moderno, pero esto no es argumento suficiente, contra la existencia en él de verdadero interés teo-

---

97. En particular M. Noth, *Pentateuch*, 7 s.; véase también S. Mowin-ckel: ZAW (1935) 146, nota 1.

lógico por la historia. Digamos solamente que las preocupaciones históricas de P y las del JE son muy diversas; pues, como puede observarse claramente en las historias patriarcales de P, el objeto de su exposición no es la guía oculta de Abraham, Isaac, Jacob y su comportamiento frente a esta conducción divina, sino el origen histórico de determinadas instituciones cultuales. P describe la historia como una sucesión de épocas, en cada una de las cuales van apareciendo nuevas leyes, instituciones y preceptos.

Es evidente que a esta obra se le juntaron toda clase de materiales secundarios de tipo cultual (Ps). Alguien pudo afirmar, con razón, que al documento original sólo debemos atribuirle, cuanto tenga una conexión orgánica con la exposición histórica propiamente dicha [98]; pero, difícilmente podremos llegar ya a distinguir con precisión los sedimentos secundarios de los originales. Nos hallamos frente a una literatura específicamente sacerdotal y apenas conocemos las leyes de su crecimiento. Ahora bien, a diferencia de JE la literatura sacerdotal no salió jamás del ámbito sacro; por eso será quizá necesario suponer un proceso de crecimiento mucho más constante y en cambio, no será lícito establecer una división demasiado profunda entre el proyecto y la realización de la obra, por un lado, y las ampliaciones secundarias, por el otro.

Esta historia de las instituciones cultuales manifiesta sus enormes pretensiones teológicas, por el hecho de comenzar su exposición con la creación del mundo. Es pues, evidente que sólo podemos hablar objetivamente sobre el culto israelita si lo comprendemos a partir de este trasfondo y sólo entonces todo se hallará en su justa perspectiva. El documento sacerdotal pone su empeño en demostrar cómo el culto, que tomó forma histórica en el pueblo de Israel, representa la meta de la creación y evolución del mundo. La creación fue ya planeada en vistas a Israel [99].

98. K. ELLIGER, *l. c.*, 122 (*Kleine Schriften z. AT.* 1966).
99. H. HOLZINGER, *Hexateuch* (1893) 358, 387.

Para la exposición histórica de los documentos JE y D, el acontecimiento del Sinaí consistía en la solemne proclamación de la ley divina. P contempla el mismo suceso desde una perspectiva muy distinta: en el Sinaí Yahvéh instituyó el culto de Israel [100]. La gran mayoría de los autores consideran que los siguientes textos pertenece al núcleo primitivo de la perícopa sinaítica en P: Ex 24, 15-18; 25-31; 34, 29-35; 35-40; Lev 8-10; 16; Núm 1-4; 8, 5-22; 9, 15-23; 10, 1-10. Según estos textos Yahvéh manifestó en primer lugar las cosas necesarias para el santuario, designó a Aarón y a sus hijos como personal del culto, y dio al mismo tiempo instrucciones para su investidura. Todas estas órdenes, continúa P, fueron observadas minuciosamente. El primer ciclo narrativo se cierra con la descripción del primer sacrificio que los sacerdotes, consagrados según las prescripciones, llevan al tabernáculo, construido también de acuerdo con dichas prescripciones: el culto está pues instituido. En el segundo ciclo nos informa sobre el censo del pueblo, el orden en el campamento, y las funciones cultuales de los levitas, su purificación y presentación a Dios como «ofrenda mecida». Sigue luego la salida del Sinaí (Núm 8, 11 s.).

b)   *La tienda, el arca y la gloria de Dios* [101]

El objeto que desde los tiempos de Lutero los alemanes llamamos *Stiftshütte* (tabernáculo) no es una tienda, en sentido

---

100.   Dado que P se concentra unilateralmente sobre el culto es improbable que el decálogo se hallara en él, desde un principio. Por otra parte debemos preguntarnos si P no consideró realmente el acontecimiento del Sinaí como una alianza entre Yahvéh e Israel, pues en caso contrario una tal desviación de la tradición antigua sería una cosa muy sorprendente. Debemos contar también con la posibilidad de que fueran eliminados algunos textos del documento sacerdotal cuando se lo unió a las tradiciones yahvistas. En este caso el redactor partiría de la suposición que P debe leerse y comprenderse en conexión con JE.

101.   Dibelius, *Die Lade Yahwes* (1906); E. Sellin, *Das Zelt Jahwes*. Festschrift für R. Kittel (1913) 168 s.; R. Hartmann, *Zelt und Lade*: ZAW (1917/18) 209 s.; G. von Rad, *Zelt und Lade*: Neue kirchl. Zeitschrift (1931) 476 s. (*Ges. Studien*, 109 s.); J. Morgenstern, *The ark, the efod and the tent*: HUCA (1942/43).

propio, pues según la descripción, consta de un macizo anda-
miaje de tablones dorados, sobre el cual se extendían preciosas
alfombras, todo ello en forma de un rectángulo con 30 codos de
longitud, 12 de anchura y 10 de altura; en su parte posterior,
un recinto cúbico de 10×10×10 codos, separados por una cortina, era el «santísimo» [102]. Aquí se encontraba el arca, una caja
de madera rectangular, transportable gracias a largas barras; medía
2,1/2 codos de largos, 1,1/2 de ancho y 1,1/2 de alto. En la cámara
anterior al Santísimo se encontraba la mesa de los panes presentados y el candelabro de los siete brazos. Ante la puerta de la tienda, en el atrio, estaba situado el altar de los holocaustos; dicho
atrio medía 10×50 codos y una cerca adornada con alfombras
le separaban del mundo exterior.

El nombre de la instalación entera no es siempre uniforme
en P. El más frecuente es אֹהֶל מוֹעֵד «tienda del encuentro»; mucho
más raros son אֹהֶל הָעֵדֻת, מִשְׁכַּן הָעֵדֻת , tienda o morada del testimonio, y a veces en lugar de אֹהֶל se dice también מִשְׁכָּן [103]. Ahora
bien, ¿qué consecuencias teológicas podemos derivar de los datos,
casi exclusivamente técnicos, de la ley sacerdotal sobre el tabernáculo? P nos ofrece pocas afirmaciones teológicas directas, por
esto será mejor seguir su evolución histórica, pues todo el conjunto de concepciones relacionadas con la אֹהֶל מוֹעֵד (tienda del
encuentro) no es una creación de P; él se basa en antiguas tradiciones sobre la tienda santa de las que todavía encontramos
algunas huellas en el Hexateuco.

Ex 33, 7-11, una perícopa elohista curiosamente aislada de
su contexto, habla de una tienda sacra que Moisés plantó fuera
del campamento; servía para ir a escuchar el oráculo de Yahvéh
y fue llamada אֹהֶל מוֹעֵד (tienda del encuentro). Es muy distinta
del tabernáculo de P, aunque lleven el mismo nombre; además
se trata de un documento mucho más antiguo; pues existen

---

102. El codo correspondía en el antiguo Israel a unos 50 cms.
103. אֹהֶל מוֹעֵד Ex 27, 21; 28, 43; 29, 4. 10 s. 30. 32. 44; 30, 16. 18. 20,
etc. אֹהֶל הָעֵדֻת Núm 9, 15; 17, 22 s.; 18, 2; מִשְׁכַּן הָעֵדֻת Ex 38, 21; Núm
1, 50. 53; 10, 11, etc.

motivos suficientes para suponer que la tradición de Ex 33, 7-11 se remonta a una época muy antigua, quizás al período anterior a la instalación de Israel en Palestina. En ningún caso debemos suponer que el arca se hallaba ya en esta tienda. Por el contrario, el arca y la tienda eran dos objetos cultuales diversos, que en los tiempos más antiguos se hallaban en el centro del culto de dos grupos muy diferentes [104].

La tradición de la tienda sagrada es mucho más escasa en noticias que la del arca. Aparte la información de Ex 33, 7-11 (E), que parece muy antigua, encontramos también otros datos en Núm 11, 16. 24-26; 12, 4 (E) y en la noticia suelta de Dt 31, 14 s. (E?). En estos pocos textos hallamos una concepción muy significativa de las relaciones de Yahvéh con la tienda: no es la morada terrena de Yahvéh, como se dirá más tarde del templo de Salomón, sino únicamente el punto de cita, el lugar del encuentro entre Yahvéh y Moisés. Yahvéh desciende del cielo «en la nube» y ésta se posa «junto a la puerta de la tienda»; de aquí recibe el nombre de «tienda del encuentro» (יעד Nif, «encontrarse», «darse cita»; además de Ex 33, 7, véase Ex 29, 43 P) [105]. No parece que se ofrecieran sacrificios delante de la tienda; cierto es que tales encuentros sucedían cuando Israel deseaba recibir instrucciones precisas de Yahvéh. Era pues, un sitio para los oráculos, el lugar donde Dios dejaba oír su palabra. Merece la pena notar además que la tienda santa posee una relación muy íntima con la idea del campamento; aquella iba con éste y no podían existir independientes [106]. Con la instalación de Israel en Canaán la tienda desaparece de la historia [107].

Muy distinta es la cuestión del arca. Durante siglos enteros

---

104. La tienda, en la que estuvo por un tiempo el arca, no tiene nada en común con la tienda del encuentro. 2 Sam 6, 17; 1 Re 1, 39.

105. La indicación de que la tienda se hallaba fuera del campamento no es una invención; al contrario, merece aún más crédito porque contradice la mentalidad posterior del documento sacerdotal.

106. A. KUSCHKE, *Die Lagervostellung der priesterlichen Erzählung*: ZAW (1951) 74 s.; H.-J. KRAUS, *Gottesdienst in Israel* (²1962) 154 s.

107. De acuerdo con una información más reciente (2 Crón 1, 3), la tienda fue colocada finalmente en Gabeón.

podemos seguir sus pasos en la tradición. La encontramos ya en la «época del desierto» (Núm 10, 35); la tradición de la conquista de Palestina nos informa también sobre ella (Jos 3-6); luego la vemos como centro cultual de la anfictionía (1 Sam 1-6) y por fin en el templo de Salomón. Es probable que desapareciese con la destrucción de Jerusalén (del 586). Jeremías se opuso a su reconstrucción (Jer 3, 16). Estos datos nos indican ya cómo el arca pudo acomodarse a las situaciones más diversas con mucha mayor elasticidad que la tienda, la cual estaba ligada al campamento. Así también las ideas sobre el significado del arca en el culto fueron mucho más fluctuantes, pues no podemos suponer que permaneciera siempre la misma concepción en tiempos y lugares tan diversos.

Sólo el documento sacerdotal nos ofrece la descripción exacta de su forma exterior (Ex 25, 10 s.); en todo caso no es de suponer que las fuentes más antiguas se la figuraran de una forma muy distinta [108]. Desde el punto de vista arqueológico, el arca pertenece al género de los tronos vacíos de las divinidades, o mejor dicho: Israel veía en el arca, el trono de Yahvéh [109]. Allí donde está el arca, Yahvéh se encuentra siempre presente. Cuando se la levanta para continuar la marcha por el desierto, Yahvéh se levanta con ella para ir delante de Israel y si la colocan de nuevo en un lugar, Yahvéh vuelve a sentarse en su trono (Núm 10, 35 s., en el v. 36 léase שבה [reposa] en vez de שׁוּבה [vuelve]). Según 1 Sam 3, 3-6, y 2 Sam 6, ésta debió ser también la

---

108. De todos modos, la exposición yehovista de la época del desierto nos sorprende por sus escasas menciones del arca (aparte de Núm 10, 35 s., sólo Núm 14, 39-45). Sin embargo, muchos suponen con razón que el redactor suprimió una información sobre la construcción del arca después de Ex 33, 6, porque estaría en contradicción con la de P. Véase por ejemplo Eissfeldt: ZAW (1940/41) 192 s.

109. Y aun así no deja de sorprendernos el hecho de que este objeto del culto no fue nunca designado «trono» sino «caja». Esto hace suponer que la antigua concepción israelita sobre el trono suplantó otra todavía más antigua, que concebía el arca como un recipiente. Quizás exista relación entre el arca y los cofres de los dioses en Egipto. Una interesante hipótesis sobre las relaciones con la teología egipcia, bajo el punto de vista de la historia de las religiones, se encuentra en K. Sethe, Abh. d. Preuss Akademie d. Wissensch. Phil. hist. Klasse (1929) n. 4.

situación en Silo y en Jerusalén respectivamente. Lad esignación de Yahvéh como «el que se sienta sobre los querubines» (יֹשֵׁב הַכְּרוּבִים) es inseparable del arca (cf. 1 Sam 4, 4 y también 2 Re 19, 15; 2 Sam 6, 2; Is 37, 16; Sal 80, 2; 99, 1).

Así pues dos «teologías» muy diferentes estaban unidas con la tienda y con el arca: en el primer caso era una teología de la aparición, en el segundo una teología de la presencia[110]. Todavía el templo de Salomón, cuyo santísimo contenía el arca, fue considerado como el lugar de la presencia personal de Yahvéh (1 Re 8, 12). La presencia divina era siempre una presencia benéfica, y es significativo observar cómo la venida del arca a Israel provocaba explosiones de alegría semejantes a las danzas coribánticas (cf. 1 Sam 4, 4 s.; 6, 13. 19; 2 Sam 6, 5. 14). Nota que aparece incluso en el cronista, tan propenso a la alabanza; el cronista deja la sombría teología de P sobre el tabernáculo y vuelve a conectar con la antigua tradición del arca[111].

La idea deuteronómica y deuteronomista del arca se distingue de la antigua concepción que veía en ella el trono de Yahvéh (Dt 10, 1-5; 1 Re 8, 9): el arca es sólo el depósito de las tablas de la ley, nada más; pues, desde el punto de vista cultual es inconcebible que el trono fuera considerado al mismo tiempo un recipiente. Por lo tanto será mejor ver en esta última idea del arca una elaboración racionalista y desmitizante de la misma, ya que según la teología del Dt Yahvéh habita en el cielo; en la tierra puso únicamente su nombre en el santuario[112]. De ahora en adelante será posible llamar a la tienda אֹהֶל הָעֵדוּת (tienda de la ley). Uno tiene la impresión cierta —sobre todo en una época tardía y reflexiva como la suya—, de que se intentaba desechar una concepción incompatible con la naciente teología. Sin embargo, la idea del arca como depósito no era en realidad una novedad

---

110. Conviene recordar que la arquitectura sagrada del antiguo oriente distingue entre el templo donde se aparece la divinidad y el templo donde ella mora. W. ANDRAE, *Das Gotteshaus und die Urformen des Bauens im alten Orient* (1930).

111. Veánse más adelante, las páginas 430-431.

112. Dt 26, 15; 12, 5. 11. 21, etc.

sino quizá la vuelta a una concepción todavía más antigua, puesto que el trono tuvo ya el nombre de caja.

Pero volvamos otra vez al documento sacerdotal, pues el tabernáculo debe considerarse ante todo como una simple combinación de la tienda y el arca. Hoy no podemos determinar cuándo se mezclaron entre sí estas dos corrientes de tradición tan heterogéneas [113]. Sólo podemos decir una cosa: según parece, la unificación no fue fruto de la evolución histórica del culto sino el resultado de una reelaboración teórica de tradiciones más antiguas, llevada a cabo por los sacerdotes. Aun así, la combinación no produjo la mutua asimilación de ambas concepciones en un plano de igualdad; P da a entender que el tabernáculo apareció como restauración de la antigua teología de la tienda y la aparición. Las concepciones sobre la morada y el trono de Yahvéh fueron suplantadas casi por completo.

El arca con el Kapporet (cubierta, propiciatorio), tiene una importancia insustituible en el culto por ser el lugar de la expiación, y también porque es el lugar donde habla Yahvéh (Núm 7, 89); pero ya no desempeña la función del trono divino [114]. Ex 29,

---

113. La protesta de Natán contra el intento de unir a Yahvéh con un templo-morada indica hasta qué punto se distinguían entre sí estas dos concepciones sobre la condescendencia divina (2 Sam 7, 6 s.). Quizás a la base de esta protesta se halla una antigua teología de la tienda y de la aparición (judía?), que no podía familiarizarse con la idea de la unión de Yahvéh a un solo lugar. Según el cronista, la tienda se encontraba en Gebeón después que el arca fue llevada al templo (2 Crón 1, 3); esta indicación puede parecer discutible pero aun así, es un testimonio de que todavía entonces se conocía la independencia y la separación de ambos objetos cultuales. Quien no vea en la tienda de David (2 Sam 6, 17; 1 Re 1, 39; 8, 4) un objeto puramente provisorio debe admitir, en consecuencia, que la unión entre la tienda y el arca se realizó ya en tiempos de David y que P renovó la tradición de la tienda, que había sido suplantada por la concepción del templo como morada de Dios. Sobre las relaciones entre el tabernáculo del documento sacerdotal y la tienda de David, véase F. M. Cross, *The Biblical Archeologist* (1947) 63. En todo caso nos extraña que la tienda de David no reciba el nombre de אֹהֶל מוֹעֵד (tienda del encuentro) (en 1 Re 8, 4, se trata de una interpolación).

114. En vistas de la gran uniformidad con que se desarrolla esta concepción, no importa que aparezcan ocasionalmente algunos términos pertenecientes a la concepción del templo como habitación de Yahvéh (p.e. Ex 29, 45). Lo mismo puede afirmarse de la frase de que el culto se realizaba «en presencia de Yahvéh». Esta expresión se encuentra más a menudo en los textos secundarios (Ps).

42 s., es un texto muy importante, pues aquí Yahvéh resume el
significado del tabernáculo que va a ser construido, con estas
palabras: «Me encontraré con vosotros para hablaros. Allí me
encontraré con los israelitas» [115]. La frase no tendría sentido
alguno si nos imaginásemos la tienda como morada de Yahvéh; en cambio, conserva su pleno significado si la tienda es el
único lugar de cita entre Israel y Yahvéh. De hecho se ve claro
cómo P sostiene esta concepción incluso en las unidades narrativas menores. El acontecimiento se repite siempre de este modo:
Israel ve cómo la gloria de Yahvéh desciende de la nube y se posa
sobre la tienda [116].

La traducción de כבוד יהוה por «la gloria de Yahvéh» es sólo
un expediente. La semántica de esta palabra incluye la idea de
pesadez, prestigio (*gravitas*), honor. Los bienes de Jacob son su
כבוד (Gén 31, 1) por lo tanto es aquello que hace de él una persona
de prestigio. El כבוד de un pueblo es la nobleza, la clase alta (Is 5,
13) o, en general, su poderío en la historia (Is 16, 14; 17, 3;
21,16). El כבוד son todas las cualidades positivas que hacen de los
individuos e incluso de los objetos, seres imponentes; una realidad generalmente perceptible por los sentidos [117]. Así pues, el
כבוד de Yahvéh es su potencia, su prestigio, su honor, todo lo cual
se ha vuelto sensible en el mundo bajo las formas más diversas.
Ella llena la creación entera (Is 6, 3); los ángeles y los hombres
tienen la obligación de cantar con alabanzas la gloria de su potencia (Sal 29, 9) y Yahvéh la reclama como un derecho suyo
exclusivo (Is 42, 8). Sin embargo, el hombre puede conocer también en la historia esa incomparable potencia de Yahvéh, siempre
y cuando él «muestra su gloria» (Ex 14, 4; 17 s.; Ez 28, 22), es
decir, allí donde toma forma sensible el poder con que gobierna la historia.

---

115. Informaciones más detalladas sobre la oposición entre la idea de
la aparición y de la morada en A. KUSCHKE, *l. c.*, 84 s.; ver también Ex 25,
22; 30, 6. 36.
116. Ex 16, 10; 40, 34; Lev 9, 6. 23; Núm 14, 10; 16, 19; 17, 7; 20, 6.
117. B. STEIN, *Der Begriff Kebod Jahwe und seine Bedeutung für alt.
Gotteserkenntnis* (1939).

Junto a estos ejemplos y otros más generales, encontramos aún una idea más precisa de כְּבוֹד יהוה. La כְּבוֹד es una realidad que pertenece inmediatamente a Yahvéh, parte de su esencia sobrenatural, así la «gloria de Yahvéh» convierte en término técnico de la teología, para describir la steofanías, de manera particular en Ezequiel y el documento sacerdotal. En el salmo 97, 1 s., y Ex 24, 15 s. (P), encontramos descripciones más talladas de la כְּבוֹד יהוה y en Ez 1, 1 s., tiene una forma teológicamente muy estilizada. Los elementos de esta descripción: tormenta, nubes, fuego y relámpagos, se refieren a una tempestad, sin embargo fue una conclusión precipitada el hablar de Yahvéh como de un «dios de la tempestad». Es posible que generaciones antiquísimas vieran en la tormenta una manifestación especial de la potencia de Yahvéh, pero aquí, y en particular en P, la imagen de כְּבוֹד יהוה es un elemento fijo de la tradición que no tiene ya relación alguna con los fenómenos metereológicos. Se trata de un fenómeno luminoso e incandescente que desciende envuelto en una nube protectora, porque los hombres no pueden soportar su resplandor [118].

Así pues, según P la כְּבוֹד יהוה es sencillamente la forma en la que Yahvéh se manifestó a Israel para revelarle decisiones particulares de su voluntad, para componer pleitos importantes, etcétera. Cuando apareció por primera vez, las relaciones entre Yahvéh e Israel entraron en una fase completamente nueva, más aún, pasaron de un estado provisorio a su forma definitiva.

El documento sacerdotal, como es sabido, presenta su imagen de la historia como una sucesión gradual de revelaciones divinas: Noé - Abraham - Moisés. Abraham fue quien recibió la promesa del país y de unas relaciones nuevas entre Yahvéh y sus descen-

---

118.   Ezequiel describe claramente la venida de la כְּבוֹד יהוה como la irrupción de una realidad trascendental («el cielo se abrió» Ez 1, 1) y la descripción de la aparición es también más detallada. La כְּבוֹד יהוה es además un fenómeno incandescente, pero permite reconocer los contornos de una figura humana (Ez 1, 26-28), está sentado como un rey sobre el carruaje de los querubines; suspendido sobre él abandona el santuario (Ez 10, 4. 20 s.) y reaparece del mismo modo para descender en el nuevo templo (Ez 43, 2-4).

dientes. De los patriarcas había nacido un pueblo pero todavía no poseía un culto. Para crear esta situación desprovista de culto, P borró de la tradición todas las noticias acerca de acciones sacrificales desde el tiempo anterior a Abraham hasta la revelación del Sinaí, y en algún otro punto violentó el material de la tradición. Así adquiría mayor relieve la novedad de la época que iniciaba en el Sinaí. Esta novedad no era el tabernáculo ni el naciente culto sacrificial, pues ¿qué valor tendría un lugar cultual o un sacrificio sin la precedente confirmación y legitimación divina? La realidad nueva de la época pos-sinaítica es, por consiguiente, la revelación personal de Yahvéh en la כְּבוֹד יהוה , en la que, de ahora en adelante se pone a disposición de Israel. Con la primera aparición solemne de la gloria de Yahvéh sobre el tabernáculo (Ex 40, 34 s.) se cumplió la antigua promesa patriarcal de que Yahvéh sería el dios de Israel (Gén 17, 7).

c)   *Los ministros del culto*

En este parágrafo y en los siguientes iniciamos la discusión de algunas instituciones y concepciones cultuales de Israel. El término hebreo equivalente a nuestra palabra culto es עֲבֹדָה y significa el «servicio», la veneración de Dios, pues el verbo עָבַד indica a menudo la veneración cultual de Yahvéh u otros dioses [119]. Sin embargo, no resulta fácil determinar cuál era para Israel la esencia y la nota característica de este culto o «servicio». Si buscamos en el Antiguo Testamento una expresión que englobe en cierto modo el complejo dominio de las actividades y obligaciones humanas frente a Dios, encontraremos la fórmula «en honor de». Existe de hecho una gran cantidad de textos, —fácilmente reconocibles como giros muy antiguos— donde se comienza una acción cultual «en honor de Yahvéh». Así en los calendarios de las fiestas y en otros lugares se prescribe que las grandes peregrinaciones se celebren «en honor de Yahvéh» (לַיהוה) [120].

---

119.   Ex 3, 12; 9, 1. 13; 20, 5; Dt 4, 19; 8, 19; 2 Re 10, 18 etc.
120.   Ex 12, 14; 13, 6; 32, 5; Lev 23, 6. 41.

La pascua era también «en honor de Yahvéh» (פסח ליהוה) [121].
El año de la remisión era «una remisión en honor de Yahvéh»
(שמטה ליהוה) [122] y el sábado recibe el mismo calificativo
(שבת ליהוה) [123].

El nazireo era «una persona consagrada a Yahvéh» [124].
Siempre que en el ámbito del culto eran separadas personas,
animales u objetos de la vida cotidiana y profana se los consideraba «consagrados a Yahvéh» (קדש ליהוה) [125]. En el punto más
céntrico de este círculo se encuentran los sacrificios cruentos
o incruentos, en los que podemos observar la misma terminología estereotipada [126]. De esta terminología tan extendida como
constante es posible deducir que Israel consideraba el culto,
en especial, como el lugar donde debía dejar el espacio libre al
derecho y las exigencias de Yahvéh. Por esto la práctica del culto
puede llamarse también el משפט (derecho) de Dios (2 Re 17, 26;
Jer 5, 4; 8, 7). Este «derecho» divino sobre la existencia humana,
era pues, el elemento primero y constitutivo, el fundamento mismo
del culto y de él derivaba todo el resto. Ninguna celebración cultual fue celebrada «para» Israel, todas eran «para Yahvéh».

El ámbito donde debía respetarse este derecho (que derogaba
todas las reivindicaciones humanas), no era un mundo ideal;
al contrario, era un ámbito muy real, marcado por un lugar
santo, personas, objetos y tiempos sagrados. Y la santidad de
todos ellos permanecía o desaparecía junto con la fe en la presencia real de Yahvéh en su santuario, o al menos, en su presencia
temporal. El momento más solemne era la venida de Yahvéh,
p.e. al sacrificio; entonces se preparaba la comunidad con el

---

121. Ex 12, 11. 27. 48; Lev 23, 5.
122. Dt 15, 2. La parenesis dt sobre el año de la remisión se halla en cierta
contradicción con la fórmula «en honor de Yahvéh», pues, como es notorio,
concibe la antigua institución cultual en sentido exclusivamente social y
humanitario.
123. Ex 16, 23. 25; 31, 15; 35, 2; Lev 23, 3; 25, 2. 4.
124. Núm 6, 2. 5 s. 12. También la consagración de un sacerdote mediante el rito de «llenarle las manos», se realizaba «en honor de Yahvéh»,
Ex 29, 33.
125. Ex 28, 36; 39, 30; Lev 27, 14. 21. 23. 28. 30; Jos 6, 19; Jue 17, 3.
126. Lev 1, 2. 14; 17, 4; 22, 29; 23, 12; 27, 9. 11; Lev 2, 14; 19, 24.

grito cultual «¡Silencio (הס) ante Yahvéh! Se levanta de su morada santa» [127]. Esta presencia es en definitiva la que impone al
hombre un comportamiento bien preciso bajo determinadas reglas
y prescripciones que debía observar minuciosamente en consideración de la santidad exigente de Yahvéh. Dondequiera encon-
tremos este fenómeno podemos hablar de culto.

Si buscamos en el lenguaje cultual del Antiguo Testamento una fórmula
genérica correspondiente al significado que el culto tiene para Israel, podemos
afirmar: el culto hace que Yahvéh recuerde a Israel. Se habla a menudo del
recuerdo divino: זכר, (recordar), זכרון (memorial), relacionado con actos
cultuales muy diversos. Así, p.e., el sacrificio ofrecido cuando existe la sospecha de adulterio es מנחת זכרון (ofrenda-memorial) (Núm 5, 15). El sonido
de las trompetas litúrgicas hará que Yahvéh se acuerde de Israel (לפני יהוה
ונזכרתם) «serán un recordatorio ante Yahvéh» (לזכרון Núm 10, 9, s.). Lo mismo se dice del botín tomado en la guerra contra los madianitas (Núm 31,
54), también el dinero por el rescate de Israel «será el recordatorio de los
israelitas ante Yahvéh» (Ex 30, 16). El gran sacerdote lleva sobre el pectoral
los nombres de las tribus como un «recordatorio en presencia de Yahvéh»
(Ex 28, 12, 29), etc. Esta expresión era tan común en el lenguaje cultual que
se solía augurar a quien ofrecía un sacrificio: «¡Yahvéh se acuerde de tu
ofrenda!» (Sal 20, 4).

Si queremos trazar en este y en los siguientes parágrafos un
breve bosquejo del significado de los materiales cultuales en el
documento sacerdotal, será necesario recordar que P es una
obra histórica y no un tratado teológico revestido de una ligera
y ficticia capa histórica. Y si P es esencialmente una obra histórica, esta comprobación adquiere una importancia especial para
la interpretación de sus múltiples materiales cultuales. En efecto,
P no presta un interés tan universal por ellos como se supone
generalmente; no pretende desarrollar una teología más o menos
completa del culto —en nuestra opinión se ha exagerado mucho
en este aspecto—: su interés se limita a legitimar los diversos
oficios y ritos. En casos como el mandamiento de la circuncisión (Gén 17) o la celebración de la pascua (Ex 12) es evidente que la exposición de P se preocupa por demostrar que estos
ritos nacieron de la historia salvífica por mandato divino. No son,

---

127. Sof 1, 7; Zac 2, 17.

en realidad, muchas las instituciones que P procura enraizar en la historia: la circuncisión (Gén 17), la pascua (Ex 12), la consagración de Aarón (Ex 28 s.; Lev 8 s.) y los levitas (Núm 3 s.; 8). El documento sacerdotal se muestra en este esfuerzo muy prolijo y locuaz. Sin embargo, en estos mismos textos de léxico abundante, el lector no encuentra respuesta alguna a la cuestión más inmediata sobre la relación que existe entre el rito de la circuncisión y la elección de Abraham; es decir, por qué razón le exigió sólo este rito como prueba de su sumisión a las nuevas relaciones de alianza que le ofrecía.

Resulta difícil saber si P hubiera dado noticias más concretas en este sentido, de haber tenido ocasión de hacerlo o si, en realidad, sólo sabía que estos ritos estaban ordenados por Dios. Del mismo modo debemos juzgar cuanto dice sobre las funciones de los sacerdotes y levitas. No obstante la abundancia del material documentario, el cuadro que podemos derivar de P es defectuoso y carece de una clara línea teológica interna, sobre todo en puntos de una importancia decisiva. Por esta razón el exegeta que no quiera limitarse a la mera ampliación de tales noticias, deberá recurrir con frecuencia a fuentes más antiguas, o procurar con cuidado traer al habla el árido material de P a partir de una visión global de la religión yahvista.

Ningún oficio sagrado de Israel posee una historia tan larga como el sacerdocio. Sin duda alguna, se remonta hasta los primeros tiempos del culto yahvista y no dejó de existir hasta el momento en que el ejército de Tito convirtió en cenizas el templo de Herodes. Debemos suponer, por adelantado, que el sacerdocio sufrió muchas transformaciones en este enorme período de tiempo. Pero es extraño que en Israel no se llegara nunca a la constitución de una clase sacerdotal poderosa, como en los grandes santuarios del antiguo oriente; en Israel faltaban evidentemente las condiciones para una influencia más decisiva de la casta sacerdotal en la vida política. Además los sacerdotes israelitas no ejercían muchas de las funciones que en otros lugares eran de su exclusiva competencia (los presagios, los exorcismos, el cuidado de la imagen cultual, etcétera) [128].

Por desgracia conocemos poco la historia del sacerdote israelita. El sacerdocio fue desde antiguo privilegio de los levitas; la antiquísima narración de Jue 17, 1 s. muestra ya que en aquellos tiempos sólo los levitas podían ejercer este ministerio. Las exigencias derivadas del oficio sagrado eran tales, que sólo podía satisfacerlas plenamente quien había crecido en la continuidad de la tradición tribal y familiar. Será conveniente no menospreciar la prestación intelectual que representaba el conocimiento de las tradiciones sagradas y su exacta aplicación. El ministerio sacerdotal no se limitaba a la ofrenda de los sacrificios. En los tiempos más antiguos los mismos laicos podían ofrecer sacrificios e incluso parece fue la costumbre general, excepto en los sacrificios que debían ofrecerse en los grandes santuarios [129].

El ministerio del sacerdote abarcaba todas las relaciones del pueblo de Yahvéh con su Dios; así pues, era sobre todo, el único mediador competente de todas las decisiones divinas. A él se dirigía quien deseaba consultar a Yahvéh (1 Sam 14, 18 s. 36 s.); él podía utilizar el oráculo por suertes, los Urim y Tummim (1 Sam 28, 6; Dt 33, 8). Pero, la referencia a Leví en la bendición de Moisés, la fuente más antigua sobre el sacerdocio pre-exílico, menciona en particular la enseñanza de la tora [130]. Los sacerdotes «enseñan» a Israel el derecho de Yahvéh y su tora (Dt 33, 10). Como tora debemos entender la instrucción de los sacerdotes a los laicos, la cual se preocupaba sobre todo de las cuestiones relativas a lo puro e impuro. Ag 2, 11 s. nos permite deducir un cuadro aproximado de las cuestiones de la vida ordinaria que los laicos ponían a los sacerdotes en busca de solución.

---

128. M. Noth, *Amt und Berufung im Alten Testament* (*Ges. Studien*, 309 s.).
129. Jue 6, 22 s.; 13, 19.
130. A menudo se nombran los sacerdotes junto con la tora, como en una fórmula esteriotipada, véase Os 4, 1 s. 6; Sof 3, 4; Miq 3, 11; Jer 2, 8; 18, 18; Ez 7, 26.

El sacerdote debía también decidir en cuestiones de derecho sacro (Dt 17, 8 s.). Esto supone un dominio de la tradición sobre el derecho divino. Los sacerdotes debían extraer del gran tesoro de tradiciones sobre el derecho sagrado, las listas que se recitaban ante la comunidad cultual en las fiestas principales [131]. Más aún, ellos solos podían decidir en los casos difíciles, sobre la pertenencia o exclusión de la comunidad yahvista (Dt 23, 1 s.). Podemos pues suponer que los sacerdotes de las épocas más antiguas poseían ya éstas o semejantes competencias; las encontramos de nuevo en las normas sagradas del documento sacerdotal, con una diferencia: aquí los ritos son muy detallados, el procedimiento cultual es inmutable, más aún, sus normas se hallan en un proceso de entumecimiento. El entero aparato cultual es aquí más complicado y, sin duda, mucho más extenso que en los tiempos antiguos; basta pensar en la gradación jerárquica del personal cultual o en el tan ramificado árbol genealógico de los levitas.

Cierto que debemos guardarnos de considerar una norma cultual como «reciente» sólo porque la encontramos en P o Ps, pero es justo suponer que a la base de la extensa legislación cultual de P y Ps se encuentran experiencias y frutos de una larga historia cultual. Si no, ¿cómo hubiera sido posible determinar con tanto detalle las funciones y los derechos de la jerarquía cultual (sumo sacerdote - sacerdotes - levitas)? Se llegó incluso a fijar el tiempo de servicio de cada sacerdote: una semana (Ex 29, 30; Lc 1, 8s.). Exceptuando este período de servicio, los sacerdotes vivían en la campiña; no sabemos con certeza si moraban o no en las ciudades levíticas de Judá [132].

Si en la época anterior al exilio, la función principal del sacerdote era la enseñanza de la *tora*, nos sorprende que el documento sacerdotal no la mencione casi nunca. Sólo en una ocasión nos habla sobre el oficio de distinguir entre lo santo y lo profano (חל), lo puro y lo impuro, y de la competencia doctrinal de los

---

131. Véanse más arriba, las páginas 247 s.
132. Jos 21, 13-16; véase A. ALT, II, 294 s.

sacerdotes en esta materia (Lev 10, 10 s.; pero véase también Ez 22, 26; 44, 23). En lugar de esta *tora* que tenía siempre una resonancia más o menos pública, los materiales cultuales de P y Ps colocan en primer plano los conocimientos profesionales de los sacerdotes [133]. Pero sería falso concluir que el oficio sacerdotal se había convertido en algo mecánico y formalista. Es necesario abandonar la idea de que el documento sacerdotal y sus adiciones secundarias pretenden abarcar la totalidad del culto israelita. No es así; más bien nos presentan aquel sector relacionado con la ejecución técnica de los ritos y conocimientos profesionales de los sacerdotes [134].

Los rituales incorporados al documento sacerdotal permiten formarse una idea de los múltiples sectores en los que el sacerdote debía poner en práctica sus conocimientos profesionales. El antiquísimo ritual que debía observarse en caso de sospecha de adulterio por parte de la mujer, nos muestra cómo se obtenía en concreto un juicio divino en el culto (Núm 5, 12 s.). La recitación exacta de las maldiciones, punto culminante de la ceremonia (v. 21 s.) no era antiguamente una bagatela. También incumbía al sacerdote el oficio de bendecir, es decir, «la invocación» del nombre de Yahvéh sobre la comunidad cultual (Núm 6, 22 s.).

La «ley sobre la lepra» nos introduce en un campo muy diverso (Lev 13 s.). Nos muestra hasta qué punto el sacerdote

---

133. El género literario de «la enseñanza de la tora» —reconocible por su estilo de alocución personal—, lo encontramos de forma muy esporádica en P, p.e. Lev 7, 22-27. Sobre el concepto de la *daat* como el conocimiento profesional de los sacerdotes, véase J. BEGRICH, *Die Priesterliche Tora*, en *Werden und Wessen des AT*. (BZAW 66 [1936] 85 s.; y en *Ges. Studien z. AT*. [1964] 223 s.) y R. RENDTORFF, *Die Gesetze in der Priesterschrift* (1954) 34, 45, 66, 77. Pero véase también K. KOCH, *Priesterschrift* (1959) 66 s.

134. Uno de sus deberes profesionales más inmediatos debió ser el cuidado y la transmisión de las tradiciones históricas (de la anfictionía). H. W. Wolff dio mayor probabilidad a la hipótesis de que el concepto de Oseas sobre la דַּעַת como «la ciencia sobre Dios», debe entenderse en el sentido de un conocimiento de las tradiciones relativas a la historia salvífica. H. W. WOLFF, *Wissen um Gott bei Hosea als Unform von Theologie*: Evang. Theol. (1952) 53, 533 s. (*Ges. Studien z. AT*. 1964, 182 s.).

debía dominar el extenso sector de la medicina sagrada; tanto
la ley de la lepra como el capítulo dedicado a los flujos corporales impuros (Lev 15) nos dan sólo una idea muy incompleta
de su amplitud. Las decisiones de los sacerdotes poseían un valor
definitivo, pues éstos actuaban como la boca del mismo Yahvéh,
el cual se atenía a la sentencia del sacerdote cuando excluía o
admitía al interesado en el culto. Los sacerdotes pronunciaban
en voz alta y con gran solemnidad las frases, צרעת הוא «es lepra»,
y טהור הוא «es puro», sobre el enfermo (Lev 13, 15. 17). Desde el
punto de vista literario estas y otras fórmulas declaratorias,
muy abundantes en los rituales del documento sacerdotal, nos
han conservado un elemento importante del culto israelita, pues
ahora sabemos que en estos ritos la sentencia divina pronunciada
por el sacerdote en forma declaratoria era la única que decidía
sobre la aceptación o rechazo del interesado en el culto [135].

Tales declaraciones cultuales presuponen naturalmente un
examen detenido de la causa controversa sobre la base de indicios bien precisos, que sólo conocemos en parte; y en este examen el sacerdote poseía a menudo una autoridad inmensa. Lev
27 nos ofrece la oportunidad de echar una ojeada en una sorprendente competencia del sacerdote: la sustitución de ciertos
votos con la suma de dinero correspondiente. La tasación (הֶעֱרִיךְ
Lev 27, 8. 12. 14) se realizaba probablemente de forma bastante
mecánica, sobre tarifas fijas. Pero las ofrendas particulares de
los laicos requerían un tratamiento mucho más individual.

Aquí entramos en el sector que desde antiguo fue considerado
el oficio principal del sacerdote según P: su participación en el
culto sacrificial. Es cierto que los sacerdotes realizaban la asper-
sión con la sangre, untaban con ella las diversas partes del altar,
consumían el sacrificio en el fuego (הקטיר), realizaban la expiación
(כפר), derramaban la libación, etcétera [136]. Pero conviene notar

---

135. Sobre las «fórmulas declaratorias», cf. R. RENDTORFF, *o. c.*, 74 s.;
G. VON RAD, ThLZ (1951) col. 129 s. (*Ges. Studien*, 130 s. W. ZIMMERLI,
ZAW (1954) 23 s. (*Gottes Offenbarung* [1953] 174 s.).
136. Lev 1-6 pássim.

que a menudo estos rituales fueron retocados por una mano
sacerdotal en los pasajes más cruciales, para transferir a los sacerdotes muchas actividades del ceremonial sacrificial que la redacción primitiva asignaba a los laicos [137]. De este modo, la forma
actual de los ritos refleja la fase más reciente del culto. Pero aun
en esta fase final, en la cual la participación de los sacerdotes
en la realización técnica del sacrificio fue muy superior a la que
existía en toda la historia precedente del culto, no debemos pasar por alto, como ocurre a menudo, las exigencias internas y
espirituales que esta actividad imponía a los sacerdotes. En todo
caso, lo decisivo era saber si la oferta había sido «agradable»
a Yahvéh y si el sacerdote podía notificar que el sacrificio había
sido celebrado en conformidad con las normas rituales [138]. No
sólo decidía si el sacrificio había sido «aceptado» o no, debía
también declararlo en voz alta [139]. Algunos textos nos indican
que, por lo visto, el sacerdote debía decidir en cada sacrificio
privado si había sido «aceptado» o no. La decisión fue, desde
antiguo, competencia exclusiva del sacerdote.

Los ritos de expiación exigían al sacerdote una vigilancia
muy especial, pues aquí, sacerdote y oferente penetraban en el
ámbito de la ira divina [140]. Sin embargo, en este servicio particular del sacerdote existía todavía un acto que debía realizar
con extrema perfección: la comida ritual de la carne del sacrificio expiatorio (Lev 10, 17 s.). Esta carne era «santísima»
y se la protegía con el mayor cuidado de cualquier contacto de
personas laicas, pues era la carne de la víctima sobre la cual habían sido cargados los pecados. Los sacerdotes mismos comiendo
esta carne —¡en un lugar sagrado!— aniquilaban el mal. Ellos
recibieron la función mediadora de «cargar con la culpa de la

---

137. Más detalles en R. RENDTORFF, *o. c.*, 5 s.
138. Sobre este término importante en el vocabulario sacrificial, véase
más adelante la página 330.
139. Véanse más adelante las páginas 330 s.
140. Sobre la concepción de la קֶצֶף (ira) de Yahvéh en P, véase más adelante, la página 339.

comunidad, y expiar así por ella ante Yahvéh» (Lev 10, 17)[141]. El sacerdocio era hereditario. Yahvéh mismo designó las familias para este ministerio y les confió todos los poderes necesarios para unas funciones tan llenas de responsabilidad: él «eligió» sus antepasados[142]. Una tradición especial habla incluso de una alianza, por la que Yahvéh aseguró el sacerdocio a una familia (Núm 25, 10 s). Sin embargo, esta idea del nombramiento exclusivo por Yahvéh no se realizó en la historia con tanta facilidad. En el período anterior al exilio los sadoquitas fueron empleados de la corte y su antepasado fue nombrado por Salomón (1 Re 2, 35)[143]. No sabemos a partir de qué momento los sadoquitas se consideraron a sí mismos los sucesores legítimos de Aarón. Ezequiel llama al sacerdocio de Jerusalén sadoquita (Ez 44, 15). P conoce sólo los aarónidas.

La desaparición de la monarquía judía trajo consigo el aumento de las atribuciones del sacerdocio jerosolimitano y alguien supone con razón que entonces ciertas funciones del rey pasaron al sumo sacerdote[144]. En todo caso, la antigua concepción del sacerdocio experimentó un cambio, pues en P los sacerdotes ejercen su ministerio entre Yahvéh y el pueblo con una autonomía completa. Según este documento, el sacerdocio es la única institución sagrada que representa a Israel ante Yahvéh y que

---

141. Lev 10, 17 es uno de los pocos textos en los que se da una explicación teológica de un rito.

142. 1 Sam 2, 28; Sal 65, 5; 105, 26. La expresión tradicional para la consagración sacerdotal es «llenar las manos»Jue 17, 5.12; 1 Re 13, 33; Ex 28, 41, etc. Esta expresión debe ponerse en relación con la recepción de determinadas ofertas para su mantenimiento.

143. Un misterio difícil de aclarar envuelve la persona del sacerdote Zadoq. Surge de repente bajo el reinado de David. Es un «hombre nuevo», sin legitimación hereditaria, como puede deducirse del hecho que nunca se le cita con el nombre de su padre o de su familia. Parece muy dudoso que la solución del enigma debe hallarse en una supuesta identidad de Zadoq con el rey-sacerdote de Jerusalén que venció David, como opinan W. Mowinckel, Rowley y otros. S. MOWINCKEL, *Esra den Skriftlärde* (1916) 109; A. BENTZEN, ZAW (1933) 174; H. H. ROWLEY, *Festschr. f. Bertholet* (1950) 461 s. 1 Sam 2, 35, da una legitimación secundaria de la sustitución sorprendente de los descendientes de Elí por los sadoquitas.

144. M. NOTH, *l. c.*, 12; G. WIDENGREN, *Sakrales Königtum im AT.*(1955) 26 s.; K. KOCH, *Priesterschrift* (1959) 99.

éste necesita para actuar en Israel. P no pudo jamás imaginar que la función del sacerdote pudiera consistir en «entrar y salir ante la presencia del ungido de Yahvéh» (1 Sam 2, 35). Inútil buscar en P cualquier relación con una idea o tradición mesiánica [145].

Sin embargo un resultado seguro de la ciencia es que bajo el punto de vista histórico no es posible comprender la forma actual de P, sin la historia del culto en la época anterior al exilio y que el santuario de Jerusalén fue el único lugar donde el culto de Yahvéh pudo desarrollarse sobre una base tan extensa y de un modo a la vez tan amplio y detallado. Sobre todo la rigurosa separación entre los levitas y los sacerdotes que uno encuentra a cada paso en el P y sin la cual sería inconcebible su esquema sacro-teológico, empezó a abrirse camino gracias a un acontecimiento histórico de la época monárquica más reciente: la centralización del culto bajo el rey Josías. Esta medida estableció por vez primera aquella primacía de los sacerdotes del templo, que supone P. Los levitas eran destinados a sus obligaciones, minuciosamente reguladas por P (Núm 3 s.), porque ellos habían sido «dados» a Yahvéh (נתונים Núm 3, 9; 8, 19), habían sido separados de Israel para ser, en un sentido especial, la propiedad de Yahvéh (Núm 8, 14. 16; 18, 6). P desarrolla todavía más la interpretación teológica de esta pertenencia especial a Yahvéh con un argumento curioso: los levitas pertenecen a Yahvéh en lugar de los primogénitos de Israel, los cuales, si no fuera por los levitas, deberían ser entregados a Yahvéh (Núm 3, 12 s. 40 s.; 8, 16).

La imagen del campamento de Israel y la posición asignada en él a la tribu de Leví expresan una idea nueva sobre la función mediadora de los levitas: éstos acampan en el círculo inmediato en torno al tabernáculo; tienen, pues, una función protectora y expiatoria con relación a las demás tribus, para que la «cólera» no venga sobre la asamblea (Núm 1, 53; 8, 19). No se equivocará

---

145. Véase también la yuxtaposición del ministerio sacerdotal y mesiánico en la profecía de Zac 4, 14.

quien considere semejantes teorías como reflexiones tardías destinadas a dar una explicación teológica a una situación histórica preexistente.

d) *Los sacrificios* [146]

El documento sacerdotal contenía ya en su forma primitiva relatos de oblaciones muy complicadas (sobre todo Lev 9), aunque parece que no poseía instrucciones particulares sobre la presentación de los sacrificios. Pero muy pronto le fueron añadidos muchos materiales cultuales secundarios, con la intención patente de enraizarlos en la solemne institución del culto en el monte Sinaí. Estas son las colecciones de normas relativas a los sacrificios: Lev 1-7; 14, 10-32; 17; 22, 17-30; 27; Núm 18 s.

La historia de las formas muestra que cada uno de estos «rituales» tiene un origen y una finalidad diversa [147]. Como sus indicaciones están desligadas de cualquier práctica cultual —presentan el caso general como un simple modelo teórico—, estas adiciones literarias tienen un cierto sabor a museo. De hecho un grado tan elevado de esquematización y recíproca asimilación de los materiales cultuales indica que han llegado al estadio final de su historia. Para llegar a clasificarlos y uniformarlos de este modo, fue necesario un largo trabajo de armonización por parte de los sacerdotes. Por consiguiente es indudable que la mayor parte de estas prácticas cultuales son muy antiguas [148].

---

146. R. RENDTORFF, *Studien zur Geschichte des Opfers im alten Israel* (tesis de habilitación dactil.) 1953; H. H. ROWLEY, *The meaning of sacrifice in the OT* (1950); W. O. E. OESTERLEY, *Sacrifice in the Ancient Israel* (1937); A. WENDEL, *Das Opfer in der altisr. Religion* (1927); G. B. GRAY, *Sacrifice in the OT* (1925).

147. R. RENDTORFF, *Die Gesetze in der Priesterschrift* (1954). Ni P ni tampoco Ps se preocupan por regular todos los usos sacrificiales practicados en Israel. De hecho existían otros muchos: p. e. la libación (1 Sam 7, 6; Os 9, 4); ciertos ritos agrarios deben considerarse como sacrificios (sobre Dt 23, 22; 24, 19; Lev 19, 9, véase WENDEL, *l. c.*, 19 s.). El botín de las guerras santas, que caía bajo la ley del exterminio, era también un sacrificio, etc.

148. Como ejemplo extremo de la datación antigua podemos mencionar A. Lods, que remonta estos sacrificios al período pre-yahvista (Revue d'historie et de philosophie religeuse [1928] 399 s.).

Las principales clases de sacrificios son según P: 1. el «holocausto (עוֹלה o כְּלִיל Lev 1); 2. la «ofrenda» (מנחה , una mezcla de harina, aceite e incienso, Lev 2); 3. el «sacrificio de comunión» (לם Lev 3); 4. el «sacrificio expiatorio» (חטאת Lev 4, 1-5, 13); 5. el «sacrificio penitencial» (אשם Lev 5, 14-19) [149].

Si por un lado este catálogo de los sacrificios más importantes (Lev 1-5) ofrece muchos detalles sobre los procedimientos para su preparación y presentación, por el otro, no da casi ninguna explicación del significado de los ritos. En este aspecto la diferencia entre el Deuteronomio y P no puede ser mayor, pues siempre que es posible el Deuteronomio se adelanta gustoso a ofrecer una explicación del significado de estas prácticas. Pero mientras en el Dt encontramos materiales parenéticos, en P debemos tratar con rituales. Lev 1 s. no dice nada sobre los motivos por los que se ofrecía el holocausto, la ofrenda o el sacrificio de comunión. Sí, en cambio, los indica en el caso de un «sacrificio de expiación» (Lev 4, 27 s.; 5, 2 s.). Sin embargo, el relato de P no permite limitar el ofrecimiento de este sacrificio a los casos allí mencionados; el sacrificio expiatorio aparece también en otras circunstancias, como p.e. en las ceremonias de consagración [150]; además, la combinación de varios tipos de sacrificios (holocausto y sacrificio expiatorio, holocausto y ofrenda, etcétera) es una nota característica de estos rituales tardíos. La narración del primer sacrificio de Aarón presenta una acumulación barroca de holocaustos, sacrificios expiatorios, sacrificios de comunión (Lev 9).

Frente a una situación semejante no podemos pensar que P tenga una noción bien precisa y específica de cada uno de estos sacrificios. P no nos ofrece una idea semejante; mas aún, ciertos indicios muestran cómo desde mucho tiempo atrás no existía con aquella precisión que quizás esperábamos [151]. Por consi-

---

149. Usamos la terminología tradicional, aunque sea inexacta y, en cierto modo, conduzca al error. (Nosotros en cambio seguimos la terminología de la traducción del Pentateuco de L. Alonso-Schökel: N. del T.).

150. Ex 29, 36 s.; 30, 1 s.

151. En nuestra opinión, se sobreestima el contenido teológico de P

guiente la investigación de los motivos, «las ideas fundamentales» que se encuentran a la base de cada uno de estos sacrificios, conserva todavía su validez; ahora bien, debemos ser conscientes de las dificultades extraordinarias que nos impiden obtener resultados ciertos en este sector. Si es lícito dudar que cuando un israelita ofrecía un holocausto en Dan comprendía el rito sacro como el judío que lo ofrecía al mismo tiempo en Berseba, también hemos de contar con diversos «cambios de motivación» en el decurso de los siglos, cambios difíciles de precisar, a no ser en casos excepcionales [152].

Sin embargo este análisis ideológico de los sacrificios resulta particularmente difícil porque la gran masa de prácticas sacrificiales del Antiguo Testamento y sus ritos, no son una creación original de la religión yahvista; en efecto, fue en Palestina donde Israel entró por primera vez en contacto con usos sacros muy antiguos y difundidos, a los que unió más tarde sus propias concepciones [153]. Con relación a los ritos, ocurrirá en Israel como en los demás pueblos antiguos: los conserva y respeta con un extraordinario espíritu conservador hasta los tiempos más recientes; las concepciones, en cambio, son inestables y se modifican a través de los siglos. Cosa necesaria, ya que los ritos se remontan, con toda probabilidad, a una época antiquísima (En nuestros días se tiende a explicar los usos cultuales de los antiguos griegos con las costumbres sagradas de la edad paleolítica, a saber, con la matanza ritual de los cazadores) [154]. ¡Cuidado! no sea que lleguemos demasiado tarde con la cuestión sobre «las ideas fundamentales» del sacrificio del antiguo Israel.

---

cuando se espera de él un sistema sacrificial refinado. Las numerosas adiciones posteriores (Ps) hicieron de P un depósito de materiales cultuales, al cual le fueron añadidas en épocas sucesivas todo lo que era accesible y tenía una relación con ellos.

152. Sobre el fenómeno de los «cambios de motivación», véase B. Bertholet, *Über Kultische Motivverschiebung*. Sitzungsber. d. Berliner Akademie d. Wissensch. (*Phil. hist. Klasse* 1938) XVIII, 164 s.

153. R. Dussaud, *Les origines cananéenes du sacrifice Israélite* (²1941); J. Pedersen, *Israel* III-IV, 317.

154. K. Meuli, *Griechische Opferbräuche in Phyllobolia* (1946) 185 s.

Supongamos por un instante que el Antiguo Testamento nos comunicara con bastante fidelidad las ideas y el significado de las diversas acciones sacrificiales; entonces surgiría una nueva dificultad: las épocas en que se celebraban los sacrificios con una fe todavía ingenua, hablaron poco o nada de su significado; ésta es una comprobación válida en el amplio dominio de la historia de las religiones, y muy particularmente en el caso de Israel. Sólo cuando aparecen las primeras tensiones entre el mundo de los ritos y el hombre que los observa, sólo entonces nacen las teorías acerca del sacrificio, y se siente la necesidad de una explicación racional. Nada podemos objetar contra tales interpretaciones; son muy competentes, pero abarcan sólo una parte de la cuestión y no su totalidad. El significado del uso de la sangre en la pascua de los nómadas de ganado menor, ceremonia probablemente muy anterior a Moisés, es bastante claro: tenía una función «apotropaica», debía proteger al rebaño contra las influencias de los espíritus [155]. Ahora bien, ¿qué pensó más tarde Israel al celebrar este rito? La interpretación histórico-salvífica de Ex 12 y Dt 16, 1 s., ve en este rito la actualización de una actividad salvadora de Yahvéh en la historia; en este caso el rito de la sangre no recibe ninguna interpretación particular.

Pero ¿es cierto que cuando Israel la celebraba podía darle una sola interpretación? En los grandes sacrificios (holocausto, sacrificio de comunión, y sobre todo en las ofrendas votivas) el motivo concreto de su ofrecimiento era determinante para la concepción del respectivo sacrificio. Deberíamos pues distinguir teóricamente «la idea fundamental» de una acción sacrificial y los motivos de su celebración. Pero en la práctica, el motivo debió ser determiante para la comprensión del sacrificio ofrecido. El sacrificio era una realidad tan amplia que en él tenían cabida todas las ideas y concepciones relacionadas con el motivo por el cual se le ofrecía. No obstante, es evidente que el sa-

---

155. L. ROST, ZDPV (1943) 205 s.

crificio no se convirtió por esto en objeto de todas las interpretaciones subjetivas posibles. ¡Cómo hubiera sido posible una cosa semejante en un pueblo primitivo, tan consciente de las realidades cultuales como lo era el antiguo Israel! Los sacrificios eran, como lo habían sido siempre, un acontecimiento de un ámbito que escapaba al hombre y a su vida interior; el hombre podía darle el primer impulso desde el exterior, pero su funcionamiento no dependía de su voluntad o inteligencia; era competencia exclusiva de Yahvéh, quien podía aceptar el sacrificio y darle su eficacia.

Pero si el sacrificio era un acontecimiento cultual tan objetivo debemos suponer también que Israel le asoció algunas ideas fundamentales. En líneas generales tales ideas eran tres, si bien cada una de ellas podría a su vez subdividirse bajo muchos puntos de vista: la idea de donación de comunión y de expiación [156].

Naturalmente la simple idea de donación, se encuentra en primer plano en todos los votos hechos en momentos de gran angustia (Gén 28, 10-22; Jue 11, 30; 2 Sam 15, 7-9). Pero también debemos entender de este modo todas las ofrendas oficiales de los frutos naturales, como las primicias: en realidad, la entera cosecha está consagrada a Yahvéh, pero el hombre le devuelve la parte más santa, las primicias y los primogénitos, en señal de dependencia y agradecimiento [157]. El sacrificio de los animales, una vez concluido felizmente el traslado del arca (1 Sam 6, 14), ha de considerarse también un sacrificio de agradecimiento, etcétera [158].

---

156. Véase EICHRODT, I, 66-85; parecido, H. A. ROWLEY, *l. c.*, 76 s.
157. Ex 23, 16. 19; 34, 26; Dt 15, 19 s.; 26, 1 s.; Lev 19, 23 s.
158. WENDEL, *l. c.*, 157; PEDERSEN *l. c.*, 317 s., cree que lo esencial en la concepción israelita del sacrificio es el esfuerzo por obtener la bendición sobre los animales y los frutos. Mediante la ofrenda de animales y frutos quedaban santificadas las posesiones restantes. Pero la santificación significaba participar de las fuerzas benéficas divinas. Sin embargo es muy dudoso que este modo de concebir la bendición divina como una fuerza automática y fluctuante, haya podido tener una importancia tan decisiva en Israel.

Un bonito ejemplo de un antiquísimo sacrificio de comunión es el banquete en el Sinaí (Ex 24, 9-11, J?). En tales ocasiones se creía que la divinidad estaba presente como un comensal invisible. Este sentido tiene, sin duda, el banquete ritual que seguía a la conclusión de las alianzas; los contrayentes se asocian y se obligan recíprocamente en presencia de un tercero, la divinidad presente (Gén 31, 54). Los antiquísimos sacrificios familiares pertenecen también a este grupo (1 Sam 20, 6. 29) y los solemnes sacrificios celebrados en ocasión del traslado del arca estaban esencialmente marcados por la idea de comunión [159] (2 Sam 6, 17; 1 Re 8, 63).

Ahora bien, mientras poseemos numerosos textos sobre los sacrificios como don y como participación a un mismo banquete, son en cambio muy escasos los testimonios que se refieren al sacrificio con función expiatoria. En Miq 6, 6-8, descubrimos una alusión a este sacrificio y a los excesos a los cuales podía conducir en algunas ocasiones. 2 Sam 21, 3; 24, 25 y el término primitivo ריח ניחח («aroma que aplaca» Gén 8, 21, J, sino casi siempre P), se refieren a una época más antigua. El banquete sacrificial podía tener también una función expiatoria, como lo demuestra 1 Sam 3, 14: «Ni זבח —sacrificio— ni מנחה —ofrenda— (aquí tiene probablemente el significado de sacrificio total) expiarán la culpa de la casa de Elí».

Sin embargo nos apresuramos a añadir aquí mismo que este modo de clasificar los sacrificios a partir de su función y de su significado ideal, es también una teoría explicativa de una

---

159. Algunos textos parecen sugerir la idea de que los sacrificios eran verdadero alimento para Yahvéh. Así p. e. Lev 21, 6.8.17; 22, 25, el sacrificio recibe el nombre de לחם אלהים (comida de Dios); alguien pensó también en los panes presentados (לחם פנים 1 Sam 21, 7; Ex 25, 30, etc.), pues לחם significa «pan» y también «alimento». Pero podría tratarse sólo de una terminología muy antigua que perduró en el lenguaje conservador del culto. No podemos pensar que los autores que nos transmitieron los antiguos textos narrativos o jurídicos, tomaron en serio esta concepción. La cuestión es diversa si pensamos en los oferentes y en particular, aquellos de la primitiva historia del culto. ¿Quién puede garantizar que nunca les vino a la mente la idea de una verdadera comida? (Véase Jue 6, 19 s.; 13, 15).

realidad preexistente. En efecto, es casi imposible imaginar un sacrificio concreto que correspondiera única y exclusivamente a una de las tres concepciones mencionadas. Por regla general, en cualquier ofrecimiento de un sacrificio coexistían a la vez diversos motivos, que se entremezclaban de manera imperceptible, y en este proceso uno de ellos adquiría una importante preponderante [160]. Sin perder de vista las reservas mencionadas hasta el momento, y teniendo presente las informaciones de los documentos sobre la celebración práctica de estos sacrificios en el transcurso de la historia, presentamos a continuación cuanto podemos decir sobre los sacrificios enumerados en Lev 1-7.

El *holocausto* (עוֹלָה) es un sacrificio ofrecido todo entero a Yahvéh, es decir, el sacerdote y el oferente no tomaban parte en la acción cultual, repartiéndose la comida con Yahvéh (por esto recibe a veces el nombre de «sacrificio total» כָּלִיל). Aparece ya en una ley muy antigua, la ley del altar (Ex 20, 24-26); más tarde adquirió una importancia especial por ser el sacrificio del estado, ofrecido regularmente en el templo (1 Re 9, 25; 2 Re 16, 15 y 1 Re 3, 4. 15). Las personas privadas también podían ofrecerlo fuera del turno oficial pero, según parece, esto sucedía sólo en ocasiones particulares. El holocausto podía ofrecerse por motivos muy diversos. En momentos de alegría expresaba el agradecimiento por una empresa que Yahvéh había llevado a feliz término, como en 1 Sam 6, 14 ó Jue 11, 30 s. Pero también lo encontramos en períodos de tribulación, cuando Israel experimentaba en sí mismo la ira de Yahvéh (Jue 21, 4; 1 Sam 13, 9; Miq 6, 6). En estos casos se hallaba en primer plano la súplica del perdón.

El ritual de Lev 1 no indica ningún motivo para el ofrecimiento del holocausto, en cambio, expone todos los detalles técnicos del mismo: la presentación del animal destinado al sacrificio, la imposición de las manos sobre su cabeza, la matanza de la

---

160. «In every offering there is something of all effects produced by the offering; but one or another element may become more or less prominent». J. Pedersen, *Israel* III-IV, 330.

víctima, la aplicación de su sangre al altar, el desuello, la partición del animal y su combustión sobre el altar. ¡Quien pudiera conocer el significado propio de la imposición de las manos sobre la cabeza de la víctima! El documento sacerdotal prescribe este rito en todos los sacrificios cruentos. ¿Indicaba el traslado del pecado y su influencia maléfica sobre el animal o era quizás un gesto, mediante el cual el oferente se identificaba con la víctima? [161].

Otra característica curiosa de P es que, en las diversas informaciones sobre otras tantas acciones sacrificiales, une siempre el holocausto con otros sacrificios, por ejemplo, con la ofrenda; nunca se ofrece sólo el holocausto. Esta acumulación de sacrificios es, sin duda, característica en los períodos tardíos del culto israelita, y un indicio de la creciente complejidad del ritual sacrificial; sin embargo, no es por sí misma una nota exclusiva de P, pues a veces, la encontramos ya en textos antiguos (p.e. Ex 18, 12; 24, 4, s.; 1 Re 9, 25). La diferencia está en que P atribuye en principio una función expiatoria a todos los holocaustos (Lev 1, 4; 16, 24). No era así como se lo concebía en los tiempos más primitivos; sin embargo este rasgo peculiar de P responde a una tendencia general de este documento, la cual aparecerá más clara en los párrafos siguientes.

El documento sacerdotal considera la *ofrenda* (מנחה) exclusivamente como un sacrificio vegetal, compuesto de flor de harina, aceite e incienso. El período cultual anterior a P no conocía este sentido específico de מנחה; para el culto antiguo מנחה, de acuerdo con el significado propio de esta palabra, designada la ofrenda en general, fuera cruenta o incruenta (Gén 4, 3 s.; 1 Sam 2, 17; 3, 14); a veces, significaba incluso el don profano de un hombre a su semejante (p.e. Gén 32, 14 s.; 43, 11 s.). No sabemos el

---

161. Sobre el problema del significado de la *semicha*, (imposición de las manos), véase E. LOHSE, *Die Ordination im Spätjudentum und im NT* (1951) 52 s.; ROWLEY, *l. c.*, 88. Es probable que también en P, la imposición de las manos se practivaba sólo en la oblación del חטאת (sacrificio expiaorio). Ps lo generalizó por primera vez haciéndolo obligatorio en todos los sacrificios. R. RENDTORFF, *l. c.*, 90.

tiempo ni el lugar en que מנחה tomó el significado específico que le atribuye P. Si prescindimos de poquísimas excepciones (Lev 5, 11; Núm 5, 15), este documento lo une siempre con los sacrificios cruentos y en la mayoría de los casos aparece como un complemento de aquellos, en particular del holocausto. Todavía una observación: la parte de la «ofrenda» que era quemada sobre el altar recibía el nombre de אזכרה y debe traducirse por «recuerdo»; el sacrificio debía por lo tanto, despertar en Yahvéh un recuerdo benévolo hacia el oferente [162].

La ley sobre los sacrificios nombra *el sacrificio de comunión* (זבח שלמים) en tercer lugar y tampoco en este caso aduce motivos de su oblación El procedimiento sigue un paralelismo perfecto con el holocausto, excepto en un punto muy importante: sobre el altar no se quema toda la carne en honor de Yahvéh sino tan sólo las grasas de la víctima. El ritual no dice nada sobre la carne restante porque cae fuera de su competencia, pues la consume la comunidad de los oferentes. Aunque el banquete quedaba fuera de las ceremonias prescritas en el ritual, era sin embargo para los laicos la parte más importante, el punto culminante de la celebración. Así sucedió por lo menos en los tiempos más remotos de la historia israelita, en la época anterior al documento sacerdotal. Entonces el banquete sacrificial era ciertamente el sacrificio por excelencia, el más importante y el más frecuente de todos. La ofrenda de este sacrificio era siempre un acontecimiento social; el oferente «invitaba» a otras personas a tomar parte en el banquete [163], para «comer y beber en presencia de Yahvéh» [164]. Este es el sacrificio que mejor encaja en la categoría del sacrificio-comunión; los comensales sabían que Yahvéh estaba presente de manera invisible como el comensal de honor. En él predominaban los motivos de alegría y el ambiente de regocijo hasta llegar, en ocasiones, a una alegría desenfrenada.

---

162. Lev 2, 2.9.16; 5, 12. Sobre esto: D. Schötz, *Schuld und Sündopfer im AT* (1930) 55.
163. Ex 32, 6; Dt 12, 18; Jue 9, 27; Sof 1, 7.
164. Ex 34, 15; 1 Sam 9, 12 s.; 16, 3 s.; 2 Re 10, 19, etc.

No podemos tratar aquí la cuestión de si זבח y שלמים eran en su origen dos sacrificios distintos, como parece sugerir la diferencia de terminología [165].

Las noticias desparramadas en P sobre el sacrificio de comunión se limitan una vez más a su aspecto ritual, hasta el punto de que sólo podemos obtener escasas informaciones sobre el significado específico de este sacrificio. Difícilmente podemos decir que la abundancia de detalles en su ritual —de nuevo: imposición de las manos y aplicación de la sangre al altar—, sea una innovación tardía. Lo más sorprendente es que entre los sacrificios que P describe con tanto cuidado, el banquete sacrificial aparece sólo en contadas ocasiones (p.e. Ex 29, 28; Lev 9, 17 s.; Núm 6, 13 s.). Esto era debido evidentemente a que este sacrificio estaba dominado como ningún otro por el concepto de la comunión y por ello dejaba menos espacio a la idea de la expiación, idea que P, había puesto en el centro de su concepción sacrificial.

En el documento sacerdotal el *sacrificio expiatorio* (חטאת) es, con mucho, el más frecuente; más aún, P narra o regula pocas celebraciones cultuales en las que éste no desempeñe una función importante. Es precisamente un elemento casi indefectible en todas las combinaciones de sacrificios que hemos mencionado en las páginas anteriores. A diferencia de los sacrificios precedentes, el ritual de Lev 4, 27-35 y Núm 15, 27-29, menciona esta vez un motivo para la celebración del mismo: él libra al oferente de todos los pecados involuntarios (בשגגה). P considera como tales, las posibles transgresiones de ritos o normas cultuales, en particular, las cometidas por ignorancia contra cualquier ley sobre la pureza legal. Si estos casos abarcan de por sí un amplio sector de las prácticas cultuales, otros textos sacerdotales presentan todavía otras muchas ocasiones en las cuales se ofrecía el sacrificio expiatorio. Así, p.e. estaba prescrito de manera particular en las consagraciones y cuando era necesario volver a consagrar el altar profanado (Ex 29, 15. 26; 30, 1 s.; Lev 16, 16). También

---

165. L. Köhler, *l. c.*, 177; R. Rendtorff, *l. c.*, 65 s.

debía ser ofrecido cuando el nazireo se hacía impuro (Núm 6, 10 s.) y en otros casos semejantes de impureza legal (Lev 12, 6).

El sacrificio expiatorio se distingue del holocausto sobre todo en los detalles relativos al rito de la sangre; pues no sólo era derramada alrededor del altar sino también se untaban con ella sus «cuernos» (Lev 4, 25.30). La ausencia casi absoluta de este sacrificio en la literatura anterior a P contrasta fuertemente con la gran importancia que adquiere tanto en las secciones narrativas como legales de este documento [166]. Sin embargo no podemos suponer que P con el sacrificio de expiación haya introducido una novedad absoluta en el culto israelita. De hecho, el antiguo Israel conoció también sacrificios de este tipo. Si encontramos poquísimos testimonios fuera de P, esto quizás podría explicarse porque sólo en época tardía el חטאת pasó a ser el sacrificio expiatorio por excelencia [167]. En todo caso, la importancia preponderante del sacrificio expiatorio en P revela su actitud fundamental frente al culto, que le ha conferido un carácter peculiar e inconfundible.

La ley sobre los sacrificios menciona todavía otro sacrificio con carácter expiatorio *el sacrificio penitencial* (אשם Lev 5, 15 s.). El Lev 5, 14 s. ordena este rito cuando se ha cometido algún «fraude» (מעל), es decir, con motivo de una ofensa contra la propiedad divina. Según esto el sacrificio penitencial se distingue con suficiente claridad del expiatorio. Pero una vez más P ofrece junto al ritual de la ley sobre los sacrificios, textos donde aparecen otros motivos muy diferentes que crean grandes dificultades para distinguir el uno del otro (Véase el sacrificio penitencial de quien ha curado de la lepra, Lev 14, 14-18, o el de un nazireo que ha perdido la pureza legal Núm 6, 12; y además Lev 19, 20-22). La mención de este sacrificio en textos tan antiguos

---

166. Junto a Miq 6, 7, el único texto que podría entrar en la discusión es 2 Re 12, 17. Este pasaje habla de ciertos sacrificios expiatorios que podían conmutarse con una ofrenda en dinero; pero quizás se trata de un texto tardío. El sacrificio expiatorio desempeña también un papel importante en Ez 44, 24 s.; 40, 39; 45, 21 s.

167. R. Rendtorff, *l. c.*, 87.

como 1 Sam 6, 3 s. 8. 17, refuerza la impresión del carácter restringido y especializado del אשם en Lev 5, 15.

En todo caso queda sin respuesta el viejo problema de la diferencia entre el sacrificio expiatorio y el penitencial; y es un trabajo inútil inventarse una fórmula tan amplia y a la vez tan afi-
nada que pueda abarcar por completo sus diferencias, pues la
ley sobre los sacrificios en Lev 1-6 es sólo un intento posterior
por organizar la diversidad de sacrificios preexistentes. Los usos
cultuales que le precedieron tenían sin duda un aspecto mucho
más polícromo en los diversos santuarios y en épocas tan distantes. Esta policromía se refleja en una gran diversidad de ritos
y denominaciones. Por esto no debe extrañarnos si el documento
sacerdotal, no obstante su marcada tendencia a presentar las cosas
de un modo esquemático, nos ofrece una imagen del culto poco
uniforme y llena de contrastes. Todo sería más uniforme si P
hubiera podido construir libremente su propio sistema teológico,
sin verse obligado a trabajar con las tradiciones antiguas.

Las indicaciones de P sobre los sacrificios son de una materialidad extrema. El lector busca en vano puntos de apoyo para
elevarse al ámbito espiritual, a través de los conceptos que podrían
ocultarse en el sacrificio ofrecido. Pero la presentación de una
ofrenda dejaba un amplio margen de libertad a la idea que el
oferente podía tener del sacrificio, desde el ínfimo «do ut des»
hasta su espiritualización más sublime. Es evidente que P no tuvo
jamás la intención de sugerir al oferente una determinada
concepción del sacrificio. Lo más importante era que quien
lo ofreciese observara el ritual con todo rigor. En este sentido, manifiesta un interés muy grande por la exactitud y corrección en la realización externa del rito. En el antiguo Israel debieron de existir movimientos y ambientes que velaban por la materialidad de estas ceremonias, reacias a cualquier espiritualización.
La fe de Israel se consideraba ligada al sacrificio por voluntad
expresa de su Dios; y los sacrificios exigieron siempre y en todo
lugar un ritual exacto y garantizado por la tradición.

Es pura arbitrariedad el querer reconstruir un yahvismo espiritual, «profético», y degradar «la religión cúltico-sacerdotal»

al nivel de un subproducto desagradable [168]. No es posible dividir la religión de Israel en dos tipos de religión tan distintos e incompatibles entre sí. Israel creía, en cambio, que Yahvéh le ofrecía la salvación no sólo en sus intervenciones históricas y en la guía del destino de los individuos, sino además vio en el culto sacrificial una institución divina, que le abría la posibilidad de una continua relación vital con su Dios. Aquí Israel podía llegar con su agradecimiento hasta Yahvéh, participar con él en un mismo convite sacro, y sobre todo, era aquí donde le alcanzaba el perdón divino. La interpretación más comprensible del sacrificio en el Antiguo Testamento puede llegar a profundidades insospechadas, pero siempre se encontrará con un límite absoluto, detrás del cual no existe ninguna explicación posible. Y el exegeta debe reconocer que es precisamente más allá de esta frontera donde tiene lugar la parte esencial del sacrificio. El Antiguo Testamento que está lleno de indicaciones sobre la actividad divina entre los hombres, y es todo él acuciante invitación, pura «revelación», corre el velo del silencio y del misterio sobre cuanto Dios realiza en el sacrificio.

Así pues, no debemos admirarnos si P no dice nada sobre el modo como Dios lo percibe. A veces lo insinúa con una expresión tan primitiva como: Dios «olió» el sacrificio (Gén 8, 20 s.; 1 Sam 26, 19), sin embargo, en la mayoría de los casos hemos de contentarnos con la expresión genérica de que lo «miró» (Gén 4, 4 s.). Los rituales, en cambio, son menos silenciosos cuando les preguntamos el significado del sacrificio para el oferente. Algunos salmos nos permiten descubrir con qué sentimientos de gratitud o ansiedad presentaba el pueblo sus ofrendas (Sal 5, 4; 27, 6; 54, 8; 56, 13). Según P, junto a la observancia de los ritos, la confesión oral tenía también una importancia particular en el sacrificio expiatorio (Lev 5, 5 s.).

¿Cuál era la eficacia de los sacrificios? La terminología ritual nos dice que el sacrificio vuelve al hombre «acepto» a los

---

168. Así, p. e. E. Sellin, *Theologie des AT.*, 98 s.; *Geschichte des Volkes Israel* I, 98.

ojos de Dios (Lev 1, 3 s.; 7, 18; 19, 5; 22, 19. 21. 29; 23, 11; etc,) Se trata de una expresión técnica en el lenguaje del culto, que desempeñó un papel muy importante en la teología del sacrificio, pero también, como fórmula ritual, tuvo gran importancia en su realización práctica. En efecto, el sacerdote pronunciaba sobre la ofrenda las fórmulas: «no es acepto» (לֹא יֵרָצֶה) o «la carne de este sacrificio es impura» (פִּגּוּל הוּא) (Lev 19, 7; 22, 23. 25) [169]. Hasta el presente se descuidaba este aspecto particular del rito aunque era, sin lugar a dudas, el elemento más importante de todo el ceremonial. De hecho nos encontramos con gran número de «fórmulas declaratorias» de este tipo [170]. Como el sacerdote pronunciaba su diagnóstico sacro acerca del leproso, así también utilizaba esa cantidad de fórmulas análogas que encontramos a cada paso en los rituales: «es un holocausto» (עֹלָה הוּא Ex 29, 18; Lev 1, 9. 13. 17; 8, 21); «es ofrenda» (מִנְחָה הוּא Lev 2, 6. 15); «es sacrificio expiatorio» (חַטָּאת הוּא Ex 29, 14; Lev 4, 21. 24; 5, 9), etc. Otras declaraciones análogas son: «es santísimo» (קֹדֶשׁ קָדָשִׁים הוּא Lev 6, 18. 22; 7, 1 etc.); «es abominable» (שֶׁקֶץ הוּא Lev 11, 41).

Nada se dice del modo como el sacerdote llegaba a tales decisiones. Por regla general juzgaría los casos concretos según ciertos criterios provenientes de la tradición; es decir, siguiendo los vastos conocimientos de los sacerdotes, donde siempre era posible encontrar ejemplos de casos que parecían excepcionales. Quizá la misma observación de la víctima inmolada tenía su importancia. Sea como sea, el sacerdote en su cualidad de «boca de

---

169. Sobre una tal «aceptación» cultual (חֵשֶׁב) véase G. VON RAD, ThLZ (1951) col. 129 s. (*Ges. Studien*, 130 s.). La expresión: el pecado «será recordado» o «no será recordado» (זָכַר) pertenece probablemente al grupo de estos términos cultuales (Sal 109, 14; Núm 5, 15; Ez 3, 20; véase 2 Sam 19, 20). El verbo עָרַב «ser agradable», es, sin duda, uno de ellos y, apoyándose en Os 9, 4; Jer 6, 20; Mal 3, 4 podemos considerarlo en su origen un término técnico del culto (en el Sal 104, 34, tiene ya un sentido genérico).

170. Otros textos que declaran el sacrificio como «acepto»: 2 Sam 24, 23; Jer 14, 12; Ez 20, 40; 43, 27; Os 8, 13; Am 5, 22; Mal 1, 10. RENDTORFF, *Die Gesetze in der Priesterschrift*, 74 s.; E. WÜRTHWEIN, ThLZ (1947) col. 147 s.; el mismo en *Tradition u. Situation* (1963) 117 s.

Yahvéh» pronunciaba el *placet* sobre la ofrenda o la rechazaba.
Así pues, sólo la intervención de la palabra divina convertía la
ejecución material del sacrificio en aquello a lo cual tendía: es
decir, lo hacía un verdadero acontecimiento salvífico entre Yahvéh y su pueblo. La declaración del sacerdote convertía la acción
sagrada en una actuación benéfica de Dios. Aquí aparece claro,
cuán injustificada es la obstinada sospecha del neoprotestantismo
frente a estos sacrificios, considerados como meros *opera operata*.
La polémica de los profetas muestra que de hecho podían de-
venir tales. Pero en nuestra opinión, el peligro provenía de otra
parte: la sustitución racionalista del sacrificio con una suma
de dinero, de lo cual poseemos ya testimonios a finales del siglo IX (2 Re 12, 5. 17; véase Lev 27).

e) *Pecado y expiación* [171]

La cuestión sobre la realidad interior, divina, del sacrificio,
que acabamos de proponer hace un instante, nos lleva automáticamente a buscar una explicación del objetivo primordial de
toda ofrenda en el documento sacerdotal: la expiación. El problema
queda simplificado porque se reduce a aclarar un solo concepto:
כפר. Entre los 91 textos donde hallamos este verbo, 69 pertenecen
ya al documento sacerdotal [172]. Sin embargo la tentativa de acercarse al significado de una palabra tan importante por el camino
de su evolución histórica, es decir, partiendo de su etimología,
no produjo hasta ahora el resultado apetecido. Aun cuando es-
tuviéramos ciertos de que el sentido básico de כפר es «cubrir»[173],
cabría siempre preguntarse: ¿qué cosa cubre? y ¿cómo se realiza
esta cobertura? Por eso se llegó a la convicción de que כפר es un
término fijo del vocabulario cultual, con características bien

171. K. KOCH, *Die israelitische Sühneanschauung und ihre historischen
Wandlungen* (tesis de habilitación dactil., 1955); D. SCHÖTZ, *Schuld und
Sündopfer im AT* (1930) J. HERRMANN, *Die Idee der Sühne im AT* (1905); ID.,
Sühne und Sühneformen im AT, Th WBNT III, 302 s.
172. Ejemplos más antiguos son p. e. Ex 32, 30 (E); 2 Sam 21, 3.
173. Sobre todo Gén 32, 21.

precisas, pero actualmente es imposible descifrar su verdadero significado a partir de la etimología [174], y tampoco siguiendo su evolución conceptual. Como término cultual, כפר significa «realizar un acto de expiación», «expiar», lo cual ciertamente no dice nada concreto sobre las ideas específicas relacionadas con este verbo. Es necesario aclarar primero la concepción israelita sobre la naturaleza del pecado.

Israel expresó sus ideas sobre el pecado con una terminología muy rica, cosa del todo comprensible puesto que tuvo una experiencia múltiple de esta realidad. En los textos predominan las raíces חטא, עוֹן, פּשׁע. חטאת significa «yerro»; el verbo חטא aparece unas cuantas veces con el significado inmediato de «errar» (p.e. el tiro, Jue 20, 16; el camino, Prov 8, 36; 19, 2). En sentido figurado designa toda clase de yerros posibles en las relaciones de los hombres con sus semejantes (p.e. Gén 4, 22; Jue 11, 27; 1 Sam 24, 12; 2 Re 18, 14), pero la raíz se usa de manera especial para indicar las faltas del hombre frente a Dios; el verbo y el sustantivo fueron los términos más usuales en el vocabulario del culto, sobre todo en el lenguaje cultual de P. La cuestión es un poco distinta si examinamos el término עוֹן. El verbo «ser torcido», «obrar torcidamente», «transgredir», desempeña un papel muy subordinado con relación al sustantivo. עוֹן significa «transgresión», «pecado» y el concepto incluye siempre la conciencia de culpabilidad; el עוֹן nace de una intención maligna [175]. Ya desde antiguo entró a formar parte de la terminología cultual. En cambio פּשׁע (86 veces) no consiguió entrar nunca en el grupo de los conceptos cultuales [176]. Pertenece ante todo al lenguaje político y significa «rebelión» (1 Re 12, 19; 2 Re 8, 20); quizás indicara en su origen una «impugnación de la propiedad» (Ex 22, 8) [177]; aparece en número muy inferior a los otros, pero es, sin duda, la palabra más dura para designar el pecado, sobre todo

---

174. D. Schötz, *l. c.*, 102 s.
175. Eichrodt, III, 81 s.; L. Köhler, 157 s.
176. Sólo dos veces en P: Lev 16, 16 y 21.
177. L. Köhler, *Lexicon*, ver la palabra פּשׁע.

en la boca de los profetas. Además de los términos mencionados podríamos citar todavía otros muchos, en los que Israel expresó intensamente, sus conocimientos acerca del pecado: עוֹלָה,
נְבָלָה, רֶשַׁע, חָמָס. Pero aunque examinásemos con mayor atención esta breve estadística seguiríamos todavía lejos de aquello
que es esencial para la teología.

Así pues ¿dónde tuvo Israel su experiencia más importante
del fenómeno del «pecado»? La vida espiritual del antiguo pueblo
israelita en la época pre-monárquica estaba toda ella envuelta
en lo sacro. Su entera existencia descansaba sobre un orden,
cuyas normas provenían en último término del culto y aún no
habían logrado su propia autonomía [178]. Por consiguiente, el
pecado era cualquier transgresión de ese derecho divino que Israel conocía sea en las listas de los mandamientos cultuales
o bajo la forma de leyes generales «no escritas» [179]. Israel podía
encontrarse con el fenómeno del pecado en las situaciones más
diversas, en la vida política (violación de las reglas sobre la guerra
santa, Jos 7), en el ámbito familiar (transgresión de las normas
relativas a la vida sexual, Dt 27, 20 s.), o en cualquier otro campo
de las relaciones humanas; en todo caso se trataba siempre del
mismo conjunto de normas sagradas a las que se sentía incondicionalmente subordinado. El pecado era por lo tanto una ofensa
contra el orden sacro. Era siempre una acción flagrante y dondequiera se la cometía era considerada como ofensa directa a
Dios y a su derecho soberano.

Pero todavía hay más: el pecado era una categoría social.
El individuo, se hallaba tan íntimamente ligado a la comunidad
por los lazos de la sangre y el destino común, que su delito no era
una cuestión privada que afectase tan sólo a él y sus relaciones
con Dios. Todo lo contrario: allí donde se cometía una grave
transgresión del derecho divino, aparecía en primer plano el peso
que recaía sobre la comunidad frente a Dios, pues con ello se po-

---

178. Véanse más arriba las páginas 60 s., 65.
179. Jue 20, 6.10; 2 Sam 13, 12. Sobre ello M. Noth, *Das System der
zwölf Stämme* (1930) 100 s.

nía en peligro su misma capacidad de celebrar el culto. Por eso, ella tenía un interés vital por restablecer el orden [180]. Si Yahvéh no se había reservado su restauración con alguna norma particular para el bien o para el mal, ésa se lograba con la ejecución o la expulsión del culpable [181].

Queda aún por considerar una faceta de la materia en cuestión, un aspecto que se halla muy lejos de la mentalidad del hombre moderno. En la mentalidad corriente de nuestra época el pecado importa únicamente al individuo y a su vida interior, más aún, el mal ocasionado por el pecado se identifica con el acto malo. La mala acción puede ocasionar al pecador alguna desgracia visible, cuando de una u otra manera queda prisionero del mal que él mismo provocó. Pero tales consecuencias parecen más o menos fortuitas y ya nadie se maravilla si el mal no recae sobre el culpable. En cambio el pecado era para los pueblos antiguos un fenómeno mucho más vasto: el acto pecaminoso representaba sólo una faceta de la realidad total, pues el delito había liberado una potencia maligna que tarde o temprano se volvería contra el malhechor o su comunidad. Según esta concepción, la «retribución» que recae sobre el malvado, no es un acontecimiento posterior de carácter forense que el pecado desencadena en una esfera diversa, como sería en la presencia de Dios; es, más bien, una irradiación del mal que sigue actuando y se extingue sólo en la retribución misma.

---

180.   Sobre la antigua responsabilidad colectiva, véase J. HEMPEL, *Das Ethos des AT* (1938) 32 s.; EICHRODT III, 1 s.

181.   En la «ley de la santidad» y en P todavía encontramos antiguas fórmulas de excomunión, que en épocas remotas se practicaban realmente en el culto. Con particular frecuencia se habla de «cortar a uno (כרת) fuera del pueblo israelita» (Lev 17, 4.9 s. 14; 20, 3.5 s.; Núm 9, 13; 15, 30.31, etc.). lo mismo cabe decir de la fórmula dt «extirpar el(los) mal(es) que hay en ti» (Dt 13, 6; 17, 7.12; 21, 21). A este grupo pertenece además las fórmulas «arur» (maldito) (W. ZIMMERLI, ZAW [1954] 13 s.). La suerte del excomunicado era terrible (Gén 4, 13), pues por estar cargado con una maldición le era imposible hallar abrigo en otra comunidad; todos los grupos le rechazaban y, como en aquellos tiempos, ninguna persona podía vivir sin una relación con las potencias sobrenaturales, este hombre estaba condenado a los cultos ilegítimos y a la magia.

A esta concepción se la llamó «visión sintética de la vida», pues todavía no es capaz de concebir la actividad humana y sus repercusiones como dos realidades distintas y autónomas, con relaciones muy vagas entre sí [182]. Presupone, por el contrario, la proporción más estrecha posible entre la acción y sus consecuencias; se trata de un proceso que en virtud de un poder intrínseco, tanto al bien como al mal, desemboca en un resultado bueno o malo. Este era para Israel un orden fundamental; Yahvéh lo había instaurado y vigilaba por su funcionamiento regular. El «hace recaer la conducta del malvado sobre su propia cerviz» (1 Re 8, 32). Los Proverbios hablan todavía extensamente de este orden fundamental, pero lo hacen con un aire neutral que nos sorprende. Hablan como si se tratara de una constante autónoma de la vida humana; es decir, sin mencionar en cada caso la intervención directa de Yahvéh [183].

Lo dicho indica que nuestra distinción entre el pecado y el castigo no corresponde en absoluto con la mentalidad del Antiguo Testamento. La terminología veterotestamentaria nos proporciona la prueba más convincente: tanto חטא como עון poseen un significado ambivalente, que sólo puede comprenderse si partimos de aquella concepción «sintética», ya que pueden designar tanto el pecado como acto (también culpa) o las consecuencias del pecado, el castigo. Así, el narrador hace decir a Moisés: «si desobedecéis pecaréis contra Yahvéh (חטאתם) y veréis cómo os alcanzará vuestro חטאת» (Núm 32, 23). La última palabra deberá traducirse «castigo», pero en hebreo la acción y las malas

---

182. K. HJ. FAHLGREN, *Sedaka nahestehende und entgegengesetzte Begriffe im Alten Testament* (1932) 50 s. Más extenso y crítico contra Fahlgren, K. KOCH, *Gibt es ein Vergeltungsdogma im AT?* ZthK (1955) 1 s. Pero véase cuanto dijo ya R. SMEND, *Lehrbuch der alt. Religionsgeschichte* (²1882) 401: «Para los judíos el pecado era más bien una fuerza que lleva el pecador a su propia ruina, pues, fundamentalmente se identifica con el castigo». En mi opinión, el importante artículo de Koch necesita un complemento; no concede la debida importancia al veredicto divino de culpabilidad, que actúa en el castigo. Las máximas sapienciales merecen una consideración aparte, pues sólo consideran el proceso bajo su aspecto empírico.
183. Prov 25, 19; 26, 27 s.; 28, 1. 10. 17 s.; 29, 6. 23. 25, etc. KOCH, *l. c.*, 25.

consecuencias que «alcanzaron» a Israel, es decir, que recaen
sobre él, son una misma cosa. La súplica de Aarón a Moisés:
«Señor mío, no cargues sobre nosotros un חטאת porque hemos
obrado neciamente y hemos pecado» (Núm 12, 11) nos muestra
la misma ambivalencia. El verbo חטאנו indica el acto, la rebelión
contra Moisés; el sustantivo, en cambio, designa lo que nosotros
llamaríamos castigo. Aarón considera a Moisés autorizado para
ponerlo en vigor. ¿Qué piensa Caín cuando dice que no puede
soportar su עָוֹן (Gén 4, 13)? ¿Piensa en la culpa de su acción o
en el castigo? Tampoco en este caso existe alguna distinción.
Yahvéh puso ante sus ojos las consecuencias de su acto y toda
esta magnitud, esta maldad compleja que va desde la acción
a sus consecuencias, Caín la considera abrumadora. También
puede ocurrir que el hombre no muere «en su עָוֹן» sino «en el
עָוֹן de sus padres» (Lev 26, 39). Así pues cuando el exegeta interpreta estos conceptos debe proceder siempre con mucha cautela.

Esta concepción explica claramente el enorme interés de la
comunidad por el pecado de sus individuos; éste no era sólo una
culpa teórica que afectaba también a la comunidad, una «mera»
perturbación interna de sus relaciones con Dios; no, el mal,
que en su acción había puesto en movimiento, ejercía inevitablemente un influjo destructor sobre la comunidad, si no rompía
su solidaridad con el malhechor, con un acto solemne y manifiesto. El pecador era, en un sentido absolutamente realista e
inmediato, un peligro para la comunidad. Así resulta también
evidente que bajo tales presupuestos, el único criterio para juzgar el acto era su realización material; nada contaban las circunstancias personales, ni se recurría a los condicionamientos
personales o a la intención subjetiva de su autor. El terror religioso que experimentaba el mundo antiguo ante la violación
consciente de una norma sagrada, nos hace suponer que en la
vida práctica los pecados de inadvertencia eran los más frecuentes;
es decir, aquellas faltas que el hombre cometía en momentos de
un cierto desvarío, ignorando su situación frente a Dios. El an-

tiguo Israel llamaba a esta insensata ignorancia, «necedad»[184].
Así, por ejemplo, David obró «neciamente» (סכל) cuando ordenó
el censo de la nación (2 Sam 24, 10) y Aarón cuando se insubordinó contra Moisés (Núm 12, 11).

Esta concepción exclusivamente «objetiva» de la culpa provocó en algunos casos, graves conflictos personales, e Israel
conocía muy bien la problemática y la tragedia humana de semejantes situaciones[185]. De hecho, algunas narraciones alcanzan
una altísima concentración dramática, porque desarrollan con
mucha libertad el problema del pecador subjetivamente inocente,
y por regla general se trata de personajes importantes. Quien lee
tales narraciones, recordará la teoría aristotélica de la ἁμαρτία,
la causa más profunda de los sufrimientos más trágicos (p.e.
Gén 20, 3 s.; 1 Sam 14, 24 s.)[186]. Aunque en dichas historias
se manifiesta ya un desgarramiento interior, no obstante, no se
alejan de esta perspectiva: Abimelec comete un delito «objetivo»
cuando atenta contra el matrimonio de otra persona, y Jonatán
entra sin saberlo en la esfera de la maldición de su padre.

---

184. Véase Gén 34, 7; Jue 19, 23; 20, 6. 10; 2 Sam 13, 12. También en
el griego νήπιος puede designar un conocimiento defectuoso de la actividad
de los dioses. G. Bertram, ThWBNT IV, 914.
185. Sobre la culpa «objetiva», véase además: J. Hempel. *Das Ethos des
AT* (1938) 52 s. Según una justa observación de Quell, la idea del pecado por
error aparece un poco debilitada en P (Lev 4, 2. 22. 27; 5, 15; 22,14; Núm 15,
27-29) «שגגה» (inadvertencia) no es de ningún modo una expresión suave;
de hecho tiene un sentido mucho más duro que el concepto formal «errar»
o el emotivo «rebelarse», pues sólo es posible hablar de error si presuponemos
la buena voluntad del agente. Si uno yerra lo debe a las circunstancias; o a
Dios, si hablamos desde una perspectiva religiosa. Un elemento de terror
demoníaco se pone en evidencia cuando el error, como concepto religioso,
aparece fuera del lenguaje cultual, y aun en él, no es posible descartarlo por
completo a pesar de las atenuantes posibles a una compensación cultual.
Quell, ThWBNT I, 274.
186. ἁμαρτία no tiene en este caso el sentido cristiano de «culpa». El
término indica aquí la imperfección que, contra toda suposición razonable,
procura un daño a un individuo subjetivamente inocente. «El sufrimiento
moral de Edipo... está provocado porque sin saberlo ni quererlo ha hecho
una cosa horrenda desde el punto de vista objetivo... aquí pues una ἁμαρτία es
la causa del sufrimiento más terrible». K. Fritz, *Tragische Schuld und poetische Gerechtigkeit in der griechischen Tragödie*. Stud. generale (1955) col.
195 s.

Israel, pues, no permitió que su concepción de la culpa entrara en el campo de lo subjetivo. Quien tenga presente esta idea israelita de la culpa en toda su originalidad y grandeza, comprenderá plenamente la revolución que implicaba la narración yahvista del pecado original. El paso hacia una concepción subjetiva de la culpa no es completo —y quien así lo creyera, entendería mal la historia yahvista—, pero con la descripción de los intrincados fenómenos que tienen lugar en el alma, cuando el hombre incurre en el pecado, J abre el camino hacia un dominio completamente inexplorado. Aquí no podemos trazar la historia de la antigua concepción israelita del pecado; nos limitamos a indicar que el documento sacerdotal y sus adiciones posteriores, se esfuerzan por restaurar las antiguas ideas sagradas, pues las normas que regulan los ritos de expiación o consagración de personas y cosas, presuponen una idea extremamente objetiva de la culpa. Pero ¿qué sentido tiene la «expiación» en el marco de estas concepciones?

Cuando se violaba una disposición sagrada, surgía el problema de saber si la transgresión podía ser perdonada. La decisión tocaba a los sacerdotes quienes habían recibido la debida autorización de Yahvéh; a no ser que éste ejecutara directamente la sentencia. Si el pecado era imperdonable, el culpable debía «cargar con su culpa». Esta expresión עֲוֹנוֹ יִשָּׂא es una fórmula característica del derecho sacro y la encontramos a menudo en P y Ezequiel [187]. Tiene un significado doble: «incurrir en un culpa» y «expiar el castigo», de modo que el pecador queda solo, abandonado con el mal que ha provocado. Las consecuencias eran patentes: el hombre, desprovisto de cualquier medio de defensa contra el mal, e incapaz de liberarse de sus cadenas o lavar su impureza mediante un acto de heroísmo moral, queda reducido a un indefenso botín de su pecado. Esto se refería en primer lugar al efecto inmediato y repentino de la cólera divina, que des-

---

187. Lev 5, 1; 7, 18; 17, 16; 19, 8; 20, 17. 19 s.; 22, 9. 16; 24, 15; Ez 14, 10; 18, 19 s.; etc. Véase W. ZIMMERLI, ZAW (1954) 9 s. (*Gottes Offenbarung* 1963, 158 s.).

truía al culpable y lo arrojaba en el ámbito de la maldición (véase Núm 5, 1 s.; Lev 20, 20). En otras ocasiones el culpable era excluido de la comunidad con una fórmula de excomunión; una tal expulsión equivalía casi a la pena de muerte. A veces la comunidad misma se aprestaba a ejecutar la sentencia por lapidación.

Poco antes hablábamos del ámbito de la maldición, pues bien, conviene señalar que P veía a Israel, «el campamento», bajo la continua amenaza de una ira casi personalizada (קֶצֶף) [188]. En la mente de P, Israel se encontraba en una situación seria como la muerte; en cualquier instante de su existencia, en el trabajo como en el descanso, le acechaba por doquier el peligro de un «golpe» (נֶגֶף) [189]. Esta palabra es otro de los términos técnicos de la teología sacerdotal, con un extraño valor absoluto. La única protección frente a tales amenazas era la realización de una gran variedad de ritos expiatorios. La insistencia sobre la importancia de estos ritos, cuyo número va acrecentándose en los distintos estratos de P, es debida a la mano del mismo P. El culto del período anterior al exilio conocía ya los ritos expiatorios, pero no ocupaban una posición tan sobresaliente como en el documento sacerdotal. Tiene razón quien descubre la causa de un cambio tan manifiesto en la turbación y ansiedad características de la época del exilio y los primeros años que siguieron a la repatriación.

Numerosos estudios y algunas monografías excelentes se propusieron dar una respuesta al problema sobre la naturaleza específica de la idea veterotestamentaria de la expiación; sin embargo todavía no ha recibido una solución satisfactoria. La dificultad proviene de los textos, que en su gran mayoría son rituales y están completamente desprovistos de comentario. No debe, pues, extrañarnos si estos textos de carácter técnico que se limitan a describir las ceremonias del culto, estaban expuestos a las interpretaciones más disparatadas. Pero no por esto hemos de

---

188. Lev 10, 6; Núm 1, 53; 17, 11; 18, 5.
189. Ex 12, 13; 30, 12; Núm 8, 19; 17, 11 s.; Jos 22, 17.

renunciar a todo intento de interpretación; las posibilidades de
éxito serán mayores, si desde un principio tomamos en consideración la idea básica que acabamos de exponer sobre la naturaleza
de la acción perversa y sus consecuencias [190]. Desgraciadamente
P no se digna dar ningún indicio para esta interpretación. De
este modo, la sentencia un tanto oscura del Lev 17, 11 adquiere
una importancia particular; se enlaza con la afirmación de Gén
9, 4 (P) y la desarrolla así:

> Porque la vida de la carne es la sangre; y yo os he dado la sangre para
> uso del altar, para expiar por vuestras vidas. Porque la sangre expía por la
> vida (Lev 17, 11).

Este texto renueva, bajo una forma más aguda, la prohibición de tomar la sangre como alimento, pero la motivación
es enteramente nueva: en otro tiempo Yahvéh había excluido
la sangre, portadora de vida, de entre los alimentos de su pueblo, ahora se la «entrega» con una finalidad precisa: para que
realice los ritos expiatorios en el altar. Ahora bien, la sangre no
produce por sí misma la expiación, sino en cuanto lleva en sí
la vida. El poder expiatorio no está en la sangre sino en la vida
que ella encierra [191]. Ese texto central en la teología de la expiación, no nos procura ninguna información particular sobre el mo-
docomo se realiza la expiación «por vuestras vidas» (עַל נַפְשֹׁתֵיכֶם).

Sin embargo, una disposición muy antigua en Dt 21, 1-9 nos
ayuda a descifrar mejor este problema. Cuando aparece un muerto
en el campo y no es posible dar con el asesino, los ancianos elevan una súplica a Yahvéh. El paso más importante reza así:
«expía tu pueblo (כַּפֵּר לְעַמְּךָ) y no permitas que sangre inocente
recaiga sobre tu pueblo, Israel» (v. 8). El crimen trae la calamidad
sobre Israel y en particular sobre las aldeas vecinas al lugar
donde apareció el cadáver; ellas deberán «cargar» con el mal

---

190.   Sobre lo que sigue a continuación, véase K. KOCH, *Die israelitische
Sühneanschauung und ihre historischen Wandlungen* (tesis de habilitación sin
imprimir, Erlangen 1955).
191.   J. HERMANN, *l. c.*, 67.

y todas sus funestas consecuencias si no celebran un rito expiatorio sacrificando un animal, en lugar del asesino. Por regla general, la expiación se realizaba mediante la muerte sustitutiva del animal. Pero lo más importante en este texto es que los ancianos piden a Yahvéh que realice la expiación. Así pues, quien recibe la expiación no es Yahvéh sino Israel; Yahvéh actúa alejando la nefasta maldición que graba sobre la comunidad [192].

En el documento sacerdotal Yahvéh no es jamás el sujeto de la expiación, sino el sacerdote; pero de aquí no es lícito deducir un cambio radical en la concepción de este rito, pues en P el sacerdote ocupa siempre una posición de primer plano, como legítimo órgano de la acción divina. Yahvéh es en último término quien hace u omite la expiación aunque el sacerdote sea el único autorizado a ejecutar el rito externo [193]. El sacerdote actúa como mandatario de Yahvéh y éste obra por medio de su ministro, como se deduce claramente del curioso ritual observado al comer el sacrificio expiatorio (Lev 6, 17 s.; 10, 16 s.). En lugar de Yahvéh remueve el mal que ha sido cargado sobre el animal; «cargan» con el עָוֹן de la comunidad y de este modo expían sus culpas (Lev 10, 17). El objeto de la expiación son los hombres, pero también los utensilios del culto: en efecto, según esta concepción los objetos sagrados pueden caer en el ámbito de la maldición y dejan de ser idóneos para el servicio cultual [194]. Como es sabido, una parte esencial del ceremonial en la «fiesta de la expiación» (Lev 16) estaba destinado a expiar el altar y el santuario.

La expiación de las personas y objetos consistía en que Yahvéh anulaba el influjo exterminador de una acción; rompía la unión entre el pecado y la desgracia. Este efecto se conseguía, por lo

---

192. Textos donde Yahvéh es el sujeto de la expiación: Dt 21, 8; Sal 65, 4; 78, 38; 79, 9; Jer 18, 23; Ez 16, 63; 2 Crón 30, 18; Dan 9, 24.
193. Ex 29, 36 s.; 30, 10. 15 s.; Lev 1, 4; 4, 20. 26. 31; 5, 6. 10. 13. 16. 18 etc. Una estadística precisa del vocabulario en: J. Herrmann, *l. c.*, 35-37.
194. La purificación de los labios en Is 6, 6 s., debe considerarse también como expiación de un objeto, que de este modo se le pone en condiciones de cumplir una función impuesta por Yahvéh.

común, encauzando el siniestro influjo del mal sobre un animal, que moría en vez del hombre o del objeto cultual [195]. La expiación no era por consiguiente un castigo, sino, un acontecimiento salvífico [196]. Las faltas venían clasificadas según su mayor o menor gravedad. Las faltas leves podían repararse con abluciones. Aun así, el ritual de Lev 16 presenta una enorme acumulación de ritos expiatorios; testimonio de una tremenda conciencia de la gravedad del pecado. En la forma definitiva de este ritual Aarón realiza cuatro ritos expiatorios por sus faltas (v. 6, 10, 17, 24), tres por la comunidad (v. 10, 17, 24) y uno por el santuario (v. 20).

El rito de expiación no era un simple acontecimiento «mágico», que una vez puesto en movimiento, producía el efecto deseado. Los rituales muestran sólo el aspecto exterior del acontecimiento sagrado, el modo como se desarrolla después que los sacerdotes lo habían aceptado en nombre de Yahvéh. Nuestros conocimientos sobre los criterios que guiaban sus decisiones en esta materia son muy escasos; pero como es de suponer, acudían a antiguas tradiciones cultuales de probada valía. Los textos no traicionan la más mínima indicación sobre la condición subjetiva de quienes pedían la expiación; sólo en contadas ocasiones se habla de una confesión que debía pronunciarse durante el rito expiatorio [197]. La investigación más reciente de los salmos nos ha permitido conocer una actividad cultual muy variada; sin embargo no ha conseguido establecer una conexión satisfactoria con el mundo de esos rituales sacerdotales.

f)   *Puro - impuro, enfermedad y muerte*

Nuestra comprensión de las acciones cultuales hasta aquí mencionadas no sería coherente ni bien fundada si no las encua-

---

195.   Pero según P otros objetos poseían también un poder expiatorio‘ véase Ex 30, 15 s.; Lev 5, 11 s.; Núm 31, 50.
196.   «En el sacrificio no se realizaba ninguna acción punitiva y el altar no aparece jamás como un patíbulo». OHLER, *Theol. des AT.* (²1882) 431.
197.   Lev 5, 5; 16, 21; Núm 5, 7.

drásemos en otras concepciones más vastas. En efecto, los ritos
mencionados tienen su puesto y su pleno significado en un mundo,
que ante Dios estaba dividido en puro e impuro, santo y profano,
sujeto a la bendición o a la maldición [198]. Esta tensa polaridad
era para Israel un dato primordial de toda la existencia; y tenía
una validez tan universal, que debemos darla por descontada
allí donde no se la menciona con palabras explícitas, como sería
en el caso de los profetas. No existe ningún motivo para considerarla una característica específica del período pos-exílico; pues
P se limita a fijar y conservar normas sagradas que estaban ya
en vigor en épocas anteriores. Precisamente bajo este punto de
vista P parece más primitivo que el Deuteronomio, siendo éste
mucho más racional y reflexivo.

Si partimos de lo exterior hacia lo interior, la primera realidad sagrada era la tierra de Israel (Am 7, 17; Os 9, 3; Ez 4, 12
s.); era la tierra de Yahvéh (Lev 25, 23), su heredad (נחלת יהוה
1 Sam 26, 19; 2 Sam 14, 16). La designación de los filisteos
como «incircuncisos», muestra con qué intensidad se percibía
lo exterior e interior, como algo sacro y no nacional (Jue 14,
3; 15, 18; 1 Sam 14, 6, etc.). Santo era para P el campamento
(Lev 6, 4; 10, 4 s.; 13, 46; 16, 26-28), santa era también Jerusalén
(Is 52, 2; 48, 2) e incluso sus muros (Neh 12, 30). Santa era la
montaña del templo (Sal 24, 3; 2, 6). El mismo templo había sido
santificado (1 Re 9, 3), como lo fue en otro tiempo el tabernáculo
(Núm 1, 51) con el aposento más interno, el «santísimo». La santidad de este aposento era tal que el mismo sumo sacerdote
sólo podía entrar una vez al año, observando una serie de ritos
meticulosos (Lev 16, 1 s.). Los utensilios y las diversas partes
del tabernáculo eran tan santos que debían protegerse de cualquier contacto ilícito (Núm 4, 15) y, según una adición posterior, los no autorizados ni siquiera podían verlos (Núm 4, 20).
Los sacerdotes eran santos y su vida estaba sujeta a especiales reglas de comportamiento (Lev 21, 1-15. 16-23); sus mismas
vestiduras eran santas (Ex 29, 29; 31, 10). Las ofrendas eran cosas

---

198. Véase más arriba la página 65.

santas (Lev 6, 11) y entre ellas algunas eran «santísimas», por eso se las protegía con medidas especiales (קֹדֶשׁ קָדָשִׁים Lev 2, 3. 10; 6, 10; 27, 28, etc.) Las adiciones a P (Ps) traen abundantes disposiciones de este género, y otras indicaciones sobre el modo de restituir la santidad a las personas y los objetos, mediante abluciones y con la unción de aceite o sangre.

Los ritos presentan todo esto con el aire distante de lo estático y con una rigidez sin vida; pero muestran únicamente el aspecto externo de una realidad más profunda, y lo hacen en forma de paradigmas normativos. Aun así basta un mínimo de fantasía para imaginar cómo sería la situación real en la vida concreta del culto; una situación llena de cambios y tensiones a menudo dramáticas, pues lo «impuro» era la forma más elemental en la que Israel percibía lo desagradable a los ojos de Dios. En este campo debían tomarse siempre nuevas decisiones que exigían la atenta vigilancia de sacerdotes y seglares, pues la línea divisoria entre la esfera de lo puro y de lo impuro se hallaba en continuo movimiento; era un frente de batalla que atravesaba la vida cotidiana del israelita, y en particular la del seglar. Ageo nos conserva un caso muy instructivo, tomado de la vida doméstica de un judío practicante (Ag 2, 10-13): si un alimento ordinario toca carne consagrada ¿se convierte en alimento sacro? Los sacerdotes responden: no. Segunda pregunta: ¿se vuelven impuros, si los toca uno que se volvió impuro tocando un cadáver? Responden: sí. Como se ve, ambas respuestas encierran el mismo problema: la existencia humana se mueve entre esas dos esferas; en algunos casos, el infljo de la impureza es más fuerte; en otros —como en todos los actos expiatorios—, la santidad prevalece sobre la impureza. No eran cuestiones sutiles de personas escrupulosas; provocaban, más bien, en la vida del individuo continuos *status confesionis*, y en cada decisión se hallaba en juego, implícitamente, el yahvismo y la existencia cultual del individuo ante Yahvéh.

La impureza acosaba al hombre de manera particular en el amplio sector de la sexualidad. El culto había provocado en Israel cierta aprensión frente a lo sexual. Si uno mostraba la propia desnudez cuando subía al altar, es decir, durante el ejercicio de sus deberes cultuales, hacía un acto poco grato a Yahvéh (Ex 20, 26) y todo aquel que se encontraba en situación cultual particularmente inmediata a Yahvéh, como por ejemplo, en la guerra santa, debía abstenerse de las relaciones sexuales. Sólo entonces el cuerpo era «puro» (קָדֵשׁ 1 Sam 21, 6; véase Lev 15, 18; Dt 23, 11; 2 Sam 6, 20; 11, 11). El nacimiento de un niño volvía impura a la madre durante un tiempo (Lev 12). Los flujos sexuales exigían, en particular, la purificación ritual de los interesados (1 Sam 20, 26; Lev 15). Las aberraciones sexuales más graves no sólo hacían impuro al culpable, sino también al país (Lev 18, 25. 28; 19, 29; Núm 5, 3; Dt 24, 4; Os 4, 3; Jer 3, 2. 9). Esto vale sobre todo en el caso del derramamiento de sangre (Gén 4, 11 s.; Núm 35, 33 s.; Dt 21, 22 s.).

Todas las enfermedades graves estaban también sujetas a estas valoraciones sagradas. En Israel existían médicos para las heridas externas (Ex 21, 19), pero el sacerdote era competente en todas las enfermedades graves. La antigua afirmación: «Yo, Yahvéh, soy tu médico» tenía en su origen un sentido muy realista, programático y quizás también polémico (Ex 15, 26) [199]. Tales insidias contra el fundamento mismo de la existencia humana ponían al hombre en un *status confesionis*. Sólo Dios podía curar (2 Re 5, 7); desconfiar de la premura de Yahvéh, recurriendo al consejo de los médicos, era un acto de incredulidad (2 Crón 16, 12). El sufrimiento venía de Yahvéh; él sólo podía vendar y curar (Job 5, 18). Tengamos presente que estos textos, sacados de los libros más recientes, manifiestan la tendencia a revivir concepciones antiguas. El libro de la Sabiduría expresa, con palabras muy atrevidas, el modo como Dios curó a los israelitas de las plagas de Egipto: «pues ni hierba ni emplasto los curó, si-

---

199. Sellin, había notado ya que Ex 15, 26 era un texto antiguo, revestido con elementos posteriores (*Mose und seine Bedeutung für die isr. und jüd. Religionsgeschiche* [1922] 134 s.). Sobre la medicina Sagrada en el antiguo Israel, véase A. WENDEL, *Säkularisierung in Israels Kultur* (1934) 320 s., 330. Y recientemente J. HEMPEL, *Ich bin der Herr, dein Artz:* ThLZ (1957) col. 809-826.

no tu palabra, Señor, que todo lo cura» (Sab 16, 12). Pero también en el antiguo Israel se acudía habitualmente a Yahvéh en toda clase de enfermedades. En las lamentaciones oímos la invocación: «¡cúrame!» (Sal 6, 3; Jer 17, 14) y en los cantos de acción de gracias se hace esta confesión: «tú me sanaste» (Sal 30, 3; 103, 3). Grave era la condición del que acudía a una divinidad extranjera (2 Re 1, 2-8).

Esta postura tan radical no excluía ciertamente cualquier género de tratamiento médico. Cuando el enfermo se ha encomendado a Yahvéh, entonces las medicinas reciben también la consideración que se merecen (2 Re 20, 1-7). Sólo la instrucción sobre la lepra en Lev 13 s. nos puede dar un conocimiento más detallado sobre la administración sacerdotal de la medicina. La lepra, como «primogénita de la muerte» (Job 18, 13) era considerada la forma más grave de impureza corporal que podía recaer sobre un individuo; por esto los sacerdotes debían ocuparse de ella con particular atención [200]. La idea de la íntima conexión entre el pecado y la enfermedad corporal es el presupuesto tácito, pero fundamental, de estos ritos y su complicado ceremonial de purificación [201]. Con esto nos acercamos mucho a las afirmaciones teológicas del yahvista en Gén 3; pues él desea también probar que todas las perturbaciones de nuestra vida tienen su origen en la destrucción de las relaciones armoniosas con Dios.

El capítulo de Jesús Sirac sobre el médico (38, 1-15) presenta una curiosa ambivalencia, pues, como ocurre ya en otras colecciones de máximas como ésta, reúne los juicios más disparatados sobre el problema teológico de la medicina. Dios «creó» el médico y le dio la sabiduría (v. 1 s.). Las medicinas también provienen de Dios; cita incluso un pasaje de la Escritura para probar que es lícito usarlas (v. 4-8). Hasta aquí, todo habla en favor del servicio que presta el médico. Pero en la segunda parte, la valoración teológica es más reservada. En caso de enfermedad se recomiendan la oración y el sacrificio, sin excluir en principio el recurso al médico, pues «hay ocasiones» en que

---

200. En nuestros días se pone en discusión la traducción de צרעת con «lepra». L. KÖHLER, ZAW (1955) 290.
201. Así, por ejemplo, Sal 32, 1 s.; 38, 3 s.; 39, 9. 12; 41, 5; 69, 6; 103, 3; 107, 17 s.

su mano tiene éxito. Merece notarse que también en este caso el sabio se siente obligado a dar una legitimación teológica a la acción del médico: éste oró por el éxito de su diagnosis (v. 9-14). Estos argumentos positivos no hicieron mella en los últimos votantes: «el que peca contra su hacedor, caerá en manos del médico» (v. 15). Todo el capítulo es el documento típico de una «ilustración», que no quiere abandonar la antigua fe tradicional pero tampoco se mantiene dentro de sus límites, e incita a la teología para que legitime *a posteriori* el oficio del médico, cuya existencia debía aceptar de un modo u otro.

Ahora nos toca hablar de la muerte, pero no trataremos de las cuestiones que interesan de manera particular al hombre moderno, como la experiencia del morir, ni sobre la condición del hombre después de la muerte, sino de aquello que en Israel era prerrequisito fundamental de esta problemática; es decir, su clasificación y valoración cultual. Una cosa es ya bastante clara: el muerto representa el sumo grado de impureza (Núm 9, 6; 19, 11. 16. 18; 31, 19: personas; Lev 11, 24-28, etc.: animales). La impureza que deriva del muerto contamina no sólo las personas sino también las cosas vecinas (Lev 11, 33 s.), e incluso pueden transmitirla a otros con su contacto (Núm 19, 22). La impureza de la muerte amenaza en particular a quienes poseen una santidad más elevada, los sacerdotes y nazireos (Lev 21, 1 s. 10 s.; Núm 6, 6 s.). Si exceptuamos la lepra (incurable), la impureza provocada por el contacto de un muerto superaba todo otro género de impurezas. Por esto, no se la podía eliminar con las abluciones normales, como las impurezas sexuales; para ello se requería un agua de purificación particular, que se obtenía mezclándola con cenizas de una vaca roja (Núm 19, 1 s.).

Todas estas disposiciones cultuales, con un aspecto tan descarnado, no conservan ya la menor huella de la dura batalla defensiva que combatió Israel, sirviéndose precisamenete de estas mismas prescripciones. Si queremos descubrir el verdadero campo de batalla, hemos de recurrir a otros documentos más antiguos. Hasta allí donde nuestra vista se pierde en el pasado de Israel, la religión yahvista se rebeló con particular intransigencia contra todo género de culto a los muertos. Pero, como en la mayoría de los pueblos ligados a concepciones religiosas primitivas, lo más inmediato o al menos lo más natural para Israel, era atribuir un valor religioso positivo al muerto y al sepulcro. No existía la menor duda sobre la supervivencia del difunto —sobre todo si estaba asegurada con los ritos—; sólo había cambiado el modo de existir y representaba, más aún que durante su vida corporal, un poder con el cual era necesario contar de una manera muy concreta [202]. De aquí nacía un interés elemental por regular las relaciones entre los vivos y los muertos. El difunto podía perjudicar al vivo, pero éste también podía servirse de sus conocimientos superiores. Cuán naturales debieron de ser estas ideas en Israel, lo demuestra el hecho de que todavía en la época de Isaías o del Deuteronomio se hallaba expuesto a la tentación de consultar a los muertos (Is 8, 19; Dt 18, 11); e incluso en una ocasión, al conjurar el espíritu de un difunto se le llama אלהים «dios» (1 Sam 28, 13).

Alguien podría creer que lo dicho se reducía a una pura supervivencia de restos rudimentarios, y se trataba de un culto clandestino, degradado al ámbito de las prácticas ilegítimas; sin embargo sería un grave error no apreciar en su justo valor la fuerte tentación que derivaba de ese sector y la autodisciplina que necesitó Israel para renunciar a cualquier relación sagrada con sus muertos. El Deuteronomio exige todavía a quien ofrece los diezmos, la declaración solemne de que no reservó ninguna porción para ofrecerla a los muertos (Dt 26, 14) [203].

Cabría preguntarse si la denominación: «culto a los muertos» no es demasiado honrosa para todo ese conjunto de prácticas aisladas. Pues esas míseras atenciones con los muertos ¿tienen realmente la dignidad del culto? De todos modos expresaban una relación sagrada con ellos que era incompatible con el culto a Yahvéh. El deseo de Yahvéh de recibir un culto exclusivo se dirigía, con particular intransigencia, contra el culto a los muertos y todo cuanto tuviera cualquier relación con él. Así, por ejemplo,

---

202. G. VAN DER LEEUW, *o. c.*, 203.
203. Se cree, con razón, que la erección de una estela sobre la tumba de un antepasado (Gén 35, 20) no fue antiguamente una costumbre tan ingenua como la presenta la narración actual. Sobre los dones colocados en os sepulcros, véase K. GALLING, BRL, col. 239 s.

eliminó con un celo exagerado ciertos ritos fúnebres que tenían una lejana conexión con el culto a los muertos [204]. El resultado fue la desmitización y desacralización radical de la muerte. El difunto se hallaba sencillamente fuera del culto a Yahvéh e Israel sólo debía preocuparse de este culto. Los muertos quedaban separados de Yahvéh y excluidos de la comunión de vida con él, porque se encontraban fuera de su culto (Sal 88, 11-13). En esto consistía la verdadera amargura de la muerte, y los salmos de lamentación expresan esta experiencia con un lenguaje conmovedor [205].

Así pues, la existencia de Israel y su misma realidad cotidiana transcurría bajo el grande arco formado por la polaridad puroimpuro, como entre la vida y la muerte, pues cualquier impureza era ya en cierto modo una ramificación de la impureza total: la muerte, y así también, la impureza más leve era mortal, si se renunciaba voluntariamente a eliminarla [206]. La vida del individuo también se movía peligrosamente sobre el agudo filo que dividía lo puro de lo impuro, como nos lo da a entender el hecho de que antes de comenzar una acción cultual todos los participantes debían «santificarse» [207]. Esta costumbre supone que en su vida cotidiana el hombre entraba en contacto con muchas impurezas y debía liberarse de ellas mediante abluciones y privaciones, antes de penetrar de nuevo en el ámbito de lo santo.

Israel no se dedicó a especulaciones filosóficas sobre la naturaleza y las cualidades específicas de la impureza. Algunos autores modernos identifican lo impuro con la esfera de los espíritus [208]; pero en Israel no se encuentra el menor fundamento en favor de esta opinión, a no ser Lev 16, 26. De hecho Israel no sentía la amenaza de los espíritus con la misma intensidad característica de otros pueblos de su ambiente cultural. Bastaba que exis-

---

204. Lev 19, 28; 21, 5 s.; Dt 14, 1. Véanse más arriba las páginas 267 s.
205. Véanse más adelante las páginas 473 s.
206. Lev 17, 15 s.; Núm 19, 20.
207. Ex 19, 10. 14; Jos 7, 13; 1 Sam 16, 5; Job 1, 5.
208. S. MOWINCKEL, *Religion und Kultus* (1953) 80; J. HEMPEL, *Das Ethos des A.T.* (1938) 53, 180 s.; en contra EICHRODT, II, 180.

tiera la esfera de lo impuro (y de la maldición), con su influjo mortífero sobre el hombre; por esto mismo Yahvéh la odiaba (תּוֹעֵבָה) pues él quiere que Israel viva (Ez 18, 23); lo quiere a su lado y desea que sea santo como él (Lev 19, 2; 20, 26; Ex 22, 30). Nada en estas disposiciones cultuales era rígido ni menos aún eternamente válido; la frontera entre lo puro e impuro se hallaba, más bien, en continuo movimiento. Lo más sorprendente es que sea precisamente en P donde el recinto de la santidad, establecido por Yahvéh, posee la mayor mobilidad. No estaba ligado a un lugar santo «en sí mismo»; era una santidad en camino. Para indicar su presencia se requería una cantidad mínima de mobiliario sacro (la tienda, algunos postes y alfombras). Con esto quedaba delimitado un *temenos*; pero su santidad no dependía del lugar, sino de las señales con que Yahvéh ordenaba detener o proseguir la marcha (Núm 10, 1 s.). El lugar y los objetos eran santos mientras la nube permanecía sobre ellos y cuando se alejaba los abandonaba también la santidad (Núm 9, 15 s.).

Al hombre que transcurría la vida entre lo santo y lo profano, esta mobilidad le creaba continuamente nuevos problemas, y los ambientes del culto debían pronunciar continuas y renovadas decisiones para fijar el statu quo (Lev 10, 10 s.). Los sacerdotes traicionaban a la comunidad cuando descuidaban su oficio, cuando «no distinguían entre lo santo y lo profano y no daban instrucciones para distinguir lo puro de lo impuro» (Ez 22, 26). La impureza acosaba sin cesar las personas y las cosas hasta que caían en su poder. Israel se consideraba perdido frente a esta potencia, si Yahvéh no hubiera venido en su ayuda. Pero del santuario y del culto emanaban saludables energías que mantenían la existencia en equilibrio benéfico entre ambos polos. Su influencia no conseguía desalojar o abolir por completo la impureza ni incorporar definitivamente lo profano en la esfera de lo santo. Sin embargo, también el documento sacerdotal considera esta lucha sin tregua entre lo santo y lo profano, que atraviesa toda la creación (véase el catálogo de los animales impuros) como una realidad pasajera. Sabe que existe un estadio final donde la santidad de Yahvéh alcanzará su meta, pues entonces «la gloria

del Señor llenará la tierra» (Núm 14, 21). El profeta espera que
esta absorción plena de lo profano en lo santo sea el resultado
de la última intervención salvífica de Yahvéh. «En aquel día»
los utensilios más insignificantes, las ollas de las casas y los cascabeles de los caballos serán tan santos como los vasos sagrados
del templo (Zac 14, 21).

Israel no abandonó jamás este modo de concebir la salvación
como profundamente enraizada en la materia; ni siquiera los
profetas la abandonaron. Sería un grave error considerarlos
los antípodas espirituales del mundo cultual de los sacerdotes.
Una lucha programática de reforma contra este mundo sacerdotal hubiera presentado un aspecto muy diverso. Los profetas
atacaban los abusos y aquí encontramos algunas espiritualizaciones de conceptos cultuales; pero estos conservan siempre, en
el cuadro de la respectiva polémica, el carácter de exhortaciones
ad hoc, y nunca se convierten en principios programáticos. Estas
espiritualizaciones revelan a veces ciertas crisis internas en la
vida cultual de Israel, pero debemos subrayar con énfasis, que
ellas solas no implican «evolución» alguna hacia una creciente
interiorización. Nuestra mentalidad teológica nutre fáciles sospechas contra este aspecto ritual de la religión yahvista, por cre-
erlo exterior y falto de espíritu. Ahora bien ¿quién puede demostrar con una cierta probabilidad que quienes observaban los ritos
de purificación no participaban interiormente? Como dijimos
más arriba, la impureza era la forma más elemental en la que
Israel se encontraba con lo desagradable a Yahvéh. Para nosotros
es, sin duda, muy difícil comprender adecuadamente la carga
interior de esas prácticas; con todo, los salmos nos dan algunas
indicaciones. Por regla general debemos tener presente que estos
ritos son la expresión de una fe, que todavía no ha iniciado la
«gran retirada hacia la intimidad»[209]. Y precisamente en este
sector material del culto se expresa sobre todo el deseo ardiente
de Yahvéh de ser un dios inmanente, que no se conforma con la
interioridad de Israel.

---

209. E. SPRANGER, *Die Magie der Seele* (1947) 7.

V

LA MARCHA POR EL DESIERTO

Según la cronología del documento sacerdotal, Israel permaneció casi un año junto al Sinaí; luego se puso de nuevo en marcha [1]. El camino iba —si tenemos presente por ahora la descripción del Hexateuco en su redacción final— desde el Sinaí hasta Cades. Desde aquí fueron mandados los exploradores (Núm 13 s. Dt 1, 19 s.) y por causa de la rebelión que estalló poco después, la marcha hacia la tierra prometida sufrió una nueva dilación. En un primer momento Israel no quiso acatar la orden de Yahvéh, que le mandaba retroceder inmediatamente hacia el sur, hacia el mar Rojo; e intentó, por sus propios medios, atravesar hacia el norte, hasta la tierra prometida; pero fue derrotado en Horma (Núm 14, 39-41; Dt 1, 41 s.). Acto seguido Israel abandona Cades. Aquí se abre una gran brecha en la secuencia narrativa, pues según Núm 20, 1, Israel vuelve a Cades por segunda vez en el año 40 (Núm 33, 38). De este modo Israel ha cumplido 38 años de expiación, durante los cuales debía morir la generación entera de los amotinados (Núm 14, 33 s.; Dt 2, 14) [2]. Tampoco en esta segunda salida de Cades siguió Israel el camino derecho hacia la meta establecida por Dios: para eludir pacíficamente Edom se estableció primero junto al mar Rojo (Núm 21, 4) y, desde aquí, avanzó lentamente hacia el norte, hasta la región oriental del Jordán.

Esta imponente imagen de la marcha de un pueblo —una marcha que obedecía a leyes bien distintas de las impuestas por necesidades estratégicas o económicas— es en términos de la

---

1. Ex 19, 1; Núm 10, 11.
2. En otros tiempos, los exegetas llegaron a decir cosas bastante curiosas sobre esta época: la alianza fue «suspendida», la teocracia era inoperante, no se practicaba la circuncisión, la pascua no se celebraba, etc. Así todavía HENGSTENBERG, *Geschichte des Reiches Gottes unter dem Alten Bunde* II, 164, 171.

historia de la tradición, el resultado final de un largo proceso histórico de crecimiento y combinación de tradiciones. Por último la fusión literaria de los tres documentos J, E y P recargó aún más el cuadro de la marcha por el desierto; pues, cada uno de ellos por separado debió narrar los sucesos con mayor brevedad y sencillez[3]. El cuadro que ofrece cada una de las fuentes, es, a su vez, el producto de una hábil combinación de diversas tradiciones locales anteriores, que circulaban entre las tribus del sur[4]. Este cuadro pudo llegar a ser tan colorido porque, en este caso, la antigua concepción de la historia salvífica no señaló en él un suceso relevante (como la salida de Egipto o el mar Rojo), sino tan sólo el paso por el desierto. Sin embargo esta parte del credo primitivo es muy antigua; la liberación de Egipto implicaba la travesía del desierto. No podemos reconstruir en estas páginas la historia de la tradición de este elemento confesional. Nuestra tarea consistirá en señalar parte de las grandes diferencias y tensiones que aparecen en la reflexión teológica sobre esta época.

Las formulaciones más concisas y accesibles sobre el tema, las encontramos en los sumarios de carácter confesional y en los himnos históricos. Mientras el credo de Dt 26, 5 s. encierra en una frase los sucesos que van de la salida de Egipto hasta la toma del país —lo cual indica que sólo considera la salida de Egipto como la acción decisiva de Yahvéh en favor de Israel—, otro texto emparentado con él, Jos 24, concede a la marcha por el desierto una posición independiente junto a la salida de Egipto y al prodigio del mar Rojo (y permanecisteis largo tiempo en

---

3. Esto vale ante todo del yahvista. En Dt 1, 6 - 2, 25, se encuentra una descripción reasumptiva, basada principalmente sobre E. Aquí el itinerario es ya muy complicado.
4. M. NOTH, *Pentateuch*, 63. En primer plano están las tradiciones «legendarias», que habían nacido en la región de los oasis de Cadés. No debemos excluir *a limine* la hipótesis de que en algunos grupos se hayan conservado recuerdos directos de esta época primitiva; pero, ¿cómo podemos individuar estos elementos en la reelaboración que estas historias recibieron en un período muy posterior? También en épocas tardías llegaron a Israel diversas noticias sobre esta área desértica y con ellas compuso el cuadro de aquel período.

el desierto: v. 7b); así la travesía del desierto ha pasado a ser un elemento inalienable de los himnos históricos, como lo indica el salmo 136, 16. También es posible que provenga de estos himnos la interpelación de Am 2, 10 («durante cuarenta años os conduje por el desierto»).

Tales expresiones, que provienen más bien del ámbito cultual, se caracterizan por su concentración exclusiva sobre la acción divina. Israel es el objeto mudo y pasivo de la actividad de Yahvéh. Esto es característico del estilo de la profesión de fe, que se limita a recapitular los eventos salvíficos. En los himnos encontramos reminiscencias de este estilo. Pero es cierto que muy pronto cambió el objeto de la reflexión. Israel pasa a ser su objeto especial ¿Qué sucedía con Israel en este tiempo durante el cual estuvo bajo la dirección divina, en circunstancias tan extraordinarias?

Dos puntos de vista se destacan claramente. Para uno de ellos, cuyo representante más explícito es Jer 2, 1-3, la marcha por el desierto era el tiempo de las relaciones más puras, del primer amor entre Israel y Yahvéh. Entonces —«en la tierra de barbecho»— Israel estaba completamente abandonado en los brazos de Yahvéh. Aún no había sucumbido a los halagos de los misterios de los fértiles surcos. Ningún Baal se había entrometido entre Israel y Yahvéh, como acontecería en el país agrícola; en todos los dominios de su existencia debía dejar que Yahvéh lo sustentara. El ha cuidado de su pueblo, les ha procurado incluso calzado y vestidos (Dt 29, 5 s.).

La recensión actual de la historia del maná en el documento sacerdotal, se acerca un poco a esta concepción: todos han cogido maná, pero al anochecer, comprueban que cada uno ha recogido lo justamente necesario para sí y su familia; no había excedentes, pero tampoco carencia alguna. Aquí se pone de manifiesto el sentido del acontecimiento; el hecho pasa a tener valor de tipo: Dios da a cada uno lo necesario. Y aún más: no se puede almacenar el maná que uno recoge. A quienes lo intentaron se les pudrió (Ex 16, 9-27). También en este caso la historia reviste una verdad que Israel aprendió en sus relaciones con Yahvéh: esta manutención diaria de Yahvéh exige una entrega sin reservas: con Dios sólo se puede vivir al día. La historia deuteronómica del maná da un paso adelante en el proceso de espiritualización del relato primitivo. El documento sacerdotal seguía considerando el prodigio como una sustentación real del cuerpo, sin declarar el sentido superior que ocultaba; en cambio Dt 8, 3, ha espiritualizado completamente el acontecimiento. Dice expresamente que Israel debía aprender que el hombre, no sólo vive del alimento terreno, sino «de cuanto sale de la boca de Yahvéh». Evidentemente, el maná es considerado aquí, como manjar espiritual. En todo ello no debemos olvidar, que, para el Israel sedentario, instalado en los beneficios de la agricultura, resultaba cada día más difícil comprender la vida en el desierto. En la descripción del desierto «inmenso y terrible» de Dt 8, 15-18, donde aridez, serpientes y escorpiones amenazan la existencia, se percibe fácilmente el escalofrío, que una generación más relajada sentía frente a esta región. Jeremías describe también el desierto como región «de barrancos, árida y tenebrosa tierra por donde no transita nadie y donde nadie habita» (Jer 2, 6). Así pues en este período Yahvéh había acreditado su dirección del pueblo con prodigios.

A medida que Israel aprendió a considerar el paso por el desierto como un acontecimiento altamente milagroso, se planteaba con mayor agudeza la cuestión de su conducta durante este tiempo. La respuesta fue cada vez más negativa, hasta alcanzar el aspecto desolador de Ez 20. El salmo 78, tras una larga introducción, se propone celebrar las hazañas de Dios (מעללי אל), pero cuando enumera los prodigios del paso por el desierto, interpone una y otra vez la descripción de la terquedad, la incredulidad y otros pecados con los que reaccionó Israel a las intervenciones de Yahvéh (v. 8 s.; 17 s.; 32 s.; 40 s.; 56 s.). Así se modifica el tema con relación al salmo 136: una chusma obstinada e incrédula, eso era el pueblo redimido por Yahvéh. Aún más sombría es la imagen que presenta el salmo 106. Este se reduce a una descripción del fallo continuo de Israel; en él desaparece por completo ese trasfondo de los beneficios de Yahvéh que, en el salmo 78, hacía resaltar las infidelidades del pueblo [5]. El pecado capital de Israel, presentado una y otra vez con una fórmula casi estereotipada, consistió en haber «tentado a Yahvéh», es decir, en haberle provocado con su incredulidad y descontento [6].

Pero el cuadro más grave, por ser una reflexión teológica más profunda y consecuente, es el de Ez 20. También aquí se mencionan los actos salvíficos que Yahvéh ha realizado «por el honor de su nombre» (v. 9, 14, 22) no obstante las repetidas desobediencias del pueblo. Sin embargo el aspecto más terrible de la imagen es que presenta el tiempo del desierto como tipo y modelo del juicio futuro. Yahvéh conducirá la generación presente «al desierto de los pueblos» para pleitear con ellos, como hizo en otro tiempo con sus padres (v. 35). Nadie habló jamás en estos términos de la permanencia de Israel en el desierto, pues Ezequiel acentúa en su exposición los actos de la justicia divina y descubre ahí una prefiguración del juicio futuro, que va a venir sobre el pueblo de Dios. Existían ciertamente tradiciones aisladas y muy antiguas sobre las defecciones de Israel y sus «murmuraciones» en el desierto, pero este incremento de los elementos negativos, que convierte todo el período en una época sombría, depende de ciertas convicciones fundamentales sobre las relaciones de Israel con Yahvéh, y su posibilidad de existir o no existir en presencia de este dios, convicciones que no pudieron consolidarse antes del último período monárquico, con la innegable aportación de los profetas. Si la imagen de la época en el desierto había sufrido una transformación tan radical, fue debido sobre todo a la conciencia que tenía Israel de su impotencia y quizá ya de su propia ruina. Pero también esa época había percibido este mensaje: Yahvéh creará una realidad nueva; con un procedimiento análogo al de sus primeras intervenciones histó-

---

5. Esta visión de la historia como una cadena de rebeliones humanas contra la guía divina, debe interpretarse teniendo en cuenta la finalidad cultual del salmo, que es un canto de penitencia.
6. Ex 17, 1 s.; Núm 14, 22; Sal 78, 17 s. 40 s.; 95, 8 s.; 106, 14 (véase también Is 7, 12) E. Seesemann, ThWBNT IV, 27, 32.

ricas, Yahvéh redimirá a Israel y lo guiará de nuevo a través del desierto [7].

Volvamos otra vez a la descripción propia del Hexateuco y de sus fuentes literarias: ¿cómo la debemos encuadrar aquí? Como proviene de tantas épocas y ambientes diversos cuantas son las fuentes literarias y las unidades de tradición que las componen, por esto ya a priori no hemos de esperar que sea una concepción unitaria y homogénea. En su conjunto, ocupa una posición intermedia entre Jer 2 y Ez 20. Presenta al mismo tiempo la bondadosa actividad de Yahvéh en la historia y la conducta de Israel. El lector no advierte en absoluto que se trata de dos puntos de vista diversos e independientes entre sí y, de hecho, la imagen más antigua de la historia que se hallaba unida al culto, no los conocía bajo esta forma doble. Además, conviene tener siempre presente los límites impuestos a la libertad de unos escritores que trabajaban con materiales de tradición, que tenían ya desde hacía tiempo forma y carácter bien definidos; pero también sería erróneo renunciar a preguntarse sobre la temática común a estas series de narraciones. Los autores de las fuentes literarias —al menos el J y el E— querían y tenían la posibilidad de dar su propia impronta temática incluso a las secciones narrativas mayores.

En nuestro caso, es decir, en la descripción de la marcha por el desierto que siguió a los acontecimientos del Sinaí, el capítulo 33 del Éxodo ocupa, a nuestro parecer, una posición clave. Le precede la historia del «becerro de oro» (Ex 32); el pecado de Israel cambia profundamente sus relaciones con Yahvéh recién establecidas en el Sinaí. Tanto el J como el E cierran la narración con una expresión de la ira divina. De este modo se llegó a una ruptura entre Yahvéh e Israel, cuya consecuencia más sensible fue que Yahvéh se negaba a seguir guiando personalmente el pueblo (Ex 32, 34 E; 33, 2 s. J). Yahvéh no abandona su plan salvífico, pero si él marchara con Israel, su proximidad lo destruiría (Ex 33, 5).

---

7. Así, en particular, Isaías II (Is 43, 16-21; 48, 20 s.; 52, 12, etc.).

Así pues la cuestión del acompañamiento divino, sin el cual Israel no puede proseguir el camino (Ex 33, 12. 15 s.), ocupa la atención de todo el capítulo 33. Pero la respuesta no es unitaria, ya que en Ex 33 se han acumulado diversas tradiciones paralelas que dan otras tantas respuestas: 1. Yahvéh manda su ángel. 2. Moisés construye la tienda santa y establece así una relación con Yahvéh. 3. Yahvéh hace que su *panim* (faz) les acompañe. Sobre este último, no queda mucho que decir pues esa independencia casi hipostática de la «faz» (פנים) divina, como forma de revelación intermedia entre Yahvéh e Israel, es un caso único en nuestro contexto [8]. Este pasaje podría haber sido en otro tiempo la etiología de una máscara cultual (¿por qué Yahvéh está sólo presente en el *panim*?) [9]. Si la idea del *panim* que acompaña a Israel está aislada, la idea del ángel, guía del pueblo, reposa sobre una base más amplia. Esta concepción del ángel de Yahvéh que conduce a Israel en el desierto se enraiza profundamente en la tradición, pues la encontramos en contextos muy diferentes (Ex 14, 19; 23, 20. 23; 32, 34; 33, 2; Núm 20, 16).

El ángel de Yahvéh: la palabra hebrea que nosotros traducimos por «ángel» (מלאך) significa «mensajero», un hombre o un ser celestial enviado por Dios con una misión determinada [10]. El Antiguo Testamento habla a menudo y con suma naturalidad de seres celestiales; pero es sorprendente comprobar que en la mayoría de los textos su imagen es pálida y poco precisa. Si quisiéramos plantearnos el problema de su función y significado a la luz de las verdades centrales del yahvismo, lo resolveríamos con pocas palabras. En muchos casos tenemos la impresión de hallarnos frente a un elemento fijo de la imagen tradicional del mundo celeste, que Israel aceptó como otro pueblo

---

8. Sólo una vez más en Dt 4, 37. Pero Is 63, 9 recoge de nuevo la tradición.

9. Así, según Gallin, G. Beer (*Exodus*, comentando este texto). No es del todo cierto, pues otros interpretan el פנים de Ex 33, 14 de acuerdo con 2 Sam 17, 11, con el significado de «yo en persona», «yo mismo»; y por lo tanto con el sentido contrario.

10. W. Baumgartner, ha notado que la misma palabra griega ἄγγελος no es un concepto específico aplicado a los seres celestiales; en el Nuevo Testamento se usa todavía referido a los mensajeros humanos (Lc 7, 24; 9, 52). El *angelus* de la Vulgata es el primero que tiene el significado de «ángel». W. BAUMGARTNER, *Zum Problem des Jahweengels*, en *Schweiz. Theol. Umschau* (1944) 97 s. Véase también Fr. STIER, *Gott und sein Engel im A. T.* (1934); EICHRODT, II, 6 s.

cualquiera, y no, en cambio, frente a unas concepciones por las que la fe muestra un interés particular. De todos modos, en los textos más antiguos estos seres celestiales no desempeñan casi nunca un papel importante en el gobierno del mundo o en la dirección de la historia (la cuestión se presenta un poco diversa en el período siguiente al exilio). Esto se explica sobre todo por su conexión con la idea de la «causalidad universal» de Yahvéh y su celo, al que Israel atribuía todo cuanto sucedía en el mundo, y no dejaba espacio libre para ninguna intervención vasta y eficaz de seres intermedios. Ahora bien, en este cuadro resalta con una claridad meridiana la figura del «ángel de Yahvéh» (מַלְאַךְ יהוה); la encontramos en los escritos y en los contextos más disparatados y siempre desempeña una función muy particular en la historia. Allí donde se le menciona, ocupa siempre el centro de la acción. Sin embargo no resulta fácil esclarecer de algún modo este conjunto de ideas, pues, en realidad, nunca existió una idea unitaria del ángel de Yahvéh, común a todas las épocas y ambientes de Israel. El problema se complica por el hecho de que la figura del ángel de Yahvéh ha sido incorporada, en un segundo tiempo, a antiguas tradiciones sagradas de carácter local. En Gén 16, 7 s.; 21, 17 s.; 22, 11 s.; 31, 11 s.; Ex 3, 2 s. y Jue 2, 1 s., nos encontramos con tradiciones locales muy antiguas, preyahvistas y preisraelitas, que narraban la aparición de un *numen*. Israel las incorporó a su caudal narrativo y las acomodó de tal manera a su fe que ahora no hablan más del numen (cananeo) sino de la aparición del ángel de Yahvéh. Es difícil saber si la sustitución fue debida a una intervención literaria consciente o tuvo lugar mucho antes, durante el estadio de la tradición oral. En ambos casos el cambio presupone la existencia de una imagen bastante fija y concreta del ángel de Yahvéh, como representante suyo. La encontraremos profundamente enraizada en narraciones como 2 Re 19, 35; 1 Re 19, 7, ó Núm 22, 22; probablemente también en Jue 6, 11 s. y sin duda alguna en Jue 5, 23. Pero también son importantes las menciones populares, ateológicas, que aparecen en la conversación de cada día; se habla de su bondad y sabiduría; todos la conocen y a ella se puede encomendar todo con plena confianza (1 Sam 29, 9; 2 Sam 14, 17. 20; 19, 28). Así expresan con lenguaje sencillo lo mismo que los relatos de sus apariciones dicen con un estilo mucho más grandioso y solemne, es decir, el ángel de Yahvéh es un ser que presta ayuda a Israel y actúa en todo momento a su favor, salvándolo y protegiéndolo; es la ayuda personificada de Yahvéh a Israel, casi igual a un mediador oficial de sus relaciones de alianza [11]. Sin embargo no es posible incluir indistintamente en estas fórmulas toda esa gran multitud de textos, pues las diferencias de detalle entre los narradores son notables. Parece probable que la idea del visir divino juega en algunos textos un papel considerable [12]. Las narraciones divergen también en el modo como presentan las relaciones entre el ángel y Yahvéh. Las más interesantes son las que no consiguen establecer una distinción clara entre Yahvéh y su ángel y por lo tanto, no sólo lo consideran su mensajero, sino, incluso, una forma revelatoria del mismo Yahvéh. El ángel de Yahvéh es, pues, Yahvéh mismo, que se aparece a los hombres en figura humana. Así, los narradores —nos referimos en particular a Gén 21, 11 s. y Jue 6, 17 s.— en una frase hablan de Yahvéh y en la siguiente de su ángel [13]. También en Gén 22, 11 s.;

---

11. Sólo una vez el ángel de Yahvéh se volverá contra Israel (2 Sam 24, 17), pero también esto servirá en último término para su bien.
12. Stier, *l. c.*, 63 s.
13. De hecho, el cambio entre «Yahvéh» y «el ángel de Yahvéh» tiene

31, 11 s. y Ex 3, 2 s., el ángel que está hablando es idéntico con Yahvéh [14]. Resulta difícil determinar hasta dónde ha llegado en estos textos la influencia de una redacción decididamente teológica y quizá también especulativa. La bendición de Jacob en Gén 48, 15 s., es una pieza de poesía hímnica muy homogénea (al menos en la parte que nos interesa) y por lo tanto no cabe esperar la mínima intervención de algún redactor; pues bien, aquí precisamente encontramos el texto más sorprendente. La invocación de Jacob contiene tres títulos divinos en progresión ascendente: 1. «El Dios, en cuya presencia anduvieron mis padres»; 2. «Dios que fue mi pastor desde el nacimiento hasta hoy»; 3. «El ángel que me libró de todo mal». En su esfuerzo por descubrir quién es Yahvéh, este pequeño himno alcanza su punto culminante en el tercer título; por esto no se puede afirmar que el «ángel» indica un ser subordinado a aquél. Este מַלְאָךְ es Yahvéh, pero a diferencia del Yahvéh de la providencia universal, éste es el Yahvéh de una actividad salvífica especial (גָּאַל : redimir rescatar). La imagen del ángel que guía al pueblo en el éxodo y en el desierto expresa esta particularidad teológica con una intensidad mucho menor. En ocasiones aparece incluso en contraste directo con Yahvéh; p. e. cuando éste se niega a guiar al pueblo y manda en su lugar al ángel (Ex 33, 2 s.). Sólo Ex 23, 20 s. («lleva mi nombre») nos acerca de nuevo a la concepción «especulativa».

Así pues, el paso de Ex 32 a Ex 33 tiene gran importancia en la obra del JE. Tras la apostasía de Israel cuando adoró el «becerro de oro», Yahvéh debe precisar de nuevo sus relaciones con el pueblo, que habían sido profundamente transtornadas. El problema era grave; se trataba nada menos, de saber si después de lo acontecido Israel continuaba siendo el pueblo de Yahvéh. Por esta razón Ex 32, 30-34 y 33 tratan de las instituciones mediadoras creadas por aquel: el ángel de Yahvéh, la tienda y el *panim* (faz). Por una parte son el signo de la ira divina, pues la santidad de Yahvéh destruiría Israel. Por otra parte son la prueba de su voluntad salvífica. El mismo protege a su pueblo contra este contacto aniquilador y toma medidas precavidas para conducir a feliz término su plan: «llevarte (Israel) al descanso» (Ex 33,

---

un significado: cuando se habla de Dios, prescindiendo de los hombres que intervienen en el relato, el narrador usa «Yahvéh» o «Dios». Pero si se habla de Dios y los hombres perciben su presencia, entonces habla del יהוה מַלְאָךְ (ángel de Yahvéh). Véase Gén 21, 17 s.; Dios oye el grito de Agar, pero el ángel de Yahvéh le dirige la palabra.

14.   J. HÄNEL, habla, por este motivo, del «ángel de encarnación». *Die Religion der Heiligkeit* (1931) 199, 206.

14). De hecho, a partir de este momento se halla en una relación, en cierto modo indirecta, con Yahvéh.

J y E describen la marcha por el desierto como una cadena de crisis gravísimas y, en ellas, los autores se interesan tanto de los actos humanos como de los divinos, del pecado y la defección de Israel como de la justicia y redención de Yahvéh. La secuencia de las tradiciones aisladas se cierra con la perícopa de Balaam (Núm 22-24) y a la luz de todo el conjunto, debemos considerarla ciertamente como la suprema amenaza contra el pueblo de Dios. En efecto, la invocación de los poderes de la maldición contra Israel era algo que superaba todo cuanto el pueblo había soportado hasta entonces, y lo que Yahvéh debió rechazar para protegerlo. Pero en esta circunstancia Yahvéh supera todas sus maravillas pasadas y cambia la maldición en bendición.

Ahora para terminar nos preguntamos ¿Por qué J y E nos han narrado todos estos acontecimientos? Podremos obtener una respuesta a cuestión tan decisiva si nos acercamos a Dt 8, 3. Este versículo menciona algunas acciones de Yahvéh que Israel experimentó en el desierto, y añade: esto ocurrió para que Israel pudiera conocer una determinada verdad. Así pues, aquí no se recuerda la historia por sí misma sino en función de un sentido más profundo, de una enseñanza que aparece detrás del acontecimiento como lo permanente, lo único realmente importante. Si ahora volvemos nuestra atención hacia las narraciones del paso por el desierto en J y E, podemos afirmar a ciencia cierta que ésta no es la intención de la imagen yehovista de la historia. Cierto, ella tiene también una finalidad didáctica en sentido amplio; pero su objeto es distinto, pues no desea comunicar verdades de fe (ni siquiera bajo el manto de la historia); su interés es más simple: la realidad de los acontecimientos en sí mismos. Yahvéh está presente para Israel en la descripción actualizante de las grandes intervenciones divinas, como en la manifestación del hombre en el contexto de esas intervenciones. La perspectiva de la *aplicatio*, es decir, la aplicación de lo narrado a la vida religiosa del lector, no les merece todavía una consideración aparte.

V I

LAS DIVERSAS CONCEPCIONES DE MOISES
Y SU OFICIO

En las tres fuentes del Hexateuco la figura de Moisés ocupa el centro de los acontecimientos que van desde la salida de Egipto hasta el término de la marcha por el desierto. Por mucho que difieran en detalle sus ideas sobre el oficio de Moisés, en todas ellas aparece como el representante de Israel al que se dirige la palabra y la acción de Yahvéh. Noth ha mostrado claramente que a esta concepción tan uniforme hubo de preceder un complicado proceso de nivelación y armonización de las diversas tradiciones. Al principio, la figura de Moisés no estaba enraizada en todas las tradiciones[1]. Un rápido examen de los sumarios históricos de tipo confesional e hímnico, ponen de manifiesto su desproporción con la exposición histórica del Hexateuco, pues si bien aquellos mencionan ocasionalmense a Moisés (y Aarón), no parece que conozcan su posición absoluta como caudillo y mediador universal. En los sumarios, y también en algunos documentos más recientes, se conserva una visión muy antigua de la historia, que incluso el yahvista ha superado. Pero también en la sucesión de las tres fuentes podemos reconocer todavía un creciente aumento del interés teológico por Moisés, lo cual se halla expresado en concepciones bastante diferentes[2].

---

1. «Si al menos en parte es exacto que la narrativa del Pentateuco nació poco a poco de una serie de temas originariamente independientes, que por lo común tenían sus raíces en determinadas celebraciones cultuales, entonces no podemos suponer sin más que en la mayoría de ellos se hallara desde un principio, la misma figura» M. NOTH, *Pentateuch*, 172. El problema de precisar dónde la figura de Moisés está enraizada desde un principio y dónde fue insertada en tradiciones que le eran extrañas en su origen, ilumina un proceso muy interesante, incluso bajo el punto de vista teológico. Sin embargo la base científica es todavía demasiado débil para poder intentar una visión global del problema, como podría interesarnos aquí.

2. Para cuanto sigue, véase E. SELLIN, *Mose und seine Bedeutung für die israelitisch-jüdische Religionsgeschichte* (1922) 125 s.

Nada sabemos sobre los exponentes de tales tradiciones, es decir, los círculos, instituciones o familias sacerdotales que poseían su imagen específica de Moisés, hasta que tomó forma literaria en uno de los grandes documentos. Cierto, esta imagen fue en buena parte el producto de un proceso literario y es por lo tanto bastante tardía, si la comparamos con la antigüedad de muchas tradiciones. Por otro lado, a la base de un buen número de tradiciones sobre Moisés se encuentran, sin duda, reivindicaciones muy concretas de determinadas instituciones o grupos, ciertas rivalidades o problemas de competencia, que fueron de gran actualidad en un momento y lugar bien precisos [3]. Pero ¿quiénes eran aquellos que al pronunciar el nombre de Moisés en sus tradiciones, abogaban por sus reivindicaciones y las de su oficio? Fueron, sin duda, los círculos que dieron los primeros rasgos decisivos a la imagen de Moisés, pues para determinados ambientes (¿los sacerdotes?) Moisés se convirtió pronto en criterio normativo, criterio que fue cambiando según la mentalidad de las generaciones y sus problemas.

Sólo en el caso de la rebelión de los Coraítas (Núm 16, 7 b-11 P) las cosas parecen un poco más claras [4]. Aquí, en un período relativamente tardío, ciertos grupos levíticos ponen en discusión la situación privilegiada de los sadoquitas en el culto. ¿Sólo Aarón podía «acercarse a Yahvéh»? Pero el pasaje se apoya en una tradición anterior; es pues una actualización reciente que deseaba solucionar un problema de competencias en el culto del templo jerosolimitano. La redacción primitiva ofrece una problemática más amplia (Núm 16, 2-7 a P?). En este caso Cora y los 258 «laicos» se oponen a la función mediadora de Moisés y Aarón en el culto y propugnan un sacerdocio común a todos los israelitas. ¿No son todos ellos «santos»? ¿No tienen todos la misma relación inmediata con Yahvéh? Pero ahora es imposible precisar la situación histórica a la que se dirigía esta redacción primitiva del acontecimiento. Y ¿qué se encuentra tras la oscura narración de Nadab y Abihú que ofrecieron «fuego extraño» y murieron por ello? (Lev 10, 1-7). En la historia del becerro de oro (Ex 32) todos veían hasta el presente el símbolo de una oposición al culto del toro de Betel y Dan bajo Jeroboam I (1 Re 12, 25 s.), pero esta interpretación ha sido discutida. Muy distinto fue el conflicto en el que recibieron su forma actual Núm 11 y 12, pues aquí trata de una

---

3. En Dan ejercía sus funciones un sacerdocio, que hacía remontar su origen a Moisés (Jue 18, 30).
4. Véase A. BENTZEN, *Priesterschrift und Laien in der jüdischen Gemeinde des 5. Jahrhunderts*: Archiv. f. Orientforschung (1930/31) 280 s.

toma de posición frente al primer movimiento profético. Núm 11 es una especie de etiología del profetismo primitivo: la profecía es una participación del espíritu de Moisés; éste la legitima y la incluye entre las instituciones yahvistas ¡qué extraños debieron parecer los extáticos al yahvismo primitivo![5]. Pero, ¿quién es en esta historia «Moisés»? Más imperiosa se vuelve esta pregunta respecto a Núm 12, 6-8 donde Moisés se halla por encima de todos los profetas por ser «el más fiel de todos mis siervos», en la recepción de la revelación divina; pues Yahvéh se manifestó a los profetas en visiones y sueños, a Moisés, en cambio, le hablaba «cara a cara», e incluso le fue permitido contemplar la figura del Señor. Esta restricción del contacto inmediato con Yahvéh, podría provenir de una defensa de las prerrogativas de ciertas funciones sacerdotales frente a la recepción profética de la revelación. Pero aquí se ve cómo debemos contentarnos con pocos conocimientos esporádicos sobre determinados problemas de competencia. Ya no es posible escribir una historia de la tradición sobre Moisés y sus diversas situaciones vitales (*Sitze im Leben*). Una de las dificultades mayores es que, con toda probabilidad, la figura de Moisés fue incorporada sólo posteriormente en muchas tradiciones[6]. Por el momento hay que contentarse con esta hipótesis general, a saber: las concepciones de Moisés que nos presentan los grandes documentos son el resultado de un proceso complicadísimo e imposible de descifrar en muchos de sus detalles. Antes de llegar a estas imágenes claras y equilibradas de las fuentes, muchas concepciones tuvieron que unificarse lentamente y se nivelaron profundas tensiones entre diversas instancias.

En el *yahvista* Moisés aparece en todos los acontecimientos, desde la salida de Egipto hasta el fin de la marcha por el desierto; por consiguiente aquí ya ha terminado aquel proceso de generalización al que aludimos antes. Pero la función de Moisés en los diversos conflictos y crisis no tiene para el narrador un particular interés teológico. Comparando su descripción con las posteriores, nos sorprende observar cómo Moisés retrocede a un segundo plano frente a Yahvéh y a sus intervenciones. En efecto, si seguimos el hilo de las narraciones yahvistas, nos sorprenderemos ante el papel tan exiguo que le atribuye el narrador en toda esta gran variedad de acontecimientos. Los prodigios son obra exclusiva de Yahvéh; Moisés no interviene en absoluto[7]. Incluso en el mar Rojo, Moisés contempla con los demás israelitas cómo se realiza el prodigio, después de haber anunciado cuanto iba a suceder[8]

---

5. G. von Rad, ZAW (1933) 115 s.
6. M. Noth, *Pentateuch*, 177 s.
7. Ex 7, 17. 25; 8, 9. 17; 9, 6. 18. 33; 10, 13; 14, 21 b; 16, 13 s.; Núm 11, 18. 31.
8. Ex 14, 15-18 lo atribuyo a P con Dillmann, Driver, Noth y otros. También Ex 4, 20 b-23 parece que pertenece a E y no a J. Pero no se trata

(Ex 14, 13 s.). Su vocación tenía solamente la finalidad de informar a Israel sobre las intenciones salvíficas de Yahvéh (Ex 3, 7 s. 16-20) y con este mismo encargo fue enviado al faraón. Sería pues, completamente erróneo, comprender su vocación como el nombramiento al caudillaje de Israel; pues en este documento, Yahvéh es el único caudillo de Israel. Si pensamos en ese encargo de anunciar los proyectos divinos en la historia, podríamos hablar más bien de una especie de misión profética, pues incluso los prodigios que el Señor pone a su disposición, sirven para testimoniar su misión ante Israel (Ex 4, 1-9). A esta imagen corresponde el estilo profético de J (vete al faraón y dile: así dice Yahvéh... Ex 7, 16 s. 26; 8, 16; 9, 13) y también la intercesión que, según el J, ejerció Moisés en ciertas ocasiones, (Ex 8, 26; 9, 28 s.; Núm 11, 11), pues ésta era la función por antonomasia del primitivo profetismo [9]. ¿Qué era Moisés para J? No un taumaturgo, ni tampoco el fundador de una religión o un estratega, sino el pastor inspirado del cual se servía Yahvéh para comunicar su voluntad a los hombres [10].

La imagen de Moisés en el *elohista* ha sufrido ya una transformación notable. Comparado con J el relato elohista de su vocación está mucho más recargado teológicamente, por el esfuerzo de unir la religión del «dios de los padres» con la yahvista [11]. Pero sobre todo se ha cambiado la concepción de su oficio. Si J formula así su misión: «di a los ancianos, yo, Yahvéh, quiero sacar a Israel» (Ex 3, 16 s.; cf. v. 8) en E leemos «tu sacarás a Israel» (Ex 3, 10.12). La diversidad de expresiones manifiesta una clara divergencia de concepciones, pues E da mayor relieve a la misión de Moisés como instrumento divino del éxodo. En este sentido es característico —como ya se hizo constar hace tiempo— la gran importancia del báculo que le dio el mismo Dios [12]. Ahora el taumaturgo es Moisés, que roza los límites de

naturalmente de negar a J todas las menciones del bastón. Así, p.e., es probable que Núm 17, 8-16 deba atribuirse a J.

9. Gén 20, 7; 1 Sam 7, 5; 12, 19. 23; 2 Re 19, 1 s.
10. E. Sellin, *Mose*, 129.
11. Véanse más arriba las páginas 234 s.
12. J. Wellhausen, *Die Composition des Hexateuch* ([2]1889) 66.

la magia; con sus intervenciones ante el faraón, en el mar Rojo y en otras situaciones semejantes da a la historia sus impulsos decisivos [13]. El documento J no parece haya conocido el bastón, al menos como medio de transmitir el poder milagroso a Moisés [14].

E consigue aumentar la importancia de Moisés oponiéndolo a Aarón. En la historia del «becerro de oro» Aarón es su contrafigura negativa; y en la curiosa definición de sus relaciones mutuas —Moisés es Dios para Aarón y Aarón es la boca para Moisés— éste último toma la iniciativa, Aarón es el portavoz que la ejecuta (Ex 4, 16). Ahora bien, es muy probable que todo el documento elohista provenga del primitivo movimiento profético; por eso no es de extrañar si la narración avanza ocasionalmente con una terminología profética, y si esta fuente concibe a Moisés como profeta. De hecho le llama נביא (profeta) (Dt 34, 10), y a su hermana Miriam נביאה (profetisa) (Ex 15, 20). Pero el profetismo que representa tiene un carácter particular; Moisés es un profeta activo, interviene en los acontecimientos no sólo con sus indicaciones sino sobre todo con prodigios dramáticos. Finalmente, Moisés supera todos los profetas (Núm 12, 7 s.). Su רוח (espíritu) era tan poderoso que, al comunicarlo a los 70 ancianos, bastó una parte para alterar su estabilidad psíquica y ponerlos en un estado de excitación extática (Núm 11, 25 s.). También aparece aquí su función mediadora e intercesora (Ex 18, 19; 32, 11-13; Núm 12, 11); pero una vez más vemos cómo acentúa este rasgo, e incluso lo radicaliza al máximo: Moisés se declara pronto a ser

---

13. Ex 4, 17; 9, 23; 10, 13; 14, 16; 17, 9 s.

14. J. WELLHAUSEN, *l. c.*, 68, consideró instructivo comparar entre sí estos textos:

J	E
Yahvéh empujó un viento del este hacia el país, todo el día y toda la noche; a la mañana siguiente el viento trajo la langosta que invadió todo Egipto y se posó en todo el territorio; tan numerosa como no la hubo antes ni la habrá después (Ex 10, 13 b. 14 b).	Yahvéh dijo a Moisés: extiende tu mano sobre Egipto; haz que la langosta invada el país y se coma la hierba y cuanto ha quedado del granizo. Moisés extendió la vara sobre Egipto y la langosta invadió todo Egipto (Ex 10, 12. 13 a. 14 a).

αναϑημα (anatema) para salvar al pueblo (Ex 32, 32; cf. Rom 9, 3). Moisés ejerce ocasionalmente la función sacerdotal (Ex 24, 6). Por esto, la imagen elohista de Moisés no es del todo unitaria, pero en su conjunto representa un paso teológico decisivo con relación a la yahvista.

El *Deuteronomio* nos ofrece el retrato más acabado de Moisés y el de mayor impronta teológica. También aquí es un profeta, más aún, es el profeta por antonomasia (Dt 18, 18) por ser tipo y norma de todos los profetas, con cuya venida Yahvéh ha garantizado su contacto permanente con el pueblo. Pero este documento tiene una idea muy diferente de E sobre el profetismo, pues el Deuteronomio nunca dice que los profetas intervienen en la historia con milagros o cosas parecidas. Además son raras las ocasiones en que actúa como caudillo militar (Dt 1, 23; 2, 20 s.; 3, 18) pues su verdadero oficio consiste en transmitir a Israel, en la predicación, la palabra que Yahvéh le había comunicado. En el Deuteronomio Yahvéh sólo habla a Israel a través de Moisés; además deduce y legitima este oficio mediador con la «prueba de la Escritura» de que Israel no quiso escuchar directamente a Yahvéh (Dt 5, 20-26).

El *corpus* del Deuteronomio, considerado como un discurso de Moisés (y no de Yahvéh), es sin duda la confirmación más impresionante de su función primaria como mediador de la revelación. La aparición del movimiento profético provocó ciertamente este cambio tan profundo en la concepción de Moisés. Pero el Deuteronomio comprende muy bien que, al concentrar en la persona de Moisés la entera relación vital de Yahvéh con Israel, se le convertía en un mediador doliente. No es por cierto un rasgo nuevo en la imagen de Moisés. Una tradición antigua lo presentaba ya «aplastado bajo el peso de todo el pueblo» y altercando con Yahvéh sobre su «aflicción» («¿He concebido yo a todo este pueblo o lo he dado a luz, para que me digas: cógelo en brazos?» Núm 11, 11-17 JE). En la narración antigua se trataba de un simple episodio; en cambio, el Deuteronomio ha desarrollado mucho más la imagen del Moisés doliente y la ha dado un fundamento teológico mayor. Tras el pecado del becerro de oro, es Moisés quien intenta detener la ira de Yahvéh. Permanece 40 días y 40 noches en ayuno ante su Dios: el Dt nos trae palabra por palabra su larga súplica de intercesión (Dt 9, 18 s.; 25 s.). La recepción de las tablas de la ley requiere la misma ascesis (Dt 9, 9). Es más, incluso su muerte fuera de la tierra prometida— un suceso extraño, que las generaciones futuras deben explicarse teológicamente— tiene carácter sustitutivo. Este supremo castigo de la ira divina le alcanzó por causa de Israel, de manera que le será negada la entrada en la tierra prometida (Dt 1, 37; 4, 21 s.). Moisés no discutió con Yahvéh; le suplicó ardientemente que le permitiera pisar la «tierra buena», pero Yahvéh le prohibió secamente cualquier súplica en este sentido (Dt 3, 23-27).

Esta imagen deuteronómica de Moisés debe hallarse en una relación más o menos estrecha con la de Núm 12, 3. La frase, que es probablemente una adición tardía a la narración tan primitiva de Núm 12, 1 s., habla en términos muy expresivos sobre la humildad de Moisés (צבוֹת «era el más humilde de los hombres»). Si pensamos que las tradiciones más antiguas destacan los sentimientos contrarios y en particular sus explosiones de ira (Ex 2, 12; 32, 19; Núm 11, 11) nos resultará sorprendente este cambio hacia una humildad ejemplar. La carga prometeica de Núm 11, 10 s., ha desaparecido por completo de la imagen más reciente; en el recuerdo de las generaciones tardías, Moisés se ha convertido en el sumiso «siervo de Dios» (Dt 3, 24; 34, 5).

La imagen de Moisés en el *documento sacerdotal* es a su vez muy distinta de la deuteronómica. De todas maneras ambas coinciden en presentar a Moisés completamente inmerso en la revelación del Sinaí; ya no es uno de tantos sucesos del éxodo, como lo era todavía en E, sino que Moisés existe precisamente en función de ella; lo absorbe de tal modo que su actividad tiene siempre alguna relación con ella. En consecuencia, P le despoja de muchas funciones que le atribuía la tradición antigua (en particular E). Esta tendencia aparece con mayor evidencia en las plagas de Egipto donde ya no es Moisés sino Aarón quien las provoca (Ex 7, 19-20; 8, 1 s. 12 s., etc.). Dios da la orden a Moisés, pero éste la pasa a Aarón y es Aarón quien entra en competición con los hechiceros paganos. El bastón utilizado para los milagros es aquí el de Aarón [15]. Lo mismo sucede con el ofrecimiento de los sacrificios que, como es natural, P lo considera una prerrogativa exclusiva de Aarón. Moisés no interviene ni siquiera en los casos de amotinamiento [16].

Los conceptos comunes de sacerdote, taumaturgo, profeta y otros, no alcanzan a expresar lo que era Moisés para P. Se encuentra por encima de todo ello; queda libre para conversar con Yahvéh. La imagen de Moisés que asciende solitario hacia la nube del Sinaí y permanece mucho tiempo en conversación con Yahvéh es característica de esta concepción (Ex 24, 15 b-18). Cuanto más se le acercaba a Dios, tanto más se le alejaba de los hombres. Huyen cuando regresa de la cima del monte y, para poder conversar con ellos, Moisés debe ocultar el reflejo divino de su rostro (Ex 34, 29 s.). Pero al mismo tiempo P lo considera un ser plenamente humano; en efecto, este documento conoce la grave falta que le impidió pisar la tierra prometida [17]. Y así también se distingue mucho del Deuteronomio en el modo de solucionar el enigma que excluyó a Moisés de Canaán.

VII

LA ENTREGA DE CANAAN

En las primeras exposiciones de la historia salvífica que encontramos todavía en el antiguo credo o en textos parecidos, la entrega de Canaán es la última acción salvífica de Yahvéh. La historia de las formas nos permite comprobar con certeza absoluta que esa primitiva imagen de la historia termina con la

---

15. Ex 7, 9. 19; 8, 1. 12. Moisés provoca sólo la última plaga, la más grave (Ex 9, 8-12).
16. Núm 16, 4. 22; 17, 10; 20, 6.
17. Núm 20, 8 s. 12. 24; 27, 13 s.; Dt 32, 51. El texto no da ya una respuesta clara a la vieja cuestión ¿en qué pecó Moisés? Quizás la reverencia de las generaciones posteriores lo ocultó. Según el Sal 106, 33 «desvariaron sus labios».

posesión de la tierra prometida y no se prolonga hasta la época de los jueces o de la monarquía [1]. Por esto, las fuentes del Hexateuco terminan también con la instalación de Israel en Palestina. La afirmación de Israel: «Yahvéh nos entregó el país de Canaán», suena muy sencilla e indudablemente las generaciones antiguas la entendían con esta misma simplicidad. Sin embargo la exposición de este acto salvífico en el Hexateuco es todo menos sencilla. Una observación más atenta de la misma nos indica que está compuesta de diferentes descripciones de dicho acontecimiento; además las ideas teológicas —p.e., la relación de Yahvéh con este país— son también muy distintas. Así pues será fácil reconocer que en el edificio histórico del Hexateuco, se han incorporado muchas tradiciones históricas y teológicas, provenientes de épocas y ambientes muy diferentes. Tampoco debe sorprendernos si Israel se ocupó de este acto salvífico de muchas maneras; no le faltaban ocasiones y tenía todas las posibilidades para ocuparse de él desde una perspectiva teológica. Una vez más, nuestra tarea consiste en presentar las principales ideas y concepciones que se fueron acumulando en torno a este acontecimiento. No intentamos armonizarlas, pues no obstante sus diferencias, Israel no vaciló en yuxtaponerlas o mejor dicho en sobreponerlas.

«Nos trajo a este lugar, y nos dio esta tierra, una tierra que mana leche y miel». Así terminaba el antiguo credo (Dt 26, 9). Del contexto deducimos que este texto se recitaba durante la ofrenda de las primicias y por lo tanto, la profesión de fe en la entrega de Canaán pertenecía desde antiguo a la esfera del culto, donde se mantuvo en una perenne alabanza, hasta los tiempos más recientes. Más antigua es todavía la promesa de la tierra a los patriarcas. Proviene del período de los patriarcas preisraelitas, y pronto se fundió con sagas cultuales de Palestina; es decir, con sagas cananeas. Precisamente su uso y distribución sistemática en la historia patriarcal del yahvista hicieron de esta promesa el tema dominante (*leitmotiv*) de todo el Hexateuco [2]. Con ella

---

1. Véanse más arriba las páginas 167 s.
2. Véanse más arriba las páginas 220 s.

se obliga al lector a relacionar la conquista de Canaán bajo Josué con la promesa a los patriarcas. Pero esto es ya una interpretación teológica.

Cierto, también existía una tradición de la conquista que se encontraba todavía fuera de esta perspectiva teológica. Algunas recientes investigaciones parecen indicar que, sobre todo en Guilgal, se celebraba una fiesta de la conquista, en la cual coincidían la fiesta del paso del mar Rojo y la del Jordán (Sal 114). También las unidades narrativas de Jos 2-9 pertenecían en su origen a la etilogía de este santuario. El tema de la entrada en Canaán bajo la guía maravillosa de Yahvéh, que existía antes de ella y ahora las une entre sí, debió de ser igualmente una tradición cultivada sobre todo en Guilgal [3].

Sin embargo es razonable pensar que ya en el primitivo Israel existieron otros ambientes y lugares, en donde se cultivó este último elemento del antiguo credo. Sus exponentes no se encontraban sólo en los santuarios; también lo cultivaron desconocidos cantores y en particular aquellos trovadores ambulantes sin cuyo trabajo sería impensable la futura configuración de los materiales del Hexateuco. No obstante esta diversidad de situaciones vitales (*Sitze im Leben*) y la suerte varia de las tribus o grupos tribales en la conquista de su territorio, el contenido de estas antiquísimas afirmaciones confesionales es simple y uniforme: se trata siempre de celebrar una acción divina, que para estos textos estaba a la plena luz de la historia. Cualquier tribu o grupo de peregrinos reunidos en un santuario podía confesar que Yahvéh había entregado la tierra de Canaán a su pueblo en el curso de su guía histórica. El contenido de tales profesiones de fe empezó a complicarse cuando se dio comienzo a la elaboración teológica que generalizaba las múltiples tradiciones locales [4].

---

3. A. ALT, I, 176 s.; K. MÖHLENBRINK, *Die Landnahmesagen des Buches Josua*: ZAW (1938) 239 s.; H.-J. KRAUS, *Gilgal*: VT (1951) 181 s.; H. WILD-BERGER, *Jahwes Eigentumsvolk* (1960).
4. Con la tesis de Noth, que niega la presencia de las fuentes J, E y P en el libro de Josué (*Überl. Studien* 88, 209 s.; *Josua* [HAT] 7 s.) el análisis de las fuentes se ha vuelto incierto en este libro. Por esto, mientras esperamos

Esta elaboración comenzó temprano, pues llegó incluso a oscurecer el recuerdo de una entrada pacífica de las tribus en el curso de las transhumancias, como ocurrió en realidad [5]. La descripción de los hechos en Jue 1, 1 s., se distingue todavía fuertemente de la imagen tardía de Jos 2-10 que se sobrepuso luego a aquella. En efecto, Jue 1, 1 s. presenta el ingreso en Canaán, como la suma de las distintas empresas particulares de las tribus, cada una de las cuales actúa con plena independencia. Sin embargo también la concibe como un acontecimiento general de carácter bélico. No podemos pensar que desde el primer momento las tribus se proponían «arrojar» a todos los «cananeos» de sus ciudades [6]. La realidad fue otra: sólo en una fase posterior se volvieron tensas las relaciones con los oriundos del país y, una vez robustecidas las tribus, se llegó ocasionalmente a la lucha armada. De esta manera, la experiencia posterior de la imposibilidad de una convivencia pacífica, y además, la legítima reivindicación del entero país por Israel, llegó a marcar las tradiciones primitivas. También en éstas se ocultaba aquella intransigente antítesis («o esto o aquello»), de la que Israel sólo adquirió plena conciencia en la teología del Deuteronomio.

Por cuanto se refiere a esa reivindicación teórica del país por parte de Israel, la encontramos ya en vigor en una época muy antigua, en los llamados «postulados territoriales» de cada tribu. Tanto el sistema de los confines tribales del libro de Josué como las listas de las ciudades no conquistadas, nos permiten comprobar que en la época de los jueces existían reivindicaciones bastante precisas, y fundamentalmente teóricas, de las tribus sobre determinados territorios, que seguían siendo habitados por

---

una aclaración posterior del problema, dejaremos a un lado el esquema de las fuentes literarias y nos limitaremos a distinguir entre las partes más antiguas y las más recientes del libro. Basándose en las listas, recientemente J. Hempel admite la participación de P en la descripción del reparto del país. J. HEMPEL, *Pauly Wissowa*, XXII 2, col. 1957, 1965.

5. Sobre el ingreso en el país en el curso de las transhumancias, véase A. ALT, I, 139 s.; M. NOTH, *Historia de Israel*. Garriga, Barcelona 1965, 76 s. y 141 s.

6. Jue 1, 27 s.

los cananeos [7]. Nada sabemos acerca de su origen, es decir sobre la autoridad que los emanó, los ordenó e interpretó en casos de conflicto [8]. Pero es innegable que ellos derivaban tales reivindicaciones del mismo Yahvéh y de su voluntad, pues el país le pertenecía y él sólo podía disponer de él.

La idea de que Canaán es el país de Yahvéh, «la heredad de Yahvéh» (נחלת יהוה) es sin duda, muy antigua, y poco después del ingreso en Palestina pasó a ser propiedad común de las tribus de la anfictionía [9]. La idea tuvo en un principio un carácter marcadamente sacro, pues Israel identificó este país con el lugar donde debía dar culto a Yahvéh. Si uno se encontraba fuera de sus fronteras, estaba «lejos de la faz de Yahvéh» (1 Sam 26, 20). Pertenecer a Yahvéh equivalía a «tener parte (חלק) en el país de Yahvéh» (Jos 22, 25). Ahora bien, si Yahvéh era el verdadero dueño de la tierra, se seguían consecuencias muy concretas en la reglamentación de la propiedad entre los hombres. La frase «mía es la tierra, vosotros sois forasteros y criados» (Lev 25, 23) puede considerarse realmente el fundamento teológico del derecho agrario israelita. Además de la propiedad familiar hereditaria, el antiguo Israel conocía una propiedad común, que debía sortearse periódicamente; conocía pues 'la institución de una posesión comunitaria de la tierra. El sorteo era un acto sagrado, seguía al año de barbecho, que a su vez tenía también carácter sagrado, pues era una profesión de fe en el derecho exclusivo de Yahvéh sobre la tierra. Según Miq 2, 5 «se tira el cordel», sobre un lote, «en la asamblea de Yahvéh» (קהל יהוה). En el salmo

---

7. Sobre los «postulados territoriales» de las tribus, véase A. ALT, I, 116, 121, 197; II, 51. Nos llaman sobre todo la atención cuando trazan las fronteras de la tribu de Judá (¡a través de la región filistea!) hasta el mar o cuando reivindican para ella el territorio de las ciudades-estados cananeas en la llanura de Jezrael (Jos 15, 9-17; Jue 1, 27).

8. Noth piensa en los «jueces de Israel», que pudieron tener la función de solucionar litigios territoriales entre las tribus (*Festschrift für Nötscher*, 1950 162 s.).

9. Ex 15, 17; 1 Sam 26, 19; 2 Sam 14, 16; Jer 2, 7; 16, 18; 50, 11; Sal 68, 10; 79, 1. Véase Jos 22, 19. H. WILDBERGER, *Israel und sein Land*: Evang. Theol. (1956) 404 s.

16, 6, hallamos un recuerdo muy espiritualizado de esta antigua costumbre [10].

La idea de que Yahvéh es el verdadero Señor del país, no era por consiguiente una simple doctrina teórica; se fundaba en concepciones del derecho sagrado, las cuales ejercían una influencia muy concreta en la vida cotidiana de Israel. Pero nos llama la atención observar que este grupo de ideas en torno a Yahvéh, Señor del país, aparece muy pocas veces en el Hexateuco y sobre todo en la descripción de la conquista [11]. En cambio, muy a menudo oímos hablar del país prometido a Israel (y antes ya a sus padres). Este conjunto de ideas sobre la promesa de la tierra es completamente independiente del anterior. Ni siquiera en uno solo de los innumerables textos en donde se apela a la promesa de la tierra, se la designa como propiedad de Yahvéh; es, más bien, el país que pertenecía antiguamente a otros pueblos y Yahvéh al realizar su plan histórico lo entregó a Israel. Ya vimos cómo la promesa del país se remonta a los tiempos más lejanos del culto al «dios de los padres». Repartida por toda la historia de los patriarcas, la promesa del país se convierte en el tema dominante (*leitmotiv*) del Hexateuco; las fuentes lo recogen de nuevo en el libro de Josué [12].

La narración del ingreso en Canaán en el libro de Josué (Jos 1-10) desarrolla las cortas y apretadas afirmaciones confesionales o hímnicas en un acontecimiento extenso y complejo. Comienza con la historia de Rahab (Jos 2), termina con la batalla junto a las aguas de Merom (Jos 11) y se descompone al menos en 8 sucesos mayores: los espías exploran Jericó, paso del Jordán, conquista de Jericó, derrota ante Ay, conquista de Ay,

---

10. A. ALT, I, 327 s.
11. Los únicos ejemplos: Lev 25, 23; Jos 22, 19. Véase G. VON RAD, *Verheissenes Land und Jahwes Land im Hexateuch*: ZDPV (1943) 191 s. (*Ges. Studien*, 87 s.). La sobria imagen de la conquista del país en el curso de un acto histórico, se distingue claramente de no pocas afirmaciones que comprenden de manera casi mitológica las relaciones de Israel con el país. Estas provienen del pensamiento sagrado de las regiones agrícolas cananeas; en la primera, en cambio, la fe yahvista se expresa de manera más original.
12. Jos 1, 2 s. 11. 15; 9, 24; 10, 42; 14, 9; 21, 43; 23, 5. 15; 24, 13.

engaño de los gabaonitas, Josué vence la coalición cananea, batalla junto a las aguas de Merom. La técnica narrativa merece también una consideración teológica particular. Por un lado, las narraciones acentúan en los puntos culminantes de tales acontecimientos (paso del Jordán, toma de Jericó, victoria de Josué: Jos 10), su carácter exclusivamente milagroso, mientras por otro lado se mueven en un realismo sobrio, abierto a complicados procesos psicológicos. La descripción del modo como Israel se complace en aceptar como oro puro las alabanzas que los astutos gabaonitas tributan a Yahvéh, y cómo se dejan embaucar tontamente, cayendo en una trampa ridícula, posee cierto humorismo y una notable carga de autoironía (Jos 9). Por consiguiente no debemos considerarlas en modo alguno narraciones primitivas de milagros, pues fueron modeladas en una época tardía, cuando el realismo de la narrativa israelita había desarrollado sus posibilidades más asombrosas; es decir, en el primer período de la monarquía [13].

Es evidente que este grupo de narraciones quiere describir la entrada de «todo el pueblo» (Jos 1, 2) y así «todo Israel» (Jos 3, 1. 7, etc.) penetra en el país como un gran ejército a las órdenes de Josué. Este modo de presentar los acontecimientos no corresponde, como se sabe desde hace tiempo, con la imagen de Jue 1, 1 s., pues según este relato yahvista, cada tribu conquistó su territorio en empresas independientes. Pero todavía hay más: observando más detenidamente la descripción de Jos 2-10 vemos que no satisface las intenciones del narrador, pues el camino de Jericó a Ayalón supera apenas los confines de una sola tribu, la de Benjamín. Por lo tanto, el antiguo complejo narrativo de Jos 2-9 resulta ser una tradición benjaminita sobre la conquista de Canaán; se le añadió una breve noticia efraimita y a continuación sigue, de manera abrupta (Jos 11), otra tradición bastante aislada de origen galileo [14]. Existe por consiguiente una clara tensión entre la imagen que resulta del material narrativo y la intención del redactor, que quería con él narrar la conquista

---

13. Véanse más arriba las páginas 84 s.
14. A. ALT, I, 167 s.; M. NOTH, *Josua*, 11 s.

del país por todo el pueblo israelita, exigiéndole más de lo que podía dar de sí. Esta idea encuentra su expresión más gráfica en aquella frase del narrador donde afirma que Israel conquistó todo el país «de una sola vez» (פעם אחד Jos 10, 42). De esta manera se llevó a término la grandiosa imagen que el tardío Israel se formó del último acto salvífico de Yahvéh. Ya no era posible unificar más esa imagen.

No podemos concluir diciendo que la imagen es evidentemente «legendaria» por ser un producto exclusivo de la fe. Cierto, no se agota en sí misma, como cualquier otro documento histórico; ella quiere decir a quien la contempla: ¡así condujo Yahvéh los acontecimientos y manifestó su gloria! Ante él, Israel es siempre una unidad; su actividad histórica no se redujo a una simple improvisación de sucesos aislados; en la historia salvífica Yahvéh actúa siempre con el entero pueblo israelita. Esta imagen exige con vehemencia sus derechos y en realidad demostró una gran capacidad de modelar los acontecimientos futuros. El proceso es interesante: Israel describe los hechos con una magnificencia, que sobrepasa ampliamente el contenido de las narraciones más antiguas y realistas. La fe se apodera de tal manera de los materiales, que presenta el acontecimiento desde adentro, tal y como ella lo percibe. La fuerza que sostiene y configura esta imagen tardía de la conquista de Canaán es el celo ardiente por cuidar y alabar las hazañas de Yahvéh [15].

A la narración del ingreso y la conquista de la tierra sigue la descripción del reparto de los territorios a las tribus (Jos 13-21). El material utilizado para ilustrarlo presenta de nuevo una situación curiosamente contradictoria. Consta esencialmente de descripciones de fronteras (Judá, Benjamín, Maquir y Efraim) y listas de ciudades (Judá, Benjamín, Simeón, Dan). Mientras las primeras pertenecían a un conjunto de fronteras tribales, que

---

15. En estas condiciones tiene sólo una importancia marginal la cuestión de saber si la conducta de los cananeos pudo ser la causa de su expulsión. Jos 11, 20, parece bastante primitivo (Yahvéh endureció su corazón). En cambio Gén 15, 16 ó Lev 18, 24 s. se acercan más a una explicación racional.

refleja todavía la situación anterior a la monarquía; las listas de ciudades reproducen la expansión septentrional de Judá bajo el rey Josías [16]. Debemos admitir que el compilador de estos documentos carecía del material apropiado para describir el reparto del país en tiempos de Josué, y debía atenerse a las fuentes que tenía a su disposición. Pero sería falso acusarle de haber faltado a las reglas más elementales del historiador, por haber utilizado textos tan recientes en su descripción del ingreso en Canaán.

El que introdujo esas listas, en parte tardías, en su exposición histórica, no era ciertamente un historiador en el sentido moderno de la palabra; pero en el empleo de las fuentes no es tampoco tan ingenuo como parece. Antes deberíamos preguntarnos si nuestro positivismo histórico puede ser justo con estas descripciones. Ya lo dijimos más arriba: la actividad histórica de Yahvéh forma una unidad. Después de la entrada en Canaán continuó actuando como antes y por esto, un escritor del exilio podía sin más unir teológicamente lo narrado en los documentos del tiempo de Josías con otras fuentes mucho más antiguas; ambas eran para él documentos de una misma e idéntica voluntad histórica de Yahvéh; e incluyendo documentos casi contemporáneos en su exposición la volvía más actual para su época.

Cuando Israel hablaba de la entrega de Canaán no lo hacía recordando un pasado glorioso; se trataba más bien de una profesión de fe en Yahvéh que cada época debía formular a su manera. Particularmente clara y expresiva es, una vez más, la concepción teológica del deuteronomista, quien con su actividad redaccional unió elementos en parte tan dispares en el libro de Josué [17]. El deuteronomista fue en realidad el que llevó al extremo la idea de una conquista bélica del país: «Uno solo de vosotros perseguía a mil» (Jos 23, 10) [18]. También fue quien en-

---

16. A. ALT, I, 193 s.; 276 s.
17. Las adiciones dtr más importantes desde el punto de vista teológico son Jos 1, 1-18; 21, 43 - 22, 6; 23, 1-16.
18. Véase Jos 1, 5; 3, 3. 10; 23, 3.

sanchó las fronteras de la tierra prometida mucho más allá de los límites indicados en las listas; ahora se extienden desde los confines del desierto, al sur y al este, hasta el Líbano y el Eufrates (Jos 1, 4; 12, 1); y es él finalmente quien habla de la bondad y fecundidad de este país como si fuera un paraíso[19].

Con la posesión de Canaán Yahvéh «condujo Israel al reposo». La expresión aparece muchas veces; se trata evidentemente de la fórmula deuteronomística donde se expresa el bien supremo y último que Yahvéh concedió a Israel al entregarle el país. Con este don había cumplido plenamente su promesa[20]. En este sentido Jos 21, 43-45 ocupa una posición teológica clave en la conclusión del Hexateuco:

> Yahvéh dio a Israel toda la tierra que a sus padres había jurado darles, y se posesionaron de ella y se establecieron allí. Yahvéh les concedió el descanso en torno suyo, como se lo había jurado a sus padres; ninguno de sus enemigos pudo resistirles, y Yahvéh los entregó a todos en sus manos. Las buenas palabras que Yahvéh había dicho a la casa de Israel, todas se cumplieron.

El deuteronomista hace aquí una amplia reflexión sobre las relaciones entre promesa y cumplimiento. Desde el punto de llegada, vuelve la vista hacia atrás, hacia las «buenas palabras» de Yahvéh y —como si hiciera un balance— las mide con la realización que él mismo puede comprobar. El resultado es halagador: «no falló» una sola de sus promesas; todas se cumplieron en la historia. Este grandioso plan histórico de Yahvéh con Israel ha llegado a su meta, y con esto se hace el balance de todo el Hexateuco[21]. Por consiguiente, cualquier otro impulso en la historia salvífica sólo podrá nacer de una nueva promesa de Yahvéh; pero esto se halla todavía fuera de su horizonte. Sin embargo ese gran balance deuteronomista traiciona un trasfondo claro y monitorio: como cumplió sus promesas, así también Yahvéh

---

19. Jos 5, 6; 23, 13. 15. En cuanto a las afirmaciones del dtr sobre la tierra prometida, cf. más arriba las páginas 286 s.
20. Jos 1, 13. 15; 11, 23; 22, 4; 21, 43; 23, 1.
21. Véase Jos 23, 14.

ejecutará sus amenazas si le desobedecen (Jos 23, 11 s.). Esta preocupación nace de otra peculiaridad del deuteronomista, es decir, él ve una íntima conexión entre la entrega de Canaán y la revelación del Sinaí [22]. En Jos 21, 43-45 y 23, 14 el Hexateuco da la última y más completa interpretación de sí mismo. Pero ésta no era la última palabra de Israel sobre el don del país. Los profetas recogerán la profesión de fe en Yahvéh como el dador de la tierra de Canaán y sobre todo Isaías II, la reactualiza por completo [23].

---

22.   Jos 1, 7 s.; 22, 5; 23, 6, etc.
23.   Una peculiaridad de los profetas tardíos es la designación enfática del país como צבי «la gloria» (Ez 20, 6. 15; Dan 8, 9; 11, 16. 41. 45) e incluso «la mayor gloria de las naciones» (Jer 3, 19).

3

LOS UNGIDOS DE YAHVEH

1. Observaciones metodológicas previas

Nuestro método de trabajo ha partido hasta ahora de la comprobación de que el Hexateuco es el desarrollo de la primitiva profesión de fe de Israel, fija ya desde tiempos muy remotos en su estructura fundamental y en la sucesión de sus afirmaciones. Con esto, nuestra tarea quedaba delimitada de antemano: debíamos mostrar cómo alrededor de esas afirmaciones confesionales, muy simples en su origen, se fueron sobreponiendo otras en estratos sucesivos, pues cada generación debía asimilarlas y expresarlas en la forma teológica propia de su tiempo. Ahora bien, Yahvéh había seguido obrando con Israel; la historia del pueblo de Dios, establecido en Canaán, se convirtió en la historia de Yahvéh, compuesta de múltiples actos, que la fe yahvista considerba de la máxima importancia y anotaba con esmero. Pero, por muy trascendentales que fueran, nunca consiguieron crear o ampliar algún elemento de su profesión de fe. La liberación de Egipto fue siempre un artículo de la fe yahvista; en cambio la garantía de la estabilidad que el Señor otorgó al trono de David (para señalar sólo el más importante de los hechos «poscanánicos») nunca llegó a ser incorporado entre sus afirmaciones de fe. Con ello no se pretende quitarle importancia; significa sólo que este acontecimiento tuvo lugar en el ámbito externo a la verdadera historia salvífica, hecha ya canónica en tiempos muy remotos. El tardío deuteronomista tiene aún plena conciencia de que Josué cierra un gran período de la actividad histórico-salvífica de Yahvéh con Israel. La «obra de Yahvéh» —¡nótese el singular!— comienza a ser historia pasada para la generación posterior a Josué (Jos 24, 31; Jue 2, 7).

A este estado de cosas corresponde también, en la perspectiva del análisis de las fuentes y de la historia de la tradición, una situación completamente distinta de la que presentaba el Hexateuco. De ahora en adelante no se repetirá más el fenómeno de los bloques informes de tradición (¡la perícopa sinaítica!). La exposición no se ciñe a la sucesión de ciertos temas de tipo confesional, que cada generación debía hacer suyos; su estructura sigue, en la historia de la tradición, senderos totalmente diversos. Tampoco utiliza materiales en su mayoría cultuales, sino que trabaja cada vez más con documentos históricos y con verdaderos métodos historiográficos. A decir verdad, también aquí encontramos reelaboraciones y paréntesis de los que emerge a veces una nueva interpretación de los acontecimientos; asimismo desde este momento, la exposición es incomparablemente más fluida, rectilínea y transparente.

Yahvéh siguió actuando con Israel después de la conquista de Canaán. La primera actividad nueva que experimentó Israel fue la protección bélica de Yahvéh en tiempos de gran aprieto. Entonces Yahvéh se servía de su רוּחַ (espíritu) que podía convertir a cualquier israelita en carismático, constituyéndolo de repente en caudillo del ejército; de este modo Yahvéh mismo participa en el combate y vence a sus enemigos con el prodigio del terror divino. El documento más próximo a aquella época es el canto de Débora (Jue 5), donde se expresa con maravillosa vivacidad la admiración frente a esta nueva experiencia con Yahvéh. A su lado encontramos un grupo de narraciones de hazañas que realizó Yahvéh en las guerras santas; por cierto, son obras literarias bastante recientes en las cuales se pone de manifiesto una concepción muy personal y tendenciosa de los hechos.

Pero no olvidemos que estas historias de «héroes tribales», carismáticos y guerras santas en el libro de los Jueces, no son fuentes literarias independientes: aparecen, más bien, como elementos de un conjunto literario y teológico más amplio: la obra histórica deuteronomista. Esta obra colocó en su contexto teológico actual, las viejas narraciones de los Jueces, de las que no sabemos a ciencia cierta si poseían ya anteriormente una forma literaria propia. Ciertamente debemos interesarnos por la forma y el contenido de estas narraciones, cuando todavía existían como unidades independientes, es decir, antes que la poderosa intervención del deuteronomista las encuadrara allí, pero nuestra tarea principal continúa siendo la misma de siempre: esforzarnos por comprender rectamente su contexto literario actual. Ahora bien, como la historiografía deuteronomista pone claramente la época de los Jueces a la sombra de la futura monarquía, modifica considerablemente la perspectiva de los antiguos narradores.

La monarquía fue de hecho la gran novedad que Yahvéh había introducido con su participación ulterior en la historia de Israel. Muy pronto esta monarquía estimuló poderosamente no sólo la creación de literatura, sino también de teología. Por esto, nuestra exposición parte del hecho que, después del Hexateuco, la monarquía davídica es el más próximo e importante punto de referencia de la tradición. El deuteronomista orienta hacia ella la historia posterior a la conquista de Canaán, y a partir de ella traza una línea continua hasta las grandes catástrofes de los años 721 y 587. Así pues en primer lugar debemos exponer las concepciones teológicas sobre la monarquía. Pero una vez más hemos de hacer constar que Israel tomó diversas posturas frente a ella. Por eso intentaremos primero comprender esta aglomeradión de tradiciones desde dentro, es decir, en sus partes más antiguas; y desde allí podremos recorrer el camino de su nacimiento y desarrollo ulterior en la historia de la tradición. Sólo en el tardío esquema histórico del deuteronomista la reflexión teológica pudo remontarse hasta un pasado tan lejano, que le permitiera considerar la época de los Jueces en la perspectiva de la monarquía (por esta razón debemos posponer el examen de esa complicada concepción histórico-teológica de la época de los Jueces). También desde el punto de vista teológico, la historiografía dtr adelanta juicios radicales sobre la monarquía, cuando anota en esta visión retrospectiva el fallo de los ungidos de Israel y Judá y ve que la historia de Yahvéh con Israel, en cuanto dependía de sus ungidos, termina con una catástrofe.

2. LA ALIANZA DAVÍDICA EN LA HISTORIA

La monarquía davídica nació a la luz de la historia. No, como la babilónica que «al principio descendió del cielo» [1]. En este sentido, no se le atribuye la menor aureola mítica. Los textos históricos permiten distinguir claramente las fases políticas decisivas, que llevaron a David a reinar sobre el entero pueblo israelita. La obra literaria que narra la ascensión de David al trono (1 Sam 16, 14 - 2 Sam 5, 12) muestra con el más sobrio realismo, el tortuoso camino seguido por el antiguo guerrero al servicio de Saúl y luego de los filisteos, hasta que llega a ser rey de Israel. Las interpretaciones teológicas posteriores no modificaron esta imagen en ningún punto fundamental. La obra histórica dtr trabaja ya con una figura de David idealizada desde el punto de vista religioso [2] y el cronista no se atrevió a incorporar en su obra la oscura prehistoria de la dinastía davídica, para no enturbiar la limpidez de su imagen de David; por eso comienza con su elección a la corona del entero Israel (1 Crón 11, 1 s.). Este retoque transfigurante ha borrado, de todos modos, un rasgo decisivo en la imagen del ungido de Yahvéh, pues las descripciones antiguas muestran —uno casi diría: con pasión—, al ungido en su humanidad integral, frágil y a veces incluso en situaciones del todo escandalosas. Imposible tomarlo por una encarnación de la divinidad al estilo de la mitología real de Egipto.

La historia de los comienzos de David, recién mencionada, contiene en su forma actual, tres narraciones que en el fondo se excluyen recíprocamente; quieren narrar el momento en que

---

1. «Cuando la monarquía bajó del cielo, entonces (por primera vez) existió la monarquía en Eridu... Así empieza la lista de los primeros reyes de Babilonia» AOT, 147; ANET, 265.
2. Véanse más adelante las páginas 417-418, 424.

el joven David, saliendo de la oscuridad de su niñez, entra en el escenario de la vida pública. Las tres señalan la alta dignidad sagrada que más tarde le será otorgada a este joven; y es a partir de tal dignidad de donde nace el interés por los comienzos de David. La primera narración —David en la corte de Saúl como tañedor de arpa (1 Sam 16, 14 s.)— tomada en sí misma, es una narración sin un acento (*pointe*) religioso particular. La segunda coloca a David en el campamento donde pronuncia unas palabras solemnes y realiza una gran hazaña (1 Sam 17, 1 s.). Sólo la tercera, por cierto la más reciente, es una historia espiritual de vocación, que anticipa la elección y la unción de David a un momento de su temprana juventud (1 Sam 16, 1 s.). Aquí, pues, entra en juego una interpretación posterior, la cual introduce en el reinado de David una idea que en principio le era extraña, como es la designación previa del elegido de Yahvéh por medio de un profeta.

Desde el punto de vista histórico, esta narración piadosa se equivoca; pero, por otra parte, ella es la que recalca con mayor fuerza lo inesperado e incomprensible de la nueva actuación divina, pues la singularidad de este acto de elección por parte de Yahvéh, rebasa incluso la capacidad de comprensión del carismático Samuel. Tampoco oculta que el camino seguido por el nuevo ungido no le ha llevado directamente a su oficio sagrado. Al contrario, David se pierde al principio en negocios profanos y políticos que de ninguna manera dejan ver una orientación final hacia ese cargo. Su misma elección como rey —primero sobre Judá (2 Sam 2, 4) y luego, también sobre Israel (2 Sam 5, 3)— nace, como lo indican claramente las narraciones, de una iniciativa humana, a saber, de «los hombres de Judá» y, luego, de los «ancianos de Israel»[3].

La gran novedad: la confirmación y garantía de este trono por Yahvéh, tendrá lugar más tarde con la profecía de Natán, «cuando el rey se hubo establecido en su palacio» (en Jerusalén)

---

3. A. ALT, II, 41 s.; M. NOTH, *Gott, König, Volk im AT.: Ges. Studien,* 188 s., especialmente 212 s.

(2 Sam 7, 1). Téngase en cuenta que hasta entonces su elevada posición se había consolidado plenamente sin ninguna relación con las tradiciones específicas de Israel, en cuyo centro estaba el arca. En cambio ahora David se convirtió en rey de aquel Israel que era también el pueblo de Dios congregado alrededor del arca. Sólo la profecía de Natán consumó la inserción de David en la tradición sagrada israelita [4]. Por otra parte el texto de la profecía muestra también la sobreposición de diversas concepciones [5]. En el estrato más antiguo, que aún puede observarse en los v. 1-7, 11b, 16, la promesa de Yahvéh se dirige sólo a David; en otro más reciente el interés se centra en su descendencia. Tras esta tradición se ve, claramente, el afán de épocas posteriores por extender el contenido de la profecía a los que «nacerán de tus entrañas». Una nueva redacción se halla en los v. 22-24, los cuales extienden a todo el pueblo de Dios la gran promesa destinada al rey. El contenido de la promesa divina, transmitida de esta manera —más tarde se la habría de llamar חסדי דוד (misericordias de David) (Sal 21, 8; 89, 25. 29. 34; Is 55, 3)— consiste en «edificar una casa» a David, asegurar su reinado sobre Israel y ofrecerle relaciones filiales: Yahvéh quiere ser padre del ungido, éste será su hijo. Por consiguiente, la forma primitiva de la profecía de Natán se encuentra sólo incompleta [6]. Aquí en cambio, nos hallamos ante una narración muy ampliada y, cuya redacción más antigua no parece ser anterior al tiempo

---

4. M. Noth, *David und Israel in* 2 *Sam.* 7: Mélanges Bibliques, rédigés en l'honneur de André Robert (1956) 122 s. (*Ges. Studien*, 334 s.).
5. Nosotros seguimos el análisis literario de L. Rost, *Die Überlieferung von der Thronnachfolge Davids* (1926) 47 s. Para el texto cf. también van den Bussche, *Le texte de la prophetie de Nathan sur la dynastie Davidique*: Analecta Lovaniensia Biblica et Orientalia, Ser. II, fasc. 7 (1948). Nuevo material sobre contactos estilísticos con fórmulas del estilo cortesano egipcio en S. Herrmann, *Die Königsnovelle in Agypten und Israel*: Wissensch. Zeitsch. d. Karl Marx Universität Leipzig, Gesellschafts und sprachwissensch. Reihe 3 (1953-54) 33 s.
6. Un amplio desarrollo de su contenido, sobre la base de 2 Sam 7 se halla en el Sal 89, que proviene en su conjunto de una fecha tardía (comparar la subordinación de los descendientes de David a la ley del Sinaí en v. 31 s., con las páginas 416 s.) y sin embargo contiene tradiciones muy antiguas (sobre todo en v. 20-30).

de Salomón, aunque le fueron incorporados fragmentos de la profecía primitiva.

A su lado, las «últimas palabras de David» (2 Sam 23, 1, s.) parecen mucho más arcaicas en su estilo y contenido. También ellas recuerdan una solemne promesa de Yahvéh a David y traen a la mente un conjunto de ideas que uno, en realidad, esperaba encontrar ya en 2 Sam 7: Yahvéh hizo una alianza eterna (בְּרִית עוֹלָם) con David. De hecho ésta es la única expresión apropiada para la mentalidad hebrea, pues se trata de un contrato de favor que establece una nueva base jurídica para futuras relaciones entre ambos contrayentes. Lo mismo expresa el importante Sal 132 cuando habla de un juramento de Yahvéh (v. 11). La novedad decisiva en esta relación jurídica establecida por Yahvéh, era sin duda la filiación divina del rey. De aquí se derivan consecuencias que sólo las generaciones posteriores llegaron a comprender en toda su amplitud. Sobre ellas hablaremos más adelante [7]. Yahvéh «encenderá una lámpara para su ungido» (Sal 132, 17), es otra promesa divina que ocupará la atención de sus futuros descendientes [8]. De este modo la profecía de Natán se convirtió en creadora fecunda de tradición como lo indica ya, a escala reducida, la compleja estratificación de 2 Sam 7; en efecto, la promesa de Yahvéh no será jamás olvidada y las épocas sucesivas la interpretarán y actualizarán sin cesar. En ella encuentran su origen histórico y su legitimación todas las esperanzas mesiánicas [9].

Pero también es significativo observar que el Antiguo Testamento no transmite la profecía de Natán sólo por su valor intrínseco, como si fuera p.e., la expresión religiosa de una nueva concepción de las relaciones entre Dios y el hombre. Su verdadero interés radica en el hecho de representar un nuevo coeficiente de la historia que Yahvéh conduce. El análisis de las fuentes sugiere como probable que 2 Sam 7 pudo existir antes como

---

7. Véanse más adelante 422 s., 430 s.
8. Sobre el sentido de esta promesa en la obra dtr cf. la página 420.
9. A. ALT, II, 63 s.; L. ROST, *Sinaibund und Davidsbund*: ThLZ (1947) 129 s.

narración independiente, pero no parece haya durado por mucho tiempo en esta situación; pues muy pronto (¿en tiempo de Salomón?) fue incluida en la gran «historia de la sucesión al trono de David» como una de sus piezas fundamentales. De este modo la alianza con David fue también incorporada a un conjunto histórico de grandes dimensiones. De aquí resultó sin duda, un considerable cambio de perspectiva: el interés de la narración ya no se centra únicamente en el hecho histórico en cuanto tal, sino en el problema de sus repercusiones históricas y de su confirmación a través de una cadena de graves conflictos de política interna. Nuestra tarea, consiste, por lo tanto, en comprender rectamente en sus elementos esenciales, esta obra cuya importancia es considerable tanto en su aspecto artístico y cultural como teológico [10].

Contrariamente a las obras literarias de las que nos hemos ocupado hasta el presente y que, como es sabido constan de muchas unidades narrativas independientes, «la historia de la sucesión al trono de David» (prescindiendo de algunas inserciones) constituye, desde el principio hasta el fin, una unidad literaria. Por lo tanto, desde el punto de vista literario, se trata de una exposición histórica de cierto rango y con pretensiones particulares. Su cohesión literaria es casi perfecta y nos hace esperar desde un principio una unidad espiritual y teológica, mucho mayor de la que pueden ofrecer composiciones literarias, cuyas partes habían poseído ya una marcada individualidad. De hecho la obra se halla bajo una gran tensión: empieza con una especie de disonancia: la reina es estéril (2 Sam 6, 23) y sigue inmediatamente la profecía de Natán. Con esto presenta el tema y crea la tensión: ¿cómo podrá cumplir Yahvéh, en tales circunstancias, la promesa de «edificar una casa a David»?

El antiguo motivo narrativo de la esterilidad de la futura madre representa una vez más el «punto tenso» de la acción.

Esta tensión mantiene en supenso al lector hasta el último acto, allí donde el problema alcanza su mayor dramatismo: «¿Quién se sentará eń el trono del rey, mi señor, después de él?» (1 Re 1, 20. 27). El conjunto de sucesos inseridos entre aquel comienzo y este fin (la subida al trono de Salomón) posee una extrema variedad y se extiende largamente en la exposición de la problemática tanto política como humana; sin embargo en el trasfondo resuena siempre la cuestión principal: Amón, primogénito de David, es la víctima de su desenfreno; Absalón, de sus planes ambiciosos. Se elimina la posibilidad, siempre discutible, de que un descendiente de Saúl pueda llegar a suceder a David. Por fin el benjamín Salomón entra en escena; su hermanastro Adonías, por ser mayor que él, era el legítimo pretendiente a la corona, pero en el último momento Natán y Betsabé consiguen entronizar a Salomón. Luego Salomón elimina a su rival, Adonías.

Lo que cautiva la atención del teólogo atento en esta obra histórica, es la excitante profanidad de la exposición. El historiador ha ordenado con extraordinaria habilidad esos complicados sucesos en una serie de escenas, cada una de las cuales es una pieza maestra de descripción realista. Su intención era, sin duda, familiarizar al lector con la complejidad política del joven reino, pero especialmente con los problemas que pesaron sobre «la casa de David», la naciente dinastía. Si este interés por los problemas políticos y constitucionales era totalmente nuevo en la literatura de Israel, también lo eran las posibilidades con que cuenta el escritor para caracterizar sus personajes. En efecto, lo que aquí se describe son caracteres. En el centro está David, un hombre de fuertes contradicciones internas. Como político era de una perspicacia genial: como hombre le agitaban múltiples pasiones que podían llevarlo hasta el crimen, pero siempre fue capaz de generosos impulsos y de noble dignidad en la desgracia. En su vejez le tocó ver cómo palidecía su estrella y el favor y la popularidad pasaban a sus hijos. Tenía una verdadera debilidad por los hijos, debilidad que se convirtió en falta y llevó su trono al borde del abismo. Pero también las demás figuras de esta abigarrada pieza tienen su perfil bien definido:

los príncipes, el jefe de los mercenarios, los rebeldes, las mujeres y la gente del pueblo.

Esta descripción psicológica, discreta pero aguda, excede sobremanera las posibilidades que poseían en este campo las antiguas narraciones, y una vez más da prueba de la apertura universal del historiador, pues los personajes descritos se hallan muy lejos de los «tipos religiosos». Amor y odio, intrigas, orgullo, humillaciones, astucia y pruebas de gran lealtad desfilan ante el lector atento, sin que se censuren las sombras ni se alabe lo luminoso. La libertad que se toma el historiador con relación al rey es algo único en el antiguo oriente. Por otra parte nada más ajeno a él que servir al lector cosas sensacionales o chismes. Un tono de austera nobleza invade toda la obra [11].

Esa rigurosa cautela en emitir un juicio directo cuando presenta sucesos tan palpitantes, ese sereno dejar las cosas, incitan aún más al lector a preguntarse cuál podría ser la mentalidad del historiador. Pues, por mucho que se oculte tras los sucesos, no puede pasar desapercibido al lector atento. No es un juego de casualidades lo que este escritor pinta, sino destinos —en el sentido primario de la palabra—. Una tensa cadena de pecado y sufrimiento pasa ante el observador. Una ilusión, la seducción de la gloria u otras satisfacciones enredan estos hombres en la culpa y en ella sucumben. Así sucedió con Amón, Absalón, Adonías, Joab, Ajitofel y Seba. Y, por encima de todo, está el pecado del mismo rey, en especial en lo referente a Urías y a las debilidades para con sus hijos. Natán había dicho a David que cuanto había hecho en secreto a Urías, él lo experimentaría en público «ante todo Israel y a la luz del sol» (2 Sam 12, 11). Al poco tiempo Absalón, en un acto oficial toma descaradamente posesión del harén de su regio padre (2 Sam 16, 22).

Aquí aparece de pronto, en la palabra de un profeta, la idea

---

11. También vale para ella lo que se ha dicho de la historiografía de Tucídides: «tenemos que contar con una nobleza de la que no conseguimos fácilmente hacernos idea». K. REINHARDT, *Von Werken und Formen* (1948) 269.

de la *némesis* (retribución) que domina toda la exposición histórica. Dios mismo actúa contra el malhechor en la ley del talión,
la cual mueve ocultamente la historia. El teólogo hará bien en
abandonarse sin recelos a la sombría grandiosidad de un cuadro
histórico tan profano. Esta historia posee realmente un lado
espectacular cuando presenta unos hombres que parecen abandonados a sí mismos y a un círculo maléfico de faltas y de penas
provocado por ellos mismos. En esta perspectiva ni siquiera
el acto final, la entronización de Salomón, deja respirar libremente al lector; ha tenido que presenciar demasiadas cosas
tenebrosas.

Pero el historiador, que ha presentado sin ilusión el juego de
sus figuras en el escenario político, es con todo un teólogo, que
tiene ciertamente una concepción bien precisa de las relaciones
de Dios con la historia[12]. Sólo en tres lugares habla explícitamente de Dios; pero son de importancia fundamental: 2 Sam
11, 27; 12, 24; 17, 14. En cada uno de estos casos se trata sólo
de una breve frase que, al aparecer en un contexto tan extremamente profano, nos sorprende con su inmediatez. Donde esto
ocurre en un grado menor es en la historia de Betsabé: «Lo que
había hecho David fue desagradable a los ojos de Yahvéh».
La frase es sin duda muy importante para comprender el resto
de la historia. Del pequeño Salomón, nacido poco después, se
dice de forma muy abrupta: «pero Dios le amó». El historiador
ocupa al lector nada menos que con un juicio de Dios sobre los
hombres. Pero aquí habla, ante un recién nacido, de un acto de
elección por parte de Yahvéh, del favor divino otorgado a este
niño, sin intentar explicarlo o probarlo. Al final de la historia
el lector recordará de nuevo esta frase.

---

12. El historiador E. MEYER, fue uno de los primeros que reconocieron
la calidad y los resultados de esta historiografía (*Geschichte des Altertums*
II, 2² [1931] 284 s.). Con todo E. Meyer insiste con ahínco en su carácter
absolutamente profano: «Muy lejos queda cualquier coloración religiosa,
cualquier idea de una guía sobrenatural; la marcha del mundo y la *némesis* (retribución) que se ha consumado en la concatenación de los sucesos,
por culpa de uno mismo, son expuestos con absoluta objetividad, tal como
se presenta a quien los observa» (*l. c.*, 285).

El texto más importante es el tercero: el consejo de guerra de Absalón termina con el magnífico duelo oratorio entre Ajitofel y Cusay. Aquí se encuentra el verdadero culmen de la acción. El historiador vuelve a interrumpir su exposición con una referencia directa a Dios: «Yahvéh mismo había decidido frustrar el acertado consejo de Ajitofel para traer el mal sobre Absalón». Para entender bien estas palabras el lector debe recordar una escena antes narrada. Cuando David huía de Jerusalén se entera de que su fiel consejero Ajitofel se había pasado también a los rebeldes, y entonces oró: «Confunde ¡oh Yahvéh! el consejo de Ajitofel». Acto seguido, precisamente allí «donde se solía adorar a Dios» llegaba Cusay para ponerse a su disposición (2 Sam 15, 31 s.). El fue además quien engañó a Absalón y a sus oficiales con su elocuencia. La idea que nuestro historiador se hace de lo sucedido es evidente: aquí intervino Yahvéh escuchando la oración de su ungido y alejando de su trono la amenaza.

Este modo de ver la historia representa el comienzo de una concepción totalmente nueva de la actuación histórica de Yahvéh. Para el antiguo narrador, su actividad se manifiesta sobre todo en los milagros, el carisma de un caudillo, las catástrofes u otras significativas muestras de su poder; pero sobre todo estaba ligada a las instituciones sagradas (guerra santa, arca, etc.). Ahora todo ha cambiado. El milagro no aparece por ninguna parte ni existe en los sucesos algún lugar sagrado, algo así como un centro sacro, de donde surjan los grandes impulsos de la historia. Los acontecimientos humanos se suceden en una serie ininterrumpida de causas y efectos; el narrador no deja ningún espacio libre donde la acción divina pueda inserirse en la historia terrena. Inútil buscar aquí un centro sagrado al que se pueda referir de forma visible u oculta el turbulento acontecer histórico. El ámbito donde se desarrolla esta historia es absolutamente profano, y las fuerzas en juego provienen sólo de los hombres, que no se dejan guiar por ningún motivo religioso particular. Pero el historiador ya no necesita los medios tradicionales de expresión, pues ha cambiado radicalmente su concepción sobre la naturaleza de la guía divina de la historia. La actividad de Yahvéh abarca todos los acontecimientos; no se manifiesta de manera intermitente con prodigios sagrados; está del todo oculta a la mirada natural del hombre. Pero penetra por completo todos los sectores de la realidad, públicos y privados, religiosos y profanos. El campo especial donde ejerce este gobierno de la historia es, sin embargo, el corazón del hombre, cuyos impulsos y resoluciones pone Yahvéh soberanamente al servicio de su designio histórico [13].

De este modo, la historia de la sucesión al trono de David es marcadamente una historiografía teológica. Pero, no lo es tan sólo en el sentido general de una historia de guía divina, que muestra la mano de Dios dirigiendo todo al bien, como la historia de José. Su objeto es mucho más específico: se trata del ungido y de su trono, por lo tanto del problema mesiánico [14]. En efecto, la obra había comenzado con la garantía de Yahvéh en favor del trono de David; pero su continuación hace desesperar cada vez más al lector acerca de su realización, hasta que por fin, aquel a quien Yahvéh había amado, puede ocupar el trono. La intención del historiador era mostrar el primer cumplimiento de la profecía de Natán. Yahvéh ha cumplido su palabra; pero el camino hacia el cumplimiento de la promesa era totalmente inesperado: el ungido fue profundamente humillado y su trono por poco no fue víctima de la rebelión.

Esta obra histórica fue la primera palabra que Israel pronunció sobre Yahvéh y su ungido en Jerusalén y es una palabra absolutamente exenta de mitología. El realismo con que describe al ungido, su origen y ambiente profano no tiene paralelos en el antiguo oriente [15]. Cierto, también se habla del ungido

---

13. Este modo de concebir la actuación de Yahvéh en la historia produjo una técnica literaria completamente nueva: el narrador presenta el contexto político como producto de una cadena continua de causas internas a la historia; sólo en un punto corre el telón y descubre por un instante al lector el poder divino que actúa tras las apariencias externas. Véase en 1 Re 12, el v. 15 y en Jue 9 el v. 23.

14. La palabra «mesiánico» la usamos en este libro según su significado específico en el Antiguo Testamento (referido al Ungido).

15. A cualquier historiografía le precede una conciencia cultural común

que sufre; es más, no podemos olvidar la energía con que describe la imagen del rey despojado de sus insignias, cómo abandona el palacio con el trono e incluso el arca, hasta que se decida si Yahvéh se complace o no en él (2 Sam 15, 17 s.). Pero estos sufrimientos no tienen en sí nada de sagrado; no están sometidos a ninguna convención cultual. La extrema profanidad de este sufrimiento pesa teológicamente mucho más que los muy discutibles textos sobre un sufrimiento sagrado del Ungido, que alguien ha creído poder alegar en nuestros días[16]. Esta imagen no cambia esencialmente, aunque se tomen como salmos reales algunos salmos de lamentación —como se tiende a opinar de nuevo[17].

Para comprender las concepciones antiguas del oficio real, debemos recurrir también a la narración de 2 Sam 24, la cual es, sin duda, incomparablemente más arcaica que la historia de la sucesión, como lo sugiere su perfil espiritual. El mundo divino penetra de una manera mucho más realista en el mundo de los hombres y es perceptible inmediatamente en sus efectos, sean funestos o saludables. Nota ya al principio, con una objetividad casi analística, cómo la ira de Yahvéh se había encendido de nuevo contra Israel y él mismo incitó a David en contra de su pueblo; también le parece evidente que el ángel exterminador aparezca en Jerusalén y todos le vean. No cabe duda; el censo realizado por David tenía una finalidad militar, la reforma del ejército. Esta medida significaba un cambio profundo, es decir, el paso de la antigua guerra santa a la dirección táctica de la guerra. David quería tener cifras en la mano para poder dar sus disposiciones. Pero de esta manera cargó con un grave pecado, «obró como un necio», infringiendo conscientemente un orden sagrado[18]. Aún así, David no será castigado como uno cualquiera del pueblo; su privilegiada posición como ungido de Yahvéh se manifiesta en que él mismo puede escoger el castigo, es decir, se le pone ante una decisión muy singular. Evidentemente, la narración supone que con su elección el rey puede todavía modificar muchas cosas en bien o en mal. David escoge —así se debe entender el pasaje— el castigo más grave, la peste, considerada un castigo que provenía

---

(E. Schwartz, *Gesammelte Schriften* I [1938] 41 s.). La historia de la sucesión al trono de David tiene una relación muy estrecha con la «ilustración» salomónica, en la cual apareció una mentalidad moderna, si la comparamos con el antiguo Israel (*l. c.*, 86 s.). Al mismo tiempo prueba que una ilustración no se realiza necesariamente mediante la pérdida de los bienes religiosos.

16. A. Bentzen, *Messias, Moses redivivus, Menschensohn* (1948) 16 s.; A. Johnson, *Sacral Kingship* (1955) 104 s.; H. Ringgren, ZAW (1952) 139 s.

17. S. Mowinckel, *He that cometh* (1956) 11 s.

18. El temor religioso ante los censos era muy extendido (Ex 30, 11 s.); es conocida la expiación (*lustratio populi romani*) que, por orden del rey Servio Tullio, debía practicarse después de un censo del ejército. T. Livio I, 44.

inmediatamente de Yahvéh [19]. Para el lector antiguo esta elección era del todo inesperada pues ¿quién hubiera preferido entonces un castigo que venía inmediatamente de la divinidad a una plaga proveniente de los hombres? El narrador nos presenta una decisión de elevado dramatismo. David hace algo insólito, pero es así como, atravesando la espesa cortina de la ira divina, se arroja directamente en los brazos de Dios. La narración era un ἱερὸς λόγος de Jerusalén y explicaba cómo se llegó a construir un altar de Yahvéh en la antigua ciudad cananea de los jebuseos. La explicación hace ver que a esta intervención salvífica de Yahvéh le había precedido una profunda humillación del Ungido, pero su confianza en la misericordia divina cambió el castigo en salvación. A nuestro parecer, el estraño comienzo de la narracción sólo puede entenderse a partir del final: si la historia desemboca en un acto saludable de Yahvéh tan importante, el pecado humano no pudo haberlo provocado. Si el conjunto de los sucesos vino a parar en una tal revelación de la salvación divina, la iniciativa debía provenir de Yahvéh. El cronista no soportó esta gran tensión teológica, dice: «Satán sedujo a David» (1 Crón 21, 1).

3. EL REINO Y LA FUNCIÓN DEL UNGIDO
EN LOS SALMOS REALES

La historia de la sucesión al trono de David nos había mostrado su trono más bien desde fuera, sus primeros riesgos y su primer afianzamiento en el campo de la historia. Pero el Antiguo Testamento contiene documentos que permiten penetrar en lo íntimo de ciertas concepciones relacionadas con el ungido de Yahvéh y su trono; y, por cierto, son tan exhuberantes y entusiastas que a su lado las palabras de la profecía de Natán parecen lánguidas y tímidas: los salmos reales [20]. Su situación vital (*Sitz im Leben*) era la corte; aquí, en el cuadro del ceremonial pala-

---

19. El castigo que recae sobre el pueblo, debe entenderse como un «castigo del soberano», es decir, se castiga al rey perjudicando y diezmando su propiedad. D. DAUBE, *Studies in biblical law* (1947) 161 s.

20. Llamamos salmos reales a aquellos poemas cuya situación vital (*Sitz im Leben*) fueron ciertas solemnidades donde el rey era la figura central. No existen divergencias fundamentales sobre el número de los mismos (Sal 2; 18; 20; 21; 45; 72; 89; 101; 110; 132). La nueva teoría según la cual, la mayoría de los salmos deberían considerarse salmos reales y cuyo exponente más extremista es H. BIRKELAND, *Die Feinde des Individuums in der israelitischen Psalmenliteratur* (1933), no tiene en cuenta la considerable «democratización» de antiguos elementos estilísticos en Israel. Otro problema muy diferente es si en una época muy posterior, al atribuirse a David la mayoría de los salmos, fueron considerados como mesiánicos; no obstante, nada sabemos sobre los motivos por los cuales se le atribuyeron tantos salmos.

ciego, se presentaban diversas circunstancias para hacer declaraciones oficiales sobre el rey, su trono, su oficio o su reino, sobre todo en el día de su entronización.

Esta solemnidad constaba de dos actos. El rey era coronado en el templo y recibía, como los faraones, el protocolo real que, como sabemos del antiguo Egipto, contenía el verdadero encargo de gobernar por mandato de la divinidad, los títulos reales del nuevo rey, en una palabra, la legitimación del rey como dominador por delegación divina[21]. Luego, el recién coronado era conducido a su palacio, donde subía al trono y, más o menos amenazadoramente, anunciaba urbi et orbi el comienzo del reinado. El salmo 2 tenía aquí su misión: el Ungido comunica el encargo de gobierno recibido en el templo y a continuación se dirige en tono de ultimátum a los pueblos. Terminada la coronación —este rasgo se deduce sólo indirectamente— los heraldos (los מבשרים, LXX εὐαγγελίζοντες) son enviados por todo el territorio para pregonar la alegre noticia: «Ha sido coronado rey tal, hijo de tal»[22]. La entronización del rey era motivo de gran alegría. El pueblo manifestaba tal alborozo «que parecía hundir la tierra con sus aclamaciones» (1 Re 1, 40). El rey estaba en el centro de una alegría palaciega convencional. Con toda seguridad también en Jerusalén se consideraba la entronización, como una promesa de renovación divina del orden humano constituido, e incluso de la naturaleza (Sal 72, 16; Is 11, 6 s.).

El acontecimiento fundamental de la entronización era el ingreso del descendiente davídico en la relación filial con Yahvéh. El hecho tenía el sentido de un acto de adopción, como se deduce claramente del Sal 2, 7. A diferencia de Egipto, Israel no entendió jamás la filiación divina del rey en sentido mitológico, como si el rey descendiese físicamente de la divinidad, sino como un acto

---

21. Sobre el protocolo real (עֵדוּת 2 Re 11, 12) véase G. VON RAD, *Das judäische Königsritual*: ThLZ (1947) col. 213 s. (*Ges. Studien*, 207 s.) y sobre los títulos reales, HONEYMANN, *The Evidence for Royal Names among the Hebrews*: JBL (1947) 17 s.
22. Véase Is 52, 7; parecido Is 40, 9; Zac 9, 9 (2 Sam 15, 10; 2 Re 9, 13).

jurídico e histórico, que creaba una relación muy particular entre el rey y Yahvéh [23]. Uno de los privilegios de esta relación parece fue el derecho de elevar libremente súplicas al padre divino, de lo cual se habla a menudo (1 Re 3, 5 s.; Sal 2, 8; 20, 5; 21, 3. 5). También podía escoger él mismo el castigo merecido (2 Sam 24, 12); es más, se hallaba en continuo diálogo con Yahvéh por estar sentado «a su diestra», y le consultaba en todos los negocios de su gobierno.

Pero el derecho supremo era el de reinar en lugar de Dios. Una vez más encontramos en el Sal 2, la expresión más explícita de tal prerrogativa, en el paso lógico del v. 7 al v. 8: si el Ungido es hijo, es también heredero, y Yahvéh le da en herencia las naciones. Así pues, el rey de Sión es mandatario del mismo Yahvéh. El salmo 110 saca la conclusión más atrevida: el Ungido se sienta junto a Yahvéh como su lugarteniente; no está sentado en su trono sino en el de Yahvéh [24]. De aquí deriva inmediatamente otra consecuencia: según afirman los salmos reales, el mundo entero es el reino del Ungido:

> Que domine de mar a mar, del Gran Río al confín de la tierra,
> que se postren ante él todos los reyes
> y que todos los pueblos le sirvan (Sal 72, 8. 11).

Este conjunto tan coherente de ideas nos crea algunas dificultades de comprensión. La reciente investigación ha mostrado en qué medida extraordinaria Israel dependía del estilo cortesano

---

23. 2 Sam 7, 14; Sal 89, 27 s.; otros citan además el texto enmendado de Sal 110, 3 (ver BH). La idea de la filiación divina del rey era muy conocida en el antiguo oriente. Sin embargo, algunos estudios recientes (en particular los de H. FRANKFORT, *Kingship and the gods* [1948] y G. J. GADD, *Ideas of Divine Rule in the Ancient East* [1948]) han puesto de relieve una notable diferencia entre la concepción egipcia y la mesopotámica. Sólo Egipto conoce una filiación divina mitológica y consecuente; el faraón es un dios encarnado, pues el dios Amón lo engendró de la reina madre. En Babilonia y Asiria el rey es el servidor, escogido por los dioses para gobernar.

24. En su obra histórica, el cronista acentúa mucho más que los documentos antiguos la idea del rey que está sentado en el trono de Yahvéh y gobierna en su reino (1 Crón 28, 5; 29, 23; 2 Crón 9, 8; 13, 8). Pero casi no se distingue objetivamente de la concepción más antigua.

de Egipto y Mesopotamia, tanto en el lenguaje como en los conceptos de estas expresiones [25]. La atribución de esos títulos reales, propios del soberano de una potencia mundial, a los descendientes de David, contrastaba con una realidad política mucho más modesta. Pero ¿se deben atribuir tales expresiones al simple entusiasmo y adulación de los cantores palaciegos? De explicarlo así, se exageraría la libertad de estos poetas con relación a sus temas. La idea sobre el Ungido y su reino tenían un carácter bien definido, mucho antes que los usaran los poetas, y no dependían en absoluto de la situación política contemporánea, fuera favorable o desfavorable [26]. Pero nunca deben entenderse como deseos más o menos piadosos; mejor sería considerarlas una exégesis profética del oráculo de Natán. En todo caso, debemos entenderlos en su relación y dependencia de una precedente intervención de Yahvéh a cuya sombra hablan. Actualizan las promesas y garantías de la alianza davídica. De todo lo dicho resulta evidente que los salmos reales hablan más del modelo profético del Ungido y de su reino que de su figura histórica; atribuyen a la realeza una gloria que, según ellos, Yahvéh le ha concedido para siempre.

En este desarrollo y actualización de la profecía de Natán tuvo importancia considerable la incorporación del acervo ideológico de los pueblos no israelitas y la fraseología palaciega. A Israel le ocurrió con la monarquía, como en el período de la conquista, es decir, cuando aún no tenía experiencia de Yahvéh, como dador de los beneficios de la tierra fértil o como auxiliador en la guerra, debiendo adquirirla luego con gran sorpresa suya. Así también la antigua fe yahvista no poseía las posibilidades expresivas necesarias para hablar de un reinado, legitimado por Dios; el fenómeno le resultaba demasiado nuevo. El estilo palaciego del antiguo oriente colmó esta laguna. Podemos pues

---

25. H. GRESSMANN, *Der Messias* (1929) 7 s.; GUNKEL-BEGRICH, *Einleitung in die Psalmen* (1933) 140 s.; S. MOWINCKEL, *He hat cometh* (1956) 21 s.
26. Esto no impedía naturalmente que en tiempos de necesidad, se reprochara a Yahvéh la disconformidad entre sus promesas y la desesperada realidad: Sal 89.

imaginarlo como un molde en el que se vacía la fe yahvista para tomar una forma completamente nueva.

En política externa, la misión del Ungido es la de un guerrero; marcha a la lucha contra los enemigos de su pueblo, para lo cual Yahvéh mismo «le ciñe de valor» (Sal 18, 40), triunfa y aniquila, con su ayuda, todos los enemigos. En política interna actúa como guardián y garante del derecho y de la justicia. La condición para ello es su propia situación ante Yahvéh; se sabe completamente sometido a su voluntad; es צדיק (justo), es decir, está en la debida relación con Yahvéh (2 Sam 23, 3-5; Sal 101, 2-4; 18, 23; Zac 9, 9). Aún allí donde es el rey quien pronuncia estas afirmaciones, no deben entenderse en sentido demasiado personal, es decir, como si fueran dirigidas al rey en cuanto persona privada; son más bien expresiones oficiales, que usaba el Ungido para presentarse ante Yahvéh y ante los hombres. Otro tanto ocurre con la atmósfera de alegría que le rodea y con la expresión estereotípica acerca de su hermosura (1 Sam 9, 2; 10, 23; 16, 12; Sal 45, 3) [27].

Estos títulos reales provienen de una imagen convencional del Ungido de Yahvéh, tal como Israel entendía su persona y misión. Ello aparece claro allí donde se describe su actuación ejemplar como guardián del derecho divino. Es el garante de las víctimas de la injusticia, el protector de los oprimidos, que fuera de él no hallarían quien les ayudara, «su sangre es preciosa a sus ojos» (Sal 72, 12-14; 45, 7 s.). Son expresiones que indican perfección y pertenecen también a la imagen tradicional del Ungido. El es, por mandato divino, el guardián del derecho y de la justicia; a sus cuidados están particularmente encomendados los pobres y desamparados. Para sus súbditos es el «aliento vital» (Lam 4, 20). Como vimos al tratar de su reino, así también las afirmaciones relativas a la función del Ungido trascienden la realidad histórica; de hecho las atribuciones del rey judío respecto al derecho divino y su administración debieron ser bastante limitadas. El de-

---

27. K. GRZEGORZEWSKI, *Elemente vorderorientalischen Hofstils auf kanaanäischem Boden*: *Theol. Diss. Königsberg* (1937) 34 s. Cf. más arriba, 50 s.

recho tenía desde hacía siglos sus legítimos representantes (los sacerdotes en la comunidad cultual, los ancianos en la comunidad
jurídica local), de modo que la monarquía, instituida mucho
más tarde, no podía ya tomar una parte fundamental en el mismo;
además cabría preguntarse si el rey histórico hubiera sido la persona más apta para custodiar e imponer el derecho divino.

El modelo profético del rey, como se transmitía en la corte
de Jerusalén, interfiere además en atribuciones de otros oficios;
pues celebra al Ungido como detentor del ministerio sacerdotal
(Sal 110, 4). Tampoco en este caso nos ayudará mucho coleccionar los pocos textos donde se hace referencia a un ejercicio ocasional del sacerdocio por el rey, pues ningún rey judío ejerció el
sacerdocio de manera tan programática y definitiva como lo
presenta el salmo 110. En el curso de la tradición, el cargo del
Ungido se apropió otras funciones, para cuya legitimación se
podía referir a antiquísimas tradiciones locales. Le era pues inherente una aspiración cada vez mayor a convertirse en el ministerio por antonomasia entre Dios y el pueblo. No es de extrañar
que el Ungido tuviera necesidad de la intercesión para ejercer
ese ministerio. En ninguna parte del Antiguo Testamento se desarrolla la intercesión de una manera tan variada como en las
súplicas por los Ungidos [28].

Hay otro conjunto de ideas que merece también mención
especial: el Ungido poseía el «espíritu de Yahvéh», es decir, era
considerado un carismático [29]. Quien considere la monarquía judía partiendo exclusivamente de la ideología real, común al mundo oriental, sentirá este elemento como un cuerpo extraño; sería
vano buscarlo tanto en Egipto como en Babilonia. Israel traslada
a su concepción del rey una de sus notas más peculiares y
antiguas, pues ya en sus primeros tiempos toda función o vocación particular estaba para él inseparablemente unida al don
del espíritu de Yahvéh. Así Moisés y, en particular los «jueces»

---

28. Sal 20; 28, 8 s.; 61, 7; 72; 84, 9 s.; 89; 132. Fr. Hesse, *Die Fürbitte
im AT*. (1951) 65 s.
29. 2 Sam 23, 2; 1 Sam 16, 3; véase más arriba la página 137.

eran carismáticos; también vimos cómo la monarquía del reino septentrional fue entendida fundamentalmente como carismática. Hablando con propiedad, no era lógico aplicar este concepto a uno que llegaba al trono por sucesión herediatria, es decir, sin una vocación inmediata. Tampoco está claro dónde y cómo podía intervenir este carisma regio en el ámbito de las funciones de un rey judío. Por eso, el carisma aparece aquí claramente debilitado, si lo comparamos con la antigua concepción sobre las posibilidades de acción del espíritu divino. En sus profecías Isaías es el primero que subraya con gran energía el aspecto carismático del futuro Ungido (Is 11, 1 s.).

Era pues suntuoso el manto de púrpura que los salmos ponían sobre los hombros de los jóvenes descendientes de David el día de su entronización. Repetían cada vez esos desmesurados atributos. Pero no sabemos si quienes les rendían homenaje lo hacían llenos de confianza o les consumía ya la duda y se preguntabam ¿eres tú el que has de venir o hemos de esperar a otro?

4. SAÚL

Mientras el reinado de David se mostró, desde el principio, fecundo creador de literatura y tradiciones, el de Saúl permaneció casi estéril. Esto se explica sólo en parte, por la falta de los necesarios presupuestos culturales. Cierto, la corte de Saúl en Guibea (1 Sam 20, 25) era mucho más modesta que la futura corte de Jerusalén, que podía además expresarse espiritualmente con medios más grandiosos; sin embargo, como diremos más tarde, la verdadera causa de esta esterilidad es de orden teológico. El material de tradición sobre Saúl es considerable (1 Sam 9-31), pero disminuye mucho cuando nos interesamos por las noticias donde Saúl es el personaje principal, su único objeto, es decir donde se habla de él y de sus relaciones con Yahvéh. Entonces nos queda: el antiguo relato de su coronación (1 Sam 9-11), el conjunto narrativo de los capítulos 13-15, la narración de su visita a la nigromante y la de su muerte (1 Sam 28; 31). Las narraciones sobre Saúl y David juntos son, en cambio, narraciones de David; de hecho pertenecen ya al libro de su ascensión al trono. Y si nos interesamos por las narraciones que tratan de Saúl, cuando Yahvéh está todavía con él y no cuando se está eclipsando, entonces sólo nos queda el relato de su coronación; el siguiente complejo narrativo (13, 2 - 14, 46) muestra ya la fatalidad creciente, que detiene la marcha triunfal recién comenzada [30].

Saúl estuvo enseguida en la boca de todos y pronto llegó a ser tema para los poetas. Pero la fe vio en él sobre todo al Ungido que escapa de la mano de Yahvéh y abandona el escenario, para ceder el puesto al que viene; es decir, al abandonado por Dios, al que ha ido de ilusión en ilusión, al desesperado que por fin será devorado por una oscuridad sin piedad. Las narraciones acompañan al desgraciado rey hasta el fin de su camino con profunda simpatía humana, desarrollando una tragedia que, en el último acto, adquiere una grandeza sublime. Nunca Israel ha creado una forma poética tan cercana al espíritu de la tragedia griega.

Por muy convencidos que estén los narradores de la falta de Saúl, queda siempre en su culpabilidad algo de suprapersonal; es la fatalidad que sobreviene a quien Dios ha abandonado. Saúl debía actuar; pero precisamente actuando consumaba él mismo su destino (1 Sam 14, 29 s.). Pone su voto y su maldición al servicio del triunfo total, y así precisamente trae sobre su propia casa la desgracia, que sólo la intervención del pueblo pudo evitar en el último momento. El celo del rey en descubrir el sacrilegio cometido, para terminar comprobando que su propio hijo es el sacrílego, culpable-inocente, todo ello podía haber sido objeto de una tragedia griega (1 Sam 14).

Desde luego, Saúl no estaba dominado por una oscura fuerza del destino ni tampoco su *hybris* fue desmesurada [31]. Había sido

---

30. La perícopa 1 Sam 13, 7b-15 es una interpolación teologizante que subraya la fatalidad según lo que es teológicamente fundamental (v. 14).
31. Siguiendo una mentalidad muy antigua, el pecado de Saúl es considerado aquí como la transgresión de las normas sagradas. Según 1 Sam 14, 24 s. el rey incurrió en la culpa en virtud de la ley de la responsabilidad colec-

llamado para ser un instrumento especial de la voluntad histórica de Yahvéh, que por medio de él quería realizar su plan de salvar a Israel (1 Sam 9, 16). Fracasó en esta empresa; y así la imagen de Saúl pone en evidencia, que la vida del Ungido estaba sujeta a leyes diversas de las que regían la existencia del hombre común, y la amenazaba un fracaso mucho más trágico. Es admirable que la antigua tradición de Saúl lo haya comprendido ya así y no sea el fruto de la elaboración teológica posterior.

El complejo narrativo de la coronación de Saúl consta, como es sabido, de dos relatos muy diferentes en su contexto histórico pero, sobre todo, en su concepción teológica del acontecimiento mismo. En la más antigua, Yahvéh toma la iniciativa ante las necesidades políticas de su pueblo. Indica a Samuel que unja rey a Saúl, cuando va a encontrarlo mientras busca sus asnos. La gracia carismática recibida por la unción, permaneció mucho tiempo inactiva; pero despierta durante el asedio de Jabes en Galad; y como el espíritu de Yahvéh demostró hallarse en él, conduciéndole a la victoria sobre los amonitas, el ejército de Israel lo eligió rey en Guilgal (1 Sam 9, 1 - 10, 16; 10, 27 b - 11, 15). En la narración más reciente, la iniciativa parte del pueblo, y llena de consternación a Samuel. Yahvéh le confirma sus temores: han pecado gravemente pidiendo semejante cosa, pero Samuel debe hacerles caso. Saúl es elegido en Mizpa y Samuel renuncia a su oficio de juez, advirtiéndole al pueblo la injusticia cometida con Yahvéh (1 Sam 8; 10, 17-27a; 12).

No cabe duda, esta narración es mucho más reciente; le falta por completo la espontaneidad y la sencilla credulidad de la primera. Tras ella se nota el peso de las tristes experiencias que Israel tuvo con sus reyes. Sin embargo, sería demasiado simple contraponerlas como «monárquica» y «antimonárquica». Ambas hablan de lo mismo aunque lo hagan bajo perspectivas del todo diversas. La más antigua presenta al lector el acontecimiento como si proviniera exclusivamente de la voluntad y los planos

---

tiva. En las narraciones más recientes, Saúl mismo es el culpable (1 Sam 13, 7 s.; 15, 9). Sobre los pecados cultuales por inadvertencia, véase más arriba, 337.

de Yahvéh; le interesa sobre todo la manifestación histórica de su voluntad salvífica. La más reciente, haciendo el balance de una larga historia de reyes, ve la monarquía como una institución que sucumbió a la avidez del pueblo, una víctima de la razón de estado. Para esta concepción de la monarquía, el resultado es decisivo: por ella Israel se ha vuelto «como los demás pueblos» (1 Sam 8, 5. 20) y ha rechazado la soberanía de Yahvéh (1 Sam 8, 7; 12, 12).

Las dos concepciones piensan en términos de una teocracia. Según la antigua, Yahvéh quiere tomar en sus manos la historia de Israel, mediante su Ungido. En la reciente, Yahvéh se resiste a entregar una institución suya a un Israel que se declaraba autónomo en sus decisiones políticas. No es probable que esta recensión posterior intentara encubrir o eliminar la gran promesa salvadora de 1 Sam 9, 16. Pero en esta época avanzada, cuando se había recogido la cosecha de la histórica de la monarquía y sobre todo, después del doble «no», pronunciado por Yahvéh en los años 721 y 587, los teólogos de la historia israelita debían hablar del origen de esa monarquía bajo una perspectiva totalmente diversa. Cuando nacía el primer relato, aún no se conocían los peligros y tentaciones que la llevaron a la ruina. La narración posterior ha marcado la redacción definitiva del entero complejo narrativo, con su cuño teológico; por esto la figura del primer Ungido tiene algo curiosamente negativo, pues incluso las narraciones que presentan a Saúl rebelándose en vano contra el próximo Ungido y en particular los relatos de su fin desesperado, repiten a cada paso que este Saúl no era el Ungido que deseaba Yahvéh.

Así pues, la tradición de Saúl no es autónoma; pues no se narra por sí misma, sino siempre con miras al futuro. Sin esta relación hacia algo que la trasciende, las escasas tradiciones sobre Saúl, hubieran desaparecido sin dejar la menor huella. La tradición le empuja cada vez más a desempeñar el papel del Ungido fracasado ante Dios. Las sombras de la historia futura de la monarquía oscurecen de tal modo su imagen, el «no» al deseo humano de tener un rey «como los demás pueblos» es tan intenso y su base teológica tan sólida que las palabras de Yahvéh: «él librará a mi pueblo del poder de los filisteos pues he visto la aflicción de mi pueblo» (1 Sam 9, 16) quedan casi ahogadas. Saúl no creó nunca una tradición, ni jamás llegó a ser un tipo o modelo para la posteridad, como su gran sucesor. Al contrario, se le puede considerar más bien como el tipo del Ungido que se desmorona ante el Señor. El narrador sigue con profunda simpatía su caída, en medio de la noche y la desesperación. La obra histórica del cronista sólo trae la narración de su muerte (1 Crón 10); la exposición histórica del salmo 78 y la del Himno de los padres (Sir 44 s.) lo han eliminado definitivamente de la historia de la salvación.

5. LOS JUECES

En la obra histórica del deuteronomista, el tiempo de los jueces se destaca de la historia anterior y posterior, como una época muy marcada de la historia salvífica. Empieza con la muerte de Josué (Jue 2, 6 s.) y termina con la alocución de despedida de Samuel (1 Sam 12) (así también el deuteronomista concluía solemnemente la época anterior con el discurso de Josué en el capítulo 23) [32]. Aquí encontramos por primera vez esta teología de la historia en toda su singularidad. Gracias a ella se ha conservado mucho material antiguo de tradición proveniente de aquel período. En efecto, esta escuela histórica no se deja llevar simplemente por respeto a los antiguos documentos históricos, sino más bien por el deseo de descubrir el sentido divino de los sucesos de entonces, sentido que entre tanto se había hecho mucho más claro. Para ello parte de la suposición de que el material antiguo preexistente no es capaz de aclarar debidamente al lector, abandonado a sus propias fuerzas, lo que sucedió en realidad entre Yahvéh e Israel; es decir, el lector nece-

---

32. Sobre 1 Sam 12 como conclusión del libro dtr de los Jueces, véase R. PFEIFFER, *Introduction to the OT* (1948) 334; M. NOTH, *Überl. Studien* 5, 59 s. Sobre la teología de este libro, véase M. BUBER, *Königtum Gottes* (1956) 11 s.; E. JENNI, *Vom Zeugnis des Richterbuches:* ThZ (1956) 257 s.

sita una introducción teológica particular, que le ponga en condiciones de comprender en su totalidad esta etapa de la historia
salvífica. ¡Qué poco esperaba el deuteronomista de una lectura
sin comentarios de las antiguas narraciones! Así lo demuestra
el pesado aparato teológico que monta para encuadrar e interpretar el viejo material documental. Por esto, el libro dtr de los
Jueces, produce una impresión muy ambigua. Las antiguas unidades narrativas reflejan de modo muy inmediato la poca organización de los primeros tiempos de Israel. Desde el punto de
vista cultural y espiritual, nos introducen en un mundo arcaico,
y poseen esta ingenuidad y viveza propias de las tradiciones
primitivas de un pueblo. Aquí todo es especial, único, ningún
suceso se parece a otro. Por el contrario, en el encuadre teológico todo es reflexión concentrada, y por cierto una reflexión
que busca lo general, lo que es típico de ese tiempo y se repite
continuamente.

Sería por cierto erróneo considerar las antiguas narraciones
de los caudillos carismáticos como simples relatos de hechos,
con muy poca o ninguna reflexión. Esto podría valer, si se quiere,
para la narración de Ehud (Jue 3, 15b - 29). En las demás aparece ya una concepción muy original de los sucesos de la época; sólo que esa concepción se comunica al lector indirectamente, en la progresión misma de los acontecimientos expuestos; en cambio, el teólogo deuteronomista se dirige directamente
al lector en amplios comentarios. Estas antiguas narraciones
celebran ante todo actos políticos de liberación. Yahvéh los realizaba mediante personas carismáticas y también con un pánico
numinoso, que sembraba entre los enemigos[33]. Yahvéh era el
que salía a ayudar a su pueblo en estas guerras santas; su acción
era la decisiva; los hombres de Israel «venían en su ayuda» (Jue 5,
23). El relato de la guerra de Gedeón contra los madianitas lleva
hasta el extremo la idea de la total suficiencia de la acción divina;
Yahvéh manda reducir el número de guerreros; éstos se limitan

---

33.   Jue 7, 21 s., describe el pánico que provocaba Yahvéh en los enemigos;
Véase Jos 10, 10 s.; Jue 4, 15; 1 Sam 5, 11; 7, 10, etc.

a rodear el campamento enemigo; no ponen ni siquiera un pie en el ámbito donde Yahvéh realiza su hazaña. El milagro desciende de lo alto y penetra en él como en un vacío; ¡tan rigurosamente ha excluido el narrador la idea de la cooperación humana! Es claro que éstas son ya concepciones muy estilizadas de un tiempo posterior, pues en las antiguas guerras santas los hombres de Israel lucharon con innegable ardor [34].

Con todo, esta glorificacibn de los actos salvíficos de Yahvéh no es el único contenido de dichas narraciones. Al menos en el caso de Gedeón, Jefté y Sansón, no se trata ya de relatos aislados, sino de pequeños organismos compuestos de unidades narrativas de los que resulta algo así como una historia del carismático en cuestión. Las historias de Gedeón, Jefté y Sansón —a las que podemos añadir sin más la de Saúl— muestran también un declive casi típico: a la llamada sigue enseguida, como signo público del carisma, un triunfo sobre los enemigos; pero entonces la línea se inclina repentinamente hacia abajo. El que era un instrumento especial de la voluntad histórica de Yahvéh cae en el pecado, el envilecimiento o la catástrofe [35]. Por lo tanto tras estas pequeñas composiciones existe ya una determinada concepción, por cierto pesimista, del carismático. Gracias a su carisma pudo elevarse por un momento sobre las limitaciones de su existencia, para hundirse después en un caos aún más profundo. Estos conjuntos narrativos parecen plantear una pregunta tácita ¿Dónde está aquél que no es un simple libertador momentáneo de su pueblo?

Las narraciones antiguas nos indican claramente que el in-

---

34. En *Der heilige Krieg im alten Israel* ([2]1952) expongo los diversos cambios en el modo de concebir las guerras de Yahvéh. Caracterizan este proceso la exclusión cada vez más radical de toda cooperación humana («no ha sido vuestro arco ni vuestra espada» Jos 24, 12) y la mayor insistencia en la suficiencia absoluta de la acción divina, con la consiguiente exhortación a tener fe. En la historia del combate entre David y Goliat, el interés se ha desplazado de tal modo, que su punto culminante no se encuentra ya en el prodigio sino en el discurso de David a Israel (1 Sam 17, 45-47) y su meta es que «sabrá todo ese ejército que Yahvéh no salva por la espada ni por la lanza».

35. En el caso de Jefté, a la victoria contra los enemigos externos sigue una contienda sangrienta entre las tribus hermanas, Jue 12, 1-7.

flujo de los carismáticos en el plano regional era muy limitado. Ehud era un benjaminita, Gedeón era de Manasés, Barac de Neftalí, Jefté de Galad y Sansón era de Dan. A la movilización que seguía a su llamada a las armas, sólo respondían por lo general las tribus vecinas. En cambio la teología deuteronomista de la historia los considera revestidos de una autoridad suprema sobre todo Israel, autoridad que ejercían durante un número considerable de años[36]. A esta ampliación de su competencia territorial corresponde también un esquematismo temporal: Israel sigue al juez durante un período de tiempo; pero después de su muerte los israelitas se alejan de Yahvéh y comienza un interregno, en el cual les entrega, como castigo, en manos de sus enemigos. Si en su necesidad claman a Yahvéh, les envía a otro libertador, y el ciclo comienza de nuevo.

Cabe preguntarse si con este programa teológico-histórico del libro de los Jueces, Israel no ha pagado un peligroso tributo a la mentalidad cíclica del antiguo oriente (Jue 2, 6 s.)[37]. También esto nos sorprende: el deuteronomista presenta los hechos, que en las antiguas narraciones aparecían como intervenciones

---

36. Cuando los caudillos carismáticos llamaban el pueblo a las armas, se dirigían ciertamente a todos los israelitas, por esto los narradores hablan bastante a menudo de «Israel»; pero el grupo de tribus que respondían al llamamiento era siempre muy exiguo (G. von Rad, *Der heilige Krieg im alten Israel*, 25 s.). Esto se ve claro en las antiguas tradiciones; en cambio, el dtr supone por adelantado que todo el pueblo israelita seguía a los jueces.

37. Las antiguas leyendas históricas de los sumerios conocieron ya esta sucesión de tiempos de ventura y desventura (W. von Soden, *Die Welt als Geschichte* [1936] 452). Recientemente, G. Ostborn, estableció una relación más estrecha entre la mentalidad histórica de Israel y el pensamiento cíclico, común a todo el mundo oriental. (G. Ostborn, *Jahwes Words and Deeds*: Uppsala Universitets Arsskrift [1951] 60 s.). Una cosa es sin duda exacta: también en las narraciones israelitas afloran constantemente ideas que provienen de esa visión mítica de la realidad. Pero falta toda referencia a la inevitable tensión entre la libre dirección de la historia por Yahvéh y cualquier tipo de concepciones esquemáticas. Queda todavía por saber si una sola conexión entre un principio y un fin, nos autoriza a hablar de un sistema cíclico. Tampoco los textos citados por Ostborn son convincentes, menos aún los del Qohelet, que son más bien un argumento en contra de su tesis; pues, dada la incapacidad de Qohelet de pensar en términos histórico-salvíficos, el retorno a las concepciones cíclicas era completamente lógico (véase más adelante la página 550).

imprevisibles de Yahvéh, en situaciones y formas siempre diversas, como una realidad rítmica donde es posible descubrir ciertas «constantes» divinas. Todas estas vacilaciones tienen su justificación. Ya vimos cómo esta teología de la historia utiliza antiguos documentos para mostrar algo que supera cuanto los materiales podían dar de sí. Pero esto no nos dispensa de intentar comprender, con la mayor claridad posible, los intereses teológicos e históricos del deuteronomista [38].

En primer lugar hemos de reconocer que el deuteronomista se impuso, frente a la historia, una tarea incomparablemente más exigente que todas las composiciones narrativas recién mencionadas. Le interesa en particular la totalidad de la historia israelita, el sentido y el contenido que toda una época poseía a los ojos de Dios. Por eso se esfuerza primero en demostrar la unidad de la historia, pues aunque parece desmenuzada en numerosos acontecimientos aislados y más o menos inconexos, ante Dios constituye ciertamente un todo. El sentido de esos

---

38. Por desgracia, todavía no se ha dado ninguna interpretación satisfactoria a la cuestión de saber, en qué sentido se dio a estos libertadores el nombre de «jueces». No lo encontramos en las antiguas tradiciones, recogidas por el deuteronomista; es, por lo tanto, una expresión de su propio cuño, pero ¿qué sentido tiene? Ante todo conviene distinguir un poco estos problemas: 1. ¿por qué usó esta expresión y no otra? y 2. ¿qué sentido le dio? Es posible que alguna parte de la tradición o alguna concepción preexistente, hayan podido sugerir este título al deuteronomista. Quizás pudieran encontrarse sus raíces en la tradición de Jefté, a saber, en el hecho que Jefté se hallaba en la lista de los «jueces menores» (12, 7) y de aquí este título oficial pudo pasar a los carismáticos bélicos (M. NOTH, *Überl. Studien*, 49, 98). Pero aunque así fuera, quedaría siempre abierta la cuestión del significado de este título dtr. Grether ha mostrado que para la interpretación de este término sólo podemos recurrir al sentido más cercano de «juzgar», «arreglar», «hacer justicia a alguien»; y por consiguiente, debe excluirse ante todo, el significado de «gobernar», que antes estuvo muy en boga. (ZAW 1939, 110 s.). Pero he aquí el problema principal: ¿el deuteronomista se imaginó de hecho los caudillos carismáticos como verdaderos jueces? Es una posibilidad muy poco probable, si se tiene en cuenta el uso del término en 1 Sam 8, 5 s., y la duración que el dtr atribuye a este oficio. Por otra parte, de Jue 3, 10 sólo es posible deducir el significado de «hacer justicia a alguien», pues aquí el juzgar consiste en una acción bélica. En este caso los jueces debieron de ser unos hombres, que suscitó Yahvéh, para mostrar a su pueblo sus derechos en la historia. Con relación a esta idea, véase además 2 Sam 18, 19.31; 1 Sam 24, 16.

curiosos esquematismos y generalizaciones es el siguiente: Yahvéh se interesa siempre de todo el pueblo de Dios. Otra de sus preocupaciones es probar la grave amenaza que pesa sobre Israel, por su obstinación y debilidad frente a los cultos de la naturaleza, que Yahvéh sólo podía contrarrestar con duros castigos. Por otra parte, desea presentar la paciencia que manifiesta suscitando constantemente nuevos «salvadores» [39]. También aquí prevalece un esquematismo doctrinal en la exposición pues, desde el punto de vista histórico no es posible imaginar ese rígido alternarse del culto a Baal con el culto a Yahvéh, en el cual participa (¡todo!) Israel. Pero de este modo el deuteronomista expresa una vez más algo muy importante bajo el punto de vista teológico: Yahvéh ofrece a cada generación toda su revelación histórica, en el castigo y en la salvación, de modo que ninguna se hallase sola bajo su ira o sólo bajo su voluntad salvífica; al contrario cada generación puede tener una experiencia completa de Yahvéh.

Por lo tanto, esta imagen deuteronomista de los jueces es una construcción literaria tardía, pues la idea de unos hombres que gobiernan sobre el entero pueblo israelita durante un notable período de tiempo y dirigen sus guerras no pudo nacer sin la monarquía, que entró posteriormente en la historia [40]. Pero no podemos considerarla sin más el modelo histórico de la institución de los jueces; la teología deuteronomista de la historia las distingue claramente y llega incluso a contraponerlas. Así ocurre sobre todo en 1 Sam 12, 10 s., donde compara ambos oficios y sólo expresa un juicio negativo contra la monarquía. Según el deuteronomista Israel puso fin al dominio de Yahvéh sobre sí cuando eligió la monarquía (Jue 8, 23), en cambio, la

---

39. Sobre la expresión מוֹשִׁיעַ véase Jue 3, 9.15.
40. Ultimamente H. W. Hertzberg, *Die Bücher Josua, Richter, Ruth* (ATD) 143, M. Buber, *Königtum Gottes* 15 s., ha sido el que ha dado mayor relieve a los múltiples contactos del libro de los Jueces con la institución monárquica. Pero no puede sostenerse su tesis sobre los dos libros de los Jueces, el monárquico y el antimonárquico (con el refrán tendencioso de Jue 17, 6; 18, 1; 21, 25) de los cuales nació el libro actual. Los capítulos, Jue 17-21, fueron añadidos posteriormente al libro dtr de los Jueces.

institución de los jueces había dejado espacio a su soberanía. Para ver cómo la sitúa en dos niveles distintos basta observar que mientras somete los reyes a censura, los jueces, como personas llamadas directamente por Yahvéh, quedan fuera de su crítica. Aquí se plantea en realidad el problema del auténtico orden teocrático de Israel, y se comprende que el libro de los Jueces haya sido llamado la *politeia* bíblica [41]. El deuteronomista considera evidentemente la institución de los jueces como la forma de gobierno más apropiada para Israel; fue una desgracia que con la monarquía se obstinara en conseguir su autonomía frente a Yahvéh. En esta indiscutible preferencia por la constitución anfictiónica sigue al Deuteronomio, el cual se propone organizar a Israel según el prototipo del pueblo santo de Dios; es decir, según la antigua anfictionía [42].

La figura más extraña entre los jueces es la de Sansón; el lector no llegaría nunca a considerarlo un juez israelita. Jamás convoca el pueblo a las armas y siempre aparece solo en sus aventuras. Al decir que «gobernó a Israel durante 20 años» (Jue 16, 31b), el esquema dtr se aleja demasiado de los materiales que había tomado de la tradición [43]. Pero todavía más incisiva había sido la elaboración que coronó mucho antes el conjunto de narraciones sobre Sansón con el prólogo, donde se relata su vocación (Jue 13) [44]. El núcleo primitivo de la historia de Sansón es muy antiguo, nos muestra la tribu de Dan, que vive todavía en sus tiendas en la vertiente occidental de los montes de Judea, implicada en toda clase de conflictos con los filisteos. En esta situación en la que cada parte procuraba superar a la otra no sólo con la fuerza sino también con su ingenio y sus bromas pesadas, un carismático llamado Sansón llegó a desempeñar un papel preponderante. Ahora, en cambio, la historia de su vocación, colocada a modo de pórtico, confiere al conjunto un tono particular: se acentúa al máximo su vocación y elección al nazireato que hacen de él un instrumento peculiar al servicio de Yahvéh. Este prólogo a su vida pone al lector el problema fundamental de estos relatos, pues quien ha leído la devota historia de su vocación —aparición divina, sacrificio y voto— se llenará de estupor frente al torbellino de aventuras mundanas en las que

41. M. BUBER, *Königtum Gottes*, 44.
42. Véase más arriba la página 291.
43. Este complejo de tradición manifiesta tan pocos signos del espíritu y de la concepción histórica dtr que se ha pensado considerarlo, en su conjunto, como una interpolación posterior en el dtr. M. NOTH, *Überl. Studien*, 61 s.
44. EISSFELDT tiene probablemente razón cuando sostiene que, desde el punto de vista literario, ya no se puede separar el capítulo 13 del bloque narrativo de los capítulos 14-16 (*Die Quelle des Richterbuches*), pero tanto en sus materiales como en su forma literaria el capítulo 13 es diferente; no es, en principio, una leyenda cultual ni un relato sobre Sansón.

aparece envuelto a continuación. En primer lugar Sansón es un mujeriego; cierto que acarrea notables perjuicios a los filisteos, pero al final cae en sus manos. El espíritu de Yahvéh se retira de él y el carismático de antes, gira la piedra del molino para sus enemigos, que le habían sacado los ojos. Los relatos hablan de este hombre dotado de extraordinaria fuerza física y espiritual con un lenguaje que lo acerca al lector en su aspecto humano, sobre todo cuando cae finalmente en los lazos de quienes no eran tan fuertes ni ingeniosos, pero sí más pérfidos que él. Entre tanto el lector no olvida la importante misión divina de Sansón, y medita sobre el continuo oscilar de su vida entre humillantes debilidades y grandes proezas del poder divino. Pero desperdicia incluso esta fuerza divina en travesuras insignificantes, y al fin sucumbe ante el gran conflicto entre el *eros* y el carisma. Por lo tanto, también las narraciones de Sansón muestran el fracaso de un carismático y la imagen de una fuerza divina malgastada. «Los muertos» —concluye el narrador en un final significativo— «que hizo al morir fueron más que los que había matado en su vida» (Jue 16, 30). Sansón perece en el caos que él mismo había sembrado a su alrededor.

6. La teología histórica del deuteronomista [45]
Los libros de los Reyes

El autor dtr que escribió el libro de los Jueces, dejando en él su impronta, es, según opinión de la ciencia, el mismo que dio a los dos libros de los Reyes su forma teológica. Pero, como ambas épocas de la historia de Israel están expuestas y juzgadas bajo perspectivas teológicas muy diversas, la teología histórica del libro de los Reyes necesita un estudio especial. Tampoco existe una transición inmediata entre ellas; esta teología dtr de la historia no las une entre sí; es raro que entre el final del tiempo de los Jueces y el comienzo del libro dtr de los Reyes (1 Re 3, 1 s.) haya una gran fosa, que el dtr no intenta rellenar con alguna de sus reelaboraciones. Prescindiendo de ese hecho difícil de explicar, la técnica literaria de este historiador es, formalmente, la misma utilizada en el libro de los Jueces: presenta el material antiguo tal como ha sido transmitido, procura ordenar con sentido las unidades y, obtenida así la imagen literaria del reinado

45. M. Noth, *Überl. Studien*, 87 s.; G. von Rad, *Deuteronomiumstudien*, 51 s.; A. Weiser, *Glaube und Geschichte: im AT* (1931) 61 s.; A. Jepsen. *Die Quellen des Königsbuches* (1953); H.-J. Kraus, *Gesetz und Geschichte:* Evang. Theol. (1951/52) 415; H. W. Wolff, *Das Kerygma des dtr Geschichtswerkes:* ZAW (1961) 171 s. (*Ges. Studien z. AT* [1964] 308 s.).

de un monarca, la enmarca, al principio y al final, en el conocido
cuadro esquemático, en el cual lo más importante desde el punto
de vista teológico es la crítica de cada uno de los reyes[46]. De
vez en cuando el dtr tiene algunas narraciones de propio cuño,
compuestas totalmente en su estilo peculiar, o interviene en momentos importantes, para hacer algunas reflexiones teológicas
fundamentales sobre la historia; así, por ejemplo, en el solemne
epílogo al relato de la caída del reino septentrional (2 Re 17, 7 s.).
Bajo este punto de vista formal, la única diferencia, respecto
al libro de los Jueces está en que, para el tiempo de los reyes,
el dtr disponía de un material documentario incomparablemente
más rico. No sólo era muy variado en su género literario (narraciones, anales, historias de profetas, extractos de una crónica
del templo, etc.) era además tan extenso, que sólo tras una cuidadosa selección podía ser incorporado en su obra histórica.
Las repetidas referencias a las fuentes, de donde el dtr ha tomado
en gran parte su material, y donde se puede adivinar lo que no
ha citado[47], muestran con cuánta seriedad cumplió su misión
de historiador.

Esta obra histórica surge en tiempos del destierro de Babilonia[48]. Poco sabemos sobre la patria y el origen del autor, pero
una cosa es cierta: la situación espiritual, a partir de la que hemos de comprender, es la de una época tardía y por lo tanto
completamente diversa de la época en que surgió la obra histórica de la sucesión al trono de David. Esta última entró entonces
como algo nuevo en una especie de vacío literario y teológico. En
cambio el dtr que escribía y pronunciaba sus críticas en tiempos
del exilio no sólo se hallaba ante una extensa masa de recuerdos;

---

46. El esquema que enmarca la historia de los reyes judíos comienza
así: «En el año... del rey... comenzó a reinar en Judá...; tenía tantos años,
cuando comenzó a reinar y reinó tantos años en Jerusalén; su madre se llamaba... hija de...; hizo lo que agradó (o desagradó) a Yahvéh». Al final dice
así: «El resto de los hechos de... está escrito en los libros de las crónicas de los
reyes de Judá. Luego... se durmió con sus padres y fue sepultado con ellos en
la ciudad de David. Le sucedió...».
47. Véase M. Noth, *l. c.*, 96.
48. El término *a quo* es la liberación de Joaquín, el año 561 (2 Re 25,
27 s.).

mayor peso tenían sobre él ciertas experiencias históricas ya de tiempo solidificadas y la autoridad de algunas ideas o tradiciones teológicas propias de su época o de su ambiente. La corriente teológica, cuyo exponente tardío es la obra histórica dtr, alcanzó con el Deuteronomio una posición predominante en los últimos años de la monarquía [49].

Recordemos el mandamiento deuteronómico de adorar a Yahvéh solamente en el único santuario donde hizo morar su nombre. Este mandamiento se impuso como obligatorio en una época que había tomado plena conciencia de la diferencia entre la fe yahvista, fundada en hechos históricos y el culto cananeo de la naturaleza, y había comprendido también que la adoración de Yahvéh en los «altozanos», es decir, mezclada con el culto de Baal, eliminaba lo más característico del culto yahvista. En esta época tardía la convicción de que ambos cultos se excluían mutuamente y era necesario decidirse por uno de ellos, se convirtió gracias al Deuteronomio en un *status confessionis*. La teología histórica del dtr mantiene también este punto de vista tan radical, pues, como es sabido, juzga los reyes de Judá e Israel con este criterio: ¿reconocieron el templo de Jerusalén como el único santuario legítimo del culto u ofrecieron sacrificios en los «altozanos»? De su comportamiento en esta materia depende exclusivamente el juicio definitivo del deuteronomista sobre cada uno de ellos. Por esto debía condenar por adelantado los reyes de Israel, pues todos ellos caminaron en el «pecado de Jeroboam» [50]. Sólo a dos reyes judíos, Ezequías y Josías, tributa una alabanza incondicional. Aprueba con ciertas limitaciones a seis de ellos: Asa, Josafat, Joas, Amasías, Azarías y Jotán, y reprueba a los restantes el «haber hecho el mal a los ojos de Yahvéh».

---

49.   Con todo, esta dependencia, reconocida desde mucho tiempo atrás, no es absoluta. Ni el dtr tomó toda la gama de sus intereses del Deuteronomio, ni tampoco es posible deducir del Dt todos los intereses actuales del dtr. Esto es particularmente claro en sus ideas sobre la monarquía; véase más arriba la página 416.
50.   1 Re. 15, 26. 34; 16, 19. 26; etc.

Es muy importante comprender rectamente estos enjuicia-
mientos. Nuestra mentalidad histórica actual los considera, sin
duda, demasiado simplistas y por lo tanto injustos. Por desgracia, no sabemos con seguridad si esta historiografía presupone
en todos los reyes el conocimiento del Deuteronomio y si contaba sólo con una desaparición momentánea de este libro y su
reaparición bajo Josías [51]. Pero aún en el caso contrario, debemos
tener presente cuanto sigue: la institución que sirve de punto
de referencia para sus juicios sobre los reyes, no era una novedad
absoluta, surgida improvisamente en el último período de la monarquía. En realidad, esa institución con la que empalma el Deuteronomio era muy antigua, pues en la época pre-monárquica,
cuando sólo existía la anfictionía, Israel poseía ya algo parecido
al santuario único, aunque de esta adhesión al santuario central,
morada del arca y centro de peregrinación, no sacó nunca consecuencias tan radicales.

Conviene notar que estas valoraciones no se refieren, por
decirlo así, al conjunto de la actividad política y religiosa de
los reyes, sino tan sólo a su actitud fundamental respecto al
culto. La historiografía dtr no quiere narrar las grandes proezas
de sus reyes en general [52]; aporta toda clase de materiales docu-
mentales sobre hechos de este tipo, pero su interés particular
se concentra en lo explícitamente teológico, de tal manera que
desearía incluso juzgar los acontecimientos políticos desde una
perspectiva teológica. Para el historiador la perspectiva que aquí
se introduce retrospectivamente en la historia de la monarquía
es muy unilateral y estrecha. Pero esto depende precisamente
de la situación confesional antes mencionada. En tiempos del
autor, la adhesión exclusiva al lugar donde Yahvéh estaba presente para Israel, donde hablaba con él y actuaba a través del

51. 2 Re 14, 6 favorece esta hipótesis.
52. La exposición del reinado de Omri (!), incluido el esquema que lo
enmarca, abarca seis versículos. A quien desea informarse sobre las grandes
empresas de los reyes, le remite explícitamente a las fuentes literarias; el deuteronomista no piensa que sea de su competencia dar un juicio sobre ellas
(1 Re 16, 27; 22, 46; 2 Re 10, 34; 13, 8. 12; 14, 15. 28).

culto, había llegado a ser un *articulus stantis et cadentis Ecclesiae*; y así, el deuteronomista coloca toda la historia de la monarquía en esta situación confesional. No se interesa con objetividad histórica por las numerosas y variadas posibilidades históricas de apostasía en que pudieron haber incurrido los reyes, sino que centra todo su interés en una sola apostasía, y según la convicción posdeuteronómica era en ésta donde se ponía en juego la existencia de Israel [53]. El deuteronomista escribe a la sombra de las catástrofes nacionales del 721 y 587, por eso debemos ante todo considerar su obra como una confesión de la culpabilidad de Israel. En las páginas siguientes procuramos examinar en detalle las bases teológicas de la tesis: Israel fue el único culpable.

Según el deuteronomista fue en el corazón de los reyes donde se decidió la desgracia, pues «su corazón no estuvo por entero con Yahvéh» [54]. Pero de este modo, como se ha observado justamente, atribuye a los reyes una función que jamás poseyeron, por hallarse fuera de las competencias históricas del rey. Esta responsabilidad universal por el culto del pueblo de Dios no corresponde en absoluto a la mentalidad del Deuteronomio, en el que la monarquía es sólo una tímida concesión a las exigencias históricas de su tiempo [55]. Nos encontramos, pues, con el primer elemento propio de la visión dtr de la historia que, si bien no podemos explicarlo partiendo del Deuteronomio, tampoco corresponde sin más a la realidad histórica. Se trata en efecto de una imagen bien precisa de la monarquía; de ella se sirve el dtr en su obra y es además el criterio para juzgar los reyes.

Esta crítica tan familiar al lector de la Biblia, y según la cual

---

53.   Frente a este rigorismo unilateral, practicado por el dtr, uno podría considerar una falta de consecuencia el hecho de que su método de censurar no sólo consta de un juicio antitético (o esto o aquello), ya que conoce además un juicio intermedio.

54.   שָׁלֵם עִם יהוה 1 Re 8, 61; 11, 4; 15, 3. 14.

55.   M. NOTH, *o. c.*, 94. Las medidas político-cultuales de Josías fuera de Jerusalén eran una verdadera novedad y el Dt fue el primero que lo autorizó para ello. A. ALT, II, 256 s.

los reyes debían haber orientado su vida personal y su entero gobierno de acuerdo con la ley de Moisés, nació de la fusión de dos grandes corrientes de tradición que hasta ese momento existieron independientes. En otro lugar hemos procurado delimitar el círculo de concepciones sagradas que se había ido formando en torno a la monarquía [56]. Ninguna de ellas se refería en algún modo a Moisés o a la tradición de la antigua alianza israelita. Por otra parte la tradición de la anfictionía, que se remontaba a Moisés, no dejaba lugar alguno a la monarquía. Esta actitud esquiva frente a la institución monárquica se puede palpar todavía en el tardío Deuteronomio, que se consideraba una renovación de la tradición de la alianza israelita. El Deuteronomio no sabe todavía que el rey pueda poseer una dignidad sagrada particular como portador de su propia tradición de elección. Sólo en la obra histórica del deuteronomista se funden definitivamente ambas tradiciones de elección: la tradición de la alianza con Israel y de la alianza con David.

Esta fue la última fusión importante de tradiciones en la historia de Israel. Tiene una larga prehistoria. Ya David, al trasladar el arca (2 Sam 6), llevó también tradiciones israelitas a Jerusalén. Pero de ahí hasta la concepción deuteronómica de Moisés como el receptor de «la» ley, quedaba todavía un largo camino. Ahora en cambio el historiador dtr puede poner en boca del rey una referencia a la alianza de Yahvéh con David (1 Re 8, 25; 9, 5) y, casi al mismo tiempo, hacerle evocar las antiguas tradiciones anfictiónicas de la elección de Israel, de Moisés y la salida de Egipto (1 Re 8, 15 s. 34. 36. 53. 56). Ambas tradiciones se han fundido formando así un círculo de concepciones mucho más extenso. Era de hecho una gran novedad ver cómo se recordaba a los reyes su relación con Moisés y con la alianza del Sinaí (1 Re 11, 11; 2 Re 21, 8). En lo sucesivo el rey es considerado el responsable, a quien se ha confiado la ley de Moisés, para que vele por su observancia en todo el reino. Donde aparece más clara la fu-

56. Véanse más arriba las páginas 67 s., 395 s.

sión de las tradiciones de Moisés y David es en la imagen ideal
que el dtr nos ofrece del rey Josías:

> No hubo antes de él ningún rey que se volviera como él a Yahvéh con
> todo su corazón, con toda su alma y con toda su fuerza, según toda la ley de
> Moisés, ni después de él se ha levantado nadie como él (2 Re 23, 25).

El dtr da un juicio preponderantemente negativo sobre los
reyes de Judá e Israel; lo cual no prueba en absoluto que tuviera
una mala opinión de la monarquía. Es posible —y así se con-
firmará más tarde— que esa visión en prevalencia negativa provenga del hecho que el dtr compara a los reyes con un modelo
muy elevado. De hecho, reconoce a la monarquía una posición
clave entre Yahvéh e Israel, pues era en el corazón de los reyes,
y no en otra parte, donde se decidía la salvación o la reprobación
de Israel. Ahora bien, esta decisión no dependía directamente
de su actitud de conversión o rebeldía ante Yahvéh, sino de su
postura frente a la revelación de Yahvéh, conocida desde antiguo
por Israel, es decir, la ley de Moisés. Con esto hemos citado la
otra institución, que según el dtr Yahvéh dispuso para la salvación de Israel. Para él, la ley de Moisés y la monarquía davídica
eran dos potencias históricas concretas; pues la revelación de la
voluntad divina a Moisés era algo claramente reconocible, más
aún, había sido confiada a los reyes en forma de un libro sagrado [57].

Así pues, para el dtr el problema fundamental ·de la historia
de Israel era el de una justa relación entre Moisés y David. ¿Reconocieron y obedecieron los reyes la voluntad de Yahvéh for-
mulada por Moisés? Como todos saben, la respuesta es negativa:
los reyes deciden contra su voluntad revelada y acarrean la desgracia. En efecto, el Deuteronomio contiene grandes amenazas
y maldiciones por si acaso Israel persiste en su desobediencia
(Dt 28, 15 s.). Fue así como la palabra misma de Yahvéh le juz-
gó en dos grandes catástrofes. Ciertamente, la suya «no fue pala-

---

57. Referencias a una redacción escrita de la Ley de Moisés: 1 Re 2, 3;
2 Re 10, 31; 14, 6; 17, 13. 37; 21, 8; 22, 8. 11; 23, 24 s.

bra vacía» (Dt 32, 47); en la destrucción de ambos estados, la palabra de Dios alcanzó su objetivo. Según la terminología dtr, Yahvéh no la dejó «sin efecto», sino que la «cumplió»[58]. Esta correspondencia entre la palabra promulgada y su cumplimiento histórico, que el dtr trata de probar, es aun más plástica en las numerosas profecías incorporadas a su obra. De hecho, se puede decir que el dtr supo dar al curso de los acontecimientos narrados ritmo interno y transparencia teológica mediante esa entera estructura de promesas y el cumplimiento respectivo, que suele anotar con precisión .

Es aquí donde vemos claramente la visión dtr de la historia. Cuanto profetizaron Ajías de Silo, Jehú ben Hanani, Miqueas ben Jimla, Elías, Eliseo, Hulda, etc., todo ello se ha hecho historia. La historia de Israel es una sucesión de acontecimientos que recibe su peculiar dramatismo de la tensión entre un constante anuncio profético y su cumplimiento respectivo. Unas veces el arco que une la promesa con su realización es corto (2 Re 1, 6=1, 17), otras, en cambio, se curva por encima de muchas generaciones (por ejemplo 1 Re 13, 2 = 2 Re 23, 16-18); de modo que si alguien intentara presentar todo ello gráficamente se encontraría con las interferencias más sorprendentes. En el reino del norte las cosas son más fáciles para el dtr. El pecado del primer rey de este reino había sellado ya su destino (1 Re 14, 16; 2 Re 17, 21-23) reconfirmado por la conducta de todos sus reyes, los cuales caminaron en el «pecado de Jeroboam». Pero ahora se enfrentaba con la tarea más difícil de explicar: por qué el reino de norte perduró aún 200 años. Según él, la dilación del castigo fue debida a la benevolencia de Yahvéh que aprecia incluso la escasa bondad de los reyes repudiados[59].

El dtr describe también la historia del reino de Judá como una serie casi ininterrumpida de transgresiones de la voluntad divina. Y también aquí, un hecho le impedía seguir su esquema: ¿cómo

---

58. Yahvéh «cumple» la palabra profética: 1 Re 2, 4; 6, 12; 8, 20; 12, 15; etc. «Todas se cumplieron»: Jos 21, 45; 23, 14; 1 Re 8, 56; 2 Re 10, 10.
59. 1 Re 21, 29; 2 Re 10, 30 = 15, 12; 13, 23; 14, 26.

es posible que la gran catástrofe del 587 se haya abatido sobre Judá inmediatamente después del reinado de Josías, el mejor descendiente de David? Según el dtr esto ocurrió porque Yahvéh había dictado sentencia contra Judá por los pecados de Manasés, que rebasaron toda medida. Ni siquiera Josías pudo detener su ejecución [60]. Sin embargo Yahvéh había mostrado paciencia con Judá durante mucho tiempo. Esto ponía a nuestro historiador en una situación propicia para probar la paciente espera de Yahveh con argumentos teológicos más contundentes. Yahvéh tenía planes especiales respecto a la dinastía davídica y había prometido además a David «encenderle una lámpara para siempre»: por eso Judá y Jerusalén perduraban en la historia aunque la sentencia había sido dictada ya desde hacía mucho tiempo. Cuando el deuteronomista habla de la «lámpara» piensa naturalmente en la legitimación de la dinastía davídica mediante la profecía de Natán (2 Sam 7, 12 s.); con todo, este antiguo elemento mesiánico de la tradición se ha fundido en el dtr con la concepción deuteronómica de la única ciudad elegida por Dios [61]. Esta promesa salvífica de Yahvéh —una vez pronunciada en la historia— ha recorrido los tiempos como un ángel custodio que protegía y salvaba a Judá cuando su existencia estaba ya sentenciada ante el Señor [62].

La teología histórica de Israel recorrió un largo camino entre la historia de la sucesión al trono de David y el deuteronomista. La primera diferencia es la siguiente: el dtr disponía de un principio de interpretación, cuya legitimidad era indiscutible: la «palabra de Dios» contenida en el Deuteronomio que tenía para él una validez casi canónica. En cambio ¿en qué podía apo-

---

60. 2 Re 21, 10 s.; 23, 26; 24, 2.
61. «Por amor de David, mi siervo y por amor de Jerusalén que yo he elegido» (1 Re 11, 13. 32. 36).
62. 1 Re 11, 36; 15, 4; 2 Re 8, 19 (cf. 1 Re 11, 13. 32). NOTH dice que la palabra נִיר no se debe traducir por lámpara, sino por «roturación» (*Ges. Studien*, 179), pero esto es insostenible. Los LXX traducen el נִיר de 2 Re 8, 19 por λύχνος, el de 1 Re 11, 36 por θέσις y el de 15, 4 por κατάλειμα. Estos textos no entran en la cuenta, porque no son traducciones, ni siquiera en el sentido de «roturación». A mi parecer, la frase sobre la lámpara (aquí נֵר) en Sal 132, 17, tiene una importancia decisiva. Se trata evidentemente de una fórmula fija del estilo cortesano. También se podría aducir 2 Sam 21, 17.

yarse el autor de la historia de la sucesión al trono? Su convicción personal era que Yahvéh había dirigido la historia a favor de David, cuando escuchó su oración y desbarató el consejo de guerra de Absalón; e incluso, podía reivindicar una inspiración especial; pero no se sentía autorizado a dar otros juicios. El dtr con la palabra canónica de Dios en sus manos, podía dar un juicio sobre las cosas, y ya vimos cómo usaba de ese poder. Esta obra se distingue además de la anterior en su mayor interés por los medios que utiliza Dios para dirigir la historia; aquella, en efecto, se había preocupado mucho más del hecho en sí mismo. Sólo afirma explícitamente que Yahvéh había guiado de ese modo la historia de David. Por eso, no erramos al decir que Yahvéh actuó misteriosamente en el corazón de los oyentes y en su decisión (2 Sam 17, 14); pero los detalles siguen siendo un misterio. ¡Cómo se ha desplazado el interés teológico! Para el dtr la dirección divina de la historia es un hecho incuestionable; en cambio, repite incesantemente al lector que es con su palabra como Yahvéh la dirige. De todos modos, también el autor de la historia de la sucesión al trono, poniendo todo el conjunto de sucesos bajo el influjo de la profecía de Natán (2 Sam 7), concibe esta época como el cumplimiento de una palabra explícita de Yahvéh.

Pero una teología de la historia, tan madura como es la deuteronomista, no se contrapone a la anterior como un *Deus ex machina*. De hecho, entre los materiales de la tradición reunidos por el dtr hallamos un ciclo de narraciones que casi podríamos considerar un estadio intermedio entre la historiografía clásica y la suya. Son historias de guerras y otras complicaciones en la esfera de la política internacional, relacionadas entre sí por esta circunstancia común: en los acontecimientos políticos más decisivos, la iniciativa parte de los profetas, que irrumpen en el engranaje de la historia con un oráculo divino [63]. Por una parte, las narraciones dan prueba de aquel fuerte realismo político, humano y psicológico, que vimos en la historia de la sucesión al trono; por otra parte, resuena ya en ellas de manera inconfundible el tema teológico, que el dtr aplica mucho más radicalmente a la historia de la monarquía en su totalidad.

Ahora estamos en condiciones de abarcar con una ojeada las diversas líneas de la teología histórica dtr. Fue escrita en el exilio, cuando la historia de la salvación se detuvo sobre Israel y cuando aterrorizado por el ambiente profano que lo rodeaba, debía responder a esta pregunta: ¿cómo pudo ocurrir todo esto, y cómo fue posible que Yahvéh repudiara a su pueblo? El primer resultado de ese examen de conciencia fue el siguiente: Yahvéh no tuvo la culpa; Israel es el único responsable, y por su propia culpa hizo fracasar la salvación. La sentencia de Yahvéh en la historia era justa. Por lo tanto, para el dtr se trata de mostrar que «en la sentencia tienes razón» (Sal 51, 6); su obra es una

---

63. 1 Re 20; 22; 2 Re 9-10; Noth añade además la historia de Ajías de Silo en 1 Re 11, 29-31. 36 s.; 12, 1-20. 26-31 (*l. c.*, 79 s.).

gran «doxología judicial», transportada del culto a la literatura [64]. Pero no se contenta con este resultado; quiere dar una detallada explicación teológica de los motivos que hicieron desembocar la historia salvífica en las catástrofes del 721 y 587. Se sentía capaz de ello porque entendía la historia del pueblo de Dios a partir de la palabra creadora de Yahvéh. Eran las amenazas y maldiciones del Deuteronomio, las que se cumplieron en las catástrofes de ambos reinos. Esta palabra de Dios, que según el salmista «corre veloz» (Sal 147, 15), había alcanzado su objetivo. Pocas veces expresó Israel de manera tan radical su convicción en la fuerza punitiva y destructora de la ley. El dtr veía además otra palabra que actuaba en la historia: era la promesa de salvación contenida en la profecía de Natán; ella también se había manifestado eficaz a través de la historia [65]. Pero, ¿llevó de hecho a cumplimiento su poder creador? El deuternomista deja abierta la cuestión, pero cuando cierra su obra con una referencia a la amnistía otorgada al rey Joaquín (2 Re 25, 27 s.) indica una posibilidad a la que Yahvéh puede empalmar de nuevo su obra de salvación [66].

El interés de este teólogo de la historia es ahora bien claro. No pretendía escribir la historia profana de Israel ni tampoco la de su fe o su culto; le interesaba más bien el funcionamiento de la palabra de Yahvéh en el terreno histórico. Esta palabra

---

64. Sobre el género cúltico de la «doxología judicial», véanse más adelante las páginas 437 s.

65. En una ocasión el dtr pone en labios de Salomón una expresión clara de correspondencia entre palabra e historia: «Lo que por tu boca dijiste, lo has cumplido hoy con tu mano» (1 Re 8, 24).

66. Uno debe tener presente el dilema que la historia creó al dtr cuando terminó en la catástrofe del 587. Partiendo de sus presupuestos teológicos, él no tenía por qué explicar la oscuridad de este castigo. Por otra parte, tampoco podía admitir que la promesa de la lámpara, que debía pertenecer siempre a David, hubiese «fallado». Ni podía indicar una meta donde se hubiera cumplido dicha palabra salvífica; lo único que podía hacer era no cerrar la puerta de la historia en esa dirección, sino dejarla abierta. Así lo hizo en la conclusión pensativa de su obra (2 Re 25, 27 s.). Su alusión a Joaquín podría estar relacionada con el hecho de que en su tiempo se consideraba a Joaquín y no a Sedecías como el último rey. Véase para ello la datación del libro de Ezequiel según el reinado de Joaquín, y sobre este problema W. ZIMMERLI, *Ezechiel* BK XIII, 43 s.

actuaba de dos maneras: como ley, destruye; como evangelio, salva. Es fácil mostrar los límites de una tal concepción de la historia. En efecto, deberíamos preguntarnos si la situación del exilio, donde Israel había perdido el contacto con la realidad histórica, no favorecía demasiado la construcción de puros edificios teóricos. Ciertamente, es de suponer que esta teología de la historia no pudo desarrollarse sin enmendarla de una forma más o menos sutil. Tengamos presente ante todo, que el dtr, en su apasionado deseo de hacer patente la eficacia de la palabra divina, ha esquematizado racionalmente la historia [67]. Pero es este deseo, este intento de comprender toda la historia de Israel a partir de la palabra de Yahvéh, lo que da a la obra su grandeza teológica. Lo decisivo para Israel no son los hechos clamorosos; decisiva para la vida o muerte del pueblo es la palabra de Dios, pronunciada en la historia. La teología histórica del dtr es la primera que formula con claridad el fenómeno de la historia de la salvación, como una sucesión de acontecimientos configurados por la intervención continua de la palabra de Dios que juzga, salva y los guía hacia la meta [68].

Allí donde esta teología se aleja más de su origen deuteronómico es en la posición clave que atribuye a los reyes. A mi entender, se puede perfectamente hablar de una temática mesiánica en esta obra; pues cuanto hemos conseguido precisar sobre la teología dtr de la historia, sobre la eficacia histórica de la palabra divina, etc., prueba que todo esto no se ha construido teóricamente, como quien dice en el aire, sino que se relaciona inmediatamente con los reyes. Ellos son el verdadero objeto de esa palabra operante; ella los sostiene y será ella quien los des-

---

67. También podemos pensar en las consecuencias de la «esquematización ética» que condiciona la acción divina con la acción del hombre; esta es primera, aquella viene después. J. Hempel, *Altes Testament und Geschichte* (1930) 15 s.
68. Al contrario, fuera de Israel la reflexión histórica era una forma de actividad estatal, una parte de la política. Laqueur, *Formen geschichtlichen Denkens im Alten Orient und Okzident:* Neue Jahrbücher für Wissenschaft und Jugendbildung (1931) 493.

troce. El pueblo subsiste y sucumbe con sus reyes [69]. El autor, que bajo otros aspectos se halla amenazado por su racionalismo teológico, no conoce aquí ningún individualismo y profesa ideas colectivistas que precisamente en él, parecen muy arcaicas. Esa dependencia absoluta del pueblo de la fidelidad o infidelidad del Ungido, es a veces particularmente crasa; sobre todo cuando —como en el caso de Manasés— el arco entre la amenaza y su cumplimiento abarca varias generaciones [70].

El dtr mide todos los reyes de Judá con la imagen del único rey perfecto, que él conoce: David. Este anduvo ante Yahvéh «con lealtad y rectitud» (בְּתָם־לֵבָב וּבְיֹשֶׁר 1 Re 9, 4); su corazón «era totalmente de Yahvéh» (עִם יהוה שָׁלֵם 1 Re 11, 4); «David siguió a Yahvéh en todo» (מִלֵּא אַחֲרֵי יהוה 1 Re 11, 6); «hizo lo agradable a Yahvéh y guardó sus mandamientos y preceptos» (1 Re 11, 38); «siguió a Yahvéh de todo corazón, haciendo sólo lo que agradaba a Yahvéh» (לַעֲשׂוֹת רַק הַיָּשָׁר 1 Re 14, 8) [71]. ¿Son todavía necesarias pruebas más claras para demostrar que esta obra histórica tiene constantemente ante sus ojos la imagen del Ungido perfecto y a partir de ella juzga toda la historia de los reyes? Esta imagen normativa de David no es por cierto la que encontramos en la historia de la sucesión al trono, tan realista en su psicología, sino una imagen que la tradición ha dilatado hasta convertirla en un modelo [72]. Ante todo se le unieron ciertos rasgos esenciales de la imagen deuteronómica del hombre; es decir,

---

69. También son ellos quienes inducen al pueblo al pecado (הֶחֱטִיא) 1 Re 16, 13. 19. 26; 21, 22; 2 Re 3, 3; 10, 29; 14, 24; 21, 16.

70. Es muy posible que el refrán «los padres comieron agraces, los hijos tuvieron dentera» (Jer 31, 29; Ez 18, 2), vaya dirigido contra la concepción, que poco después se concretizó en la obra histórica del dtr. Cuánto podía extenderse el arco entre el hecho y el castigo, lo muestra el Sal 106, 24 s., donde el exilio pudo ser concebido como una reacción de Yahvéh contra los pecados de la generación del desierto.

71. Más citas sobre esta imagen del David perfecto: 1 Re 3, 3; 8, 17; 11, 33; 15, 3. 5. 11; 2 Re 14, 3; 16, 2; 18, 3; 22, 2.

72. Muy cerca se encuentra la imagen de David en el Sal 132, 1-4. Sólo una vez el dtr atribuye una sombra a la imagen de David (1 Re 15, 5). Ya en Isaías se deja ver claramente este proceso hacia el rey-tipo: piénsese en la imagen ideal de la Jerusalén davídica en Is 1, 21. Por lo demás, el dtr amplía también la imagen de Salomón hasta convertirlo en modelo: es el tipo de la sabiduría y de la piedad. E. Jacob, *La tradition historique en Israël* (1946) 85.

de aquel cuyo corazón está enteramente con Yahvéh y cumple de todo corazón sus leyes y mandamientos. El Ungido, que se perfila como criterio y tipo tras la sombría imagen de la historia dtr de los reyes, es el justo perfecto, que cumple todos los mandamientos con todo su corazón. Así pues, esta crítica destructiva de los reyes de Israel y de Judá tiene también su lado positivo: con ella impide el dtr que alguien falsifique o se apropie indebidamente lo que él consideraba el sentido auténtico de la profecía de Natán.

Para terminar, hemos de preguntar una vez más, cuál era la verdadera finalidad literaria de esta gran obra: ¿es probable que una obra de un contenido teológico tan amplio sólo pretendiese reforzar una convicción teológica (la catástrofe de 587 era un justo castigo divino), y dirigir este mensaje a una generación que Yahvéh de hecho había rechazado? Lo más probable es que todas sus explicaciones teológicas hayan querido dirigir a su época un mensaje religioso fundamentalmeute sencillo [73]. Según el dtr, también el tiempo de los jueces había terminado con una catástrofe. Pero el hecho que Samuel hubiese anunciado el juicio divino (1 Sam 12) e Israel estuviese para iniciar una forma nueva de existencia, no significó que Yahvéh hubiese abandonado definitivamente a su pueblo. De forma parecida habrá entendido la gran ruptura del 587. Ahora Yahvéh esperaba de Israel una sola cosa: la «conversión» (1 Sam 7, 3; 1 Re 8, 33. 35; 2 Re 17, 13; 23, 25). Dos textos vecinos, o quizá propios de esta historiografía, explican con particular claridad cuál ha de ser la tarea de Israel en el exilio: convertirse a Yahvéh (שוב Dt 30, 1-10; 4, 25-31; cf. 1 Re 8, 46 s.). Por lo tanto el juicio del 587 no significaba todavía el fin del pueblo de Dios; solamente la renuncia a la conversión constituiría su fin irrevocable. Esta conversión se realizará de una manera sorprendentemente espiritual, interna, y por tanto no cultual; y sobre todo en la oración.

---

73. Lo que sigue, según H. W. WOLFF, *Das Kerygma des dtr Geschichtswerkes:* ZAW (1961) 171 s. (*Ges. Studien z. AT* [1964] 308 s.).

A modo de apéndice aludiremos al menos el aspecto teológico del problema de las relaciones entre el libro dtr de los Jueces y el libro dtr de los Reyes. Su misma conexión externa es muy poco satisfactoria; pues terminado el libro dtr de los Jueces en 1 Sam 12, este redactor nos abandona junto con sus interpretaciones por un largo trecho, para reaparecer de nuevo en la historia de Salomón (1 Re 3). ¿Cómo se explica que el dtr, tan locuaz y amante de observaciones, haya dejado sin comentar el entero conjunto de tradiciones sobre David? Afirmar que nada tenía que añadir sobre el particular es inadmisible, si se tiene en cuenta el papel de David en su teología. Pero sobre todo la exposición es en ambos libros muy diversa. No encontramos en el libro de los Reyes aquel ciclo (apostasía, opresión del enemigo, penitencia, salvación), que Israel recorre en cada generación anterior. Al contrario, en el período monárquico el dtr deja que los pecados se amontonen sobre las generaciones, y hace intervenir a Yahvéh con juicios tardíos. Teniendo en sus manos tantos materiales literarios sobre éxitos y reveses políticos, no le hubiera sido difícil aplicar también aquí su esquema de generaciones. ¿Por qué no lo hizo? ¿Por qué ha juzgado a los reyes, y a los jueces no? ¿Por qué insiste en que la historia de los reyes fue una historia de la palabra creadora de Yahvéh, mientras en el período anterior recaba los impulsos históricos del carisma de los jueces? ¿Por qué distingue en tiempo de los jueces entre ellos y la actitud del pueblo, («Pero desobedecieron también a los jueces» Jue 2, 17), y en el período monárquico depende del comportamiento de los reyes, detrás de los cuales desaparece el pueblo impotente como una *massa perditionis vel salutis*, cuyo pecado se imputa sin vacilar a los reyes? Es difícil imaginar que la redacción dtr de ambos libros, el de los Reyes y el de los Jueces, haya sido fruto de una misma mano.

7. La obra histórica del cronista [74]

Una vez más Israel —es decir, la comunidad posexílica, que se consideró el Israel de Dios— quiso explicarse y legitimarse ante sus propios ojos en una gran obra histórica. Esta peculiaridad de expresarse a sí mismo y el depósito de su fe mediante continuos y renovados bosquejos históricos, alcanza su punto álgido en la obra del cronista (libros de las Crónicas, Esdras, Nehemías). Y ¡qué decir de la autoconciencia de una comunidad cultual provincial, tolerada por el imperio persa, que moviliza en su favor toda la historia a partir de Adán! Entre las obras históricas del Antiguo Testamento, la del cronista es la que abarca el mayor espacio de tiempo: desde Adán hasta la época posterior a Nehe-

---

74. M. Noth, *Überl. Studien,* 110 s.; W. Rudolph, *Problems of the books of Chronicles:* VT (1954) 401 s.; A. Bea, *Neuere Arbeiten zum Problem der biblischen Chronikbücher:* Biblica (1941) 46 s.; G. von Rad, *Das Geschichtsbild des chronistischen Werkes* (1930).

mías. Surge en una situación histórica (entre el 400 y 300) muy diversa de aquella en que escribió el dtr, bajo la conmoción de la gran catástrofe. La época del cronista gozaba de mayor tranquilidad política y hacía mucho tiempo que se había consolidado la situación exterior de la comunidad judía. Sobre la situación de Palestina durante este siglo reina «un gran silencio como nunca existió ni volverá a existir» [75]. Por eso, tampoco podemos señalar con seguridad un motivo urgente, que explique el origen de esta obra [76].

El deuteronomista constituye su base literaria; sobre ella construye el autor su exposición histórica, sirviéndose de un abundante material narrativo, de carácter edificante y casi todo de origen reciente [77]. Por regla general, el dtr transmite intactos los antiguos materiales de la tradición; en cambio el cronista trata con mayor libertad sus textos-base y sus fuentes; unas veces omite o añade algo, otras veces las corrige o invierte el orden de los sucesos. Pero con estos retoques no ha logrado dar una mayor unidad interna a la obra. Las correcciones literarias se diseminan en la elaboración de objetivos muy diversos, pero a menudo el lector echa de menos una coherencia en la exposición. No es posible evitar la impresión de un cierto agotamiento espiritual, por lo menos en la forma de exponer los hechos. Tampoco se puede comparar en absoluto el cronista con la claridad teológica, la coherencia y la unidad interna del dtr.

Cuando presenta la acción de Yahvéh en la historia de los reyes, el cronista se apoya sin duda en el Dtr. También él trata de mostrar una correlación entre pecado y castigo, pero la eleva hasta la perfecta evidencia racional: ninguna desgracia sin pecado, ningún pecado sin castigo [78]. En el quinto año de Roboam

75. E. Reuss, *Die Geschichte der hl. Schriften des AT* ([2]1890) 540.
76. De todos modos es obvia la hipótesis de que la obra del cronista se esfuerza en separar la comunidad de los samaritanos y desea presentar la comunidad cultual del templo de Jerusalén como el verdadero Israel. M. Noth, *l. c.*, 164 s., 178; W. Rudolph, *Chronikbücher:* HAT, VIII s.; Galling, *Die Bücher der Chronik, Esra, Nehemia:* ATD, 15.
77. Para el análisis literario de la obra, con una discusión detallada del problema de las fuentes ver Noth, *l. c.*, 119 s.
78. Para lo que sigue L. Wellhausen 5, *Prolegomena*[5], 203 s.

el faraón Sisaq saqueó Jerusalén (1 Re 14, 25 s.). Pero el cronista, superando al dtr declara que un año antes Roboán «se había apartado de la ley de Yahvéh» (2 Crón 12, 1). El rey Asa cayó enfermo en su vejez (1 Re 15, 23); y una vez más el cronista va más allá del dtr, y hace constar que en la guerra contra el rey Basa, no confió en Yahvéh y arrojó en la cárcel al profeta que le censuró por ello (2 Crón 16, 7 s.). Josafat, junto con el apóstata Ocozías, había formado una flota comercial, en Esiongaber (1 Re 22, 49); un profeta recrimina esta impiedad y profetiza el fracaso (2 Crón 20, 35 s.). Una carta de Elías amenazó en vano a Jorán (2 Crón 21, 4 s.). Azarías tuvo que dejar su regencia debido a la lepra (2 Re 15, 5); un grave abuso cultual fue la causa (2 Crón 26, 16 s.). El malvado Manasés reinó más tiempo que cualquier otro rey judío. El cronista lo justifica con su conversión y humillación ante Yahvéh y con la reforma cultual que llevó a cabo (2 Crón 33, 11 s.).

Ejemplos como éstos se pueden multiplicar a voluntad; muestran cuán rígido ha hecho el cronista el pragmatismo dtr y cómo lo ha modificado. El dtr no tenía inconveniente alguno en mostrar que las maldades de los reyes podían tener consecuencias lejanas, aún después de su muerte. El cronista por el contrario, se esfuerza en demostrar que el juicio o la salvación de Yahvéh alcanzaron a cada generación en particular. El teólogo debe dar aquí pruebas de discernimiento. El modo como este autor prueba su tesis está sujeto, sin duda, a graves inconvenientes. Un teólogo ha querido aquí aferrar racionalmente la historia de Yahvéh con Israel. Sin embargo, nuestra crítica no debe pasar por alto el mensaje que el autor desea inculcar a sus lectores: cada generación tiene una relación directa con Yahvéh; cada generación sobrevive y sucumbe con su Ungido.

Para comprender estas exposiciones tan forzadas, se debe tener presente que aquí el cronista contribuye por su parte a la solución de uno de los problemas más difíciles, que surgieron en una época tardía de la religión yahvista; es decir, cuál era la situación del individuo frente a Yahvéh. Se admitía desde muy antiguo, que Yahvéh era el Dios de Israel y de él había recibido la vida, la tierra y toda clase de bendiciones. Pero, ¿en qué medida participaba cada individuo o cada generación en ese don? Luego veremos cómo la literatura sapiencial más tardía tratará de resolver esta cuestión [79]. La contribución del cronista nos parece poco satisfactoria; pero hemos de reconocer una cosa: frente al gran dilema en que se encuentra (el último lugar donde la mano de Yahvéh puede todavía alcanzar al rey era en el concederle o negarle una solemne sepultura), no abandona jamás su tesis: Yahvéh se ha manifestado a cada generación de un modo inmediato y con toda su revelación. Pero, en la medida en que el cronista se esfuerza por otorgar a cada generación su plena inmediatez con Yahvéh pierde la visión global de la historia israelita, que aún era muy viva en el deuteronomista. Su exposición corre el riesgo de deshacerse en una multitud de actos parciales de Yahvéh.

El cronista empieza su exposición histórica con David. Con ello tocamos el tema central de la obra, pues, ¿qué le quedaría si le quitásemos David? Sin él no existirían ni siquiera las funciones levíticas, por las que tanto se interesa el autor. El cronista nos muestra una imagen de David muy diversa de la que hallamos en el segundo libro de Samuel. Pero esto no debe extrañarños, pues ya vimos cuánto se había alejado ya de las fuentes primitivas la imagen de David en el dtr [80]. Nada se dice al lector de su ascenso al poder, de sus aventuras por Judá y entre los filisteos. Nada de la historia de Betsabé, ni de las humillaciones provocadas por la rebelión de Absalón. El David de las crónicas es un David inmaculado y santo, que pronuncia discursos solemnes. El y sus hijos no gobiernan sobre Israel, sino sobre «el reino de Yahvéh» (1 Crón 28, 5) y, según 1 Crón 29, 23, Sa-

---

79. Véase más adelante la página 537.
80. «¡Hay que ver lo que han hecho de David las Crónicas! El fundador del reino se ha convertido en fundador del templo y del culto, el rey y el héroe a la cabeza de sus compañeros de armas, se ha convertido en cantor y liturgo a la cabeza de una turba de sacerdotes y levitas; su figura dibujada con tanto vigor, se ha convertido en una lánguida figura de santo, envuelta en nubes de incienso». Esta famosa crítica de L. WELLHAUSEN, *l. c.*, 181, no corresponde a la realidad en cuanto el cronista había heredado ya esta imagen de David (véase más arriba la página 424, pero también 2 Sam 7, 2 y 1 Re 5, 17).

lomón ocupa «el trono de Yahvéh» (igualmente 2 Crón 9, 8; 13, 8). Como vimos más arriba, estas fórmulas no modifican la antigua concepción de la naturaleza del reino davídico [81]. Pero si el cronista —saliéndose en parte de sus fuentes literarias— las recalca de esa forma, lo hace porque quiere expresar algo, que para él y su tiempo debió ser muy importante. En aquellos días tristes y sin reyes, el cronista es el guardián de la tradición mesiánica. Cuando él —corrigiendo una vez más sus fuentes— extiende el alcance de la profecía de Natán hasta el tiempo posexílico, lo hace porque todavía espera evidentemente que se cumpla [82].

En la imagen del gran prototipo David podemos ver cómo se representaba a aquel a quien esperaba: sería un rey, en cuyas manos se unirían la función real y la sacerdotal. No que oficiase personalmente como sacerdote; sino que consideró una de sus tareas capitales el cuidado del santuario y la organización de los oficios sagrados. David dio inicio a la construcción del templo (1 Crón 22 s.) y, como un segundo Moisés, tenía «el modelo» (תבנית) en sus manos y se lo dio a Salomón (1 Crón 28, 11 s. 18 s.; cf. Ex 25, 9. 40); él —una vez más como segundo Moisés— invitó a Israel a dar una contribución voluntaria (1 Crón 29, 3 s.; cf. Ex 25, 1 s.; 35, 4 s.).

Esta confluencia de las imágenes de Moisés y David en una época tan tardía es muy interesante. Pero las diferencias de esta nueva formación de tradiciones son evidentes. El documento sacerdotal se ocupó de la construcción del tabernáculo, ante el cual ejercían sus funciones los descendientes de Aarón. David se preocupa del arca y atribuye nuevas funciones a los levitas, sus antiguos portadores [83]. El cronista separa el arca del taber-

---

81. Véanse más arriba las páginas 397 s.

82. La profecía de Natán habla de la descendencia «que saldrá de tus entrañas» (2 Sam 7, 12); en el cronista se habla de la descendencia que «vendrá de tus hijos» (1 Cron 17, 11).

83. Su interés por el arca es evidente; nos sorprende hallarla en una época tan tardía: 1 Crón 6, 16; 13-17; 22, 19; 28, 2. 18; 2 Crón 1, 4; 5, 2; 6, 11. 41; 8, 11; 35, 3.

náculo y saca importantes conclusiones de la existencia independiente de ambos objetos cultuales bajo Salomón; logra de este modo separar claramente la tradición levítica del arca, de la tradición aaronítico-sadoquita del tabernáculo. Todavía en tiempos de Salomón, el tabernáculo se hallaba en Gabaón, y allí mandaban los sacerdotes con sus sacrificios (1 Crón 21, 38 s.; 2 Crón 1, 1-6). Por esta época el arca había sido trasladada a Jerusalén, y con ello terminó la función de los levitas portadores del arca. Fue entonces cuando David cambió solemnemente la función de los levitas con relación al arca, encomendándoles la alabanza de Yahvéh (1 Crón 6, 16; 16, 1 s.); y como es sabido, esta alabanza de los levitas da su impronta característica a la entera teología cultual del cronista, pues toda ella es un canto de alegría y acción de gracias. ¡Qué diferente es el documento sacerdotal! Por esto, no se puede tomar la redacción actual del cronista, como el fruto de toda la teología de la comunidad posexílica, sino sólo de una determinada corriente: la de los levitas cantores del templo [84].

Resulta difícil establecer una comparación entre la obra histórica del cronista y la dtr, pues se distinguen mucho en cuanto a su finalidad. La obra del dtr quiere ser una gran confesión de culpa, y utiliza en su composición toda la historia de la monarquía. El cronista escribe para legitimar los oficios cultuales, fundados por David, y al hacerlo se presenta como un exponente de la tradición mesiánica. Con todo, su diversa comprensión de la ley nos invita a compararlos entre sí. Para el dtr, la ley es la tora, es decir, la totalidad de los actos por los que Yahvéh ha manifestado su voluntad salvífica a Israel; con ella este redactor juzga a Israel a y sus reyes. Israel fracasó respecto a esa voluntad revelada de Yahvéh, escrita en el Deuteronomio. Esta comprensión interior, que percibe todavía la ley como una unidad, se

---

84. Opinión propuesta recientemente por W. RUDOLPH, *l. c.*, XV s., contra la tesis de M. NOTH. En todo caso se ve claro que la más antigua redacción del cronista no llegó a conocer esta aparición de los cantores levíticos y sus pretensiones; G. VON RAD, *l. c.*, 102 s.

encuentra también en el cronista [85]. Pero con mayor frecuencia, la considera de un modo mucho más formal y externo, como, por ejemplo, en los numerosos casos donde se habla de la conformidad de un acto cultual con una prescripción del ritual canónico [86]. Aquí se insinúa ya un sentido dudoso de la ley. ¿Se la entiende en sentido espiritual? O más bien, ¿se trata de una ley desmenuzada y reducida en realidad a pura letra; una ley compuesta de muchas prescripciones rituales, tomadas como absolutas? La conciencia de la unidad de la revelación divina está desapareciendo a ojos vistas [87].

Todavía es más dudosa su idea sobre la elección. El autor emplea el verbo בחר once veces, sin apoyarse en fuente literaria alguna; pero los objetos de la elección divina son el lugar del culto o la tribu de Leví [88]. No es así como se usaba anteriormente este concepto. Sin embargo, para el cronista esos actos particulares de elección eran más importantes que la elección única de Israel [89]. ¿No es ésta igualmente una elección desmenuzada, sobre todo si pensamos que el cronista no habla en absoluto de la elección de Israel? Desconoce así mismo una teología de la alianza. ¿Dónde empieza para él la relación salvífica, otorgada por Dios a Israel? Pues supone que ya existía en tiempo de David, es decir allí donde comienza su exposición histórica. De hecho, ¡parece como si la elección de Jerusalén o la de Leví fueran para él más importantes que la elección de Israel!

Pero sería también falso hablar tan sólo de su interés por lo ritual o la legitimación de los oficios sagrados. El cronista juzga

---

85. 1 Crón 22, 12; 2 Crón 12, 1; 14, 3; 15, 3; 35, 26.
86. 1 Crón 16, 40; 2 Crón 8, 13; 23, 18; 30, 5; 31, 3; 35, 12; Esd 3, 2. 4.
87. El reverso de esta noción de ley es un optimismo igualmente sospechoso respecto a su cumplimiento, tal como se expresa, por ejemplo, en el discurso del rey Abías: 2 Crón 13, 10 s.
88. 1 Crón 15, 2 (Leví); 28, 4 (David); 2 Crón 7, 12. 16; 12, 13; 33, 7 (lugar de culto); 29, 11 (sacerdote).
89. En relación con estos fenómenos de descomposición teológica se puede mencionar también el concepto del «reposo». En Dt es el don salvífico por excelencia, que Yahvéh había prometido a Israel (véanse más arriba, 286 s.). En las Crónicas es un don, concedido por partes a cada rey en particular y a su tiempo (1 Crón 22, 9; 2 Crón 15, 15; 20, 30).

las principales figuras del pasado según este criterio: ¿confiaron en Yahvéh y le invocaron en sus necesidades? ¿se «dirigieron a Yahvéh», «le consultaron»?[90]. Esta última fórmula דרש יהוה es muy antigua y tiene su origen en la práctica de los oráculos; pero recibió un sentido radical y exclusivo en la época de los reyes, durante la lucha contra la religión cananea de la naturaleza. El «dirigirse a Yahvéh» era una profesión de fe en el Dios de Israel; dirigirse a otros dioses era renegar de él[91]. Pero, ¿qué quería indicar con esta fórmula, cuando ya hacía mucho tiempo que había terminado la guerra contra la religión de Baal? ¿En qué grado el «dirigirse a Yahvéh» comportaba un acto de confesión de fe? A esta pregunta podemos responder partiendo del discurso de Abías, que parece ser un pequeño comprendio de la teología del cronista (2 Crón 13, 4-12). La fidelidad a Yahvéh se manifiesta en el reconocimiento y fidelidad al santuario de Jerusalén, y en la observancia de las prescripciones cultuales, transmitidas desde antiguo. La fe de Israel ha perdido evidentemente en contenido a causa de su estrecha ligazón a las prescripciones externas; por otra parte, esta actitud respecto a las prescripciones puramente externas pudo haber significado —por ejemplo, frente a los samaritanos— algo así como un *status confessionis*. Aún así, algunos escrúpulos teológicos pueden todavía sorprender al lector reflexivo. Lo más grave de todo es, sin duda, la negación de la realidad humana, el «encubrir las infamias de los santos»[92]. Pero a pesar de todo, siempre cabe preguntarse si una teología que vio la existencia de Israel ante Yahvéh tan intensamente marcada por la alabanza, pudo alejarse mucho del recto camino.

---

90. Oraciones milagrosamente escuchadas: 2 Crón 13, 13 s.; 14, 8 s.; 32, 20.
91. 1 Crón 22, 19; 28, 9; 2 Crón 12, 14; 14, 3. 6; 15, 12 s.; 16, 12; 20, 3; 22, 9; 26, 5; Esd 6, 21.
92. L. WELLHAUSEN, *o. c.*, 117.

4

ISRAEL ANTE YAHVEH

La respuesta de Israel

1. OBSERVACIONES METODOLÓGICAS PREVIAS

Si reducimos las amplias exposiciones que Israel escribió sobre
su historia a lo teológicamente fundamental, es decir, a las intervenciones de Yahvéh constitutivas para Israel, tenemos el resultado siguiente: dos veces intervino Yahvéh de modo especial
en la historia de Israel, para dar a su pueblo un fundamento de
salvación. La primera vez, en la serie de acciones, recogidas en
la profesión de fe de la historia canónica de la salvación (es decir, desde Abraham hasta Josué); la segunda, cuando ratificó
para siempre al rey David y su trono. En torno a la primera intervención divina —Israel llega a ser el pueblo santo de Dios
y recibe la tierra prometida— se encuentra el Hexateuco, con
toda la abundancia de sus tradiciones, para desarrollar e interpretar debidamente esa obra del Señor. La segunda, la elección
de David y su trono, se convirtió en punto de cristalización y
eje de la obra histórica del deuteronomista y del cronista. Ciertamente la fe de Israel sabía que además de esto Yahvéh había
acompañado a su pueblo en todo tiempo y lugar y se había manifestado siempre como el señor de su historia; pero esto ya era algo bastante diverso: se trataba de seguir edificando sobre el fundamento colocado, no era el fundamento mismo. Sobre estas dos
intervenciones salvíficas se apoyaba toda la existencia israelita

ante Yahvéh. Los mismos profetas, al anunciar la nueva creación de Israel sólo podían recurrir a estos dos hechos: la alianza
del Sinaí y la alianza de David.

Frente estas acciones salvíficas, Israel no permaneció mudo;
no sólo se esforzó por actualizárselas mediante esbozos históricos siempre nuevos; se dirigió además personalmente a Yahvéh, le alabó, le formuló preguntas, se lamentó ante él de sus
sufrimientos, porque Yahvéh no se eligió un pueblo como objeto mudo de su voluntad histórica, sino para dialogar con él.
Esta respuesta de Israel la sacamos en gran parte del salterio,
y es por sí sola un tema teológico aparte. Ella nos muestra cómo
influyeron aquellas acciones divinas sobre Israel, cómo él por su
parte entendió y aceptó esta existencia en la inmediatez y proximidad de Yahvéh, y qué medidas tomó para justificarse o hu-
millarse ante sí mismo y ante el Señor en esta cercanía. Pero
también nos muestra cómo Israel se manifestó a sí mismo en esta
relación con Yahvéh, y cómo se veía a sus propios ojos cuando
se acercaba a hablar con él.

Si en alguna parte esperábamos descubrir las líneas básicas
de una antropología teológica, es aquí donde mejor podremos
encontrarla; es decir, aquí aparece la imagen del hombre ante
el Dios vivo y no tan sólo una variante más de las muchas imágenes que el hombre ha fabricado de sí mismo. En los últimos
tiempos, se ha intentado a menudo reproducir la imagen del hombre que nos describe el Antiguo Testamento, utilizando todo el
material de algún modo relacionado con ella. El trabajo es posible y hasta absolutamente necesario para la comprensión de
los textos. Pero la imagen de un ser compuesto de carne (בשׂר)
y vida (נפשׁ), encarnación de una colectividad más que individuo,
en el sentido moderno de la palabra; un ser curiosamente inepto
para la abstracción, dependiente en todo de la divinidad y abandonado por entero a su voluntad; pecador, pero capaz de hallar
expiación; esta imagen, ¿es algo más que una variante de la
concepción del hombre en el antiguo oriente? Un método tan
neutral, como éste, a base de cortes transversales, apenas logrará
otra cosa, si no es la de mostrarnos algunas peculiaridades en

las relaciones del hombre con Dios. Sin embargo, en el curso de
su diálogo con Yahvéh, Israel fue más allá de estas concepciones
antropológicas generales, tan poco importantes para la teología,
e hizo sorprendentes declaraciones sobre sí mismo. El modo
como se veía ante Dios, como se describía en su presencia, es,
desde el punto de vista teológico, muy digno de ser subrayado.
En las páginas siguientes hemos de tener nuestros ojos muy fijos en este aspecto de su respuesta.

2. LA ALABANZA DE ISRAEL

Incesante fue la alabanza de Israel a Yahvéh. Aquella época
tardía que puso al salterio el título de תהלים (himnos), comprendió todo cuanto Israel le decía en sus súplicas e incluso en los numerosos salmos de lamentación o en otros de carácter didáctico
y reflexivo, como una única alabanza polifónica a su Dios.

La más antigua fue sin duda el canto de victoria en las tiendas de los justos, que celebraba las intervenciones salvíficas de
Yahvéh. El canto del mar Rojo (Ex 15) conserva el recuerdo
de un puro milagro: Yahvéh hundió en el mar el caballo y su
jinete; ningún israelita intervino. Muy diverso es el canto de
Débora (Jue 5). Nos describe con gran lujo poético la llegada
de Dios a la batalla; pues, cosa sorprendente, el canto no se detiene a pensar sobre el modo cómo Dios intervino; las tribus
presentes «vinieron en ayuda de Dios» (Jue 5, 23), lucharon y
una simple mujer abatió al jefe de las hordas enemigas [1].

Pero es sobre todo en el culto donde Israel ha celebrado las
intervenciones de Dios en la historia. Los himnos históricos
dependen sin duda alguna de una imagen de la historia salvífica que pronto adquirió validez canónica, y cuya forma primitiva subsiste todavía en el credo del Dt 26, 5 s. o en Jos 24, 2 s.
La forma más sencilla y también la más antigua del himno, era

---

1. Yahvéh entusiasmó a los guerreros para que participaran en la lucha,
e incluso hizo que las estrellas tomaran parte en el combate (Jue 5, 2. 20).

la simple enumeración casi asindética de los hechos de la creación y de la historia salvífica, como se encuentra todavía en forma
paradigmática en el salmo 136[2]. Pero gracias a una ampliación
épica, estos poemas no se limitaron únicamente a enumerar y
celebrar las intervenciones de Yahvéh, sino que tomaron también como objeto de su contemplación a Israel, su actitud e incluso su defección (véase Sal 106)[3]. De este modo el himno se
destaca sobre un fondo sombrío, y al aumentar en estos cantos
el interés por los pecados de Israel, cambia también la emoti-
vidad de tales salmos, hasta convertirse en sombrías confesiones
de las defecciones de Israel y de los juicios de Yahvéh (Sal 78).
Con todo, no perdieron su carácter de alabanza, pues en el antiguo Israel la alabanza podía hacer las veces de una confesión
de fe. El verbo הוֹדָה, que nosotros traducimos por «alabar», significa en sí «confesar», «afirmar» y siempre se refiere a una precedente intervención divina[4]. Cuando Israel confesaba las intervenciones históricas de Yahvéh, sobre todo cuando se acompañaba con música, era ya sencillamente un acto de alabanza.

Pero Israel (como el antiguo oriente) conocía otra especie
de confesión de alabanza totalmente diversa, es decir, aquella
que se refería a un castigo divino. En este caso hablamos de una
«doxología judicial»[5]. El mejor ejemplo lo tenemos en la ala-

---

2. Sal 77, 16 s.; 105; 114; 135; véanse más arriba, las páginas 167 s.
3. De esto se ha tratado ya más arriba en la página 355.
4. H. Grimme, ZAW (1940/41) 234 s.
5. Fr. Horst, *Die Doxologien in Amosbuch*: ZAW (1929) 45 s. O. Mi-
chel, ThWBNT, V, 201 s. En F. Steinleitner, *Die Beicht im Zusammenhang
mit der sakralen Rechtspflege in der Antike* (1913), podemos encontrar material comparativo de historia de las religiones: son textos expiatorios de la
Lidia y de la Frigia, inscripciones que se remontan hasta los primeros siglos
de nuestra era. Un ejemplo conmovedor lo hallamos en la antigua religión
egipcia; es la plegaria de un obrero a la «Cumbre»: «Yo soy un ignorante sin
inteligencia, que no sabe distinguir el bien del mal. Una vez pequé contra la
Cumbre y ella me castigó. Día y noche estoy en sus manos. Me siento sobre
los ladrillos como una mujer encinta, invoco al viento y no viene. Oré entonces
a la poderosa Cumbre, a todos los dioses y diosas: mirad, hablo a grandes
y pequeños dedicados al trabajo, humillaos ante la Cumbre, en ella habita un
león; ella golpea como el león de mirada salvaje y persigue a todo el que peca
contra ella. Llamé entonces a mi Señora y noté que venía a mí como un vien-

banza que pronuncia Acán antes de su ejecución. Yahvéh había manifestado su cólera contra Israel; se averigua que Acán es el culpable y antes de ejecutarlo, le ordenan «dar gloria a Dios» y pronunciar una confesión (תּוֹדָה) (Jos 7, 19). Con su doxología el culpable no sólo reconoce la justicia del castigo; su confesión tenía además un significado muy concreto en el campo del derecho sagrado, pues con ella se concluía el proceso abierto contra él (1 Re 8, 33). Casi lo mismo sucede en Esd 10, 7 s. La comunidad sabe que está «bajo la cólera de Yahvéh» (v. 14) y conoce también la causa; por esta razón debe pronunciar una confesión de alabanza (תּוֹדָה v. 11). El gran edicto de Nabucodonosor a las naciones empieza con una alabanza al Dios altísimo; pasa luego a una relación donde da a conocer, en primera persona (*Ichstil*), la falta y el castigo del rey; el conjunto es una típica doxología judicial (Dan 3, 31 - 4, 34). Su verdadera finalidad consiste en exaltar públicamente el poder y la justicia de la divinidad. Lo mismo podemos decir de las estilizadas oraciones de Neh 9, Dan 9, y en particular Esd 9 con la típica conclusión: «Yahvéh, Dios de Israel, tú eres justo...» (v. 15).

Isaías dice:

> Te doy gracias, Señor, porque estabas airado contra mí, pero ha cesado tu ira y me has consolado. El és mi Dios y salvador: confiaré y no temeré, porque mi fuerza y mi poder es el Señor, él fue mi salvación (Is 12, 1 s.).

Esta es también una doxología judicial, aunque simplificada; el orante confiesa una acción punitiva de Dios, que no ejecutó porque Yahvéh se ha mostrado un Dios consolador. En casos como éste, el término «confesión» puede ser ambivalente: al reconocer la legitimidad de la sentencia divina, el hombre confiesa su falta y presenta sus palabras bajo el manto de una con-

---

to refrescante; me concedió su favor, una vez que me había hecho sentir su mano. Se volvió amablemente hacia mí; me hizo olvidar mis sufrimientos. Y fue mi viento. Verdaderamente la Cumbre es bienhechora cuando uno la invoca. Nofer Abu habla y dice: escuchad, oídos todos que habitáis sobre la tierra: sed humildes ante la Cumbre del oeste» G. ROEDER, *Urkunden zur Religion des alten Agypten* (1915) 57.

fesión de alabanza. Lo esencial de estas y otras alabanzas está
en que dan siempre la razón a Dios. Pero el antiguo Israel conocía otras muchas formas de reconocer con alabanzas el poder,
la santidad y la justicia divinas. Los ejemplos extremos son los
vehementes himnos que entona el desesperado Job ante el Señor
inaccesible y escondido [6]. Israel conoce también la alabanza
que sube de lo más profundo del ser; es más, Dios mismo «da
en las noches cantares de júbilo» (Job 35, 10).

El género literario que Gunkel llama «acciones de gracias
individuales» está muy emparentado con el himno, pues son
también confesiones de Yahvéh, en su forma más pura [7]. Se
refieren igualmente a un acontecimiento actual, es decir, a un
acto salvífico de experiencia personal (de esta manera el canto
de acción de gracias viene a ser el reverso luminoso de la sombría doxología judicial). Por eso, de una forma u otra, la narración de lo ocurrido entra siempre en los cantos: el orante
se hallaba en una situación apurada, invocó a Yahvéh, le prometió
un sacrificio e hizo el voto de alabarle (Sal 66, 13 s.) y Yahvéh
le ayudó. Ahora bien, para hacer esta confesión no se dirige
a Yahvéh, como uno podría suponer, sino a la comunidad. Es
claro que siente el deseo ardiente de manifestar a la comunidad
cuanto él ha experimentado en la intimidad de su persona, pues
en una situación semejante todos han de comportarse como él,
todos deben atreverse con Yahvéh. Es como si tal experiencia
de salvación le hubiera sido concedida al individuo únicamente
para que la transmitiera a la comunidad, como si perteneciera
a ella y no al individuo. Por esto, no puede callarse (Sal 30, 13),
debe confesarlo «en medio de la asamblea» (Sal 22, 23. 26; 35,
18; 40, 10 s.). El conocimiento de tales acciones divinas y su celebración tienen su ambiente propio en la asamblea [8].

---

6. Job 9, 3 s.; 12, 9-25; 26, 5-13.
7. Sobre los cantos de acción de gracias, véase H. GUNKEL-BEGRICH,
Einleitung in die Psalmen (1933) 265 s. Hemos conservado la designación
antigua «cantos de acción de gracias», véase, sin embargo, la crítica que hace
C. WESTERMANN, *Das Loben Gottes in den Psalmen* (1954) 7 s.
8. La exhortación a la comunidad tiene con frecuencia carácter didác-

Los nombres propios de acción de gracias nos dan una idea de lo familiar que podían llegar a ser las relaciones del individuo con Yahvéh, aún en las épocas más remotas (Véase M. NOTH, *Die israelitischen Personennamen*, [1928] 169.). Estos nombres se refieren a menudo a la situación que precede, acompaña o sigue al nacimiento: «Yahvéh ha llevado» (Amasías, Amós), «Yahvéh ha ocultado» (Sofonías), «Yahvéh ha abierto el seno materno» (Petajya), «Yahvéh (Dios) ha dado» (Jonatán, Natanías, Elnatán, Natanael), «Yahvéh ha consolado» por la muerte de un niño (Nehemías, Nahum) etc. A menudo entre estas confesiones de agracimiento por una ayuda prestada exclusivamente a la persona y los saludos de una acción de gracias individuales no hay más que un paso.

La actividad de Yahvéh en la naturaleza es, con la historia de la salvación, el otro gran tema de los himnos del Antiguo Testamento. Cuando Israel canta la creación del mundo utiliza con toda naturalidad las concepciones fuertemente mitológicas de la lucha contra el dragón del caos; lo contrario sucede en el documento sacerdotal, que es teológicamente mucho más circunspecto[9]. Yahvéh increpó las aguas del caos (Sal 104, 7), las sometió (Sal 74, 13 s.; 89, 10 s.; Job 26, 10 s.); otras veces se celebran las maravillas de la palabra divina que crea con el sólo mandato (Sal 33, 6. 9). Los pocos himnos arcaicos que poseemos insisten más en el aspecto puramente externo y prodigioso de las relaciones entre Yahvéh y el mundo, e incluso, en su aspecto demoledor. El salmo 29 es el ejemplo más imponente de esta antigua forma de alabanza: al son de siete truenos avanza sobre la tierra la tempestad destructora de Yahvéh, pero «en su templo, un grito unánime: ¡gloria!». Este versículo 9 b es la clave de todo el salmo; nos conduce desde el tumulto terreno hasta el santuario del cielo, donde el coro celestial festeja el acontecimiento terrestre, reconociendo en él una manifestación de la gloria divina. Pero tales expresiones, que rozan lo incomprensible de la actividad de Yahvéh, se conservan todavía en himnos más recientes: «Cuando Yahvéh mira la tierra, ella tiembla; cuando toca los montes, humean» (Sal 104, 32); «él mueve las

---

tico y toma entonces la forma de sentencias de este genero; Sal 31, 24 s.; 32, 6 s.; 34, 12 s.; 40, 5; 41, 2; Jon 2, 9.

9. Todavía de actualidad H. GUNKEL, *Schöpfung und Chaos in Urzeit und Endzeit* (²1921) 29-114.

montañas, estremece la tierra en sus cimientos y sus columnas retiemblan; manda el sol que no brille» (Job 9, 4 s.). Se comprende que precisamente las partes hímnicas del libro de Job insistan de modo especial en este aspecto de la actividad divina. En este sentido, encontramos en Isaías II (45, 7) una afirmación extrema, cuando en un himno se alaba a Yahvéh como «creador» (ברא) de las tinieblas y de la desgracia.

Pero se puede decir, en general, que los himnos recientes se orientan más bien hacia «el suave caminar de su día»[10], es decir, hacia el orden admirable, establecido por Yahvéh, la fidelidad del mundo a sus propias leyes, el curso de los astros, la variedad de los fenómenos metereológicos y los frutos que brotan de la tierra. El antiguo Israel conocía, sin duda, todo esto, como lo demuestran el salmo 19 A y de modo especial, la bendición yahvista después del diluvio (Gén 8, 22). Pero es innegable que estos salmos más recientes revelan una mentalidad profundamente diversa, muestran un mayor deseo de comprender racionalmente las cosas, interesándose por el aspecto técnico de la actividad de Yahvéh en la naturaleza: la estabilidad del disco terráqueo sobre el océano primordial, el origen de la nieve, el curso del agua, las costumbres de las bestias salvajes, etc. Basta seguir el raciocinio del salmo 104: Yahvéh ha puesto límites a las aguas del océano primordial, pero al mismo tiempo las ha incorporado en su creación de una manera benéfica, en forma de fuentes y arroyos (y la lluvia del cielo fecunda las montañas). Las fuentes son para los animales y las plantas, el verdor de los campos da pan a los hombres, en los árboles anidan los pajarillos, las montañas sirven de madriguera al erizo. Los astros miden el tiempo, la noche está reservada a las fieras salvajes; el día, en cambio, al trabajo del hombre, etc.

No es difícil percibir en los textos mencionados una mentalidad racionalista y hasta cierto punto, científica, que contempla con asombro un mundo totalmente desmitizado[11]. Por eso,

---

10. W. Goethe, *Fausto*, Prólogo, 1, 24.
11. Sal 104, 3. 5; Job 26, 7; 38, 22-28; 36, 27 s.; 39, 1 s.

nadie debe maravillarse si esta poesía trabaja en perfecta armonía con la ciencia de su tiempo, es decir con la ciencia de catálogos, tomando de sus grandes enciclopedias —las llamadas «ono-másticas»— el objeto y la secuencia de sus alabanzas [12]. Pero no hay que entenderlo como si tales poemas fueran el producto de un racionalismo, en el sentido vulgar de la palabra, o testi-monios de una comprensión racional de la naturaleza, apenas barnizada de religiosidad. Al contrario, todas sus afirmaciones contienen objetos de fe, pues presentan el mundo tal como se manifiesta a los ojos de Dios y como él lo ve. De hecho, la inten-ción del salmo 104, que puede servir de modelo bajo diversos puntos de vista, es ésta: mostrar cómo el mundo está abierto hacia Dios; en cada momento de su existencia necesita ser sus-tentado por él, toda la creación le «aguarda» (v. 27) y Dios le da incesantemente su sustento. Si Yahvéh se alejara del mundo por un momento, todo su esplendor se devanecería al instante (Sal 104, 29).

La creación y conservación del mundo era, sin duda alguna, uno de los temas predilectos de los himnos del Antiguo Testa-mento, pero no eran su última palabra. Por encima de esto, sus alabanzas nos dicen todavía algo peculiar sobre el mundo: esa creación y conservación maravillosas por parte de Yahvéh con-confieren al mundo su propia grandeza, y de ella emana una ala-banza y un testimonio; dicho con otras palabras, el mundo no sólo es objeto, sino también sujeto de alabanza. Así dice el salmo 145, 10: «Que todas las creaturas te den gracias, Señor». Y el salmo 89, 6: «El cielo proclama (confiesa) tus maravillas, Señor». Los himnos más recientes evocan con insistencia los sectores más ajenos a la comunidad y extraños al culto, como: los con-fines de la tierra, el mar, las islas, el desierto, los árabes, nó-madas del desierto... ¿Qué saben todas estas cosas acerca de Yahvéh y de su pueblo? Y sin embargo, también ellas alaban al Señor (Is 42, 10-12). Con todo, esta concepción no es el fruto

---

12. G. VON RAD, *Suppl.* VT, III (1955) 293 s. (*Ges. Studien*, 262 s.).

de la reflexión teológica tardía; ya Isaías oyó cantar a los serafines: «la tierra está llena de su gloria» (Is 6, 3), de donde podemos deducir que era un tema corriente en los himnos pre-exílicos.

Ningún himno supera al salmo 19 A en la descripción detallada de este kerigma que brota incesantemente del cielo y del firmamento. Es más, insiste en la indiscutible legitimidad de este testimonio: los días y las noches lo transmiten hasta el día de hoy; se trata, pues, de una tradición ininterrumpida. Tan sólo una época tardía, al reflexionar sobre este salmo, tomó conciencia del problema teológico del doble testimonio en favor de Yahvéh «en la naturaleza y en la historia». Fueron por lo tanto consideraciones teológicas las que hicieron se le añadiera esa continuación tan extraña al contexto como es la alabanza a la ley (v. 8 s.). Esta adición desea contemplar teológicamente el antiguo canto y tal vez deja entrever un cierto escrúpulo: aunque la creación da testimonio de Dios, su mensaje no se oye (v. 4 a), por eso Israel dedica su alabanza a la revelación personal de Yahvéh, que éste le había concedido de manera particular. Algo parecido expresa Job, cuando termina su alabanza a la actividad creadora de Yahvéh con estas palabras:

> Y esto no es más que la orla de sus obras,
> hemos oído apenas un murmullo de él:
> ¿quién percibirá su trueno poderoso? (Job 26, 14).

Como es fácil de comprender, esta problemática sólo podía surgir de una forma marginal en el campo de la alabanza. La teología sapiencial es la primera en plantearse a fondo la posibilidad de conocer a Dios en la creación [13].

En este contexto recordemos brevemente un grupo de salmos, que en el antiguo Israel estaban en el centro de una solemnidad litúrgica particular: los salmos de entronización [14]. Con relación

---

13. Véase Job 28, 28; Sir 24, 7-8.
14. La literatura sobre la fiesta de entronización crece desmesuradamente. H.-J. KRAUS, *Die Königsherrschaft Gottes in den Psalmen* (1951), en él

a los himnos su temática es mucho más limitada, pues su tema fundamental es la epifanía de Yahvéh como rey, y su característica más notable, la aclamación cultual: «Yahvéh reina (יהוה מלך)». Las particularidades de esta fiesta y sobre todo su datación son todavía cuestiones discutidas, pero dos cosas parecen probables: la fiesta celebraba en forma de drama la entronación de Yahvéh sobre el mundo, y era además una fiesta desbordante de alegría [15]. Dios sube entre aclamaciones de júbilo, los pueblos deben aplaudir y entonar un nuevo cántico. Las potencias que Yahvéh ha sometido son, en parte, las fuerzas caóticas del cosmos y, en parte, la grandeza política de las naciones. Nos asombra observar cómo en estos poemas tan apasionados queda relegado a un segundo plano lo característico de Israel y de su existencia: la historia de la salvación, la elección, la alianza, etc. Los salmos de entronización son los poemas menos «israelitas» y por eso dependen también mucho más de la interpretación del salterio en su totalidad [16].

A decir verdad, se habla una vez de Sión y su alegría (Sal 97, 8); otra vez del sacerdocio de Moisés y Aarón y de los mandamientos de Yahvéh (Sal 99, 6 s); pero estos ejemplos aislados nos hacen más conscientes del carácter «ahistórico», «cósmico» y uni-

se encuentra bibliografía antigua; ID., *Gottesdienst in Israel* (²1962) 91 s. 239 s.; S. MOWINCKEL, *Offersang og Sangoffer*, 118 s. Una reseña de bibliografía escandinava en A. BENTZEN, ThR (1948/49) 317 s. No existe un acuerdo unánime en precisar el número de los salmos de entronización. Por mucho que se restrinja su número, pertenecen ciertamente a este género, los salmos 47; 93; 96; 97; 98; 99.

15. Una vez se hubo consolidado bastante la convicción de que ya existía una fiesta de entronización antes del exilio, H.-J. Kraus, ha vuelto a defender la dependencia de los salmos de entronización de Isaías II (sobre todo de Is 52, 7-10).

16. Esto se debe, sin duda, a que precisamente en estos poemas, Israel se inspira en la temática y el estilo de modelos extranjeros. La más conocida de todas es la fiesta babilónica de la entronización, en la epopeya de la creación (véase en particular la Tabla 4). De ello trata ZIMMERN, *Das babylonische Neujahrfest* (1926). Pero es dudoso que el modelo babilónico haya tenido una influencia directa sobre Israel. Probablemente se inspiró en el ambiente cultual de Canaán, que estaba más vecino y conocía también una fiesta de entronización de la divinidad, como nos muestran los textos de Ras-Samra.

versal de estos salmos. Aquí se trata de las relaciones recíprocas entre Yahvéh, el mundo, los dioses y los pueblos; es pues, el momento de su epifanía universal, lo que ellos celebran. Por eso se distinguen teológicamente de los himnos que mirando hacia el pasado, alaban a Yahvéh como creador y conductor de la historia salvífica; en cambio los salmos de entronización giran en torno a un único acontecimiento que está todavía por realizarse y sólo en parte se halla ya presente. Pero aunque su plena realización pertenece todavía al futuro, ya se perfilan claramente algunos rasgos de su desarrollo posterior y su consumación [17].

Aquí, en el culto y en la alabanza de Yahvéh, de sus acciones y su epifanía, Israel se encuentra con la realidad de lo bello en su forma más sublime [18]. Cada pueblo y cada civilización posee una experiencia peculiar de la belleza. Ciertamente, muchas afirmaciones de Israel sobre este asunto no tienen nada de original; y si carecen de una nota característica propia es porque se mueven en el plano de las experiencias de lo bello, comunes a toda la humanidad. Como todos los pueblos civilizados, Israel conoce también la hermosura del hombre y de su figura (Gén 6, 2; 12, 11 s.; 24, 16; 39, 6; etc.); la belleza de la luna (Cant 6, 10) y se halla en condiciones de percibir la belleza de un discurso o de una expresión lingüística (Prov 15, 26; 16, 24; Ez 33, 32). Otra es la situación allí donde el instinto innato de imitación produjo en Israel obras artísticas de grandes proporciones. El gusto en la creación artística no era en Israel inferior al de cualquier otro pueblo de la antigüedad. Su carisma artístico se manifestó en particular en el campo de la narración y la poesía. (Sobre la música no podemos decir nada). Pero es sobre todo en la grandiosidad de sus narraciones donde Israel alcanzó una cumbre

---

17. También S. Mowinckel, contra su propia opinión anterior, subraya ahora el elemento escatológico de estos salmos; cf. *Offersang og Sangoffer*, 183 s.

18. No se ha escrito todavía una estética del Antiguo Testamento ni del antiguo oriente. Algunas indicaciones en Th. Boman, *Das hebräische Denken im Vergleich mit dem griechischen* (1952) 60 s. Véase también C. Westermann, *Biblische Asthetik. Die Zeichen der Zeit* (1950) 277.

incomparable del espíritu, usando parcamente de todos los medios artísticos (pues toda forma, toda configuración de una obra de arte es siempre un misterio del espíritu)[19].

La peculiaridad artística de la poesía israelita consiste indudablemente en su relación muy estrecha con la fe, de la cual recibe en definitiva su impronta, aunque resulta difícil explicar científicamente esta relación. La fe le da, en efecto, su forma y su estilo[20]. Pero nosotros estamos todavía muy lejos de poder comprender como fenómeno teológico ese estilo narrativo de los antiguos hebreos y su manera poética de actualizar la historia. Por cuanto sabemos, falta en Israel una reflexión crítica sobre el fenómeno de la belleza y la actividad artística en cuanto tal; Israel se mantuvo hasta el fin en la actitud ingenua de la vivencia pura[21].

Donde tuvo un contacto más intenso con la belleza fue en el ámbito religioso, en la contemplación de la revelación y la actividad de Yahvéh; por haber concentrado sus experiencias estéticas en las realidades de la fe (*credenda*), Israel ocupa su lugar especial en la historia de la estética: Si partimos una vez más del salmo 104 notaremos enseguida que no presenta las cosas con un lenguaje objetivo, sino repleto de una alegre emoción. Este modo de reflexionar y de presentar los caminos de Dios

---

19. Th. HAECKER, *Schönheit* (1953) 137. A este propósito se encuentra una y otra vez el curioso malentendido de que la prohibición de las imágenes ahogó todos los impulsos artísticos en el campo religioso. En cambio, Israel fue de hecho mucho más atrevido que cualquier otro pueblo en la ilustración poética de Yahvéh y del esplendor de sus apariciones e intervenciones. Precisamente los profetas, muy superiores a los demás en su conocimiento de la naturaleza del culto idolátrico, son los más temerarios cuando describen a Yahvéh con imágenes estéticas. Otra cosa es que Israel no tuviera ninguna imagen de Dios como objeto de veneración. En los himnos abundan las imágenes de Yahvéh, pero no se les tributaba adoración alguna; ellas mismas eran expresión de la adoración al Señor.

20. Así lo ha mostrado E. AUERBACH, en una estupenda comparación entre el episodio de la Odisea y Gén 22, MIMESIS, (*Die Narbe des Odysseus* [1946]) 7 s.

21. La fórmula: «Dios es el autor de toda belleza» (Sab 13, 3) corresponde a la idea del antiguo Israel, pero traiciona ya una preocupación teórica en torno al fenómeno de lo bello. El antiguo Israel no estaba en condiciones de concebir «lo» bello como algo abstracto.

en la creación no sólo enriquecía sus conocimientos teológicos, sino que le proporcionaba siempre una gran delectación. Todos los himnos, los cantos de victoria y las narraciones artísticas atestiguan que Israel percibía en las acciones de Yahvéh un alto coeficiente de belleza. Ya vimos más arriba, cómo Is 6, 3 da el tono de la alabanza israelita; es decir, en sus alabanzas el pueblo de Dios participaba en la misma delectación de los ángeles.

Todo ello no era exclusivo de la alabanza cultual; los mismos poemas sapienciales, tildados muchas veces de excesiva sobriedad, muestran un embelesamiento desbordante frente a la creación divina [22]: cuando Dios ponía los cimientos del mundo, los coros angélicos cantaban (Job 38, 7). La literatura sapiencial se maravilla de manera particular frente a la sabiduría de la actividad divina en los sectores más lejanos del hombre. Que Dios mande la lluvia —lo más precioso para la conservación de la naturaleza— sobre el desierto significa reírse de cualquier economía racional (Job 38, 36). Y esas encantadoras miniaturas del caballo salvaje (Job 39, 19 s.), del cocodrilo «que no puedes atar para que jueguen tus hijas» (Job 40, 24) y del avestruz al que «Dios negó la sabiduría» (Job 39, 17), todas ellas dicen unánimes: en la creación todo es maravilloso, inútilmente maravilloso. Estos poemas desbordan, ebrios de belleza, un entusiasmo insuperable. Pero queremos dejar bien claro que los objetos de esta reflexión son todos realidades concretas de nuestro mundo; ahora bien, Israel no las consideraba deleitables por sí mismas, sino porque se le manifestaban a la luz de la fe, en su relación con Dios. Por eso la alabanza es para el hombre algo «hermoso» («amable», «agradable»: Sal 92, 2; 147, 1) y es para él una plenitud estética, cuando puede devolver a Dios con su alabanza, la gloria que él mismo otorgó al mundo y al hombre.

La suprema belleza, superior a todo lo creado, era la condescendencia de Yahvéh, que penetra en la esistencia histórica de Israel. Eso expresan en primer lugar las descripciones de las teo-

---

22. Sal 104; 148; Job 9, 3 s.; 12, 9 s.; 26, 5 s.; véase Sir 43; Cántico de los tres jóvenes en el horno ardiente (LXX).

fanías, en las cuales se deleitó Israel desde los más remotos tiempos hasta los salmos más recientes; ellas contienen también las expresiones de belleza más sublimes de todo el Antiguo Testamento [23]. Yahvéh resplandece (יפע *hiph*. Dt 33, 2; Sal 50, 2; 80, 2; 94, 1), aparece su fulgor (נגה Sal 18, 13; Hab 3, 4) la tierra se tambalea, se resquebrajan las montañas eternas (Hab 3, 6; Jue 5, 4 s.), los fundamentos de la tierra quedan al descubierto (Sal 18, 16). Pero estos fenómenos espantosos tienen también su incomparable belleza. Por eso incluso allí donde Yahvéh aparece en plan de juicio, revestido «del resplandor de su majestad» (הדר גאונו Is 2, 19) para doblegar hasta el polvo la arrogancia humana, los ojos de los profetas quedan fascinados por la autorevelación de Yahvéh y los fenómenos que la acompañan. Isaías y Sofonías cantan en estilo hímnico la última aparición divina, en el «día de Yahvéh» [24]. Estas descripciones de teofanías son, sin duda, el objeto central de una estética del Antiguo Testamento, pues en ellas se aprecia con toda claridad cómo la singularidad de su experiencia de Dios tuvo un influjo decisivo en la singularidad de su experiencia estética.

Hermosa era también la tierra prometida y los demás bienes salvíficos, de cuya belleza no se cansa de hablar el Deuteronomio, y no sólo él (Dt 1, 35; 3, 25; 8, 7. 10; 11, 12; 26, 9. 15; cf. sobre todo Núm 24, 5 s.). Por fin, el hombre se veía a sí mismo hermoso, cuando se sentía objeto de la benevolencia divina, cuando Dios «le alza la cabeza» [25]. Un tema especial es la complacencia del salmista en el «lugar espacioso», la situación desahogada donde Yahvéh coloca a quienes bendice [26]. No cabe

---

23. Jue 5, 4 s.; Dt 33, 2 s.; Is 30, 27 s.; Miq 1, 3 s.; Nah 1, 3 s.; Sal 18, 8 s.; 68, 8 s.; 97, 3 s. Todavía no se ha dado una explicación convincente sobre el gran número de descripciones de teofanías y en particular de su relativa uniformidad (ver, las tablas de C. WESTERMANN, *Das Loben Gottes in den Psalmen* [1954] 66). ¿Se refieren a una ceremonia dramático-cultual?, y ¿cómo deberíamos imaginarla? Véase A. WEISER, *Die Darstellung der Theophanie in den Psalmen und im Festkult: Festschrift für Betholet* (1950) 513 s.
24. Is 2, 10 s.; Sof 1, 14 s.
25. Sal 3, 4; 27, 6; 34, 6; 52, 10; 92, 11.
26. Sal 4, 2; 18, 20. 37; 31, 9; 118, 5.

duda, Yahvéh, su revelación y sus dones salvíficos aparecían a los ojos de Israel llenos de belleza (Sal 145, 5). Pero su nota más característica es que con expresiones de belleza acompaña esa condescendencia de Yahvéh, que llega hasta el anonadamiento divino; es bella la revelación de su voluntad (Sal 119 pássim); bella es también Sión. Pero ¿qué otro podía ser el esplendor de Sión en tiempo de los reyes, sino el hecho de ser objeto de la elección divina? Por este hecho merece ser llamada «dechado de hermosura» (כְּלִיל יֹפִי Sal 50, 2), «alegría de toda la tierra» (Sal 48, 3). Lo mismo vale para el rey, designado como «el más bello de los hombres» (Sal 45, 3). Sin embargo no está bien oponer, como dos cosas absolutamente contrarias, estas expresiones enfáticas a aquellas sobre el siervo de Dios «sin figura ni belleza» (Is 53, 2), pues también en ellas hay un cierto esplendor; de lo contrario no estarían expresadas en forma rítmica; sólo que se trata de una belleza más oculta. Este valeroso caminar por las vías del Dios oculto, en las que Israel supo descubrir un aspecto glorioso, incluso en el más profundo anonadamiento de la acción divina, es ciertamente la característica más notable de todas sus declaraciones sobre la belleza [27].

Resumamos las consideraciones anteriores en algunos enunciados provisionales: 1. Para Israel la belleza no fue nunca una realidad absoluta y autónoma, sino algo que Dios regala incesantemente al mundo. 2. Por eso, la belleza era objeto de fe. 3. El goce de esta belleza divina es ya en los himnos y, con mayor certeza, en los oráculos de los profetas, algo anticipado, es decir, está orientado hacia una consumación escatológica; es contemplación creída y fe contemplada. 4. Israel percibió incluso la belleza en las obras del anonadamiento y el misterio divino.

---

27.   Pero en épocas tardías -quizás debido al influjo helenístico- aparece un cambio fácil de reconocer. El modo como el Sirácida se deleita en los personajes históricos de su «Himno a los padres» (Sir 44 s.) indica ya el paso a la veneración de los héroes. Es verdad, Sirac afirma en el proemio que Dios les otorgó grande honor (Sir 44, 2); pero de hecho, estos hombres tan ilustres son objetos muy autónomos de una valoración estética. La frase «¡qué glorioso era él, cuando...! (Sir 46, 2; 48, 4; 50, 5)» era ajena a los antiguos narradores, porque ellos nunca hicieron de las personas objetos de su alabanza.

5. Para Israel lo bello era más un acontecer que un ser, pues no lo veía como emanación del ser divino, sino de su actividad.

Volviendo otra vez a los salmos de alabanza específicamente cultuales para preguntarnos cuál fue su sitación vital (*Sitz im Leben*), resulta que sólo podemos sacar alguna información de los textos más recientes; pero sus noticias son importantes para dar un juicio teológico. A pesar de todo hay todavía dos textos donde podemos percibir claramente que el canto de himnos acompañaba el ofrecimiento de los sacrificios [28]. No deberíamos perder de vista esta coincidencia de ambos procedimientos para evitar que demos un valor absoluto a uno de ellos, pues sólo juntos nos dan una idea completa de la celebración cultual. En efecto, no hay motivos para asustarse por la nuda materialidad del ritual de P, pero tampoco hay que defender unilateralmente la espiritualidad de los himnos [29]. Existen algunas afirmaciones que dan al sacrificio de alabanza la primacía sobre el sacrificio material: «El que me ofrece acción de gracias (תּוֹדָה), ése me honra»: (Sal 50, 23). «Suba mi oración como incienso en tu presencia, el alzar de mis manos, como ofrenda de la tarde» (Sal 141, 2; véase Sal 40, 7 s.; 51, 17 s.; 69, 31 s.). El peso de estas afirmaciones es evidente; pero tal como están hoy día las cosas debemos guardarnos de ver en ellas la crítica definitiva, la «superación» espiritual del sacrificio sangriento [30]; ni lo suprimieron

---

28. 2 Crón 29, 25 s.; Sir 50, 11-18.

29. «El alma se presenta ante su Dios, libre de los lazos del culto». H. GUNKEL, *Einleitung in die Psalmen*, 278.

30. En cambio, hemos de afirmar que estos textos sólo quieren sustituir una actividad cultual con otra (C. WESTERMANN, *l. c.*, 19). Por otra parte sería erróneo, disminuir el peso de estas frases, apoyándose en su procedencia, a saber: la oposición de los cantores del templo contra la casta sacerdotal y el aumento exagerado de sus atribuciones cultuales, como hace S. MOWIN-CKEL, *Psalmen-Studien*, IV, 1, 57 s. Las disputas entre levitas y sacerdotes por cuestiones de competencia, como podemos deducir de Núm 16 y la obra histórica del cronista, eran sin duda poco edificantes. Pero ¿dónde iríamos a parar, si quisiéramos juzgar todas las ideas que saltan en cualquier discusión, sólo de acuerdo con los intereses que estaban en juego en aquel momento? Todavía una observación: habría que establecer una neta separación entre la polémica de los profetas contra el culto, y los textos de los salmos citados. Allí se diría: obediencia a los mandamientos en lugar de los sacrificios. Aquí, en cambio, se plantea el problema del sacrificio auténtico; no se discute en

ni querían suprimirlo. Provienen de las tradiciones de los cantores del templo, quienes, sin duda, tenían sus buenas razones para oponer su concepción un tanto revolucionaria del culto a la defendida entonces por la clase superior, los sacerdotes. Tales afirmaciones eran, pues, exageradas, y de seguro, sus mismos autores las consideraban radicales, aptas para sacudir del pueblo esa seguridad que amenazaba incensantemente el culto sacrificial; pero es erróneo ver en ellas la aparición de una verdad evidente y de orden general. Estas expresiones poseen su verdad en el conjunto armonioso de todas las prescripciones y «verdades», que cimentaban y construían el culto israelita y de las que recibió también su compleja estructura [31].

Nos queda todavía por citar un considerable grupo de afirmaciones, que ponen una curiosa relación entre la alabanza a Dios y la muerte: insisten mucho en afirmar que «en la muerte» no existe ninguna alabanza posible [32]. Para los antiguos era inquietante saber que había una dimensión, es más, una forma de existencia menguada, donde no cabe la menor alabanza a Dios. Con la muerte terminaba la participación del individuo en el culto; los muertos se hallaban fuera del ciclo vital del culto divino; y así quedaban excluidos de la alabanza que se daba a sus obras [33]. Detrás de estas afirmaciones late, más o menos disimulada, una actitud de αναιδεια (impertinencia) (Lc 11, 8) con Yahvéh: él mismo actúa contra su propio provecho cuando abandona a la muerte uno que confiesa su gloria [34]. Con esto hemos tropezado con una de las proposiciones más singulares

---

absoluto el culto en cuanto tal; sólo se espiritualiza el sacrificio. Pero Amós e Isaías rechazan también el canto sacrificial (Am 5, 23; Is 1, 15).

31.   Véanse más arriba, las páginas 483 s.

32.   Sal 6, 6; 30, 10; 88, 11 s.; 115, 17; Is 38, 18 s.; Sir 17, 27 s.; véase C. WESTERMANN, *l. c.*, 116 s.

33.   El antiguo Egipto tenía una idea más simpática de la situación de los muertos: «Los que duermen cantan juntos tu belleza, cuando brilla ante ellos tu rostro... cuando pasas de largo junto a ellos, les rodea la oscuridad y cada uno yace (de nuevo) en su féretro». ERMAN, *Literatur der Agypter* (en C. WESTERMANN, *l. c.*, 117). Frente a la muerte, la fe yahvista se mostraba particularmente intransigente. La muerte separaba para siempre al hombre de Yahvéh.

34.   En particular, Sal 30, 10.

de la antropología veterotestamentaria; es decir, la alabanza es
la forma de existencia más propia del hombre. Alabar a Dios
y no alabarle se contraponen como la vida y la muerte [35]. La
alabanza se convierte simplemente en el más elemental de «los
signos de vida» [36]. Los himnos que la comunidad canta en acción
de gracias fluyen (¡burbujean!) de generación en generación (Sal
145, 4 s.). Para apreciar cómo la alabanza tiene en la vida su
única «situación vital» (*Sitz im Leben*) basta notar que cuando el pueblo alababa a Yahvéh se imaginaba frente a su trono
junto a la comunidad de los seres divinos; con ellos intercam-
biaba sus cantos, de suerte que la invitación a salmodiar podía
partir de la tierra al cielo. En esta presuntuosa intimación a dar
gloria a Dios, la comunidad terrestre aparece como la «directo-
ra de coro del universo» [37].

3. La justicia de Yahvéh y de Israel

1. No existe en el Antiguo Testamento otro concepto de
importancia tan central para las relaciones vitales del hombre como el de צְדָקָה (justicia) [38]. No sólo mide las relaciones del hombre con Dios, sino también las relaciones de los hombres entre sí,
llegando hasta las discordias más insignificantes, e incluso a sus
relaciones con los animales y con su medio ambiente natural. Podemos sin más designar la צדקה como el valor supremo de la vida,
sobre el cual descansa toda vida cuando está en orden. Pero ¿cuál

---

35. C. WESTERMANN, *l. c.*, 117.
36. CHRISTOPH BARTH, *Die Erretung vom Tode in den individuellen Klage-
und Dankliedern des Alten Testaments* (1947) 151.
37. F. DELITZSCH, *Die Psalmen* (⁴1883) 875. Ver Sal 29, 1; 148, 2.
38. K. H. FAHLGREN, *Sedaka, nahestehende und entegegensetzte Begriffe
im AT* (1932). J. PEDERSEN, *Israel* I-II (Righteousness and Truth) 336 s.;
G. QUELL, *Der Rechtgedanke im AT:* ThWBNT I, 176 s.; K. KOCH, *Sdq im
alten Testament* (Diss. Heidelberg 1953); H. CAZELLES, *A propos de quelques
textes difficiles relativs à la justice de Dieu dans l'Ancien Testament:* RB (1951)
169 s.; F. NÖTSCHER, *Die Gerechtigkeit Gottes bei den vorexilischen Propheten*
(1915); E. KAUTZSCH, *Abhandlungen über die Derivate des Stammes sdq im
atl Sprachgebrauch* (1881); W. W. GRAF BAUDISSIN, *Der gerechte Gott in der
altsemitischen Religion: Festschrift f. Harnack* (1921) 1 s.

es su significado? Durante mucho tiempo la teología explicó este concepto con su mentalidad occidental [39]. La traducción de la Vulgata (*iustitia*) y su correspondiente castellana «justicia» parecían reflejar bien su contenido. En este caso sería el buen comportamiento del hombre con relación a una norma moral absoluta, una legalidad fundada en la idea absoluta de la justicia. Según dicha teología, de esta norma absoluta derivaban derechos y deberes absolutos. Entendida de este modo, la justicia actúa en el ámbito social vigilando y procurando que cada uno reciba lo suyo (justicia distributiva). Quedaba sólo una cuestión por ventilar ¿cuál era esa norma absoluta que presupone el Antiguo Testamento? Cosa extraña: aunque se la buscó con ahínco, no fue posible hallar en él una respuesta satisfactoria [40]. Pero ello se debía a que la cuestión estaba mal planteada y por eso resultaba imposible armonizar los datos del Antiguo Testamento con una tal concepción de la justicia. H. Cremer reconoció ya la imposibilidad de aplicarla al pensamiento bíblico, y logró abrir el camino hacia una idea completamente diversa, idea que se ha demostrado exacta, al menos en sus líneas fundamentales [41].

Como podemos comprobar ahora, el error de aquella teología consistía en presuponer y buscar una norma ética absoluta y abstracta, pues el antiguo Israel no juzgaba la conducta o la actividad del individuo según una norma abstracta, sino de acuerdo con la relación comunitaria del momento en la que el socio debe dar pruebas de su lealtad. «Toda relación impone ciertos deberes de conducta; pues bien, nuestro concepto (צדק) designa el cumplimiento de estos deberes, que provienen de esa relación y sin los cuales no podría subsistir». El uso de este tér-

---

39. También las exposiciones de Quell y Eichrodt (I, 121 s.) dependen todavía demasiado de nuestra concepción forense de la justicia.
40. «Examinando el uso de los términos a nuestra disposición, no conseguimos ir más allá de este concepto de conformidad con alguna norma». E. KAUTZSCH, *l. c.*, 53.
41. H. CREMER, *Die paulinische Rechtfertigungslehre im Zusammenhang ihrer geschichtlichen Voraussetzungen* (1901) 34 s.

mino indica «que צדק esencialmente es un concepto de relación, y esto en cuanto se refiere a una relación real entre dos..., y no, a la relación entre un objeto sometido a un juicio de valor y una idea» [42]. Así pues, la relación comunitaria concreta en la que se halla el individuo cuando obra, es ya en cierto modo su norma; pero conviene recordar que el hombre se mueve constantemente en una gran variedad de relaciones comunitarias y cada una lleva en sí su propia ley. El hombre pertenece a la familia, a una comunidad política (tribu, pueblo), está inmerso en la vida económica y, si las condiciones se lo imponen, puede entablar relaciones comunitarias con extranjeros; cada día puede crear una nueva relación.

Por encima de todas ellas, se encuentra la relación comunitaria que Yahvéh había ofrecido a Israel y se cultivaba sobre todo en el culto. También aquí vale lo dicho: es justo quien satisface las exigencias específicas que le impone esta relación comunitaria [43]. Cuando Israel alaba la justicia divina, da gracias porque está de su parte y en su actividad se declara por él. El canto de

42. H. CREMER, *Biblisch-theologisches Wörterbuch* ([7]1893) 273-275.

43. La misma exposición que presentamos aquí, vale también para los conceptos emparentados como חסד (misericordia) ישׁר (rectitud) תּם (honradez) etc., pues todo este círculo de concepciones veterotestamentarias no se basa solamente sobre la raíz צדק . En particular, el concepto חסד (misericordia) está muy emparentado con el de la צדקה (justicia) e interfiere con él de muchas maneras. También él designa un comportamiento conforme a una relación comunitaria y abarca la disposición y, conducta solidarias, pero se orienta aún más que צדק (justicia) hacia el significado de nuestra «bondad», «lealtad»; por eso expresa mejor la unión entre los sentimientos personales de benevolencia y los actos que de ellos derivan (N. GLUECK, *Das Wort hesed im atl Sprachgebrauch als menschliche und göttliche Verhaltungsweise* [1927]; pero véase además H. STOEBE, *Die Bedeutung des Wortes Häsed im AT:* VT [1952] 244; N. H. SNAITH, *The distinctive Ideas of the OT* [1944] 94 s.). También ישׁר (rectitud) y תּם (honradez) son conceptos que indican una relación, como aparece particularmente claro en las preposiciones que los acompañan ישׁר עם (2 Re 10, 15; תּם עם Dt 18, 13; שׁלם אֶת Gén 34, 21). Asimismo es insuficiente la traducción de שׁלום con nuestra palabra «paz», pues el término hebreo denota un estado de equilibrio, en el cual se satisfacen las exigencias de una comunidad, es decir, un estado que sólo puede realizarse bajo la protección de una comunidad, gobernada por la justicia; el que «no es pacífico» queda excluido de ella.

Débora habla ya de las «justicias de Yahvéh» (צדקות יהוה) y
designa con esas palabras sus actos salvíficos en la historia [44].
Desde este momento no se interrumpirá jamás la alabanza de
esta «justicia salvífica». En Isaías II alcanza un punto culminante; pero sería erróneo afirmar que fue en este profeta donde
צדקה pasó a ser sinónimo de salvación (ישע). En Isaías II, el énfasis
de la sinonimia entre justicia y salvación proviene del estilo
hímnico (Is 45, 8; 46, 13; 51, 6. 8) y es por consiguiente anterior
al profeta. Ningún indicio nos presenta un cambio profundo
o una evolución en la antigua concepción israelita de la justicia
de Yahvéh [45]. El uso del término en el canto de Débora tiene
su importancia porque utiliza ya el concepto צדקה en sentido
figurado, es decir, en relación con los efectos de la fidelidad de
Yahvéh a sus relaciones comunitarias. Dejando a un lado la mo-
vilidad de las afirmaciones sobre la justicia divina, el canto de
Débora expresaba así una idea constitutiva para Israel: la justicia de Yahvéh no era norma, sino actos, actos salvíficos.

> Tu diestra está llena de justicia; צדק
> el monte Sión se alegra (Sal 48, 11).

También el individuo podía experimentar la justicia de Yahvéh en tiempos de necesidad y debía confesarla en cantos de acción
de gracias. «No he ocultado tu justicia en mi corazón; he can-
tado tu fidelidad y tu salvación» (Sal 40, 11); y en los cantos de
lamentación se rezaba así: «Tú que eres fiel, atiende a mi súplica;
tú que eres justo, escúchame» (Sal 143, 1; 71, 2). También esta
justicia divina, experimentada por el individuo, era objeto de alabanza y proclamación en el culto (Sal 22, 31; 71, 22). Las descripciones de las teofanías ofrecían una ocasión especial para
hablar de la justicia de Yahvéh; lo cual era muy comprensible,

---

44.   Los צדקות יהוה , los actos salvíficos en la historia, Jue 5, 11; 1 Sam
12, 7; Miq 6, 5; Sal 103, 6; Dan 9, 16. Véase también Sal 48, 11 s.: «tu diestra
está llena de צדק (justicia), el monte de Sión se alegra, las ciudades de Judá
se gozan con tus sentencias(משפטיך)» y Dt 33, 21; Sal 129, 4 s.
45.   Otro es el parecer de J. HEMPEL, *Das Ethos im AT*, 161.

pues donde se revelaba Yahvéh, allí también se ponía de manifiesto su justicia, es decir, su fidelidad a la alianza [46].

La fidelidad a las relaciones comunitarias entre las personas era también la medida que juzgaba toda la convivencia humana. Cuando Saúl decía: «David es más justo», quería significar que este último había tomado en serio y se había ajustado más que él a la relación común que existía entre ellos. Saúl, en cambio, no podía decir otro tanto de sí mismo (1 Sam 24, 18). Se dice que fue una justicia de David, el haber perdonado la vida de Saúl, cuando lo tuvo indefenso a su disposición (1 Sam 26, 23). Los tribunales locales tenían a menudo la función de juzgar el comportamiento de una persona respecto a su fidelidad a estas relaciones y declarar si era inocente o culpable (הצדיק, הרשיע, Dt 25, 1 s.; Ex 23, 7; 1 Re 8, 32 s.) [47]. Sin embargo, no se puede afirmar que este concepto veterotestamentario de justicia sea un concepto específicamente forense; pues abarca en realidad toda la vida de los israelitas, donde quiera se encuentren en una relación comunitaria.

Además, la fidelidad en este campo no se limitaba a una conducta correcta y conforme a la ley; es decir, a lo que hoy día entendemos por justicia. Esa situación de mutua dependencia requería demostraciones de bondad, lealtad y, si era necesario, de una misericordia pronta a ayudar al pobre o al que sufre (Prov 12, 10; 21, 26; 29, 7). Cuando Jacob cita a los hermanos de Labán a ser jueces de su comportamiento —el término צדקה aparece en el contexto anterior (Gén 30, 33)— sólo menciona aquellas prestaciones que van más allá de lo estrictamente obli-

---

46. K. Koch ha señalado las profundas raíces, que estas afirmaciones sobre la justicia, tienen en las descripciones de teofanías (*l. c.*, 4 s.) (Sal 50, 6; 97, 6; 85, 14; Os 10, 12).

47. En claro contraste con las ideas corrientes entre nosotros, la cuestión de la «justicia» del acusado, se encontraba en primer plano en los procesos del antiguo Israel, pues era «justa» la parte que salía inocente del pleito (K. Koch, *l. c.*, 77). También se oye hablar de la צדק (justicia) del juez (Lev 19, 15; Dt 16, 18 s.) porque el juez, que a menudo hacía también de acusador, debía tener en cuenta las condiciones sociales, sobre todo respecto a los débiles; שפט significa «ayudar a conseguir el derecho» (L. Köhler, 14).

gatorio (Gén 31, 36 s.). Una demostración extrema de צדקה (cuya
paradoja había gustado ya al narrador antiguo) la dio Tamar,
nuera de Judá. Disfrazada de ramera cultual, seduce a su suegro
y le engendra un hijo. Cuando la llevan a ejecutar, se descubre
el motivo de su acción. Aunque usó medidas extremas, ella quiso
procurar una descendencia a la familia de su difunto esposo
y así, por haberse mostrado leal a sus relaciones con esa familia,
fue más «justa» que su suegro, el cual se había negado a casarla
con su hijo menor (Gén 38, 26). Pues bien, ¿tiene esto algo que
ver con nuestra idea de la justicia? Por eso, nuestra palabra
«justicia» no sólo es insuficiente; muchas veces llega incluso a
ser una traducción engañosa del término hebreo.

Estas dos esferas de relaciones comunitarias —los hombres
entre sí y los hombres con Dios— parecen en cierto modo independientes y, a menudo, lo fueron en práctica. Así se llegó a pensar que existía una concepción secular y otra religiosa de la
צדקה y que esta última era posiblemente un producto nuevo de
la reflexión teológica posterior, algo así como una aplicación
secundaria del concepto civil de la צדקה al plano religioso, a las
relaciones del hombre con Dios. Una explicación semejante falsi-
ficaría por completo los hechos. En efecto, precisamente en tiempos antiguos, cuando existía la «pan-sacralidad primitiva», las esferas que ahora consideramos separadas estaban todavía bien
entrelazadas. Yahvéh intervenía en favor de su pueblo con drás-
ticas demostraciones de su justicia, pero de él provenían también
las reglas de su conducta, las únicas que hacían posible la convivencia humana. Sus mandamientos no eran una «ley abstracta»,
sino un don saludable que ordenaba la vida: «Yahvéh es צדיק
(justo) en medio de ella (Jerusalén)... Todas las mañanas da su
decisión como la luz, que no falta» (Sof 3, 5). El profeta piensa
tanto en las múltiples instrucciones que Yahvéh promulgaba en
el culto, como en las normas destinadas al terreno legal; en ellos
manifiesta diariamente su renovada voluntad de mantener un
orden. Y una vez más aparece claro que Israel no se consideraba
relacionado con un mundo de valores ideales, sino con una actividad divina. La צדקה (justicia) de Yahvéh era también una acti-

vidad en favor de Israel, y era por lo tanto digna de ser proclamada. Israel sólo supo concebir su vida social como una realidad sustentada por una צדקה que se le iba regalando incesantemente). Desde el cielo se «proclama la צדקה (justicia) de Yahvéh» (Sal 50, 6). Aquí se entienden sus mandamientos, cuya revelación se celebraba regularmente con una fiesta en el templo de Jerusalén. Es más, a Israel le gustaba ensalzar los mandamientos divinos como צדיקים (justos), es decir, saludables [48].

En el Antiguo Testamento el rey y la monarquía constituyen un foco de declaraciones sobre la justicia, lo cual no debería extrañarnos, pues al ser cabeza de la nación era considerado el gerente y protector de todo el conjunto de relaciones comunitarias de su país [49]. En el estilo cortesano del antiguo oriente se hallaban indisolublemente unidos la monarquía y la realización de un orden jurídico ideal. Pero en esta función el rey era sólo simple mediador y hombre de confianza; estaba sometido a una condición: que Dios le diera su derecho y «su justicia» (Sal 72, 1). Donde esta concepción aparece más clara es en la profecía mesiánica de Is 11, 1 s.: admirables carismas capacitan al Ungido para imponer la ley divina en su reino.

Con todo, los mandamientos y las reglas de vida comunitaria eran sólo una parte de la gran צדקה (justicia), que Yahvéh había proporcionado incesantemente a Israel. Ya vimos más arriba, que también sus grandes intervenciones en la historia podían ser entendidas como demostraciones de su justicia; pero la צדקה de Yahvéh no actuaba sólo en la historia, sino también en otros sectores, que nosotros llamaríamos «naturales». Así por ejemplo, Joel, tras las ceremonias penitenciales con motivo de una plaga de langostas, anuncia la salvación de este modo:

Hijos de Sión, alegraos...
que... hará descender «con justicia»
las lluvias tempranas y tardías.

---

48. Véanse más arriba las páginas 253 s.
49. 2 Sam 8, 15; 1 Re 3, 6; 10, 9; Sal 45, 5. 8; 72, 12 s.; 89, 15. 17.

> Las eras se llenarán de trigo
> rebosarán los lagares de vino y aceite (Jl 2, 23 s.) [50].

Y la justicia del rey, antes mencionada, lleva consigo una prodigiosa multiplicación del pueblo (Sal 72, 3 s.). Con estos y otros ejemplos nos hemos alejado al máximo de nuestra concepción corriente de la justicia; es más, se plantea el problema de saber si las declaraciones veterotestamentarias sobre ella, no contienen quizá concepciones que no tenemos en cuenta, por ser ajenas a nuestro modo de pensar. Para nosotros la צדקה (justicia) es ante todo algo que pertenece al mundó de las ideas, de donde nace un comportamiento que a través de las acciones del interesado, repercute en beneficio de la sociedad. En cambio, ya desde el principio, Israel concibió el ser de la צדקה (justicia) de un modo muy distinto [51].

El examen de los numerosos ejemplos donde צדקה aparece con la preposición ב (en) sugiere que era concebida en un sentido curiosamente espacial; algo así como un recinto, un campo de energías, en donde son introducidas las personas y se les capacita así para realizar determinados actos. «Ellos se elevan en tu justicia» (Sal 89, 17); más aún: «Los montes traerán la salvación al pueblo y los collados 'en' justicia» (Sal 72, 3). Cuando se reza contra los enemigos: «No les dejes entrar en tu justicia» (Sal 69, 28), entonces parece realmente que צדקה era comprendida en sentido local, como un campo de energías saludables para el hombre [52]. Lo mismo vale para otros textos que la presentan como

---

50. El profeta considera la promesa como si ya estuviera realizada y usa el perfecto profético.
51. J. Pedersen tiene el mérito de haber desarrollado este concepto en su originalidad, frente a todas las concepciones idealistas y humanistas. Con todo, hay que corregir su modo de concebir la צדקה como la salud del alma, el prerequisito de todas las bendiciones, la energía de la cual dependen todas las acciones del individuo y al mismo tiempo se irradia en la comunidad; en efecto, su tesis fundamental de que la נפש (alma) es la sede de la צדקה (justicia) no puede deducirse del Antiguo Testamento.
52. K. Koch, *l. c.*, 35 s.

un objeto o una persona; por ejemplo, es el soporte del trono divino (Sal 89, 15; 97, 2); el mensajero que va delante de Yahvéh (Sal 85, 14); el vestido, que uno se pone (Sal 132, 9; Is 11, 5; 61, 10), o la lluvia (no «como» la lluvia, Os 10, 12; Is 45, 8). En todo caso, hemos de preguntarnos si tales expresiones no tuvieron realmente un significado muy concreto y directo antes de ser interpretadas en sentido figurativo. El exegeta se enfrenta aquí con grandes dificultades hermenéuticas, pues esa idea espacial y material de la צדקה, nos resulta tan extraña, que en la mayoría de los casos no podemos determinar con exactitud su paso al sentido metafórico, que ciertamente llegó a tener [53].

2. De todo lo dicho se deduce un cuadro bastante unitario: desde los tiempos más remotos Israel festejaba a Yahvéh como aquél que proporcionaba a su pueblo el don universal de su justicia. Esta צדקה era siempre un don salvífico: imposible imaginarla al mismo tiempo como algo que amenazaba a Israel. La idea de una צדקה (justicia) punitiva no se encuentra en ningún texto; sería una *contradictio in adiecto* [54]. Si, en cambio, averiguamos cómo se concebía la justicia de Israel y del individuo frente a Yahvéh, vemos que el inventario no es tan uniforme.

---

53. Sería falso considerar por adelantado, la personificación de la צדק (justicia) como una pura estilización. La tendencia a separar una cualidad o un epíteto divino dándolas una autonomía personal, se observa con mucha frecuencia en las religiones del antiguo oriente. Así, por ejemplo, en la mitología babilónica, *kettu* (derecho) y *mesaru* (justicia) eran considerados hijos del dios Samas, si bien es evidente que se trata de cualidades del mismo Samas, las cuales se han independizado hasta convertirse en seres personales. Algo muy parecido ocurre con la pareja divina de la religión fenicia; *misor* (rectitud) y *sydyk* (justicia). Véase H. RINGGREN, *Word and Wisdom: Studies in Hypostatization of divine Qualities and Functions in the Ancient Near East* (1947) en particular, 53 s., 83 s.

54. En relación con las «doxologías judiciales» (ver más arriba, 437 s.) la frase: «tú eres justo» parece se refiere a la justicia punitiva de Yahvéh. Pero es más probable que estos textos deban entenderse en el sentido de «ser inocente de tales acusaciones» (L. KÖHLER, 154) Lam 1, 18; Esd 9, 15; 2 Crón 12, 6; Dan 9, 14. En Neh 9, 33 se dice: «Tú eres justo, porque fuiste leal». No puede sostenerse la tesis de Nötscher, según la cual los profetas predicaban una justicia divina punitiva». Véase, H. CAZELLES, *l. c.*, 173 s. Ni siquiera Is 5, 16 puede citarse como prueba. En Amós y Oseas falta por completo, el concepto de la justicia divina.

Sobre este asunto encontramos afirmaciones y reflexiones muy diversas en la forma y en el contenido. De hecho, se trata nada menos que del problema crucial de cómo Israel y el individuo se concebían a sí mismos en su existencia ante Yahvéh. En primer lugar nos llama la atención observar que los textos donde se habla de la justicia del hombre ante Yahvéh son muy escasos en la literatura antigua y en cambio abundan en los textos exílicos y posexílicos. Aquí, pues, tuvo lugar un cambio decisivo. Pero sería apresurado deducir sin más, que el antiguo Israel no sintió en absoluto la necesidad de la justicia en sus relaciones con Yahvé.

Nos conviene partir de las llamadas «liturgias a la puerta», un ceremonial particular que se observaba cuando una procesión iba a entrar en el templo preexílico. Los salmos 15 y 24 nos dan una idea del acontecimiento. Llegada a la puerta del atrio exterior, la procesión pide el permiso de entrar y pregunta por las condiciones requeridas: «¿Quién puede subir al monte de Yahvéh, quién puede estar en el recinto sacro?». El personal del culto responde desde el interior: «El hombre de manos inocentes y puro corazón, que no tiene intenciones perversas ni jura en falso...» De este modo se les propone una selección de los mandamientos divinos. Pero no es necesario concluir que la observancia de los mandamientos era en el antiguo Israel una condición básica para la recepción de la salvación en el culto; en efecto, los que pedían el permiso de entrar no se presentaban por primera vez ante Yahvéh, pues nunca dejaron de ser miembros de su comunidad. Pero, una cosa es evidente: a quienes venían al culto se les pedía algo así como una declaración de lealtad a la ley de Yahvéh. De hecho, observar los mandamientos era una empresa posible; incluso la consideraban fácil [55]. Por esto, la pregunta dirigida a quienes deseaban entrar en el templo, es decir, si eran leales hacia los mandamientos y si lo habían sido en el pasado, equivalía a preguntarles por su צדקה (justicia); y así se habla de «las puertas de la justicia», que sólo los «justos» pueden atra-

---

[55]. Véase más arriba, 252 s. Además la psicología hebrea no conoce ninguna distinción entre el «querer» y el «poder». J. PEDERSEN, *l. c.*, 338.

vesar [56]. Podemos incluso decir en términos generales que cada proclamación de los mandamientos —y no sólo en la «liturgia a la puerta»— era al mismo tiempo una pregunta sobre la צדקה (justicia) de Israel, es decir, su disposición a aceptar por su parte la relación comunitaria que le proponía Yahvéh. En este sentido el ritual de Dt 27, 15 s. incluía ya la pregunta sobre la צדקה de Israel.

El tratado de Ezequiel sobre la justicia (Ez 18) nos permite dar un paso adelante; pues es evidente que en los v. 5-9 ha intercalado una perícopa litúrgica muy anterior a su época. Aquí encontramos en primer lugar unas listas, parecidas a las que se ven en los manuales para la confesión, y en ellas se resume la conducta del fiel a Yahvéh. Dice así: «No come en los montes levantando los ojos a los ídolos de Israel, no profana la mujer de su prójimo». Y termina exclamando: «éste es justo»; una frase que posee todavía el carácter de un anuncio litúrgico; en efecto, este צדיק הוא (es justo) tiene todo el aspecto de aquellas fórmulas declaratorias que el documento sacerdotal nos conserva a montones; con ellas los sacerdotes declaraban, en nombre de Yahvéh, el resultado de una valoración cultual [57]. La frase hubiera podido decir igualmente: «se le cuente como justicia», pues como vimos más arriba, la חשב (valoración) cultual era una función importante de los sacerdotes. Estos, en cuanto «boca» de Yahvéh, decidían en última instancia lo que era «acepto» o «no acepto» [58]. Así pues, quien había participado en el culto volvía «justificado a casa» (Lc 18, 14) en un sentido muy concreto.

Ez 18 nos muestra una vez más que también en el Israel preexílico se había planteado con insistencia el problema de la צדקה (justicia) del hombre ante Yahvéh; además, nos enseña a consi-

---

56. Sal 118, 19 s.; Is 26, 2. Las máximas (*Logien*) sobre el ingreso en el reino de los cielos hablan todavía de dar pruebas de δικαιοσύνη (justicia); hasta aquí, pues, influyó el esquema de la liturgia a la puerta. H. WINDISCH, ZAW (1928) en particular 177 s.

57. Véanse más arriba las páginas 313 s., 330 s.

58. Ejemplos de esta חשב (valoración) sacerdotal Lev 7, 18; 17, 4; Sal 32, 2·

derar Gén 15, 6 desde una perspectiva particular. En efecto, cuando el texto subraya que la fe le fue contada como justicia, hace una formulación sorprendente e incluso revolucionaria para sus contemporáneos. Con su forma desacostumbrada indica que en su tiempo el saber qué cosa le «contó Yahvéh como justicia» tenía cierta actualidad, y quizá se había convertido en algo problemático. La frase sostiene que la verdadera actitud, la más conforme a las relaciones comunitarias con Yahvéh, consiste en tomar en serio su promesa y ajustarse a ella, como algo absolutamente real. Por otra parte, no hemos de atribuir a la frase un sentido absoluto y exclusivo, como si hubiéramos de negarle al hombre otros modos posibles de manifestar su justicia, pues tal frase se refiere a la situación peculiar de Abraham, como portador de una promesa de alcance histórico. Otras situaciones pudieron haber exigido otras manifestaciones de fidelidad a las relaciones comunitarias con Yahvéh. Cuando el predicador dtr afirma que la fidelidad a Yahvéh consiste en reconocer y observar sus mandamientos (Dt 6, 25; 24, 13) se acerca más a la comprensión ordinaria que aquella formulación casi profética del elohista. Pero Gén 15, 6, Dt 6, 25 y el ritual que se adivina tras Ez 18 coinciden en lo siguiente: sólo Yahvéh determina lo que es justicia y quién es justo; el hombre vive de esta convicción: «él es justo, vivirá» (צדיק הוא חיה יחיה, Ez 18, 9). En este sentido piden los orantes que Yahvéh deje «salir» el derecho (Sal 17, 2; 37, 6). El siervo de Yahvéh considera también su justicia (משפט) como algo que está «junto a Yahvéh» y sabe además que su justificación se efectuará públicamente (Is 49, 4; 50, 8).

Esta justicia reconocida por Yahvéh puede perderse por una conducta o acciones contrarias a la relación comunitaria con el Señor. Cuando Yahvéh se enfada se vuelve «nuestra justicia como un vestido manchado» (Is 64, 4 s., enmendado en singular según los LXX). En tal caso —si el daño no es irreparable y Yahvéh no ha entregado el pecador a la muerte— le toca al hombre reconocer su falta y hacer penitencia. En estas oraciones de penitencia se trata de una celebración cultual muy parecida a las «doxologías judiciales» [59]. Elihú habla de la pedagogía de Yahvéh con el pecador, cómo lo amonesta y hace volver en sí mediante el dolor y la enfermedad, y continúa: «suplicará a Dios, se complacerá en él, verá con júbilo su rostro y volverá al hombre su justicia» (Job 33, 26). También aquí se hace clara referencia a un ritual en el que a una oración de penitencia seguía la declaración de inocencia por parte de Yahvéh [60].

Los textos sobre la justicia del hombre frente a Yahvéh aumentan mucho en la literatura más reciente; esto se explica en primer lugar por el hecho de que el individuo se expresa aquí por primera vez con mayor autonomía. En épocas anteriores estaba inmerso en la existencia de la comunidad; pero con el correr del tiempo ha ido adquiriendo mayor independencia. El individuo se hace más consciente de sí mismo y de su relación con Dios, y siente una creciente necesidad de justificarse en su existencia ante Yahvéh [61]. Esta creciente independencia frente a la comunidad debió ser muy profunda, pues cuando leemos los salmos 1; 73 ó 119 vemos ya al צדיק (justo) completamente solo ante Yahvéh y su revelación. Es como si únicamente existiera esa presencia atemporal del uno frente al otro: Yahvéh y el justo; todas las demás relaciones comunitarias han desaparecido por completo o se han vuelto insignificantes.

Si atendemos al contenido o a las características fundamentales del צדיק (justo), hallamos ésta en primer lugar: el justo guarda los mandamientos. Hasta aquí nada ha cambiado res-

---

59. Véanse más arriba las páginas 437 s.
60. La terminología de esta frase nos remite a un procedimiento originariamente cultual (עתר) significa «conseguir mediante un sacrificio»; Asimismo el «contemplar la faz de Yahvéh» tenía también lugar en el culto; sobre la רצה [ira] divina ver más arriba, 330 s.). ¡Ojalá supiéramos más cosas sobre el procedimiento usado para restituir la justicia! También Miq 7, 9 parece referirse a ello cuando dice: «soportaré la ira de Yahvéh, pues pequé contra él, en tanto juzga mi causa y me hace justicia. Me llevará a la luz y me deleitará en su justicia». En Lam 1, 18 hallamos de nuevo una doxología judicial. Las curiosas alusiones a un «amanecer del derecho (o de la justicia)» parecen remontarse igualmente a una ceremonia cultual: Is 51, 5; 58, 8; 62, 1; Jer 51, 10; Hab 1, 4a; Mal 3, 20; Sal 17, 2; 37, 6; 98, 2.
61. Véanse más adelante las páginas 478 s.

466 La teología de las tradiciones históricas de Israel

pecto a la época más antigua, pues como hemos visto, también
entonces la fidelidad del hombre a sus relaciones comunitarias
con Yahvéh debía acreditarse en la aceptación y la observancia
de sus mandamientos. Es sorprendente ver con qué naturalidad
los orantes repiten constantemente haber observado los mandamientos y cómo se atribuyen a sí mismos el título de צַדִּיק
(justo) [62]. Para comprender estas afirmaciones no debemos recurrir al problema de saber si el hombre prestó o no la necesaria
obediencia a Dios, pues esto se hallaba completamente fuera
de la óptica de dichos salmos. Ya vimos cómo nunca se consideró
la observancia de los mandamientos una carga, que en el mejor
de los casos los hombres sólo podían soportar en parte, sino como
una profesión de fe en Yahvéh. Por esta razón, esos hombres
estaban, sin más, dispuestos a atribuirse dicho título (צַדִּיק),
pues era todo menos una autovaloración moral. El culto había
enseñado durante siglos que sólo a Yahvéh le competía adju-
dicar un título semejante y lo reconocía a quienes se adhe-
rían a él. Así, ya no resulta tan asombroso que estos orantes se
llamaran a sí mismos los צַדִּיקִים (justos), pues quien de algún modo
tomaba la palabra en el culto era צַדִּיק (justo); en cambio la voz
de los proscritos, excomulgados, etc., no nos fue conservada.
Para convencerse de que este título no era una presuntuosa
autocalificación moral basta comprobar un hecho bien patente:
Israel sólo conocía dos posibilidades: uno era צַדִּיק (justo) ante
Yahvéh, o no lo era. Faltan en absoluto los estadios intermedios
y los diversos matices, necesarios para cualquier valoración moral. Si uno era צַדִּיק (justo) ante Yahvéh, lo era por completo;
no podía serlo de una manera inicial o aproximada.

A partir de aquí hemos de intentar comprender la confianza
e incluso el gusto con que el antiguo Israel modeló la imagen
del צַדִּיק (justo) ejemplar y se la aplicó a sí mismo. Sus características positivas son, según el salmo 1: un afecto, un deleitarse en la revelación de la voluntad divina y la perseverancia

---

62. Job 9, 21; 16, 17; 23, 10 s.; 27, 6; Sal 7, 9; 17, 1-5; 18, 22-24; 26, 1-6.

en su relación interna y vital con esa voluntad revelada. Ambas características vuelven a aparecer, con abundantes variaciones y bajo la forma de autoconfesiones, en el salmo 119. La revelación de la voluntad divina es objeto de inmensa alegría; hacia ella se orientan todas las tendencias cognoscitivas del espíritu y llena toda su vida emotiva; es, sencillamente, el bien supremo de la vida, cuyo valor nadie ni nada pueden disminuir. Estos orantes disfrutan acumulando interminables expresiones de perfección. Aunque utilizan el estilo de confesiones íntimas, no debemos entenderlas en el sentido moderno de las «autoconfensiones»; y menos aún hemos de creer que les haya precedido una obediencia concreta a la voluntad divina. No obstante su estilo personal, son expresiones típicas y, como tales, trascienden decididamente las posibilidades psicológicas y morales del hombre. Ocurre lo siguiente: estos orantes se meten en la imagen del צדיק (justo) por excelencia y la reivindican para sí; es más, demuestran un entusiasmo y una tal audacia en ampliarla en todos los sentidos, que cortaría el aliento a cualquier teólogo prudente. No cabe duda, esta imagen se ha elevado por encima de las concepciones anteriores, gracias al desarrollo de su aspecto psicológico, realizado sobre todo mediante expresiones de perfección psicológica. El círculo que cultivaba esta imagen enfática del צדיק (justo) ideal era, por cierto, muy limitado. Según todas las apariencias, era una religiosidad muy espiritual, la que se presentaba de este modo ante Yahvéh, y hemos de buscar sobre todo sus representantes en los ambientes sapienciales, que sabían más de cuanto se admitía hasta ahora, sobre la delicia del «estar junto a Dios» (אלהים קרבת Sal 73, 28). Ese concepto tan audaz del «deleitarse», del «dejarse mimar por Yahvéh», pertenece también a esta teología pos-exílica[63].

Existen además algunas afirmaciones aisladas, que, en términos muy radicales y pesimistas, niegan al hombre cualquier צדקה (justicia) ante Yahvéh. Con todo, no es necesario suponer una contradicción fundamental entre éstas y las anteriores, si

---

63. עבד hitp (deleitarse). Sal 37, 4; Job 22, 26; (27, 10); Is 58, 14.

pensamos que son pronunciadas en la situación propia de los salmos de lamentación y quieren acentuar expresamente la condición desesperada del hombre, abandonado a sí mismo. Si Yahvéh le «llamara a juicio», nadie sería inocente (Sal 143, 2) [64]. Aquellos orantes tardíos eran, pues, más conscientes que el antiguo Israel, de que se debía a la gran misericordia de Yahvéh, si un hombre era justo en su presencia; la צדקה (justicia) humana jamás podía ser una contrapartida suficiente, como se decía ya en Dt 9, 4-6. De hecho, en el Deuteronomio aparece la idea de que la צדקה (justicia) humana debe manifestarse en el reconocimiento y la observancia de los mandamientos (Dt 6, 25; 24, 13; véase más arriba, página 464). Por consiguiente, cuando los textos posteriores hablan de «pruebas de justicia» en las que Israel no puede apoyarse ante Yahvéh (Dan 9, 18) y que son, frente a su ira, como un vestido manchado (Is 64, 5), debemos pensar ante todo en el cumplimiento de los mandamientos; sólo que detrás de estos textos late una profunda convicción en la insuficiencia de la obediencia humana. Tales afirmaciones no niegan radicalmente la posibilidad de una justicia humana, pero sí niegan que la fidelidad del hombre a la alianza pueda tener a los ojos de Yahvéh valor suficiente para merecer que sea declarado justo. En este sentido la oposición «no por nuestras justicias... sino por tu misericordia» (Dan 9, 18) es una prueba más de la manera tan poco jurídica con que el tardío Israel seguía considerando el procedimiento de declarar «justo» al hombre. En el confín más lejano de los libros canónicos se anuncia un estrechamiento y atrofiamiento decisivos del concepto de la צדקה pues en Dan 4, 24, el término arameo צדקה significa las buenas obras, la limosna, con las que puede el hombre borrar sus pecados [65].

---

64. Parecido: Job 4, 17.
65. Este cambio de significado (צדקה $=\varepsilon\lambda\varepsilon\eta\mu\sigma\sigma\upsilon\nu\eta$) lo hallamos también en Sir 7, 10; 3, 30; 29, 12; Tob 4, 10; 12, 9 (ver Mt 6, 1).

4. Las tribulaciones de Israel
y la consolación del individuo [66]

1. Las explicaciones del apartado anterior necesitan un complemento, pues allí presentamos las concepciones de Israel sobre la צדקה (justicia) de Yahvéh y la suya propia, en su estructura fundamental, es decir, de una manera un poco abstracta. Ahora bien, sólo en una fase muy posterior Israel convirtió estas ideas en objeto de sus reflexiones teóricas; pasó la mayor parte de su existencia sin tomar frente a ellas una actitud crítica, practicándolas en todas las circunstancias de su vida. Esta vida, en la que Israel tuvo que orientarse con tales presupuestos fundamentales de su fe, fue una vida llena de sufrimientos y de graves peligros, tanto para la comunidad, como para los individuos. Con esto queremos decir que Israel percibía con sumo realismo los sufrimientos y las amenazas de la vida, se sentía entregado a ellos, indefenso y vulnerable y, al mismo tiempo, demostró poco talento para refugiarse en cualquier género de ideologías. Sus ideas religiosas le obligaban, más bien, a relacionar con Yahvéh precisamente las experiencias concretas de su vida cotidiana. En sus primeros tiempos no mostraba inclinación alguna hacia el doctrinarismo; poseía sobre todo una energía para enfrentarse con las realidades negativas, para aceptarlas y no reprimirlas incluso cuando no podía dominarlas intelectualmente [67]. Era un realismo que dejaba los acontecimientos con su

66. J. J. Stamm, *Das Leiden des Unschuldigen in Babylon und Israel* (1946); Eichrodt, II, 91 s.; III, 1 s.; H. Schmidt, *Gott und das Leid im AT* (1926); E. Balla, *Das Problem des Leids in der isr-jüd. Religion: Eucharisterion f. Gunkel*, I, 214 s.
67. Ya en el vecino Egipto la situación era claramente diversa. «Sabemos que en todos los periodos de su historia al egipcio le gustaba 'idealizar', como solemos decir, los acontecimientos reales. Pero en último término, esta idealización consiste en negar la existencia a ciertos acontecimientos políticos o a simples sucesos de la vida civil y personal, que significarían la destrucción de las leyes eternas, establecidas por Dios. Así, para el egipcio no hay ningún rey débil o indigno... Existe, por lo tanto, una tensión interna entre la historicidad objetiva de los hechos y la realidad subjetiva, tal como la ve el egipcio y como la tiene que ver». E. Otto, *Die biographischen Inschriften der ägyptischen Spätzeit* (1954) 2.

validez ineludible, y apenas conseguía abrir al lector una mirada hasta su dimensión interior; pues bien, el arte narrativo del Antiguo Testamento y sobre todo el más antiguo, debe a este realismo toda su sombría grandeza. La entera concepción de la צדקה (justicia) debía, por lo tanto, acreditarse en un pueblo que poseía un sentido muy agudo de la realidad.

Esto no quiere decir que el mismo concepto de la realidad no sea problemático. Los hombres no percibieron siempre y de igual modo la realidad de la vida, sus conexiones internas, su evolución y los acontecimientos que la componen; pues detrás de las experiencias humanas más elementales se halla ya una cierta «precomprensión dogmática». Por eso, vamos a presentar ahora una exposición crítica del sentido de la realidad que tenía Israel, al menos bajo uno de sus aspectos. Como la mayoría de los pueblos que se encuentran al margen de la cultura racional de occidente, Israel tenía también la convicción de que entre el acto y el estado sucesivo del hombre existía una relación precisa y fácil de reconocer: la acción mala rebotaba sobre el culpable con consecuencias funestas; la buena, con consecuencias benéficas. Como una piedra arrojada en el agua, así cada acción provoca un movimiento hacia el bien o hacia el mal; se pone en marcha un proceso que, sobre todo en el caso de un crimen, sólo se detiene cuando la retribución alcanza al malhechor. Pero esta retribución no es un acto nuevo, proveniente de una región extraña al culpable; es más bien, la prolongación del acto mismo, que se adhiere al responsable como si fuera un objeto. De hecho, el hebreo no tiene ninguna palabra para decir castigo. Los términos עָוֹן (culpa) y חטאת (pecado) pueden indicar la mala acción y también sus funestas consecuencias, es decir, el castigo, porque, en el fondo, son una misma cosa [68]. Por esta razón, últimamente se habla de una visión sintética de la vida (pues para ella es todavía unidad lo que noso-

---

68. Véanse más arriba las páginas 334 s.

tros consideramos dividido); o mejor aún, de una esfera de acción
fatal [69]

El inventario exegético —sobre todo en los salmos y proverbios— es evidente, y las cosas están particularmente claras en
el caso del homicidio: con el crimen se pone en marcha un proceso funesto, que antes de alcanzar al criminal, amenaza gravemente a su comunidad. Por esto, la comunidad tiene sumo
interés en identificar y eliminar al homicida. El mal liberado por
el acto podía ser desviado con exorcismos. En los casos dudosos
se podía decir: «caiga su sangre (es decir, la culpa de sangre)
sobre...» (Jos 2, 19; Jue 9, 24; 2 Sam 1, 16); o se podía pedir a
Dios que alejase de la comunidad la culpa de sangre (Dt 21, 8).
Cuando se lograba apresar al homicida, se hacía «recaer» sobre
su cabeza la culpa de sangre —aunque el término «culpa» es
todavía demasiado espiritual—; es decir, el asesino era ajusti-
ciado y de este modo se alejaba la desgracia de los demás (הֵשִׁיב
2 Sam 16, 8; 1 Re 2, 5. 31 s).. El Antiguo Testamento conoce
gran variedad de términos para expresar estas conexiones, pero
siempre son muy drásticos y se oponen a cualquier interpretación exclusivamente espiritual [70].

En todo esto, Yahvéh tenía una parte muy directa. Pero no
podemos decir que Israel haya llegado a conocer esas conexiones derivándolas del mismo Yahvéh, pues era un conocimiento
demasiado evidente. Se trataba de un elemento básico de la concepción global de la vida y, como tal, era más bien un aspecto
de la visión del mundo (*Weltanschauung*) del antiguo oriente;
de ella participaba también Israel. Pero, para Israel y su fe en la
causalidad universal de Yahvéh, era imposible concebir un fenómeno tan elemental sin relacionarlo con su actividad. Y, de
hecho, le atribuyó directamente ese proceso funesto o benéfico,
desencadenado por un acto determinado. El era, en definitiva,

---

69. K. KOCH, *Gibt es ein Vergeltungsdogma im AT?*: ZThK (1955) 1 s.
También en la antigüedad griega podríamos hallar innumerables testimonios
de esta concepción; Cf. ESQUILO, *Agamenón*, 756 s.
70. Yahvéh la borra (Sal 51, 3 s.); la cubre (Sal 32, 1. 5); la arroja detrás
de sí (Is 38, 17); la echa al mar (Miq 7, 19); etc.

quien conducía el proceso a su fin: él había establecido esa conexión y por eso el culpable sólo podía dirigirse a Yahvéh para moverle a romperla y evitar así el castigo, que estaba ya en camino. Sólo Yahvéh podía decidir si el culpable debía «cargar con su עָוֹן (culpa)».

Por otra parte, las máximas de la literatura sapiencial, que tratan con mucha amplitud el tema de la acción fatal, describen de un modo mucho más objetivo, casi en el sentido de una ley inmanente, la conexión entre el acto y sus consecuencias. Junto a un sinnúmero de sentencias cortas, encontramos algunas descripciones que tienden a lo grandioso y resumen aquella *némesis* (retribución) inmanente, que siempre alcanza al malvado (Job 15, 17-35; 18, 5-21; 27, 13-23). Pero si en estos casos, la referencia a Dios pasa a un segundo plano, se debe a la problemática propia de la literatura sapiencial, que aborda el fenómeno por vías empíricas, es decir, desde afuera [71]. Sea como sea, llegamos a la conclusión de que es inadecuado hablar de un «dogma de la retribución» respecto al nexo existencial entre el acto y sus consecuencias, pues la idea de la retribución, al considerar el «castigo» como un acto forense adicional, supone ya una mentalidad jurídica, cosa del todo ajena a este grupo de concepciones.

La experiencia cotidiana confirmaba a Israel en su idea del nexo insoluble entre el acto y sus consecuencias. No se trataba en absoluto de una teoría teológica (lo será por primera vez en las reflexiones más recientes de la literatura sapiencial); al contrario la veía reforzada por innumerables observaciones de su vida de cada día. Nosotros sólo podremos comprender en cierto modo el hecho en cuestión, si tenemos en cuenta la unión casi somática del individuo con la sociedad. En aquella época no existía una persona tan aislada y autónoma, cuyos actos pudieran permanecer más o menos desligados de la comunidad; sólo existían comunidades, que eran conscientes de formar un cuerpo vivo, con todos sus miembros; ningún acto u omisión del individuo carecía de importancia para ellas. La conducta

---

71. Véanse más adelante las páginas 519 s.

leal hacia la comunidad favorecía a toda la comunidad y reper-
cutía a su vez sobre el individuo, aumentando su reputación
y prosperidad; el comportamiento contrario a la misma, dañaba
o aniquilaba inevitablemente la existencia del responsable.
Ciertamente estamos todavía muy lejos de la clave universal
para todas las vicisitudes de la vida.

A menudo se presentaban situaciones imprevistas y entonces
subía a Yahvéh un lamento y un interrogativo porqué. Este
interrogante es sin duda tan viejo como la fe yahvista y se ha convertido en una fórmula estereotípica en el estilo de las lamentaciones públicas [72]. Claro que en conjunto hemos de conceder
a las épocas primitivas del yahvismo una mayor capacidad de
acomodarse incluso a situaciones incomprensibles para ella.
La expresión: «él es Yahvéh; haga lo que le agrade» (1 Sam 3, 18)
estaba muy difundida en la antigua piedad popular. Ahora bien,
si todavía el Israel posterior sabía que no se podía preguntar
a Yahvéh «¿qué estás haciendo?» (Job 9, 12; Dan 4, 32) ¡cuánto
más valdrá esto para las épocas ligadas a la religión patriarcal!
Entonces valía precisamente aquello de «confiar en Yahvéh»
y esperar su intervención, capaz de cambiar el destino [73]. El
consuelo de saber que incluso una existencia amenazada estaba
«atada en el haz de los vivos ante Yahvéh» (1 Sam 25, 29) o
escrita en el libro de la vida (Ex 32, 32) se halla bien atestiguado
en los períodos más antiguos [74]. Pero ¿cómo están las cosas con
relación a la muerte misma? ¿No era acaso la amenaza por antonomasia de la vida, la prueba suprema?

2. Una vez más debemos guardarnos de introducir ideas
modernas en los textos relativos a la muerte. El examen atento
de cómo entendían la muerte los cantos de lamentación y de acción
de gracias ha dado un resultado sorprendente: Israel poseía

---

72. Sal 74, 1; 2 Sam 3, 33; Sal 10, 1; 22, 2; etc. GUNKEL-BEGRICH, *Einleitung in die Psalmen* (1933) 217 s., 229 s.
73. Sobre el concepto «esperar en Yahvéh», véase C. WESTERMANN,
Das Hoffen im AT (1952) 24 s. (*Forschung am AT*, 1964, 224 s).
74. EICHRODT, II, 91 s.

una idea tan amplia y compleja de la muerte, que no resulta fácil definirla [75]. La nuestra es mucho más simple: uno está muerto desde el momento en que se extingue su vida física. En cambio, para Israel el dominio de la muerte se extendía muy adentro en la región de los vivos. Debilidad, enfermedad, cautiverio y opresión del enemigo son ya una especie de muerte. El enfermo, que no puede realizar muchas de sus actividades vitales, se encuentra ya en un estado de muerte relativa. Desde esta perspectiva adquieren sentido las numerosas afirmaciones de los salmos, donde los orantes atestiguan que han estado ya muertos en el *seol* y fueron «sacados» de allí por Yahvéh [76]. El *seol* posee además cierta agresividad; se introduce por doquier en el ámbito de los vivos.

Así pues, también con relación a la muerte nos encontramos frente a una definición extraña a nuestra mentalidad. Israel tiene sin duda una idea espacial de la muerte, la concibe como un «ámbito»; se ve claro, por ejemplo, en el hecho de que identifica el desierto con la muerte y el *seol*, o al menos, le añade predicados típicos de la muerte [77]. Por consiguiente, para Israel el dominio de la muerte no está situado más allá del último confín de la vida; la muerte penetra muy adentro en el terreno de la existencia. La diferencia entre la vida y la muerte no era jamás el resultado de una pura diágnosis científica. En rigor, definir lo que es y significa la muerte, no era en absoluto objeto de una observación empírica y neutral, ni un problema que había quedado resuelto para siempre, sobre la base de una definición común a toda la humanidad. Yahvéh era, más bien, quien imponía la muerte

....

75. Sobre cuanto sigue a continuación: Chr. Barth, *Die Erretung vom Tode in den individuellen Klage — und Dank liedern des AT* (1947).

76. Numerosos textos en Chr. Barth, *l. c.*, 125 s. También A. R. Johnson ha formulado esta importante constatación, independientemente de Chr. Barth: «La muerte, en sentido estricto, es para el israelita la forma más débil de la vida, y así, cualquier debilitamiento de la vida es una forma de muerte». «En una palabra, según la visión israelita más corriente, que domina la concepción del hombre en el Antiguo Testamento, estar enfermo del cuerpo o en situación adversa significa experimentar ya el poder desintegrante de la muerte». *The vitality of the individual in the thought of Ancient Israel* (1949) 94, 107.

77. Jer 2, 6. 31; Job 12, 24 s. Véase Chr. Barth, *l. c.*, 86 s.

al hombre; lo que era o no la muerte, eso lo aprendía Israel directamente de Yahvéh. Cuando habla de ella, no habla de una realidad natural —al menos en su lenguaje cultual— sino sobre todo de experiencias de fe. Esto es lo que afirman las lamentaciones y acciones de gracias en el salterio: la muerte empieza a hacerse realidad cuando Yahvéh abandona a un hombre, cuando calla; es decir, siempre que las relaciones vitales del hombre con Yahvéh se debilitan. Desde ese momento no hay sino un paso hasta el cesar definitivo de la vida, cuando el נֶפֶשׁ (alma) se separa del cuerpo [78].

A nadie debe extrañar que las ideas sobre la condición exterior de los muertos ofrezcan ciertas diferencias en los diversos contextos literarios en que aparecen [79]. Estas diferencias no pueden tener una importancia teológica particular. La afirmación decisiva y tan frecuente sobre esa condición de los muertos es teológica: «como los caídos que yacen en el sepulcro, de los cuales ya no guardas memoria, porque fueron arrancados de tu mano» (Sal 88, 6). Cierto, el dominio de Yahvéh no se detenía en modo alguno a las puertas del reino de la muerte (Am 9, 2; Sal 139, 8); pero los muertos estaban excluidos del culto y de su esfera vital. En esto consiste efectivamense su muerte. Allí no hay proclamación de la palabra de Dios ni alabanza (Sal 88, 12; Is 38, 18); el difunto está fuera de la actuación histórica de Yahvéh (Sal 88, 11), y en esta exclusión consistía la verdadera amargura de la muerte. A esto se añadía el que los muertos en Israel estaban privados de la dignidad sagrada que tenían en otras partes, pues la fe yahvista había luchado enérgicamente contra cualquier residuo de culto a los muertos y contra la necromancia. Por eso ha llamado justamente la atención la insignificancia de

---

78. Gén 35, 18; 1 Re 17, 21; Jon 4, 3; Qoh 3, 21; 12, 7.
79. Así, por ejemplo, no será posible hacer coincidir la concepción de la tumba de los padres, como lugar del entierro familiar, y la del *seol*, lugar de reunión de todos los muertos. La poesía y el lenguaje elevado prefieren la concepción del *seol*. L. Rost establece entre ellas una aguda separación: la primera es del yahvismo primitivo: *In memoriam Ernst Lohmeyer* (1951) 67 s.

los muertos para la vida del antiguo Israel [80]. Vistos desde el mundo de los vivos, cuyo centro y fuente de vida era el culto, ellos se encontraban en un estado extremo e irreparable de impureza. Estaban más allá de cualquier valor vital; nunca se prometieron los afligidos consuelo alguno del reencuentro con las sombras antes amadas [81]. Las sombras ya no pueden tener sentimientos humanos; impotentes, padecen solamente su propia descomposición (Job 14, 21 s.).

Nos equivocaríamos, sin embargo, si, frente a un panorama tan sombrío, quisiéramos suponer que la concepción israelita de la muerte lleva a poner en duda el hombre y los valores de su vida. El estudio de los textos no permite suponer una cosa semejante. Israel se asoció, desde luego, a la lamentación de todas las religiones y culturas frente a la amargura de la muerte; pero no le permitió socavar los fundamentos de su fe. No todo porqué dirigido a Dios proviene necesariamente de una fe vacilante. Israel no conocía la idea moderna, que hace de la vida y su contenido un valor absoluto, ni la pretensión fáustica de inmortalidad que el hombre hubiera podido reivindicar ante Yahvéh. A esto se añadía que el individuo nunca se independizó realmente de los lazos colectivos, al menos de los vínculos familiares; se consideraba siempre un miembro de la comunidad y sobrevivía en sus descendientes [82]. Era terrible morir sin hijos, prematuramente o de muerte violenta. Por el contrario, cuando alguien moría «viejo y saciado de años», era de hecho el don de una vida plena, pues la vida se consideraba de antemano como algo limitado, hecho a medida del hombre, y por eso podía provocarle una cierta saciedad [83]. Así, el cuadro narrativo de Job, que per-

---

80. EICHRODT, II, 118.

81. G. QUELL, *Die Auffassung des Todes in Israel* (1925) 30 s.

82. «Es sorprendente y, en cierto modo, grandioso que una piedad genuina y seria como ésta haya podido carecer durante tanto tiempo de la fe en la supervivencia personal y de cualquier metafísica religiosa» J. WELLHAUSEN, *Israelitische und jüdische Geschichte* (³1897) 218.

83. «Viejo y saciado de años»: Gén 25, 8; 35, 29; Job 42, 17; 1 Crón 29, 28; 2 Crón 24, 15. Núm 27, 3 (P) aparece curiosamente sólo cuando supone que la muerte es debida siempre a un pecado.

tenece con seguridad a la época preexílica, muestra —extremando
las cosas por motivos didácticos—, que ni la muerte más difícil ni aún la seguridad de su cercanía pueden justificar el abandono de la confianza total en Yahvéh: «si aceptamos de Dios
los bienes ¿no vamos a aceptar los males?» (Job 2, 10). Estas palabras formulan una consecuencia radical, pero precisamente
por eso abarcan todo cuanto la fe yahvista podía decir frente
a la muerte.

Lo más digno de notarse a este propósito es, sin duda alguna,
lo poco que el yahvista sabe decir sobre el fenómenos de la muerte
en sí. Pero precisamente en esta incapacidad de dominarla ideo-
lógica o mitológicamente, Israel mostró frente a la realidad de
la muerte una docilidad única en la historia de las religiones.
¡Qué locuaces son aquí las religiones, qué temerarias las mitologías! Israel no la concibió jamás como una potencia mítica
autónoma; el poder de la muerte era fundamentalmente el propio poder de Yahvéh [84]. La muerte no era el último enemigo,
sino una acción de Yahvéh en el hombre. En esta línea se mueven
las declaraciones decisivas de Israel sobre este punto, y, por eso,
se oponen radicalmente a cualquier forma de fe en la fatalidad.
Yahvéh decide la muerte del hombre, pero, según las circunstancias, puede volver sobre su decisión (2 Re 20, 5 s.); todo depende
de su libertad de dar y quitar. El que los orantes hayan simplificado muchas veces sus concepciones, hasta dar la idea de una
oposición dualística entre Yahvéh y la muerte, tiene en realidad
poca importancia si lo comparamos con la idea fundamental,
que era ya muy clara [85]. Sólo en la literatura apocalíptica llega
a ser una entidad objetiva autónoma, enemiga de Yahvéh y de su
obra de salvación y por tanto, destinada a ser destruida por él
(Is 25, 7; Test Leví 18; 4 Esd 8, 53) [86]. Volviendo a la problemáti-

---

84. Chr. Barth, *l. c.*, 69.
85. Así, por ejemplo, Sal 49, 15; Is 38, 18; Jer 9, 20.
86. Cuando Job maldice su día (Job 3, 3 s.) entra en el Antiguo Testamento algo de la fe en la fatalidad, común al antiguo oriente. Su día de nacimiento
debe ser condenado a una esterilidad metafísica y quedar olvidado, cuando
la divinidad asigne los destinos a los días y a los meses. Pero en Job esto es
más bien simple forma literaria.

ca principal de este párrafo, vemos claramente que la muerte podía ser causa de muchas pruebas para Israel pero nunca llegó a ser el problema que amenazara los fundamentos de su fe. Se la concebía más como una pregunta dirigida al hombre que a Dios, pues debido a la idea de la acción fatal, todas las perturbaciones de la vida, todas las enfermedades eran una verdadera sacudida para el interesado. Los sufrimientos conducían así directamente a la penitencia y a un examen de las relaciones con Dios, en cuya alteración se sospechaba su causa. El hombre se veía interrogado por el sufrimiento [87].

3. Pero también había una pregunta de Israel a Yahvéh; y era el síntoma de una crisis difícil del yahvismo. Se trataba de una crisis bien definida, es decir, capaz de ser definida teológicamente con bastante precisión, como aparece claro del hecho que los primeros testimonios sobre ella surgen todos hacia la misma época: entre finales del siglo VII y comienzos del VI. El último período de la monarquía con sus catástrofes políticas, debió ser la época de una peligrosa disolución de la fe. Pero las dificultades que experimentaba esta generación ¿eran objetivamente mayores que las de tiempos pasados? Suponiendo que la pregunta sea legítima, sólo cabe responder afirmativamente con muchas reservas. En todo caso, los hombres habían cambiado. Su pensamiento se había matizado, sus sentimientos eran más finos y vulnerables. Y si además pensamos en la Jerusalén de Jeremías y de Ezequiel, que no había tenido nunca una población yahvista autóctona, ciudad de corte y de funcionarios, entonces podemos figurarnos cuán problemática, casi vacilante debió ser su situación espiritual y cuán vacía de contenido su fe. El suelo era, pues, mucho más fértil para preguntas del hombre

---

87. Sobre la concepción de la muerte en Israel, véase EICHRODT, II, 122 s.; III, 151 s.; L. KÖHLER, 134 s., 141; M. ACHARD, *De la mort à la résurrection d'après l'AT* (1956). Una comparación instructiva de las concepciones babilónicas sobre la muerte y la tumba con las israelitas, su parentesco y sus oposiciones, en A. HEIDEL, *The Gilgamesh Epic and OT Parallels* (1945) 37 s.

a Dios: aquí creció una generación que, con su resentimiento religioso, pasó al ataque contra los profetas y éstos, obligados a defenderse, tenían que aceptar su reto y responder. «No es justo el proceder de Yahvéh» (Ez 18, 25. 29). Una generación que podía hacer esta afirmación monstruosa y expresarla tan friamente, había abandonado los fundamentos patriarcales de la fe yahvista.

La pregunta del porqué, lo hemos visto, era en sí muy antigua, pero adquiría una nueva resonancia cuando se la formulaba con cierto escepticismo, desde una cierta distancia religiosa. Ya resuena entre los contemporáneos de Isaías, cuando le dicen que Yahvéh apresure su obra (Is 5, 19). Más tarde los contemporáneos de Sofonías ponen en duda la actividad de Yahvéh en la historia en términos radicales: «el Señor no hace nada, ni bueno ni malo» (Sof 1, 12). Estas y otras frases pudieron ser casos extremos y tal vez fueron exageradas por los profetas con intenciones polémicas [88], pero nos ayudan a comprender la situación espiritual de una época, de la que también participaron a su manera los profetas, pues gran parte de la problemática de su tiempo fue determinante para ellos. Si se leen las lamentaciones de Habacuc, contemporáneo de Jeremías, sobre los «violentos» que tienen el pueblo a su merced y divinizan su poder (alude sin duda a los sirios, Hab 1, 2-4. 12-17), se reconoce inmediatamente el estilo tradicional de las lamentaciones populares [89]. Pero, al describir la angustia, como la victoria de un רשׁע (malo) sobre un צדיק (justo), el profeta lo ha formulado en unas categorías particulares, empujándola en la dirección, en que se hallaba toda la problemática de su tiempo. Jeremías y Ezequiel hubieron de rechazar el proverbio: «los padres comieron agraces, los hijos tuvieron dentera» (Jer 31, 29; Ez 18, 2; ver Lam 5, 7). Este dicho tan famoso se rebela contra la separación histórica de la causa y el efecto, de la falta y el castigo.

Nuestros padres pecaron: ya no existen; y nosotros cargamos con sus culpas (Lam 5, 7).

---

88. Am 6, 3; 8, 5; Is 22, 13; 28, 14; Jer 5, 12; Sal 73, 11.
89. Sal 44; 74; 79; 80; 83; Lam 5.

No es todavía un individualismo consecuente el que pronuncian estas palabras, pues el v. sólo separa unas generaciones
de otras. La generación más joven se considera independiente
de la generación de sus padres y responsable de sí misma; ya
no puede comprender que en ciertas ocasiones la semilla de las
acciones fatales pueda madurar solamente en las generaciones
posteriores. Ahí es donde veía amenazada su relación con Dios.
La teología deuteronomista de la historia contaba todavía claramente con este efecto del mal, que traspasa las generaciones,
y fue un factor esencial de su concepción histórica [90]. Muy diverso era Ezequiel: en su tratado sobre la justicia, a la afirmación
de la acción del mal que traspasa las generaciones, opone primero
una antítesis en forma de oráculo divino: cada vida individual
pertenece a Yahvéh, cada uno tiene en su vida una relación
directa con Yahvéh (Ez 18, 4). Ezequiel combate, por lo tanto,
la tesis popular de la separación entre la acción y sus efectos;
es más, al hablar del individuo y de su vida, y no de la generación o de otras relaciones mayores, se muestra más radical y moderno que sus lastimeros contemporáneos. En un segundo momento, desarrolla esa antítesis en dos secciones, en forma de
ejemplos: 1. Padre, hijo y nieto; cada uno está por su propia
cuenta delante de Yahvéh. No hay transmisión hereditaria o
error en las cuentas. La צדקה (justicia) del padre no ayuda al hijo
si éste es רשע (malvado), y la רשעה (maldad) del hijo no grava sobre
el nieto si éste es צדיק (justo) (v. 5-20). 2. Pero ni siquiera la vida
del individuo forma un todo delante de Yahvéh. El רשע (malvado) puede convertirse a la justicia y el צדיק (justo) puede apartarse de su fidelidad a Yahvéh. Yahvéh no computa todo junto,
no saca el promedio de la vida del individuo. Ninguna maldad
pasada grava ya sobre quien se convirtió a la justicia. El camino
hacia Yahvéh y hacia la justicia está siempre abierto. Por otra
parte, al que se aparta de la justicia, no lo salva ya su fidelidad
anterior (v. 21-32). Uno no puede «confiar en su propia justicia»
y volverse hacia el mal (Ez 33, 13).

---

90.   Véanse más arriba las páginas 419 s., 423 s.

El capítulo 18 de Ezequiel ha sido muy criticado, en la mayoría de los casos porque se leía en él una doctrina extrema sobre la justicia por las obras. Pero Ezequiel entiende צדיק (justo) y רשע (malvado) más bien en el sentido de una decisión fundamental del hombre por o contra Yahvéh y, como dijimos, ve en la observancia de los mandamientos el signo de una profesión de fe en el Señor. La fria objetividad con que expone Ezequiel que Yahvéh no juzga a los hombres ni hace sus cuentas con ellos a la manera humana, y que precisamente en eso consiste su forma peculiar de salvarlos, es justamente lo que da su grandiosidad teológica al capítulo. La frase principal, que nos da la pauta para comprender todo lo restante es el deseo de Yahvéh de que el רשע (malvado) se convierta y viva. El Señor no se complace en su muerte (v. 23 y 32) [91]. Este capítulo se acerca, por tanto, a la parábola de los viñadores (Mt 20, 1 s.). Decisivo para la comprensión del conjunto es que Ezequiel no presenta aquí ninguna teoría general sobre la justicia de Yahvéh y de Israel; habla con un lenguaje profético inmediato a una época concreta, sobre la que se extienden ya las sombras de un fin cercano. Es para este hic et nunc, muy próximo al día decisivo del juicio, para el que tenían toda su validez las palabras del profeta.

Aquella debió ser una de esas épocas que sorprenden de vez en cuando a los pueblos: al quebrantarse la antigua fe patriarcal y la concepción patriarcal del individuo y de la comunidad, la mirada quedó libre para asomarse a las impenetrables complicaciones supra-personales, donde el individuo, que había tomado conciencia de su aislamiento, no encontraba salida alguna. Ahora, las inteligencias críticas se dieron cuenta de las cargas y las cadenas que el individuo arrastraba consigo desafiando cualquier explicación racional. Así, frente a una calamidad que se abatía brutalmente sobre la colectividad y aún más después de la catástrofe del 587, surgió la pregunta de saber qué sentido tenía el destino del individuo y cuál era su parte de responsabilidad en el conjunto de los acontecimientos que comenzaban.

---

91. EICHRODT, III, 142 s.

En la misma problemática nos introduce la instrucción profético-sapiencial de Ez 14, 12-20: si a causa de graves pecados Yahvéh hiciera venir sobre una nación hambre, espada o peste, y si en ella viviesen los tres justos ejemplares Noé, Daniel y Job, solamente ellos podrían salvarse. Con su justicia no podrían salvar ni siquiera a sus propios hijos e hijas. Esta perícopa se acerca bastante a Ez 18, 5-9. También aquí llama la atención que el profeta no renueve la antigua concepción yahvista de la colectividad. Al contrario, destruye por completo el colectivismo carcomido, que había llegado a ser un cómodo refugio para protegerse contra Yahvéh. Ezequiel saca al individuo de su anonimato y destruye cualquier seguridad oculta, cualquier justicia falsa [92]. Si uno no puede confiar en su propia justicia para protegerse contra Yahvéh, menos aún en la justicia de los demás.

Estas explicaciones de Ezequiel están en sorprendente contradicción con el diálogo entre Abraham y Dios acerca de Sodoma (Gén 18, 20 s.). Pero sería un error querer interpretarlo como la protesta contra la ley de la responsabilidad colectiva por parte de una época, que pensaba «ya» en términos individualistas. En realidad, en el diálogo domina por completo el pensamiento colectivista. Se trata siempre de toda la ciudad de Sodoma y no, de separar los justos de la *massa perditionis*. Pero, si en el caso de una transgresión grave el pensamiento colectivista tradicional incluía en el castigo a los miembros inocentes de la comunidad, este diálogo lanza de una manera completamente revolucionaria la pregunta contraria, la presencia de los justos ¿no podría acaso tener una función protectora para la totalidad? ¿El juicio y la acción de Yahvéh estarán siempre determinadas por la maldad de la mayoría? ¿No podría tal vez manifestar su צְדָקָה (justicia) con la totalidad, tomando en cuenta la minoría inocente y perdonando por ella a la colectividad? Yahvéh da la razón a Abraham: aunque el número de justos no guardara la menor proporción con el número de los culpables, Yahvéh salvaría la ciudad «a causa de ellos». Este pasaje es único y es prácticamente imposible catalogarlo en la historia de la teología de Israel. En oposición al conjunto de sagas antiguas, en el que lo ha incorporado el yahvista, este diálogo es el producto de una singular reflexión teológica sobre la צְדָקָה (justicia) divina; aparece como un esfuerzo aislado por reemplazar el antiguo pensamiento colectivista con uno nuevo, que parte de la función protectora de los צַדִּיקִים (justos). El pasaje se enlaza, por encima de varias generaciones, con la palabra profética del «siervo de Yahvéh» que procura la salvación «a muchos» (Is 53, 5. 10) [93].

---

92.   W. ZIMMERLI, *Das Gottesword des Ezechiel:* ZThK (1951) 255 s.
93.   Pero también es probable que tenga alguna relación con Os 11, 8 s.;
K. GALLING, *Deutsche Theologie* (1939) 86 s.

La cuestión sobre el modo como actuaba la צדקה (justicia) divina y humana no eran en absoluto sutilezas teóricas de un pequeño grupo teológicamente comprometido. Era más bien la forma en que se comenzó a plantear, en un momento determinado, el problema de las posibilidades de una relación comunitaria con Yahvéh. El problema surge en la Jerusalén de los últimos días de la monarquía ante el destino político del reino de Judá; pero también aparece en forma un tanto diversa en el campo de la vida individual, frente a la felicidad de los «impíos» (Sal 73, 3). No es pura coincidencia el encontrarla también como tentación en la misma época, en Jeremías (Jer 12, 1 s.). Desde entonces seguirá siendo por mucho tiempo uno de los problemas teológicos más debatidos. No es sólo el síntoma de una fe agotada y huraña, aunque a veces se presentó también bajo este aspecto menos impresionante; por ejemplo, cuando los contemporáneos de Malaquías envidiaban a los רשעים (malvados) felices y murmuraban «¿qué sacamos con guardar sus mandamientos?» (Mal 3, 13 s.).

Tengamos presente que cuando el individuo toma conciencia de hallarse solo ante Yahvéh y se pregunta cuál era su participación personal en la salvación, surge uno de los últimos pero más difíciles problemas que la fe yahvista hubo de afrontar: ¿en qué consiste la participación del individuo en Yahvéh y en sus dones? Las antiguas ideas yahvistas sobre los bienes salvíficos (tierra, paz frente a los enemigos, bendiciones de la tierra, multiplicación de la descendencia, etc.) no podían ser trasladadas automáticamente al individuo; e incluso allí donde era posible, no conseguían dar aquella relación personal con Dios, que esta época tardía anhelaba. ¿Cómo debía, pues, entenderse y realizarse, dentro de la gran comunidad cultual, una relación personal del individuo con Yahvéh? La espiritualización progresiva de muchos conceptos cultuales, que comenzaba en esta época, aportó una ayuda fundamental a la solución del problema [94].

---

94. S. MOWINCKEL, *Psalmenstudien* VI, 51 s.; C. WESTERMANN, *Das Loben Gottes in den Psalmen* (1954) 53 s.; H. WENSCHKEWITZ, *Die Spiritua-*

Se habla de la circuncisión del corazón, de la alabanza como sacrificio, de la oración como ofrenda de incienso, de Dios como refugio del alma, del corazón puro, etc.

> Suba mi oración como incienso en tu presencia,
> el alzar de mis manos como ofrenda de la tarde (Sal 141, 2).

Estas espiritualizaciones son solamente una parte de un fenómeno de gran alcance: la irrupción del pensamiento racional en el mundo patriarcal del culto; de ello nos ha dado ya una idea la elaboración teológica del culto llevada a cabo en el Deuteronomio [95]. Estas espiritualizaciones nos permiten también conocer cómo el tardío Israel, ayudado por su espíritu interpretativo, reavivó los ritos para asimilar de nuevo el culto en forma vital. Entonces por primera vez se volvió agudo el problema del «significado» de las prácticas cultuales. A diferencia de la elaboración teológica del Deuteronomio, en estas espiritualizaciones el proceso de reinterpretación y de asimilación parte expresamente del individuo. Es él quien descubre en los ritos e instituciones sagradas su carácter indicativo, es decir, realidades que lo conducen a lo interior y a lo personal; y es él quien se legitima delante de Yahvéh con este nuevo modo de comprender el culto. Se ha entendido precipitadamente este proceso como un síntoma de disolución o de «superación» del culto, pero su finalidad era de hecho mantener la relación del individuo con el mundo sensible de los ritos. El que hablaba de la circuncisión del corazón ¿se alejó por ello de la práctica externa de la circuncisión (Dt 10, 16; 30, 6; Jer 4, 4)? Y los que encontraban gran consuelo al «refugiarse en Yahvéh» ¿negaban con ello la función de asilo del santuario (Sal 16, 1; 61, 5, entre otros)? Aun las frases más extremas, exageradas por este celo de inte-

---

lisierung der Kultusbegriffe Tempel, Priester und Opfer im NT: Angelos (1932) 71 s. Falta todavía una elaboración del material del Antiguo Testamento.
95. Sobre esta cuestión cf. más arriba la página 291.

riorización, no llegan a tener el peso de una concepción radicalmente anticultual. Y sin embargo, no se puede negar que esta
apropiación racional del culto era en sí rica en consecuencias.
Una vez puesta en marcha, condujo a importantes cambios del
centro de gravedad en el interior del culto, sobre todo quitando
valor al elemento cultual que más se resistía a una espiritualización: el sacrificio sangriento [96].

Quizás de esta manera, amplios sectores del Israel tardío,
que habían tomado conciencia de su propia individualidad,
pudieron incorporarse a la vida del culto y encontraron una relación muy personal con Yahvéh. Pero, ¿qué sucedía con la otra
parte, con Yahvéh? ¿Respondía también con una irrupción
personal en la vida del individuo y en sus necesidades? No, el
enigma de su conducta no se esclareció. Al contrario, el individuo pudo por primera vez sentir en toda su gravedad lo inaferrable de su actividad. La conciencia del pueblo atribulado podía entender las duras pruebas que se abatían sobre la nación
entera, sobre regiones o ciudades, las derrotas militares, la cares-
tía o la sequedad, como castigos merecidos por la infidelidad

---

96. Sal 40, 7-9; 50, 8 s.; 51, 18; 69, 31 s. S. Mowinckel, *Psalmenstudien*
VI, 51. El problema aquí mencionado podría motivarnos una consideración
de fondo: ¿las realidades espirituales se remontan solamente al tiempo en que
fueron formuladas? ¿El pensamiento expresado en las afirmaciones espiri-
tualizantes de los salmos era realmente nuevo o estaba ya presente y era exigido de alguna manera —tal vez menos diferenciada— en el culto antiguo?
Allí el hombre era una unidad y por eso debía comprometerse totalmente.
En las cosas del culto merece ser tomado en serio cuanto sigue: cuando se
convierten en objeto de reflexión tienen ya detrás de sí el tiempo privilegiado
en que eran obligatorias. La reflexión no crea nada realmente nuevo, sino
que trae a la conciencia racional, lo que ya antes valía de una manera integral. O. Seel ha esclarecido, de modo convincente, este punto para la antigüedad griega, analizando el concepto de la conciencia: «...la tragedia del siglo v
no hubiera podido formar una cantidad tan enorme de elementos trágicos,
a partir de los materiales épicos, si antes no hubieran estado ya presentes en
ellos, aunque sólo fuera con pocas palabras. Me parece que aquí se toma
un elemento básico de la naturaleza humana, algo estructuralmente imprescindible. La prestación del espíritu griego desde Homero hasta Platón no
consiste en haber descubierto y creado todo esto de la nada, sino en haberlo
traído a la conciencia, *poco a poco pero más pronto de lo que se cree, mediante
la expresión que lo configura*», *Zur Vorgeschichte des Gewissensbegriffs im
altgriechischen Denken: Festschrift Franz Dornseiff* (1953) 297 s.(La cursiva
es nuestra).

o la apostasía de Yahvéh. Pero en la vida personal podían surgir situaciones, en que era imposible reconocer la benevolencia salvífica de Yahvéh hacia el individuo. Podían presentarse fatalidades —y ¿quién en su vida no ha tocado este límite?— en las que parecía como si Yahvéh se hubiera retirado en su silencio incomprensible e intolerable.

La posibilidad de un abandono completo por parte de Yahvéh empezó a aterrorizar al creyente y permaneció, a través de generaciones enteras, como una amenaza grave y desconcertante del individuo y de cuanto él creía poseer en el campo religioso. A decir verdad, ya las antiguas lamentaciones populares hablaban del abandono divino [97]. Pero afectaba más bien a las relaciones de Dios con una generación, que se sentía abandonada por Yahvéh; pero no significaba necesariamente el término de cualquier comunión ulterior entre Yahvéh e Israel; era, por así decir, un abandono relativo por parte de Dios. Se comprende, en cambio, que la situación del individuo fuera diferente. Una enfermedad grave, que podía llevarlo a la muerte, le debió parecer un alejamiento de Yahvéh y una ruptura de sus relaciones, en las que creía poder abandonarse incondicionalmente. Por eso «las lamentaciones individuales» rebosan de lamentos conmovedores, pues cualquier desgracia grave ponía en tela de juicio la totalidad de sus relaciones con Dios. Aquí la muerte llegó a ser realmente una tentación, pero sólo desde un punto de vista exterior, porque quitaba al hombre el espacio, en que podía tener lugar su rehabilitación delante del Señor.

El lector moderno se puede sorprender al ver que la conversación del individuo con Dios en «las lamentaciones» carece de aquella última nota personal, que sería de esperar. Pues, aunque encontramos a cada paso formulaciones que expresan de manera incomparable la interioridad de la persona y la instancia de sus oraciones, la historia de las formas ha demostrado hace tiempo que casi todas las oraciones de lamentación, incluso las más personales, utilizan en su fraseología fórmulas claramente

---

97. Por ejemplo, Sal 44, 10 s.; 60, 3; 74, 1.

convencionales. No obstante la estilización personal de estas oraciones, el exégeta casi nunca logra descubrir en las declaraciones del orante algún rasgo personal o biográfico de su propio destino. Se trata más bien de algunas concepciones típicas, y a veces, descoloridas, que le sirven para expresar su pena: por ejemplo, «el viaje al infierno», concepción de origen mitológico (cf. Jon 2, 4 s.). La muerte los ha envuelto tan violentamente, que están sumergidos en los abismos de la tierra y las aguas del caos se han cerrado sobre ellos. Otra manera de presentar el sufrimiento es la imagen de enemigos que atentan contra la vida.

Es así como en estas oraciones lo auténticamente personal aparece sólo de forma muy mutilada, en un conjunto de concepciones y de fórmulas cúlticas convencionales. Casi podríamos afirmar que aun en estas súplicas, dotadas con frecuencia de una maravillosa interioridad, el individuo no ha logrado todavía una perfecta conciencia de sí mismo, ni la capacidad de expresar de manera inmediata y coherente su propia intimidad. Lo mismo podría ser válido para la historia general del espíritu humano si tomásemos como criterio el moderno individualismo occidental. Pero, antes debemos plantearnos la pregunta contraria: ¿pretenden esas oraciones hacer una descripción tan perfecta de la situación personal del individuo? En el ambiente del culto, al que pertenecían, no se podía abandonar la relación de lo individual con lo típico, porque en ella precisamente se conservaba la unión del individuo con la comunidad. El individuo no se lamentaba exclusivamente de su propia indigencia. Nunca la concibió así, y por eso la expresaba en palabras y conceptos generales, tomados de la liturgia. Con ello se unía a la multitud invisible de aquellos que habían padecido los mismos o semejantes sufrimientos y habían sido escuchados, y otros a su vez podían «refugiarse» en las palabras de su oración [98].

---

98. «Pasé la noche solo... y finalmente... leí los salmos, uno de los pocos libros en los cuales uno puede refugiarse completamente, por más distraído, desorientado y atormentado que esté...» R. M. RILKE, *Briefe an seinen Verleger* (1934) 247.

Con esta esquematización ritual, que daba su fisonomía incluso a las lamentaciones y acciones de gracias más personales, iba unido otro factor teológico importante: aunque los orantes expresan su sufrimiento en forma relativamente despersonalizada, llama la atención la enormidad y el radicalismo de tales descripciones. El salmo 22 se lamenta de la enfermedad, los enemigos, la pobreza, los falsos testimonios y los escarnios; casi todos los sufrimientos imaginables se han acumulado sobre el que ora. Aquí no tiene cabida el conocido recurso a la naturaleza del oriental que en su emoción acude enseguida a las palabras más redundantes y a las imágenes más extremas, porque en su lenguaje estos salmos no son efusiones personales, sino palabras ligadas al ritual del culto. Por eso, la reflexión teológica tiene que conceder mayor importancia a la diferencia entre el sufrimiento real y la forma extrema de presentarse el orante frente a Dios- «En el salmo 22, David desciende con sus lamentos a una pro. fundidad, que sobrepasa sus sufrimientos» [99].

Así como el orante se rodeaba de una justicia que estaba por encima de las posibilidades de su obediencia y de su generosidad interior, así también se describe ahora en sus lamentaciones como el sufriente ejemplar, sobre el que no sólo se han abatido toda clase de sufrimientos, sino además el sufrimiento extremo: el abandono por parte de Dios [100]. La peculiaridad teológica del salmo 119 [101] consiste precisamente en haber entrelazado íntimamente estos dos aspectos: aquel cuya delicia son los mandamientos de Dios, que los prefiere a cualquier posesión terrena y cuya alma se consume deseándolos sin cesar, ése mismo es el despreciado (v. 22), amenazado por los príncipes (v. 23), su alma está pegada al polvo (v. 25), lo envuelven los lazos de los malvados

---

99. F. DELITZSCH, *Biblischer Kommentar über die Psalmen* (1883) 224.
100. Lo mismo en el canto eclesiástico de la iglesia evangélica: «Yacía con cadenas pesadas... lleno de escarnios y vergüenza... Yacía en la más profunda noche de muerte...»
101. A. DEISSLER ha mostrado hasta qué punto es inapropiado el título corriente «salmo de la ley», *Ps.* 119 *und seine Theologie. Ein Beitrag zur Erforschung der anthropologischen Stilgattung im AT* (1955) 292 s. El salmo gira en torno al milagro de la palabra divina.

(v. 61), los insolentes urden engaños contra él (v. 69), le hacen daño (v. 78), le persiguen (v. 84), etc. [102].

Cuanto dicen los salmos de lamentación sobre el sufrimiento humano no es propiamente otra cosa, sino una forma más de presentarse el hombre ante Dios, en la que confiesa ser uno que espera la ayuda divina. Algo semejante pasa allí donde el orante se autodefine «pobre» y «miserable». La certeza de que Yahvéh muestra un interés especial por los desamparados ante la justicia y los menos favorecidos en la lucha por la vida, se remonta muy lejos en la historia de Israel. El concepto de pobre contenía una verdadera reivindicación frente a Yahvéh y, precisamente por eso, llegó a ser más tarde una autodefinición del hombre piadoso ante el Señor [103]. De hecho, un gran número de textos consideran, sencilla y directamente, a estos pobres como aquellos que pueden esperar realmente en la protección divina [104]. Ser pobre equivale a ser desvalido e indefenso, y así se explica por qué estos orantes se llaman a sí mismos los que buscan únicamente a Yahvéh, y en él se abandonan (Sal 22, 27; 69, 33). Abrazan este modo de existir ante Dios y con él se describen. Su contrafigura es el violento, que priva de su derecho a los demás, especialmente a los pobres, y atenta contra su vida (Sal 10; 35, 10; 37, 14). Frente a ellos, el «pobre» es quien pone su causa en manos de Dios, el humilde que renuncia a defender él solo su propia causa. A diferencia del violento, ha quebrado su orgullo; tiene «un espíritu quebrantado» (Is 57, 15; 61, 1; Sal 51, 19). Así, la descripción que de sí mismo hace el pobre y el miserable, se convierte en una interpretación importante y en complemento de la concepción del «justo» [105].

---

102. Habría que mencionar aquí otro grupo de pruebas, si se aceptara la tesis de Mowinckel, que considera a los enemigos del individuo como magos. Esta tesis ha sido modificada y propuesta de nuevo por A. GUILLAUME, *Prophecy and Divination* (1938) 272 s.

103. A. KUSCHKE, ZAW (1939) 50.

104. Sal 9, 10; 12, 6; 14, 6; 18, 28; 35, 10; 116, 6; 140, 13; 146, 7; 149, 4.

105. Con esto no se niega la posibilidad de que esa autodefinición del orante oculte un determinado grupo social. Sobre la discusión de este problema, J. J. STAMM, *Ein Vierteljahrhundert Psalmenforschung:* ThR (1955) 55 s.

4. Si volvemos a la cuestión relativa a las tribulaciones del individuo, hemos de tratar de nuevo el problema del consuelo en tales angustias. Como es fácil imaginar éste podía ser muy variado. En primer lugar deberíamos mencionar el consuelo que los orantes recibían en el culto, en el llamado oráculo sacerdotal de salvación, después de rezar sus oraciones de lamentación. Se ha supuesto con razón que «los repentinos cambios de ánimo» en algunos salmos de este tipo deben atribuirse a la promesa que recibía el orante, (por ejemplo, en los Sal 6; 22; 28; 56; 69) [106], es decir, sentía el «no temas» y luego la garantía de que Yahvéh no lo abandonaría, estaría con él y sería su ayuda. De este modo, ya en el culto se exhortaba a los orantes a contar con Yahvéh y a esperar en él. Ellos aceptaban la promesa y se decían a sí mismos: «espera en Dios» [107]. La oscuridad que envolvía al orante no podía en verdad ser esclarecida, pero ahora sabe que todavía podrá proclamar la ayuda de Yahvéh y que ninguno de cuantos esperan en Yahvéh será confundido. De esta manera el alma «guarda silencio» delante de Dios, pues de él viene su esperanza [108]. Ni siquiera la felicidad de los impíos puede afectarlo porque es frágil y no tiene consistencia [109].

Estos y otros pensamientos lograron consolar a muchos desgraciados en sus duras pruebas. En cambio encontramos con menor frecuencia la idea, tan importante en la futura religión cristiana, de que los sufrimientos son útiles para la educación y la purificación del hombre, y son, por lo tanto, un factor positivo en los planes salvíficos de Dios. Con todo, a veces el salmista confiesa que Yahvéh lo ha «humillado» y «castigado» para salvarlo conduciéndolo así a una relación más profunda

---

106. BEGRICH ha reconstruido de una manera convincente el oráculo sacerdotal de salvación, partiendo de algunos textos de Isaías II: ZAW (1934) 81 s. *(Ges. Studien z. AT,* 1964, 217 s.). Particularmente importante para probar la existencia de este oráculo es Lam 3, 55-57: «Invoqué tu nombre...es cuchaste mi llamada... estabas cerca cuando te llamé y dijiste: 'no temas'».
107. Sal 42, 6. 12; 25, 3. 21; 37, 9. 34; 69, 4. 7; 130, 5 s.
108. Sal 62, 2. 6 (léase דמיה); ver Sal 37, 7.
109. Sal 37, 1 s.; 92, 8; 125, 3; Job 20, 5 s.

y personal con Dios (Sal 66, 10; 118, 18; 119, 67. 71). En estas confesiones se lleva a cabo una espiritualización de la antigua doxología judicial, pues lo que antes se consideraba un castigo justo, ahora, al reflexionar sobre el pasado, aparece como una corrección saludable, que lleva a Dios. Elihú sostiene esta concepción pedagógica en sus respuestas a las lamentaciones de Job (Job 33, 12-33; cf. 5, 17 s.). Pero, en conjunto, nos llama la atención la dificultad con que Israel llegó a dar al sufrimiento un valor relativo —a esa realidad, que casi siempre había considerado el enemigo absoluto de la vida— y las vacilaciones con que alcanzó esa visión más racional del dolor, como pedagogía divina, comprensible a la fe.

Otro consuelo frente al sufrimiento es el que podríamos llamar «consuelo de los espirituales». Aunque no posee una base muy amplia en los textos, sí en cambio ha tenido repercusiones incalculables por su radicalismo teológico. La concepción de que el oprimido puede «refugiarse» junto a Yahvéh, «buscar asilo» en él, está ligada a la función del templo como asilo para el perseguido. Esta concepción se separó, sin embargo, de la institución sagrada y se le dio un sentido espiritual, entrando así en el lenguaje general de las oraciones[110]. En algunos salmos, este proceso de espiritualizar las relaciones con Dios llevó a consecuencias radicales. Los salmos 16 y 62 empiezan confesando el asilo divino y en los salmos 27 y 36 esta confesión resuena en lugares decisivos (27, 1. 5; 36, 8). Si se interroga a dichos salmos en qué consisten exactamente los beneficios de este refugio, encontramos afirmaciones que hablan mucho más de la felicidad de la comunión espiritual con Yahvéh, que de satisfacciones exteriores. «Tú eres mi bien» (טובתי), «tengo siempre presente al Señor» (Sal 16, 2. 8). Para el orante del salmo 27 el supremo deseo, aún por realizar, es habitar en la casa de Yahvéh todos los días de su vida, para «gozar de la dulzura del Señor» (לחזות בנעם יהוה Sal 27, 4).

---

110. Sal 17, 8; 57, 2; 59, 17; 61, 5; 64, 11.

Estos salmistas no son ciertamente ascetas, «se nutren de lo sabroso de tu casa» (Sal 36, 9), pero el tenor de sus salmos muestra claramente, cómo para ellos, todo se sublima en lo espiritual. Aquí se ha alcanzado una interiorización extrema; un repliegue total al campo de la más sublime comunión con Dios, que ha hecho a estos orantes casi inaccesibles desde el exterior. La concisa declaración: «tu gracia vale más que la vida» (Sal 63, 4) nos hace comprender la honda transformación de todos los valores de la vida que se ha llevado a cabo, pues la vida y su prolongación por Yahvéh, había sido siempre para Israel el mayor de los bienes. La distinción entre la gracia y la vida era algo completamente nuevo en Israel, significaba el descubrimiento de lo espiritual, como una realidad más allá de la caducidad de los bienes corporales. Esta fe ya no necesitaba ninguna cosa exterior, ni la historia de la salvación, ni los ritos objetivos, porque la acción salvífica de Yahvéh se realizaba en el interior. Ahora un orante puede decir a Yahvéh: «contigo ¿qué me importa la tierra? Se consume mi corazón y mi carne por Dios, mi lote perpetuo» (Sal 73, 25 s.). Al ámbito de esa espiritualidad casi mística pertenece indudablemente esta frase oscura: «en ti está la fuente viva y tu luz nos hace ver la luz» (Sal 36, 10).

La expresión «Yahvéh es mi lote» se encuentra más a menudo en relación con la idea espiritual del «asilo» y tiene una larga prehistoria:

> El Señor es el lote de mi heredad (חלקי) y mi copa,
> mi suerte (גורלי) está en su mano:
> me ha tocado un lote hermoso,
> me encanta mi heredad (נחקתי)
>
> (Sal 16, 5 s.).

Las imágenes de «lote» y «suerte» están ligadas a una costumbre real del derecho sacro, a saber, el sorteo sagrado de los campos «en la asamblea de Yahvéh» (Miq 2, 5). El relato del sorteo de la tierra entre las tribus en el libro de Josué nos ofrece algunos datos sobre la realización técnica de la repartición: Yahvéh otorga propiedad no solamente a las familias, sino también a las tribus [111]. Una sola tribu estaba excluida de esta reglamentación, Leví.

---

111. G. von Rad, *Verheissenes Land und Jahwes Land im Hexateuch:* ZDPV (1943) 191 s. (*Ges. Studien*, 87 s.).

Pero no por eso Yahvéh la tenía en menos, pues «Yahvéh es su heredad» (יהוה הוא נחלתו ; Dt 10, 9). También el documento sacerdotal conoce esta concepción: «yo (Yahvéh) soy tu lote (חלק) y tu heredad» (נחלה : Núm 18, 20). Esta frase contiene en primer lugar una regla para la manutención de Leví y por ello hemos de entenderla en sentido material (Dt 18). Leví no vive del trabajo agrícola, no posee tierras; vive sólo de su participación en los sacrificios y en las otras ofrendas del culto. Pero la palabra de Yahvéh: «yo soy tu lote» implicaba mucho más que una regla de mera subsistencia material; sólo las generaciones posteriores conocieron la fecundidad espiritual de su contenido, cuando seguían alegando que Yahvéh era «su lote». Ahora bien, como los salmistas pertenecían por lo común a la clase de los levitas cantores del templo, es probable que fueran también levitas quienes desarrollaron las sorprendentes posibilidades de significación de esa fórmula antigua [112].

Los salmos 16 y 73, 23 s., hay que interpretarlos a partir de esta prehistoria: son exégesis espirituales de la antigua fórmula: «yo soy tu lote»; Yahvéh se lo había prometido y Leví había tomado buena cuenta de ello [113]. También aquí nos encontramos ante una de aquellas fórmulas sagradas, trasmitidas de generación en generación, que de repente han adquirido sentidos totalmente inesperados. De la fórmula se dedujo el ofrecimiento de una vida en comunión con Yahvéh, una comunión inamisible, porque no podía ser perturbada por los cambios de las circunstancias exteriores. ¿Pero era verdaderamente imperecedera? ¿Incluso frente a la muerte? Era inevitable que esta nueva concepción de una vida con Yahvéh, que sobrevive incluso a las perturbaciones físicas, se enfrentara con la realidad de la muerte. Nadie, pues, se extrañe si los salmos 16 y 73 hacen afirmaciones muy radicales sobre la relación del orante con la muerte. Estas declaraciones son desde luego genéricas y por eso, cuando queremos extraer exegéticamente su meollo, vemos que no son del todo unívocas. Esto vale en particular del salmo 16:

---

112. Esta comprensión espiritual no es en modo alguno una elaboración teológica tardía, como se puede probar por el nombre del levita Hilkia (Yahvéh es mi lote: 2 Re 18, 37; 22, 4) que data del período pre-exílico. ¡Qué popular sería ya entonces para llegar a formar un nombre propio!
113. Véase además Sal 142, 6; Lam 3, 24.

9. Por eso se me alegra el corazón,
    se gozan mis entrañas,
    y mi carne descansa serena:
10. Porque no me entregarás a la muerte
    ni dejarás a tu fiel conocer la corrupción.
11. Me enseñarás el sendero de la vida,
    me saciarás de gozo en tu presencia,
    de alegría perpetua a tu derecha.

Sin duda, este texto podría también ser entendido como la preservación de la muerte que amenaza peligrosamente al orante: Yahvéh no lo dejará morir, sino que le devolverá la plenitud de la vida. Por otra parte, el salmo llegó a ser más tarde —lo más tarde en Hech 2, 26 s.— el texto clásico de la doctrina de la resurrección. Con estos textos de estilo cultual o hímnico no llegaremos muy lejos, si nos limitamos a examinar lo que pudiéramos llamar su contenido absoluto, es decir, «la autocomprensión del poeta»; pues casi todo depende de la interpretación o comprensión de quienes lo rezan. Pero, ¿poseemos suficientes conocimientos sobre el particular —especialmente en lo que se refiere a la época posexílica— para pronunciar afirmaciones tan tajantes, como todavía hace la exégesis de los salmos?

Todo parece más claro en el salmo 73, 23 s.:

23. Pero yo siempre estaré contigo,
    tú agarras mi mano derecha,
24. me guías según tus planes,
    y me llevas a un destino glorioso.
25. ¿No te tengo a ti en el cielo?
    y contigo ¿qué me importa la tierra?
26. Se consumen mi corazón y mi carne
    por Dios, mi lote perpetuo.
27. Sí: los que se alejan de ti se pierden,
    tú destruyes a los que te son infieles.
28. Para mí lo bueno es estar junto a Dios,
    hacer del Señor mi refugio [114].

---

114. Para la traducción e interpretación del v. 24b, ver J. J. STAMM, *l. c.*, 47 s. R. M. ACHARD, *l. c.*, 130 s. También en este salmo resuena en la expresión קרבת אלהים (cercanía de Dios) el pensamiento del habitar junto a Yahvéh (H. BIRKELAND, ZAW [1950] 101). Lo hallamos con frecuencia en salmos afines (Sal 23, 6; 27, 4; 61, 5; 84 3. 5) y alude claramente a un grupo del personal levítico del templo (Sal 65, 5).

La afirmación de v. 24b es sin duda sorprendente, pero no es ni intraducible, ni inexplicable. La breve fórmula: «Dios lleva a un hombre» (לקח) pertenece en su concisión a un grupo de concepciones de origen mitológico, corrientes tanto en Israel como en Babilonia: precisamente a la idea del «rapto». Israel afirma ya claramente en el relato de la asunción de Elías al cielo (2 Re 2, 1 s.) y en la mención del rapto de Henoc (Gén 5, 24), que Yahvéh dispone todavía de otros espacios vitales, y tiene poder y libertad de trasladar allí a los hombres. También los salmistas más tardíos han vuelto a esta antigua concepción. «Pero a mí Dios me salva, me saca de las garras del abismo y me lleva consigo» (Sal 49, 16). Afirmaciones como ésta sólo pueden referirse a la vida después de la muerte, pues la reflexión de todo el salmo gira en torno a la cuestión del don de la vida, que Yahvéh da al individuo, don visto como problema de teodicea, y llega a la conclusión de que los ricos soberbios permanecerán siempre en la muerte. Ella realiza la separación definitiva [115]. Y ésta es también la opinión del salmo 73; pues no se pueden enumerar el salmo 49 ni el salmo 73 entre los salmos de lamentación o de acción de gracias; no esbozan ninguna necesidad actual, con las consabidas expresiones de salvación. Más bien se realiza en ellos un poderoso esfuerzo teórico, que no se restringe a una necesidad particular, sino que va a lo fundamental.

La forma poética no debe ocultarnos que estos salmos presentan el problema teológico en su forma más aguda: frente a la felicidad de los impíos ¿cómo se realizan la ayuda y la bendición de Yahvéh en favor de sus fieles? La respuesta consoladora es que Yahvéh sostiene a su fiel, sigue siendo su Dios en todas las situaciones de la vida, y ni siquiera la muerte puede poner término a esta comunidad de vida que le ofreció [116]. Pero sería

---

115. P. Volz, *Psalm* 49: ZAW (1937) 235 s. La opinión de que el Sal 49 habla sólo de la protección contra una muerte violenta (así Chr. Barth, *l. c.*, 159) destruye la antítesis del salmo, pues sus repetidas alusiones al hecho que los ricos permanecen en la muerte, no serían ya una respuesta apropiada a la cuestión del orante, si también a él le esperara la misma suerte.

116. «El acceso a la fe en la resurrección individual que hallamos en el

ciertamente falso, querer ver en esta convicción algo así como una «evasión» religiosa dramática. Parece como si nuestra aguda alternativa entre la situación anterior y posterior a la muerte introdujera algo ajeno a las afirmaciones de estos salmos. Tampoco hemos de imaginar que la idea de una vida después de la muerte haya podido ser novedad absoluta para Israel, rodeado como estaba de esa atmósfera cananea tan saturada de mitos: menos aún si pensamos que ya en la época de Ezequiel se había introducido en el mismo templo de Jerusalén el culto de un dios que muere y resucita (Ez 8, 14) [117]. Es más bien lo contrario de una evasión; los orantes manifiestan gran tranquilidad y seguridad: la comunidad de vida con Yahvéh es indestructible. Las expresiones principales de esta confianza son: «tú eres mi lote» y, «yo estoy siempre contigo». Todo está ya incluido en la comunión de vida con Yahvéh [118]. Para que pudiera ser ampliada y aplicada a cada persona, sólo hacía falta acentuar de modo especial su extensión ilimitada, incluso más allá de la muerte. Para eso fue útil la antigua concepción del «rapto», que ahora, en un sentido menos mitológico, se espera como un suceso después de la muerte. Además resulta fácil imaginar que algunas concepciones extranjeras, presentes ya en el ambiente, pudieron también influir de forma inconsciente [119].

La literatura apocalíptica introdujo un cambio profundo con la esperanza de una resurrección general, primeramente —según parece— sólo de los justos (Is 26, 19) y después de todos, unos

---

Antiguo Testamento, se debe a la exigencia de una justicia completa», J. Pedersen, *Wisdom and immortality:* Suppl. VT, III, 245.

117. H. Riesenfeld, *The resurrection in Ezechiel XXXVII and in the Dura Europos Paintings:* Uppsala Universitets Arsskrift (1948) 3 s.

118. «Lo que une entre sí estos testimonios de victoria sobre la muerte en la vida del individuo, es que basan su certeza en el don presente de la comunión con Dios. Dado que Dios ha hablado y sigue hablando al hombre, éste es liberado de la necesidad del morir y ve ante sí un sendero hacia la vida», Eichrodt, III, 165.

119. Cuando Job piensa que puede esperar una eventual benevolencia de Dios después de su muerte (Job 14, 13 s.), no es un puro juego de su fantasía; toma más bien una idea que debió existir ya en algún sitio con una forma bien definida.

«para eterna vergüenza», otros para la «vida eterna» (Dan 12, 1-3). La diferencia es patente. En aquellos salmos la palabra de Yahvéh va dirigida expresamente al individuo, palabra que le hacía traspasar el umbral de la muerte, porque se había abandonado totalmente en sus manos. Allí la situación del hombre ante la muerte se caracterizaba por la ausencia de toda esperanza común en el más allá, y por una situación ineludible donde no quedaba otro camino, sino el de entregarse a la palabra de Yahvéh que prometía la vida, y refugiarse en él. En cambio, en esta literatura, la resurrección es sólo un acto dentro del acontecer apocalíptico final, cuyos rasgos esenciales se habían concretado ya en el tiempo de la espera. Es un acontecimiento universal, y por tanto también le afecta al individuo, que debe permanecer en actitud vigilante.

5. En relación con las tribulaciones de Israel y sus consolaciones, vamos a tratar por último, del *libro de Job*, donde se han concentrado, como en un espejo cóncavo, muchas de las pruebas que Israel hubo de soportar, y se han condensado en un sufrimiento sobrehumano [120]. Ahora bien, de ese gigantesco complejo literario que forma el libro de Job, hemos de tomara parte el

---

120. Como podemos comprobar hoy día, el libro de Job pertenece a un grupo de obras literarias del antiguo oriente, emparentadas entre sí por su forma literaria (pues casi siempre están construidas a base de diálogos); pero su mayor afinidad se manifiesta en el contenido: todos se lamentan del sufrimiento, en especial del sufrimiento inmerecido, y procuran solucionarlo como problema de teodicea. En Babilonia encontramos: la oración de agradecimiento «Alabaré al Señor de la sabiduría»; un diálogo entre uno que sufre y sus amigos y otro entre un amo y su esclavo; véase sobre esto: H. GESE, *Lehre und Wirklichkeit in der alten Weisheit: Studien zu den Sprüchen Salomos und zu dem Buch Hiob* (1958) 51 s. De Egipto proviene el célebre diálogo entre un paciente y su alma. Ambos textos están traducidos en ANET. Recientemente fueron descifrados algunos fragmentos sumerios sobre los lamentos de un paciente y el fin de su sufrimiento (N. S. KRAMER, *Man and his God. A Sumerian Variation to the «Job» Motiv*: Suppl. VT III, 170 s.). Todavía no se puede establecer una comparación entre estos textos, porque aún se discute sobre muchos problemas de detalle. Véase, sin embargo, J. J. STAMM, *Das Leiden des Unschuldigen in Babilon und Israel* (1946). La bibliografía sobre Job —ya casi ilimitada— ha sido coleccionada por C. KUHL: ThR (1953) 163 s.; 257 s.; (1954) 261 s.

cuadro narrativo en prosa (Job 1-2; 42, 7-17), su estrato más antiguo, pues sería erróneo intentar comprender esta narración desde la situación de una fe sacudida en sus raíces. En efecto, es evidente que aún no conoce la crisis descrita más arriba. El relato nos informa de un problema planteado en el cielo y de la respuesta que recibe en la tierra. El acusador —que no es de ningún modo un diablo opuesto a Dios, sino más bien funcionario de la corte de Yahvéh, una especie de fiscal celeste— pregunta en una audencia, si la piedad de Job, conocida por su absoluta integridad, no era en el fondo una actitud interesada. Es el problema de la «honradez» (Job 2, 9) de la relación con Dios —y por consiguiente había sido planteado en interés de Yahvéh (de hecho, el acusador en el resto de la narración es como el brazo del Señor).

Job ignora el prólogo celeste de sus sufrimientos, y merece señalarse que él no da ninguna interpretación teológica a sus dolores; se limita a la solemne afirmación de que no llega a ver en ellos algo que pudiera comprometer su lealtad con Yahvéh. Pero sería falso considerar las dos confesiones de Job como testimonio de un aguante casi estoico, de un dominio supremo de sí mismo. Job se presenta como un hombre vulnerable. Lo que dice son más bien cosas sencillas, sobrias y evidentes para la fe. Estas dos respuestas de Job no representan en absoluto el esfuerzo supremo de su fe; se siente tan firme y seguro en ella que pregunta maravillado si no se debe reconocer la mano de Dios cuando nos priva de algo como cuando nos lo da. Con esas afirmaciones acredita «la palabra de honor» por la que Dios se había comprometido en su favor frente a la corte celestial. Este hombre, arrojado en el estercolero, sufre «por la gloria y el honor de Dios» [121]. Por lo tanto, Job es un μάρτυς, testigo, en el mejor sentido de la palabra, porque ha tomado una posición clara en favor de un interés divino. He aquí en efecto cómo debemos imaginar la escena: concluido el diálogo entre Dios y Satán las cria-

---

121.   J. G. Herder, *Vom Geist der ebräischen Poesie:* Bibl. Theol. Klassiker, vol 30, 137.

turas celestes habían esperado con ansia si Job acreditaría o no la palabra de Dios, que estaba en juego. De hecho existen algunas relaciones evidentes entre su oficio como testimonio y el título de «siervo» que se le atribuye con tanto relieve en el cuadro narrativo (Job 1, 8; 2, 3; 42, 7) [122].

Los diálogos (Job 3-42), insertados siglos más tarde en la narración pre-exílica nos sitúan en un mundo espiritual y religioso completamente distinto, pues nos presentan un Job muy diferente; no ya el hombre seguro en su fe y en su unión con Dios, sino un Job que se va hundiendo en el abismo del abandono divino, acusa a Dios, blasfema contra él y lo escarnece.

Los diálogos resultan extremamente difíciles de comprender porque falta en ellos una clara progresión del pensamiento y no precisan bien el objeto en cuestión. En la exposición del problema prefieren la extensión a la concentración. Parece que el poeta no desea presentar una verdad concreta, sino más bien una realidad amplia y global, Por eso, no son digresiones del tema central, por ejemplo, las extensas consideraciones de Job sobre el hecho general de que la vida es sufrimiento (Job 7, 1 s.), ni los largos poemas de sus amigos sobre la *némesis* (retribución), que alcanza siempre al malhechor (Job 15, 17 s.; 18, 5 s.). A menudo el lector pierde de vista el problema específico de Job tras esa maraña de consideraciones generales sobre el dolor humano o el fenómeno del mal. Pocas palabras o ninguna van dirigidas a un hombre concreto; falta además una elaboración psicológica consecuente; sus esfuerzos por hacer de los personajes caracteres bien definidos, se hallan todavía en sus comienzos, y en los discursos —sobre todo en los de Job— se yuxtaponen de manera abrupta trozos que reflejan situaciones de ánimo muy diversas. El problema hermenéutico se agravó todavía más cuando la historia de las formas pudo comprobar su extensa complejidad formal. Así por ejemplo, el primer discurso de Elifaz (Job 4 s.) no consta de un conjunto de ideas relativamente unitario, sino de una serie de unidades muy diversas e independientes, con su tesis y significación propias. Elifaz presenta a la consideración de Job por lo menos cinco temas diferentes y muy poco conexos entre sí. Intentar reconstruir en este discurso una progresión lineal del pensamiento significaría desconocer que estos discursos no pretenden solucionar el problema por la vía de la deducción lógica y lineal, sino que enunciando diversos temas se mueven en un espacio más amplio en busca de la solución final [123]. Desde esta perspectiva podemos observar el movimiento espiritual en el conjunto de los diálogos. Los interlocutores no siguen un hilo común en sus con-

---

122. J. HEMPEL, *Zeitschrift f. system. Theologie* (1929) 645 s.
123. B. Duhm pregunta en su comentario: «¿Quiere Elifaz consolar, instruir o amonestar?». Pero, ¿quién le dice que sólo pretende una cosa? Este ejemplo basta para mostrar lo arriesgado que resulta seguir hablando de «esquema» o de un «sistema» cerrado en la teología de los amigos de Job (así, por ejemplo, A. WEISER en su comentario [ATD] pássim).

versaciones; es más, parece que ni siquiera atienden a cuanto ha dicho su compañero. Esta impresión se debe a que cada uno se refiere sólo al problema sobre el cual concentra exclusivamente sus miradas. Por eso, todos los discursos van desde la periferia hacia el centro —con la amplitud recién mencionada—, sin anotar para nada cuanto dijo el anterior. Incluso en medio del discurso encontramos a veces un comienzo completamente nuevo. Así nadie puede considerar el capítulo 17 como la continuación del discurso iniciado en el capítulo 16; su punto culminante desaparece por completo en el horizonte del capítulo 17. En los v. 18-22 del capítulo 16 llegaba a su fin una línea de pensamiento con un resultado importante; en el capítulo 17 comienza un tema nuevo. Pero con este método discursivo, tan difícil para nosotros, es precisamente como el poeta logra su meta: circunscribe el problema, e iluminándolo desde diversos ángulos y abordando la solución desde múltiples direcciones, consigue abarcar en su totalidad el asunto discutido[124]. Ahora bien, si hay algo justo en esta concepción, la exégesis debe dar mayor importancia a la contribución de los discursos de los amigos, en vez de minimizar en principio sus argumentos hasta el ridículo. De hecho esta voz de la tradición es tan imprescindible como la voz revolucionaria de Job para conseguir ese efecto global, recien mencionado. Por lo tanto, el exegeta debe tener en cuenta que las partes y secciones de este poema están dispuestas con mayor holgura, una conexión relativamente menor y una mayor autonomía de cuanto se acostumbra a observar en los diálogos occidentales. Por eso mismo, se mostrará prudente para no unir ni relacionar entre sí las cosas más de lo que hace el poema. A pesar de ello, en los monólogos de Job podemos comprobar una cierta progresión del pensamiento.

En un contraste muy llamativo con la sobriedad serena y casi solemne de la narración en prosa, el Job de los diálogos comienza maldiciendo su vida y el día en que nació. El capítulo tercero expone en cierto modo el estado de ánimo, el panorama interior en el cual se van a desarrollar los diálogos siguientes. A pesar de ciertos puntos de contacto con lamentaciones análogas, un estallido de desesperación tan denso y radical significaba algo

---

124.   «Para el israelita, pensar no consiste en solucionar un problema abstracto. No se dedica a añadir un eslabón a otro, ni sabe disponer premisas mayores y menores para sacar sus conclusiones. Pensar es para él, captar una totalidad. Orienta su espíritu hacia el aspecto más importante, aquello que determina la totalidad y lo recoge en su espíritu, el cual recibe con ello un impulso inmediato y una dirección precisa». J. Pedersen, *Israel* I-II, 108; ver 124 s. Pero además de este movimiento del pensamiento, tan ajeno a nuestra mentalidad, el elemento poético, es decir, aquel placer indomable en la descripción, reclama también su parte. Aquí el escritor supone que sus lectores sabrán detenerse ante sus espléndidos cuadros, lectores que no sólo se interesan por el contenido teológico de las diversas unidas. Pues sino lo podía haber dicho mucho más brevemente. En P. Humbert, *Le modernisme de Job:* Suppl. VT III (1955) 155, se encuentran buenas observaciones sobre el estilo y el método expositivo de este poeta.

nuevo e inaudito para Israel. ¿Cuáles fueron las condiciones previas y la prehistoria interior de este hundimiento religioso? Como es de suponer, la causa no pudo ser una sola; muchos y diversos fueron los factores que prepararon su aparición con una acción lenta y oculta. Las antiguas concepciones teológicas fueron perdiendo su autoridad; ciertos ambientes, en particular los círculos sapienciales, tienden hacia una religiosidad más espiritual, se pierde la seguridad que procuraban las instituciones sagradas tradicionales, el punto de gravedad se desplaza en lo religioso hacia la reflexión y la instrucción, y la vida de la fe se vuelve profundamente individual. ¿Qué sabe Job de las prescripciones saludables del culto, qué sabe de las intervenciones de Yahvéh en la historia? En ese aislamiento glacial de una existencia completamente desligada de la comunidad y de la historia salvífica, es donde Job sostiene su lucha con Dios.

Pero al indagar los motivos de esta catástrofe, debemos atender sobre todo a un factor muy importante. Hemos dicho varias veces que Israel, como los demás pueblos de la antigüedad, veía una relación causal entre el sufrimiento y el mal. Tenía la convicción profunda de que cada acto malo liberaba una energía maléfica que, tarde o temprano, recaería sobre el culpable. La desgracia había sido puesta en movimiento por el acto perverso y fatal; era, incluso, una parte del mismo. Esta concepción no era tan ajena a la realidad como el hombre moderno puede suponer. Se basaba en una experiencia rica y siempre nueva y, al mismo tiempo, dejaba —al menos en épocas antiguas— un margen suficientemente amplio para los resultados más enigmáticos. Pero la piedad extremamente individualista de Job pone en tela de juicio una concepción semejante, pues para esta piedad sólo tienen importancia las relaciones personales entre Dios y un individuo que podríamos llamar «absoluto»[125]. ¡Job exige pruebas del

---

125. Con esto no queremos decir que ella haya sido la primera crisis de la concepción sobre la acción fatal. La crisis se remonta a una época muy anterior, como lo muestran los salmos de teodicea, que vimos más arriba. La idea dtr de la palabra divina que juzga, representaba ya una modificación significativa.

mal que corresponde a sus sufrimientos! (Job 6, 24). O ¿debe acaso considerar su dolor como un veredicto de culpabilidad, dado por Dios? En todo caso se rebela contra ese modo de declararle culpable (הַרְשִׁיעַ Job 10, 2; cf. 9, 29; 10, 7). Aquí adivinamos cómo no ha logrado todavía superar la vieja idea del acto fatal; le deja muy intranquilo ver que sus sufrimientos son utilizados como testigos de cargo contra su persona (Job 16, 8). Pero una cosa es particularmente clara: Job no tiene nada que pueda sustituir esta visión tradicional; y es aquí donde se encuentra la característica más peculiar de su situación: al desmoronarse las antiguas concepciones religiosas, Job se halla ante un abismo teológico, donde se hunde todo lo que la fe podía decir acerca de Dios, y sólo permanece a flote Yahvéh con su bondad y santidad infinitas. Entonces se enfrenta apasionadamente con sus amigos para defender la libertad inaferrable de ese Yahvéh absoluto, cuyos actos no pueden ser controlados por la razón humana.

Entra en escena de modo particular la libertad divina en sus decisiones jurídicas [126]. Dios no está ligado a un derecho cualquiera, para que en caso de litigio con el hombre, pueda intervenir un árbitro que obligue ambas partes a aceptar un compromiso (Job 9, 32 s.). Es tan libre y poderoso que establece el derecho y tiene siempre razón frente al hombre. Aquí es donde radica la prueba capital de Job; se enfrenta con dos hechos opuestos: por un lado, sufre, pero no puede admitir que haya perturbado con un pecado grave su relación con Dios, que hasta ese momento había permanecido intacta. Por otro lado, sabe que esta conciencia no le es de utilidad alguna, pues Dios es completamente libre y sólo cuenta su derecho. Es aquí donde se halla en peligro toda su existencia ante Dios, pues cree que ha sido declarado culpable; más aún, descubre con un terror creciente hasta qué punto esa potencia y libertad divinas se revelan enemigas del hombre. Job no logra comprender por qué este Dios infinitamente poderoso no perdona con magnanimidad al hombre frá-

---

126. Sobre este punto, W. VISCHER, *Hiob ein Zeuge Jesu Christi, Zwischen den Zeiten* (1933) 8 s.

gil, en vez de acosarlo y ponerlo a prueba. «¿Por qué no me dejas... ni tragar saliva?» (Job 7, 19). Pero he aquí algo inusitado: Job no se oculta ni huye de Dios; acepta el combate. Sus quejas son en definitiva una súplica a Yahvéh para que preserve su propia imagen en el alma de Job.

En la multitud de temas abordadas por Job y la rapidez con que pasa de uno a otro, no resulta fácil adivinar cuál es el objeto de ese combate ni por qué lo ha aceptado.

Particularmente numerosas son sus explosiones de terror ante la inmensidad del poder divino y la libertad con que lo usa. En sus discursos se percibe a ojos vistas un aumento creciente de su espanto y horror hasta llegar al capítulo 16, 7-17 donde el terror ante Yahvé alcanza proporciones insuperables. La imagen de Dios presenta aquí todos los rasgos de una figura demoníaca: rechina los dientes contra Job, «aguza sus ojos hostiles» —los LXX hablan de «los puñales de los ojos»—, se le aparece sólo como una máscara diabólica. Lo agarró por la nuca y lo estrelló contra el suelo, le atravesó los riñones, derramó por la tierra su hiel. Advertimos, pues, un creciente enfriamiento de las relaciones entre Dios y Job, un foso cada vez más ancho. Se hunde en un abismo de horror que supera todo cuanto supieron decir los salmos [127].

Pero con este movimiento se entrecruza, de manera extremamente paradójica, otro de signo contrario: Job busca a Dios, quiere obtener a toda costa un diálogo con él; más aún, desea entablar un pleito con el Señor (Job 6, 29; 9, 15 s. 32 s.; 13, 3. 13-16. 22). Debe pronunciarse un veredicto entre ambos y él, Job, quiere obtenerlo a viva fuerza. El ánimo y la convicción de salir airoso en el proceso le viene de su propia «justicia», a la que se aferra, y de su «honradez» (תמה) en la que no ceja (Job 27, 5s.). Esta obstinación en afirmar su justicia puede desagradar al oído moderno, pero es el objeto de su entero pleito con Dios, al que

retorna incesantemente hasta desarrollarlo de forma grandiosa
en la famosa declaración de inocencia, «el juramento de inocencia» del capítulo 31. Pero ¿hemos de juzgar estas aseveraciones
de Job acerca de su inocencia con un criterio fundamentalmente
diverso del que se aplica a los salmos?

> La justicia era mi vestido;
> el derecho, mi manto y mi turbante (Job 29, 14).

Estas mismas palabras podrían hallarse en uno de los salmos
que proclaman la inocencia del hombre atribulado. La única diferencia es que Job insiste con mayor ardor en su צדקה (justicia).
Pero, si reitera una y otra vez su justicia y la honradez de sus relaciones con Dios, no por eso se considera libre de pecado (Job
14, 4; 9, 2); él supone sólo la existencia de una relación por la
que Dios se inclina con benevolencia hacia el hombre, relación
que por su parte nunca ha rechazado. Todo al contrario, es él
quien la busca, mientras Dios se retira en una oscuridad cada vez
más impenetrable. Ahora bien, este Job que lucha por una cla-
rificación de sus relaciones con Dios desde su aislamiento individualista, se mueve todavía en aquel mundo de ideas y conceptos mediante los cuales se expresaba antiguamente la actividad
de Yahvéh con sus fieles dentro del culto. Su problema central
no es, como suele decirse, «el sentido del dolor», sino aquella
justicia que cree haber perdido. También respecto al género literario, podemos comprobar su dependencia de antiguas ceremonias del derecho sacro. La disposición del monólogo final —juramento de inocencia, recurso a una sentencia divina, discurso de
Dios— se basa sin duda alguna en un antiguo ceremonial del
derecho sagrado (Job 31)[128]. Algo parecido ocurre en el capítulo 23, 3 s. Job manifiesta una vez más su deseo de ser admitido

---

128.   A. WEISER, *Hiob* (ATD) 11, 214; la inclusión posterior del discurso de Elihú interrumpe el desarrollo del cremonial. Al desafío lanzado
a Dios en el capítulo 31, 35-37, seguía originariamente el discurso divino.

a la presencia de Dios, para que le ponga a prueba (v. 10) [129].
En otras ocasiones usa conceptos jurídicos extra-cultuales: clama
(צעק) por sus derechos, como presentaba su queja al rey quien
sufría una injusticia (véase 2 Re 6, 26); conjura la tierra que no
absorva su sangre, para que su clamor no se extinga [130].

Recurre también a una concepción antiquísima cuando apela
a Dios como al vengador de la sangre: Dios es el propietario de
toda vida; allí donde la vida se ve amenazada por la violencia,
un interés divino está en juego. Job lo sabe y por eso apela solemnemente a Dios... contra Dios. En la tremenda tensión de su combate, la imagen de Dios amenaza despedazarlo. Ya en el capítulo
14 se iba preparando algo análogo, pero allí Job tentaba una distinción de orden cronológico: primero actúa el Dios de la ira,
luego el que ama a su criatura. Aquí, en cambio, se agudiza la división hasta contraponer entre sí la imagen del Dios protector,
heredada de la tradición y el Dios destructor, de su experiencia
personal. Job se ha vuelto consciente repentina y gozosamente
de que existe un Dios amigo, pero no puede borrar la realidad
del Dios enemigo. Apela constantemente a uno contra el otro y
sabe que el Dios garante, el libertador, llevará a la victoria su
causa contra el Dios enemigo. Cualquier lector puede comprobar
que los pasajes 16, 19 s. y 19, 23 s. constituyen el punto álgido
de su combate: en ningún otro lugar le rodean una certeza y un
consuelo semejantes. Sin embargo, no se les puede considerar la solución del mismo, pues tampoco termina aquí el diálogo [131].

---

129. Sobre los diversos rituales de prueba en los oráculos divinos, véase
R. Press, ZAW (1933) 121 s.; 227 s.
130. Job 16, 18 s. El grito de socorro es la voz de los oprimidos, el apelo
más elemental al responsable inmediato, en busca de protección legal. Sobre
el significado de la sangre, véase Gén 4, 10. El hecho de que Job hable de
sangre, nos permite comprobar una vez más, cómo utiliza una terminología
convencional, que sólo podía aplicársela en sentido figurado; véase el Sal
30, 10.
131. Pocos versículos después del primer pasaje de consolación, Job
pide que Dios se presente como garante suyo ante él mismo; es decir, ¡ante
Dios! (Job 17, 3 s.). Por lo tanto también aquí vemos una tendencia parecida,
sólo que no pertenece al grupo de ideas relativas al derecho de sangre, sino al
derecho de garantía. Con todo, no va más allá de este primer clamor.

Además, el discurso divino del capítulo 40, 1 s. —quizás más primitivo que el de los capítulos 38 s.— se refiere otra vez a las quejas de Job; prueba segura de que el asunto no se da por concluido con esas manifestaciones de consuelo.

Ahora bien, con todas las reservas necesarias para no simplificar la complejidad interna de la obra, podemos considerar esos discursos divinos como el punto culminante que, según la mente del poeta, concluye el combate de Job [132]. Pero el lector se maravillará al observar que la respuesta de Dios trata problemas muy diferentes de los planteados por Job. Esto no quiere decir que no contengan implícitamente una clara respuesta a Job. Cierto, Dios no se le muestra en la forma requerida por Job. Primero contesta con una avalancha de contrapreguntas, que en su totalidad aluden a los ridículos límites de la perspicacia humana. A las preguntas de Job Dios responde alzando un poco el velo, lo suficiente para que vea cuántos enigmas aún mayores —pues éste es el parecer del poeta— siguen escondidos detrás de él. De este modo el discurso divino sale al paso de esa ingenuidad del hombre, el cual piensa que detrás de cada uno de sus problemas existe una solución divina a su disposición.

A este respecto, el discurso de Dios recalca el carácter absolutamente milagroso de su gobierno universal. Detrás de cualquiera de sus maravillas se oculta siempre otra mayor y Dios no permite vislumbrar ninguna de ellas. Cuando Job pone en duda «los designios» de su providencia universal (Job 38, 2) llega demasiado tarde con sus críticas. Ya al poner los fundamentos del mundo los seres celestes entonaron cantos de alabanza; ellos comprendieron mejor el sentido del universo (Job 38, 7). Aquí se puede ver fácilmente cómo esas contrapreguntas retóricas, no se limitan a llamar la atención de Job sobre los límites de su comprensión del mundo, y a hacerle volver de nuevo a sus límites humanos en su

---

132. Son injustificadas las dudas sobre la pertenencia del discurso divino a la parte dialogada del libro. El desarrollo del diálogo tiende hacia una solución (KUHL, *l. c.*, 303 s.); además existen razones de crítica formal que prohíben la exclusión de este discurso divino (ver más arriba, 465, nota 60).

relación con Dios. No es en éste aspecto negativo donde reside la
finalidad principal del discurso divino, pues, en el modo como
pasa lista a los diversos dominios de creación, aparece un elemento muy positivo de las relaciones de Dios con sus creaturas. Todo
es maravilloso e incomprensible. El´ que la lluvia sea derramada
sobre la estepa contradice todos los cálculos de la economía humana; así también, la vida inútil del asno salvaje y del búfalo;
y no hablemos de la extraña avestruz. Pero en todo ello se revela
una gozosa complacencia de Dios en su creación. También aquí
podríamos decir con el salmo 104, 31 que Dios se «alegra» en sus
creaturas. Y en primer lugar se preocupa de aquellas en las que a
Job ni se le ocurre pensar. La creación entera depende de él en
todo. El salmo 145 trata asimismo de la alabanza que todos los
seres terrestres elevan a su creador y sustentador:

> Los ojos de todos te están aguardando,
> tú les das la comida a su tiempo;
> abres tú la mano,
> y sacias de favores a todo viviente.
> Yahvéh es justo (צדיק) en todos sus caminos,
> es bondadoso en todas su obras (v. 15-17).

Hemos encontrado ya la fórmula «justo es Yahvéh» en las
doxologías judiciales (cf. página 461, nota 54); el sentido de
esta declaración era que Yahvéh es inocente de cualquier acusación. Por eso nos parece muy importante para la comprensión
del discurso divino en Job 38, que un salmo tan afín a este capítulo como lo es el salmo 145, vea en la magnificencia de la creación y en su conservación una prueba de la justicia de Dios (ver
también el v. 7). Esta es por lo tanto la intención del discurso
divino en el libro de Job: celebrar la justicia divina con sus creaturas, su benevolencia saludable y bienhechora. Y en la intención
del poema ésta es realmente la respuesta a la pregunta de Job.
Si la constancia de Job en su justicia era una pregunta dirigida a
Dios, éste responde en su discurso, refiriéndose a la magnificencia
de su providencia que todo lo sustenta. Con todo, el hombre no
puede comprender esa justicia de Dios, sólo puede adorarla.

Lo más emocionante de este poema es su situación teológica marginal: ¿cómo podrá expresarse Yahvéh allí donde el pueblo de Dios, el culto y la historia salvífica no tenían la menor importancia teológica? Pero Yahvéh se manifestó también allí fuera, entró en escena y se reveló en persona como Dios consolador, al que sólo lo conocía de oídas (Job 42, 5). Si esta «solución» no responde del todo a la expectación del lector moderno, se debe a una característica peculiar del libro; el libro de Job, como la entera teología sapiencial, se mueve en el círculo de declaraciones sobre la creación, pero son declaraciones destinadas a expresar, hasta el último grado de sus posibilidades, los designios salvíficos de Dios.

5.　La sabiduría empírica de Israel [133]

Israel, como todos los pueblos, entendía por «sabiduría» un conocimiento práctico de las leyes de la vida y del universo, basado en la experiencia. La palabra hebrea que nosotros traducimos por «sabio», «sabiduría», significa en primer lugar la competencia, la pericia, por ejemplo, del constructor de navíos, del forjador de metales, de un consejero político, etc. [134]. La sabiduría de Israel es un fenómeno muy complejo, que sufrió además cambios considerables; pero ese partir de las experiencias más elementales es una característica de casi todas sus afirmaciones sobre la vida. En todos los estadios culturales, el hombre se enfrenta con la tarea de dominar la vida; para eso debe conocerla, no puede dejar de observar y afilar sus oídos para ver si entre la maraña de

---

133.　Sobre la problemática general de la sabiduría empírica ver H. Gese, *Lehre und Wirklichkeit in der alten Weisheit* (1958); W. Zimmerli, *Zur Struktur der alttestamentlichen Weisheit:* ZAW (1933) 177 s.; W. Baumgartner, *Israelitische und orientalische Weisheit* (1933): Id., *The Wisdom Literature: The Old Testament and Modern Study* (1951) 210 s.

134.　Textos tardíos como Jer 10, 9; Is 40, 20; Ez 27, 8; Ex 31, 6 (P) siguen usando todavía el adjetivo con ese significado técnico de «experimentado», «experto», «hábil».

los acontecimientos aparece por alguna parte una ley o un orden constante.

Ese observar y estar al acecho era algo particularmente tenso en la primera etapa de los pueblos. Al principio el hombre está abierto y dispuesto a observar y aprender sin trabas doctrinarias ni dogmatismos. Pero muy pronto esta apertura y disponibilidad ceden lugar a un cierto embotamiento e indeferencia. Este tipo de sabiduría, tuvo también en Israel una función preeminente en épocas lejanas, difíciles de precisar. Ahora bien, el medio para apresar y objetivar el orden así percibido fue el lenguaje. Se ha dicho con razón que, gracias a su asonancia lingüística, las llamadas «fórmulas gemelas» constituían ya una terminología fácil de manejar [135] y son ciertamente intentos primitivos para destacar ciertas constantes y fijarlas en palabras. El hebreo posee un sinnúmero de expresiones de ese género que poco a poco se convirtieron en fórmulas literarias y perdieron así su antigua función noética [136]. En un plano mucho más ambicioso encontramos los proverbios. También formulan verdades y experiencias conocidas y siempre ratificadas por la observación cotidiana [137]. Por eso, la forma normal de expresarse era la simple enunciación del hecho; aunque también cabía la posibilidad de presentarlos en estilo de exhortaciones, como sucedió con cierta frecuencia. Así, por ejemplo, 1 Sam 24, 14 presenta la frase: «de los malos la malicia» como un proverbio antiguo. En él se recuerda un fenómeno constante que el hombre debe tener en cuenta. Lo mismo ocurre con la frase: «donde entra la insolencia, entra el baldón»; su forma asonante (בָּא זָדוֹן וַיָּבֹא קָלוֹן, Prov 11, 2) nos recuerda una vez

---

135. A. HEUSLER, *Die altgermanische Literatur: Handbuch der Literaturwissenschaft*, 66. (N. del T.: El autor cita como «fórmulas gemelas» las palabras alemanas: Freund-Feind, Leib-Leben, Liebe-Leid, que presentan parentesco intraducible en nuestras palabras correspondientes: amigo-enemigo, cuerpo-vida, amor-dolor.)

136. Recogidos por J. GABOR, *Der Urrhythmus im Alten Testament:* BZAW 52 (1929); G. BOSTRÖM, *Paronomasi i den äldre Hebreiska Maschalliteraturen* (1928).

137. Estas fórmulas tan concisas tenían, sin duda, una función particular en la jurisprudencia antigua. Ver B. GEMSER, *The importance of the motive clause in OT law:* Suppl. VT I (1953) 50 s.

más la gran importancia de la palabra, que aprisiona las verdades recibidas por la experiencia: sólo mediante su formulación las verdades quedan fijadas y sancionadas como tales [138].

La gran cantidad de paradojas que tales «sentencias» tomaron de la vida y consiguieron formular, nos muestra claramente cuál era su verdadero objeto:

> Hay quien regala y aumenta su haber,
> quien retiene lo que debe y empobrece (Prov 11, 24).

Aquí se expresa una paradoja pura, sin conclusiones ni enseñanza alguna. Estas seguirán muy pronto, pero primero se trató de algo mucho más elemental: fijar la simple comprobación de un hecho [139]. Lo mismo sucede cuando se afirma que el orgullo precede a la caída (Prov 16, 18; 18, 12) y en otros casos semejantes. Aunque nos parecen muy simples, éstos proverbios tuvieron una compleja prehistoria espiritual. Hubo que observar un sinnúmero de fenómenos iguales o afines hasta llegar a descubrir en ellos una cierta regularidad. Ninguno como J. G. Herder reconoció con tanta claridad la prestación intelectual de tales descubrimientos: «¡Nadie crea que cada uno ve y percibe lo mismo en un mismo objeto!» [140]. Es erróneo pensar que la enseñanza está ya incluida en la experiencia. Antes de acuñar las monedas de oro habrá que purificar el crudo metal de la experiencia. Por esto, como lo expresó de manera insuperable el mismo J. G. Herder, se trataba de fijar en cada caso particular «el instante más claro y emocionan-

---

138. «En un proverbio, el contenido sólo adquiere un significado mediante la formulación, aunque sea primitiva o grotesca... Esto significa que el proverbio es una verdad, sancionada sobre todo por su forma...» W. PREISENDANZ, *Die Spruchform in der Lyrik des alten Goethe und ihre Vorgeschichte seit Opitz:* Heidelberger Forschungen (1952) 18.

139. Esta pura objetividad de la comprobación adquiere una asombrosa profundidad, cuando los acontecimientos son referidos a Yahvéh. «El pobre y el usurero se encuentran: el Señor da luz a los ojos de ambos» (Prov 29, 13; ver Prov 22, 2).

140. *Spruch und Bild bei den Morgenländern* (1792) en *Werke,* ed. Suphan, vol 16 (1792) 10.

te», «el punto más luminoso» de la masa compleja y ambigua de la experiencia [141]. No llegaremos a comprender estas sentencias, si no presuponemos una mentalidad, que aún tenía muchos problemas vitales por resolver con relación a su medio ambiente. Y sobre todo se trataba del problema de un posible orden oculto, que quizá podría captar el hombre de entre la maraña de acontecimientos que lo rodean. Esta tarea se planteaba siempre de nuevo; en cada situación que cambiaba, era necesario conquistarle al caos una parcela de orden. La tarea era tan interminable como la estructuración de la vida.

Si las sentencias muestran una tendencia a generalizar que puede parecernos banal, en cambio, para los antiguos, lo más importante era precisamente llegar a lo general, al valor permanente. Estos proverbios tenían el peso y la dignidad de una ciencia acumulada con gran esmero. Como hemos visto antes, especialmente instructiva bajo este aspecto, es la fijación de fenómenos paradójicos. Decir que el «estómago harto pisotea el panal, a estómago hambriento lo amargo es dulce» (Prov 27, 7), que «la lengua blanda quebranta los huesos» (Prov 25, 15), que «quien ama a su hijo, lo castiga» (Prov 13, 24; 23, 13 s.), que «sabe dulce el pan robado, pero después la boca se llena de guijos» (Prov 20, 17); todo esto fueron antes hechos duros y desconcertantes, experiencias aisladas y sin precedentes. Tanto mayor era la satisfacción, cuando detrás de los fenómenos o hechos aparentemente absurdos se lograba descubrir un orden oculto. Se había rechazado una vez más el caos. Por eso, esta sabiduría es sin duda, una forma muy elemental del dominio sobre la vida, y haremos bien en no concebirla principalmente como un género didáctico.

Cierto, las sentencias serán pronto recopiladas y, en manos de maestros, servirán para la enseñanza, Pero en su origen, este descubrimiento de un orden se realizaba a un nivel mucho más elemental, y sus resultados servían para la protección inmediata de la vida, para la autoafirmación frente a las agotadoras conse-

---

141. J. G. HERDER, *Werke* 16, 360.

cuencias y conclusiones a las que constriñe la experiencia. «En cada proverbio se cubre el pozo, pero sólo cuando ya el niño se ha ahogado»[142]. Se podría hablar de un arte de vivir, o en todo caso de una cierta técnica de la vida, a la que estas sentencias quieren servir. Sabios de una época posterior han calificado la sabiduría con suma plasticidad como el «arte del piloto» (תחבלות ; LXX κυβέρνησις, Prov 1, 5), como el arte de conducirse por la maraña de la vida. ¿Existen aquí reglas? ¿Del curso de los acontecimientos, del comportamiento, de las múltiples formas de reacción humana, se pueden deducir ciertas constantes que pueden ser útiles en la vida? ¿Cómo me puedo proteger de las desgracias? ¿Cómo mantengo mis bienes internos y externos? ¿Cómo puedo satisfacer las exigencias de los demás? Estas sentencias, rebosantes de experiencia, son como boyas colocadas en el mar para orientarse. J. G. Herder decía: «No se puede aprender 'de' los proverbios, sino 'con' ellos»[143].

Como demostraron J. G. Herder y sobre todo A. Jolles, dichos proverbios no tienen una línea de pensamiento que los una o los encuadre; son puros enunciados[144]. Si se piensa ahora que cada pueblo ha derrochado esfuerzo y talento en la plasmación de esta clase de sabiduría, y que la apercepción gnómica constituye una de las formas más elevadas del pensamiento humano y un arma en la lucha por el contenido espiritual de la vida[145], se verá que los hombres tienen dos maneras diferentes de percibir la verdad: una sistemática (filosófica o teológica) y otra empírico-gnómica. Cada una necesita de la otra. Donde falta la sapiencial, amenaza al hombre el doctrinarismo e incluso el fanatismo ideológico. La sabiduría empírico-gnómica presupone que existe un orden secreto en las cosas y en los sucesos; sólo podemos descubrirlo con mucha paciencia y a costa de múltiples y dolorosas experiencias. Ese orden es bueno y justo. Pero —y esto es necesario

---

142. A. Jolles, *Einfache Formen* (1930) 159; también 167.
143. *Werke* 15, 11.
144. A. Jolles, *l. c.*, 163.
145. R. Petsch, *Spruchdichtung des Volkes* (1938) 105.

notarlo— no se le capta sistemáticamente; es decir, reduciendo la
multiplicidad de fenómenos y percepciones a un principio de orden general, y menos aún buscando una fórmula lo suficientemente amplia para englobar la infinita variedad del mundo de las
apariencias. Esta sería la vía filosófico-sistemática. Como dice
Jolles, el mundo al que se orienta el pensamiento gnómico no puede ser comprendido por el pensamiento conceptual [146]. La sabiduría palpa el mundo sensible en busca de sus leyes, pero deja
intacta la singularidad de cada experiencia. Es fácil encontrar
proverbios diferentes, e incluso contradictorios. Pero, si somos
exactos, esta incongruencia es normal, ya que una experiencia
no sería expresada ni se la formularía con tanto esmero si coinci-
diera con otra ya existente. Por eso, la sabiduría no se aver-
güenza de formular a veces antinomias y dejarlas sin resolver.

> El que ahorra las palabras es hombre que sabe,
> el hombre de sangre fría es prudente,
> Necio callado pasa por sabio,
> el que cierra los labios, por prudente (Prov 17, 27-28).

> No respondas al necio según su necedad,
> no sea que te iguales a él,
> responde al necio según su necedad;
> no se que se crea sabio (Prov. 26, 4-5) [147].

Por lo tanto, siempre se pueden corregir las experiencias,
son fundamentalmente ampliables. Un sistema filosófico puede
ser concebido en teoría como cerrado en sí mismo; es decir,
tan amplio que podemos considerar suficiente su contenido de
verdad. La sabiduría siempre permanece abierta e inabarcable.
Se acerca a la verdad por otro camino diferente; por eso, las posibilidades de enmendarla son también diferentes de la filosofía.
Aquí no rige una comprensión exclusiva de la verdad, pues el
proverbio que corrige a otro no prueba la falsedad de este último;

---

146. A. JOLLES, *l. c.*, 156.
147. Véase Qoh 7, 3. 9. W. ZIMMERLI, ZAW (1933) 188.

penetra simplemente en otro orden que mientras tanto había
aparecido en el horizonte de la experiencia. Por lo tanto, el pensamiento sapiencial yuxtapone más bien parcelas de orden [148].
En todo esto hay algo de juego, aunque no siempre en la misma
medida. ¡Quién no descubre en la formulación de las paradojas,
de la que hablamos hace poco, un placer —y a veces incluso una
diversión— que a menudo exagera la observación hasta la ridi-
culez! [149]. Si se da vía libre a este juego, nos encontramos con los
enigmas. Todos saben que en el enigma se juega a encontrar la
verdad; es un jugar con lo serio. Precisamente este descubrir y
ocultar verdades es una de las diversiones más primitivas del *homo
ludens* [150]. De modo particular la sabiduría del antiguo oriente
parece haber desarrollado una elegante cultura de la adivinanza.
La narración de la visita de la reina de Saba a Salomón y de los
enigmas que le propuso, no son contemporáneos desde el punto
de vista literario; pero se ajustan perfectamente a la imagen del
intercambio mutuo que fomentaron los portadores de esta cultura (1 Re 10). La literatura sapiencial bíblica presenta pocos
enigmas explícitos, pero eso no tiene mayor importancia, pues
el rico ropaje metafórico de las sentencias debe ponerse en relación estilística con el juego de la adivinanza. También aquí el
poeta de los proverbios vuelve enigmático algo conocido [151].

---

148. «Si comprendemos el mundo como una multiplicidad de percepciones y experiencias particulares, ciertamente *la experiencia* estará constituida por la sucesión y recapitulación de ellas, pero siempre su suma seguirá
siendo una multiplicidad de casos particulares. Cada experiencia se capta
independientemente, y una conclusión sacada de este modo y en este mundo
obliga y vale sólo en sí y por sí misma. Es un mundo atemporal... porque sus
instantes, por su naturaleza única, no llegan a sucederse formando el tiempo.
Es imposible comprender ese mundo conceptualmente, pues él precisamente
se cierra al pensamiento conceptual, y éste a su vez destruye el mundo atemporal. Cierto, también aquí se da el separar y el unir... pero en las uniones
predomina la separación, en las relaciones se mantienene la yuxtaposición,
en las leyes se conserva el caso particular. En resumen, este mundo no es
cosmos; es distinción, es empiria». A. JOLLES, *Einfache Formen*, 115 s.
149.   Véase Prov 20, 17; 26, 15; 27, 15.
150.   J. HUIZINGA, *Homo ludens*, 171 s. Ver el antiquísimo enigma de
Sansón: «¿Qué más dulce que la miel? ¿qué más fuerte que el león?» (el amor),
Jue 14, 18.
151.   En relación con esto, B. GEMSER, *Sprüche Salomos* (HAT), 3, se-

Nubes y viento sin caer gota de agua,
es quien presume con regalos que no valen (Prov 25, 14).

Perro que vuelve a su vómito,
es el necio que insiste en sus sandeces (Prov 26, 11).

El oyente que piensa también con quien lo pronuncia, trata de adelantarlo para liberar su contenido del ropaje metafórico. Claro que en muchos casos las imágenes palidecieron convirtiéndose en simples metáforas. Por otra parte, hemos de tener muy en cuenta que el ingenio, la gracia de tantas imágenes de esta clase, ya no nos impresionan más. En tal sentido es casi excepción el proverbio siguiente: «chisporrotear de fuego bajo la caldera, tal es la risa del necio» (Qoh 7, 6) [152].

Pero estas imágenes comparativas poseen todavía otra peculiaridad, ¿cómo hay que entender la comparación de las nubes y el viento sin lluvia, con el hombre presuntuoso? ¿No es quizá necesario suponer algo más que una simple comparación ilustrativa, elegida casi al azar?; es decir, ¿no se quiere más bien comprobar un paralelismo entre fenómenos que se hallan en planos diferentes? Continuamente nos encontramos con esa mirada sobria de la sabiduría que registra el medio ambiente donde se mueve el hombre. Más adelante veremos con qué agudeza observaba también los fenómenos naturales.

El viento del mar trae lluvia,
lengua que murmura trae rostros irritados (Prov 25, 23).

ñala Prov 10, 13; 13, 19. Muy expresiva es la narración del concurso nocturno de adivinanzas entre los pajes de Darío (3 Esd 3). Un examen más cuidadoso de la literatura profética produciría mejores resultados, aunque en ella sólo Ez 17, 2 sea designado como enigma (חידה). Pero la fórmula «el agua de Siloé, que corre mansa» (Is 8, 5) ¿no es acaso un enigma?

152. «(Estos proverbios) con su lenguaje alusivo y rico en imágenes, capta la superficie visible de las cosas, la relaciona enseguida con algo parecido más profundo y llega así a profundidades del mundo, que no se dejan expresar» R. PETSCH, *l. c.*, 103 s.

Si se acaba la leña se apaga el fuego,
si no está el deslenguado, cesa la riña (Prov 26, 20).

El hierro afila el hierro,
el hombre afila a su prójimo (Prov 27, 17) [153].

Infierno y abismo son insaciables,
insaciables son los ojos del hombre (Prov 27, 20).

A quien toca la pez, se le pega la mano,
quien se junta con el cínico, aprende sus costumbres (Sir 13, 1).

Los ejemplos citados, que podríamos multiplicar fácilmente, señalan analogías entre la «naturaleza» y la vida del hombre. Por lo tanto, estas máximas intentan comparar dos esferas completamente diversas, donde suceden fenómenos análogos y, por consiguiente, coordinables. La inteligencia ordenadora se esfuerza por reunir los hechos iguales. Que el abismo es insaciable, lo volvemos a encontrar en el contexto naturalista de un proverbio numérico (Prov 30, 15 s.). Estos últimos no contienen enseñanzas morales, como antes se creía; constituyen los primeros intentos de ordenar fenómenos naturales enigmáticos [154]. Así por ejemplo, en Prov 30, 15 s., se habla de diversos fenómenos que se refieren a lo insaciable. En Prov 30, 24 s., de pequeños animales, particularmente «sabios». En el Prov numérico 30, 18-19 se reúnen cuatro fenómenos enigmáticos bajo el motivo «camino» (דרך). («El camino del águila por el cielo, el camino de la serpiente por la peña, el camino de la nave por el mar, el camino del varón por la doncella»). Son cosas que se encuentran en el límite de lo comprensible con la razón. Pero de algún modo hay que dominarlas conceptualmente, y ello se logra categorizando los enigmas. Si se reúne todo lo que es igual, ya se ha conseguido mucho, pues estos fenómenos pierden así el carácter de enigmas absolutos que poseían por separado.

---

153. Ver además, Prov 24, 13; 26, 11.
154. A. ALT, II, 90 s.

Eso es de hecho sabiduría: el deseo intenso de explicar y ordenar racionalmente el mundo en el que se encuentra el hombre; el deseo de conocer y fijar las leyes que rigen los sucesos de la vida humana y los fenómenos naturales. Por desgracia, poseemos pocos textos sobre el cambio que la «ilustración» salomónica preparó hacia la observación racional de la naturaleza, pero bastan para formarnos una idea de la gran revolución realizada en este aspecto, hasta el punto de coleccionar la realidad en listas científicas. También en Israel debieron existir «onomásticas», listas que coleccionaban todo el mundo sensible en largas series de sustantivos —desde el cielo y los fenómenos metereológicos, hasta los pueblos y animales en particular— pues algunos poemas siguen claramente tales listas, dependientes de las «onomásticas» egipcias que conocemos (Job 38 s.; Sal 148; Sir 43) [155]. Nadie debe maravillarse si junto a esta visión nueva se conservó —sobre todo en la poesía— la visión tradicional de mundo, e incluso mantuvo frente a ella una posición preponderante. Pero un pasaje del discurso de Job bastará para hacernos ver qué nuevas posibilidades se abrían al hablar de la creación.

> ¿No me vertiste como leche?
> ¿no me cuajaste como queso?
> ¿no me forraste de carne y piel?
> ¿no me tejiste de huesos y tendones? (Job 10, 10-11).

---

155. G. von Rad, Suppl. VT III (1955) 293 s. (*Ges. Studien*, 262 s.). En Sir 39, 26 se encuentran reunidos los «elementos» que el hombre necesita para su existencia biológica: agua, fuego, hierro, sal, trigo, leche, miel, vino, aceite, vestido. Sobre la ciencia egipcia de las listas, que fue determinante para Israel, véase A. H. Gardiner, *Ancient Egyptian Onomastica* (1947). Para la sumérico-babilónica, W. von Soden, *Leistung und Grenze sumerischer und babylonischer Listenwissenschaft, Die Welt als Geschichte* (1936) 41 s. «Contar, descontar, enumerar son los medios de orientar el pensamiento... la técnica pedagógica de clasificar, memorizar mostraba (en el medioevo) gran predilección por el proverbio numérico. Paulino de Pella enseñaba así los 10 signos de la ignorancia. El autor de un código de buena educación sabía que ya el sabio Tales había apuntado las siete *curialitates* y las siete *rusticitates* sobre el coloso de Roma» E. R. Curtius, *Europäische Literatur und lateinisches Mittelalter* (²1954) 499.

¡Qué realista y atenta, racional y científica es esta descripción del origen del hombre a partir del esperma líquido! En cambio, ¡qué patriarcales y sacras parecen las narraciones J y P del Génesis! Todo esto nos parece muy moderno, y lo era también entonces. Pero tampoco erramos al pensar que ese deseo de conocer racionalmente las cosas sólo prevaleció entre una minoría de sabios y gente culta. Se trata de una visión científica con base racional, pero es importante tener bien claro que Israel jamás conoció nuestro concepto «naturaleza», ni el griego «cosmos». Para Israel el mundo no era un orden estable y armónico, que abarcaba por igual todo lo existente, orgánico e inorgánico, ni formaba un todo tan perfecto, que cabía preguntarse por su principio (ἀρχή) último y determinante. Hemos de ser pues muy cautelosos en el uso del concepto «naturaleza», aunque a veces no se le pueda evitar (pero sobre todo, evítese la expresión ¡«salmos de la naturaleza»!).

Si el hebreo no poseía el concepto «naturaleza» (lo cual resulta para nosotros tan difícil de imaginar), el mundo se hallaba para él en la esfera de lo imponderable e incomensurable, y frente a él se encontraba más indefenso de lo que pensamos, por faltarle un grupo de conceptos manejables[156]. Todos conocen la torpeza del hebreo para formar conceptos abstractos. ¡Imaginemos un encuentro y un debate con el mundo sin la ayuda de nuestros comodísimos conceptos abstractos! Para Israel el «mundo» era más un acontecer que un ser. Y como no tenía la posibilidad de dominar racionalmente este acontecer mediante la reflexión sobre un principio fundamental, no tenía más remedio que recurrir al examen y clasificación de los fenómenos particulares para familiarizarse, en cuanto fuera posible, con el aspecto exterior de esa realidad. De todos modos, Israel no llegó jamás a imaginarse un cosmos regido por leyes fijas[157], pues este acontecer,

---

156. L. Köhler, *Der hebräische Mensch* (1953) 118.
157. Es típico de los griegos no considerar el mundo parcelado en pequeñas unidades, según los impulsos de un utilitarismo primitivo o de los movimientos impulsivos del instinto. Habían recibido el don maravilloso de verlo todo en su totalidad orgánica. Incluso en las cosas opuestas no sentían lo incompatible de la contradicción. En la contraposición veían, más bien, dos

en el cual se encontraba metido, le parecía demasiado misterioso y sujeto al dominio de Yahvéh. Exagerando un poco, el «mundo» era para Israel una actividad sustentadora de Yahvéh, y en ella lo extraordinario no era más admirable que el orden normal. Esto significa que lo que Israel llegó a deducir de su medio ambiente eran, en sustancia, leyes captadas por la fe. No se trata de un empirismo exacto, en caso de que exista. La obstinada premisa de que en las cosas debe haber un orden, esconde ya una fe que conoce el misterio de la «conservación y gobierno divino del universo». En estas máximas se expresa una humanidad consciente de los profundos lazos que unían su vida personal a los acontecimientos de su medio ambiente. Mientras el hombre moderno vive su vida muy independiente con relación al mundo y está determinado por el sentimiento de su diversidad y lejanía frente a él, el hebreo sentía una relación mucho más personal con el mundo. Sus leyes todavía le hablaban, estaban abiertas y se movían hacia él. Ese acontecer, en el cual se hallaba el hombre, guardaba una relación de correspondencia con él y su comportamiento; estaba dispuesto a bendecirlo y favorecerlo, pero también podía castigarlo.

> El que cava una fosa (para otros) caerá en ella,
> al que rueda una piedra le caerá encima (Prov 26, 27).

El pensamiento moderno no conoce semejantes relaciones entre lo ético-religioso y los sucesos exteriores del mundo material; sin embargo los antiguos estaban convencidos de ello y consideraban sabio el ordenar la vida a conocer tales relaciones.

---

polos complementarios que encerraban una totalidad. La división les mostraba la unidad del mundo. Y su capacidad de formar un todo era tan grande, que la unidad más hermosa les parecía la construida sobre fuerzas opuestas, tanto en la arquitectura, como en la escultura o en la poesía. «Armonía» es el nombre maravilloso de esa estructura trabada por fuerzas contrarias —una palabra que, por desgracia, se ha debilitado de tal manera con el uso cotidiano, que normalmente sólo se entiende con ella un pálido equilibrio y casi nadie piensa en las tensiones que esconde, ni en el esfuerzo que exige. W. SCHADEWALDT, *Sophokles und das Leid:* Postdamer Vorträge IV (1947) 30.

Si se quiere tratar de la sabiduría de Israel, lo único sensato es tomar el concepto tan amplio como era de hecho. Para Israel el pensamiento sapiencial era algo común al hombre. La sabiduría se interesaba de la vida entera y actuaba en todas sus manifestaciones. Fue fatal que en el pasado se considerase la sabiduría del Antiguo Testamento como el producto de una escuela exclusivamente teológica [158].

Sabiduría era saber que en el profundo de las cosas rige un orden, el cual de una manera silenciosa y casi imperceptible tiende a conseguir un equilibrio. Ese orden hay que respetarlo en cualquier circunstancia; pero es secreto y el hombre no puede manipularlo [159]. Es necesario, pues, saber esperar a que se produzca el equilibrio y ser capaz de percibirlo. Una tal sabiduría tiene algo de humilde; crece atendiendo a la realidad concreta y sobre todo a las limitaciones del hombre. Siempre prefiere los hechos a la teoría. Ser sabio es precisamente «no tenerse por sabio» (Prov 3, 7). Lo contrario es la característica del necio, que no mantiene un espíritu abierto y se ʼfía de sí mismo (Prov 26, 12; 28, 26). Necedad es el desprecio, el desconocimiento o la trasgresión de las reglas a las que se somete el sabio. El necio no conoce el peligro de la lengua (Prov 10, 14; 18, 2. 6; 29, 20), y mucho menos las consecuencias de una conducta imprudente y desenfrenada (Prov 12, 16; 14, 17. 29; 29, 11). La palabra «necedad» no significa pues un defecto intelectual concreto; se aplica mucho más al comportamiento que a la inteligencia. Necedad es un desorden en el centro vital del hombre que, en consecuencia, produce una pérdida de la verdad. Desconocer las leyes necesarias al hombre provoca sobre todo imprudencia y petulancia [160].

---

158. Por eso, no debemos extrañarnos si incluso en la literatura porfética se han encontrado múltiples resonancias del pensamiento y estilo sapienciales. J. FICHTNER, *Jesaja unter den Weisen:* ThLZ (1949) 75 s. J. LINDBLOM, *Wisdom in the OT Prophets:* Suppl. VT III, 192 s.
159. Sobre la imposibilidad de manipular este orden, ver H. GESE, *l. c.,* 17 s., 38 s.
160. W. GASPARI, *Ueber den biblischen Begriff der Torheit:* NKZ (1928) 668 s.

Hasta ahora hemos tratado del problema fundamental de cómo hay que entender las sentencias sapienciales, es decir, el tema general sobre las características propias de esta actividad del espíritu y el objeto al que se refiere. Para ello no era indispensable distinguir entre el proverbio propiamente dicho y el proverbio culto, ni preguntarse por la situación vital (*Sitz im Leben*) de este último, pues también él sirve para proteger la vida y es útil en el intento de estructurarla a partir de determinadas leyes y hechos. Sólo había cambiado un poco el ambiente, donde el hombre recibía el encargo de dominar la vida. Como sucedió en otros países y sobre todo en Egipto, también en Israel la sabiduría encontró un terreno propicio en la corte. Según parece, la joven corte jerosolimitana participó muy pronto en la competición e intercambio cultural de antiguo oriente, pues se consideraba la sabiduría un bien cultural, cuya conservación y fomento estaban confiados especialmente a los reyes. Era de hecho algo internacional e interreligioso. También Israel la comprendió así, pues compara con la mayor naturalidad la sabiduría de Salomón con la de otros pueblos (1 Re 5, 10-11) (¡Dónde si no hubiera podido comparar su tesoro de verdad con el de otros pueblos!). por tres canales confluyó a Israel la cultura sapiencial extranjera: por el sudeste, de los edomitas y árabes primitivos; por Babilonia, y sobre todo por Egipto [161].

Es sobre todo en la literatura sapiencial de Egipto donde podemos ver el importante papel que la sabiduría desempeñaba en la formación de los futuros funcionarios. Todos los grandes libros sapienciales han sido estilizados en forma de enseñanzas de un maestro a sus discípulos, a veces del rey a su hijo y sucesor. En consecuencia, las enseñanzas que siguen son casi exclusivamente amonestaciones, y hablan con preferencia del comportamiento de un funcionario con su superior o inferior, previenen contra la

---

161. Sobre esta sabiduría edomítica se habla en Jer 49, 7; Abd 8; 1 Re 5, 10. Sobre la babilónica en Jer 50, 35; 51, 57. De la egipcia en 1 Re 5, 10. La perícopa Prov 22, 17 - 23, 11 está tomada, con pequeños retoques, del libro de la sabiduría egipcia de Amenemope. Más detalles en B. Gemser, *o. c.*

inmoderación en el placer y tratan de educar al joven en el dominio de sí mismo y, sobre todo, en el uso inteligente de la palabra. Aquí salta en seguida a la vista la diferencia entre la sabiduría israelita y la egipcia: la primera es mucho menos clasista y no está orientada sólo al mundo de los funcionarios [162]. La diferencia se extiende incluso a la estructura íntima de la sabiduría israelita, pues mientras la egipcia, debido a su finalidad didáctica, se presenta casi exclusivamente en forma de amonestaciones, en la israelita predomina la sentencia indicativa y afirmativa, es decir, la forma genuina del auténtico proverbio. De hecho, una mirada rápida al libro de los Proverbios muestra ya que han sido recogidos gran cantidad de proverbios populares, y esto significa que en él lo humano, con sus experiencias elementales, ocupa un puesto central —más allá de todos los límites de clase—. Con todo las colecciones de proverbios más antiguas (Prov 10-29) —donde se entremezclan proverbios sobre el rey y sobre el modo de comportarse en la corte, etc.—, fueron redactadas en la corte de Jerusalén [163]. Así es fácil suponer que también ellas, —como sucedía normalmente en Egipto—, sirvieran para la educación y enseñanza de los funcionarios.

En Israel se cuidó igualmente la educación de los jóvenes de buena posición. Las cualidades que el cortesano alaba en el joven David dan una imagen de las cualidades que uno presuponía —al menos el narrador— en un joven bien educado (1 Sam 16, 18-19). Debía ser de buena figura, ducho en el manejo de las armas, virtuoso del arpa y brillante orador (נבון דבר). No era, pues, tan fácil ser aceptado en la corte al servicio inmediato del rey. Sólo los especialmente dotados eran elegidos (Prov 22, 29), pues, desde Salomón, también el estado israelita se había complicado mucho y el funcionario del servicio diplomático tenía que saber muchas cosas: dominar las lenguas de pueblos extraños, y ante

---

162. Israel no desarrolló ninguna moral profesional del cortesano, del ciudadano u otra categoría social. J. HEMPEL, *Das Ethos des AT* (1938) 133.
163. Proverbios puramente cortesanos son: Prov 14, 28. 35; 16, 12; 19, 12; 20, 2. 8. 26. 28; 21, 1; 23, 1-3; 24, 21; 25, 3; 29, 4. 12. 14. 26.

todo ser perito en su especialidad; dicho con palabras de entonces, debía ser capaz de dar un consejo al rey (Prov 15, 22; 20, 8; Tob 4, 18). Como la «palabra» para los profetas y el «oráculo» para los sacerdotes, así el «consejo» era para el sabio la forma peculiar de su lenguaje profesional (Jer 18, 18). Esta función de consejero se ejercitaba siempre en los asuntos políticos, y es en este campo donde debía acreditarse todo oficial de la corte. Para dar un consejo no bastaba ser perito en la materia, debía saber hablar de ella y presentarla de modo convincente en un discurso bien elaborado. El arte de dominar una situación con lenguaje brillante era la cualidad preeminente en la educación egipcia, la meta principal de la formación escolar [164]. Si damos una mirada al gran número de sentencias que en el libro de los Proverbios tratan del justo hablar y del oportuno silencio, apreciaremos con cuánta docilidad se incorporó Israel a esa elevada cultura retórica del antiguo oriente. Difícil hallar otra cultura donde haya sido más apreciado el cultivo de la palabra justa en el momento oportuno, el arte de las «palabras suaves» (אמרי נעם, Prov 16, 24). En los libros históricos del Antiguo Testamento tenemos varios ejemplos (Gén 24, 34 s.; 44, 18 s.; 2 Sam 14, 5-6), pero a todos aventaja el brillante duelo retórico en el consejo real de Absalón. Aquí se puede ver qué significa aconsejar en un asunto de alta política (2 Sam 17, 1 s.).

Por lo tanto, también Israel conoció en sus clases superiores un ideal de formación, ya que esta sabiduría, bastante exclusivista en su origen, se interesaba por la totalidad del hombre, por su formación integral. Parte de una imagen del hombre bien determinada y conocida ya en la antigua sabiduría egipcia [165]:

---

164. Véanse entre otros, Prov 23, 9; 25, 9. 11. 15; 26, 4 s.; 27, 11; 29, 20·
165. H. BRUNNER, *Aegyptologie*, en *Handb. d. Orientalistik* (1952) 96. La palabra hebrea que de algún modo corresponde a lo que nosotros entendemos por «formación» es מוסר. Su significado fundamental es «corrección» y en ese sentido la encontramos en el libro de los Proverbios (Prov 13, 24; 22, 15; 23, 13). En sentido figurado se usa también para significar «disciplina», «enseñanza». Aquí la palabra ya no significa la corrección, sino su efecto (Jer 5, 3; 7, 28; 17, 23; 32, 33; 35, 13). En algunos proverbios, se ha alejado aún más de este significado original, pues pierde por completo el trasfondo de

el hombre que observa el silencio justo. Su modelo es el «hombre de sangre fría» (קר רוּח, Prov 17, 27), que a diferencia del «colérico» (אִישׁ חמה, Prov 15, 18; 22, 24) domina sus afectos e impulsos; el «corazón bondadoso» (לב מרפא, Prov 14, 30; cf. 15, 4), el «paciente» (Prov 14, 29), que en oposición al «impulsivo» (קצר רוּח, Prov 14, 29) no deja a sus movimientos desordenados las riendas de su conducta. Rasgos importantes de este ideal de formación tienen mucha afinidad con los principios griegos, sobre todo con la exigencia fundamental de la moderación, de la σωφροσύνη y la φρόνησις, «la justa apreciación de lo oportuno» (Dornseiff), que ya fueron decisivas en la arcaica ética de la nobleza (Píndaro) [166]. Pero también se parece a la figura del *maze* medieval. La historia de José, claramente sapiencial, nos muestra esta imagen del hombre con una perfección admirable. De escena en escena nos va mostrando la imagen de un joven, que mediante su disciplina, sencillez, conciencia, dominio de sí mismo y temor de Dios (Gén 42, 18) ha logrado dar a todo su ser una forma noble, y permanece siempre el mismo en la pobreza y en la gloria. Ante el faraón se acredita como consejero inteligente; ante sus hermanos, es el que acalla sus afectos naturales, y finalmente, el que «disimula las ofensas con amor» (Prov 10, 12).

Con esta tarea de formación, la sabiduría se ponía una nueva meta. Es claro que ha cambiado respecto a la sabiduría elemental del proverbio popular, de la que antes hablamos. En su nueva forma aristocrática se presenta como lo que siempre ha sido: un intento de salvaguardar la vida y dominarla basándose en una extensa gama de experiencias. Pero, por una parte, el espacio

---

castigo y de dolor. Se «escucha» la מוּסר (corrección) (Prov 19, 27), se «la rechaza» (Prov 13, 18; 15, 32). En Prov 23, 23 מוּסר (corrección) es sinónimo de בִּינה (prudencia) y de חכמה (sabiduría). En 19, 20 de עֵצָה (consejo); en Prov 10, 17; 12, 1; 13, 18; 15, 5. 32 está en paralelismo con תּוֹכחת, que se traduce mejor por «aviso» que por «reprensión». Así se puede comparar con el uso de la palabra griega παιδεια; Esquilo todavía la utilizaba para indicar el castigo de los niños, para los sofistas se ha convertido en la esencia de la formación corporal e intelectual. W. JAEGER, *Paideia*, I, 364.
166. E. SCHWARTZ, *Die Ethik der Griechen* (1951) 52 s., 230.

vital de esta sabiduría es más limitado; es el mundo seguro de un estamento elevado de la sociedad, con sus problemas peculiares (conservación de la propiedad, matrimonio y posición social); y, por otra, ha cambiado su finalidad. No trata ya de escudriñar las leyes más elementales, en que se mueve la existencia humana; ahora se orienta al problema de la formación humana y por consiguiente se vuelve didáctica, en un sentido más inmediato. Para comprender la sabiduría veterotestamentaria, es necesario distinguir entre la sabiduría que busca leyes elementales de la existencia y la sabiduría didáctica. Cierto, resulta difícil precisar en cada caso hacia cuál de ellas se inclina más un proverbio determinado. Las dificultades aumentan, porque la redacción de los proverbios en colecciones particulares tuvo desde el principio una preocupación didáctica. Con esta finalidad se utilizó un gran número de proverbios populares, aunque en este caso hemos de tener presente que se trata de un uso particular y secundario de los mismos. Pero fue precisamente así como se amplió tanto la base de esta formación humana. Lo propio de las clases cede el puesto a lo humano en general.

Es imposible nombrar aquí todos los campos de la convivencia social a los que se refieren estas instrucciones. La formación del hombre comienza con su buen comportamiento en las comidas, y por eso los maestros de la sabiduría no se avergüenzan de dar reglas de educación para la mesa (Prov 23, 1; Sir 31, 12 s.): acaba allí donde el hombre topa en su actividad y en la espansión de su naturaleza con límites misteriosos que Dios le ha puesto. Fijar estos límites era —como veremos más adelante— una de las tareas más delicadas de la pedagogía sapiencial. Con todo sería completamente erróneo suponer que los maestros de la sabiduría comenzaron desde lo exterior al hombre para conducirlo paso a paso hacia Dios, es decir, hacia la fe y la revelación. Lo correcto es lo contrario: su punto de partida era el conocimiento de Dios, de su revelación y mandamientos. El temor del Señor, es decir, el acatamiento de su voluntad, es el comienzo de la sabiduría (Prov 1, 7; 9, 10; 15, 33; Sal 111, 10). El discípulo era miembro de la comunidad cultual, su vida estaba ligada a muchas exigencias del culto y, con motivo de las grandes peregrinaciones, escuchaba la voz imperante o consoladora de Dios; pues bien, en el ámbito del culto, es donde los maestros de la sabiduría no eran competentes para regular la vida de sus discípulos.

Pero todavía quedaba un amplio sector vacío, donde no vigían las leyes del culto y donde ni los preceptos apodícticos, en su cualidad de prescripciones negativas de tipo confesional, ni menos aún el derecho condicional podían dar alguna indicación al hombre, porque ningún mandamiento absoluto le podía ser útil (a no ser una casuística legal de carácter terrificante); y sin embargo en esa zona había que tomar diariamente muchas decisiones. Es la zona de lo cotidiano en la que normalmente no se trata de asesinato, adulterio o robo, pero está llena de problemas de otra índole. Nacían ya del trato más simple con otros hombres, necios o inteligentes, extraños o importunos, y sobre todo con mujeres. Pero también había que aprender a usar el dinero, a tratar su cuerpo y —de nuevo lo más difícil— la propia lengua, que tiene poder de vida y muerte (Prov 18, 21). ¡Cuántos problemas como éstos se plantean en un solo día y cuántas decisiones debe tomar quien no está dispuesto a ceder fácilmente! Aquí el maestro de la sabiduría intenta ayudar al joven a conservar intacto su vigor y sus bienes de fortuna y a salgavuardar su humanidad. No podía ayudarle con mandamientos divinos; no tenía autorización para ello, porque sus instrucciones provenían esencialmente de la experiencia. Sólo podía socorrerlo con «consejos» (עֵצָה). Un consejo de esta clase no impone obediencia, sino que pide ser experimentado; se dirige al juicio del oyente, a quien trata de convencer; quiere facilitar la decisión [167]. Este intento de formación humana a partir de la fe, el culto y el conocimiento de los mandamientos, está en fuerte contradicción con ciertos proyectos modernos de pedagogía, pues le falta cualquier *pathos* de liberación. Le caracteriza más bien la ausencia de cualquier doctrinarismo o rigidez y una asombrosa capacidad de

---

167. W. Zimmerli, *l. c.*, 182 s.

adaptarse sin ilusiones a la realidad. En su circunspección frente a lo posible, tiene algo de típicamente realista, a veces de oportunista.

Una vez trazada la posición de la sabiduría con relación al culto y a la revelación, podemos finalmente preguntarnos cuál era su importancia teológica. Sería fácil responder a esta pregunta, si ciertos juicios tradicionales no siguieran aún arraigados en la investigación actual y no enturbiaran nuestra vista. De hecho, se ha planteado a la sabiduría de una forma demasiado rápida y directa el problema de su contenido teológico. Partiendo de los libros históricos, de los mandamientos, de los profetas y salmos, se preguntaba por la sustancia teológica de la sabiduría. Y como resultaba que la base teológica de sus afirmaciones era incomparablemente más pequeña, su temática teológica mucho más monótona, y como a diferencia de los antiguos mandamientos, el hombre se encontraba ahora en el centro con sus problemas, parecía clara la conclusión: en la sabiduría habla una fe muy secularizada y emancipada; es en cierto modo un fenómeno marginal, producto de la decadencia teológica de Israel. Esta fe optimista y racional pudo mantenerse por algún tiempo, pero la irrupción del escepticismo e incluso de la duda en esta fe vacía, era sólo cuestión de tiempo. Fue así como se falsificó por completo la esencia de la sabiduría.

No se le puede exigir una explicación del contenido central de la fe y del culto israelita, pues tratarlo y comentarlo estaba fuera de su competencia. La función que intentaba desempeñar en la vida de Israel era relativamente limitada; sólo le interesaba fijar y examinar las leyes internas y externas que soportan la vida del hombre y hay que tener en cuenta. Por lo tanto, si en este campo suyo la sabiduría ha hecho pocas afirmaciones teológicas, y no se ha limitado a deducir sus advertencias y consejos de la «ley» existente ¿no será más bien signo de una fe más comprometida y segura de sí?[168]. De esta limitada enseñanza teológica

---

168. Los conceptos *tora*, *miswa* y *dabar* se encuentran ocasionalmente, «pero se puede decir con toda seguridad que estos términos no se emplean

de la sabiduría, se puede por lo tanto deducir una relación positiva con el mundo del culto [169]. Los problemas de fe están más bien fuera de su perspectiva. La sabiduría trabaja con el entendimiento, en su forma más sencilla, como sentido común; es éste y no la fe el que debe comprobar y admitir que el orgullo está fuera de lugar, que verdura con amor es mejor que carne de buey con odio, que pan robado se vuelve amargo en la boca, etc.

Los sabios no clasificaron las constantes que pudieron comprobar, según los diversos campos de la vida (experiencias en el ámbito de la «naturaleza», la vida pública, la política, la educación, etc.); es más, ni siquiera distinguen entre el bien útil y el bien moral. Esto se explica por la profunda convicción de toda la antigüedad de que lo bueno es también lo útil. «El que siembra maldad, cosecha desgracia» (Prov 22, 8). «Quien camina honradamente, camina seguro; el tortuoso queda descubierto» (Prov 10, 9). Para comprender esta convicción hemos de tener presente la situación del individuo en la sociedad, una situación muy diversa de la actual. El que se portaba bien y era bueno, no lo era sólo para sí y su vida privada, sino también para otros, para su comunidad. Honradez, dominio de sí mismo, paciencia eran factores constructivos de la comunidad y llevaban por sí solos consideración y estima. Pero este convencimiento de que lo bueno era lo útil tenía para los antiguos raíces más profundas, pues creían que el hombre era, en un sentido muy radical, prisionero de sus actos. Cada acción buena o mala lo introduce en un proceso fatal. El bien y el mal deben consumarse en quien los causó, pues el asunto no termina con el simple acto; éste tiene algo de irradiante, pone en movimiento un proceso hacia el bien o hacia el mal, proceso en el que se halla sumamente interesada la comunidad del responsable.

---

en el libro de los Proverbios en sentido legal (ley, mandamientos), sino más bien en sentido sapiencial (instrucción, consejos)». FICHTNER, *Die altorientalische Weisheit in ihrer israelitisch-jüdischen Ausprägung* (1933) 83.

169.   En Qohelet se puede ver lo que es una sabiduría que ha tomado como objeto de investigación el tema de la salvación.

La literatura sapiencial llama «justo» al hombre, que ordena su vida con rectitud, contribuye al bien de la sociedad y respeta los derechos de los demás (y, naturalmente, los de Dios). Sobre todo la colección de Prov 10 s. no se cansa de ensalzar esta justicia como un factor constructivo y una garantía para la vida [170]. No conviene, en todo caso, hablar de «retribución», si con ella se entiende un acto forense, impuesto al hombre desde fuera. De hecho, estas máximas no hablan nunca de una norma divina, a cuya transgresión seguiría el «castigo»; en vano se buscará en ellos una mentalidad teológico-jurídica [171]. Todavía hay más: las frecuentísimas comprobaciones del nexo entre el acto bueno y la salvación por un lado, y las advertencias frente a la conexión entre el acto malo y la desgracia, por el otro, están de hecho fuera del terreno teológico. Forman parte de aquella búsqueda y fijación de leyes y constantes naturales, que se propuso la sabiduría y que hemos de considerar, ante todo, como un asunto puramente profano. El *pathos* continuo de estos proverbios es: recuerda estas constantes del bien y del mal; no seas «necio», despreciando estas leyes; conforma a ellas tu vida; mucho depende de ti tanto para el bien como para el mal. Si no quieres dejarte arrastrar por las circunstancias, necesitas una «inteligencia ética» en las decisiones que habrás de tomar necesariamente [172]. Todo ello se expone con gran amplitud y también con mucha precisión en Prov 16, 17: «calzada llana es apartarse del mal, quien vigila su camino guarda su vida».

Si, como acabamos de decir, esta búsqueda de constates era en realidad un asunto del todo profano, tampoco se puede negar que tras ellas Israel veía inmediatamente al mismo Yahvéh. En

---

170. Prov 10, 2. 3. 6. 7. 11. 20. 21. 24. 25. 28. 30. 31. 32 etc. Es evidente que aquí no aparece todavía el concepto teológico posterior del «justo», el cual relaciona al hombre únicamente con Yahvéh y sus mandamientos. La justicia en los proverbios más antiguos es, sobre todo, un acreditarse en el ámbito cívico y social. Justo equivale aquí a leal. (Véase Prov 17, 15; 18, 5; 25, 5 y algunos más) .
171. K. Koch, *Gibt es ein Vergeltunsdogma im Altem Testament?:* ZThK (1955) 2 s.
172. E. Schwartz, *l. c.,* 57.

este sentido las sentencias más profanas de la literatura sapiencial tienen un trasfondo teológico (pero no debemos confundirlo con las revelaciones de la ley divina en la historia de la salvación). Su carácter teológico es más evidente cuando en su contenido aluden o se refieren de algún modo a Yahvéh, a su actividad y a su beneplácito o desagrado. De hecho es muy significativo el modo como hablan de Dios, lo hagan teológicamente o no. El estudio de estas declaraciones puede servir, al mismo tiempo, para probar si es exacto cuanto dijimos más arriba sobre su situación respecto al mundo del culto y lo sacro [173].

En primer lugar habría que mencionar una serie de proverbios donde se designa a Dios como el que pesa y escruta los corazones. La expresión procede evidentemente de una concepción egipcia, pero ¡con cuánta mayor razón podía repetirla la religión yahvista! [174]. Este concepto pone además en evidencia que en la literatura sapiencial no habla una humanidad, que se siente sola en sus decisiones; al contrario, es consciente de hallarse expuesta a un continuo juicio divino. Otra serie de máximas nos hacen dar un paso más en esta misma dirección; son los proverbios que hablan del desagrado (o complacencia) divina en ciertas prácticas y comportamientos humanos [175]. Cierto, no todas las decisiones que los maestros de la sabiduría querían facilitar a sus discípulos, eran decisiones de fe; pues responder o no al necio, salir o no fiador por otro (Prov 11, 15; 22, 26) y otros muchos asuntos, pertenecían al ámbito de lo indiferente. Pero no es de

---

173. Las colecciones revelan ciertas diferencias de tonalidad teológica (incluso si exceptuamos Prov 1-9). La colección de los capítulos 25-29 pasa por la más antigua; es también la «más profana». Comparada con ella, la colección de los capítulos 10 - 22, 16 habla mucho más sobre Yahvéh, su voluntad y gobierno. Alguien vio aquí el comienzo de la creciente elaboración teológica de la sabiduría y la consideró la más reciente de las colecciones. Pero la diferencia podría provenir de su origen y finalidad peculiares, que desconocemos. Por eso, conviene evitar una reconstrucción demasiado lineal de esta evolución.

174. Prov 16, 2; 17, 3; 21, 2; 24, 12 (15, 3. 11). El concepto se remonta a la idea egipcia del juicio de los muertos, en el cual se pesaba con una balanza el corazón del difunto frente al dios Tot. Una reproducción en Gressmann, AOB, figura 203.

175. Prov 11, 1. 20; 15, 8. 9. 26; 16, 5. 7; 17, 15; 20, 10. 23; 21, 3; 22, 11.

extrañar que la mayoría de los proverbios traten de una manera
u otra de la voluntad divina. Su mérito consiste en haberla reconocido y aplicado a una situación concreta, que por lo general
tenía un valor ejemplar. Allí donde se habla directamente de
Yahvéh y su parecer («es abominación para Yahvéh, si...»),
la sentencia cobra una mayor inmediatez teológica, pero aquellas
máximas que no traen el nombre divino no se distinguen, en el
fondo, de las otras. Los proverbios sobre el testimonio en los juicios (Prov 14, 25; 19, 5), el favorecimiento del culpable (Prov
18, 5), desplazamiento de linderas (Prov 22, 28), etc., no hablan
de Dios, y sin embargo están muy próximos a algunos preceptos directos de Yahvéh (Ex 20, 16; 23, 1 s.; Dt 19, 14) [176]. Si antes
considerábamos el «evitar el mal» —¡en el sentido más amplio
de la palabra!— como la tarea principal de la vida (Prov 16, 17),
ahora hemos de completarla con esta frase: «el temor de Dios
aparta el mal» (Prov 16, 6), es decir, la observancia de sus mandamientos.

Una tercera serie de proverbios es, sin duda, la más instructiva desde el punto de vista teológico; trata de las limitaciones
de las posibilidades humanas por parte de Dios y su libre proceder. Así dice, por ejemplo, un proverbio que el hombre puede
reflexionar mucho y su terreno indiscutible son los «preparativos del corazón» (מערכי לב), pero la respuesta (acertada) viene
del Señor (Prov 16, 1), es decir, que del pensamiento a la palabra
pueden suceder muchas cosas. El hombre puede hacer muchos
proyectos, pero en su formulación entra lo imprevisto y si uno
acierta a pronunciar la palabra justa es don de Yahvéh. Un
contraste muy parecido se halla en Prov 19, 14: «casa y hacienda,
herencia de los padres; mujer sensata la concede el Señor». La
herencia, los bienes e incluso una buena fama son, en cierto modo,
valores que pueden entrar en los cálculos humanos, como fenómenos constantes de la existencia. Pero en la elección de la com-
pañera de la vida, todo es posible e incierto. La opinión de estas
máximas no es en absoluto que los valores concretos, como la

---

176. Una exposición detallada de estas máximas en FICHTNER, *l. c.*, 24 s.

propiedad y los proyectos del corazón humano, se realizan sin la menor colaboración de Yahvéh; es el entendimiento que al examinar detenidamente el curso de los acontecimientos tropieza sin cesar con un sector donde la incertidumbre es mayor, con algo imprevisible, y ahí la actividad divina le aparece mucho más sensible.

El hombre planea su camino,
el Señor dirige sus pasos (Prov 16, 9).

El hombre medita muchos planes,
pero se cumple el designio de Dios (Prov 19, 21).

Al hombre le parece siempre recto su camino,
pero es Dios quien pesa los corazones (Prov 21, 2; 16, 2).

El Señor dirige los pasos del hombre;
¿cómo puede el hombre entender su camino? (Prov 20, 24).

No hay sabiduría ni inteligencia
ni consejo frente al Señor.
Se prepara el caballo para el día del combate,
pero es el Señor quien da la victoria (Prov 21, 30 s.) [177].

Estas cinco máximas coinciden en hablar, en términos radicales y complexivos, de los límites impuestos a la actividad y al arbitrio humanos. Sin embargo no tratan del archiconocido tema de las exiguas fuerzas y fragilidad del hombre; con otras palabras: están muy lejos de considerar trágica la existencia humana. Se trata más bien de los límites a la actividad humana, impuestos por la acción soberana de Dios. No; no se puede sacar una teología de estos proverbios. Quien lo intentara no hallaría sino las frecuentes alusiones a esa misteriosa *némesis* (retribución), patente en muchos acontecimientos, pero que fue llamada torpemente «dogma de la retribución» (¡como si los maestros de la sabiduría se hubieran preocupado de «dogmas»!). Más bien

---

177.   Véase además Prov 16, 33; 21, 1; 25, 2; 29, 26.

debería maravillarnos lo poco que dicen sobre Yahvéh. En efecto si los maestros de la sabiduría, cuando enseñan cómo dominar la vida, opinan que el hombre hará bien en contar con Dios, como una constante limitación y una realidad imprevisible, esto no era la consecuencia de un vacío teológico o de la pérdida de contenido, pues en el ámbito racional y empírico, encomendado a la sabiduría, Yahvéh sólo podía ser comprendido como una limitación. ¿Qué más podían hacer en el plano teológico sino implantar continuamente esos oscuros signos al límite de sus fronteras?

Este último grupo de proverbios es muy instructivo para comprender las intenciones y convicciones de esos maestros. Tienen plena conciencia de que el ámbito, que el hombre puede abarcar con su razón y llenar con su ser, es realmente pequeño. Donde quiera se vuelve y cuando menos lo piensa, se encuentra de nuevo frente a ese factor incalculable de la actividad divina. Es impresionante ver cómo un arte tan vital de dominar la vida sabe detenerse ante esa frontera; más aún, es capaz de aniquilarse así misma en este límite, como lo demuestra magistralmente el último proverbio citado (Prov 21, 30). En él se unen ambos elementos: aquella seguridad viril de dominar las circunstancias de la vida y la conciencia de sus límites, la disponibilidad a fracasar frente a Dios con toda la sabiduría. Nada sería más falso que, impresionados por esos proverbios, atribuyéramos a la literatura sapiencial una actitud resignada o trágica frente a la vida. Más exacto es lo contrario, pues todas las enseñanzas y experiencias que los sabios proponen a sus discípulos, han de servir en último término a robustecer su confianza en Yahvéh (Prov 22, 19)[178]. La historia de José nos muestra cómo hemos de concebir la existencia humana, según la imaginaban los sabios de Israel. En efecto, es pura sabiduría veterotestamentaria lo que expresa la frase final, donde se hace el balance de todo el relato; la existencia humana se halla

---

178. Prov 22, 17-21 tiene gran importancia teológica, pues en este prefacio programático del grupo de proverbios tomados de Amenemope, encontramos una enmienda hecha por los sabios israelitas.

enteramente bajo el dominio soberano de Dios (Gén 50, 20)[179].
Pero esta comprobación no frena la sabiduría en su intento de
dominar la vida; al contrario, se atreve a conferir a la existencia
del individuo un aspecto noble, en un ámbito tan oscuramente
dominado por el Señor.

Cuanto hemos dicho perfila en cierto modo el fenómeno de
la antigua sabiduría. En una época difícil de precisar se llevó a
término una importante elaboración teológica. La sabiduría se
convirtió en portadora de los principales contenidos de fe y abordó el medio ambiente del hombre con todo el peso de la problemática salvífica; se preguntó por el sentido de la creación (Job 28;
Prov 8, 22 s.), y, alejándose de su origen, llegó incluso a ser la
forma por antonomasia de toda la reflexión teológica posterior
de Israel.

6. La sabiduría teológica de Israel [180]

La sabiduría —digamos «humana»— de Israel es un fenómeno tan original y convincente en sí mismo, que fue necesario re-
construirlo en su propia peculiaridad. Pero con ello no expusimos todo lo que Israel entendió por sabiduría. Más tarde, en la
época posexílica, se observa una importante transformación de
este concepto. Desde entonces se la concibe como un llamamiento de Dios al hombre, o sea, como la mediadora de la revelación
divina; se convierte en la gran educadora de los pueblos y de Israel en particular; se la llega incluso a considerar el principio
divino dado al mundo en la creación. De este modo todo el quehacer teológico del judaísmo tardío tiene un carácter más o menos
sapiencial; en cualquier caso, encuentra en el concepto supremo

---

179.   G. von Rad, *Josephsgeschichte und ältere Chokma:* Suppl. VT I
(1953) 120 (*Ges. Studien*, 272).

180.   C. Rylaarsdam, *Revelation in Jewish Wisdom Literature* (1951);
H. Ringgren, *Word and Wisdom.* Studies in Hypostatization of Divine Qua-
lities and Functions in the Ancient Near East (1947); L. Jansen, *Die spätjüd.
Psalmendichtung, ihr Entstehungskreis und ihr Sitz im Leben* (1937).

de la sabiduría una unidad y un elemento coordinador, como Israel no había poseído hasta ese momento. Podemos pues afirmar que la sabiduría teológica penetra por derecho propio y colma el espacio que la antigua sabiduría humana y empírica había excluido con una clara conciencia de sus propios límites. No es difícil comprobar la realización efectiva de este cambio extraordinario; pero palpamos en la oscuridad cuando intentamos descifrar el proceso de semejante transformación, sus motivos, época y protagonistas. No podemos colmar el gran abismo que separa Prov 10-29 de Prov 1-9. Pero, ¿quién dice que sólo podemos comprender ese cambio como un desarrollo teológico lineal? Muchos indicios nos inclinan a pensar que se trata de concepciones independientes entre sí, las cuales se fusionaron en una época relativamente tardía [181].

La fe yahvista estaba convencida desde el principio que sólo en Dios se encuentra la sabiduría perfecta [182]. Fue precisamente en la infinitud del saber divino donde apareció la locura humana, cuando quiso ser igual a Dios (Gén 3; Ez 28, 1 s.) y «acaparar» una parte de la sabiduría (Job 15, 8). Lo mismo se ve en la idea de que Yahvéh —cuando y donde creía oportuno— podía conceder a hombres elegidos una participación de su ciencia sobrehumana. En este sentido el Antiguo Testamento concibió ya la sabiduría como un carisma divino, que inspiraba de vez en cuando a ciertos hombres, como Salomón, con «una sabiduría divina» (חכמת אלהים 1 Re 3, 28; 5, 9). Aunque la historia de José no le atribuye expresamente este don, es indudable que deriva su capacidad de interpretar los sueños del carisma especial de la sabiduría; con ella pudo interpretar sueños insolubles para los sabios de Egipto (Gén 41, 16. 38). En una esfera completamente distinta, como es la del arte, actuó «el espíritu de la sabiduría» con el que

---

181. A pesar de todo, resulta fácil relacionar esta transformación decisiva con los cambios internos que trajo consigo la época posexílica: P. VAN IMSCHOOT, *Sagesse et ésprit dans l'Ancien Testament:* RB (1938) 28 s.

182. Los textos que hablan explícitamente de la sabiduría de Yahvéh, aparecen en una época bastante tardía. Is 28, 29; 31, 2; Sal 147, 5; Prov 3, 19 s.; Job 9, 4; 12, 13.

llenó Yahvéh a los constructores del tabernáculo (Ex 28, 3; 31, 3: P). El mismo espíritu capacitó a Josué para ser caudillo de Israel (Dt 34, 9).

Esta idea de una concesión extraordinaria de ese carisma en cada caso particular, no parece, en principio, incompatible con las ideas y presupuestos de la sabiduría antigua. Así, por ejemplo, en 1 Re 5, 9 —un texto quizá no muy antiguo, pero ciertamente predeuteronomista— se dice ya que Dios concedió al rey Salomón una gran sabiduría; y el narrador piensa no sólo en la sabiduría de sus proverbios, sino también en su conocimiento de la naturaleza. Sin embargo, conviene subrayar— pensando sobre todo en cuanto sigue— que esta sabiduría empírica está todavía lejos de considerarse fruto de una revelación divina especial. Era, más bien, asunto de la inteligencia y del buen sentido común; por lo tanto, no era inspirada [183]. No tenía ninguna relación directa con las revelaciones de Yahvéh. Las cosas han cambiado por completo respecto de la sabiduría de Prov 1 - 9, donde se percibe también un cambio desde el punto de vista literario y formal. Ya no encontramos aquí máximas cuya situación vital (*Sitz im Leben*) sea fácil de precisar y que luego se convirtieron en formas literarias en las grandes colecciones. En Prov 1-9 tropezamos, en parte, con poemas teológicos bastante amplios, que saben utilizar en cada caso y con suma maestría las formas literarias más diversas; deben, pues, ser consideradas desde su origen como producto de una teología de literatos [184]. La situación vital será también muy diversa de Prov 10 s.

En el poema de las «cinco bendiciones de la sabiduría» se alaban el temor y el conocimiento de Dios como el primero de sus dones (Prov 2, 5-8). Así aparece ya claro el cambio en sus pretensiones, pues antes el temor de Dios era el presupuesto, «el principio», de toda sabiduría empírica, de todo hallazgo de un orden. Introducía al hombre en el mundo y en la vida, enseñán-

---

183. P. van Imschoot, *l. c.*, 26; Rylaarsdam, *l. c.*, 72.
184. Prov 6, 1-19 es un cuerpo extraño en este contexto: contiene advertencias en el estilo de la antigua sabiduría.

dole a moverse en ella; en cambio, esta otra sabiduría pretende llevar al hombre hacia Dios. Pero no se dirige al hombre como una doctrina impersonal en labios de un maestro; con mucha frecuencia le habla como una persona, un «yo» revestido de suprema autoridad. La misma llamada da al hombre la certeza de que en ella se le ofrece la salvación; tiene además algo del impaciente ultimátum (Prov 1, 20; 8, 35). Al escuchar su voz el hombre se encuentra frente a una decisión de vida o muerte, pues esta sabiduría no le ofrece sino la vida, entendida en el sentido profundo del Antiguo Testamento, como don salvífico [185]. Recordemos que la vida le fue prometida al antiguo Israel, si observaba los mandamientos, y el Deuteronomio, en particular, dio a esta idea la base más amplia posible. De hecho, en la implorante invitación de la sabiduría, volvemos a oír la urgencia y preocupación de sus parenesis sobre todo la de Dt 30, 15 s.; sólo que la amonestación ahora no se dirige a Israel sino a cada individuo, de una forma además muy concreta y personal.

La urgencia de esta llamada es una verdadera novedad en Israel. Nunca se le ofreció al individuo la salvación de modo tan personal, es decir, como un don que exige toda su vigilancia personal y un verdadaero esfuerzo de su parte [186]. La sabiduría se puede «adquirir» (Prov 4, 7), «encontrar» (Prov 3, 13), «procurar» (Prov 2, 4), pero también se la puede «perder» o «abandonar» (Prov 8, 36; 4, 6). Por su parte, protege a quien se confía a ella y no se abandona a su propia inteligencia (Prov 3, 5. 7); lo conduce y le otorga el favor de Yahvéh (Prov 8, 35). Los estudios de G. Boström han mostrado por primera vez cuán personalmente desea entrar la sabiduría en la vida del individuo y de qué modo tan íntimo le habla; ha puesto de manifiesto que esta sabiduría invitante debe concebirse como la antagonista

---

185. Prov 3, 18. 22; 4, 13. 22 s.
186. El Dt en su esfuerzo por dar al individuo una participación plena en los bienes salvíficos, le hace llegar la bendición de Yahvéh por medio de la bendición del pueblo de Dios. Aquí en cambio la llamada a la salvación se dirige inmediatamente al individuo.

positiva de la Afrodita *parakyptusa* [187]. Como las mujeres al servicio de la diosa de la voluptuosidad, invitaban a los hombres
a ofrecer el sacrificio de su castidad, así también la sabiduría
los atrae e invita a un banquete, que por cierto, se ha vuelto
convite de bodas [188]. Quisiera ser la hermana y la amada del hombre (Prov 7, 4). ¡Curioso fenómeno: la sabiduría personalizada
ha recibido en buena parte carne y sangre de su más directa
antagonista, Astarté, la diosa del amor!

A pesar de sus contornos tan personales es casi imposible
definir teológicamente esta sabiduría. Pocas generaciones más
tarde, entre fines del siglo III y comienzos del II, Jesús Sirácida
habrá consumado ya la identificación de la sabiduría con la ley:
pero en los Proverbios no se piensa todavía en una ecuación tan
directa [189]. Sin embargo, podemos decir que la sabiduría es la
forma en que la voluntad de Yahvéh y su guía (es decir, su
salvación), se acercan al hombre; es la suma de cuanto el hombre
necesita para vivir rectamente y de aquello que Dios le concede.
Pero lo más esencial es que todo esto no se le da como un puro
objeto: enseñanza, guía, salvación, etc., sino como una persona,
un «yo» que lo llama. Así pues, la sabiduría es la forma en que
Yahvéh se hace presente y desea que los hombres lo busquen [190].
«Quien me alcanza, alcanza la vida» (Prov 8, 35). Sólo Yahvéh
puede expresarse de este modo. Y sin embargo la sabiduría no es
Yahvéh en persona; es algo distinto de él, e incluso se llama su
criatura; eso sí, la primogénita de la creación (Prov 8, 22), y se
identifica con la idea del mundo que Dios acariciaba durante
la misma creación (Prov 3, 19).

Ya dijimos que en Jesús Sirácida la identificación de la sabiduría con la ley es un hecho consumado. Sin embargo no fue
una innovación absoluta, pues para esas generaciones tardías la

---

187. G. Boström, *Proverbiastudien. Die Weishet und das fremde Weib*
(1935) 15 s.
188. Así particularmente Sir 51, 19 s.; G. Boström, *l. c.*, 161 s.
189. J. Fichtner, *Die altorientalische Weisheit in ihrer israelitisch-jüdischen Ausprägung* (1933) 81 s.
190. H.-J. Kraus, *Die Verkündigung der Weisheit: Bibl. St. H.* 2 (1951) 31.

ecuación sabiduría igual a ley era una simple conclusión teológica latente ya en Prov 1-9 y que ahora había llegado a su madurez. Pero de este modo se amplió de tal modo el concepto teológico de la sabiduría, que la doctrina sapiencial podía bos quejar una imponente concepción de la historia del mundo y de la salvación: Yahvéh creó la sabiduría antes de las demás criaturas: salió de su misma boca (Sir 1, 4; 24, 3). Ante ella se extendía toda la creación, con los pueblos todos de la tierra y en ella buscó una morada entre los hombres (Sir 24, 7). Pero este primer intento de habitar con los hombres, fracasó [191]. Entonces Dios le asignó un lugar de reposo en Israel y aquí —bajo la forma de la ley, «el libro de la alianza de Dios»— echó raíces y creció hasta ser árbol frondoso (Sir 24, 12-23). Yahvéh dio también una parte a las naciones, «según la medida de su liberalidad», como dice el Sirácida con cierta reserva (Sir 1, 10). El gran poema de Prov 8, habla con mayor libertad de la porción que posee el mundo extra-iraelita:

> Por mí reinan los reyes,
> y los príncipes dan leyes justas,
> por mí gobiernan los gobernantes
> y los nobles dan sentencias justas (Prov 8, 15-16).

Aquí la sabiduría —¡la misma que ofrece la salvación a los hombres del pueblo elegido!— es la educadora de los gentiles [192]. Gracias a ella gozan de los beneficios del derecho y del orden; toda la sabiduría de sus gobernantes procede de ella. Pero sólo Israel puede gloriarse de poseer la plenitud de sus dones.

---

191. Ya en Prov 1, 24 oímos algo de la decepción de la sabiduría que busca y llama en vano. R. BULTMANN, *Eucharisterion für Gunkel*, 2 (1923) 6 s.
192. También en Sir 17, 1 s., se encuentra un parecido esbozo teológico de la historia, que pasa sin interrupción alguna de la creación al don de la ley (v. 9 s.). Pero también se encuentra una reflexión sobre la relación entre Israel y las naciones: «Puso un jefe (ἡγούμενος) sobre cada nación, pero Israel es la porción del Señor» (v. 17).

De hecho, podemos decir que con estas reflexiones teológicas sobre la historia, los escritores sapienciales pretendían nada menos que trazar una etiología de Israel y de su posición privilegiada entre los pueblos. Es evidente que al vivir en medio del imperio persa y, sobre todo, en el conglomerado de pueblos helenísticos, los judíos debieron sentir mayor necesidad de explicar su posición especial en la historia humana, precisamente respecto al mundo gentil. Así pues, en tiempos tan recientes Israel se encontró una vez más frente a la tarea de comprenderse a sus ojos y ante el mundo como Israel. La fuerza de esta visión de la historia está en su insuperable amplitud universal y en el urgente llamamiento a la responsabilidad individual. Pero a diferencia de los esfuerzos anteriores por comprenderse en la historia como el pueblo de Dios, este último lleva ya la palidez de una abstracción teológica. Falta a este esbozo histórico la referencia precisa a un determinado momento de la historia, en la que Israel hubiera sentido la necesidad de legitimar su propia posición en ella.

La existencia de pueblos extranjeros en la historia no era para Israel novedad alguna; nuevo era el acuciante problema de saber hasta dónde alcanzaba su posesión de la verdad. Pero todavía mayor debió ser entonces el deseo de conocer la «naturaleza», el universo en su totalidad. Encontramos algunos textos que sólo pueden explicarse como expresión de una época, en la cual se planteó el problema del sentido de «la naturaleza» y del universo de una forma racional, hasta entonces desconocida en Israel. Aquí la fe israelita se encontró realmente con un fenómeno nuevo, con nuevos conocimientos y experiencias que debía explicar. El poema de Job 28 comienza describiendo las sorprendentes posibilidades técnicas del *homo faber*. Con sus minas excava los montes y de sus entrañas saca a la luz tesoros preciosos. Pero toda su capacidad de dominar el mundo no le oculta la amarga realidad de que no puede rastrear su misterio más profundo.

Como se ve, aquí hay algo más importante que en los proverbios numéricos; no se trata de clasificar fenómenos aislados y raros ni leyes parciales de la naturaleza, sino de un conocimiento global. La cuestión versa sobre el mundo entero y «lo que por dentro le da cohesión». Y esta cuestión tan apremiante casi suena a problema de salvación. No se duda, en efecto, que Dios ha puesto un secreto en el mundo. El poema lo llama «sabiduría», pero lo concibe como algo curiosamente material; puede incluso ser localizado, «Dios conoce sus caminos», «conoce su morada» (v. 23 s.), «la fundó» (v. 27); pero es inaccesible a la voluntad técnica y al espíritu inquisitivo del hombre. El v. 22 parece insinuar que el camino hacia ella pasa por la muerte. Si el poema terminaba originalmente con esta profunda resignación, un redactor posterior le añadió un final positivo en el v. 28: y dijo al hombre «el temor de Dios, ésa es la sabiduría; apartarse del mal, ésa es la inteligencia» [193]. La frase saca al hombre de ese problema insoluble y lo lleva a la tarea que Dios le había asignado. Lo hace de una manera muy abrupta y sin transición, usando la palabra «sabiduría» en un sentido completamente diverso, en sentido tradicional y popular. Este giro brusco al final perjudica desde luego la primitiva grandiosidad del poema, pero nace de un interés pastoral: tú, hombre, también participas de la sabiduría divina; tu sabiduría es el temor de Dios [194].

El poema de la sabiduría de Prov 8 nos lleva mucho más adelante. Tiene tres partes: la primera (v. 1-21) y la última (v. 32-36) son parenéticas; en la famosa parte central (v. 22-31) se presenta la sabiduría en una forma muy particular. Habla, en efecto, de su existencia premundana, de su preexistencia antes de las demás criaturas. Dios la ha creado, pero es la primogénita de sus criaturas, y por eso asiste a la obra de la creación; era la niña más amada de Dios y jugaba con la creación y con los hombres. Las expresiones son vagas, y no podían ser menos, hallándose al límite de lo indecible. Sin embargo, todavía podemos adivinar que la sabiduría no ha participado personalmente en la

---

193. Así G. Hölscher y otros comentaristas de este texto.
194. También la transición de v. 1-7 a v. 8-15 en el salmo 19 muestra este paso de la contemplación del mundo a la contemplación de la ley.

creación; de ser así, se hubiese expresado en forma más clara. Más probable es suponer que el discutido אמון del v. 30 deba traducirse por «predilecto», «niño mimado», y que sólo tras la influencia de concepciones posteriores en el libro de la sabiduría, haya sido interpretado como «arquitecto». Al autor del poema sólo le interesa reafirmar la preexistencia de la sabiduría respecto a las demás criaturas. Nótese en particular el modo de presentar la relación de la sabiduría con la creación mediante la imagen del juego.

En otro sentido va Prov 3, 19:

> El Señor cimentó la tierra con sabiduría
> y afirmó el cielo con inteligencia.

Aquí ya estamos muy cerca de la idea de cooperación. La sabiduría era un medio usado por el Señor, casi podríamos decir: un principio constructor que le guió en la creación del universo [195]. Sólo aparece expresamente como creadora del mundo en el libro de la Sabiduría (7, 21). Por eso, no deberíamos forzar en este sentido Prov 8, 22 s., pues los v 22 y 23 hablan de sus relaciones con el mundo bajo otro aspecto, y parecen más bien un complemento de Prov 3, 19. De modo diverso se expresa el Sirácida cuando dice que Dios «derramó» la sabiduría (creada) sobre todas sus obras (Sir 1, 9). Todo ello nos muestra cuán flexibles eran todavía las ideas en aquella época. En tiempos de Prov 3, 19; 8, 22 s., e incluso del Sirácida, se podía abordar el problema desde varios puntos de vista y con la ayuda de conceptos

---

195.   B. Gemser, *ad locum*. Si se tiene presente cómo el Sal 33, 6 concibe la creación del mundo por la «palabra» y el «espíritu» de Yahvéh, vemos que el concepto חכמה (sabiduría) en Prov 3, 19, y también en Prov 8, 22 está muy cerca del concepto רוח (espíritu); pues Sir 24, 3 por su parte parece identificar la sabiduría original con el espíritu de Yahvéh que se cierne sobre el caos. Sobre el empleo del concepto de la sabiduría en lugar del espíritu, en las expresiones sapienciales sobre la creación del mundo, véase P. van Imschoot, *l. c.*, 37 s. La historia de José dice que el «espíritu de Dios» estaba en José (Gén 41, 38). Más tarde se hubiera hablado ciertamente de la sabiduría divina.

diversos, pero cada una de esas afirmaciones era siempre un riesgo. También se mantienen unidas las concepciones de la sabiduría como persona y como «principio». Parece como si Israel hubiera dicho en Prov 8, 22 s., las cosas más profundas sobre la creación: el mundo y la humanidad son el juego alegre de la revelación divina. Quizás acertemos algo con lo que esto significa, si decimos: toda la creación, por su carácter maravilloso, por la sabiduría de su disposición, se trasciende a sí misma y apunta hacia Dios; está envuelta en el misterio; juega con ella una *doxa* que todo lo refiere a Dios. Otra cosa es saber si algún elemento mítico, desconocido para nosotros, pero corriente entre sus contemporáneos, ayudó al autor a concebir la sabiduría como un niño que juega (¿un hijo de los dioses?). De ello no hablaremos aquí [196].

Examinemos ahora atentamente la posición teológica de tales afirmaciones cosmológicas. Son un mensaje de aquella sabiduría que apremia al hombre a tomar una decisión de vida o muerte (Prov 8, 35); es sólo la premisa de su alocución a los hombres y sirve para reforzar su peso y autoridad y aumentar el interés de escucharla. Este poema contiene también el giro que encontramos ya en Job 28, 28, pero no es tan brusco ni tan repentino. Sin embargo, la quintaesencia de Prov 8 es muy parecida: el hombre sólo participa de la sabiduría en el seguimiento y en su condición de discípulo. Aunque Prov 8 habla de la sabiduría «cósmica» en un sentido mucho más positivo, también sus apremios a la obediencia y al seguimiento son más intensos que en Job 28. Por eso no conviene separar demasiado ambos textos. Sólo en el tono existen grandes diferencias, pero se debe a que la sabiduría cósmica de Job 28 aparece como el objeto de una pregunta humana que no pide respuesta, en cambio en Prov 8 habla a los hombres como mediadora de revelación. Pero ambos pasajes les prometen la sabiduría sólo si escuchan y obedecen.

---

196. En nuestros días H. DONNER ha demostrado claramente cierta dependencia de las concepciones egipcias sobre *Maat*: Zeitschrift für ägyptische Sprache und Altertumskunde (1957) 8 s.

Una nota característica de esta sabiduría teológica es, por lo tanto, su decidido esfuerzo por establecer una relación más precisa entre el fenómeno del mundo, la «naturaleza» y los misterios de la creación por un lado, y la revelación salvífica ofrecida al hombre, por el otro. Como vimos, esta teología se interesó menos por la historia [197]. Por lo visto, la fe tuvo que satisfacer al menos en algunos ambientes, exigencias intelectuales considerablemente mayores, y es muy posible que en ello tuviera su parte el contacto con la filosofía popular helenística [198]; pero más importantes fueron los presupuestos y las necesidades internas del mismo Israel. Aquí habla un Israel desligado por completo de las formas arcaicas de su fe. Bajo el punto de vista histórico, el abandono de las concepciones patriarcales sobre la actividad de Yahvéh, se realizó ya en la historia de la sucesión al trono de David. Pero ahora su espacio vital se había desmitizado también respecto a la naturaleza, y a ello contribuyó sin duda el deseo de la sabiduría de conocer las cosas racionalmente. El concepto de lo prodigioso se había cambiado. En estos círculos ya no se llama prodigio a la rotura de la conexión histórica, a los «signos» aislados. Cierto, también en épocas recientes las intervenciones de Yahvéh eran consideradas נִפְלָאוֹת (maravillas) (Sal 78, 4. 11.32; 106, 7; 111, 4; Neh 9, 17). Pero en los círculos sapienciales se había debilitado el interés por las tradiciones de la historia salvífica. Con tanto mayor afán se volvieron hacia el prodigio de la creación, su regularidad, enigmas técnicos y sus leyes. Estas eran las נִפְלָאִה (maravillas), que celebraba la sabiduría [199]. Aquí se entusiasmaba; éste era el campo donde sentía el desafío teológico y donde, de hecho, se mostró productiva.

¡Cómo ha cambiado la situación teológica respecto a la doctrina de la creación en Gén 1 (P)! Allí, como vimos, la creación abría el ámbito de la historia profana y salvífica. Para tratar

---

197. Sin embargo cf. J. FICHTNER, *Zum Problem Glaube und Geschichte in der israelitisch-jüdischen Weisheit:* ThLZ (1951) 145 s.
198. EICHRODT, II, 41.
199. Job 5, 9 s.; 9, 8 s.; 37, 14; Sal 139, 14; cf. Jer 10, 12 s.; Sal 104, 24.

correctamente de Israel se debía comenzar por la creación. La tarea de esa teología sacerdotal consistía, pues, en unir la historia de la salvación con la creación, acercar ésta a la historia salvífica, donde tenía su lugar exacto dicha teología [200]. El pensamiento teológico sapiencial sigue el camino opuesto: se encuentra frente al mundo como creación y procura relacionarlo con la historia salvífica, es decir, con la revelación de la voluntad divina dirigida particularmente a Israel. Su tesis reza así: para conocer bien la creación es preciso hablar de Israel y de la revelación que se le ha dado.

El deseo de adquirir un conocimiento racional de las cosas, con el cual se esforzó la sabiduría por comprender el mundo, la llevó a descubrir en él muchas maravillas, pero vio también que se le escapaba su verdadero misterio. Sobre todo la creación no se le presentó jamás con aquella función subordinada con que la veía la doctrina sacerdotal de Gén 1, la función de abrir y soportar la actividad histórica y salvífica de Yahvéh. Aquí por primera vez —si así podemos hablar— se le exige a Israel afrontar la creación en toda su mundanidad desmitizada. Pero ¿cuál era su relación con la revelación divina, cuya plenitud y poder de penetración nadie conocía mejor que estos maestros de la sabiduría? Su teología logró solucionar este enorme problema, no sólo relacionando la sabiduría cósmica, inasequible al entendimiento humano, es decir, el misterio divino del universo, con la voluntad divina manifestada a los hombres, sino identificándolas. La voz que llama al hombre a la salvación y a la vida es la misma que, como sabiduría, jugaba con las criaturas en el momento de la creación; la misma que Dios usó como plan en la creación del universo. Hasta ahora, la aportación de Israel al conocimiento racional y crítico del mundo se ha considerado muy pequeña y a veces totalmente negativa. Sin embargo, los estudios recientes sobre la literatura sapiencial ofrecen una imagen diversa. También Israel se planteó a fondo el problema de la «naturaleza» y —partiendo siempre de su fe— llegó a conocimientos de gran valor,

---

200. Véanse más arriba las páginas 186 s.

con respecto a la inteligibilidad del mundo y de sus misterios. La actitud pesimista de Job 28 es incomprensible en el ámbito de un interés puramente ocasional por la naturaleza; es el resultado final de un largo esfuerzo por conocer el mundo.

Los maestros tardíos de la sabiduría debieron ser los representantes de una teología muy amplia, verdaderamente enciclopédica; en cualquier caso, de la más amplia a la que pudo llegar Israel. El esfuerzo enciclopédico de la antigua sabiduría empírica se trasmitió a la joven teología sapiencial. Esta fue la que por primera vez capacitó a Israel para hacer afirmaciones universales sobre el mundo, el misterio de su creación, e incluso sobre la parte de verdad que poseen los pueblos. Pero no sería exacto descartar las afirmaciones cosmológico-sapienciales como simples «especulaciones», pues esta sabiduría, por su misma esencia, se concibió siempre a sí misma, como un proceso de revelación dirigido al hombre. El puesto teológico de las afirmaciones cosmológicas, como Prov 8, 22 s. es perfectamente claro: sólo son el prólogo a la sabiduría que llama a los hombres; en la totalidad del discurso tienen una función de servicio, de fundamento. En la verdadera llamada de la sabiduría pasan a un segundo plano. Por lo tanto, esta invitación suya no tiene nada en común con la sabiduría de las religiones mistéricas, que confía a sus iniciados los enigmas del cosmos; se dirige más bien al público en general (Prov 9, 3). Pero no podemos olvidar que la llamada de Prov 8 presupone una inquietud intelectual en el hombre y cuenta con oyentes a los que sólo puede interpelar, cuando les satisface al mismo tiempo su deseo de saber. Por eso se les dice que la sabiduría que les llama tiene un «trasfondo cósmico» [201]. Así, la afirmación de que el temor de Dios es el principio de la sabiduría recibe aquí un sentido mucho más amplio, pues ahora es esa sabiduría cósmica la que se entrega a quien le obedece. La teología sapiencial experimenta una última ampliación al fusionarse con la literatura apocalíptica; pero esto sólo se anuncia en el libro más reciente del canon hebreo, el de Daniel. El sabio domina también los

---

201. B. Gemser, comentando Prov 8, 22 s.

misterios del futuro [202]. Así pues, la sabiduría tardía es un fenómeno de asombrosa complejidad. En ella, la fe israelita consiguió presentarse y expresarse de una forma totalmente nueva y absolutamente desconocida al antiguo Israel, antes de anquilosarse en la erudición de los escribas.

Una cosa nos sorprende: la escasa importancia del culto. De Prov 1-9 no se puede deducir, ciertamente, una teología acultual o anticultual. El Sirácida llegaba incluso a entusiasmarse sinceramente con los grandiosos servicios cultuales [203] y los sabios de Prov 1-9 tampoco negaron al culto el puesto que le correspondía en la comunidad posexílica. Basta fijarse en la multitud de «oficios» y en el ámbito de su competencia para que todo esto quede claro. La regulación del culto se había vuelto una ciencia casi exotérica, a cargo de los sacerdotes. Los maestros de la sabiduría consideraban que su tarea era construir una doctrina, con una orientación muy diversa, afrontando ante todo problemas totalmente diversos de los que preocupaban a los sacerdotes. Pero, aun evitando las simplificaciones exageradas, es indudable que en el esfuerzo casi enciclopédico de los sabios, el encuentro decisivo del hombre con Yahvéh no se realizaba en el ámbito del culto y de sus motivaciones histórico-salvíficas. La llamada de la sabiduría al seguimiento, su invitación a la vida, tiene lugar fuera de lo sagrado, en el dominio público profano. Las ideas de culto, historia de la salvación, pueblo de Dios, parecen estar fuera de la perspectiva de esta llamada radical, dirigida al individuo.

Pero lo más asombroso es que esta llamada divina —cuando condesciende a ello— no se legitima a sí misma con la historia de la salvación sino con la creación. Ocurría lo mismo en el discurso de Dios en el libro de Job, donde la gloria y el poder de Yah-

---

202. Dan 2, 31 s.; 4, 16 s.; 5, 13; 7, 1 s.; 8, 1 s.; 9, 20 s.; 10, 1 s.; Sab 7, 27, etc. Con mucha antelación se preparó el camino hacia esta unión entre la reflexión sapiencial y la apocalíptica, pues aquella solía reforzar el peso de sus conocimientos con el lenguaje profético; Job, 4 12 s.; Sir 16, 25; 24, 33; etc. Sin embargo la sabiduría del Sirácida no reivindica para sí el conocimiento del futuro.
203. Sir 45, 6 s.; en particular 50, 1 s.

véh, igual que su indudable divinidad, se manifiestan en la creación, una creación que por cierto era concebida de antemano como
obra salvífica.

Era, pues, una fe muy espiritual que según parece no necesitaba signos, milagros o símbolos cultuales como garantías externas. El reverso de esta renuncia era la convicción, profundamente
enraizada en la sabiduría, de que la actividad de Yahvéh es oculta y lejana.

> El hombre planea su camino,
> Yahvéh dirige sus pasos (Prov 16, 2).

Naturalmente, ninguna fe podía vivir sólo de esta idea. Ni
tampoco tenía que hacerlo, porque en los tiempos antiguos la fe
de Israel se basaba en otros principios menos arriesgados. Pero,
¿qué sucederá cuando esta sabiduría llegue a considerarse la
portadora del contenido central de la fe yahvista y cuando se
fundamente sólo en la creación, dejando aparte la historia de la
salvación?

7.   El escepticismo

Después de haber expuesto la fe de Israel en Yahvéh, como
creemos debe entenderse, resulta comprensible que la mayor
amenaza para ella consistió siempre en perder el contacto con la
acción de Yahvéh en la historia. Por eso, surgió en Israel una forma específica de escepticismo, no como duda de la existencia de
Yahvéh —ni la desesperación de Job, ni los salmos de lamentación llegaron a dudar de su existencia y poder— sino como duda
de que estuviese dispuesto a intervenir drásticamente en la historia o en la vida de los individuos [204]. Esta forma de escepticismo

---

204.   Las épocas recientes hablaron cada vez más sobre la imposibilidad
de reconocer a Yahvéh. Conocerle fue en otros tiempos honor y privilegio de
Israel. Junto a esta concepción antigua aparece cada vez más clara, sin abo-
lirla, la idea de su incomprensibilidad: Jer 23, 23 s.; Is 40, 18. 25; 55, 8 s.;
Prov 30, 1 s.

no es tan reciente. Los profetas pre-exílicos habían chocado ya con la actitud extremadamente indiferente de sus contemporáneos (Is 5, 19; Sof 1, 12).

Puede extrañar que coloquemos el salmo 90 junto a esas dudas casi cínicas en el poder de Dios sobre la historia, a las cuales parece oponerse diametralmente. Pero la misma introducción de este lamento popular es ya característica, pues no apela a las intervenciones de Dios en la historia, como es tradicional en este género (cf. Sal 44, 2; 74, 2). El salmo 90 vuelve su mirada al pasado, sin embargo no se detiene en ningún suceso de la historia salvífica; la idea de la eternidad de Dios era tan preponderante, que remontaba la imaginación a distancias siempre más lejanas, hasta la creación e incluso más allá. Así, las reflexiones sobre la nada del hombre ante Dios ocupan en él un espacio sorprendentemente amplio, hasta el punto de no dejar casi espacio a las súplicas, que son lo esencial en una lamentación; sólo aparecen al final del salmo. Todo ello es característico del tono resignado, típico de este salmo, casi incapaz de alzar el vuelo hacia la confianza. El v. 16, que puede considerarse la clave de nuestro salmo, muestra la pobreza en que ha caído la comunidad. Las «obras» de Dios, cuya manifestación se pide, son naturalmente sus intervenciones histórico-salvíficas en el pasado y en el presente (cf. Sal 44, 2; Is 5, 12. 19, etc.). El salmo 90 conoce la gloria de la actividad histórica que Dios manifestó sin cesar en favor de su pueblo, pero habla de ella como de una cosa desaparecida para su generación. ¿Qué más sabe decir el salmista sobre Dios? Que reina en una eternidad inaccesible y los hombres desaparecen bajo su cólera. Pero la comunidad conoce también sus necesidades y pide a Dios que tenga a bien manifestársele de nuevo.

En el fondo, ya la época de los reyes había roto con la antigua concepción del dominio de Dios sobre la historia. El autor de la historia de la sucesión al trono de David o el del relato de José habían relegado la acción de Yahvéh a un profundo misterio. La de José considera los acontecimientos como una mezcla inseparable de malas acciones del hombre y buenas acciones de Dios (Gén 50, 20); se trata de una intuición radical que sólo podía basarse en una sólida fe en el gobierno divino de la historia. Para una época menos segura de ello, la idea del profundo misterio de la actividad divina podía tomar rápidamente un dejo muy amargo. Ya vimos cómo en la sabiduría posterior disminuía esa fe en el poder de Yahvéh sobre la historia, pasando a primer plano la idea de su dominio sobre la creación. ¿Era esto mejor para la fe? La resignación de Job 28 habla bastante claro, como también las desesperadas lamentaciones de Prov 30, 1-4 ante la imposibilidad de encontrar a Dios en la naturaleza. Pero ese es-

cepticismo aparece en toda su amplitud y con una energía hasta
entonces inaudita en el libro del Qohelet [205].

Esta obra pertenece al antiguo género de los testamentos reales, un género cortesano-sapiencial que tiene su origen en el antiguo Egipto. Ya se abandonó la opinión de que este libro fuera
el legado absolutamente personal de un cavilador solitario. Trabajos recientes han mostrado que su dependencia de la sabiduría
tradicional es considerable y el autor sólo se separa de ella en puntos muy concretos [206]. Por lo tanto, es preferible concebir la obra
como una nota marginal a la tradición sapiencial, de un escepticismo por cierto muy amargo. Con eso se elimina la desesperada
tarea de comprender el contenido del libro como una unidad ideo-
lógica cerrada en sí misma [207], pues se apoya enteramente —co-
mentándolos con libertad— en temas tradicionales de la literatura sapiencial.

El magnífico poema sobre el ciclo desconsolado de todas las
cosas, que sólo los hombres no llegan a percibir en su totalidad
por su limitada memoria (Qoh 1, 4 s.), nos sitúa de golpe en la
visión del mundo en que se mueve la reflexión y la problemática
de Qohelet. Muestra en primer lugar cierta afinidad con la sabiduría más reciente, pues su preocupación se centra también en la
totalidad del mundo. Pero su pensamiento es completamente
ahistórico; en él, la sabiduría ha perdido su último contacto con
la antigua mentalidad histórico-salvífica de Israel y ha caído
—consecuencia inevitable— en el pensamiento cíclico común a
todo el oriente; sólo que en Qohelet presenta una forma completamente secular. Y ahora —ésta es la tragedia de la que habla el
libro— Qohelet busca a Dios en este mundo vacío de cualquier

---

205. K. GALLING, *Der Prediger:* HAT I (1940) 18; ID., *Koheletstudien:*
ZAW (1932) 276 s.; W. ZIMMERLI, *Die Weisheit des Predigers Salomo* (1939);
J. PEDERSEN, *Scepticisme israelite:* Revue d'histoire et de philosophie re-
ligieuses (1930) 317 s.; A. LAUHA, *Die Krise des religiösen Glaubens bei Ko-
helet:* Suppl. VT III, 183 s.
206. K. GALLING, *Koheletstudien*, 282 s.
207. Dos «epílogos» cierran ahora el Qohelet: 12, 9-11 y 12, 12-14. El
último intenta interpretar positivamente el contenido del libro, como una exhortación al temor de Yahvéh y a la observancia de los mandamientos.

actividad histórica de Yahvéh. Le busca en bien del hombre, para saber cuál es su «parte», es decir, el puesto que Dios le ha señalado en la vida y que bendice [208]. En este problema de la «parte», del «provecho», radica el sentido de la vida e incluso la misma salvación, tal como la entiende Qohelet. El ha pasado los años buscando un «valor» que diera sentido a la vida, pero ha llegado a la conclusión de que incluso la sabiduría, la riqueza, el trabajo, la gloria póstuma, son «vanidad». Ahora bien, en esta cuestión fundamental, en la que insiste apasionadamente, se manifiesta un último descendiente del pueblo de Yahvéh, pues sabe que todo sería distinto si la acción y la obra del Señor fueran patentes al hombre (Qoh 8, 17; 11, 5).

Qohelet no es, de ningún modo, un ateo nihilista. Sabe que el mundo ha sido creado y es regido continuamente por Dios; pero resulta catastrófico para el hombre no poder ponerse en contacto con este dominio divino, por ser tan misterioso. Qohelet está completamente de acuerdo con la sabiduría tradicional en que Dios ha señalado su tiempo a todo el quehacer humano (Qoh 3, 1 s.; Sir 39, 16. 21. 33 s.), que —dicho en griego— existe un *kairos* para llorar y para reír, para amar y para odiar. Pero —y es aquí donde entra su reflexión personal— ¿qué significa esto para el hombre? (Qoh dice «para el que se afana»).

He considerado la fatiga que Dios ha puesto a los humanos... El ha hecho todas las cosas apropiadas a su tiempo... sin que el hombre llegue a descubrir la obra que Dios ha hecho de principio a fin (Qoh 3, 9).

Qohelet piensa, pues, que estas tareas dadas por Dios sólo significan para el hombre una «fatiga». La culpa no es de Dios, que todo lo ha hecho bien; pero, ¿de qué le sirve esto al hombre impotente para «descubrir» en modo alguno la obra de Dios? No consigue que su actividad coincida con el «tiempo» señalado por Dios; anda siempre a tientas. ¡Curiosa comprobación! Un sabio desespera de la vida, que sabe enteramente abarcada por Dios, aunque para él se ha vuelto absurda porque la actividad

---

208.   Qoh 2, 10. 21; 3, 22; 5, 17 s.; 9, 9.

divina queda sumergida en una profundidad insondable. Esta comprobación le aniquila, pues fuera de la vía empírica Qohelet no conoce otra posibilidad de ponerse en contacto con Dios. Pero el mundo permanece mudo ante su pregunta por la salvación. La consecuencia de esa carencia de una respuesta al problema de Dios es una «vulnerabilidad absoluta» [209]: la total inseguridad de la vida es uno de los temas principales que desarrolla este libro. No se puede decir que él tuviera un mensaje que comunicar. Se limitó a prevenir contra las ilusiones. «Echa tu pan al agua, que al cabo de mucho tiempo lo encontrarás. Distribuye tu dinero en diversas cuentas, y lo perderás» (Qoh 11, 1 s.) [210]. ¡Nunca puede fiarse uno de lo inseguro! Y entonces, ¿qué debe hacer el hombre en un mundo donde corren las lágrimas de los oprimidos (Qoh 4, 1), los esclavos van a caballo y los nobles deben ir a pie (Qoh 10, 7)? Pero Qohelet se detiene de repente ante la bancarrota total. No saca la misma consecuencia que el conocido diálogo babilónico entre el señor y su esclavo [211]. No recomienda el suicido, se siente agarrado ante el abismo de la desesperación.

> Esto he experimentado: lo mejor para el hombre es comer, beber y pasarlo bien en todos sus fatigosos afanes bajo el sol... porque ésta es su parte (Qoh 5, 17).

Aunque estas palabras recuerdan expresiones semejantes del antiguo Egipto, Qohelet se distancia bastante claramente de ese hedonismo, a menudo cínico, que suele ser hermano de la desesperación. Las frases donde aconseja aprovechar y gozar todo lo que se pueda, contienen una referencia a Dios, son incluso las únicas que ponen en relación asombrosamente directa la acción humana con la voluntad positiva de Dios: esto «agrada a Dios»

---

209. W. ZIMMERLI, *l. c.*, 20.
210. H. W. HERTZBERG, *ad locum*. W. STAERK, ZAW (1942/43) 216 s.
211. «Esclavo, ¡obedéceme!» ¡Sí, mi señor, sí! «Qué es bueno?». Que me corten el cuello, que te corten el cuello y nos tiren al río. Esto es bueno. (PRITCHARD, ANET, 438; GRESSMANN, AOT, 287). La interpretación de E. A. SPEISERS, que desea ver en este diálogo una parodia de la obediencia de cadáver, no tiene en cuenta su valor de cosmovisión (Jounal od Cuneiform Studies [1954] 98 s.).

(Qoh 9, 7b)[212]. En su boca, el término «parte» —que vuelve a aparecer en la solemne perícopa de 9, 7-10— tiene gran importancia, pues abre ante él un camino que, aunque sea muy estrecho, es algo dado por Dios y está dispuesto a contentarse.

El Qohelet es sin duda un libro polémico. Cita una vez al «sabio» y lo ataca (Qoh 8, 17). Pero no resulta fácil determinar a quién se refiere. ¿Qué sabio ha afirmado conocer y «descubrir» todo cuanto Dios hace bajo el sol? No, por cierto, la antigua sabiduría, ni tampoco la más reciente (Prov 1-9 y Sir), que juzgan con reservas la cognoscibilidad de Dios a partir del mundo (Sir 11, 4). Por otra parte, Qohelet tiene en común con ellas el problema del mundo y de la vida en su totalidad. Este «sabio» representaría, más bien, una teología semejante a la de los amigos de Job. Qohelet está separado de ellos, y también de la antigua sabiduría por una fosa profunda, pues para él no existe conexión decisiva entre acción y resultado. La idea de una esfera de acción fatal —una de las ideas fundamentales del antiguo Israel sobre la vida— no aparece aquí ni siquiera en sus rudimentos. Qohelet perdió hace mucho tiempo la fe en que los acontecimientos del mundo externo corresponden a la conducta del hombre, beneficiándolo o perjudicándolo según su comportamiento[213]. El hombre y los acontecimientos del mundo en que vive quedaron completamente disociados y el individuo se convirtió en una mónada abandonada a un acontecer, que escapa a toda lógica teológica. La soledad le rodea, pues no es Dios solamente quien se ha alejado de él. Para este autor que ha podido escribir sus reflexiones sobre el ciclo del sol, del agua y del viento, el mundo exterior se ha convertido también en algo extraño, que se mueve según sus propias leyes. Así se explica la absoluta inseguridad de la vida, que Qohelet no se cansará de revelar bajo todos sus aspectos. Insegura es la riqueza, inseguro el ser justo (Qoh 7, 15; 8, 14 s.), inseguro, especialmente, todo «lo que sucederá», el futuro (Qoh 3, 19; 8, 7; 6, 12), sólo es cierta la muerte: espera a todos, a los

---

212. Qoh 2, 25; 3, 13; 7, 14; 9, 7 s.
213. Véanse más arriba las páginas 338 s., 469 s.

puros y a los impuros, a los que ofrecen sacrificios a Dios y a quienes los omiten (Qoh 9, 1-3).

Aquí, en el límite extremo del yahvismo donde se sitúa este libro, ha surgido una nueva concepción de la vida que, con cierta razón, podemos llamar trágica. La vida del hombre es una vida de alguien que se dispone, pero el hombre no puede seguir el paso del oscuro poder divino al cual ha sido abandonado. Por mucho que se esfuerce fracasará en su intento de ponerse en armonía con el gobierno divino [214]. Barreras insuperables le impiden comprender este Dios. Cierto, le proporciona alegrías, pero también le juzga (Qoh 11, 9); es simplemente el más fuerte (Qoh 6, 10). Por lo tanto, a Qohelet no le queda otro remedio que sumergirse con profunda resignación en esta trágica existencia. No tiene otro mensaje que anunciar; sin embargo, habla con lamentos conmovedores y a veces solemnes, de la «fatiga» espiritual que la vida procura al hombre, incapaz de dominarla [215].

---

214. Las quejas sobre esta fatiga (עָמָל, עִנְיָן) recorren todo el libro (1, 3. 13; 2, 18. 20. 21. 22; 3, 10. 13; 4, 4. 8. 9; 5, 17; 6, 7; 8, 15. 17).

215. Este sentido fundamentalmente trágico de la existencia no es una novedad de Qohelet, tiene cierta prehistoria. Guardémonos de clasificar aquí todas las tétricas expresiones sobre la fragilidad y vanidad de la vida humana, por las que la fe yahvista siempre experimentó una indiscutible inclinación. Pero existen expresiones en las que esta fragilidad se entiende como un límite puesto por el destino, a partir del cual se debe comprender y explicar también la debilidad del hombre ante Dios. Desde este punto de vista, el argumento del salmo 103, 14 contiene un motivo extraño: Yahvéh conoce nuestra «masa» (יֵצֶר), es decir, sabe lo que se puede esperar del hombre y lo que no. Esta motivación racional de la misericordia de Yahvéh con su conocimiento de los límites humanos, es en general, extraña a las plegarias de lamentación. Job 14, 1 s. muestra que el argumento puede conducir a una consecuencia muy distinta. Si esta limitación es cierta, ¿cómo se comprende que Dios siga exigiéndole cosas al hombre, e incluso cosas superiores a sus fuerzas?

«El hombre, nacido de mujer / corto de días y harto de inquietudes, / como flor se abre y se marchita, / huye como la sombra sin parar. / ¿Y en uno así clavas los ojos / y lo llevas a juicio contigo? ¿Quién sacará lo puro de lo impuro? / ¡Nadie!».

También aquí está trágicamente fundada la impotencia. Aún más adelante va el «Qohelet babilónico», un diálogo entre un hombre sufriente y su amigo, en el que la fragilidad e insinceridad de los hombres son consideradas como don de los dioses; ellos crearon al hombre así (línea 279 s.).

INDICE DE MATERIAS

---

1. La palabra alemana *Anfechtung* tiene el doble sentido de tribulación
y tentación. Con este segundo matiz debe entenderse en el texto.

2. Generalmente traducimos por *ley* la palabra alemana *Gotteswillen*. Pero conviene leer la opinión del autor en la página 259.

INDICE DE CITAS BIBLICAS

INDICE GENERAL

I
COMPENDIO HISTORICO
DE LA RELIGION YAHVISTA
Y DE LAS
INSTITUCIONES SAGRADAS DE ISRAEL

II

LA TEOLOGIA
DE LAS TRADICIONES HISTORICAS DE ISRAEL